LITTÉRATURE CONTEMPORAINE

DOUZIÈME VOLUME

LE DEVOIR

POÉSIES

PAR

F. ORSE — LOUIS OPPEPIN — BARONNE DE MONTLAVILLE — LOUIS SATRE
LOUIS GODET — G. MAZINGHIEN — L'ESPRIT FRAPPEUR
L'ABBÉ BOGROS — LOUIS DE PRÉVILLE — LUDOVIC SARLAT — CHARLES BLANCHAUD
E. RHODEN — ADRIEN ROUX — PAUL LABBÉ — VALERIE JANSEN
PIERRE DUZÉA — A. LE SOURD — ALFRED VELLOT
C. BERLIOZ — A. CARÉNOU — LÉOPOLD BOUVAT — L'ABBÉ PEYRET
E. CHARPENTIER — H. VALLON-COLLEY — ANDRÉ PLAT
ETC., ETC.

PUBLIÉES

PAR

ÉVARISTE CARRANCE

BORDEAUX

AU SECRÉTARIAT DES CONCOURS POÉTIQUES

92, Route d'Espagne

—

1874

LE DEVOIR

LITTÉRATURE CONTEMPORAINE

DOUZIÈME VOLUME

LE DEVOIR

POÉSIES

PAR

F. ORSE — LOUIS OPPEPIN — BARONNE DE MONTFAVILLE — LOUIS SATRE
LOUIS GODET — G. MAZINGHIEN — L'ESPRIT FRAPPEUR
L'ABBÉ BOGROS — LOUIS DE PRÉVILLE — LUDOVIC SARLAT — CHARLES BLANCHAUD
E. RHODEN — ADRIEN ROUX — PAUL LABBÉ — VALERIE JANSEN
PIERRE DUZÉA — A. LE SOURD — ALFRED VELLOT
C. BERLIOZ — A. CARÉNOU — LÉOPOLD BOUVAT — L'ABBÉ PEYRET
E. CHARPENTIER — H. VALLON-COLLEY — ANDRÉ PLAT
ETC., ETC.

PUBLIÉES

PAR

ÉVARISTE CARRANCE

BORDEAUX
AU SECRÉTARIAT DES CONCOURS POÉTIQUES
92, Route d'Espagne
—
1874

LE DEVOIR

AUX POÈTES DU 12ᵉ CONCOURS POÉTIQUE DE BORDEAUX

Léon est un soldat, Victor est un poète.
Ils sont tous les deux fils de pauvres laboureurs :
À l'un le cri strident de la folle tempête,
A l'autre les doux chants qui plaisent aux rêveurs.
Ils ont grandi tous deux dans un humble village,
Et le père, attendri, regardait, tour à tour,
Dans l'aîné de ses fils s'éveiller le courage,
Dans le cœur du second s'épanouir l'amour.

Le soldat était grand, et fort, plein d'assurance ;
Son regard était fier, son pas retentissant ;
Sa voix était sonore ; on voyait l'espérance
Attacher des rayons à son front triomphant....
Et le vieux laboureur, dans son orgueil de père,
Disait par ses regards aux amis étonnés :
« Le gaillard est-il fort ? Je crois qu'il n'en est guère
» Comme lui. Savez-vous qu'il a vingt ans sonnés ? »

Mais cet orgueil fuyait comme un souffle rapide
Quand Victor le poète approchait lentement,
Et cherchait le soldat de son regard timide
Qu'il emplissait de grâce et de ravissement.
Car, pour le laboureur, Victor, douce nature,
Qui s'en allait rêveur, et parlait aux buissons,
Et s'arrêtait parfois près de l'eau qui murmure,
Et chantait pour lui seul d'éloquentes chansons ;
Victor était sans doute une âme abandonnée.
Ah ! le vieillard avait bien souvent, en secret,
A la fin d'une longue et vaillante journée,
Pleuré sur cet enfant dans son logis discret.
Puis Victor était frêle, et petit, pour son âge :
Il avait dix-huit ans ; on eût dit, à le voir,
Qu'un souffle eût terrassé ce fragile courage ;
Et, pour le laboureur, c'était le désespoir.

Laissons jouer l'enfant, disait Léon au père,
Il grandira peut-être, et deviendra plus fort.
Qui sait? Notre curé, qui le voyait naguère,
M'a dit que votre cœur s'attristait bien à tort.
— Le curé?
    — N'est-il pas un homme de science,
Et ce que l'on appelle, enfin, un vrai savant?
— Un savant! un savant! Il en est mille en France
Qui ne distingueraient l'avoine du froment.
Ton frère est dépourvu de force et de sagesse...
Il s'en va triste et seul, morne et le front baissé ;
Il reste de longs mois plongé dans la tristesse,
Et je vois que le Ciel, hélas! l'a délaissé !

Ainsi se terminaient les entretiens. Le frère,
Soldat depuis un mois, attendait chaque jour
Le moment solennel de partir pour la guerre,
Dont les mille journaux annonçaient le retour.
Et Victor, sans songer aux maux qu'elle fait naître,
Allait par les sentiers, cherchant d'un regard doux
Les petites fleurs d'or qui tardaient à paraître,
Et que donne à regret avril, ce mois jaloux.

Lorsqu'il était bien seul, que nulle ombre indiscrète
Ne se glissait furtive à travers les grands bois,
L'enfant semblait saisir la harpe du prophète,
Et lançait vers le Ciel sa ravissante voix.
C'étaient des chants divins, pleins de douces caresses,
S'échappant de ce cœur suave et parfumé ;
Des poèmes charmants pleins de chastes ivresses,
Et des pures senteurs que nous apporte mai.

Un jour qu'il revenait lentement au village,
Le cœur tout palpitant de songes radieux,
Dans le miroir de l'onde, il surprit son image,
Et frémit de se voir petit et souffreteux.

Tous les nuages d'or qui caressaient son âme
S'envolèrent soudain.... Que suis-je? fit l'enfant.
Une larme éteignit sa poétique flamme,
Et Victor, au logis, rentra pâle et tremblant.

Le père l'attendait.
　　　　　　　　— « Connais-tu la nouvelle ? »
Et sans attendre un mot : « Léon s'en va demain.
» Nous avons, paraît-il, une franche querelle
» Que nous allons vider les armes à la main...
» — La guerre ! fit Victor.
　　　　　　　　» — Tu l'ignorais, je pense ?
» La Prusse va jeter sur nous tous ses soldats ;
» Mais tous les vaillants cœurs de cette noble France,
» Joyeux, vont s'élancer vers les sombres combats !
» Ah ! que n'ai-je vingt ans... et que ne puis-je encore
» Sur le champ de l'honneur, moissonner des lauriers,
» Et revoir le réveil de cette grande aurore
» Qui se lève éclatante au-dessus des guerriers ! »

La guerre ! répéta Victor avec tristesse !

Le lendemain, le bourg se leva frémissant
Pour faire ses adieux à la fière jeunesse
Qui partait le cœur triste et le front rayonnant.
Et les pères émus, et les mères craintives,
Faisaient de longs adieux à ces soldats d'un jour.
Quelques yeux se mouillaient sous des larmes furtives :
A l'heure du départ, on doutait du retour !

Et parmi tous ces gars, Léon, le moins timide,
Causait avec le père, au visage d'airain,
Un vieux bronzé pourtant, dont le regard humide
Disparaissait parfois sous la robuste main...

Ayez soin de Victor, disait Léon. Mon frère
A besoin d'être aimé : — C'est une douce fleur
Qui n'attend, pour s'ouvrir, qu'un peu plus de lumière.

A ce moment parut Victor. — Son air rêveur
Avait, pour un instant, quitté son frais visage;
Sa taille paraissait plus grande. — En vérité,
Il s'était habillé comme pour un voyage,
Et sur son front brillait une mâle fierté.

Mais comme il s'approchait, un vieux sergent bravache,
A tous les coins du bourg fit battre le rappel.
C'est l'heure, dit le père, en tordant sa moustache.
Finissons-en, morbleu, je fonds comme le sel....

— Et moi, je veux aussi vous embrasser, mon père.
— Toi Victor?
    — Moi qui pars avec tous ces soldats;
Moi, qui n'ai pas la force, et n'ai que la prière
Qui saura me garder au milieu des combats;
Moi, mon père, ennemi de ces haines farouches,
Qui s'abreuvent de sang, et font, d'un doigt vainqueur,
Des sillons parfumés, les mortuaires couches,
D'où s'exhale toujours un grand cri de douleur;
Moi qui vais au milieu de ces moissons humaines,
Afin de consoler celui qui va mourir,
Et parler de pardon, au milieu de ces haines,
Et guider le blessé, qu'un bras peut secourir!

Puis comme le clairon retentissait sonore,
Et que l'astre du jour diaprait le coteau;
Que les mains se cherchaient pour se serrer encore,
Qu'au milieu du chemin s'agitait le drapeau,

Le vieux père attendri, ne cachant plus ses larmes,
Jeta sur ses deux fils un regard orgueilleux ;
Et s'écriant tout haut : « Dieu bénira vos armes ! »
Il sanglota tout bas : « Je vous bénis tous deux ! »

ÉVARISTE CARRANCE.

Mai 1874.

LES ÉTOILES DU MONDE

PRÉAMBULE

O femme ! qui pourrait renier ton empire,
Quand toujours à tes pieds l'homme est humble et soupire ?...
Tu caches un cœur tendre ou bien un cœur de fer,
Capable de donner ou le Ciel ou l'enfer ;
Mais que ton cœur abhorre ou bien que ton cœur aime,
Ta haine ou ton amour sont poussés à l'extrême.
Souvent, pour toi, les fous vont s'écharper entre eux,
Car ton regard transporte ou fait des malheureux ;
Tes yeux sont le sujet des effets et des causes
Et font marcher au crime ou bien aux grandes choses....
Ton pouvoir absolu, dominant l'univers,
Prépare la fortune ou conduit aux revers ;
Le monde est dans ta main, et c'est sous ton égide
Que tout marche ici-bas et que tout se décide ;
Enfin, rois et crésus, poètes et guerriers,
Veulent te couvrir d'or, d'encens et de lauriers.

Première Étoile : LUCIE

Pour te peindre, vingt fois j'ai tourmenté ma muse ;
L'impuissante qu'elle est me répond par des pleurs ;
Tes attraits l'ont rendue et tremblante et confuse :
Elle ne trouve pas d'assez riches couleurs.

Elle me dit tout bas : « Tu rêves l'impossible,
» A le chercher, en vain tu consumes tes jours;
» Va! tu n'atteindras point au faîte inaccessible
» Dont, seuls, les immortels connaissent les détours. »

Si j'ose la braver, que pourrais-je te dire?...
Tous ces riens prodigués dans le langage humain :
Qu'une déesse peut envier ton sourire,
Et que les grâces sont jalouses de ta main;

Que tes longs cheveux d'or font incliner ta tête
Comme la fleur, cédant aux baisers du zéphir,
Trésor dont plus de mille ont tenté la conquête,
Mais sans qu'aucun jamais y puisse parvenir;

Qu'on dut ravir tes yeux au foyer du Ciel même!!!
Tant charment leur azur et leur limpidité;
Que vivre sous tes yeux, est ce bonheur suprême
Promis aux Musulmans durant l'éternité....

. . . .

Qu'à chaque instant, ces yeux peuvent gagner une âme,
Qu'ils provoquent bientôt de languissants soupirs
Et que si l'on suivait les effets de leur flamme,
On passerait sa vie à compter des martyrs....

Que ta bouche est l'écrin où l'ormus étincelle,
Où trente-deux joyaux s'alignent radieux!
Et que, pour l'effleurer, il n'est point de fidèle
Qui ne cédât la part qu'on lui réserve aux cieux;

Que ton pied ravissant, type d'Andalousie,
Est toujours épié par d'avides regards...
J'en connais que ce pied pousse à la frénésie
Et qui, pour le baiser, braveraient des poignards!!!

Que, sans doute, plus d'un caresse la pensée
De commettre un larcin : voler tes mules d'or ;
Et, cédant aux transports d'une ardeur insensée,
Les baiser en cachette... et les baiser encor!!!...

Que ton esprit fécond sait captiver le monde
Par les éclairs nombreux de ses rapides traits ;
Qu'il peut nous convertir la minute en seconde,
Et nous charmer toujours par de nouveaux attraits ;

Que l'on voudrait pouvoir vivre de ton sourire ;
Que ton nom retentit sur le luth frémissant,
Qu'il est le compagnon du poète en délire!...
Que, pour ce nom, le rêve est toujours caressant....

Que l'on va plaindre ici ma muse vagabonde,
Que longtemps, cette fois, divague mon esprit;
Et qu'on va m'accuser, ô poétique blonde!!!
D'avoir trop voulu dire et de n'avoir rien dit.

Deuxième Étoile : **LA SENSITIVE**

La ravissante châtelaine!!!
Elle a le sourire vainqueur
Et le port d'une souveraine,
Avec une voix de sirène
Qui, tout d'abord, saisit le cœur.

C'est une ardente sensitive,
Délicieuse sans atours,
Une âme toujours expansive
Avec une grâce native
Qui charme et qui séduit toujours.

Son grand œil noir lance la flamme
Comme un trait qui porte à coup sûr,
Qui vous pénètre... vous enflamme!!!
Et qui, bientôt, transporte l'âme
Dans les régions de l'azur....

. . . .

Son incroyable chevelure
Qui serpente en flots ondoyants,
Jusques à terre se mesure...
Et, par sa masse, fait injure
Aux favorites des croyants.

Quand sur ses lèvres coralines
Erre un sourire, il semble alors
Qu'un riche écrin de perles fines,
Ruisselant de lueurs divines
Dévoile soudain ses trésors!!!

Son pied!!! pourrait-on le décrire?
Non parbleu! car un pied pareil
Troublerait le céleste Empire,
Et deviendrait le point de mire
De tous les enfants du soleil.

On aime ses charmantes poses,
Son teint qu'anime un chaud rayon,
Ses épais sourcils, ses névroses,
Sa moue... enfin ses ongles roses
Aussi courbés qu'un bec d'aiglon.

Qui lui pourrait être rebelle?
Des tigres aussi l'aimeraient,
Tant elle est adorable et belle!!!
On ne jurerait que par elle...
Tous les saints en divagueraient....

. . . .

Troisième Étoile : ROSE

Enivrante petite Rose!
Beau printemps de l'humanité!
Fleur du délire, à peine éclose!!
Rayon de la divinité!!!

Que de poèmes on peut lire
Dans l'azur profond de tes yeux,
Dans ton ineffable sourire
Toujours doux et mystérieux ;

Dans l'ondoyante chevelure
Qui s'entrelace sans atour,
Cette ravissante parure
De tes seize ans, Rose d'amour !!!

. . . .

Avec une grâce touchante,
Enfant, tu soupires des vers ;
Vois ! je me risque... je te chante
Pour obéir à mon travers.

La prêtresse par toi choisie
Comme l'idole de ton cœur,
L'irrésistible poésie
O Rose ! est ta divine sœur.

Oui ! poésie avec jeunesse
Inséparables, n'est-ce pas?...
Deux sœurs, par lesquelles, sans cesse,
Dieu se manifeste ici-bas ;

Deux sœurs ayant une même âme
Et desservant le même autel,
Pour y raviver cette flamme
Dont les inonda l'Éternel.

Quatrième Étoile : UNE MUSE

Ma muse a ce teint diaphane
Que jamais n'outrage le fard ;
Et qui rougit... quand l'œil profane
Cherche à rencontrer son regard.

Elle est du pays des gondoles
Où l'on est bercé par les flots,
Et par le chant des barcarolles
Que chantent les gais matelots.

C'est la rose qu'en un sourire,
Le Ciel voulut faire germer,
Et que le poète respire
Comme un parfum qui fait aimer.

Sa chevelure éblouissante!!!
Pur coloris du Titien,
Brille de cette teinte ardente
Que dore un ciel Vénitien....

Elle est plus belle qu'un beau rêve!!!
Mais belle à vous faire mourir...
Et, quand sa paupière se lève,
On croit voir le Ciel s'entr'ouvrir....

. . . .

Sa voix enfante le délire!!!
Elle a ce timbre musical
Que rendrait le son d'une lyre,
Ou bien un globe de cristal...

Quand sa lèvre effleure l'amphore
Et que son œil, d'un bleu plus pur
Que le flot marin du Bosphore,
Vient m'inonder de son azur,

Elle a cette flamme divine
Que l'Orient prête aux houris,
Et de l'inspiré de Médine
Je retrouve le paradis....

. . . .

C'est elle qui remplit mon être,
Elle qui préside à mes chants,
Et dont le sourire, fait naître
Tous les rhythmes les plus touchants.

C'est une colombe enivrante
Qui m'enchaîne par sa douceur;
Mais, de tous les trésors qu'on vante,
Le plus cher de tous... c'est son cœur.

Cinquième Étoile : *BRUNETTE*

C'est une charmante brunette
Au teint de neige, à l'œil d'azur,
Gazouillant comme une fauvette...
Dont on deviendra fou! c'est sûr.

Sur mon âme! quel doux mystère
Sous ses longs cils en éventail....
. . . .
Quelle prise! pour un corsaire;
Et quels beaux jours pour le sérail?

Que de vers on a fait pour elle :
Grands et petits, jeunes et vieux,
Ont, esclaves de sa prunelle,
Tourmenté la langue des dieux.

De l'admirer on ne se lasse,
Car tout en elle sait charmer!!!...
On est heureux quand elle passe;
On ne peut la voir sans l'aimer.

Je ne vois point de métaphore
Pour vous poétiser sa main,
Aux doigts roses comme l'aurore,
Et dont le tour n'a rien d'humain :

C'est une attache de noblesse
Qui traîne le faible... et le fort!...
Qui mène cent captifs en laisse;
Et, cela, sans le moindre effort.

Ses cheveux ont le jeu de l'onde;
J'estime qu'il est dangereux
De voir son pied! sa jambe ronde!!
Et l'étincelle de ses yeux!!!...

Oui! son pied de petite fille
Trottine par bien des esprits :
A le voir, l'œil s'anime et brille
Et les dévots en sont contrits....

. . . .

Enfin, c'est le pied du délire!!!...
C'est un vrai pied de chérubin,
Un pied qui transporte ma lyre,
Un beau rêve de mandarin....

. . . .

L'émail qui brille dans sa bouche
A ce charme qui peut dompter
Le sauvage le plus farouche :
Nul ne saurait y résister.

Je le confesse, je m'enflamme
A vous esquisser ses attraits;
Mais, tous les trésors de son âme,
Pourrai-je les chanter jamais?...

Ici, ma voix est impuissante...
Beaucoup trop faible est mon burin;
Que ne peut-on, quand on la chante,
Faire vibrer un luth divin?

Du pauvre, elle est la providence :
J'ose dévoiler un secret...
Mais, quand c'est l'ange qu'on encense,
Il est permis d'être indiscret.

Sixième Étoile : *LA DIVINE*

Un doux rayonnement de majesté l'inonde!!!...
Comment l'Être suprême eût-il pu faire mieux?...
Lorsque, dans sa grandeur, il en dota le monde,
Ah! sans doute, il se plut à la ravir aux Cieux.

Sur son teint transparent s'épanouit la rose ;
Je cherche à le traduire et n'y puis réussir :
C'est un teint qui défie et le vers et la prose ;
O poète! renonce à le jamais saisir.

Ses yeux! mon Dieu, quels yeux!... Heureux si je m'inspire
A leur vive étincelle, à leur charme si pur :
C'est un ciel d'Orient, rêveur qu'on voit sourire
Dans le limpide flot resplendissant d'azur....

. . . .

J'aime de ses cheveux les ondes fugitives,
Soyeuses s'il en fût, et ruisselantes d'or!!!...
Les filles d'Albion, jalouses et plaintives,
Doivent, avec ardeur, envier ce trésor.

Sa ravissante main!!!... une source féconde,
Une miniature aux suaves contours
Qui, par le cœur guidée, embrasserait le monde,
Lorsque l'affliction réclame son secours.

Son pied qui fait ombrage à nos plus nobles races,
Un enfant le tiendrait à peine dans sa main ;
Et l'on serait tenté d'en mesurer les traces,
Chaque fois qu'il paraît à l'angle du chemin.

Mais quel langage ici me pourrait-il suffire
Pour esquisser, avec ses attraits merveilleux,
L'infini de son âme et son divin sourire !...
Aucun lexique humain, même celui des dieux.

Poète ! tu voulus peindre, dans ta démence,
Ce chef-d'œuvre impossible au souffle d'un mortel ;
Mais ta muse aujourd'hui trouvera la clémence,
Car tu chantes la fleur que rêva l'Éternel.

F. ORSE.

L'HOSPITALITÉ SUISSE
ENVERS L'ARMÉE FRANÇAISE
EN JANVIER 1871

I

Suisse ! noble patrie où la liberté sainte
Partout en traits de flamme a gravé son empreinte
    Sous l'ardente flèche de Tell ;
Ciel aux fiers horizons, sol aux superbes cimes,
O généreux pays ! terre aux vertus sublimes,
A toi mes chants pieux en ce jour solennel !

Dans des temps déjà loin, ô vaillante Helvétie !
La France dans ses mains pressait ta main amie ;
    Vos drapeaux mêlaient leurs couleurs ;
Vos âmes s'unissaient sur les champs de bataille :
Tes fils de nos soldats seuls atteignaient la taille,
Dans des combats géants qui vivent dans leurs cœurs.

Plus tard, roulant son char de victoire en victoire
La France se couvrit des palmes de la gloire :
    Tu l'applaudis dans sa grandeur ;
Et suivant du regard ses aigles triomphales
Dont la serre étreignait les puissances rivales,
Tu saluas de loin sa royale splendeur.

Mais hélas! ici-bas toute gloire est mensonge!
C'est un astre de feu qui dans la nuit se plonge
    Et disparaît aux yeux humains!
Comme le chêne altier brisé par la tempête,
La France un jour tomba de son superbe faîte,
O Suisse! et seule encor tu lui tendis les mains!

. . . .

II

Écoutez, écoutez! quelles clameurs funèbres
Du sein de nos cités montent dans les ténèbres,
Tristes comme le chant lugubre du trépas?
L'écho répète au loin de sombres cris d'alarmes;
L'effroi pâlit les fronts, les yeux roulent des larmes;
Partout l'anxiété précipite les pas!

Qui peut troubler ainsi ton âme, ô noble France!
Quel terrible fléau, messager de vengeance,
Secouant en tous lieux son poison destructeur,
Vient voiler ton beau front et ta face irritée,
Et soufflant dans les airs son haleine empestée,
Semer partout la mort, l'angoisse et la terreur?

C'est, debout, l'œil hagard et la lèvre sanglante,
La guerre qui brandit sa torche dévorante,
Et de meurtres affreux épouvante tes bords;
La guerre sans merci, la guerre lâche, impie,
Du tigre qui bondit sur sa proie assoupie,
Et, fort de sa stupeur, se vautre sur son corps.

Car c'est ainsi qu'un jour, te sachant sans défense,
La Prusse te surprit, ô généreuse France!
Et dans ses doigts de fer voulut broyer ton cœur:
Deux millions de soudards, confiants dans leur nombre,
Comme des loups cruels qui surgissent de l'ombre,
S'abattirent sur toi, frémissants de fureur!

Et la terre trembla sous la lourde mitraille !
Et le sol hérissé des armes de bataille
Chancela sous le pas des pesants escadrons !
Et quand l'heure sonna, l'heure de la mêlée,
L'Europe tressaillit tout-à-coup ébranlée
Aux sourds mugissements de vingt mille canons !

Oh ! les siècles un jour rediront cette histoire !
Ils diront tes malheurs, ta vaillance et ta gloire,
O France ! en ces combats où tes fils accablés,
Luttant un contre dix, superbes, intrépides,
Ne cédèrent aux coups de ces sombres séides
Que quand la mort en tas les eût amoncelés !

Reischoffen et Strasbourg, Toul, Verdun et Mézières,
La France a de ses mains, sur vos nobles bannières,
Déjà gravé vos noms pour la postérité !
Sans doute elle a pleuré votre chute héroïque ;
Mais vous avez sauvé sa renommée antique,
Et conquis une place à l'immortalité !

Mais tandis que l'obus déchirait vos entrailles,
Sans qu'un loyal assaut ébranlât vos murailles,
La France agonisante appelait ses enfants ;
Et du Nord au Midi, du couchant à l'aurore,
Cent mille combattants, adolescents encore,
Aux cris de la Patrie accouraient frémissants !

Bourbaki les commande : à sa voix mâle et fière
La Prusse a tressailli de crainte et de colère !
Bourbaki triomphant, c'est Belfort délivré,
C'est Orléans sauvé, la Lorraine reprise,
C'est Paris débloqué, l'Alsace reconquise,
C'est l'aigle de Berlin qui recule attéré !

Oh ! ce fut un instant de suprême espérance !
Mais Dieu dans ses décrets avait maudit la France,

Et marqué son beau front du sceau de la douleur!
Un jour allait payer des siècles de victoires,
Et voiler tout-à-coup tous ses rayons de gloires
En ouvrant sous ses pas l'abîme du malheur!

. . . .

III

Il neigeait; une bise amère, inexorable,
D ns leurs veines glaçait le sang de nos soldats;
Pleins d'ardeur, cependant, ils allaient à grands pas,
Bravant sans murmurer le froid impitoyable!
Oh! la route était rude à lasser les plus forts!
Le pied glissait souvent sur les côtes rapides;
Le souffle se glaçait sur la lèvre : intrépides,
Ils allaient, s'unissant en sublimes efforts!

Belfort les attendait; Belfort que la mitraille
Broyait depuis cinq mois sous ses dents en fureur!
Dont Sparte eût autrefois envié la valeur,
Belfort toujours debout et prêt pour la bataille!...
Un formidable cri retentit tout-à-coup :
Comme un nuage épais vomi par la tempête,
Deux cent mille Prussiens des monts bordant la crête,
Prêts à lancer la foudre, apparaissent debout!

« En avant! en avant! » crie une voix sublime;
Et le glaive à la main, la flamme dans les yeux,
Nos jeunes bataillons, géants audacieux,
Tentent d'escalader la redoutable cime!
En vain la bombe siffle en traversant les airs;
Au-dessus de leur tête en vain le canon gronde :
Bravant sans sourciller le feu qui les inonde,
Ils franchissent ces monts étincelants d'éclairs!

Prussiens, vous frémissez d'une telle vaillance;
Ce courage héroïque épouvante vos cœurs;
Vous sentez, n'est-ce pas, ô superbes vainqueurs,
Tout ce qu'ils ont de grand ces enfants de la France?

Comme un flot repoussé par un flot plus puissant,
Vous reculez au bruit du torrent qui s'avance,
Car il vous faut, à vous, un peuple sans défense,
Des cités que la faim vous livre en gémissant !

O soudards ! vous tremblez à cette heure suprême ;
Et, sous le fier regard de nos jeunes vengeurs,
Vous fuyez poursuivis par de lâches terreurs,
En poussant vers le Ciel un horrible blasphème !...
Et la France anxieuse à l'instant bat des mains !
Ce triomphe, Seigneur, est-ce la délivrance ?
Pardonnez-vous enfin à cette noble France,
Foulée hélas ! aux pieds par ces sombres Germains ?...

Ah ! l'expiation n'est pas complète encore !
La lie est demeurée au fond du vase amer !
Un félon va briser ce cœur si grand, si fier,
En s'imprimant au front la honte qui dévore !
Écoutez : un bruit sourd s'élève vers le Nord...
Est-ce le pôle en feu qui fait trembler la terre ?
Un volcan qui vomit la flamme et le tonnerre ?
L'Océan débordé qui promène la mort ?...

Non ! c'est la France en deuil qui pleure Metz trahie !
Metz, du joug étranger vierge jusqu'à ce jour,
Metz, la belle cité, son orgueil, son amour,
Par la faim arrachée aux bras de la Patrie !!!
Et soudain sur Belfort précipitant leurs pas,
Comme un fleuve grossi qui roule dans la plaine,
Les assiégeants vainqueurs de la cité lorraine
Dans un cercle de feu vont broyer nos soldats !

Alerte, Bourbaki, ta phalange est cernée !
De nouveaux bataillons te pressent à la fois,
Rends-toi !... — Mais qu'ai-je dit ? la balle sous tes doigts
Terminera plutôt ta vie infortunée !

Pourtant, tu ne meurs pas : à demi-foudroyé,
Tu tombes au moment où tes compagnons d'armes,
Assaillis tout-à-coup de cruelles alarmes,
Lèvent à l'horizon un regard effrayé!

C'est qu'ils ont vu surgir ces masses innombrables
Qui ferment tout chemin à l'espoir du retour!
Car tout pour eux hélas! est fini dès ce jour,
La mitraille manquant à leurs bras redoutables!
Malheur! trois fois malheur! soldats, il faut mourir!
Mourir sans achever l'œuvre de délivrance!
Mourir désespérés, sans lutte, sans vengeance,
Mourir sans gloire!!!... Oh! non, ce serait trop souffrir!

Non, vous ne mourrez pas, c'est assez de victimes!
Dieu touché de vos maux relève enfin sa main ;
Un sol hospitalier vous apparaît soudain,
Grand, libre, généreux, avec ses monts sublimes!
Descendez, ô Français, à ces bords protecteurs ;
Nul bras n'y poursuivra votre marche affaiblie!
Là, vous retrouverez presque une autre Patrie,
Un terme à votre angoisse, un baume à vos douleurs!

. . . .

IV

Noble Suisse, salut! salut, terre chérie,
Qui viens tendre les bras à ceux que nous pleurons,
Rendre un peu d'espérance à leur âme flétrie,
Et par un mot ami rasséréner leurs fronts!
Témoin des grands combats livrés près de ta plage,
Ton cœur faisait des vœux pour la France, ta sœur;
Aujourd'hui que le sort a trahi son courage,
    Tu veux ta part de sa douleur!

Eh bien, lève les yeux, regarde à ta frontière ;
La neige roule au loin sous un Ciel ténébreux ;
Ah! j'ai vu se voiler ta tremblante paupière,
Et ton sein se gonfler de sanglots douloureux!

Pourquoi cette tristesse à ton visage empreinte,
Et ce cri de pitié qui jaillit de ton cœur?...
J'entends au loin monter une lugubre plainte,
    Sombre présage de malheur!

C'est là-bas, chancelants sous le poids de leurs armes,
De nos fiers bataillons les généreux débris
Qui, le front anxieux et dévorant des larmes,
Apparaissent sanglants, mutilés et meurtris !
Courbés par la souffrance, ils se traînent à peine,
Chargés du lourd fusil ou du glaive impuissant;
Plus d'un sans force hélas! au milieu de la plaine
    S'arrête et tombe en gémissant!

D'autres plus vigoureux se soutiennent encore,
Et d'un pas défaillant suivent l'étroit chemin;
Mais le froid les poursuit, la bise les dévore,
Hélas! ce n'est pas tout encor, car ils ont faim!!!
Oh! voyez-les tremblants, la prunelle sanglante,
Hâves, le corps brisé, harrassés, sans espoir,
S'avancer lentement, la poitrine râlante,
    Sous ce Ciel d'hiver triste et noir!...

O Suisses! accourez au-devant de vos frères!
Les voici succombant sous le poids de leurs maux!
Ils vous tendent les mains, ces mains nobles et fières,
Que n'ont pu désarmer d'implacables bourreaux!
Ils viennent confiants, au nom saint de la France,
Vous demander l'abri de l'hospitalité,
Le bienfait du repos, l'oubli de la souffrance,
    Le pain de la fraternité!

Vous avez entendu cette auguste prière;
Et d'un sublime élan vos cœurs se sont offerts;
Et le riche palais et la pauvre chaumière,
Seuils désormais bénis, à tous se sont ouverts!

— « Entrez, avez-vous dit d'une voix attendrie;
» Nos modestes trésors et nos cœurs sont à vous;
» Et jusqu'au jour où Dieu vous rendra la Patrie,
    » Français, vous vivrez avec nous!... »
Comme un riant soleil qui luit après l'orage,
Et rassure les pas des tremblants voyageurs,
L'espoir a ranimé votre sombre visage,
Et chassé tout-à-coup l'angoisse de vos cœurs;
Et la poitrine émue, et l'âme recueillie,
Vous étreignez ces mains, que vous tend l'amitié,
Soldats, et vous entrez au seuil où vous convie
    La douce voix de la pitié!

. . . .

V

Sainte hospitalité, que tes lois ont de charmes!
Tu parais : l'indigent ne doute plus du Ciel;
Tu souris : la douleur sent s'effacer ses larmes,
Et le calice amer retrouve un peu de miel!
Ah! Dieu même sans doute a versé dans ton âme
De l'ineffable amour le trésor enchanteur;
Et ta lèvre a reçu ce doux accent de flamme
    Qui brûle et parfume le cœur!

    O France! ô ma belle Patrie,
    Relève-toi, sèche tes pleurs;
    L'horrible tempête est finie,
    L'orage a calmé ses fureurs!
    Aux bords de l'Helvétie heureuse,
    Tes fils échappés à la mort
    Bénissent la main généreuse
    Qui les accueille dans le port!

    Les vois-tu, les lèvres émues,
    Un rayon d'amour dans les yeux,
    De vingt mille mains inconnues
    Recevoir les secours pieux!

Filles, vieillards, pères et mères,
Discrets, empressés vigilants,
Pour ces soldats qu'ils nomment frères,
Ont de sympathiques accents !.

Et l'espérance au doux visage
Vient secouer ses ailes d'or,
Sur ces jeunes fronts que l'orage
Hier faisait pâlir encor !
Bientôt plus d'un, l'âme attendrie,
Peut-être en son cœur gravera
Un nom, une image chérie
Que la mort seule effacera !...

O Suisse ! sois bénie ! à la France alarmée,
Ton noble cœur a su conserver une armée,
   Plus encor, des enfants chéris !
Tandis que dans ces jours où l'Europe inquiète
Voyant gronder sur nous l'effroyable tempête
Peut-être applaudissait nos cruels ennemis,

Tu bravas sans effroi la Prusse sanguinaire,
En ouvrant à nos fils un abri tutélaire ;
   Et les arrachant au vainqueur !
Seul un sol consacré par la liberté sainte
Pouvait oser ainsi, sans orgueil et sans crainte,
Opposer une digue au torrent destructeur !

Ce fut un spectacle sublime !
Les anges mêmes du Seigneur
Durent, ô Suisse magnanime !
Chanter ta loyale grandeur !
Et porté de plages en plages
Par mille échos harmonieux,
Ton nom aux plus lointains rivages
Dut s'élever jusques aux Cieux !

. . . .

O Suisse ! désormais sois fière de ta gloire !
Ta mémoire appartient à la postérité ;
Tes bienfaits sont gravés aux pages de l'histoire,
Et tu portes le sceau de l'immortalité !
Et la France debout, rendue à sa puissance,
Comme une sœur chérie aux côtés de sa sœur,
Chante l'hymne pieux de la reconnaissance,
Et t'apporte l'amour que t'a juré son cœur !

Puissent, noble pays, touchés de ton exemple,
Par un lien sacré tous les peuples s'unir,
Et vouant à la paix un symbolique temple,
Sur les pas du progrès marcher vers l'avenir !
En se donnant la main qu'ils maudissent la guerre,
Bénissent le travail, chantent la liberté !
Et l'aimable concorde en régnant sur la terre
A son but conduira l'heureuse humanité !

Louis Oppepin.

Nièvre.

LE DEVOIR

PAR Mme LA Bne Ve YVONNE DE MONTFAVILLE

Il est un sentiment aussi noble que beau
Qui grandit avec nous et ne meurt qu'au tombeau !
Il est un souvenir ardent comme la flamme
Que tout homme de cœur garde au fond de son âme,
Le souvenir des lieux où l'on fut autrefois
Bercé par une mère, endormi par sa voix.
L'on peut des dignités atteindre jusqu'au faîte,
Voler victorieux de conquête en conquête,
D'une gloire éphémère enfin s'enorgueillir.
On peut jusqu'à la honte, au crime s'avilir,
Franchir tous les degrés du gouffre d'infamie
Et n'avoir à serrer pas une main amie.

Au comble du bonheur ou de l'adversité
Ce sentiment sacré dans le cœur est resté.
Tout périt, excepté l'amour de la Patrie !
Au feu de cet amour une race flétrie
Peut se purifier, et ces magiques mots :
Patrie, honneur ! toujours font surgir des héros !
Vous qui vivez heureux où vécurent vos pères,
Qui mourez résignés, sans haine et sans colère,
Bénissant vos enfants, consolant vos amis,
Vous ignorez combien l'on aime son pays !
Mais celui qui, poussé par une erreur fatale,
Cherche le bonheur loin de la terre natale,
Ou qui s'en va, jouet des caprices du sort,
Errer du Nord au Sud en affrontant la mort,
Celui-là quand du soir au Ciel l'étoile brille,
Soupire longuement et pense à sa famille.
Il lance ses regards au bout de l'horizon
Comme un triste captif, du fond de sa prison,
Élève vers les Cieux ses yeux remplis de larmes.
Oh ! comme l'âme émue alors trouve des charmes !
Comme avec espérance elle invoque le Ciel,
Qui console les maux en dispersant leur fiel,
Et comme elle chérit tout ce qui lui rappelle
Le pays adoré, mais, hélas ! si loin d'elle !
Par delà l'Océan, vers de lointains climats,
Lorsqu'une sainte cause a guidé nos soldats,
Ce noble souvenir enflamme leur courage ;
De la Patrie aimée ils emportent l'image.
Le drapeau vénéré, souvenir glorieux,
Emblème de la France, est la France à leurs yeux.
Mais aussi ce drapeau, c'est pour eux une idole,
Son nom est entouré d'une triple auréole,
Autant que leur Patrie, ils aiment leur drapeau,
Et meurent pour sauver ce sublime oripeau.

C'était à cette époque où le bras de la France
A tous les potentats imposait sa puissance...

Où l'homme du destin, épouvantail des rois,
Dictait à l'univers ses immortelles lois.
Un de nos régiments, perdu dans la bataille,
Soudain enveloppé de feux et de mitraille
Succomba vaillamment sous le nombre écrasé.
Seuls, dix braves pourtant, le cœur électrisé,
Entourant le drapeau, symbole de leur gloire,
Avec acharnement disputaient la victoire.
Sous un toit délabré, derrière un mur fumant,
Ils luttaient en héros jusqu'au dernier moment.
L'ennemi cependant, honteux de ce carnage,
Suspendit le combat, admirant leur courage.
Mais n'usant qu'à regret de générosité,
Ils voulaient aux guerriers ravir la liberté.
La mort les attendait s'ils osaient se défendre,
Sans forfaire à l'honneur, ils auraient pu se rendre.
S'il est vrai que toujours l'homme doit commander,
Au nombre quelquefois la valeur peut céder.
Mais, tant qu'à l'étranger sa défense est funeste ;
Tant que son cœur peut battre et qu'un souffle lui reste,
Tant qu'il n'a pas brisé le glaive dans sa main,
L'intrépide Français le dispute au destin !
Mourir... c'est un devoir quand la vie est la honte
Se sont-ils écrié ; mais le regard les compte :
Cent contre un... ce combat est une lâcheté...
Eh bien, dit l'ennemi, qu'ils aient leur liberté,
Mais qu'ils cèdent au droit. Leur résistance est vaine !
Il n'est pour les sauver nulle puissance humaine !
Qu'ils demandent la vie ou la mort, à leur choix,
Mais nous sommes vainqueurs, ils subiront nos lois !
Il faut que devant nous leur orgueil s'humilie,
Ou que meure avec eux leur gloire ensevelie !
Il faut qu'entre nos mains ils laissent leur drapeau
Ou que ces murs croulants leur servent de tombeau !
Ah ! ceux qui prononçaient ces paroles altières
Ignoraient des héros les qualités guerrières !

Ils n'étaient pas soldats, ils n'avaient pas de cœur,
Ceux qui mettaient la vie au-dessus de l'honneur!
Quoi! vendre son drapeau pour préserver sa vie...
L'existence d'un lâche est donc digne d'envie
Pour que vous imposiez la honte à des Français!
Ne les insultez pas! vous les méconnaissez!
Vous voulez leur drapeau! demandez donc leur âme!
Le marché n'en sera pas pour eux plus infâme!
Quoi lâches! croyez-vous corrompre ces soldats
Et que votre marché ne les révolte pas?
Un Français... mais pour lui, c'est l'âme de la France,
Mais ce signe éclatant, c'est la foi, l'espérance,
Le blason de l'armée et l'orgueil du soldat,
Le symbole sacré de son apostolat.

Aussi, lorsque jadis nos guerriers intrépides
Volaient des bords du Nil au pied des Pyramides;
Que, broyant sous leurs pas les soldats ennemis,
Ils arrivaient d'un bond du Tage au Tanaïs,
S'ils tournaient leur regard vers la Patrie absente,
Ils voyaient l'étendard, image consolante,
Flotter majestueux au-dessus de leurs rangs,
Abritant dans ses plis, foyer, amis, parents.
Et des lâches pourraient avilir ce symbole,
Ils oseraient souiller sa brillante auréole?...
Ah! leur nom, renié par tout homme de cœur,
Ne pourrait inspirer que mépris au vainqueur!

Quand de l'iniquité Christ vint sauver le monde,
Des hommes enflammés par une foi profonde,
Abjurant aussitôt les plus stupides lois,
Firent serment au Ciel de défendre la croix.
Alors, des potentats le noir courroux s'allume,
Les chevalets sont prêts. Plus loin le bûcher fume;
Entendez-vous rugir le tigre dévorant?...
Le bourreau n'attend plus qu'un signal du tyran.

Mais au lieu de faiblir à l'aspect du supplice,
Le chrétien de sa vie a fait le sacrifice.
Pourquoi, lui dira-t-on, s'immoler pour la croix?
A quoi bon adorer ce vil morceau de bois?
Ce vil morceau de bois, tyran, c'est son emblème,
Son étendard sacré; ce bois, c'est son Dieu même;
En vain par tes fureurs, tu crois l'intimider,
Ni tigre, ni bûcher ne le feront céder!
Il saura rester calme et braver la souffrance,
Car son Dieu qu'il adore est sa seule espérance!
La croix c'est son idole et pour elle il combat!

Écoutez, le drapeau c'est la croix du soldat!
Quiconque le renie est un cœur traître ou lâche!
Mille exploits ne sauraient effacer cette tache!
Aussi, jamais Français n'en a souillé le nom;
Quand il devrait servir de pâture au canon,
Quand mille fers devraient lui ravir l'existence,
Il n'abandonne pas l'étendard de la France!
L'étreignant sur son cœur jusqu'au dernier lambeau,
Il meurt couvert de gloire et martyr du drapeau!

Combien durent souffrir à ce sanglant outrage,
Ces sublimes vaincus au cœur plein de courage!
Quelle vive rougeur dut empourprer leur front!
Que dut saigner leur âme à cet inique affront!
Mais, à subir le joug, doivent-ils se résoudre?...
Non! à ce penser seul, leurs yeux lancent la foudre;
Ils échangent entre eux des regards pleins de feu,
Et jettent au drapeau ce solennel adieu :
« Salut! noble étendard! âme de la Patrie!
» Non! ta grandeur, par nous, ne sera pas flétrie!
» Le sort nous abattra, mais nous aurons l'orgueil
» D'avoir dans tes replis caché notre cercueil!
» Notre âme dans la tombe emporte ta mémoire,
» Drapeau que, tant de fois, couronna la victoire!

» L'ennemi de nos mains ne saurait t'arracher
» Si sur nos cœurs sanglants il ne vient te chercher !
» Entends-tu le vainqueur pousser des cris de joie !
» Quoi ! l'aigle des vautours sera-t-elle la proie ?
» Cette aigle dont la serre étreignait l'univers,
» Devra-t-elle expier sa gloire dans les fers ?...
» Jamais ! nous le jurons sur l'honneur de la France,
» Nous livrons à la mort des jours pleins d'espérance,
» Mais notre souvenir vivra glorifié,
» Et le drapeau français ne sera point souillé ! »

Mais le délai fatal dans un instant expire !
Alors, dans le transport d'un sublime délire,
Ces stoïques soldats étreignent l'étendard
Et jettent à leur aigle un suprême regard !
Ils brûlent leur drapeau, ne voulant pas le rendre,
Et sur leurs seins ardents en conservent la cendre
Pour le défendre encor, même après son trépas !
Mais l'aigle ?... L'ennemi ne la flétrira pas !
Les vaillants défenseurs l'ont donnée à la terre !
Que l'ennemi contre eux allume sa colère...
L'étendard est sauvé, qu'importe de périr ?
Ils sont prêts à combattre ou plutôt à mourir !

Mais il est en tout lieu des hommes magnanimes
Dont l'âme est accessible aux sentiments sublimes ;
Le chef des ennemis, vaillant et noble cœur,
Admirant des guerriers l'héroïque valeur,
Fit taire son courroux, écouta la clémence,
Et quoique humilié par tant de résistance,
Il laissa les Français partir en liberté.
« Retournez au combat ! leur dit-il, irrité ;
» Un lâche pourrait seul vous arracher la vie.
» Je vous hais, ô Français ! mais je vous porte envie.
» Vous forcez la victoire à marcher sur vos pas,
» L'on peut vous écraser ! on ne vous dompte pas !

» Toujours en votre honneur la fortune est fidèle,
» Eh bien! moi, je serai généreux autant qu'elle!
» La France vous réclame! allez, nobles vaincus,
» Lui porter votre gloire et vos nobles vertus!
» J'admire, malgré moi, ce dévoûment sublime,
» Et veux, par mes bienfaits, conquérir votre estime.
» Les braves ne font pas le métier des bourreaux :
» Vous mouriez en martyrs, vous vivrez en héros?... »

B^{ne} V^e DE MONTFAVILLE.

LA GOUTTE DE ROSÉE
IDYLLE

A MADAME M.-T.-B., DE CONSTANTINOPLE

Vous en souvient-il? — J'y pense toujours!

C'était un matin. — Vous en souvient-il?
Le Ciel était bleu, la terre fleurie,
Un rayon vermeil dorait la prairie ;
Mai, joyeux d'ouvrir les bourgeons d'avril,
Déroulait au loin sa verte féerie ;
C'était un matin. — Vous en souvient-il?

Tout était parfum, lumière et verdure ;
Nous allions au gré des sentiers étroits,
Humant les senteurs, écoutant les voix,
Errant au hasard, marchant d'aventure
Tantôt dans les prés, tantôt dans les bois ;
Tout était parfum, lumière et verdure.

Oh! la tiède brise, oh! le doux soleil!
Que de frais buissons, de jeunes pervenches!
Que de nids causeurs et que d'ailes blanches!
Et tous les ruisseaux remis en éveil!
Et tous les rayons courant dans les branches!
Oh! la tiède brise, oh! le doux soleil!

Vous chantiez gaîment, — j'avais l'âme en fête,
Votre voix vibrante allait à mon cœur;
Tout autour de moi parlait de bonheur;
La mousse à mes pieds, l'azur sur ma tête,
Je marchais ravi, j'écoutais rêveur;
Vous chantiez gaîment, — j'avais l'âme en fête.

Votre œil brillait comme un diamant noir,
Votre voile au vent flottait comme une aile;
Les oiseaux, pour vous laissant leur querelle,
Se penchaient aux nids, jaloux de vous voir,
Et les fleurs disaient que vous étiez belle;
Votre œil brillait comme un diamant noir.

Et vous folâtriez dans les primevères,
De mille bouquets vous chargiez vos bras;
Moi je poursuivais — croisant vos ébats, —
L'essaim empourpré de rimes légères,
Dans un rayon d'or, volant sur mes pas;
Et vous folâtriez dans les primevères.

Parfois sans parler nous marchions tous deux....
De nobles senteurs venaient des collines,
L'abeille essorait des ruches voisines,
Et quand nous passions dans les chemins creux,
Il neigeait sur nous des fleurs d'aubépines;
Parfois sans parler nous marchions tous deux....

Ainsi que l'amour le printemps enivre!
C'était : course folle et bruyant refrain,
Gais propos semés d'un rire argentin,
Appels à l'écho, qui semblait nous suivre
En vous renvoyant votre cri mutin;
Ainsi que l'amour le printemps enivre!

A tous les instants un attrait nouveau :
Il fallait aller — ô joie enfantine, —
Sous chaque taillis, vers chaque ravine,
Et boire au flot clair de chaque ruisseau,
Et prendre une branche à chaque églantine ;
A tous les instants un attrait nouveau.

Vous rappelez-vous le mont et la plaine,
L'aqueduc croulant et le vieux beffroi,
Le chemin perdu par ma faute à moi,
Et la longue halte au pied du grand chêne,
Et le gué... passé non sans quelque émoi ?
Vous rappelez-vous le mont et la plaine ?

Vous en souvient-il ? — J'y pense toujours !
Chaque souvenir, baigné de lumière,
Danse au gai soleil sur cette bruyère,
Avec la chanson de ces heureux jours,
Parmi ces parfums d'odeur printanière ;
Vous en souvient-il ? — J'y pense toujours !

Nous allions ainsi dans l'herbe nouvelle....
Soudain votre lèvre eut un cri joyeux ;
Votre doigt baissé montrait à mes yeux
— Corolle charmante, humide étincelle, —
Une fleur des champs, un point lumineux ;
Nous allions ainsi dans l'herbe nouvelle.

O perle ! ô calice ! ô grâce ! ô splendeurs !
Comme tu brillais, goutte de rosée,
Limpide, arrondie et toute embrasée,
Toi qu'en cette coupe aux vives couleurs
Le matin avait mollement posée ;
O perle ! ô calice ! ô grâce ! ô splendeurs !

Jamais le printemps n'eut larme plus pure!
Jamais fleur des prés n'eut plus doux contours.
Jamais on ne vit de simples atours
Former au hasard si riche parure !
C'était un brillant sur fond de velours.
Jamais le printemps n'eut larme plus pure !

Pour moi votre main voulut la cueillir :
Et d'un léger bond sur l'herbe penchée,
Prenant la fleurette à demi-cachée,
Vous vîntes riante alors me l'offrir,
— Et je l'ai toujours, quoique desséchée ; —
Pour moi votre main voulut la cueillir.

Je vous dis merci — vraiment ce n'est guère, —
Le don valait mieux, je devais oser,
Et sur cette main mettre un long baiser ;
Ah ! si maintenant c'était à refaire....
Mais il est bien temps de me raviser !
Je vous dis merci — vraiment ce n'est guère.

Je paierai ma dette au jour du revoir.
Mais hélas ! j'y songe... et triste j'y pense,
Oh ! reviendrez-vous au pays de France,
Pourrons-nous encore errer jusqu'au soir ?
A moi le printemps ! à moi l'espérance !
Je paierai ma dette au jour du revoir.

Je tenais craintif la tige brisée,
J'admirais joyeux la perle et l'écrin....
La fleur ondulait au vent du matin ;
Des rayons du jour la perle irisée,
Tremblait doucement sur le frais satin ;
Je tenais craintif la tige brisée.

Le pur diamant jetait mille feux....
Le balancement de la plante frêle
Faisait scintiller la vive étincelle,
Et me rappelait l'éclat de vos yeux,
La flamme qui sort de votre prunelle;
Le pur diamant jetait mille feux.

Souvent on s'attache à la moindre chose,
Et le cœur s'éprend d'un fragile bien;
C'est qu'aussi parfois — je le sais trop bien, —
Le bonheur est fait d'une simple rose...
Et serrant les doigts, je tenais le mien;
Souvent on s'attache à la moindre chose.

Le bonheur et l'eau glissent de la main!
La brise en passant soudaine et rapide,
D'une aile jalouse et d'un coup perfide,
Fit rouler la perle au bord du chemin....
Le gazon la bût d'une lèvre avide;
Le bonheur et l'eau glissent de la main!

Oh! dans mon courroux je maudis la brise,
Et pour un poète, allez, c'est bien mal;
Mais, vrai, lui devais-je un doux madrigal?
Et vit-on jamais pareille surprise,
Larcin plus méchant, souffle plus brutal?
Oh! dans mon courroux je maudis la brise.

Pourquoi me ravir ce charmant trésor?
Je sais qu'ici-bas tout est éphémère,
Qu'une goutte d'eau n'est qu'une chimère;
Mais j'aurais voulu la garder encor,
Et la laisser perdre en vapeur légère;
Pourquoi me ravir ce charmant trésor?

Pourquoi mettre en deuil ma douce corolle?
N'avait-elle pas, sur ce vert tapis,
Muguets, boutons d'or, pervenches et lis?
N'avait-elle pas cette brise folle
Saphir, émeraude, opâle et rubis?...
Pourquoi mettre en deuil ma douce corolle?

La perle n'est plus... j'ai du moins la fleur!
J'ai le souvenir, je garde l'emblème,
C'est tout un printemps, c'est tout un poème,
Un matin d'ivresse, un jour de bonheur;
Cela vient de vous, c'est pourquoi je l'aime;
La perle n'est plus... j'ai du moins la fleur!

Depuis ce moment, lorsque je chemine
Dans le frais vallon, sur le vert coteau,
A chaque brin d'herbe, où la goutte d'eau
Comme un diamant tremble et s'illumine,
Je soupire et pense à votre joyau,
Depuis ce moment lorsque je chemine.

Et dès-lors un charme est venu de vous :
Toujours devant moi — comme hier encore, —
La rosée, aux champs, scintille et se dore
D'un éclat plus vif, d'un attrait plus doux;
Et sur tous mes pas les pleurs de l'aurore,
Depuis ce moment, me parlent de vous!

Louis Satre.

Loire.

LE COMTE DE MODÈNE

ou

UN ACTE DE BARBARIE AU Xme SIÈCLE

Tragédie en 3 actes

PERSONNAGES

OTHON, empereur d'Allemagne.
MARIE, femme d'Othon.
LE COMTE de Modène.
ISAURA, femme du comte. (1)
WALTER, grand-officier d'Othon.
ANTONIUS, confident du Comte.
LE CARDINAL de Modène.
DEUX ÉVÊQUES.
SEIGNEURS ITALIENS.
OFFICIERS GERMAINS.
SOLDATS GERMAINS.
LE BOURREAU d'Othon.

La scène se passe à Modène, dans la salle d'audience, au palais du Comte.

Acte premier

Scène première

LE COMTE

Béni soit le Seigneur ! demain nos ennemis
Quitteront la Modène, Othon me l'a promis.
Othon est satisfait ; l'Italie est soumise,
Le Saint-Père a repris les états de l'Église.
Crescentius vaincu remet entre leurs mains
Et sa vaillante épée et le sort des Romains.
Le bienheureux Grégoire, en sa reconnaissance,
Couronne le vainqueur avec magnificence.
On fête au Vatican, et le peuple gémit ;
On feint de l'ignorer, ou plutôt on en rit.

---

(1) Prononcez Isaoura.

Qu'importe sa douleur, sa honte et sa misère,
Pourvu qu'il soit soumis et craigne le Saint-Père.
La charité n'est plus une vertu des cours ;
Veut-elle s'y montrer qu'on la bannit toujours,
A Rome comme ailleurs ; car le Pape nous lie
En proclamant Othon souverain d'Italie.
Par cela même, hélas ! il livre ses enfants
A cet homme cruel, le pire des tyrans.
Othon croit mériter du Pape et de l'Église,
Mais il a fait périr le bon prélat de Pise
Qui s'était retiré dans le temple de Dieu ;
Othon n'a cru devoir respecter le saint lieu.
Vingt prêtres ce jour-là, malheureuses victimes !
Sont tombés sous sa hache, et voilà de ses crimes.
Puis n'a-t-il pas encor, dans un jour de fureur,
Brûlé près de Milan le temple du Seigneur
Où s'étaient retirés des guerriers en détresse
Appartenant au peuple ainsi qu'à la noblesse.
Voilà donc les vertus de ces êtres pervers
Qui voudraient en ce jour gouverner l'univers.
Mais Othon croit déjà que cette chose est faite ;
Et le Pape est heureux au sein de sa retraite.
Voici ce qu'il se dit, dans sa béate foi :
« Le Seigneur est pour tous, et chacun fait pour soi. »
Aussi n'irai-je pas, couvert de ridicule,
Me présenter chez lui pour lui baiser la mule.
Je resterai chez moi, c'est donc bien arrêté.
Othon, comblé d'honneur, quitte sa sainteté,
Vient planter son drapeau dans ma chère Modène ;
S'installe en mon palais avec si peu de gêne
Que s'il était chez lui, ce qui n'est pas plaisant ;
Encor dois-je me taire et paraître content....
Je n'ai donc plus qu'un jour à souffrir sa présence,
Et mon cœur opprimé s'en réjouit d'avance.
Ah ! ce que j'ai souffert, mon Dieu, vous le savez.
J'entends marcher quelqu'un. (Il va regarder à la porte.)
                      Antonius, venez....

Scène II

LE COMTE, ANTONIUS

LE COMTE

Ah! cher Antonius, livrons-nous à la joie ;
Demain, nos ennemis (que l'enfer les foudroie!)
Partent au point du jour pour leurs maudits États.

ANTONIUS

Seigneur, est-il bien vrai que tant de scélérats
Quitteront à la fois notre pauvre Modène?

LE COMTE

Croyez, Antonius, la nouvelle est certaine.
Mais vous saviez déjà, quelqu'un vous l'avait dit?

ANTONIUS

Oui ce fameux Walter, ce scélérat maudit,
D'un air mystérieux, au sein de la tourelle,
Est venu ce matin m'apprendre la nouvelle.
Mais comme il est peu franc, j'ai cru qu'il me trompait.

LE COMTE

Vous pouviez, cette fois, croire ce qu'il disait.

ANTONIUS

Fiez-vous aux Germains, ils trompent d'habitude.

LE COMTE

Ils partiront demain, j'en ai la certitude.

ANTONIUS

De qui la tenez-vous?

LE COMTE

De l'empereur.

ANTONIUS

D'Othon?

LE COMTE

De lui-même, autrement je n'y croirais pas, non.

ANTONIUS

O ma chère Modène! ô ma noble patrie!
Dieu sait que nous t'aimons jusqu'à l'idolâtrie.
Combien nous gémissons sur ton funeste sort,
Quand l'étranger t'opprime en désirant ta mort.

Mais que tout noble cœur se livre à l'espérance,
Puisque pour toi bientôt sera la délivrance.
Nous reverrons encor ta splendeur des beaux jours,
Et tes nuits de plaisir et tes folles amours.
Puis la vierge pudique aux longs cheveux d'ébène
Pourra, comme autrefois, circuler dans Modène.

LE COMTE

Il faut bien l'espérer ; mais tout ce que je sais,
C'est que demain Othon quittera mon palais.

ANTONIUS

Et vous lui donnerez?

LE COMTE

Mais rien du tout, j'espère.

ANTONIUS

Sachez qu'Othon n'est pas généreux d'ordinaire,
Et qu'il a rançonné tous ceux qui, comme vous,
Ont voulu se montrer pour braver son courroux.
Méfiez-vous de lui, redoutez ses caprices :
Les forfaits les plus noirs font ses plus chers délices.
Son cœur, vous le savez, est celui d'un damné ;
Aux tourments de l'enfer....

LE COMTE

Vous l'avez condamné.

ANTONIUS

C'est votre confesseur qui, dans sa foi jalouse,
Les condamne tous deux....

LE COMTE

Othon et son épouse !
Pourquoi l'impératrice? A-t-elle partagé
Les crimes odieux de ce monstre enragé?
Non, non, Marie est bonne, et souvent je l'ai vue
Intercéder pour nous dans la grande avenue.
Marie a des vertus égalant sa beauté.

ANTONIUS

Ah ! puissiez-vous, seigneur, dire la vérité.

Je suis moins confiant, Marie est espagnole,
Et d'un oncle pervers elle a suivi l'école.
Quelqu'un qui la connaît et qui la suit partout...

LE COMTE

Un médisant.

ANTONIUS

Seigneur, écoutez jusqu'au bout.
Ce quelqu'un me disait : « Son cœur est un abîme,
» Et qui s'y laisse prendre est toujours sa victime. »

LE COMTE

Quels propos tenez-vous? Suis-je donc son amant?

ANTONIUS

Un autre me l'a dit.

LE COMTE

Hé bien! sachez qu'il ment;
Et quand vous le verrez vous pourrez le lui dire.

ANTONIUS

Seigneur, c'est déjà fait, mais il n'a fait qu'en rire.
Ne vous en tourmentez, c'est un mauvais plaisant.

LE COMTE

Marie a des bontés, j'en suis reconnaissant;
Jamais l'intimité n'a passé ses limites;
J'ai rempli mon devoir dans les bornes prescrites.
Ma chère Isaura, ce bel ange mortel,
A reçu mes serments aux pieds d'un saint autel.
Ma promesse est sacrée, et jamais, je le jure,
Vous ne me verrez être infidèle et parjure.
Ma bonne Isaura m'aime et je l'aime plus;
Comment ne point chérir ce trésor de vertus?
Par un funeste oubli je causerais sa peine
En me couvrant d'opprobre, en m'attirant sa haine.
Oh! qu'elle soit heureuse, oui, puis il le faut bien.
Et d'ailleurs, mon ami, son bonheur c'est le mien.
J'avais, vous le dirai-je, avant de la connaître,
Une autre passion aussi grande peut-être.

Isaura le sait, et ne s'en émeut pas ;
Cet ange, hier encore, en parlait dans mes bras,
Sachant qu'à son repos elle n'est point fatale,
Car la belle Modène est sa seule rivale.
Tous, ne devons-nous pas aimer notre pays?
Je suis jaloux du mien, et je veux à tout prix
Qu'il devienne puissant, renommé dans le monde.
    ANTONIUS
Que le Ciel vous entende, et plus, qu'il vous seconde.
    LE COMTE
Oui le Ciel m'aidera, j'en ai le doux espoir.
Vous vous joindrez à nous.
    ANTONIUS
      Seigneur, c'est mon devoir.
Pour servir vos desseins, je ferai l'impossible.
    LE COMTE
La tâche, Antonius, sera longue et pénible.
    ANTONIUS
Mais qu'importe la peine.
    LE COMTE
      On n'a rien sans cela ;
Pour servir mon pays je serai toujours là.
Allez trouver mes gens, portez-leur la nouvelle,
Dites-leur de venir demain à la tourelle,
Que je les attendrai.
    ANTONIUS
      Puis-je sortir d'ici?
Othon, vous le savez, me tient à sa merci ;
Je suis son prisonnier, et cela m'inquiète.
    LE COMTE
Sortez, Antonius, par la porte secrète,
Attendez son départ chez l'un de vos amis.
Mais vos jours cependant ne sont pas compromis ;
Vous pouvez revenir. Faites à votre guise.
N'oubliez pas surtout de vous rendre à l'église ;
Voyez le saint prélat, notre cher confesseur ;
Dites-lui de prier pour son frère et sa sœur.

Hâtez-vous de partir. Mais je vous accompagne.
Ce souterrain conduit dans la belle campagne,
Dans le creux du rocher, au bord du grand étang.
Partez, la nuit est noire, et quelqu'un vous attend.
Il a pour vous remettre une clef de la grille.

ANTONIUS

En vous laissant ici, je ne suis pas tranquille;
Je crains...

LE COMTE

Que craignez-vous?

ANTONIUS

De vous voir compromis.

LE COMTE

N'oubliez pas qu'Othon me croit de ses amis.
Que cela vous rassure.

Scène III

ISAURA

O comte! ô mon cher maître!
Je vous cherche en tous lieux; vous me fuyez peut-être.
Pourquoi vous éloigner? Ne vous plairais-je plus?
Cette vilaine femme aux appas demi-nus,
Aurait-elle charmé, séduit votre belle âme?
Ah! rendez-moi les soins, l'amour que je réclame.
Marie a-t-elle un cœur? elle a trompé sa foi,
Et ne peut vous aimer jamais autant que moi.
Son âme corrompue aux passions s'adonne;
Redoutez, croyez-moi, cette aimable personne :
Le satin de sa peau, le jais de ses cheveux,
Ses bijoux, ses colliers et l'éclat de ses yeux
Sont de Béelzébuth les perfides amorces.
Suivez-la, vos remords un jour seront atroces.
Ah! revenez vers moi, moi qui vous aime tant;
Votre bonheur est là, dans mes bras vous attend.
Ne vous éloignez pas des lois de la sagesse.
La vie est un sentier où la ronce nous blesse

Quand nous ne suivons pas le milieu du chemin.
Chérissons la vertu comme un astre divin
Qui nous conduit au port, et qui, pendant la route,
Fait croître sous les pas de celui qui l'écoute
Les fleurs aux doux parfums en lui parlant du Ciel;
Et presse dans sa coupe un blond rayon de miel.

Scène IV

LE COMTE, ISAURA

LE COMTE

Ma chère Isaura, venez.

ISAURA

Quelqu'un m'appelle!

LE COMTE

Oui, ma chère amie, oui. Savez-vous la nouvelle?

ISAURA

Quelle nouvelle?

LE COMTE

Othon, demain au point du jour,
Quittera ma demeure avec toute sa cour.

ISAURA

Vous ne me trompez pas?

LE COMTE

Non, vous me pouvez croire.
Après notre dîner, Othon, restant pour boire,
M'a dit qu'il s'en allait au sein de ses États.

ISAURA

Mais qu'il parte de suite, et ne revienne pas.
Son épouse surtout.

LE COMTE

Pourquoi l'impératrice?
Elle est pour nous si bonne.

ISAURA

Il se peut.

LE COMTE

Un caprice!

Mais n'en ayez jamais, pour vous c'est trop vilain...
Allons, ne boudez pas et donnez-moi la main.

ISAURA

Cette femme vous aime!

LE COMTE

Ah! seriez-vous jalouse?

ISAURA

Oui, mais j'en ai le droit, car je suis votre épouse.

LE COMTE

Jalouse sans motif.

ISAURA

Il se peut.

LE COMTE

J'en réponds.

ISAURA

Écoutez, mon ami; j'ai de bonnes raisons,
J'avais, veux-je dire; oui, j'avais sujet de craindre.
Vous ne pouvez savoir combien j'étais à plaindre.
Cette femme, livrée aux faux plaisirs des cours,
Est, vous le saviez bien, l'opprobre de nos jours.
Othon n'a pas voulu, pour cause d'inconduite,
La laisser loin de lui....

LE COMTE

Vous êtes bien instruite.

ISAURA

Oh! vous saviez cela.

LE COMTE

Mais non, assurément.
Puis je ne le crois pas de Marie.

ISAURA

Ah! vraiment!
Vous vous êtes épris de sa belle personne.
Mais elle part demain, tant mieux, je vous pardonne.
Vous vous êtes senti de l'ardeur de ses feux.
Comment ne pas aimer cette femme aux doux yeux,

Qui toujours près de vous était rieuse et folle?
Avouez votre amour pour la belle espagnole,
Et puis n'en parlons plus.

LE COMTE

Ma chère Isaura,
Vous pouvez croire, oh! oui, tout ce qui vous plaira;
Mais je suis innocent, devant Dieu je le jure;
Et douter de ma foi, c'est me faire une injure.
J'ai souvent pris plaisir à ses longs entretiens....

ISAURA

Ah!

LE COMTE

Parce que souvent ils roulaient sur des riens,
Et que l'impératrice était toujours aimable;
De l'avoir écoutée, hélas! je suis coupable.
Voilà tout notre crime. En esclave soumis,
J'ai rempli mon devoir, et vous l'eussiez permis,
Car sachant que Marie est notre sauvegarde,
De la contrarier nous devons prendre garde.
Ai-je donc si mal fait?

ISAURA

Oh! pardon, mon ami,
Maintenant je vous crois. Mon bonheur s'affermit.
En ce jour du Seigneur, combien je suis heureuse!
J'ai tant souffert, hélas! une torture affreuse :
Un serpent de l'enfer me déchirait le cœur;
La jalousie enfin, ce monstre plein d'horreur,
Me poursuivait partout, au sein même des fêtes
Où grondaient dans mon cœur ses plus noires tempêtes.
Marie à vos côtés, dans son accoutrement,
Semblait une Vénus dont vous étiez l'amant.
Ses regards attendris accusaient les faiblesses
D'une âme bien éprise en quête de caresses.
Tout le monde en riait, hormis Antónius,
Qui pleurait avec moi des malheurs imprévus.

Je croyais pressentir un dénoûment funeste ;
Mais la bonté de Dieu pour nous se manifeste.
J'ai foi dans l'avenir qui promet le bonheur.
LE COMTE
Antonius aussi partageait votre erreur?
ISAURA
Non, non, Antonius est un ami fidèle
Vous excusant toujours avec un nouveau zèle ;
Jamais, me disait-il avec sincérité,
Qu'il ne croirait de vous une infidélité.
C'est ainsi que cet homme, en mes jours de souffrance,
Ramenait dans mon cœur le calme et l'espérance.
Combien de fois sans lui, cédant à ma fureur,
J'aurais, dans un accès, causé notre malheur.
Oh! que la jalousie est cruelle et terrible!
Évitez ses rigueurs, si la chose est possible.
Je me sentais bien mieux depuis cinq ou six jours ;
Ma gaîté d'autrefois avait repris son cours.
Je me croyais guérie en vous trouvant aimable ;
Mais cette nuit, hélas! un songe abominable
A troublé mon esprit et la paix de mon cœur.
Que je trace à vos yeux ce tableau plein d'horreur :
Vous étiez bien souffrant, étendu sur ma couche,
Marie, à vos côtés, prenait sur votre bouche
Un baiser tout brûlant d'un coupable désir ;
Sous cet ardent baiser je vous ai vu pâlir,
Et puis fermer les yeux en perdant connaissance ;
Or, pour vous secourir, près de vous je m'élance ;
Marie, en me voyant, vous étreint dans ses bras,
Vous arrache la vie en riant aux éclats.
« Ton époux, me dit-elle, a quitté notre monde ;
» Sur l'aile des zéphyrs, son âme vagabonde
» Erre dans la prairie, au sein même des fleurs.
» Cette âme, sais-tu bien? se rit de tes douleurs.
» Crois-moi, ma belle enfant, ne verse plus de larmes ;
» Elles brûlent tes yeux, et ravissent tes charmes.

» Réserve ta beauté pour un nouvel amant. »
Et puis elle ajouta dans son ricanement :
« On ne peut mieux jouer la veuve désolée. »
En poussant un soupir je me suis éveillée,
Heureuse d'échapper à ce monstre d'horreur,
Qui prenait tant plaisir à déchirer mon cœur.

LE COMTE

Ce rêve, Isaura, n'a rien qui me surprenne,
Puisqu'il vous est venu d'un sentiment de haine.
J'en suis, ma chère amie, on ne peut plus fâché.
Mais pourquoi votre cœur ne s'est-il épanché
Dans le sein d'un époux qui vous affectionne?

ISAURA

Je n'osais.

LE COMTE

Vous n'osiez! ce langage m'étonne.
Vous ai-je quelquefois montré de la froideur?
Non, jamais que je sache.

ISAURA

Oh! le vilain grondeur!
Vous faites le méchant.

LE COMTE

Eh! pourrais-je le faire
Quand je mets tous mes soins au bonheur de vous plaire?
C'est pourquoi je regrette, aimable Isaura,
Les tourments inouïs que votre âme endura.
Oubliez vos chagrins, demain l'impératrice
Nous fera ses adieux au retour de l'office;
Son départ vous rendra le calme des beaux jours;
Votre franche gaîté retrouvera son cours.

ISAURA

Mon âme d'un grand poids se trouve soulagée;
Je souffre cependant d'être encore obligée
De saluer Marie au moment du départ;
Honneur dont volontiers je céderais ma part.

Ah! combien de dégoûts il faut que je surmonte :
Embrasser cette femme, oh! que j'aurai de honte!
Elle me déplaît tant que je ne puis la voir.
LE COMTE
Un dernier sacrifice, oui, c'est votre devoir.
ISAURA
Il est beau ce devoir, qui me fait hypocrite.
LE COMTE
Plus il est répugnant, plus on a de mérite.
Vous savez que Marie a sur son cher époux
Un ascendant complet....
ISAURA
    C'est le dire de tous.
LE COMTE
De la contrarier donnez-vous donc bien garde.
ISAURA
(à demi-voix.)
Je ferai de mon mieux. Chut! quelqu'un nous regarde.
(Marie apparaît dans l'obscurité du corridor et disparaît aussitôt.)
LE COMTE (à voix basse).
Quelqu'un, dites-vous?
ISAURA (même ton).
Oui.
LE COMTE (va regarder dans le corridor puis il ferme la porte).
    Mais non, vous vous trompez.
Personne n'était là.
ISAURA
   Vous me désespérez.
J'ai bien cru voir quelqu'un.
LE COMTE
   Mais qui?
ISAURA
      L'impératrice.
LE COMTE
Où s'est-elle cachée? Et quel nouveau caprice
A dirigé ses pas vers ce lieu retiré?
ISAURA
Le désir de vous voir, vous, son beau préféré.

LE COMTE

Ma chère Isaura !

ISAURA

Nous l'avons entendue.

LE COMTE

Mais quand cela ?

ISAURA

Le soir qu'elle s'était perdue
Dans la grande forêt où vous suiviez ses pas.

LE COMTE

Je ne vous dis pas non, je ne m'en souviens pas.

ISAURA

Moi, j'ai bonne mémoire.

LE COMTE

Assurément trop bonne.

ISAURA

Je dois m'en souvenir un peu mieux que personne,
Si ce n'est vous.

LE COMTE

Non, rien.

ISAURA

Vous l'avez oublié.
Cela vaut cent fois mieux que d'avoir publié
Si ridicule chose autant qu'avilissante.
Je vous en remercie.

LE COMTE

Oh ! vous êtes charmante !
Vous prenez le parti de rire à mes dépens.
Riez, riez de moi, de bon cœur j'y consens.
Je suis donc le jouet d'une plaisanterie,
Car sottement j'ai cru que vous voyiez Marie,
Quand vous me l'avez dit.

ISAURA

Mais elle était bien là.

LE COMTE

Non, non, ma chère, non, je ne crois pas cela.

ISAURA

Elle était là, vous dis-je.

LE COMTE

Elle serait entrée.

ISAURA

Si je n'avais été par ses yeux rencontrée.
Oh! ce n'était pas moi qu'elle cherchait ce soir.

LE COMTE

Vous avez entrepris, je crois, mon désespoir.
Ma bonne Isaura, laissons là, je vous prie,
Ce discours insensé qui tant me contrarie.
Or, parlons d'autre chose.

ISAURA

Oh! mais je le veux bien;
Ou plutôt, mon ami quittons notre entretien.
Dans mon appartement j'ai besoin de me rendre.
Y viendrez-vous ce soir?

LE COMTE

Oui.

ISAURA

Je vais vous attendre.
Ne soyez pas longtemps; j'éprouve des ennuis.

LE COMTE

Recevez ce baiser... allez, et je vous suis.
J'attends Antonius, qui doit, ma toute belle,
Revenir, m'a-t-il dit, s'il sait quelque nouvelle.

ISAURA
(à part.)

Que je vais m'ennuyer. Mon Dieu, veillez sur nous.

LE COMTE

Dans un quart d'heure au plus je serai près de vous.

(Il la conduit jusqu'à la porte qu'il laisse ouverte.)

ISAURA

Eh bien! donc au revoir.

Scène V

LE COMTE

Mon Dieu, quelle torture!
Depuis l'invasion que de tourments j'endure.
J'ai bravé mes dégoûts pour plaire à ces Germains.
J'ai prodigué mon or, mon or à pleines mains,
Pour calmer le courroux de ces vils mercenaires,
Moins guerriers que brigands, bourreaux, incendiaires,
Qui, lançant un blasphème à l'adresse de Dieu,
Des misères d'autrui se font un plus grand jeu.
J'ai fait pour mon pays le plus doux sacrifice ;
J'ai recherché d'Othon et de l'impératrice
L'amitié méprisée en ces jours malheureux.
Tout semblait exaucer mes désirs et mes vœux,
Quand mon Isaura prise de jalousie
Me révéla l'horreur de cette maladie.
Je ne prévoyais pas, dans ma simplicité,
Que je portais atteinte à sa félicité.
Le mal, j'espère encor, non, n'est pas sans remède,
A mes plus tendres soins je veux un jour qu'il cède.
Othon n'étant plus là pour troubler nos loisirs,
Je veux que mon amour prévienne ses désirs.
A compter de demain, libre d'inquiétude,
A faire son bonheur sera ma seule étude.

Scène VI

LE COMTE, MARIE

MARIE

Comte.

LE COMTE

Madame, vous! vous seule ici le soir!
Cet honneur, je le dois?

MARIE

Au désir de vous voir.

De vous ouvrir mon cœur pour vous conter ma peine ;
J'éprouve le besoin, moi, pauvre souveraine !
D'épancher ma douleur dans le sein d'un ami ;
Comte, je viens vers vous d'un pas mal affermi ;
Craignant vous déranger, encor plus vous déplaire.
Comte, de mes chagrins, soyez dépositaire.
Plus d'un seigneur, je sais, en serait bien jaloux ;
Mais mon cœur vous choisit, puis il ne veut que vous.

LE COMTE

J'attache un bien grand prix à cette préférence,
Que j'accepte, madame, avec reconnaissance.
Parlez, je vous écoute.

MARIE

Ah! merci, mille fois.
Avant de vous rien dire, il serait bon, je crois,
De vous bien assurer, sans trop me faire attendre,
Que personne ne peut nous voir ni nous entendre ;
Personne, entendez-vous? pas même Isaura.
Avez-vous bien compris?...

LE COMTE (ayant mis le verrou).

Personne ne viendra.

MARIE (ôtant sa cape qu'elle dépose sur un fauteuil).

C'est agir prudemment. Approchez-vous, cher comte ;
Regardez sur mon front la rougeur de la honte,
Et croyez que je fais un effort surhumain ;
Je voulais différer, mais nous partons demain.
Apprenez, mon ami, quand vint à Barcelone
Le messager d'Othon pour m'offrir la couronne
Que je porte aujourd'hui pour mon plus grand malheur,
Oh! je fus dans la joie! Une telle faveur
Me rendit, oui, bien fière, ou plutôt orgueilleuse ;
Puis je crus au bonheur. Illusion trompeuse,
Vous m'avez arrachée à mon noble pays
Pour me couvrir un jour de honte et de mépris.

Othon n'était plus jeune ; on le disait aimable,
Il le fut quelque temps ; son cœur abominable,
Jamais n'est satisfait, voulut d'autres plaisirs ;
La table tout d'abord occupa ses loisirs ;
Puis les femmes ensuite : Il vit la belle Alsée,
S'éprit d'amour pour elle, et je fus délaissée.
Cet amour clandestin ne dura pas trois ans,
Car la belle mourut en donnant deux enfants,
Lesquels sont élevés avec le soin des nôtres.
Othon, dans son chagrin, s'éprit encor pour d'autres :
Il eut en même temps la Schmitz et la Dolfais,
Qu'il reçut tour à tour au sein de son palais.
Puis j'oubliais encore une jeune vassale,
Célébrité du jour qu'affiche le scandale.
Ah ! cher comte, jugez combien j'ai dû souffrir,
Et c'était en secret qu'il me fallait gémir ;
Personne à qui je pus confier ma souffrance ;
On souffre doublement quand on souffre en silence.
Les dégoûts de la vie affluaient dans mon cœur ;
J'aurais voulu mourir, mourir sans déshonneur ;
Mais le cruel destin, riant de mes alarmes,
M'ordonnait de paraître et d'essuyer mes larmes.
Il fallait à la cour montrer un air serein,
Refouler ma douleur, la cacher dans mon sein.
Vous connaissez Walter, ce scélérat, ce traître,
Dans l'ignoble débauche encourageait son maître,
Flattait ses passions, secondait ses desseins,
Puis il venait me plaindre et me baiser les mains.
Cet homme astucieux et d'une rare adresse,
Espérait me corrompre à force de bassesse ;
Quand il crut le moment propice à ses doux feux,
Il vint à mes genoux me faire des aveux.
Je ne m'attendais pas à ce trait d'impudence ;
Un regard de mépris paya son insolence.
Voilà, mon noble ami, quels furent mes malheurs,
Quand la guerre éclata, la guerre et ses horreurs.

Sans prendre mon avis, en souverain suprême,
Othon jugea prudent et décida lui-même
Que je l'accompagnasse en ses maudits exploits,
Où le sang des sujets jaillit au front des rois;
Pour me rendre son cœur, vous le croyez peut-être,
Ce fut moins par amour que pour agir en maître.
En ce moment il boit, et n'a d'autre souci;
Vous avez dû le voir depuis qu'il est ici;
Puis il donne à Walter le pouvoir de tout faire.
Walter, depuis un mois, cherche encore à me plaire;
Mais cet homme grossier, tout fier de sa grandeur,
Ne parviendra jamais à captiver mon cœur;
Aussi ferait-il mieux de quitter la partie,
S'il ne veut augmenter ma sombre antipathie.
Mon cœur avait pourtant besoin d'affections,
Mais d'un cœur digne aussi de ses attentions.
Ce cœur, il l'a trouvé, puis je viens vous le dire;
Vous voyez mes transports, partagez mon délire.
L'amour, c'est le bonheur, profitons des instants;
Demain, vous le savez, il ne sera plus temps :
Un perfide destin pour jamais nous sépare;
Du bonheur des humains il est toujours avare.
Tandis qu'il est pour nous, partagez mes désirs,
Et vidons cette nuit la coupe des plaisirs.
Je vous donne mon cœur, je vous livre mon âme;
Oui, tous deux sont à vous, prenez-les....

LE COMTE

Ah! madame!
Rappelez, je vous prie, un reste de raison,
Et vous conserverez l'honneur de votre nom.
Ni larmes, ni regrets, adorable Marie,
Ne troubleront le cours de votre belle vie.
Le bonheur, sachez bien, c'est l'acquit du devoir;
Qui sait se contenter est certain de l'avoir.

MARIE

Voilà donc tout le fruit que ma sollicitude
Avait à recueillir de votre gratitude.

Vous n'êtes qu'un méchant; je vous ai bien compris.
Si je subis l'affront de votre sot mépris,
Vous vous en souviendrez, beau comte de Modène!
Vous êtes mon esclave, et je suis souveraine.
Vous craignez mon amour, mais craignez mon courroux,
Car je puis de ce pas déposer contre vous.

LE COMTE

Ah! madame, pardon, pardon de cette offense;
J'aurai toujours pour vous de la reconnaissance,
Et n'oublîrai jamais le bien que je vous dois;
Puis je prîrai pour vous.

MARIE

Ah! vraiment je vous crois.

LE COMTE

Et je vous bénirai....

MARIE

Je vous crois sur parole;
Mais rappelez-vous bien que je suis espagnole.
Vous avez dans mon âme allumé tous les feux,
En me parlant d'amour, cet amour je le veux.
Vous souvient-il encor, dans la forêt lointaine,
Quand vous m'avez trouvée au pied de ce grand chêne,
Tous les tendres propos que vous m'avez tenus?
Pour moi, noble seigneur, je les ai retenus.
Vous ne pouviez prévoir, me direz-vous peut-être,
L'ardeur de cet amour que vous aviez fait naître....
Vous êtes bien pensif; vous semblez réfléchir.
Je tombe à vos genoux. Ah! laissez-vous fléchir.

(Elle détache une épingle de sa chevelure, qui tombe en boucles soyeuses sur ses épaules nues.)

Si la pauvre Marie à vos yeux est sans charmes,
Au moins ayez pitié de son cœur tout en larmes.

LE COMTE

Vous, madame, à mes pieds! c'est faire, en vérité,
Le plus cruel outrage à votre dignité.

Levez-vous, je vous prie.

MARIE

Ah! combien je vous aime!

LE COMTE

Moi, j'aime Isaura cent fois plus que moi-même,
Et ne la veux tromper.

MARIE (se levant et prenant sa cape).

Ainsi votre mépris
Sera de mes bontés l'abominable prix.
Il vous en souviendra.

(Sur le point de sortir.)

Comte, adieu, je vous quitte;
Mais de votre vertu, le précieux mérite
Ne pourra vous sauver de mon juste courroux :
La haine et la vengeance armeront mon époux.

(Elle laisse la porte ouverte.)

Scène VII

LE COMTE

Enfin elle est partie. Oh! l'exécrable femme!
Qu'elle est dévergondée, et me paraît infâme!
Je la croyais un ange. Ah! que je me trompais.
Mais comment croire aussi?...

Scène VIII

LE COMTE, ISAURA

(Entrant par une porte latérale sans que le comte la voie.)

ISAURA

Le mal que j'en disais.

LE COMTE

Vous!

ISAURA

N'est-ce pas cela que vous étiez pour dire?

LE COMTE

Oui. Vous arrivez bien.

ISAURA

C'est ce que je désire.

LE COMTE

Mais où donc étiez-vous?

ISAURA

Dans cet appartement.

LE COMTE

Vous avez entendu?

ISAURA

Tout, du commencement.
Sachant qu'elle viendrait, et voulant vous surprendre....

LE COMTE

Bah! en flagrant délit?

ISAURA

Vous savez me comprendre.
Oui, vous devez savoir quel orage en mon sein
Menaçait d'éclater, quel était mon dessein.

LE COMTE

Ma bonne Isaura, vous vous seriez vengée?

ISAURA

Mais n'est-ce pas le droit de l'épouse outragée?
Me croyez-vous donc femme à rester dans un coin
Pour être de vos feux l'impassible témoin?
D'une semblable erreur, revenez, je vous prie.
J'avais les yeux sur vous et sur dame Marie;
A ses désirs ardents, si vous aviez cédé,

(Elle tire un stylet de son sein.)

Ce fer, mon cher ami, ce fer aurait sondé
Votre cœur et le sien, oui, par Dieu je le jure,
J'aurais vengé l'affront d'une pareille injure.
Grâce à votre vertu, cet orage est passé;
Mais d'un nouveau péril vous êtes menacé :
Marie auprès d'Othon, peut-être ira se plaindre.
Évitez son courroux, sachez qu'il est à craindre.

LE COMTE

Marie aller se plaindre, elle ne l'osera;
Non, je vous en réponds, ma bonne Isaura.

Le peut-elle d'ailleurs, à moins d'être insensée?
ISAURA
Il faut s'attendre à tout d'une femme offensée.
LE COMTE
Mais encore....
ISAURA
Écoutez... J'entends un bruit de pas...
On vient de ce côté....
LE COMTE (va voir).
Mais ce sont des soldats.
ISAURA
Fuyons, fuyons.
LE COMTE
Comment?
ISAURA
Par la porte secrète.

Scène X

LE COMTE, ISAURA, UN OFFICIER, DES SOLDATS
L'OFFICIER
Au nom de l'empereur, comte, je vous arrête.

FIN DU PREMIER ACTE

Acte deuxième.
(On entend un bruit de marteaux au lever du rideau.

Scène première.

LE COMTE (enchaîné et assis).
Oui, c'en est fait de moi ; je suis captif, hélas !
Et l'on fait les apprêts d'un infâme trépas.
Avant que le soleil apporte sa lumière
J'aurai sur l'échafaud terminé ma carrière.
Tout le bruit que j'entends me le fait présager.
Et je me sens faiblir, oh! rien que d'y songer.
Othon est si cruel, son âme est si méchante
Qu'il n'est point de tourments que son esprit n'invente.

Or, que puis-je espérer de cet être inhumain,
Si ce n'est quelque trait préparé de sa main,
Afin de prolonger mon odieux supplice ?
Mon Dieu, que d'amertume au fond de mon calice !

(Il se lève et s'adresse à un Christ suspendu au mur tout près de lui.)

O divin Créateur! daignez jeter sur moi,
En ce jour malheureux, un regard favorable;
Venez, venez calmer ma terreur, mon effroi;
A mon cruel tourment la mort est préférable.

(Il se met à genoux.)

Vous le savez, Seigneur, je n'espère qu'en vous.
Ah! laissez-vous fléchir quand j'implore à genoux;
Descendez jusqu'à moi, détournez la tempête
Qui gronde en ce moment dans toute sa fureur.
Pour prix de votre amour je vous offre mon cœur;
Prenez-le, s'il vous plaît, qu'il soit votre conquête.

Confondez, ô mon Dieu, mes puissants ennemis,
Divulguez en ce jour leur honteuse imposture.
Ces monstres odieux que l'enfer a vomis,
Par leurs indignités font frémir la nature.
Ils ont, dans leur fureur, profané les tombeaux,
Renversé vos autels en livrant aux bourreaux
Les fidèles gardiens de vos lois les plus saintes.
Livrez-les aux remords, et que ce châtiment
Les ramène vers vous, Dieu puissant et clément.
Que leurs cœurs repentants vous adressent leurs plaintes.

Si je dois succomber en ce jour malheureux,
Oh! donnez-moi, Seigneur, la force et le courage
D'envisager la mort et son cortége affreux
Avec l'esprit du juste et les vertus du sage.
Dans la gloire éternelle, au bienheureux séjour,
Où brûlent tous pour vous des feux de votre amour,

Mon âme dégagée y trouvera sa place.
Aux chants des séraphins, je mêlerai ma voix.
En vous seul, ô Seigneur! oui, j'espère et je crois :
Au sein du paradis je verrai votre face.

(Il se relève.)

Je n'ai plus guère à vivre... On dresse l'échafaud
Où je vais expier, je vois bien, il le faut,
Un outrage commis envers la noble dame.
Que le Ciel la ramène et pardonne à son âme;
C'est mon désir ardent; mais, hélas! je crains bien
Qu'en sa seule faveur le Ciel ne fasse rien.
Cette femme, à mes yeux, est à jamais perdue;
Car je crois qu'à Satan son âme s'est vendue.
Je suis donc sa victime, et pourtant, sur ma foi,
Je la trouve cent fois plus à plaindre que moi.
Quel que soit mon destin, j'ai, ce qui me rassure,
Si je dois succomber! la conscience pure.
Peut-elle en dire autant? malheureusement non.
Mais encore une fois, Dieu lui fasse pardon....
Si je dois succomber! puis-je en douter encore?
Non, je ne serai plus peut-être avant l'aurore,
Car Othon ne connaît que son ressentiment :
Un outrage est payé de son prompt châtiment.
Ah! si pour me juger, moi comte de Modène,
D'assembler une cour on se donnait la peine,
J'aurais peut-être encor quelque chance à courir;
Mais comme un criminel il me faudra mourir
Entouré de soldats à la mine féroce,
Qui viendront de ma mort prendre un plaisir atroce.
Pas un visage ami ne jettera sur moi
Un regard de pitié pour calmer mon effroi.
Serai-je condamné par un conseil de guerre?
Une cour! Qu'ai-je dit? Othon n'en a que faire.
Cet homme n'a-t-il pas un pouvoir absolu?
On doit exécuter ce qu'il a résolu,

Et malheureusement, dis-je, il rend la sentence
Sans prendre de Thémis les poids et la balance.
Or, à sa guise, il peut prononcer mon arrêt ;
Et c'est ce qu'il fera, si ce n'est déjà fait.
Mais au-dessus d'Othon est le juge suprême
Qui mettra sous ses pieds le rang, le diadème.
Il rendra la justice au bon comme au méchant,
Et verra du même œil le riche et l'indigent.
Nos plus riches trésors, nos titres de noblesse
Seront, sachons-le bien, la vertu, la sagesse.
Oui, nos vaines grandeurs ne sont que des abus
Que l'on n'emporte point au séjour des élus.
Enfin je partirai sur l'aile du baptême
En laissant en ces lieux celle que mon cœur aime.
Quand je ne serai plus, lorsqu'elle vous prîra,
Consolez, ô mon Dieu ! ma bonne Isaura !
Donnez-lui, s'il vous plaît, la force et le courage
D'accomplir ici-bas son saint pèlerinage.
Soutenez sa vertu dans ce monde sans frein.
Recommandez surtout à son ange gardien
D'éviter les écueils si nombreux dans la vie,
Et d'écarter loin d'elle et l'orgueil et l'envie....
Ma chère Isaura ! je ne te verrai plus.
Pour toi sont mes regrets....

Scène II

LE COMTE, ANTONIUS

(Ce dernier est porteur d'une lanterne sourde. Toute cette scène se passe à voix basse.)

ANTONIUS

Seigneur !

LE COMTE

Antonius !
Comment ! vous à cette heure. Et que venez-vous faire ?

ANTONIUS (d'un air joyeux).

Je viens pour vous sauver, si cela peut vous plaire.

LE COMTE
Vous riez, mon ami, quand je suis dans les fers !
ANTONIUS
Quand je viens vous tirer de ce fatal revers,
Je puis me réjouir, grand comte de Modène.
LE COMTE
Regardez les anneaux de ma pesante chaîne ;
Comme ils sont forts.
ANTONIUS
C'est vrai, mais je puis les couper.
LE COMTE
Mon cher Antonius, vous vous pouvez tromper.
ANTONIUS
Mais ne le croyez pas ; je possède une scie ;
La voici.
LE COMTE
Coupez donc....
ANTONIUS (coupe la chaîne).
Ah ! je vous remercie.
Je me sens à mon aise. Hélas ! j'ai tant souffert.
(On entend une musique militaire.)
Écoutez, mon ami.... Quel est donc ce concert ?
ANTONIUS
Je l'ignore.
LE COMTE
J'y suis : Othon, par ironie,
Insulte à ma douleur ainsi qu'à l'Ausonie ;
Car cet homme grossier, par le vin abruti,
Jamais à son courroux ne donne un démenti.
Il m'a souvent montré son vilain caractère ;
Tout excite sa haine et le met en colère.
Or, s'il me croit coupable, en douter, et comment ?
Écoutez les apprêts de mon prompt châtiment.
Il voudra, mon ami, dans d'horribles tortures,
Oui, m'arracher la vie en m'accablant d'injures.

ANTONIUS

La rage est dans son cœur, n'en soyez pas surpris.

LE COMTE

Je m'honore pour lui du plus profond mépris.

ANTONIUS

Je le savais, seigneur.

LE COMTE

Vous ignorez encore
Toute l'aversion qu'en mon sein vient d'éclore ;
A mon ressentiment j'oppose la raison,
Et toujours vainement, j'abhorre trop Othon.

ANTONIUS

Ah! calmez-vous, seigneur ; puis hâtez votre fuite.
Je sais des lieux cachés où jamais la poursuite
De cet homme méchant ne vous y troublera.
Un serviteur fidèle, oui, vous y conduira ;
Et puis vous attendrez que son courroux s'apaise.

LE COMTE

Mon brave Antonius, vous en parlez à l'aise,
Mais il faudrait alors lui demander pardon ;
Jamais ! mon cher ami, possédant ma raison,
Je ne pourrai commettre une telle bassesse.

ANTONIUS

Ce ne serait pas faire un acte de faiblesse,
Non, et quoi qu'il en coûte à votre noble cœur,
Il faudra vous soumettre....

LE COMTE

Oh! non, jamais !

ANTONIUS

Seigneur,
Vous le savez, hélas! Othon est notre maître.

LE COMTE

Non, non, Antonius, Othon n'est rien qu'un traître !
C'est arbitrairement qu'il m'impose sa loi ;
En fait de souverain je ne connais que moi.

Que m'importe qu'il soit défenseur de l'Église,
En est-il moins brigand? Othon, je te méprise!
Tu n'a jamais servi que ton propre intérêt.
ANTONIUS
Je suis de votre avis. Permettez, s'il vous plaît.
Vous savez maintenant ce que vaut sa compagne,
Ce bijou précieux, la perle de l'Espagne;
Car ne s'est-elle pas jetée à vos genoux?
LE COMTE
Mon brave Antonius, n'en soyez pas jaloux.
Cette femme aux longs yeux, au cœur d'une sirène,
Ne vaut pas d'y penser que nous prenions la peine.
ANTONIUS
Je vous l'ai toujours dit.
LE COMTE
Je ne vous croyais pas.
ANTONIUS
Vous étiez incrédule autant que saint Thomas.
LE COMTE
Oui.
ANTONIUS
Mais à l'évidence il a fallu vous rendre.
Quittons cet entretien, l'on pourrait nous surprendre,
Et nous mettre tous deux sous de plus sûrs verrous.
LE COMTE
Je ne crains pas Othon quel que soit son courroux.
ANTONIUS
Il faut quitter ces lieux. Hâtez-vous, le temps presse...
Il le faut, noble comte....
LE COMTE
Et laisser la comtesse.
Jamais! Antonius. Mon cœur n'est point ingrat.
ANTONIUS
La comtesse, seigneur, est chez le bon prélat.

C'est elle, croyez-moi, c'est elle qui m'envoie.
Venez la consoler et lui rendre la joie.
LE COMTE
Je ne suis plus surpris que vous soyez instruit
Des horreurs que Marie a commis cette nuit.
Mais si je prends la fuite, Othon est bien capable
De brûler mon pays en ce jour redoutable;
Sa colère est connue, on sait de quel excès
Il couronne sa gloire en ses jours de succès.
N'est-il pas surnommé le cruel, le barbare?
  eux jolis noms, ma foi, dont son orgueil se pare :
A ces titres pompeux il ne saurait mentir....
ANTONIUS
Hâtez-vous donc seigneur, il est temps de partir.
LE COMTE
Je reste, Antonius, car mon devoir l'exige.
ANTONIUS
Mais, seigneur, la comtesse....
LE COMTE
                Elle seule m'afflige.
ANTONIUS
Que deviendra-t-elle?
LE COMTE
             Oui, je vois son désespoir;
Mais dois-je être indécis pour faire mon devoir?
Non. Elle a mon amour, moi je veux son estime,
Et n'irai lui montrer un cœur pusillanime.
Retournez auprès d'elle, exprimez mes regrets.
Dites-lui du Seigneur d'accepter les décrets
Sans jamais murmurer contre sa Providence;
C'est ainsi qu'on espère en sa sainte clémence.
Dites-lui bien encor....
ANTONIUS
Quoi?
LE COMTE
                De me pardonner
Les chagrins inouïs que je puis lui donner;

Que je suis repentant de l'avoir offensée
En ces jours malheureux où mon âme insensée
M'imposait des devoirs que je n'ai pas compris,
Et que je vais payer, mais Dieu sait à quel prix ;
Que nous nous reverrons au sein d'un autre monde,
Où les plaisirs sont purs, où le bonheur abonde,
Où nous ne craindrons plus les complots des méchants,
Où nous serons enfin toujours indépendants.
Nous savons que de Dieu la promesse est sacrée ;
C'est pourquoi qu'en ce jour, mon âme est rassurée.
N'ai-je pas pratiqué les devoirs du chrétien ?
On ne craint pas la mort, quand on a fait le bien.
Partez, Antonius, soyez exempt de peine.
Emportez, s'il vous plaît, cette odieuse chaîne ;
Elle blesse ma vue, et les cruels Germains
Pourraient très bien encor la river à mes mains.
Mais je n'y perdrai pas, connaissant leur malice,
Je dois me résigner à quelqu'autre supplice.
Je les braverai tous, qu'importe leur fureur ;
Ils ne me feront rien sans l'ordre du Seigneur.
Mais il vous faut partir. Tout est dans le silence.
Allez, mon digne ami, voyez son Éminence ;
Recommandez-lui bien de prier Dieu pour moi,
Sachez, Antonius, qu'en sa vertu j'ai foi ;
C'est un digne et saint homme.

ANTONIUS

Ah ! si quelqu'un en doute,
Ce n'est pas moi, seigneur, aussi vrai qu'on écoute
Auprès de cette porte, où raisonnent des pas.
Écoutez.... On s'en va....

LE COMTE

Rien.

ANTONIUS

Vous n'entendez pas ?

Mais on revient encore; oui, quelqu'un vous surveille;
Je l'entends, il est là. Prêtez un peu l'oreille....
Eh bien! vous l'entendez. Vous restez, et pourquoi?
Fuyons, fuyons, seigneur, car je tremble d'effroi.
Oh! venez, je vous prie, auprès de votre dame,
Qui, chez le bon prélat, vous attend.

LE COMTE

Pauvre femme!

ANTONIUS

Oh! ne la plaignez pas; venez la consoler,
Cela vaudra bien mieux.

LE COMTE

Je ne puis m'en aller.

ANTONIUS

Seigneur, n'augmentez point sa peine tant cruelle,
Cédez à ses désirs, revenez auprès d'elle.

LE COMTE

Mais cela ne se peut, je vous l'ai déjà dit.
Sortez, Antonius, prenez ce fer maudit;
Emportez-le bien loin, afin qu'on ne le trouve.
Laissez l'infortuné que le Seigneur éprouve.
Il est temps de partir; allez, quittez ce lieu.

ANTONIUS

Noble comte, au revoir.

LE COMTE (lui tendant la main).

Antonius, adieu....

Scène III

LE COMTE

Antonius s'en va, seul ici je demeure.
Encor quelques moments, qui sait, peut-être une heure,
Et je ne serai plus du nombre des vivants.
Enfin me voilà seul. Je crois qu'il était temps
Que ce fidèle ami de ma tendre jeunesse
S'en allât de ce lieu tout plein de ma tristesse.

Mon âme à ses regrets se livre en ce moment;
Et je pleure, ô mon Dieu, de peine et de tourment!
(Il s'assied.)

Je pleure Isaura, pensant à ses alarmes,
Je ne puis retenir le torrent de mes larmes.
Je devais sur son cœur couler des jours heureux;
Du moins je le croyais quand tout comblait mes vœux.
Mais la fatalité sur mon toit s'est posée :
La coupe de mes jours demain sera brisée;
Et bientôt dans l'oubli je serai descendu,
Que mon corps au limon ne sera confondu.
Triste réalité, vous m'êtes dévoilée :
Tout est déception dans la sombre vallée.
Mais notre âme, ô mon Dieu! notre âme, elle est à vous;
Et vous la reprenez. Mortels, consolons-nous....
(Reprise de la fanfare.)

Insultez ma douleur à cette heure où la vie
M'apparaît bien plus belle et qu'elle m'est ravie.
Affreux soldats du Nord, sans cœur ni sentiments,
Soufflez, soufflez toujours dans vos gros instruments;
Vous ne serez jamais des talents bien sublimes;
Mais vous avez celui de lasser vos victimes,
Et cela vous suffit. On vient, j'entends des pas.
Il faut cacher mon trouble à ces maudits soldats;
Ils seraient trop contents s'ils connaissaient ma peine.

Scène IV

LE COMTE, UN OFFICIER ET DES SOLDATS
(dont l'un porte un flambeau.)

L'OFFICIER

Nous venons vous chercher, grand comte de Modène;
Suivez-nous, s'il vous plaît.

LE COMTE (se relevant).

Où me conduisez-vous?

L'OFFICIER

Dans votre appartement. Sans tarder, suivez-nous.

LE COMTE
Et pour quelle raison?
L'OFFICIER
Seigneur, c'est ma consigne;
Je ne sais rien de plus.
LE COMTE
Hé bien! je m'y résigne,
Puisque le veut ainsi votre grand empereur;
Faisons sa volonté, partons, noble seigneur.
Ah! pardon. Dites-moi pourquoi cette musique,
Et tous ces bruits confus que rien ici n'explique?
Écoutez raisonner ces instruments d'airain.
L'OFFICIER
C'est la fête aujourd'hui de notre souverain.
LE COMTE
C'est aujourd'hui sa fête! Heureuse circonstance
Pour celui qui voudrait implorer sa clémence.
L'OFFICIER
Eh bien! noble seigneur, demandez-lui pardon.
Il se peut...
LE COMTE
Moi, j'irais me mettre aux pieds d'Othon!
Je ne commettrai point cette indigne bassesse.
Non, je suis innocent, je serai sans faiblesse;
Oui, je conserverai toute ma dignité.
L'OFFICIER
C'est, à ce qu'il me semble, avoir trop de fierté.
LE COMTE
Oh! vraiment!
L'OFFICIER
Mais, seigneur, vous aviez une chaîne,
Et vous ne l'avez plus.
LE COMTE
Oui, c'est vrai, capitaine.

L'OFFICIER

Comment cela se fait?

LE COMTE

Ah! vous dire comment,
C'est pendant mon sommeil qu'eut lieu ce changement :
Un génie, une fée, ou plutôt un bon ange
M'a rendu cet office.

L'OFFICIER

Oui, mais il est étrange
Que votre bon génie, en vous laissant ici,
Semble avoir oublié qu'on vous tient à merci.
Dorénavant, seigneur, nous ferons bonne garde.
Donc vous ne pourrez fuir.

LE COMTE

Mais cela vous regarde.
Pourtant, ma liberté, je jure sur ma foi,
Que si je la voulais, il ne tiendrait qu'à moi.

(Il ouvre la porte secrète.)

Ce long couloir conduit au sein de la campagne;
Et je puis, de ce pas, m'en aller en Espagne.
Cette porte fermée, essayez de l'ouvrir.
Adieu, brave officier, il est doux de sortir.

Scène V

L'OFFICIER ET LES SOLDATS

L'OFFICIER

Seigneur, est-il permis de railler de la sorte?
Allons, vaillants soldats, enfoncez cette porte.
Si vous me ramenez ce bel impertinent
Je vous donne à chacun une pièce d'argent....
Mais croit-il s'en aller comme un simple touriste?
Eh quoi! sous vos efforts cette porte résiste.
Enfoncez-la, vous dis-je, allons, frappons plus fort.
A n'importe quel prix, le comte vif ou mort,
A notre souverain il faut qu'on le ramène.
Courage! mes enfants, je paîrai votre peine;

J'ai promis de l'argent, je donnerai de l'or....
Ah! vous vous rebutez; essayez donc encor.
Le comte, en ce moment, grâce à son stratagème,
S'échappe de ces lieux tout content de lui-même.
Mais comte rira bien, qui rira le dernier.
Mes amis, suivez-moi, traquons le prisonnier.

FIN DU DEUXIÈME ACTE

Acte troisième.

Scène première.

DEUXIÈME OFFICIER, près du seuil (à part).

Le comte et son ami, tous deux ont pris la fuite.
Ils reviendront bientôt expliquer leur conduite.
Ils ne sont pas bien loin : Les chemins sont gardés;
Et je plains, sur ma foi, les pauvres évadés.
Ce qui va se passer, nous allons le connaître.

(Aux seigneurs qui sont dans le corridor.)

Entrez, nobles seigneurs, c'est ici que mon maître,
Dans sa bénignité veut vous entretenir.
Dans un quart d'heure au plus, l'empereur va venir.
Il doit à son lever auprès de vous se rendre.
Je retourne vers lui, seigneurs, daignez l'attendre.

Scène II

LES SEIGNEURS, LE CARDINAL ET LES ÉVÊQUES

(Trois heures sonnent dans le lointain.)

1er PERSONNAGE

Savez-vous, messeigneurs, oui, savez-vous pourquoi
Othon nous réunit, quand l'airain du beffroi
Sonne la troisième heure, alors que tout repose?

2me PERSONNAGE

Ce soin mystérieux a sans doute sa cause.

1er PERSONNAGE

Mais qu'a-t-il à nous dire? Avez-vous deviné
Ce que peut nous vouloir ce démon incarné?

A ses instincts pervers souvent il s'abandonne ;
Je crains ses cruautés au point que j'en frissonne.

2ᵐᵉ PERSONNAGE

Hé bien! mon digne ami, vous êtes comme moi ;
Othon est si méchant que j'en tremble d'effroi.
Il a du vil serpent la ruse et la prudence ;
Il ourdit ses complots dans l'ombre et le silence.
Il rit de nos douleurs, de notre désespoir,
Et de nous torturer il se fait un devoir.

3ᵐᵉ PERSONNAGE

Vous avez bien raison. C'est un monstre exécrable
Ayant la forme humaine avec le cœur du diable.

1ᵉʳ PERSONNAGE

Tout cela ne dit pas les projets du maudit.

4ᵐᵉ PERSONNAGE

Othon, jusqu'à présent, ne l'a pas encor dit.

5ᵐᵉ PERSONNAGE

Moi, je vais vous l'apprendre. Othon quitte Modène ;
Pour faire ses adieux....

1ᵉʳ PERSONNAGE

    Il prendrait cette peine !
Oh ! je ne le crois pas.

2ᵐᵉ PERSONNAGE

  Et ni moi.

3ᵐᵉ PERSONNAGE

      Moi non plus,
Autant vaudrait-il croire à ses nobles vertus.
Ne cédez pas encore aux transports d'allégresse,
A ces illusions d'une flatteuse ivresse ;
Ah ! trop grand, croyez-moi, serait votre dépit.
Ce n'est pour des adieux qu'Othon nous réunit.

4me PERSONNAGE

Je suis de votre avis.

LE CARDINAL

Cependant il nous quitte.

5me PERSONNAGE

Quand je vous le disais!

4me PERSONNAGE

Mais qu'il parte bien vite.

1er PERSONNAGE

Je voudrais qu'il fût....

3me PERSONNAGE

Où?

1er PERSONNAGE

Chez Satan.

3me PERSONNAGE

Son patron.

1er PERSONNAGE

Il ira.

4me PERSONNAGE

Vous croyez?

1er ÉVÊQUE

Si Dieu lui fait pardon.

3me PERSONNAGE

Jamais!

LE CARDINAL

Le repentir peut entrer dans son âme
Et l'embraser des feux d'une céleste flamme.
Demandons au Seigneur de lui donner ce bien.
Prions, ce saint devoir est celui d'un chrétien.

1er PERSONNAGE

Oui, priez, monseigneur, si cela vous amuse;
Mais pour un ennemi...

LE CARDINAL

Quoi!

1er PERSONNAGE

Mon cœur s'y refuse.

1er ÉVÊQUE

Vous êtes sans mérite!

1er PERSONNAGE

Il se peut, monseigneur;
Mais pour celui qui vient exercer sa fureur,
Je ne puis demander le pardon de ses crimes;
J'aimerais mieux le voir au sein des noirs abîmes.

LE CARDINAL

Calmez, mon digne ami, ce malheureux transport,
L'homme vindicatif....

1er PERSONNAGE

Eh! tant pis si j'ai tort.
Vous saurez, monseigneur, que son air d'arrogance,
Ainsi que ses forfaits, cause ma répugnance;
Et que j'aimerais mieux brûler vif dans un four
Que d'être à ses côtés au céleste séjour....

2me ÉVÊQUE

Ah! pardon, messeigneurs, j'apprends à l'instant même
Que le comte est captif par un ordre suprême.
Est-ce vrai? Savez-vous?

1er PERSONNAGE

Le comte!...

LE CARDINAL

Oui, je le sais.

3me PERSONNAGE

Le comte est prisonnier!

4me PERSONNAGE

Ici, dans son palais?

LE CARDINAL

Mais le comte, je crois, vient de prendre la fuite;
Et l'un de ses gardiens se met à sa poursuite;
Ce que j'ai deviné d'après son embarras.
Il court donc, mais je sais qu'il ne l'atteindra pas.

2me PERSONNAGE

Eh! pensez-vous qu'Othon ne nous demande compte
De cette évasion que se permet le comte?
Othon, vous le savez, malgré notre dépit,
Toujours de son côté fait tourner le profit.

5me PERSONNAGE

Croyez-vous donc, seigneur, que cela nous regarde?

2me PERSONNAGE

Que nous devions ou non, Othon n'y prendra garde.
L'avez-vous jamais vu faire acte d'équité?

5me PERSONNAGE

Non, jamais que je sache en ce temps redouté.

4me PERSONNAGE

Quel crime a donc commis le comte de Modène?

LE CARDINAL

Aucun.

5me PERSONNAGE

Est-ce bien vrai?

2me PERSONNAGE (au cardinal).

Moi, je vous crois sans peine.

LE CARDINAL

Taisons-nous, Othon vient.

Scène III

LES SEIGNEURS, LE CARDINAL, DEUX ÉVÊQUES
UN 3me OFFICIER

3me OFFICIER

Place à notre empereur.

Scène IV

LES MÊMES, OTHON, MARIE, WALTER, OFFICIERS
LE BOURREAU ET DES SOLDATS A L'ENTRÉE

Les seigneurs, le cardinal et les évêques se rangent sur les côtés et se tiennent dans une attitude respectueuse. Othon prend possession du siége ducal, Marie s'assied à sa droite et Walter à sa gauche. Les officiers restent debout sur les côtés. Othon et Marie sont en grande tenue.

OTHON

J'avais, nobles vassaux, pour votre grand seigneur,
Tant il m'avait paru confiant et sincère,
Toute l'affection et les bontés d'un frère.
Mais son air doucereux, sa feinte humilité
N'avaient point leurs regards tournés de mon côté;
C'était, le malheureux, sur notre auguste épouse
Qu'il portait, au mépris de sa femme jalouse,
Les désirs effrénés du plus coupable amour.
Je l'avais informé que, bien avant le jour,
Je partais ce matin pour ma chère Allemagne.
Hier, le misérable, attira ma compagne
Dans ce lieu retiré, propice à ses desseins;
Mais par bonheur Walter parcourant les jardins,
De notre impératrice entend la voix plaintive;
Aussi prompt que l'éclair, auprès d'elle il arrive,
Et l'arrache des bras du lâche suborneur,
Qui ne peut réprimer son indigne fureur.
Voilà, nobles vassaux, cette vertu sévère
Du jeune et beau seigneur que Modène révère :
Ah! qui pouvait penser qu'il fût ainsi pervers?
J'ordonnai sur le champ qu'on le chargea de fers;
Et par précaution, pour dissiper ma crainte,
Une garde veillait autour de cette enceinte.
Le comte, cependant, en dépit de mes soins,
Parvint à s'échapper, même devant témoins.
Il s'est vendu, dit-on, à l'ange des ténèbres,
Propos que deux croyants, théologiens célèbres,
M'ont tenus ce matin au sortir de mon lit.
Ils soutiennent tous deux que le comte est maudit;
Qu'il a, depuis longtemps, dans un moment d'orgie,
Fait avec le démon ce pacte d'infamie;
Qu'il tient en son pouvoir les secrets des enfers,
Et qu'à sa volonté les murs se sont ouverts.
Enfin il est parti; bien! mais il n'est pas quitte,
Et je le traiterai selon son beau mérite ;

J'ai fait dans cette cour dresser un échafaud;
Le coupable y viendra, je le veux, il le faut.
J'ai juré par mon saint, dont c'est aujourd'hui fête,
Qu'au comte, un jour viendra, je trancherai la tête
J'ordonne, en attendant, qu'on brise le blason
De ce monstre odieux, de ce lâche félon,
De cet être rampant autant qu'une couleuvre.
J'ai dit. Exécuteur, accomplissez votre œuvre;
Portez le premier coup à cet affreux serpent....
                       (Le bourreau détache le blason.)

          LE CARDINAL (à Othon).

Non, arrêtez, seigneur, le comte est innocent;
J'en réponds sur ma foi.

              1er PERSONNAGE
                Je crois son éminence.

              2me ÉVÊQUE
Le comte est innocent!

              4me PERSONNAGE
                Oh! oui, c'est vrai....

              OTHON
                                       Silence!
Vous me rompez la tête avec un bruit pareil..
Vous ai-je réunis pour faire mon conseil?
Vous n'êtes rien ici. Souffrez qu'on vous le dise.
Oui, ma décision, vous saurez, était prise
Avant de vous mander en ce maudit palais,
Que les foudres du Ciel écrasent pour jamais!
Le comte est innocent! Quand notre épouse en larmes,
Dont les cheveux épars attestaient les alarmes,
Est venue en nos bras déposer contre lui,
Était-ce le besoin de tromper son ennui?
Quel étrange plaisir prendrait l'impératrice!
Vous lui supposez donc de Satan la malice?
Une âme corrompue et le cœur d'un damné?
Quant au comte, son cœur est perfectionné

Aux yeux de ses vassaux, des révoltés de Rome.
Le comte est innocent! Demandez à cet homme,
A ce vaillant soldat, mon plus noble sujet,
Qui reçut de sa main un bien rude soufflet,
Alors qu'il lui ravit notre chaste Marie.
Méritons-nous cela? Répondez, je vous prie.

LE CARDINAL

Ah! croyez-moi, seigneur, le comte est innocent;
Je vous le prouverai.

OTHON

Prouvez, mais à l'instant.

LE CARDINAL

Je le ferai demain.

OTHON

Et pourquoi pas de suite?
Je le veux, monseigneur, expliquez sa conduite....
Hé bien! vous hésitez.... Vous êtes réservé.
Mais s'il est innocent, pourquoi s'est-il sauvé?
Répondez, je l'ordonne. Ici je suis le maître,
Et l'on m'obéira, du moins cela doit être.

LE CARDINAL

Je ne suis pas encor suffisamment instruit.
Attendez à demain.

OTHON

Non, non, le comte fuit.
Vous voulez malgré tout sauver ce misérable!
Et vous savez, je crois, combien il est coupable.
Il périra, vous dis-je, oui, j'en fais le serment;
La hache du bourreau sera son châtiment.
J'ai pris, pour réussir, le parti le plus sage,
Car mes nobles seigneurs, vous serez son otage;
Si dans six mois au plus il ne m'est pas livré,
Je vous livre au bourreau, par Dieu je l'ai juré

Vous savez si je mens. Vous devez me connaître.

Scène V

LES MÊMES, LE COMTE

LE COMTE

Parfaitement, seigneur.

OTHON

Lui ! Saisissez le traître ;
Attachez-lui les mains à lui rompre les os.
S'il n'y veut consentir, frappez-le sur le dos.

(Les soldats s'emparent du comte et lui lient les mains derrière le dos.)

LE COMTE (à Othon).

Pourquoi cette rigueur quand à vous je me livre,
Sachant que je n'ai pas un seul quart d'heure à vivre?
Mon apparition, je le vois, vous surprend.

OTHON

Je vous tiens, cette fois.

LE COMTE

Je sais ce qui m'attend,
Car j'ai tout entendu du lieu de ma retraite,
La main sur le verrou de la porte secrète.
Qui m'empêchait de fuir? J'avais ma liberté,
Ni vous ni vos soldats ne m'auriez arrêté.
Je pouvais en sortant laisser la porte ouverte,
Si de vos forcenés j'avais voulu la perte.
Dans ce long souterrain, je pouvais sous leurs pas
Ouvrir plus d'un abîme ayant cent pieds de bas.
Et je pouvais encore, en ce moment extrême,
Amener une armée, et vous prendre ici même.
Vous seriez maintenant en notre plein pouvoir.

OTHON

Ah! vous pouviez cela? Mais c'est bon à savoir.
Je suis, pour cet avis, plein de reconnaissance.
On va, sur l'échafaud, vous donner récompense.
Sortez.

(Le comte s'incline devant le cardinal, qui lui donne sa bénédiction.)

LE CARDINAL

Allez, mon fils, au séjour des élus.

LE COMTE

Adieu, mes bons amis, je ne vous verrai plus.

OTHON

Allons, ne tardez pas ; sortez, dis-je, de suite.
Prenez garde, bourreau, qu'il ne prenne la fuite.
Vous êtes son garant.

Scène VI

LES MÊMES, MOINS LE COMTE, LE BOURREAU
UN OFFICIER ET QUELQUES SOLDATS

MARIE

Épargnez-le, seigneur.

OTHON

Ne cherchez à sauver ce lâche suborneur.
Sachez que son avis était une menace.
Aura-t-il jusqu'au bout cette insolente audace ?
Ce que nous allons voir. Venez à ce balcon,
Où nous serons au mieux.

MARIE (à part).

Oh ! mon Dieu ! ma raison,
Oh ! ma raison s'égare. Oh ! l'horrible torture !
Supplice des damnés, ah ! c'est vous que j'endure.

(Une lueur de torches apparaît du dehors. Othon et Marie vont se mettre au balcon. Marie détourne la vue et se cache le visage avec son mouchoir.)

OTHON

Madame, regardez, voici le patient.

(La voix du comte.)

Vous apprendrez, seigneur, que je meurs innocent.
Et vous femme superbe, au riche diadème,
Sachez que je me rends au tribunal suprême,
Où vous comparaîtrez avant la fin du jour.
C'est moi qui vous le dis, chacun aura son tour.

OTHON

Bourreau, que faites-vous? Dépêchez le supplice,
Et pour le patient et pour l'impératrice.

(On entend frapper un coup.)

Allez au carrefour, mettez sur un poteau
La tête du coupable avec un écriteau
Qui portera ceci : Récompense d'un lâche.
Vous m'avez bien compris? Achevez votre tâche.
J'ordonne qu'un piquet le garde jusqu'au soir.
Sachez qu'Othon punit qui manque à son devoir.

(Se tournant à l'intérieur.)

Maintenant, messeigneurs, que justice est rendue,
Vous êtes libres.

MARIE (en s'affaissant).

Ah!

OTHON

Quoi! Marie étendue
Sur le sol à mes pieds, grand Dieu! dans quel état!
Elle est sans mouvement; ses yeux n'ont plus d'éclat.
Donnez-lui tous les soins que son état réclame....

(Un officier et Walter s'empressent de la secourir.)

Chut!... Quelqu'un vient encor.

Scène VII

LES MÊMES, ISAURA, ANTONIUS

ISAURA

Moi, seigneur.

OTHON

Vous, madame.

(Aux soldats.) (A Isaura.)

Gardez donc cette entrée. Et que me voulez-vous?

ISAURA

Je viens vous demander le comte, mon époux.
Faites en sa faveur un acte de clémence,
Si vous ne voulez croire à sa chère innocence.

OTHON

Non, non, je n'y crois pas, et vous savez pourquoi.

ISAURA

Il est innocent, dis-je. Oh! oui, rendez-le moi.
C'est à genoux, seigneur, que je vous le réclame.
Oh! je vous bénirai.

OTHON

Le comte est un infâme!

ISAURA

Ne croyez pas cela.

OTHON

Mais quels sont vos témoins?

ISAURA

Le Seigneur et mes yeux.

OTHON

Vous le croyez, du moins.
Hélas! vous vous trompez, tout le prouve, du reste.

ISAURA

Mais c'est la vérité, seigneur, je vous l'atteste.

OTHON

Non.

ISAURA (se levant).

Hé bien! j'en appelle au jugement de Dieu,
Et je veux commencer par l'épreuve du feu.
Vous permettrez, seigneur!

OTHON

Pardon si je refuse;
Le besoin de partir me servira d'excuse.

ISAURA

Ah! pour Marie, oh! non, vous ne le voulez pas.
Mais la honte partout marchera sur ses pas;
De ses désirs impurs mon époux est victime;
Et partout je dirai sa fureur et son crime.

Puis le bruit, dès demain, en sera répandu.
Quand je vous dis, seigneur, que j'ai tout entendu
De cet appartement, où j'ai voulu me rendre,
Je pouvais, à mon gré, dans ce lieu la surprendre.

OTHON

Eh! madame, pourquoi ne l'avez-vous pas fait?

ISAURA

Je voulais m'assurer si le comte m'aimait.

OTHON

Poursuivez.

ISAURA

Si son cœur m'était toujours fidèle.

OTHON

Ainsi la jalousie excitait votre zèle.
Hé bien! pardonnez-moi si je ne vous crois point,
Et si je vous défends d'insister sur ce point.
Vos accusations ne sont pas une preuve.

ISAURA

Je vous l'offre, seigneur, au moyen de l'épreuve
Que vous me refusez....

OTHON

Avec raison.

LE CARDINAL

Toujours.
La justice de Dieu devrait avoir son cours.

1er ÉVÊQUE

Nul, quel que soit son rang, ne devrait s'y soustraire.

OTHON

Mais je ne prétends pas soutenir le contraire.
Vous voulez ce supplice, eh bien! je le permets.
De votre loi cruelle ordonnez les apprêts.

(A Marie qui reprend ses sens.)

A cette épreuve enfin, préparez-vous, madame.

MARIE

Une épreuve!

OTHON

Oui, Marie.

MARIE

Ah! Dieu! mais c'est infâme!
Vous avez consenti! Je ne vous conçois pas.

OTHON

Pouvais-je refuser à ces dignes prélats?

MARIE

Mais votre volonté n'est donc plus absolue?

OTHON

A quoi bon tout cela? Soyez plus résolue.
Parce que je consens, me croyez-vous perdu?
En suis-je moins Othon? Non, c'est bien entendu.
Réprimez vos terreurs, cette indigne faiblesse;
Imitez, croyez-moi, cette jeune comtesse;
Elle et vous subirez le supplice du gant.
Qu'est-ce que cela? rien, l'affaire d'un instant.
A tant de calomnie imposez le silence;
Confondez, il le faut, la grossière insolence
De vos accusateurs au superbe maintien;
Défendez, je le veux, votre honneur et le mien.

MARIE

Épargnez-moi, seigneur, cette horrible torture!
N'est-ce donc pas assez des tourments que j'endure?
Si je pouvais mourir.

OTHON

Ah! mourir, et pourquoi?
Surmontez, je vous prie, un sentiment d'effroi.
A cette heure néfaste, armez-vous de courage.
Et c'est, à mon avis, le parti le plus sage.

Quand on a, comme vous, un cœur bon, noble et pur,
D'être victorieux....

MARIE

Est-on toujours bien sûr?

LE CARDINAL

Vous n'en pouvez douter, madame.

2ᵐᵉ ÉVÊQUE

Oh ! non....

OTHON (à l'évêque).

Silence !

(à Marie.)

Vous allez à l'instant prouver votre innocence.
Notre honneur a reçu le plus pénible affront.
De ce monde méchant, je veux courber le front.

(Aux soldats.)

Apportez le réchaud. Hâtez-vous, le temps presse.

Scène VIII

LES MÊMES, MOINS DEUX SOLDATS

MARIE

Considérez, seigneur, l'état de ma faiblesse,
Et vous aurez pitié....

ISAURA

Pitié ! non, non, jamais !

MARIE

Cette femme est ici !...

(Elle se cache le visage dans ses mains.)

ISAURA

Pour prouver vos forfaits.

MARIE (à part).

Maintenant je comprends, c'est elle qui m'accuse.

(à Othon.)

Seigneur, quittons ces lieux. Seigneur, on vous abuse.

OTHON

Vous allez le prouver.

Scène IX

LES MÊMES, DEUX SOLDATS APPORTANT DES INSTRUMENTS DE TORTURE

ISAURA (à Marie).

Voici les instruments
Qui vont entre nous deux fixer les châtiments.

OTHON (à Marie).

Allons, préparez-vous.

MARIE (d'une voix faible).

Seigneur, je suis coupable !

OTHON

Ai-je bien entendu ? Répondez, misérable !...
Opprobre de mes jours, hypocrite et sans cœur,
Qui venez ajouter la honte à ma douleur.
Vous périrez, vous dis-je ; oui, sur la grande place,
Devant toute la foule.

MARIE (se mettant à genoux).

Oh ! pitié ; seigneur, grâce !

OTHON

Éloigne-toi, vipère ! et crains de m'approcher.

(Aux soldats.)

Vous allez sur la place élever son bûcher.

MARIE (toujours à genoux).

Épargnez-moi, seigneur, cette mort si cruelle.

OTHON (aux soldats).

Appréhendez Walter, qu'il périsse avec elle.

FIN

Louis Godet.

AU BOIS

Nous étions convenus tous deux
D'aller ce jour-là matineux
Parler tout bas sous les grands saules,
Nous asseoir sur le vert gazon,
Les yeux errants à l'horizon,
Les mains par dessus les épaules.

Anxieux d'arriver à temps,
C'était aux beaux jours du printemps,
J'étais parti bien avant l'heure ;
Le soleil au loin se levait
Et le grand bois étincelait
Des larmes que l'aurore pleure.

Les pinsons, les chardonnerets,
Atômes ailés des forêts,
Lançaient leurs notes cadencées ;
Dans les blés verts quelques grillons
Criaient encor, les papillons
Ouvraient leurs ailes nuancées.

On pouvait voir à l'Orient,
Pâlissant dans le Ciel riant
La silhouette de la lune ;
Son croissant gris vers le soleil
Se tournait menaçant, pareil
A quelqu'un qui garde rancune.

Je me blottis près d'un buisson
D'où l'on pouvait voir la maison,
Le temple de la bien-aimée ;
Je relus vingt fois en esprit
Le mot qu'elle m'avait écrit
Sur une feuille parfumée.

Je me sentais dans le cerveau
L'amour du vrai, du bon, du beau
Monter en effluves nouvelles ;
Des émotions me naissaient,
D'étranges visions passaient
Devant mes hagardes prunelles.

Je me rappelle maintenant
Qu'une fourmi me taquinant
Et me piquant avec furie,
Je la pris délicatement,
Comme une mère son enfant,
Pour la rendre à l'herbe fleurie.

Un bon paysan positif
Qui m'aurait ainsi vu captif
De mes sensations intimes,
M'aurait pris pour un malfaiteur
Bourrelé, le remords au cœur
Au souvenir de tous ses crimes.

Elle vint enfin. Je la vis
De loin, comme le paradis,
Qui s'avançait vers moi sereine ;
En passant elle dit tout bas :
« Je marche en avant, car là-bas
» J'aperçois des gens dans la plaine. »

Et moi je contemplais de loin
Sa robe levée avec soin
Pour la garer de la rosée ;
Puis avec un goût infini,
Comme un papillon sur un nid,
Une fleur aux cheveux posée.

De ses deux petits pieds cambrés,
Dans des brodequins mordorés

Elle trottinait radieuse,
Tous les dix pas elle tournait
Vers moi sa tête qui disait :
« Vite ! » et se retournait peureuse.

Le bois qui riait à nous voir,
Entr'ouvrait pour nous recevoir
Comme un temple ses sombres ailes ;
Dans les branches qui frissonnaient,
Les oiseaux en cœur entonnaient
Leurs plus suaves ritournelles.

Nous entrâmes. Il nous sembla
Que le monde s'arrêtait là,
Que nous étions seuls sur la terre ;
Et que pour couvrir notre voix
Les nids, qui sont muets parfois,
Chuchotaient sans jamais se taire.

Du reste nous parlions tout bas,
Entremêlant à chaque pas
Nos paroles de longs silences.
Je cueillai des fleurs au chemin,
Des baisers à sa blanche main,
Double cueillette d'innocences !

. . . .

Elle courut ainsi longtemps ;
Printemps parcourant le printemps,
Fleur effeuillant ses sœurs, pensive ;
Coupant des branches aux buissons.
Lançant des bribes de chansons,
Rouge pour un mot, sensitive !

Et moi d'un bonheur sans pareil
Je considérais ton éveil,

Amour, au front de l'innocence,
Sans qu'il me vienne le désir
De sentir nos lèvres s'unir,
N'éprouvant qu'un respect immense !

Vers le soir, la main dans la main,
Elle voulut à mi-chemin
Vers la ville me reconduire ;
Et nous allâmes bien longtemps
Ne parlant que de temps en temps,
Nous contentant de nous sourire.

Et je sentis trembler sa main
Quand l'heure triste vint enfin
De nous quitter. Nous nous assîmes
Sans regarder où nous étions,
Partant heureux nous nous sentions.
C'est en nous levant que nous vîmes

Tout au fond d'un sombre bouquet,
D'arbres formant comme un bosquet,
Un spectacle grand et sévère
Qui, malgré nous, mouilla nos yeux,
De tristes nous fit sérieux,
Jésus sur la croix : un Calvaire.

Quand nous nous quittâmes enfin
Prenant chacun notre chemin
De loin nous regardant sans cesse,
Nous comprîmes bien tous les deux
Que nous venions devant les Cieux
D'échanger la grande promesse.

. . . .

Deux ans après ce jour bénit,
Nous aussi nous avions un nid,

Dans ce nid le berceau d'un ange !
Et nous nous rappelons souvent,
En baisant au front notre enfant,
Avec un coup d'œil plus qu'étrange

Le jour où nous étions tous deux
Convenus d'aller matineux
Parler tout bas sous les grands saules ;
Nous asseoir sur le vert gazon,
Les yeux errants à l'horizon,
Les mains par dessus les épaules.

G. Masinghien.

LES CANDIDATS
FABLE

J'ai vu le cerf-volant monter... et de bien bas ;
Sa gloire est un peu d'air et beaucoup de ficelle.
On prétend, électeurs, qu'il servait de modèle
    A certains de vos candidats.

Mais le siècle a marché. Les hommes sont plus sages ;
Tout progresse ; le gaz vogue sur l'aquilon ;
Et l'on dit qu'aujourd'hui les mêmes personnages
Pronés, gonflés d'orgueil, perdus dans les nuages
    Pour modèle ont pris le ballon.

L'Esprit Frappeur.

EXPECTATIO
A MA NIÈCE JEANNE

Déjà sur ton beau front une étoile reluit.
Encore, encore un peu, peut-être un jour encore,
Et le chaste rameau va porter un doux fruit.
Le bouton n'attend plus qu'un rayon pour éclore !

Déjà ton cœur est plein d'un bonheur anxieux.
Depuis longtemps se passe en toi plus d'un mystère ;
Tu souris, et parfois des pleurs mouillent tes yeux,
O chère et douce enfant, qui demain sera mère !

O vision bénie ! ô suave frisson !
Quelle attente t'émeut, quelle extase t'enivre !
Sentir en soi deux cœurs vibrer à l'unisson,
Et porter en son âme une âme qu'on sent vivre !

Je le sais, tu priais, tu priais quand, un soir,
La Vierge t'apparut, de beaux anges suivie :
Sur tes genoux tremblants, l'un d'entre eux vint s'asseoir,
Et tu sentis en toi tressaillir une vie !

Tu ne vis plus : ta vie est tout un paradis.
Tu vis pour l'être aimé qui palpite en ton âme ;
Tu lui parles tout bas, tu l'appelles, lui dis :
« C'est l'heure ! entends ma voix qui pleure et te réclame ;

» Viens sourire à ta mère et saluer le jour ;
» Viens, le bonheur me tue ; il est temps, je succombe ;
» Vois ton berceau tout prêt, ton berceau, nid d'amour,
» Fait de laine d'agneau, de plumes de colombe !

» Viens, ton trône est de fleurs et ta coupe est de miel !
» Ne regrette pas trop ta céleste patrie ;
» J'aurai pour te bercer, ange, des chants du Ciel,
» Et pour t'aimer le cœur de la Vierge Marie ! »

L'Abbé M. Bogros.

Nièvre.

ESPOIR

Lorsqu'une mère Canadienne
Perd l'enfant, qu'elle aime à nourrir,
Elle dit : « Que Dieu me le prenne....
» S'envoler, ce n'est pas mourir ! »

Elle le suit, dès qu'il s'éloigne,
L'ange que ses bras ont bercé ;
Et, toujours mère, lui témoigne
Plus d'amour que dans le passé.

A ses chants, se mêle un murmure,
Humble prière du ruisseau....
Les arbres font, de leur ramure,
A l'enfant, un épais rideau.

Sa tombe est un berceau de pierre
Où, sous le regard maternel,
Fermant à jamais sa paupière,
Il dort son sommeil éternel.

A ses côtés, la pauvre femme,
Dont il fut l'unique trésor,
S'entretient avec sa jeune âme,
L'appelle et lui sourit encor.

Sereine, elle veille sans cesse
Auprès de son froid oreiller,
Et lui prodigue sa tendresse,
Comme s'il allait s'éveiller !

Se penchant vers la sombre couche,
Elle comprime, sous les doigts,
Le sein d'où sa petite bouche
Aspirait la vie autrefois.

Alors, de cette blanche grappe,
Jaillit le vin du nouveau-né,
Flot pur qui s'égrène et s'échappe
Sur le tombeau, de fleurs orné.

Quand le modeste mausolée
Boit les perles du lait nacré,
La mère heureuse, consolée,
Croit son enfant désaltéré....

Et, chaque jour, la Canadienne
Prend encor soin de le nourrir,
Redisant : « Que Dieu me le prenne....
» S'envoler, ce n'est pas mourir ! »

⁂

La France a des croyances telles,
La France, cette mère en deuil,
Pleurant ses deux filles jumelles
Qui faisaient jadis son orgueil.

Mais quand, rayonnante et sereine,
Elle sent qu'elle doit ainsi
Aimer l'Alsace et la Lorraine,
Mon Dieu, se trompe-t-elle aussi ?

Non, non, Seigneur, car notre France,
Sachant que tu la soutiendras,
Caresse, à bon droit, l'espérance
De leur rouvrir enfin ses bras.

A travers ses funèbres voiles,
L'avenir lui semble un Ciel pur
Qui prend sa couronne d'étoiles,
Et revêt son manteau d'azur.

Son grand cœur franchit la frontière
Que gardent les Huns triomphants....
Les enfants, qu'on vole à leur mère,
Cessent-ils d'être ses enfants ?

O frères, sous un joug barbare,
On veut en vain vous retenir ;
La Prusse aujourd'hui nous sépare,
Dieu va demain nous réunir.

La Canadienne semble attendre....
France! ton espoir est plus vrai.
Le fils de cette mère tendre
N'avait point dit : « Je reviendrai. »

Il est froid.... Attends plutôt qu'elle,
Puisque tes fils brûlent d'amour :
La mort hélas! est éternelle,
Mais l'exil peut n'avoir qu'un jour!

LOUIS DE PRÉVILLE.

Février 1874.

TRADUCTION DU PSAUME CXIII

In exitu Israël de Ægypto, etc.

La maison d'Israël, qu'un barbare esclavage
Opprimait sous un joug de fer et de mépris,
A quitté pour toujours un peuple qui l'outrage,
Et les fils de Jacob ont revu leur pays.

Et le Seigneur alors signala sa puissance,
Et, se faisant visible aux enfants d'Israël,
Comme un signe sacré d'amour et d'alliance,
En Judée établit son royaume éternel.

Les vagues de la mer, à cet aspect craintives,
Fuirent loin de leurs bords dans un trouble soudain,
Et vers leur source on vit tes ondes fugitives
Remonter brusquement, ô fleuve du Jourdain!

Alors, avec stupeur, des plus hautes montagnes
Ainsi que des béliers on vit bondir les flancs,
Et les coteaux au loin sauter dans les campagnes
Comme le jeune agneau qui saute dans les champs.

Dites-moi donc, ô mer, pourquoi dans votre course
Vos flots troublés fuyaient comme frappés d'effroi !
Pourquoi donc, ô Jourdain, montais-tu vers ta source?
O fleuve, ô vaste mer, parlez! répondez-moi !

Répondez!... Pourquoi donc, ô montagne superbe,
Ainsi que le bélier l'œil vous vit-il bondir ?
Et vous aussi, pourquoi, comme l'agneau sur l'herbe,
Collines, vous vit-on sauter et tressaillir ?

Pourquoi donc cet effroi, ces prodiges sublimes ?
En voyant votre face, ô roi terrible et doux,
La terre a tressailli jusques dans ses abîmes :
Dieu de Jacob, la terre a tremblé devant vous.

Car c'est le Dieu puissant dont les mains toujours pleines
Fécondent les objets qu'elles daignent toucher,
Et qui fait, à sa voix, ruisseler les fontaines
De la pierre entr'ouverte et du sein du rocher.

Seigneur, à qui revient l'honneur de ces spectacles ?
La gloire en est à vous, car l'homme est impuissant.
A la féconde main qui produit ces miracles
Je reconnais celui qui peupla le néant.

La sainte vérité de toute part déborde ;
La grandeur du Très Haut est visible en tout lieu :
Aux signes éclatants de sa miséricorde,
L'univers éclairé reconnaîtra son Dieu.

C'est le Dieu d'Israël que notre cœur adore ;
Oui, c'est lui !... Pour empire il a l'immensité.
Tout s'incline à sa voix, tout s'empresse d'éclore
Lorsque éclate à nos yeux sa sainte volonté.

L'univers, ô mon Dieu, n'entend point tes paroles ;
Les peuples aveuglés adorent les faux-dieux.
Ces dieux d'or ou d'argile, insensibles idoles,
Sont l'œuvre des mortels et périssent comme eux.

Ces dieux sont impuissants! ils ne sont que matière,
Et les peuples vers eux tendent en vain les bras.
Ils ont des yeux!... ces yeux sont privés de lumière,
Et, s'ils ont une bouche, elle ne parle pas.

Aucun souffle jamais ne gonfle leurs poitrines ;
Ils sont ensevelis dans un sommeil de plomb.
Jamais aucun parfum ne monte à leurs narines ;
Leurs oreilles jamais ne perçoivent le son.

Si ces dieux ont des mains, elles sont impuissantes :
L'immobilité froide emprisonne leurs pieds ;
Rien ne rendra jamais leurs lèvres frémissantes :
Un silence éternel a glacé leurs gosiers.

Honte aux adorateurs de ces tristes idoles
Qui fondent leur espoir sur un appui si vain !
Honte à qui vous a faits, simulacres frivoles !
Qu'il devienne pareil à l'œuvre de sa main !

Les enfants d'Israël placent leur espérance
Dans les bras du Seigneur : c'est le Dieu grand et fort.
C'est lui qui les protége et calme leur souffrance :
Leur cœur en sa bonté se confie et s'endort.

Le Seigneur a prêté son appui secourable
Aux enfants bien-aimés de la maison d'Aaron ;
Il verse les trésors de sa grâce adorable
Sur le peuple fervent qui confesse son nom.

Heureux les cœurs soumis, pleins d'une douce crainte !
La volonté du Ciel est leur unique vœu ;
Et, courbés humblement sous la parole sainte,
Ils placent leur espoir dans la bonté de Dieu.

Le Seigneur tout-puissant connaît notre faiblesse ;
Il ne voit pas en vain ses enfants à genoux.
Il nous a regardés d'un œil plein de tendresse ;
Dans sa clémence il est descendu jusqu'à nous.

Le Seigneur, prodiguant ses grâces paternelles,
Des enfants d'Israël a béni la maison ;
Couvrant de son amour ses serviteurs fidèles,
Il a daigné bénir les descendants d'Aaron.

Il a béni tous ceux qui croient en sa justice,
Tous ceux qui sont tremblants au feu de son regard.
Il a laissé tomber sa faveur protectrice :
Les grands et les petits ont eu la même part.

Que le Seigneur toujours vous donne l'abondance !
Sur les fils de vos fils que veille sa bonté !
Qu'il soit votre secours et que, dans sa clémence,
Il protége à jamais votre postérité.

Que le Seigneur, ce Dieu que l'univers révère,
Répande dans vos cœurs ses bénédictions !
Il a créé le Ciel, il a créé la terre :
C'est le maître éternel, le roi des nations.

Le Ciel est au Seigneur et la terre est aux hommes.
La terre est un atome, un point devant ses yeux ;
Mais le trône de Dieu, royaume des royaumes,
Environné de gloire, est au-dessus des Cieux.

Ils ne chanteront point tes sublimes louanges,
Seigneur, ceux qui sont morts dans les liens du mal ;
Ils n'auront point leur part dans le concert des anges,
Tous ceux qui sont plongés dans l'abîme infernal.

Nous vivons par ta grâce, ô Dieu, source de vie !
Nous adorons, Seigneur, ta force et ta bonté.
Nous chanterons ton nom et ta gloire infinie
A toute heure, en tous lieux, et dans l'éternité.

Ludovic Sarlat.

Dordogne.

LE STEEPLE-CHASE DE LA VIE

Cheval et cavalier courent vêtus de brume,
Le cavalier est pâle et le cheval écume,
      L'éther vibre autour d'eux,
Et, reliant sans fin ses courbes fantastiques,
La route se déroule en spirales magiques,
Tantôt près de l'abîme et tantôt près des Cieux.

Ils courent; on entend siffler leur rauque haleine,
Mais le bruit du galop enragé sonne à peine
      Un instant sur le sol.
Halliers, ravins, vallons coupés de noirs rivages,
Monts dénudés hantés par les échos sauvages,
      Rien ne suspend leur vol.

Rien n'arrête leur course effrénée; en broussailles
En vain d'affreux ronciers, enchevêtrant leurs mailles,
      Entravent leurs genoux,
S'ils rejoignent le vent, il faut qu'ils le dépassent.
De les suivre, à la fin, leurs ombres qui se lassent
      Abandonnent ces fous.

Essor vertigineux! ils glissent, ils tournoient
Au flanc du précipice, et remontant, se noient
      Aux nuages ardents,
Se perdent au lointain, reviennent sur leurs traces,
Du pôle à l'équateur et du feu dans les glaces :
      Les voilà sur les dents....

Des heures puis des jours, des mois, des ans s'écoulent,
Mille espoirs devant eux surgissent et s'écroulent,
      Leurs ruines en vain
S'accumulent : « Là-bas! quelle est cette lumière?... »
Et le cheval, usant son sabot sur la pierre,
      Dévore le chemin....

Un soir ils sont tombés et couchés côte à côte,
Le pâle cavalier s'essuie au front, il ôte
      Ses éperons sanglants
Et, de la mort qui vient sentant la rude étreinte,
Exhale amèrement une inutile plainte
      Et fond en pleurs brûlants.

Bientôt descend sur eux la froideur sépulcrale,
De leur gosier serré tirant le dernier râle
      Et leur séchant le cœur,
Alors le cheval parle et dit : « Comme en un rêve,
» Où donc, maître, allions-nous sans relâche, sans trêve?
      » Au pays du bonheur!! »

CHARLES BLANCHAUD.

AU LIT DE MORT D'UN PÈRE

DÉDIÉ A M. C. L.

Sursum Corda!

I

Voici l'aube, et le coq a sonné le réveil,
Et j'ai compté six coups à l'horloge sonore ;
Mais je laisse aujourd'hui se lever le soleil....
    Soleil! je veux dormir encore!

Car n'ai-je pas assez — j'ai soixante-dix ans —
Arrosé de sueurs mes terres infécondes?
Mes cheveux aujourd'hui me semblent assez blancs,
    Et mes rides assez profondes!

Pourtant si je pouvais, ô mort, ne pas mourir!
Mes membres fatigués ne sont pas las de vivre ;
Je voudrais, pour mon fils, dans un long avenir
    L'aimer toujours, toujours le suivre!

Seigneur, que fera-t-il à vingt ans, pauvre et seul?
Ma course va finir quand la sienne commence;
Pour moi le grand sommeil dans l'humide linceul,
    Et pour lui l'avenir immense!

Il devra travailler et souffrir ici-bas!
Enfant, ne tremble pas devant ta lourde tâche,
Car le soldat qui craint l'heure des grands combats,
    Sais-tu bien qu'on le nomme un lâche!

II

Voici que le soleil grandit à l'horizon,
Et bientôt on fera mon nid sur le gazon!
Je veux aux champs des morts dormir au pied d'un arbre,
Et quelques simples fleurs me serviront de marbre;
Tu planteras ma croix à l'ombre d'un cyprés;
Mais je veux être mis dans les sillons sacrés
Près de ta sainte mère, enfant, car mon épouse
Si je dormais ailleurs pourrait être jalouse,
Et nos âmes bientôt, peut-être avant ce soir,
Au foyer du Seigneur ensemble iront s'asseoir!

Ne change rien, mon fils, au toit de nos ancêtres,
Ni les contrevents verts, ni les tuiles champêtres,
Ni les hauts pigeonniers peuplés de leurs pigeons.
Vois les arbres couverts de leurs tendres bourgeons,
La génisse qui paît l'herbe de la prairie,
La grande basse-cour, la vieille bergerie,
Tout cela t'appartient. J'oubliais nos sillons
Sur lesquels ont sué trois générations!
Mais surtout que jamais tous ces meubles rustiques
Que je regardais, moi, comme autant de reliques,
Et sur lesquels encor trois siècles sont passés,
Ne soient à mon foyer par d'autres remplacés!
J'aimais ces vieux bahuts, ces longs rideaux de serge,
Et ce portrait jauni de blonde et pâle vierge,

Aux grands yeux de saphir, au front pur et serein....
Estelle était son nom... quand j'étais Némorin !
Mais le temps passe et fuit pendant que tu m'écoutes,
Et voici l'heure sainte et suprême entre toutes;
Avant le grand départ de l'âme pour les Cieux
Dieu la donne, mon fils, aux solennels adieux.
Alors le cœur se fend et l'amour se déchire,
Et les yeux pour pleurer semblent ne plus suffire;
D'inutiles regrets viennent troubler la mort;
Oh! toi, ne pleure pas, sois courageux et fort,
Car il faut être fort pour entrer dans la vie,
Et cette liberté que la jeunesse envie
Ne se gagne jamais sans un rude labeur !

L'homme est un combattant; le prix est le bonheur;
Mais souviens-toi, mon fils, qu'il faut combattre et vaincre !
Oh! qui me donnera des mots pour te convaincre !
L'homme ici-bas encor doit vivre pour mourir,
Et vers des temps meilleurs se hâtant de courir,
Voir les Cieux immortels comme un terme suprême
Promis à son exil par le Seigneur lui-même !
Pareil au voyageur qui ne s'arrête pas,
Sans cesse dans sa route il doit presser le pas;
Et malgré la douleur, et malgré la souffrance,
Emprunter pour courir l'aile de l'espérance !

Je ne puis, ô mon fils, en te voyant aller
Dans ces rudes sentiers que ton pied va fouler,
Je ne puis m'empêcher de trembler et de craindre.
Ah! si mon vieux flambeau ne devait pas s'éteindre,
Ensemble nous aurions marché, puis combattu,
Toi t'aidant de ton âge et moi de la vertu !
Tu ne sais pas encor ce que c'est que la vie :
C'est un calice amer qu'on boit jusqu'à la lie !
Tu voudrais en douter : oh! tu verras venir
Trop tôt ce grand despote appelé l'avenir;

Tu souffriras, et puis tu verras les années
Échapper sans bonheur à tes mains acharnées!
Alors, tu maudiras ce séjour des vivants
Qui n'est qu'un tourbillon balayé par les vents!
Veux-tu savoir aussi ce que c'est que le monde?
C'est une obscurité, c'est une nuit profonde,
Où l'on boit, où l'on joue, où l'on se rit de tout,
Où l'honneur trop souvent a le sort d'un atout!
Qu'il est beau d'accoupler les valets et les dames!...
De voir ces nouveau preux, même de nobles femmes,
Batailler pour de l'or autour d'un tapis vert!
Et puis, dans un grenier, à tous les vents ouvert
De blêmes orphelins, des mères et leurs filles,
Couvrant leurs membres nus de sordides guenilles,
Dorment en attendant un rayon de soleil.
Et que leur reste-t-il au moment du réveil :
La honte!
      Ainsi, partout de bas en haut : la honte!

Mais quand vous réglerez cet effroyable compte
O Dieu! que deviendra la pâle humanité?
Le père à son foyer n'a plus d'autorité,
L'atelier se dépeuple et la débauche immonde
Va se croire bientôt la maîtresse du monde!
Dans ses poudreux clochers, l'airain peut retentir,
Le pardon peut attendre en vain le repentir,
Les temples sont déserts. — On méprise le code;
Et c'est dans ce chaos où le vice est de mode
Que la Patrie en deuil s'affaiblit et s'endort
De cet affreux sommeil précurseur de la mort.
Tout ce peuple va-t-il tomber de lassitude,
Oublier à la fois le travail et l'étude?
Quand il ne pourra plus secouer sa torpeur,
Quand il faudra lutter encore... il aura peur!
Hélas! que deviendront le progrès et la gloire!
Un jour, sais-tu comment nous jugera l'histoire?

Ce peuple a ri !
　　　　　　Le Rhin, le vieux Rhin des Gaulois
Pleura seul dans ses fers en maudissant les rois.
Moi, pendant que montait la horde famélique,
Je méditais sur Rome et sur sa République !
Le calme avant-coureur des sombres ouragans
Semble avoir endormi les héros, les savants :
Où sont-ils donc? — Ainsi dans mes visions saintes
Je cherchais vainement des planètes éteintes !
Mais le vice a souillé la pourpre et le coutil,
Et nous ne sommes plus un grand peuple viril ;
La pudeur dans la rue ose à peine paraître ;
On rit du magistrat, et l'on médit du prêtre,
Et l'antique vertu quittant l'humanité
Ne veut plus la conduire à la prospérité !

Sais-tu que dans le monde il est d'horribles femmes
Qui vendent les baisers de leurs lèvres infâmes,
De ces femmes qu'on montre au doigt pendant le jour,
Qui trafiquent la nuit d'un impudique amour !
Oh ! non, le saint amour n'irait pas dans leur fange,
En se prostituant souiller ses ailes d'ange
Et vider son carquois aux traits mystérieux !

. . . .

Le bonheur de l'amour est un présent des Cieux,
Mais si tu veux aimer, fuis loin des grandes villes,
Où la pudeur souvent frôle des femmes viles !
Où l'or est une égide, où le vice éhonté
Montre à tous les regards son impudicité,
Où règne au grand soleil l'affreux sensualisme,
Où le saint mot aimer n'est plus qu'un barbarisme,
Car la femme s'y vend... et la dot est son prix !
Oh ! cette décadence inspire mon mépris :
Dans ces honteux marchés parler d'amour : blasphème !
Le contrat est pesant, qu'importe si l'on s'aime !

Pourtant que c'était beau jadis quand les amants
Sous les arbres discrets échangeaient leurs serments ;
La mère les suivait de son regard humide ;
Lui, fort et déjà grave ; elle, pâle et timide,
Allaient sans regarder qui venait derrière eux,
En ne se parlant pas des lèvres mais des yeux !
Ce sont là maintenant des amours bien gothiques,
Tout au plus bons au temps de ces meubles rustiques !
Voudrais-je ranimer dans leurs sombres tombeaux,
Les joyeux ménestrels, les vaillants damoiseaux ?
Oh ! mon siècle est trop grand pour ces mesquineries,
Et laissant aux rêveurs toutes ces vieilleries,
Il jouit ! — Le présent efface le passé ;
Par lui, l'or est sur l'or froidement entassé ;
La bourse, l'agio, le jeu, la politique,
Ont remplacé l'amour au foyer domestique !
Hélas ! on n'aime plus ! Enfant, qui t'aimera
Quand peut-être demain je ne serai plus là ?

. . . .

III

Et je n'ai pas fini ! — Que de choses à dire !
Oh ! crains de parler trop, mon fils, crains de médire,
  Ou de blâmer injustement.
Mais n'applaudis jamais la noire calomnie,
Dont le venin terrible empoisonnant la vie
  Atteint toujours un innocent !

Sache dépenser peu ; toujours l'économie
De la prospérité fut la fidèle amie ;
  Avec elle on n'eut jamais faim.
Il faut à ses désirs imposer une digue ;
Imite la fourmi ; la cigale prodigue
  Ne pensait pas au lendemain !

Le méchant ici-bas persécute le juste ;
Mais il est dans le Ciel une justice auguste

Qui sait rendre à chacun leurs droits !
C'est à Dieu qu'appartient le soin de la vengeance ;
C'est lui qui pesant tout dans la même balance,
    Juge les peuples et les rois !

Crains de l'ambition la suprême folie,
Car le chêne se rompt, quand l'arbrisseau se plie
    Sous la fureur d'un ouragan !
Car l'humble fleur des prés, le modeste brin d'herbe,
A sa place au soleil comme le tronc superbe
    Du cèdre au sommet du Liban !

Si quelqu'un te fait tort, ou bien qu'on te méprise,
Que l'injure, ô mon fils, sur toi n'ait pas de prise ;
    Sache plier comme un roseau !
Car sur tes pas bientôt s'acharnera la haine ;
Le mépris te suivra dans ta marche incertaine
    Comme le plomb qui suit l'oiseau !

. . . .

Ne désespère pas en buvant ton calice,
Car il faut que l'arrêt du Seigneur s'accomplisse :
    Sois fort, mon fils, ne pleure plus !
Dieu garde l'orphelin comme il garde la veuve ;
Sauras-tu quand viendra le moment de l'épreuve,
    Imiter Socrate et Jésus ? [1]

Déjà l'airain sacré jette ses glas funèbres ;
Des sanglots et des pleurs tombent dans mes ténèbres....
    Le menuisier fait mon cercueil !
Or, richesses, plaisirs, servent-ils à cette heure ;
Viendront-ils habiter ma lugubre demeure ;
    Franchirons-nous le même seuil ?

Bientôt... mais dans mon cœur s'arrêtent les pensées ;
Le sang ne coule plus dans mes veines glacées,

---

[1] B. Franklin — *Conseils à un jeune homme.*

Et la nuit remplace le jour!
Adieu, mon fils, adieu, travaille, souffre et prie;
Donne ton âme à Dieu, ton bras à la Patrie,
Donne ton cœur au saint amour!

E. RHODEN.

Note de l'auteur. — Il y a dans cette pièce des exagérations bien pardonnables — et qu'on voudra bien pardonner — dans la bouche d'un philosophe qui craignait pour son fils le monde et les grandes villes. Qu'on veuille bien surtout n'y voir aucune pensée de haine, mais la dernière angoisse d'un mourant! L'homme qui a dicté ces pages connaît la maxime du Christ : « Aimez-
» vous les uns les autres ! »
E. R.

A LA FRANCE

Je t'aime, ô ma Patrie au flanc troué! je t'aime!
Ton front dont la pâleur est le seul diadème,
    Tes yeux fixes et rayonnants,
Ton bras vaincu, ton bras, ma guerrière frappée,
Abaissant vers le sol sa vieille et noble épée,
    Ont pour moi des charmes poignants.

O ma Patrie en deuil! triste, je m'agenouille
A tes pieds que le sang avec la poudre souille
    Et que la mitraille a meurtris;
Et j'éclate en sanglots, et je baise tes plaies,
O mère de douleur qu'on traîna sur des claies
    Et que l'on couvrit de mépris!

Et je te dis : « O ma mère, ô mère trois fois sainte!
» Maintenant que ta force a ployé sous l'étreinte
    » De tes ennemis conjurés;
» Maintenant qu'ils t'ont pris ta couronne de reine,
» Maintenant, maintenant que tu comptes à peine
    » Quelques vieux drapeaux déchirés,

» Tu m'es plus chère encor qu'au temps où, grande et fière,
» Tu dominais le monde et, ceinte de lumière,
    » Brillais d'un éclat sans pareil.
» Mon amour est semblable à ces plantes sauvages
» Qui grandissent plutôt au fracas des orages
    » Que sous les rayons du soleil.

» Mon amour, retrempé dans les larmes amères,
» N'a plus rien aujourd'hui de ces transports vulgaires
    » A qui les angoisses font peur.
» Il est vaste et profond autant que ta souffrance,
» Il se sent immortel comme ton âme; ô France,
    » Mon amour sera ton vengeur!

» Soufflant la haine aux forts, embrasant de sa flamme
» Ceux qui sont trop petits pour tenir une lame,
    » Les bataillons de l'avenir,
» Il ira, soulevant pour la guerre sacrée
» Tous ceux, jeunes et vieux, que l'horrible curée
    » A fait pleurer ou tressaillir.

» Il ira, rappelant ce qu'il faut que l'on fasse,
» Disant qu'on nous a pris la Lorraine et l'Alsace,
    » Montrant nos bourgs incendiés;
» Il ira, jusqu'au jour des grandes représailles
» Où tous ces Allemands, vaincus dans les batailles,
    » Tomberont sanglants à tes pieds! »

Adrien Roux.

A VICTOR HUGO

Vous savez que je désespère...
V. H.

Maître, notre devoir est pénible à cette heure....
Quand le deuil a marqué le seuil d'une demeure,

La consolation semble lente à venir ;
Mais, puisque Dieu te livre à de dures alarmes,
Nous ne pouvons laisser tes yeux s'emplir de larmes
Sans juger le passé, sans sonder l'avenir !

Le passé ! brillant prisme, aube trop tôt ravie
Où chaque homme revoit les pages de sa vie,
Le passé m'apparaît et s'enfuit tour à tour.
Je revois cette époque où, dans la brume grise,
Les soupirs des oiseaux et les chants de la brise
Semblaient porter au Ciel un même cri d'amour !

Je vois (pourquoi faut-il que ce spectre renaisse?)
Se révéler soudain ton ardente jeunesse
Et le sol tressaillir sous tes pas triomphants !
Pas de larmes, alors, et pas de nuits glacées ;
Tandis que tout un peuple enviait tes pensées,
Tu souriais dans l'ombre auprès de tes enfants !

Un monde se formait et la France, peut-être,
Sentait son sein bondir ou sa force renaître....
Toi, maître, tu laissais dans les champs spacieux,
Ta vue errer souvent vers l'aube qui se lève,
Car tu semblais confondre en un radieux rêve
Le printemps de ton cœur et le printemps des Cieux !

Plus tard, tu ciselas ces strophes énergiques
Où le souffle déborde en paroles magiques,
Dont rien ne peut souiller l'éternelle beauté !
Plus tard, sans un seul mot qui dénigre ou qui flatte,
Le triomphe surgit, l'enthousiasme éclate....
C'est le commencement de l'immortalité !

Hélas ! ces jours sont loin et la nuit est venue....
Dieu, dont le grand regard ouvre parfois la nue
T'a repris lentement des êtres adorés.
Oh ! le bras du destin sur nous aussi retombe,
Et ceux-là que tantôt te demandait la tombe,
Poète, comme toi nous les avons pleurés !

Nous avons vu ton âme arrachée à ce monde
Voler dans cet azur que la lumière inonde
Avec ceux que la mort couvre de sa pâleur ;
Puis, sans abaissement comme sans défaillance,
Nous avons vu ton front se courber en silence....
Jadis, sous les lauriers, hier, sous la douleur !

Pareil au chêne altier que tord le vent d'orage,
Tu relèves la tête et cherches le courage
Dont ta vie ébranlée a besoin désormais ;
Mais il est des fardeaux sous lesquels l'homme ploie,
Le vent dépouille l'arbre et le malheur te broie....
De tels coups répétés ne s'effacent jamais !

Ma voix est impuissante à calmer ta souffrance.
Regarde en haut ! Peut-être un signe d'espérance
Apparaît dans la nue et déjà resplendit ;
Car, si leur regard suit ceux que leur cœur préfère,
Tes enfants peuvent voir sur notre étrange sphère
Ta force qui décroît mais ton nom qui grandit !

Il doit survivre un jour aux faiblesses amères
Qui nous font caresser de menteuses chimères,
Il s'impose chez nous dans toute sa fierté !
— Puisque tu m'as jeté quelques fleurs sur ma route,
Je te devrai, poète, après l'amour, sans doute,
Mes rêves les plus beaux de douce volupté !

Aujourd'hui, je le sens, dans ton âme brisée
L'affliction profonde est à peine apaisée....
Le sépulcre a tout pris, chacun s'est endormi ;
Chacun repose ici sous l'épaisseur de l'herbe,
Mais ton génie est là, radieux et superbe,
Et de chaque disciple il a fait un ami !

Puisque tant d'amertume ici-bas nous abreuve ;
Puisque rien ne peut faire oublier cette épreuve,

Regardons l'infini, du seuil de la maison !
Là seulement, l'espoir dont le cœur est avide
Peut enfin déchirer, dans l'espace livide,
Le nuage effrayant qui flotte à l'horizon !

PAUL LABBÉ.

Eure.

EN PARTANT

Ensemble encor, et tantôt séparés !
L'œil attendri, nous tâchons de sourire :
Nous avons bien des choses à nous dire,
Mais nous sentons nos cœurs trop déchirés.
La voix s'altère, et la parole expire.

Nous redoutons le moment des adieux,
Blottis au fond de la salle d'attente,
Sans regarder la foule indifférente,
Mais enviant ceux qui s'en vont à deux,
Couples unis, dont le bonheur nous tente !

Seule, je pars... et durant de longs jours,
Nous traînerons lourdement l'existence.
Avant, ami ! que l'épreuve commence,
Redis-toi bien, pour le croire toujours,
Qu'il faut compter sur mon désir immense :

Ce désir fait des regrets les plus doux,
Est par là même incrusté dans mon être :
Regrets ! désirs ! si tu les veux connaître,
Rappelle-toi tant de chers rendez-vous,
Où nous étions émus... sans le paraître.

Pour se trahir, il fallait le départ :
On ose plus quand on a l'âme en peine.
Mieux que l'amour, la douleur nous entraîne,
On montre tout dans un dernier regard ;
Alors s'épand une coupe trop pleine.

Évoquons-les, ces charmants souvenirs !
Nous en saurons faire des espérances :
Je languirai moins que tu ne le penses,
Tu banniras les énervants soupirs,
Et nous vivrons... de nos réminiscences.

Nous penserons au tout premier baiser,
Que tu me pris un jour aux Tuileries,
Dans un chemin propice aux flâneries,
Où sans témoins, il était bon causer,
Interrompant parfois les causeries.

Et quel concert, à nous deux, chez Erard !
Toi l'auditeur, et moi la virtuose.
Dans le salon, à la porte bien close,
Pour toi tout seul, je jouais du Mozart :
Tu m'écoutais, attentif en ta pose.

Et puis, ce soir, où j'étais tout en pleurs,
En te contant une amère tristesse,
Tu sus alors (tu le sauras sans cesse !)
Me consoler par les mots les meilleurs ;
Chacun d'entr'eux valait une caresse !

Un tel roman ne peut craindre l'oubli,
Tu le comprends, sans que je te l'explique,
Car par bonheur, cher, tu n'es pas sceptique :
Tu crois en moi — ton cœur en est rempli, —
Tu crois à l'art, même à la politique !

Quand nous serons à jamais réunis,
Nous rirons bien des tourments de l'absence :
Ah! ces tourments! aujourd'hui les commence,
Et savons-nous quand ils seront finis?
Hélas! tous deux nous gardons le silence.

Mais il viendra, mon amour, tôt, non tard!
Le jour béni, que j'attends, que j'appelle,
En cet instant d'anxiété cruelle,
Où je tressaille au signal du départ...
— L'express! — Adieu! — Surtout, sois-moi fidèle.

VALÉRIE JANSEN.

Paris, 16 avril 1874.

LA FRANCE

Sed, si tantus amor casus cognoscere nostros
Incipiam. (VIRGILE. — ENÉIDE).

Comme un astre sorti du sein de la lumière,
Majestueux, se lève et parcourt sa carrière,
Inonde l'univers de ses divins rayons,
De sa vive chaleur féconde les sillons,
Donne aux fleurs la beauté, rend aux prés leur verdure,
Aux gais oiseaux le chant, aux ruisseaux le murmure,
L'amour à ce qui vit, la vie à ce qui dort,
Transformant à son gré la matière et la mort;
Et vivifiant tout de sa flamme immortelle,
Rejette le néant dans la nuit éternelle.

O France, ô ma Patrie! ainsi fut ton destin!
Pareille à ce soleil qui luit chaque matin,
Tu verses des torrents de lumière et de vie,
L'Europe à tes regards est encore asservie,
Et ton cœur est le cœur, ton cerveau le cerveau
De l'ancien continent et du monde nouveau.

Comme un globe de feu rayonne dans l'espace,
L'éclat de ton génie imprime au loin sa trace,
Et le monde éperdu, privé de ton appui,
Pourrait dans l'inconnu s'engloutir aujourd'hui.

O France, ô ma Patrie ! ô pays que j'adore !
D'être né dans ton sein, il est beau qu'on s'honore ;
Il est beau que les tiens, sous ton aile abrités,
Célèbrent dans leurs chants tes produits si vantés :
Les Alpes, ton beau Ciel, les pics des Pyrénées,
Tes côtes par la mer, par l'Océan baignées,
Tes plaines, tes vallons, tes superbes coteaux
Où les ceps alignés comme de longs rideaux,
Nous versent le nectar qui féconde la vie,
Et que du Nord au Sud la terre nous envie.

France, voilà pourquoi les barbares jaloux,
Voulurent de tout temps te briser les genoux,
T'ont voué tour à tour une éternelle haine.
Pourquoi les Grecs fondaient la cité Phocéenne,
Pourquoi Rome envoya son illustre César,
Fouler victorieux la Gaule sous son char ?
Pourquoi les Goths, les Huns et leurs sauvages princes,
En lions affamés déchiraient tes provinces ;
Que les fils d'Albion entrant de toutes parts,
Sur ton sol envahi plantaient leurs étendards ?

France, ils voulaient tarir tes mamelles puissantes,
Briser entre tes mains, tes armes chancelantes,
Quand vingt fois réveillant tout ton peuple endormi,
Tu soulevais ton bras et chassais l'ennemi.
C'est en vain qu'Attila te frappa de son glaive,
Mérovée et ses Francs ont dissipé son rêve.
Dans les champs de Toulouse Abdérame éperdu,
Sous les coups de Martel s'enfuit triste et vaincu ;
Et l'Anglais, d'Orléans chassé par la Pucelle,
En garde avec douleur une haine éternelle.

De quel rêve aujourd'hui sont épris les Germains?
Croient-ils faire trembler le reste des humains,
Mettre tout au niveau de la force brutale,
Comme cet insensé (¹) parlant de sa cavale,
Disait que sous ses pieds l'herbe ne poussait plus?
Oh! parfois la colère a de brusques reflux!
Oui, nos coursiers ont bu dans les eaux de la Sprée,
Des portes de Postdam nous connaissons l'entrée,
Et les murs de Berlin ébranlés, frémissants,
Ont vu passer trois fois nos soldats triomphants.

Ignorent-ils que Dieu fait l'ombre et la lumière,
Qu'aux fureurs des méchants il met une barrière,
Qu'il méprise les forts, protége les petits;
Que par lui tôt ou tard, les orgueilleux maudits,
Roulent sur les degrés qui mènent aux abîmes.
Combien sont-ils tombés de leurs superbes cimes?
Nos pères d'Iéna furent jadis vainqueurs,
Ce coup mortel s'est-il effacé de vos cœurs?
Germains, si vous voulez éviter notre haine,
Rendez-nous, rendez-nous l'Alsace et la Lorraine!

Non de gloire chargés, mais tout enivrés d'or,
Vous avez sans pitié vidé notre trésor;
Comme un géant qui lutte et renverse un colosse,
Votre joie était grande et votre ardeur féroce
A tourner dans la plaie un tranchant inhumain.
Attendez, chaque jour promet un lendemain.
Dieu qui gouverne tout défend les nobles causes,
Vous y serez contraints par la force des choses;
L'Alsace et la Lorraine un jour nous reviendront,
Et votre sang, Germains, lavera notre affront!

Vos fusils, vos canons d'airain, d'acier, de fonte,
Nous ont fait en grondant, moins de mal que la honte

(1) Attila.

De voir comme un serpent l'horrible trahison,
Infiltrer dans les cœurs son funeste poison.
Sans lui, vous n'eussiez vu, ni Paris, ni la Seine;
Metz eut compté vos morts endormis dans la plaine,
Et le Rhin frémissant jusqu'en ses profondeurs,
Eut vu grossir ses flots du torrent de vos pleurs.
Or, Germains, rendez-nous l'Alsace et la Lorraine
Et gardez-vous de faire éclater notre haine !

Pierre Duzéa.

Rhône.

ROME

I

Est-il en notre Europe, écrin brillant du monde,
Un diamant plus pur, perle de plus belle onde
Que cette illustre Rome aux tons de marbres et d'or?

Paris me semble obscur, Londres plus sombre encor,
Naples même, et Milan, et Venise si belle,
Pâlissent sous leurs Cieux près la Ville Éternelle !
Ah ! c'est que sur ces bords des géants sont passés;
Trente siècles sont là sur le Tibre entassés !
Écho sacré des temps, des dieux et de l'histoire,
Rome est le temple auguste habité par la gloire;
Les plus rares débris des chefs-d'œuvre païens
Se mêlent sur son sol aux chefs-d'œuvre chrétiens.

Rome est mère des arts et reine des merveilles;
Ses annales jamais n'ont trouvé leurs pareilles.
Nulle antique cité ne vit plus de splendeur;
Nulle encor de nos jours n'offre autant de grandeur.
L'illustre Rome enfin, universel musée,
Est l'abrégé du monde, et... comme sa pensée !

Salut, Rome, salut ! Tes rayons immortels
Illuminent la terre, embrasent ses autels.
Des millions de martyrs ont rougi ton arène,
Et des millions de saints parent ton front, ô Reine !
Toujours sur toi le Ciel eut de secrets desseins.
Une étoile jadis sur ton fier Capitole
De l'univers chrétien marquait déjà le pôle,
Et présageait ainsi tes glorieux destins !
En conquérant l'Asie, et l'Europe, et l'Afrique,
Le peuple-roi semait le peuple catholique.
Soyez-en stupéfaits, mânes des vieux guerriers :
Un Dieu plantait sa croix au pied de vos lauriers !
Oui, telle que ce gland de chétive apparence
Qui devient au désert une forêt immense,
L'Église, sur vos pas, s'étendait en rameaux
Qui devenaient des troncs en touchant les tombeaux !

II

J'entre, ô Rome, en tremblant dans tes murs redoutables ;
Je foule avec respect tes parvis vénérables.
— Ton vieux fleuve, dit-on, affadit ton air pur ;
La poussière des ans ternit ton ciel d'azur....
— Mais qui, te connaissant, oserait bien s'en plaindre ?
Lequel de tes enfants eut plus qu'ailleurs à craindre ?
Là-bas ton saint vieillard, des ans toujours vainqueur,
Ne dit-il pas à tous qu'on peut vivre en ton cœur ?
Ta majesté me plaît, noble cité des âges !
Aujourd'hui je comprends que de tous les rivages
L'humanité vers toi reporte ses regards,
Et que, mère, tu sois chère à tes fils épars !...
Tu fus l'ardent foyer des belliqueuses flammes,
Tu restes la Patrie et l'asile des âmes.
Que de cœurs en ton sein ont retrouvé la paix !
Quelle langue ici-bas redira tes bienfaits ?

Ton beau front resplendit de la triple couronne;
Tu n'es que dômes, tours, palais et monuments;
Ta noblesse survit à nos abaissements.
On sent qu'ici la croix dans sa beauté rayonne,
Qu'ici le Christ triomphe et qu'à l'homme il pardonne.
— Pourquoi surgissiez-vous, derniers événements!...
. . . .
Frémissez, frémissez, vous qui laissez le crime
Enchaîner la Justice, aveugles nations!
Du volcan qui dénonce autour de vous l'abîme
Ne sentez-vous donc pas les oscillations?
O Rome des Césars! par les siècles meurtrie,
La foi ne garde plus tes ruines en deuil!
O Rome des chrétiens! par le sarde flétrie,
Ou ne te connaît plus!...
     Du Vatican le seuil
N'entend plus résonner que les pas de sa garde;
Rome n'a plus de chant, ni de solennité :
Son grand Pape est captif, un ennemi le garde!
La force a dans les fers jeté la liberté!!

         A. LE SOURD.

Rome, mardi de Pâques, 7 avril 1874, jour de l'audience et de la bénédiction spéciale de Pie IX.

HOCHE MOURANT
A SES AMIS

Acta, non verba

Le camp français s'endort : la nuit étend ses voiles,
Et se drape, superbe en son manteau d'étoiles;
Au penchant d'un coteau, Wetzlar, un vieux manoir,
Dessine fièrement ses tours sur un fond noir.
Une pâle lueur éclaire une fenêtre :
Qui donc veille au château? bientôt l'aube va naître.

La France a renversé la hache et le bourreau,
Et de son front sanglant soulevé le tombeau ;
Cependant Hoche est là qui maudit son génie,
Comme le Christ, suant le sang à l'agonie,
Il pense que si Dieu lui donnait l'avenir,
L'histoire aurait gardé quelque grand souvenir :
Ainsi chante le cygne à son heure dernière !...
Le moribond tout bas épèle une prière,
Et son esprit, ravi dans un monde enchanté,
Goûte les visions de l'immortalité.
Parfois sa tête en feu s'incline, et puis délire,
La mort s'approche : il parle : une invisible lyre
Fait monter à sa lèvre un écho de son cœur ;
Des amis attristés écoutent le vainqueur :
« Hommes des temps passés, et des saintes croyances,
» Tendez la main à ceux qui pleurent vos souffrances,
» Regardez : devant vous un immense horizon.
» Oh ! de grâce, écoutez la voix de la raison !...
» Mêlons nos pleurs : aux Cieux déjà l'aube étincelle,
» Et la France nous garde à l'ombre de son aile.
» Nous sommes à cette heure où tout sort du tombeau,
» Où l'on coule le monde en un moule nouveau,
» Où les hommes, brûlés par le feu du génie,
» Savent ressusciter un peuple à l'agonie ;
» Et, sur les vieux débris, façonnent de leur main,
» La jeune société qui doit briller demain.
» Vieillard aux cheveux blancs le passé tombe et croule ;
» Mais toi, vierge au front pur, toi qu'adore la foule,
» Tu bénis tes enfants, ô sainte liberté !...
» Un siècle est un éclair devant l'éternité !...

. . . .

» O France, ô mon pays ! ton invincible épée
» S'est donc de tes deux mains pour jamais échappée ?...
» Terre de liberté, quoi ! tu verses des pleurs !...
» Ton beau front s'est voilé sous le poids des douleurs ;

» A l'Europe autrefois tu commandais en reine,
» Et tu n'oserais plus descendre dans l'arène?...
» Regarde autour de toi, compte tous tes enfants,
» Songe à tes fiers aïeux, dont les pas triomphants
» Ont laissé sur le Rhin une éternelle empreinte!...
» O France lève-toi! ta cause est trois fois sainte;
» Du monde rajeuni défends la liberté,
» Et ramasse le gant que Guillaume a jeté!...

. . . .

» Qu'il est beau de laisser un grand nom à l'histoire!...
» Tout peuple, dans sa vie, a ses heures de gloire
» Où son génie ardent révèle sa grandeur :
» Rome, Athènes ont connu ces instants de bonheur,
» Ces instants de triomphe et d'immortelle ivresse,
» Où le monde à leurs pieds tressaillait d'allégresse!...

. . . .

» Être jeune! et tomber sous la faux du trépas!...
» Des langes au cercueil Dieu mesure nos pas;
» Et nos rêves d'orgueil et de gloire éphémère,
» Occupent après nous cinq ou six pieds de terre!...
» Ah! penser qu'un César, un moine, Charles-Quint,
» Géants du trône à qui tout paraissait mesquin,
» Ont fait trembler l'Europe au bruit d'une bataille,
» Que l'univers entier n'allait pas à leur taille,
» Que leur cendre, à présent, tiendrait dans cette main!!...
» Je n'ai rien fait encore, où serai-je demain?...
» Mon Dieu! pourquoi cacher la sublime étincelle
» Au fond d'un cœur pétri d'une argile mortelle,
» Pourquoi voler si haut, et puis tomber des Cieux?...
» Ne puis-je, ô mon rival, puissant et glorieux,
» Espérer comme toi faire de grandes choses?...
» Me faudra-t-il mourir à la saison des roses,
» Sans laisser un grand nom à la postérité?...
» Ce sort impitoyable, oh! l'ai-je mérité?...

» Moi, j'ai fait mon devoir, on maudit ma justice :
» Faut-il jusqu'à la lie épuiser ce calice?... »
. . . .
Gardons de ce héros un noble souvenir :
On est grand par le cœur : qui vit bien, peut mourir !
Agir, et non parler, telle était sa maxime :
Sachons au moins puiser dans cette mort sublime
L'amour de la Patrie, et l'amour du devoir !...
La France est là qui pleure : en nous est son espoir !

Alfred Vellot.

LA GUERRE

Vous qui parlez encor d'armée et de bataille,
Qui cotez la valeur d'un homme par sa taille,
Qui jetez de grands mots aussi frustes que vains
Au nez des insensés, à ce peuple de nains
Qui vous écoute et croit à la force, à la gloire,
Aux méchants oripeaux d'honneur et de victoire,
Vous qui parlez ainsi, vous n'avez jamais vu
La mitraille coucher dans un champ inconnu,
L'enfant qui souriait hier dans sa chaumière ;
Vous n'avez jamais vu s'enfoncer dans l'ornière
L'affût des lourds canons roulant vers les hameaux,
Les régiments fuyant ainsi que des troupeaux,
L'incendie et l'horreur qui dévastaient la terre,
Le soldat qui mourait en appelant sa mère.
Sur le sol, sac au dos, vous n'avez point dormi
En face du danger près du camp ennemi ;
La balle n'a jamais effleuré votre tête ;
Vous n'avez pas, enfin, traversé la tempête
Où l'on va comme un fou, son arme dans la main,
Féroce, ne sachant si l'on vivra demain,
Et qui sera debout à la fin du carnage.
Ou, si vous avez vu cette scène sauvage,

Et que vous souhaitiez la revoir de nouveau,
Si ce spectacle-là vous a paru très beau,
S'il faut à votre orgueil l'éternelle revanche
Écrite avec du sang sur une page blanche,
Verso que le vaincu requiert de son vainqueur,
Malgré tout, je le dis, vous n'avez pas de cœur.
La revanche qu'il faut, la vengeance suprême,
Est celle du soleil chassant une ombre blême,
De la fraternité brisant un rempart vain,
Changeant en trait-d'union les Alpes et le Rhin.

Constant Berlioz.

LES BUISSONS

L'aubépine et l'églantin
Et le thym,
L'œillet, le lis et les roses
En cette belle saison,
A foison,
Montrent leurs robes écloses.
Rémy Belleau.

Avril met aux buissons leur plus belle parure,
La rosée y suspend ses perles, le matin,
Le soleil verse l'or dans leur frêle ramure
Et leur jette, le soir, un manteau de carmin.

L'aube naît et blanchit à peine les collines
Qu'on aspire déjà leurs parfums enivrants ;
Mais à l'heure où la nuit descend dans les ravines,
Chacune de leurs fleurs est une urne d'encens.

Que j'aime à savourer ces arômes suaves !
Sous les voiles du soir ils me pénètrent mieux.
De mon âme ravie ils rompent les entraves,
Et vers les astres d'or elle monte avec eux.

La lune qui rayonne au-dessus des vieux saules,
De bleuâtres reflets a frangé les buissons,
Et les mouches de nuit, vivantes girandoles,
Pour briller sous leurs dais quittent les verts gazons.

La pervenche s'attache à leur pied tutélaire.
Ses festons étoilés courent dans les rameaux.
Du printemps qui s'avance elle est la messagère,
Et donne le signal aux chansons des oiseaux.

Les branches d'aubépine offertes par les vierges
Ornent l'humble chapelle à son jour solennel.
Les pétales nacrés brillent parmi les cierges,
Et leur âcre parfum est l'encens de l'autel.

La source n'aurait pas une eau fraîche et limpide
Si les épais buissons n'en voilaient le contour.
Où, sans eux, les troupeaux sous l'enfant qui les guide
Iraient-ils s'abreuver pendant les feux du jour?

Le pauvre déposant sa besace par terre,
S'assied sous leur feuillage et mange son pain noir,
Et l'humble voyageur, blanchi par la poussière,
Cherche encore leur ombre à l'angélus du soir.

Quand les rayons brûlants envahissent les plaines,
Les troupeaux ont cessé de paître les gazons.
Les zéphirs inconstants retiennent leurs haleines,
Et le pâtre s'endort dans le creux des buissons.

Les rustiques maisons sont closes d'aubépines,
Elles s'offrent ainsi dans des cadres charmants.
Que nos champs seraient nus, et tristes nos collines,
S'ils n'étaient point parés de ces rideaux mouvants!

Les chèvres, en passant, en mordillent la pousse.
Les lézards, sur leurs troncs, se plaisent à courir.
L'oiseau fait là ce nid de duvet et de mousse,
Où, plus tard, les petits pourront naître et dormir.

Vos rameaux, ô buissons, qu'enlace le caprice,
Ouvrent aux doux oiseaux des asiles bénis.
Aux plus tendres amours leur ombre est si propice,
Et leurs durs aiguillons protégent tant les nids !

Les couples amoureux regagnent le village,
Ils babillent gaîment en se tenant la main,
Et s'arrêtent souvent sous les arcs de feuillage,
Afin de prolonger l'ineffable entretien.

Vous avez, ô buissons, à ces heures charmantes,
Entendu leurs soupirs et leurs tendres aveux,
Et balançant alors vos branches odorantes,
D'une neige de fleurs vous semez leurs cheveux.

Ces instants fortunés valent des jours sans nombre ;
Aimez-vous aujourd'hui sans penser à demain,
Car le spectre masqué qui vous suit comme une ombre,
Peut ne pas vous donner un autre lendemain.

Quand les tièdes rayons glissant dans les clairières,
Éveillent mille bruits sous le faîte des bois,
Vous jonchez, ô buissons, de vos fleurs passagères,
Ces sentiers où nos pas s'égarent tant de fois.

Ce langage muet à l'homme semble dire :
« Vie et fleurs sont pareils et ne durent qu'un jour.
» Ici ton cœur se brise et ton âme soupire,
» Et tu n'auras la paix qu'au céleste séjour ! »

ARISTIDE CARÉNOU.

A TRAVERS LA TEMPÊTE

IMPRESSIONS POÉTIQUES

A MES AMIS EUGÈNE FÉROTIN ET ADRIEN FAYOLLE

> Quand le vent hurle avec colère,
> Mon cœur se resserre et gémit....
> FÉROTIN.

De désirs solennels j'ai, ce soir, l'âme pleine....
Me voici sur un pic : Là, dominant la plaine,
J'embrasse du regard un immense horizon.
A ma droite se dresse une antique prison,
Tour de granit, debout sur sa base carrée, (1)
Menace féodale en ce siècle égarée.
Elle est là haute et fière : à ses pieds, des remparts
Informes, ruinés, gisent de toutes parts ;
Lorsque tout s'effondrait dans l'immense naufrage
Des temps, seule la tour résistait à l'orage.
On croirait, au milieu des débris entassés,
Voir un géant surgir sur des corps terrassés.

Le soleil s'est éteint sous un lourd crépuscule ;
Dans l'atmosphère chaude, épaissie, il circule
Comme un frémissement de torpeur et d'effroi.
Des files de corbeaux sonnent un noir beffroi.
Implacable devin de hautes catastrophes,
Le vent hurle au lointain de lamentables strophes,
Et courbe des grands pins les fronts audacieux,
Tandis que sur son aile emportés dans les Cieux,
Des nuages épais mêlent leurs grandes ombres,
Et s'enfuient en roulant éperdus leurs flots sombres.

Le monstre qui paraît inspirer cette horreur
A la nature entière accourt, gros de fureur :
Le voilà, brandissant au-dessus de la crête
Des monts ses mille bras géants que rien n'arrête.

(1) La tour de Crest.

Il grandit, s'agitant dans un vol irrité....
Soudain entre le Ciel et nous il a jeté,
Comme un sinistre écran sans fin et sans issue,
Sa masse que les flancs de l'enfer ont conçue.
Son nom est la tempête.... Un silence profond
Règne quelques instants.... Sur ce ténébreux fond
Un éclair tout à coup trace sa blanche entaille,
Donnant aux éléments un signal de bataille.
La mêlée est horrible, et, dans l'obscurité,
Comme un grondement sourd contre l'humanité,
Le tonnerre rugit. L'ouragan se déchaîne,
Bondit, torrent vainqueur, et fait craquer le chêne.
La rafale s'abat, tourbillonne et se tord
Sur le roc frémissant qu'elle soulève et mord.
L'eau tombe avec fracas sur le sol, par saccades,
Et retentit là-bas comme un choc de cascades.
Mille jets de lumière éclatent, et mes yeux
Se ferment un moment, et j'entends dans les Cieux,
La voix d'Hugo chantant sa sublime épopée....

Tous ces reflets d'or sont les éclairs d'une épée,
Dont une main de feu sape le chaos noir.
Mais pour ces traits de flamme un lugubre éteignoir,
Tenu par des hiboux dont l'œil terne m'effare,
Est là prêt à jeter sa nuit sur le grand phare.
Les funèbres oiseaux rampant et se glissant,
Disparaissent quand luit le glaive éblouissant.

De nouveau, je veux voir : un éclat de lumière
Illumine soudain le haut donjon de pierre.
Tout un honteux passé se dresse à mes regards :
Je vois se relever, épouvantés, hagards,
Dans chacun des cachots, enchaînés, des esclaves,
Les yeux noyés de pleurs ardents comme des laves....
Oh! ces murmures sourds, vibrant sous le Ciel noir,
Sont peut-être leurs cris de deuil, de désespoir;

Le cliquetis des fers sonnant contre la dalle,
L'anathème jeté sur l'ère féodale....
Puis, ce passé d'un siècle à son tour disparaît,
Avec la vision où mon cœur s'égarait.

Mystère inattendu, sous un Ciel gris d'automne,
La brise seule dit sa chanson monotone.
L'orage a disparu là-bas. Qu'il soit maudit !

Je crois, je crois entendre Ossian qui redit
Sa plainte solennelle et lente sur les grèves....
Mon cœur ému se plonge au milieu de doux rêves,
Et je sens qu'il déborde en élans infinis....

O mon pays, vallons aimés, rochers bénis,
Gardez dans votre sein ces tressaillements vagues,
Qui bercent doucement comme une mer sans vagues !...
Ce calme qu'on voudrait pouvoir croire éternel
Fait germer dans mon être un besoin fraternel.
C'est si bon de s'aimer ! Pourquoi la myopie
Des hommes n'en a fait qu'une aride utopie !...

Ainsi vont mes pensers, quand mon songe enfantin
S'écroule au contre-coup d'un roulement lointain.
Est-ce l'orage encor qui s'apprête ? — J'écoute....
Le monstre se cachait pour mieux bondir sans doute.

La sinistre rumeur grandit, et les autans
Recommencent entr'eux leur combat de titans.
La foudre tonne quand l'éclair rougit la nue ;
La tempête reprend toute sa hideur nue.
Elle met l'univers sous son genou d'airain
Et le tient là, rampant sous son joug souverain.

Ces cris tumultueux, aux grondements sévères,
Passent comme un écho de toutes les misères,

De toutes les douleurs, des espoirs supprimés...
C'est le râle effrayant des peuples opprimés....
Oh! dans ces sifflements du vent que de détresses,
Que de regrets nouant leurs deuils en longues tresses,
Que de ruine, hélas! Les hameaux saccagés,
L'arbre jetant ses fruits dans les champs ravagés,
L'incendie et la mort!... Aux pleurs lents que je verse
Se joignent ceux du Ciel que l'ouragan disperse,
Des larmes que le vent essuie en les chassant,
Impitoyable, sourd, farouche... se dressant
Sur l'univers, ainsi qu'un lion sur sa proie....

. . . .

Oh! le vent qui rugit, la bourrasque qui broie,
La rafale qui tord l'arbrisseau palpitant
Et qui siffle en fureur, le tonnerre éclatant,
Ces suprêmes accords enfantés par l'orage,
Ces chœurs qu'animent seuls le délire et la rage,
Tout cela porte à l'âme un air de liberté!
J'éprouve à l'aspirer une âcre volupté,
Cet air dont la senteur me pénètre et m'enivre....
D'une nouvelle vie alors je me sens vivre....
Le Ciel tourne, endormant mes pensers ulcérés,
Et versant l'idéal dans mes sens altérés....
Est-ce rêve, vertige, illusion? — Qu'importe!
Je sens un flot d'orgueil qui monte et qui m'emporte...
Le monde humain s'éloigne, et je vais dans les Cieux,
Les cheveux rejetés par le vent, et les yeux
Pleins du feu des éclairs qui couronnent ma tête....
Elle s'engouffre en moi l'âme de la tempête....
Un coursier, l'aquilon, paraît, bondit : ma main
Se crispe à ses crins durs, rehaussés de carmin,
Et je pars dans les airs, dans le feu, dans la foudre,
Humant le fol espace et son parfum de poudre....
Tout se résume en moi! Je parle... Dieu n'est plus!...

Un bloc, croulant soudain, dévale le talus

Du pic où contre Dieu j'ai lancé le blasphème.
Dans l'abîme avec lui, précipité moi-même
Pâle, j'étends les bras, et je tombe, sans voir....

. . . .

Je rouvre maintenant les yeux. Sur le Ciel noir
Se dessine la tour, sombre comme un fantôme....
Devant tant de grandeur, j'ai honte, infime atome!...
Je suis froid — tel qu'un mort au fond de son cercueil, —
Meurtri, sanglant, mon cœur broyé dans son orgueil....

LÉOPOLD BOUVAT,
Membre d'honneur des Concours poétiques.

LE DEVOIR

> A la voix du Seigneur tout marche vers sa fin, et sa parole règle toutes choses.
>
> Ecc. 43.

Le devoir! mot sublime, immortel, radieux,
Écrit en lettres d'or à la voûte des Cieux,
   De la main de Dieu même.
Oui! ces globes de feu disent, en rayonnant :
Hommage, honneur, louange, amour le plus ardent
   Au Créateur suprême!...

L'Éternel, par sa loi, nous traça le devoir :
Le devoir, accompli, laisse en nos cœurs l'espoir
   D'une superbe récompense,
De célestes trésors, d'indicibles plaisirs
Seuls pouvant égaler nos plus brûlants désirs,
   Et d'un bonheur immense.

Homme, que le devoir te soit toujours sacré :
Par lui tu seras grand, noblement inspiré.

Oh! l'insigne victoire,
D'élever le devoir au-dessus des honneurs,
De la santé, des biens, des terrestres faveurs!
Du devoir naît la gloire.

Souffrir pour le devoir, s'arracher au repos,
Braver tous les périls, c'est marcher en héros,
Briller d'un divin lustre.
Le devoir, l'ennemi, se disputaient d'Assas....
Il crie : « A moi, Auvergne, » et, sauvant nos soldats,
Meurt... son nom vit illustre. [1]

France! tes vaillants fils ont-ils manqué de cœur,
Conduits par le devoir contre l'envahisseur
Et sa hideuse armée?...
Si, malgré la valeur, l'astuce a prévalu,
Sois digne en tes revers, tu n'auras point perdu
Ta haute renommée!

Quel saint devoir! aimer la Patrie, ô Français.
A pleurer nos malheurs, à chanter nos succès
Toujours prête est ma lyre.
Quand le devoir, pour vaincre et punir les Germains,
Remettra notre épée en de vaillantes mains,
Quels transports! quel délire!...

Je vois ces vils Germains, ces ennemis vantards,
S'enfuir épouvantés devant nos étendards,
Redoutant la vengeance;
Puis je contemple, ému, des généreux vainqueurs
Faisant à notre amour rendre deux nobles sœurs,
L'héroïque clémence.

Oh! que ce ne soit point un rêve mensonger!...
Des barbares Teutons voulons-nous nous venger?

---

[1] Qui ne connaît le sublime dévouement du chevalier d'Assas, qui, en 1760, sacrifia sa vie pour sauver l'armée française.

Que le devoir domine,
Qu'il chasse l'égoïsme et réforme nos mœurs,
Avec lui régneront les vertus, ces grandeurs
　　　Devant qui l'on s'incline.

En face des tyrans, comme dans le saint lieu,
Le prêtre annoncera les justices de Dieu.
　　　O conscience humaine,
Malgré les oppresseurs, noirs conseillers des rois,
Son zèle sera fier de proclamer tes droits,
　　　Ta force souveraine !...

Et le progrès divin fleurira parmi nous,
La plus tendre union viendra, faire de tous
　　　Comme n'ayant qu'une âme,
Au pouvoir, notre élu, chacun sera soumis ;
Et le père à son fils dira : Sers ton pays,
　　　Qui ne l'aime est infâme !...

Par ses mâles travaux le jeune homme ennobli,
Trouvera dans son père un modèle accompli
　　　Qu'il sera beau de suivre ;
Le riche et l'indigent se donneront la main ;
Les époux, respectant leur serment le plus saint,
　　　Pleins d'honneur sauront vivre.

Et jamais nos destins n'auront brillé plus beaux,
Et nous redeviendrons le peuple sans rivaux ;
　　　Car cette main divine,
Qu'il faut bénir, ô France, en tout événement,
Aura brisé l'orgueil d'un vainqueur insolent
　　　Qui tramait ta ruine !!!

　　　　　　　　　　　L'Abbé Peyret.

Janvier 1874.

BEAU TRAIT EN 1851

Une enfant de cinq ans, d'une voix argentine,
Vint dire à sa grand'mère en lui sautant au cou :
« Là-bas, pour une image, oh! rien qu'un petit sou!... »
La grand'mère sourit à sa chère Augustine,
Donne un baiser, un sou. Notre enfant s'achemine,
D'un pas précipité, vers l'aimable marchand
Qui pour un petit sou vend une belle image ;
Un vif contentement brille sur son visage.
Elle est près d'arriver... voilà qu'un mendiant,
Aux regards d'Augustine étalant sa misère,
L'attendrit tout-à-coup par son air suppliant,
Sa pâleur, ses haillons, et son humble prière.
Comme le cœur lui bat!... puis, le sou, de sa main
Tombe en celle du pauvre, heureux de cette aumône.

La fille à sa maison, calme et le front serein,
Retourne ; elle se tait.... La grand'mère s'étonne :
Nulle image à la main, un saint sourire au front !
— Qu'as-tu fait de ton sou? je ne vois point d'image.
— Mon sou !... je n'en viens pas demander un second...
(Et déjà la rougeur colorait son visage) ;
Mon sou !... je l'ai donné pour soulager, hélas !
Un pauvre mendiant qui paraissait bien las.
Oh! comme il était pâle, et quel air de souffrance !
Il a bien excité, va, ma compatissance.
Ah! que tu l'aurais plaint, si tu l'avais vu, toi !

La grand'mère à la fille, avec un tendre émoi :
« Sois toujours bonne ainsi, dit-elle, et toujours sage.
» Oh! tiens, un second sou ; tu mérites l'image !!! »

L'Abbé Peyret.

UN EXEMPLE

ÉPISODE DE LA RÉVOLUTION NAPOLITAINE (1798)

LE PÈRE

Regarde, Lorenzo, passer dans la mêlée
Tous ces hommes marchant la face échevelée
Contre le roi déchu, contre ses régiments,
Contre ses cavaliers et ses canons fumants,
Regarde-les, mon fils, passer dans la bataille
Et sourire quand siffle autour d'eux la mitraille.
Ils vont chercher là-bas, dans un dernier effort,
La sainte liberté, la victoire ou la mort.
Au fracas des mousquets leur grande voix se mêle :
Ils chantent, joyeux, fiers. — Cette heure est solennelle.
Ils rêvent des lauriers, ces braves, mais hélas !
Je crains quelque revers et je n'espère pas !...

LE FILS

Mais pourtant on résiste, et la ville en furie
Se lève frémissante aux cris de la Patrie ;
Tout le peuple est debout. On dirait un essaim
Terrible qui s'avance ; on sonne le tocsin ;
Devant la barricade où la bombe se brise,
Où, dans l'âcre fumée, au souffle de la brise,
Flotte notre étendard, les sbires le front bas,
Effrayés et tremblants reculent pas à pas....
Oh non ! je ne crois pas que notre droit succombe.
Quel homme assez hardi le cloûrait dans la tombe ?

LE PÈRE

C'est notre roi, mon fils, le pâle Ferdinand :
Un roi dont on ne dit le nom qu'en frissonnant.
Et si tu ne veux pas qu'il triomphe et que meure
La liberté de Naples, au combat pars, c'est l'heure !

LE FILS

Mon père, de ne pas combattre j'ai juré,
Et pour l'homme d'honneur, un serment c'est sacré....

LE PÈRE (avec amertume).

Un serment! — A mon front, vois, la tristesse monte.
Tu trembles, ô mon fils, et tu n'as point de honte?
La fortune, je crois, va fuir notre drapeau ;
Naples va succomber, Naples, c'est ton berceau.
C'est là que tu dormais sur le sein de ta mère,
C'est là que tu jouais, que tu rêvais naguère.
Oh! je te vois encor parmi les blés courir
Et fouler en riant l'herbe près de fleurir....
Mais, en ces doux instants où la joie est profonde,
Tu n'avais pas paru sur la scène du monde ;
Tu n'avais pas appris à redouter la mort
Ou la reine en fureur plus implacable encor.

LE FILS

Je ne crains pas la mort, vous le savez, mon père,
Ni de Carolina la haine et la colère.
Si c'était l'étranger qui s'avançât vers nous,
Massacrant nos enfants, nos femmes à genoux,
Sans tressaillir, alors, ah! je prendrais les armes
Pour venger du pays les affronts et les larmes.
Mais des frères, hélas! victimes du devoir,
Pour le tyran sanglant combattent sans savoir
Que Naples, au grand cri de : Liberté! s'élance,
Que pour elle l'instant du triomphe s'avance,
Car le droit a toujours eu Dieu pour Rédempteur,
Car nous espérons tout d'un si haut protecteur.
S'ils ne le savent pas, c'est que la discipline
Veut que chaque soldat sans raisonner s'incline.
Ah! je plains ces martyrs d'une implacable loi!

LE PÈRE (froidement).

Ils sont à Naple avant d'appartenir au roi.

LE FILS

Reculer d'un seul pas, tressaillir sont des crimes,
Et des poignards tout prêts attendent des victimes.
De plus, on les enivre et de poudre, et de vin.
Ce sont des fous alors, on les supplie en vain.
Ils frappent sans pâlir, dans la sombre mêlée,
La tête chauve et grise et la tête bouclée ;
Ils frappent un parent, une sœur, un ami.
Aveuglés par le sang, tout leur semble ennemi.
C'est dans ces jours de deuil, où les vertus pâlissent,
Que pour jamais, hélas! des frères s'avilissent.
Dieu les avait créés pour s'aimer ici-bas :
On les voit s'égorger dans d'éternels combats!
Et je partagerais leur haine fratricide?
Non... jamais de ma main une balle homicide
N'ira faire couler le sang pur, généreux
Des fils de mon pays. Ah! ce serait affreux!

LE PÈRE (attendri).

Ce que tu dis est beau, l'humanité t'inspire,
J'approuve ta conduite autant que je l'admire.
Et si de ta belle âme un instant j'ai douté,
C'était pour éprouver, mon fils, ta loyauté.
Ta voix vient de jeter un baume salutaire,
Un rayon de bonheur dans l'âme de ton père,
Heureux d'avoir formé, sous son modeste toit,
Un patriote austère, un homme tel que toi.
La consolation suprême de ta vie
Sera le souvenir de ta tâche accomplie,
Souvenir que tes fils, avec un saint amour,
En se le transmettant apprécieront un jour.
Que tes faibles accents montent dans les tempêtes,
Que le pâle destin déchaîne sur nos têtes ;
Qu'ils montrent à nos rois nos vœux et notre espoir,
Qu'ils rendent l'avenir plus riant et moins noir....
O Dieu, qui vois les pleurs nous mouiller les paupières,
Écoute notre voix, écoute nos prières ;

Fais qu'un jour la raison guide le genre humain,
Que partout on se tende une loyale main;
Fais qu'un lien fraternel et fort nous réunisse
Sous l'arbre de la paix; fais qu'enfin la justice
Égale désormais pour tous ne penche plus
Sous le doigt d'un César, sous le fer d'un Brennus!

Ed. Charpentier.

Eure-et-Loir, 26 Mars 1874.
(Extrait d'une pièce en préparation.)

SIMÉON

Malheur à celui qui méprise son père ou sa mère.
Bible.

C'était un crime contre nature.
Un auteur.

I

« Le sort en est jeté! Je ne suis plus tranquille,
» J'ai perdu le repos; vers la géante ville,
» Vers le bouillant Paris, toujours tant désiré,
» Irrésistiblement je me sens attiré.
» C'est là que les beaux-arts, la science infinie,
» Sont conduits par le goût, le talent, le génie;
» C'est là que la pensée est un puissant soleil
» Qui brille d'un éclat à nul autre pareil;
» C'est là que le Français, avec idolâtrie,
» Aime la liberté, la gloire, sa Patrie;
» C'est là que chaque jour l'on voit, tentant le sort,
» Un lutteur succomber ou devenir plus fort;
» C'est là que la parole est égale au tonnerre,
» C'est là que l'on accourt des confins de la terre;
» C'est là qu'aujourd'hui bat et que battra demain,
» Et pour l'éternité le cœur du genre humain.
» Le sort en est jeté! mais bientôt, je l'espère,
» Vers toi, comblé d'honneurs, je reviendrai, ma mère. »

La mère a répondu : « Mon fils, la gloire, hélas!
» N'est souvent que fumée; elle ne donne pas
» Le bonheur. La vertu seule à l'âme procure
» Une félicité sans mélange et qui dure.
» J'aurais voulu pouvoir ici te retenir;
» Je ne le peux : pars donc, mais que mon souvenir
» Quelque grand, quelque heureux que le destin te fasse,
» Dans ton cœur, cher enfant, reste toujours vivace.
» Contre les esprits forts combats avec ardeur,
» Prends le parti du Ciel, non celui de l'erreur.
» Le mot Ciel signifie : amour, intelligence,
» Justice, majesté, lumière, paix, puissance;
» Le Ciel c'est le port sûr, *le Ciel, c'est l'avenir,*
» C'est l'espoir du chrétien, veuille t'en souvenir. »

II

Quinze ans se sont passés depuis qu'à son village
Siméon dit adieu. Loin d'avoir fait naufrage
Sur l'océan humain; loin de s'être brisé
Contre l'écueil Paris, il a réalisé
Ses rêves les plus beaux. La grande capitale
L'a proclamé poète, et sa fortune égale
Celle des plus huppés. Le mortel à blason,
Les princes de l'esprit fréquentent sa maison.
Ses parquets sont foulés par des pieds de duchesses,
Des essaims de flatteurs exaltent ses largesses;
A l'intellectuel, au physique, au moral,
L'on dit et l'on redit qu'il n'a pas son égal.
Ah! si ses vers sont beaux, si belle est sa personne,
Son cœur mérite-t-il tout l'encens qu'on lui donne?
Non! et voici pourquoi : Le célèbre écrivain
Avec un grand seigneur déjeunait un matin,
Lorsque soudainement, par la peine abattue
Plutôt que par les ans, et simplement vêtue,
Une femme paraît. « C'est lui! c'est mon garçon! »
Dit-elle. « C'est bien lui! Siméon, Siméon,

» J'ai cru que tu m'avais tout à fait délaissée ;
» Le jour, la nuit, partout cette affreuse pensée,
» Ainsi qu'un cauchemar horrible, m'étouffait,
» Alors je pense : il faut aller voir ce qu'il fait.
» Et nonobstant mon âge et la grande distance,
» Je suis partie ayant pour guide l'espérance.
» Enfin tu m'es rendu, cher fils. Mon pauvre cœur,
» Malade si longtemps, va renaître au bonheur.
» Laisse-moi t'embrasser ! » Mais l'homme de génie
Regarde froidement sa mère et la renie.
La bonne femme, hélas ! comprend, pousse un sanglot,
Fixe un instant son fils et sort sans dire mot.
Elle pensait pourtant : « De sa mère avoir honte
» Est un crime dont Dieu lui demandera compte. »

III

Le poète n'est plus ! Dans le jardin des morts,
En grande pompe un jour l'on a porté son corps.
D'une emphatique voix un orateur célèbre
A du chantre défunt fait l'oraison funèbre.
Pour lui pendant huit jours la presse a pris le deuil,
Et des fleurs de regret émaillé son cercueil ;
Puis autour de ce nom, qui fut une puissance,
S'est fait subitement le plus profond silence.
Mais là-haut, dans l'éther, l'âme de l'écrivain
Éprouve, sent, perçoit, discerne, *existe enfin*.
Déjà plus d'une fois une ombre lumineuse
Auprès d'elle a passé, disant : « Je suis heureuse ! »
Lorsqu'elle entend ces mots, au farouche remords
La pauvre âme est en proie ; elle fait des efforts
Pour s'approcher de l'ombre ; hélas ! peine perdue,
L'ombre s'évanouit dans la vaste étendue.
« Ne me fuis pas ainsi, bonne mère ; attends-moi !
» Je me suis repenti ! Pardon ! je suis à toi ! »
« Trop tard, trop tard, ingrat ! Trop tard, trop tard, impie ! »
Répond la voix de Dieu. « Trop tard, ingrat, expie

» *Ton monstrueux forfait*. Dans cette immensité
» Roule avec tes regrets pendant l'éternité ! »

Dr Henri-M. Vallon-Colley.

LE SAULE ET LE CYPRÈS

A MA NIÈCE LOUISE PLAT, AGÉE DE 17 ANS.

Sur les bords d'un ruisseau dont l'onde fraîche et pure
Exhalait en coulant son tendre et doux murmure,
Un saule avec mollesse étendait ses rameaux
Qui se miraient joyeux sur le cristal des eaux.
A quelques pas de lui se dressait comme une ombre
Un cyprès gigantesque au feuillage vert-sombre ;
Son aspect, sa couleur ne charmaient point les yeux
Près du saule fleuri, coquet et gracieux.
Et celui-ci disait : Pendant que je déploie
Un luxe de beauté, de fraîcheur et de joie,
Quel est donc cet intrus morose et sérieux
Qui trouble mon bonheur dans ces paisibles lieux !
Quel lugubre feuillage et quelle mine altière !
Prend-il donc cet éden pour quelque cimetière ?...
Cyprès, arbre maudit, emblème de la mort,
Vas parmi les tombeaux puisque c'est là ton sort.
Ta vue inspire au cœur une morne tristesse !
Fuis de ces lieux charmants ; tu troubles mon ivresse !...
Ton cœur est sans amour, et zéphire et les vents
Ne connaissent de toi que des gémissements.
Mon existence est douce, elle est pleine de charmes ;
Et la tienne se passe à voir couler des larmes !
Au plaisir, au bonheur ta vue est un écueil !
Vas, ta place est auprès de l'horrible cercueil.
Le cyprès répondit : — Saule, ton ignorance
Égale ta bassesse et ta sotte insolence !

Reconnais ton erreur! tu crois donc que mon sort
Est d'être sur la terre un emblème de mort?
Non, je suis de la vie une image fidèle,
Le signe vénéré de la vie éternelle!
Le soleil des printemps, le soleil des hivers
Me retrouve toujours avec des rameaux verts.
Grave, fier, sérieux, mes vertus sont austères;
Ma vue inspire au cœur des pensers salutaires!
Et si l'aile des vents s'agite auprès de moi,
Ma pudeur s'en alarme... elle a des cris d'effroi!
Je n'ai jamais souillé mes rameaux dans la fange,
Et j'élève mon front vers le séjour de l'ange!
Si je manque d'éclat, de grâce et de fraîcheur,
Je suis inamovible et de feuille et de cœur.
Mais toi, vil insulteur sans vergogne et sans honte,
Quelles sont tes vertus?... Au front la rougeur monte
En voyant ton cynisme... et point de qualité
Qui fasse pardonner ta factice beauté.
Sous n'importe quel vent qui souffle dans la plaine,
Brise fraîche ou zéphire à l'amoureuse haleine,
Tu fléchis tes rameaux et te livres gaîment
Au plaisir passager, au bonheur d'un moment.
Et l'on voit tes rameaux qui se baignent dans l'onde
S'abaisser jusqu'au fond, et dans la vase immonde
Se ternir, se tacher, se relever joyeux,
Exposant leur souillure à la face des Cieux.
Sous ton ombrage frais des voix de femme et d'homme
Murmurent de ces mots inventés à Sodome....
A quoi peuvent servir tes verdoyants rameaux?
A donner en pâture aux timides chevreaux.
Quand les beaux jours s'en vont et que l'automne passe,
Ta fraîcheur disparaît et ta beauté s'efface!
La tempête mugit, les frimas sont venus,
Et ton tronc se dessèche et tes rameaux sont nuds.
Stérile, rabougri, sans vigueur et sans force,
Tu ne vis plus alors que dans ta faible écorce....

O saule, ta beauté n'est qu'un masque trompeur !
Et tu portes toujours la pourriture au cœur !...

Un bûcheron survint. Ils se parlaient encore
Quand la hache brillant sous les feux de l'aurore,
Frappa les deux voisins. Quelques instants après
Tombaient avec fracas le saule et le cyprès.
On dépouilla leurs troncs, on les mit aux enchères ;
Du saule on faisait fi ! sauf quelques pauvres hères....
Le cyprès convoité par plus d'un amateur,
Devint enfin le lot d'un célèbre sculpteur.
Son cœur incorruptible et plein d'ardente sève
Reproduisit de l'art un séraphique rêve !
Le ciseau de Puget, artiste des plus grands,
L'ébaucha, l'embellit, le travailla longtemps ;
Il en fit une Vierge et ce fut un chef-d'œuvre !...
Et le saule flamba dans l'âtre d'un manœuvre !...

De cette fable écrite avec naïveté
Femmes, trouvez le sens et la moralité !

ANDRÉ PLAT.

A CELLE QUI A SUCCOMBÉ

. . . .

Et je m'approchai d'elle, et lui prenant la main,
Je lui dis : « L'avenir pour vous se fait d'airain.
» Tous vos rêves brillants sont partis : La jeunesse
» N'aura plus ses chansons et sa joyeuse ivresse ;
» Le monde vous repousse, et ferme sur vos pas
» Tous les chemins, hormis le chemin du trépas.
» Vous êtes malheureuse et vous souffrez, ma fille,
» N'ayant plus de bonheur, n'ayant plus de famille,

» Et vous sentez en vous gronder le désespoir.

» Vous avez méconnu la voix du saint devoir;
» Et dans l'étonnement de votre esprit candide,
» Vous avez écouté la honte à l'œil perfide;
» Vous avez obéi, sans doute, avec terreur,
» A ce fourbe au cœur vil, à l'horrible voleur,
» Qui d'un regard de feu, fit briller en votre âme
» Les farouches éclairs d'une impudique flamme.

» Et votre père, hélas! a maudit son enfant.
» Le séducteur a fui, sinistre et triomphant,
» Vous laissant ici-bas, seule et déshonorée.

» Écoutez-moi :
    Je sais une route ignorée
» De ceux qui, comme vous, versent de tristes pleurs.
» Ce chemin n'est bordé que de divines fleurs :
» Le travail, la vertu, l'étude et la prière,
» Y laissent pénétrer une chaste lumière;
» Et l'oubli qui se fait, doucement, dans l'esprit
» Peut changer la douleur en espoir qui sourit.
» Ce chemin, c'est celui que votre âme blessée
» Doit prendre, ô mon enfant! ô sombre délaissée!
» C'est celui de l'honneur que vous avez perdu!

» Pourquoi pencher vers moi ce regard éperdu?
» Je vous ai bien comprise, ô ma fille! Et vos larmes,
» En lavant votre honte, ont su briser mes armes.
» Le grand coupable est loin, mais le vrai déshonneur
» Suivra d'un pas furtif ce lâche séducteur!

» Vivez pour cet enfant que le crime a fait naître,
» Qu'il grandisse, et qu'il soit comme ce jeune maître,
» Dont la sainte parole et la touchante main
» Relevaient Magdeleine aux yeux du genre humain! »

ÉVARISTE CARRANCE.

21 Mai 1874.

SATIRE MONARCHIQUE

Comment la monarchie a-t-elle pris naissance?
Lorsque le monde était encore dans l'enfance,
L'homme s'était pour lui, sa femme et ses enfants,
De peur des carnassiers, du dard des éléphants,
Construit des logements dans des antres sauvages,
Dans des bois, des îlots entre les deux rivages,
Entourés par les eaux : humides boulevards,
Que n'osent franchir ours, tigres et léopards.
Voilà bien pour la nuit une retraite sûre,
Mais on n'en peut de jour transporter la clôture,
Dans les champs, dans les bois, au penchant des coupeaux,
Où paissent, tout craintifs, les innocents troupeaux.
Il arrivait souvent qu'avec eux la bergère
Au lion, loup, boa servait de bonne chère!
Des hommes courageux, pour protéger les leurs
Et ceux de leurs voisins, se rendirent chasseurs.
On avait besoin d'eux; on payait leurs services,
En œufs, laitages, fruits, poulets, moutons, génisses.
Leur art était assez dangereux, Tubal-caïn
N'ayant encor forgé ni le fer ni l'airain,
Dont on pût fabriquer d'armes bien offensives.
Les leurs étaient un arc aux traits de pointes vives,
Une fronde à lancer des pierres, un épieu
Au bout amenuisé, puis durci par le feu;
Un esponton armé d'une corne de buffle,
Ou du croc d'un requin au formidable mufle;
Une masse d'érable, un rets à fort cordon,
Capable d'enserrer un tigre, un espadon.
Armés si faiblement, les hasards de leurs chasses
Ont dû livrer parfois leurs membres aux voraces.
Nonobstant, enhardi par leurs nobles travaux,
En un plus large espace on bâtit des hameaux,
Puis, le monde croissant, de gros bourgs et des villes.
Ces vaillants, en raison de leurs exploits utiles,

Acquirent au pays un renom glorieux
Qui les assimilait aux descendants des dieux.
Ils mettent à profit cette erreur du vulgaire
Pour soumettre à leur joug la tourbe populaire ;
Et ceux dont la sagesse y refusait leur cou,
On le lui imposait par menace ou par coup,
Frappé de droit divin et sans miséricorde.
Le peuple, en plus d'un lieu, reçoit le nom de horde,
Et maints autres de clan, de castes, de tribus,
Imposés par le chef à d'écrasants tributs.
Pour la perception il a des gens de force,
Plus durs à l'exiger que le barbare corse.

Il était en principe un ministre électif,
Son successeur, de Dieu se dit prince adoptif ;
Et pour que sa doctrine en porte la livrée,
Il la fait affirmer par la tribu sacrée.
Puisqu'il est du Très Haut le souverain élu,
Comme au Ciel le mandant est monarque absolu,
Sur le globe doit l'être aussi son mandataire.
Rien donc ne le limite ; il peut tout sur la terre :
Enlever par surprise ou de force un garçon
Et de son feu lascif en faire le giton ;
Ou, de ses pourvoyeurs par une embûche infâme,
D'un citoyen la chaste et légitime femme.
Tels furent Henri trois, le preux François premier,
Le vieux Louis quatorze à la verge d'acier,
Et Louis quinze à qui les plus nobles familles
Envoyaient polluer et féconder leurs filles,
Certaines d'en tirer pour elles une dot
Et grosse pension pour leurs fruits au maillot.
Le châtiment d'un roi, pour fait de paillardise,
Est, loin d'être approuvé, condamné par l'Église ;
Il n'est pas de ce monde, et s'il doit avoir lieu,
Ce ne sera qu'en l'autre, au tribunal de Dieu.
Gardez-vous donc d'un trait de lui percer la tête,
Ce serait sur la terre attirer la tempête.

Parmi les rois, du Ciel prétendûment élus,
A bien faire il en est de vraiment résolus;
Leur règne doux et bon en fait de princes rares.
Vient une file après de Tamerlans barbares,
Inhumains, débauchés, rapaces, fous, tyrans,
En proie à des Laïs, menés par des Séjans.
On en voit pour régner empoisonner leur père,
Égorger leurs enfants, assassiner leur frère,
Au sein de leurs neveux enfoncer le couteau,
De rois ou fils de rois devenir le bourreau.
Grand nombre, par dégoût ou lassitude d'âme,
Ont noyé, jugulé, décapité leur femme.
D'autres à leurs captifs crevaient, barbares nés,
Les yeux, ou mutilaient oreilles, pieds, mains, nez.
Plusieurs ont dépassé ces cruautés encore
Envers et l'Hérétique et le Juif et le Maure,
Et sous François premier et sous Philippe deux,
Condamnés pour leur foi, vingt de ces malheureux
Sont suspendus, chacun au bout d'une bascule.
Sous la plante des pieds un fagot de bois brûle.
Le prince avec sa cour au spectacle est présent.
Selon que la bascule où s'élève ou descend,
Augmente ou s'affaiblit le tourment de la flamme;
Et d'un plaisir cruel l'assistance s'exclame
Aux gestes convulsifs et plaintes du martyr.
Des milliers sont ainsi condamnés à mourir.

La Saint-Barthélemy, de funèbre mémoire,
Transforme Charles neuf en monstre dans l'histoire.
Par son ordre, une nuit, vingt mille Huguenots
Ont été de la Seine étouffés dans les flots,
Exterminés chez eux, dans la rue et leur temple.
Avec horreur encor le souvenir contemple
Le rappel de l'édit, à Nantes promulgué;
Des farouches dragons le sabre fatigué

D'en poursuivre, tuer, exterminer la race ;
La justice occupée à la proscrire en masse,
A confisquer ses biens, et pour celle du roi
A forcer les enfants d'abandonner leur foi ;
Un prince d'Orient bâtit des pyramides
De crânes de vaincus, de sang encore humides.
Par un crime inouï du fameux Tamerlan,
Cent mille prisonniers, faits sur un roi birman,
Et qui l'embarrassaient proche d'une bataille,
Du cris de ses soldats, sont livrés à la taille.
Le même a renversé, jusques aux fondements,
De soixantes cités maisons et monuments.
Ces maux déjà si grands, que sont-ils près des guerres
Dont, sans pitié, les rois ensanglantent les terres ?
Pour cause personnelle et motif fort léger,
D'un autre souverain il cherche à se venger :
Il a médit de lui ; n'a permis à sa fille,
En qualité de bru d'entrer dans sa famille ;
N'a point, par préséance, à son ambassadeur
Sur un autre accordé le pas de la grandeur ;
A souffert qu'un parent ait accepté le trône
D'un royaume voisin, hostile à sa couronne ;
Refusé d'union un traité.
                      Pour si peu,
L'Europe sera mise à sac, à sang, à feu !
Aux deux belligérants d'autres princes s'allient,
Et pour les suivre, il faut que les adultes plient,
Des armes et du sac sous le faix journalier ;
Et pour un intérêt aux rois particulier,
Ils vont se battre entre eux et s'entre-tuer, comme
Dans la haine ferait un homme contre un homme.
Un million d'urbains et double de ruraux
Dans les villes, les champs, suspendent leurs travaux.
Faute de bras, d'esprit, commerce, agriculture,
Sciences de tout prix, beaux-arts, manufacture,
Tout souffre, tout languit, est en stagnation,
Si ce ne sont les arts de la destruction.

La lutte dure cinq, dix, vingt ou trente années ;
On en a vu plusieurs à ces termes menées.
Que l'on juge combien, dans le cours de ce temps,
Ont souffert, sont blessés, ou morts de combattants !
Combien peu reverront la maison paternelle,
Ou leur première aimée, à leurs amours fidèle !
Les villes, les hameaux, les bourgs sont dépeuplés,
Ou de peste habitants et troupeaux désolés,
De malades, de morts se faisant un cortége.
Que n'ont pas à souffrir les places qu'on assiége !
De foudroyants obus, avec rugissements,
Effondrent les maisons, criblent les monuments ;
De leur sein embrasé lancent au loin la flamme,
Et volent leurs éclats, blessant fils, fille, femme.
Pressé par la famine, on amuse sa faim
D'écorces, d'os moulus, de son moulé en pain ;
Par l'eau chaude amolli, le cuir de la chaussure,
Les harnais des chevaux sont chose à nourriture ;
Le crapaud, le serpent, le rat sont d'un haut prix.
Deux fois ces mets hideux ont soutenu Paris.
Par l'homme de mousquet la ville est saccagée,
Et par le cavalier la grange est fourragée.

Des miliciens s'étend la guerre aux matelots.
On se bat sur la terre, on se bat sur les flots.
De la gueule du bronze à cannelure oblique,
Part, fond, vole, en tournant, l'arme d'acier conique
Qui perce du vaisseau la cuirasse de fer,
Large voie où s'engouffre incessamment la mer.
A la stupeur du pâle et tremblant équipage,
Le navire, alourdi, s'enfonce et fait naufrage.
Tout périt, corps et bien, si pour sauver leurs jours
A l'appel des marins, n'arrive un prompt secours.
N'eût-ce pas été bien qu'on eût garotté l'homme
A qui de tant de maux on impute la somme ?
Quoiqu'on les dise élus du Dieu bon, cependant
Méchant fut Bonaparte, et Louis, son pendant.

On lit, dans Samuel, que le Verbe suprême;
Jéhovah sur les rois a lancé l'anathème.
Il se moque du peuple, il persiffle l'État
Qui, pour le gouverner, demande un potentat.
Il sera débauché, dur, de grande avarice,
Exigeant dîmes, enfants, filles pour son service.

Tel c'était autrefois, de même est-ce aujourd'hui.
Il faut que leurs sujets s'appauvrissent pour lui.
Si de foi catholique on est tenu de croire
Le pontife romain, le septième Grégoire,
Dieu donne, en sa colère, un dur et méchant roi
Aux pervertis qu'il veut amener à sa loi.

Qui de la nation profite de la guerre?
Le monarque au danger, lui, n'est exposé guère :
Au milieu d'un brillant et gros état-major,
A la main, sous les yeux, une lunette d'or,
Retiré sur un mont ou parmi des broussailles,
Il observe le champ et le choc des batailles.
Qu'un boulet par hasard tombe à cent mètres d'eux,
On trouve pour le roi le poste dangereux ;
On le met du canon à plus d'une portée ;
Et de ce dévoûment sa grande âme est flattée.
Il doit être épargné ; c'est affaire au sujet,
De recevoir obus, biscaïen ou boulet.
Si du succès la palme ombrage son armée,
Il en usurpera lui seul la renommée,
Et s'adjugera tout ; en attendant rançon
Dans toute place forte il mettra garnison,
En rasera les murs ; gardera des provinces
D'alliés ou parents pour en doter des princes.
Quel dédommagement obtiendra du vaincu
Le peuple du vainqueur? Pas un petit écu,
Pas un allégement dans les charges publiques.
Tous les fruits sont passés aux caves monarchiques.

Si ce peuple est vaincu, son roi ne perdra rien.
De défrayer la guerre, exempt sera son bien.
Les ministres d'État trouveront assez large
L'épaule populaire à porter cette charge.

N'est-il pas scandaleux que trente millions
Aillent chaque an, nourrir les folles passions,
Les somptuosités, les plaisirs d'un despote,
Tandis que sous son joug, toi, tu vivras îlote ?

Du dernier empereur les napoléons d'or,
Plus dru que grêle au champ, pleuvaient dans son trésor
Qu'en dépôt recevaient les banques d'Amérique,
Dans l'hypothèse, un jour, d'un besoin dynastique !
Combien aussi ses hoirs ont vendu de diamants?
Gemmes sans revenu, stériles ornements,
D'autres cours destinés à briller à la vue.
Quand de la royauté sa compagne déchue
Prit la fuite, on trouva dans ses appartements,
Une collection de cent trente instruments,
Du ventre fabriqués à déloger l'ordure,
Ou modifier d'eau l'organe à géniture !
Se peut-il voir abus et prodigalité
Plus scandaleux de l'or pris sur la pauvreté ?
Un autre, chaque jour, du lait de trente ânesses
Baignait, oignait la peau de ses royales fesses.

O France ! tu verras, durant mille ans encor
Tes prétendants au trône attenter à ton or ;
En leur nom, tes enfants, en d'horribles batailles,
Rougir et terre et mer du sang de leurs entrailles ;
De leurs divisions laisser pour monuments
De tes propres foyers d'affreux déchirements.
La maison d'Orléans en fils mâles abonde ;
Chacun d'eux en mettra demi-douzaine au monde,
Desquels aussi naîtront beaucoup d'autres enfants,
Multipliant ainsi pendant plus de mille ans.

Le prince impérial ne sera pas stérile,
Des Bonaparte étant la source très fertile.
Dans ce long cours du temps, n'en pourra-t-il venir
Qui leur disputeront la couronne à venir?
Elle est si séduisante! et le peuple de France
A des aventuriers si peu de défiance!
Ce pays, d'un renom si fameux autrefois,
Pour s'être délivré de la peste des rois,
Les regrette aujourd'hui, par lui-même incapable
De fonder d'un État un régime viable.
Trompé par un parjure, émule de César,
Il s'est fait humblement bas laquais de son char.
Il a de dignité perdu la noble marque;
Dans les plaisirs princiers sa volupté se parque;
Le luxe de la cour est pris pour la grandeur;
Son goût au faux brillant se porte avec ardeur;
Son esprit se déprave; a baissé son génie;
Son cœur incline au mal, son âme à la manie.
Il est d'un caractère à ce point inconstant,
Qu'aux avis opposés il passe à tout instant.
En gouvernement, comme en thème politique,
C'est le flux et reflux de la vague atlantique.

Un cabinet se forme à dix heures du soir;
A la onzième il est biffé par le grattoir;
On le reconstitue, à minuit on l'épure,
Et l'on en fait au jour déjà la sépulture,
Pour renaître et mourir encor le lendemain :
D'un trouble dans l'État présage trop certain.
Des révolutions l'hydre aristocratique
Vous dévorera, Francs, tant que la République
Ne sera pas reçue en principe par tous,
Et l'ogre plébéien vous meurtrira de coups.
Au régime nouveau la première opposée,
Et puissante, à dompter ne sera pas aisée.
Du peuple, en sa faveur, pour imposer aux yeux,
Elle teint air, parole et sentiment pieux;

Et, dans les journaux, rue, hymne, pèlerinage
Et prière aux lieux saints, elle en fait étalage.

Sous le manteau sacré de la dévotion
Se cachent les secrets de leur ambition,
Qui visent à nous soumettre à leur lourde puissance,
Sous les vingt prétendants au sceptre de la France.
Puisqu'à la paix ceux-ci sont un empêchement
Par leur vœu de primer dans le gouvernement,
Prions le roi des rois qu'il daigne satisfaire
Leur immense désir dans une immense sphère.
A leur ambition conviendrait Jupiter
Dont la lumière éclaire un océan d'éther.
A son énorme masse est notre humble planète,
Ce qu'est au gros melon la petite noisette.
Il est si spacieux qu'on taillerait dedans
Un royaume à chacun de nos vingt prétendants;
Part si grande qu'à l'aise y danserait la terre,
Et que son sol, la nuit, de quatre astres s'éclaire.
Le comte de Paris, le prince impérial,
Possesseurs satisfaits d'un sceptre colossal,
N'auront plus intérêt ni raison pour s'adjoindre
Des suppôts factieux, fabricateurs d'un moindre;
Et, jouissant en paix d'un régime nouveau,
Nous entrerons de tous au siècle le plus beau.

Dr ANDREVETAN.

Haute-Savoie.

LA RETRAITE DE L'ARMÉE DE L'EST, 1871

AU SCULPTEUR SALINOIS MAX CLAUDET

> Il faut que la Patrie sache bien que nous avons fait notre devoir jusqu'au bout, et que nous n'avons déposé les armes que devant la fatalité.
> Général CLINCHANT.

I

Je l'ai revue, ami, cette noble Patrie,
Cette comté que j'aime avec idolâtrie.

J'ai revu ce Jura que j'ai chanté jadis,
Mais, terrible, l'hiver trônait sur les montagnes,
L'invasion, la mort ravageaient les campagnes,
Le sol tremblait souillé par les Prussiens maudits !
Et moi j'errais encor, non plus en gai touriste,
Enivré d'idéal et d'extase sans fin,
Mais en pauvre soldat, las, mortellement triste,
Pieds nus, le sac au dos et succombant de faim !...
Quel contraste, mon Dieu ! quelle métamorphose !
L'aube ne baignait plus de sa lumière rose
Les pins et la bruyère exhalant leurs senteurs ;
Les lacs avaient perdu leurs frissons, leurs murmures,
L'oiseau ne chantait plus sous les vertes ramures,
Dans l'air plus ne montait le refrain des pasteurs !
Mais partout les rocs nus et croulant sous l'orage,
La neige en tourbillons, les torrents en fureur,
L'avalanche roulant et les vents faisant rage
Nous ensevelissaient dans leur immense horreur !...

Sous un Ciel désolé, par les rochers, sans route,
Nous défilions cent mille, ô suprême déroute !
Dans la bruine intense, éperdus nous allions.
De spectres grelottants, — lamentable cortége,
Laissant à tous les rocs nos semelles de liége
Et le drap d'amadou de nos tristes haillons !...
Héros de nos vieux monts, et vous preux légendaires,
Lecourbe que Belfort a nommé son sauveur,
En nous voyant passer, ô grandes ombres fières,
N'avez-vous pas frémi de honte et de douleur !...
Cependant nous avions entrevu la victoire :
Devant Villersexel un pur rayon de gloire
Avait illuminé nos cœurs et nos drapeaux ;
Mais depuis, par un faux armistice leurrées,
Par l'hiver et les loups de Werder dévorées,
Nos troupes se brisaient en stériles assauts...

Qu'étaient-ils devenus ces braves de Crimée,
Et ces preux d'Italie aux immortels combats?...
O France! fallait-il que de ta fière armée,
Vaincus à notre tour, nous restions seuls, hélas!...

II

Nous défilions cent mille... épuisés, mornes, hâves,
Cavaliers, fantassins, mobiles et zouaves,
Trahis par le destin, ne demandant pas mieux
Que de mourir pour toi, chère France meurtrie!
Mais comme des proscrits nous quittions la Patrie
La rage dans le cœur, des larmes dans les yeux!...
Et pendant que traqués comme un troupeau d'esclaves
Nous cherchions un abri vers le sol étranger,
De ses remparts en feu, Belfort, ce nid de braves,
Belfort nous appelait en vain pour le venger!...
Et nous allions perdus à travers la tempête;
Les vieux sapins géants tordaient sur notre tête
Leurs bras pétrifiés pleins de mugissements.
Et quand sur nous la nuit tombait funèbre et lente
En notre âme sentant redoubler l'épouvante,
Nous nous serrions autour de nos brasiers fumants.
Affamés, — dans la neige, infranchissable ornière,
Nous brisions à la hache un pain noir en glaçons,
Tandis que décharnés, se rongeant la crinière,
Nos chevaux s'abattaient — raides — sous les caissons!

Sous le vent les cinglant de ses âpres lanières,
Les mourants sur la paille humide des civières,
Tordaient en gémissant leurs membres mutilés;
De ses griffes le froid déchirait leurs blessures,
Et tout gonflés, sortant des loques de chaussures,
Inertes et bleuis pendaient leurs pieds gelés!...
Et soudain, surgissant des bois, — hordes avides,
Les Allemands jetant de féroces hourrahs,
Mitraillaient nos fourgons pleins de fiévreux livides,
Et de blocs de rochers écrasaient nos soldats!...

Comme la haute mer gronde sur les falaises,
Les torrents entraînant les pins et les mélèzes
Hurlaient autour de nous. — Sombres, nous harcelant,
Les voraces vautours en troupe croassante
Fondaient sur la carcasse encore palpitante
De nos pauvres chevaux sur la neige râlant.
Et sans cesse ébranlant les échos des vallées
Au loin, du fort de Joux tonnait la grande voix :
Les canons de Billot, (¹) les ardentes volées
Foudroyaient l'ennemi poursuivant nos convois.

III

Par les ravins, au fond du dédale des gorges
Nous nous traînions perclus, étouffant dans nos gorges
Nos exécrations! — Pauvres enfants surpris
Par la guerre, — et songeant sans doute à leur chaumière,
Au long baiser d'adieu donné par une mère.
Des pleurs brillaient gelés à l'œil de nos conscrits!...
Clinchant courbait le front; — autour de lui, farouches,
Nos chefs fouillaient les monts d'un regard anxieux,
Et les turcos brûlant leurs dernières cartouches,
Ainsi que des chacals bondissaient furieux!...
Et toujours devant nous s'enfonçaient en spirales
Les rochers de la Cluse aux blancheurs sépulcrales,
Et toujours pourchassés par l'ange du trépas,
Nous errions succombant de froid et de misère,
Et la neige partout s'ouvrant comme un suaire,
Horrible enlizement, s'engouffrait sous nos pas!...
De nos frères perdus Dieu seul connaît le nombre :
Ils sont là ces martyrs sous le givre étendus!...
Pourtant, plus d'une mère encore l'âme sombre
Pleure, attendant l'enfant qui ne reviendra plus!...

Dans vos tombes sans nom et que jamais les larmes
Ne mouilleront, — dormez, ô mes compagnons d'armes!

---

(1) Le général Billot commandant le fort de Joux, protégeait la retraite.

Dors en paix Achilli, (1) toi, Bayard ignoré
Qui frappé par trois fois, oubliant ta souffrance,
Calme et grand t'écriais : « Sur la terre de France
» Moi, plus heureux que vous, au moins je resterai! »
Enfin trève à nos maux (nos pères en Russie,
Ont-ils autant souffert!) Expirants, nous foulions
Un sol libre et sacré! — Sublime l'Helvétie
Abritait sur son cœur nos navrants bataillons!...

IV

Oui, quand les nations en leur indifférence,
Ingrates regardaient notre ruine immense,
Toi, Suisse, avec fierté tu nous ouvrais tes bras!
D'amour, d'émotion, j'ai l'âme encor saisie,
Lorsque je me souviens, généreuse Helvétie,
Des trésors de pitié qu'à nos pieds tu versas!
Sois bénie à jamais, noble sœur de la France,
O toi par qui mourants nous fûmes recueillis;
De ta fraternité Dieu te doit récompense,
O Suisse, sois bénie en les fils de tes fils!...

Louis Mercier.

LA PITIÉ

Egregium narras mira pietate parentem.
Coit.

Le Dieu de l'univers dans sa toute-puissance
Aux mortels a donné le cœur et la pitié
Pour calmer la douleur, ranimer l'espérance
    Du pauvre en ses pleurs oublié.
Il condamne aux revers les âmes qui recèlent
La cruauté funeste à ce souffle divin,
Et qui pour les sanglots à jamais ne révèlent
    Le moindre regard d'un humain.

(1) Le brave colonel du 44me de marche.

Que le cœur généreux paraît noble et sublime,
A l'aspect du malheur se laissant captiver,
Et qui dans son élan prête un secours intime
    Au pauvre cœur prêt à pleurer !
Que le vaillant guerrier, au sein de la mitraille,
Lancée en foudroyant par les bouches d'airain,
Aime dans sa douleur, sur le champ de bataille,
    Qu'un ami lui serre la main.
Que l'homme passager, au plus fort de l'orage,
Contemple avec amour les sages matelots,
Qui pleins d'humanité relèvent son courage
    Près du mât brisé par les flots.
Que le fils sanglottant près du lit de sa mère
Au travers de ses pleurs admire son ami,
Se penchant avec lui, dans sa douleur amère,
    Vers un front par la mort terni.
O pitié des humains, reflet de l'innocence,
Souffle vivifiant sorti de l'Éternel,
Vous ranimez le cœur plongé dans la souffrance,
    Comme d'un beau rayon du Ciel.
Vous reflétez en vous la sagesse divine,
Inspirant aux humains la paix et la douceur ;
Vous semblez être un Dieu, qui plein d'amour s'incline
    Pour calmer les soupirs du cœur.

P. Desprez.

Belgique.

LA FÊTE DU SULTAN ABDUL-AZIZ
(ORIENTALE)

> César, empereur magnanime,
> Le monde à te plaire unanime,
> A tes fêtes doit concourir.
>   V. Hugo.

I

Tes palais sont bien beaux, ô fils du grand prophète !
Stamboul en ton honneur vient de parer sa tête

De couronnes de fleurs avec des lauriers verts :
Tes lourds canons de bronze ont ému le Bosphore,
Et des hauts minarets la pointe tremble encore
A ce grand nom d'Abdul qu'ont redit les deux mers!

Tout fidèle Osmanlis de ton vaste royaume
Vers ta mosquée au loin s'arrondissant en dôme,
Regardera la nuit pour voir si dans les Cieux
Mohamed, Abou-Bèkre, Omar, Ali-le-Sombre,
Et de tant de héros les légions sans nombre
Aux étoiles d'Allah n'ont ajouté des feux!

En ce jour, les imans le front dans la poussière
Invoqueront pour toi la céleste lumière :
« Dieu veille sur les jours du sultan des sultans! »
Et, du sérail en fleurs les femmes radieuses
Te porteront parfums, fruits d'Asie, envieuses
D'un seul de tes regards couronne de leurs ans.

Tous viendront conviés à l'honneur de ta fête :
Depuis le froid marchand à l'humeur inquiète
Jusqu'au poète obscur qui parle à Dieu le soir.
Comme pour contempler une nouvelle aurore
Ou voir briller au Ciel quelque grand météore,
Au sommet d'un rocher il ira seul s'asseoir.

Les yeux au firmament ou vers les eaux profondes,
Il sera là, tandis que tu fendras les ondes
Sur ton brillant caïque au splendide aviron....
Et pour chanter alors l'hymne de poésie,
Les canons de l'Europe et l'encens de l'Asie
Prêteront à ses chants les échos de Memnon.

Puis, quand viendra le soir aux diaphanes voiles,
En voyant scintiller comme un essaim d'étoiles
Les feux de tes jardins réflétés dans les flots,
Ceux des hauts minarets dont la géante armure
Simule dans les airs une belle mâture
Dont les imans sacrés sont les preux matelots ;

Il s'écriera : « Seigneur! votre droite est puissante!
» Donnez-lui de longs jours... son âme est tolérante;
» Il respecte tous ceux que Jésus (¹) racheta!
» Le chrétien peut gravir, le front bas jusqu'à terre,
» Le sentier de Sion qui conduit au Calvaire,
» Et s'unir à son Dieu victime au Golgotha! »

II

Sultan! je ne suis pas du nombre
De ceux qui tremblent à ta voix :
Que ton front soit riant ou sombre
Qu'importe, quand on vit à l'ombre
De la tutelle de tes lois!...
Qui peut trembler s'il n'est inique,
Courtisan à face scénique,
Forçat traînant les vils boulets?
En âme noble, haute et grave
Je ne connaîtrais que l'esclave
Qui peut trembler à tes décrets....
Mais si je ne courbe la tête,
A toi mon estime secrète,
Car tu n'as plus que des sujets!

Non! sultan! ton âme est trop grande
Pour exiger que le front bas
Je fasse de mon cœur l'offrande
A ton sabre qui nous commande
Dans ta main qui ne frappe pas....
Sous ton égide tutélaire
L'hommage-lige est volontaire;
Et, pour n'avoir pas de Caftan,
Le chrétien peut, foulant les dalles,
Essuyer l'or de tes sandales

---

(1) Le Christ est plus particulièrement connu chez les Turcs sous la dénomination de Jésus « Iça. »

Sans trembler sous ton atlagan
Voilà bien son apothéose,
Monde ! A Stamboul en paix repose
L'Évangile près du Coran !

III

Je ne suis pas de ceux qui flattent ton oreille
Abdul, et qui demain te vendraient pour de l'or ;
Qui te diraient qu'au loin l'onde est calme et vermeille
    Quand grêle et vents sifflent encor !
Si je te trouve grand, ta majesté, ta gloire
N'émane pas du bruit du char de la Victoire
    Dont l'éclat n'est pas immortel ;
Les colonnes d'airain sont colonnes de sable,
Et ton nom ne serait qu'un grand nom périssable
Si tu n'avais de tous pris le cœur pour autel !

Je ne suis pas de ceux dont la tête s'incline
Quand le soleil s'enfuit à l'horizon lointain
Vers la chaude Arabie, où la blanche médine
    S'endort sous un Ciel de carmin.
Mais je viendrai, sultan, autour de ta mosquée,
A l'heure où descendra vers toi l'ombre évoquée
    Du grand Mohamed *l'Almanzor,*
Où tu ceindras le fer qui fit trembler le monde,
Dont la lame creusa jadis pour lit à l'onde
Cet immense fourreau qu'on nomme *Corne d'Or*. (¹)
Oui ! certes, je viendrai dans ce jour d'espérance
Saluer de ton front l'auguste majesté....
Si je ne suis des tiens j'appartiens à la France,
    A la noble fraternité ;
Et nous savons chez nous ce que valent les autres :
Auprès du monde entier Dieu nous fit les apôtres

---

(1) Légende turque relative à la *Corne d'Or*, port de Constantinople qui traverse la ville en grand arc de cercle, et d'où lui vient son nom.

Du respect de tous, du travail....
L'évangile est ma foi ; mais les hommes sont frères ;
Et ton palais est veuf des sanglants janissaires
Qui de crânes chrétiens pavoisaient le sérail !

IV

N'avez-vous pas encor sur terre
Étendu les brillants tapis,
Mollahs ! prêtres du sanctuaire,
L'instant serait-il peu prospère,
Ou bien, à sa barque légère
Manquerait-il quelques rubis ?

Voyez les orgueilleuses têtes
Des vaisseaux aux flancs embrasés !
Les frégates et les corvettes,
Les avisos et les goëlettes
Depuis longtemps sont déjà prêtes ;
Leurs mâts tressaillent pavoisés.

Où donc est ce riche caïque
Commandé par le capitan ?
Voyez !... le Ciel est magnifique !
Et le Bosphore pacifique,
Saphir d'un éclat métallique,
Sourit comme un fin courtisan !

Déjà, de la rive persane
Les oiseaux chers au fils d'Allah,
Aérienne caravane,
Viennent de l'antique Ecbatane,
Quelques-uns de la Suziane,
Mais les premiers de Médinah !

Chante, iman, tes beaux chants de fête !
Monte au plus haut des minarets
Où, las des coups de la tempête,
Parfois le fauve aiglon s'arrête !
Et de ta foi digne interprète
Du coran lis-nous les versets !

V

Allah ! la foule au loin des deux rives s'avance !...
On dirait deux serpents... flux ou reflux immense !...
Le dos du continent s'ébranle sous leur poids !
Le sultan sur les flots ! !... Trêve à tes chants, ma lyre,
Ta voix serait perdue auprès du saint délire
Qu'inspire au vieux Bosphore Abdul le roi des rois !

Mais vous, canons, tonnez !... Au concert populaire
Que vos verdâtres flancs mêlent leur long tonnerre
Dont frémiront jaloux les obus délaissés....
Qu'à tes pics, Scutari, ceux de Stamboul-la-Belle
Se joignent réunis par l'ardente étincelle
En grand arc de triomphe aux cintres surbaissés !

LÉANDRE CAVÉ.

Asie.

LE PETIT PRISONNIER

> N'étouffez pas ce doux poème,
> Vous feriez pleurer le bon Dieu.
> BARRILLOT.

Que vous a-t-il donc fait ce petit harmoniste ?...
Enfant, si vous saviez hélas ! comme il est triste
De se voir prisonnier, lui qu'hébergeaient les fleurs ?
Lui qui songe sans doute à ses amis en pleurs,

Lui qui chantait naguère autour de notre église
Et dont l'aile ramait au souffle de la brise !
Lui qui bien avant vous voyait le Ciel vermeil
Et saluait d'un cri le lever du soleil !...
Vous l'avez pris, enfant, sans songer au mystère
Que tout cache ici-bas... car c'est peut-être un père
Qui venait becqueter dans ces fortunés lieux
Pour ses faibles petits esclaves sous les Cieux !...
Et vous êtes heureux de le voir dans la cage ;
Et vous comptez sans doute entendre son ramage....
Son ramage, ô mon fils ! il ne chantera pas :
Il ne saurait chanter que des chants de trépas.
Vous l'avez entendu, dites-vous, tout à l'heure.
C'était le cri plaintif d'un malheureux qui pleure ;
C'était un cri, bien sûr... il répondait aux voix
De petits oisillons mourant au fond du bois.
Comment chanterait-il après tant de disgrâce ?
Il lui faut, pour chanter, la liberté, l'espace,
Les prés, les champs, les bois, l'onde et l'air pur du Ciel,
Ces notes du puissant clavier de l'Éternel !
Il veut aller revoir la frileuse fauvette,
Et le chardonneret, et la blonde allouette,
La mésange rayée et les joyeux pinsons,
Ou de quelque oiseau-maître écouter les leçons.
Il aime les forêts ; il sait qu'elles sont belles !
Il n'oubliera jamais leurs ombres maternelles
Où le fidèle écho redit les chants si doux !
Il n'oubliera jamais, enfant, auprès de vous
Le parfum du printemps saluant son passage,
Le mystère d'amour qui vit dans le bocage,
La pâquerette en fleur, ce soleil du sentier,
Le caillou du ruisseau, le bouton printanier,
Les jeux avec les siens sous les vertes ramilles,
— Car les oiseaux des bois ont aussi leurs familles :
Ils songent comme nous à leur doux Ciel natal ! —
Il a chanté !... Jamais, ô mon enfant !... son mal,

Comme celui d'un cœur à la misère en proie,
Se change pour vous plaire en une feinte joie :
C'est un rire emprunté qu'engendrent les malheurs,
Un rire qu'on endort comme on endort vos pleurs !...
Vous aimez le bon Dieu ! son œil nous enveloppe :
Chaque planète d'or est un grand télescope...
Il voit qu'à *l'Hosanna* manque un barde joyeux;
Et peut-être de vous il détourne les yeux....
Mais non ! non !... car déjà votre âme se recueille :
Pour lui vous laisserez à l'arbrisseau sa feuille,
Au ruisseau le murmure, à l'abeille son miel,
Au papillon son aile et ses chanteurs au Ciel.
Dieu fit pour les oiseaux le baiser de l'aurore !
C'est lui qui mit en nous cette soif qui dévore
De vivre aux doux rayons de son immensité....
Le pourrions-nous, enfant, sans notre liberté ?

LÉANDRE CAVÉ.

Asie.

LA GUERRE

Entendez-vous, là-bas, cette foudre qui gronde?
C'est le tonnerre humain apporté sur ce monde
Pour nous entretuer pour la gloire des grands,
Et conserver intact un trône à nos tyrans!

Voyez, au loin s'élève une épaisse fumée
Qui tourbillonne en l'air.... La ville est enflammée!
Et pour fuir le péril, vieillards, femmes, enfants,
Éperdus, affolés, s'écrasent en fuyant.
La ville brûle! et là, dans l'immense campagne
S'avancent les soldats que la mort accompagne;
Ils sont forts, ils sont beaux, ils marchent au cercueil
Sans songer un instant à leur famille en deuil.

D'un bruit l'air retentit. — Le plomb vient les atteindre —
Tombant morts ou blessés (c'est affreux à dépeindre)
Piétons et cavaliers viennent dans leurs transports,
Sans pudeur piétiner, écraser ces corps morts....
Et l'engin meurtrier son œuvre continue,
Dans le bruit, dans la poudre, aveugle il frappe et tue ;
Les blessés, les mourants, appellent, mais en vain.
Quand les soignera-t-on ? La guerre dit : Demain !

Cette plaine fertile en un moment couverte
De cadavres fumants couchés sur l'herbe verte,
Allait voir s'entr'ouvrir les épis du froment
Qui de la vie humaine est le seul élément.
Maintenant regardez, la terre est dévastée,
Ne montrant que le sang dont elle est arrosée :
Adieu ! belle récolte, on comptait sur ton pain,
On transforme ton champ en cimetière humain.
Cependant on disait : C'est une bonne année !
La guerre a passé là — moisson est terminée !

Loin du champ de bataille, en cette humble maison
Qui bien modeste élève au soleil son pignon,
Tout prêt de la fenêtre une femme est assise
Travaillant tristement ; et sur sa robe grise,
La trace on voit encor d'un pleur qu'elle a versé.
C'est qu'on se bat là-bas, et son cœur oppressé
Tremble et frémit d'effroi, car c'est un cœur de mère,
Et depuis plus d'un mois rien ne lui dit : Espère !

Une charmante enfant blonde vient dire : Eh ! bien,
Pas encore de lettre ? une nouvelle ? rien ?...
Rien, rien, répond la mère ; oh ! je sens en mon cœur
Un noir pressentiment qui présage un malheur.
« Dieu ! protége mon fils, sa vie est menacée,
» Garde-le pour sa mère et pour sa fiancée ! »
Mais... dehors on appelle.... Ah ! cours, c'est une lettre....
Ne la lis pas encor... non, je veux me remettre....

Lis, à présent j'écoute; ah! mon fils est vivant!
Elle commence à lire.... Un cri retentissant
Part de son cœur; la blonde enfant sans force tombe....
Mort est son fiancé : Le fils est dans la tombe!!

Maudite soit la guerre, exécrable fléau,
Qui, de l'humanité, froide, ouvre le tombeau.
Quand donc pourrons-nous voir l'union fraternelle
Des peuples de la terre? Union solennelle!
République! c'est toi, qui seule peut un jour
Nous donner ce tableau d'universel amour!!

A. CAREL.

FANCHETTE

A MA CHÈRE ET AIMÉE TANTE

(Hommage respectueux)

Fanchette est la jeune servante
  De ma tante,
Elle a bas bleus et courts jupons,
  Bonnet rond,
Chemise rousse en grosse toile
  Et qui voile
Sous le corset qu'elle n'a pas
  Ses appas.
  Ah! qu'elle est gentille
  La joyeuse fille,
  Heureux celui-là
  Qu'elle chérira.

De son blanc bonnet fraîches ondes
  Tresses blondes,
Viennent tomber sur ses doux yeux
  Grands et bleus.

Sur ses lèvres, charmant sourire
    Semble dire :
Aura, qui charmera mon cœur,
    Le bonheur !
    Ah ! qu'elle est gentille
    La joyeuse fille,
    Heureux celui-là
    Qu'elle chérira.

Maint vieillard dit, dans l'indigence,
    Espérance !
Aujourd'hui j'ai bien peu de pain
    Mais demain,
Une bonne et douce fillette
    (C'est Fanchette)
Viendra me faire avec bonté
    Charité !
    Ah ! qu'elle est gentille
    La joyeuse fille,
    Heureux celui-là
    Qu'elle chérira.

Certain bruit court bien à la ronde
    Par le monde,
Qu'on lui connaît plus d'un galant
    Soupirant ;
Mais elle, se trouvant heureuse
    Vertueuse,
Garde pour l'élu de son cœur
    Son honneur.
    Ah ! qu'elle est gentille
    La joyeuse fille,
    Heureux celui-là
    Qui l'épousera.

A. CAREL.

LE PRINTEMPS

De toutes les beautés dont Dieu pare le monde,
Il n'est rien de plus beau sur la terre et sur l'onde
      Que notre mois de mai.
S'il était immortel, nous aimerions la terre :
Nous y trouverions court un séjour séculaire,
Et du Ciel ici-bas l'homme ferait l'essai.

Oh! que n'ai-je le luth et l'âme du poète !
Comme je parlerais de la brillante fête
      Que mai donne au printemps !
A peine sommes-nous à sa première aurore,
Voyez comme tout vit, comme tout se décore
Jusqu'à ces buissons verts bercés par les autans.

      A la fleur coquette
      Revenant des Cieux,
      La brise caquette
      Son chant gracieux.
      Elle vole aux plaines,
      Joue au fond des bois
      Et mêle sa voix,
      Aux voix des grands chênes.

      Au sein du buisson
      L'oiseau joyeux chante
      Sa douce chanson ;
      Là-bas, sur la pente
      Des monts rebondis
      La vigne bourgeonne,
      La feuille couronne
      Les bois reverdis.

      Sur l'eau transparente,
      L'on entend frémir
      L'onde murmurante
      Qu'un vent fait gémir ;

Des troupes humides
De carpillons blancs
Se traînent aux flancs
Des carpes timides.

A l'aube des jours
La fleur réveillée
Jaspe ses atours
Et met sa feuillée ;
Sous les buissons verts
Elle fait cortége
A la fraîche neige,
Fille des hivers.

Les claires fontaines
Chantent aux roseaux
Les courses lointaines
De leurs belles eaux ;
La beauté s'y mire ;
Vierges, oiseaux, fleurs
Aux frêles couleurs,
Tout s'aime et s'admire.

Les boutons rosés
Dorent la colline,
Des rubans croisés
De jeune aubépine
S'enlacent aux champs,
Grimpent aux montagnes,
Courent aux campagnes
En longs festons blancs.

Sur l'aile des brises
Mille oiseaux déserts,
Mille odeurs exquises
Parcourent les airs ;

La terre est jolie,
Le Ciel radieux,
L'homme si joyeux,
O mal, qu'il t'oublie !

Le papillon d'or
Au corps diaphane
Reprend son essor ;
Comme il se pavane !
Fier de sa beauté
Pourtant si fugace
Qu'un souffle en efface
La limpidité.

La fermière blonde
Remonte aux chalets :
C'est pour elle un monde
De riches palais ;
Elle balbutie
Lorsque vient le soir
Son chant de revoir
Aux monts d'Helvétie.

Le Ciel dans l'azur
A baigné ses voiles ;
La nuit, son front pur
Est luisant d'étoiles ;
L'astre de l'amour
Répand sur les plaines
Des clartés de reines
Comme l'œil du jour.

Oh ! le printemps ! c'est beau, n'est-ce pas, ô bergères ?
Dans les rêves dorés de nos nuits mensongères
      Est-il rien de plus beau ?
Regardez donc ces soirs, ce Ciel bleu, ces aurores,
Écoutez dans le Ciel monter ces chants sonores :
N'est-il mieux, dites-moi, qu'au-delà du tombeau ?

Non pourtant! il est mieux que ces splendeurs terrestres,
Mieux que nos doux matins, que nos brises alpestres,
Bien mieux qu'en nos printemps l'harmonieux zéphir :
Le mois de mai de l'âme a des roses plus belles
        Que ces roses nouvelles
Dont le papillon d'or s'enivre pour mourir.

Innocence! innocence! Au printemps de nos âmes,
C'est ton soleil qui luit en radieuses flammes
        Sur nos cœurs attendris;
C'est toi qui mets en nous ces splendeurs adorables
Qui font rêver d'avance aux splendeurs admirables
De l'éternel printemps qu'on nomme paradis.

                              A. BERNARD,
26 Mai 1874.   Vicaire.

A MA FEMME

L'amour! c'est Dieu! c'est cette grandeur, cette puissance infinie qui créa tout de rien, par sa seule volonté, pour faire des heureux. C'est cette immensité qui remplit tout l'espace de sa présence invisible à nos yeux, mais que nous devinons, que nous sentons partout, en nous et hors de nous; qui féconde tout, qui donne à tout la vie, la splendeur qui nous éblouit, qui nous émeut; qui remplit notre cœur de reconnaissance et de tendresse pour ceux qui nous transmirent l'existence au prix de leur repos, de leur quiétude et d'une partie de leur vie. C'est cette flamme sublime, rayon émanant de la divinité, qui nous pénètre, nous illumine, qui peut nous faire grands à force d'affection désintéressée, de dévouement complet.... Que dis-je? elle fait plus encore, elle nous fait trouver le bonheur dans le sacrifice de nous-mêmes!! — J'ai dit, l'amour! oui, l'amour est le plus grand bienfait du Créateur, sans lequel tous les autres biens eussent été nuls; c'est sa manifestation la plus grandiose et la plus touchante. Quiconque aime d'un amour sans limite, se rapproche de Dieu, imite Dieu autant que la créature peut imiter le Créateur.

C'est cet amour qui fait de la terre un paradis où nous savourons des joies d'une indicible douceur; joies si délicieuses que le paradis céleste ne pourra les augmenter qu'en donnant à cet amour une plus grande élévation, une abnégation plus absolue, en affranchissant notre âme de l'esclave auquel elle est jointe, et qui voudrait si souvent et si impérieusement dominer sa noble compagne. Oui, notre âme alors connaîtra des joies plus pures, sans bornes, des joies divines!

Ces délices, ô mon Emma, je les devine, je crois les pressentir quand je parviens à dominer le moi terrestre; car alors tu m'apparais comme un être au-dessus de nature, céleste, dont la pureté transparente et lumineuse m'éblouit, me charme; que Dieu dans sa bonté me donna pour l'aimer de toutes les forces de mon âme!!

SONNET

Ma compagne fidèle
Avait tout mon amour;
Mais son âme si belle
S'envola sans retour.

De ma douleur mortelle
La serre chaque jour
S'enfonçait, plus cruelle
Que celle d'un vautour,

Quand Dieu mit sur ma voie
Un ange de beauté,
De douceur, de bonté,

Qui me rendit la joie!
En tout temps, en tout lieu,
Soyez béni, mon Dieu!!

Veuillez ne pas trouver mes paroles étranges :
Je ne puis de la terre éprouver un amour;
Mais je vous aime, enfant, comme on aime les anges;
C'est un culte de l'âme aussi pur que le jour.

Je bénirais mon sort si vous étiez ma fille,
La femme de mon fils, ou bien même ma sœur;
Pourvu qu'à mes regards toujours le vôtre brille,
Cette félicité suffirait à mon cœur;

Mais ces titres si doux, ô ma charmante amie,
Ne me sont pas permis! Pour trouver le bonheur
Il faudra donc unir ma vie à votre vie,
A mon âme ton âme, et ton cœur à mon cœur.

L'immensité, mon Dieu, de tes dons est remplie,
Des sphères par milliers circulent dans les Cieux!
Et la création en tous lieux accomplie
Proclame haut, Seigneur, ton nom si glorieux!

Si tu me transportais à la dernière étoile
Que peuvent percevoir mes regards enchantés,
Je verrais d'autres Cieux que la distance voile,
Des Cieux resplendissants de sublimes clartés!

De même transporté jusqu'à la fin des mondes,
Jusqu'à la fin des temps, pendant l'éternité,
Je n'arriverais pas sous ces voûtes profondes
A trouver de limite à cette immensité!

De ces astres qui sont des foyers de lumière,
De ces puissants soleils centres de tourbillons,
Jaillit incessamment, féconde nourricière,
La céleste chaleur par ondulations,

Se répandant au loin sur la vaste nature,
Faisant croître les fruits, leur donnant la saveur;
Préparant le bien-être à toute créature
Et dispensant aussi la force et la couleur.

Que de mondes éteints! que de mondes qui naissent!
Gigantesques amas de gaz incandescent
Qui, manifestement s'arrondissent, paraissent
Se condenser sans fin en se refroidissant.

Ces astres à leur tour rouleront dans l'espace
Subissant comme tous la loi d'attraction,
Sans quitter le parcours que cette loi leur trace,
Tout prêts à recevoir une création.

Quand les temps sont venus, les fais-tu disparaître
Ayant rempli ton but? où pour recommencer
Seront-ils absorbés... par des soleils, peut-être,
Chargés de les dissoudre et de les disperser?

Dans sa rotation rapide, progressive,
En de nombreux fragments notre soleil perdit
De sa vaste atmosphère, et, masse fugitive,
De l'un de ces débris notre terre naquit.

Dans l'univers entier est-il un grain de sable
Qui ne soit éternel, qu'il ressemble au granit,
Ou qu'il se liquéfie? et, mystère insondable,
Tout change incessamment, rien ne s'anéantit.

L'oiseau qui plein d'amour charme par son ramage,
La rose dont l'éclat enchante le regard,
Tout retourne à la terre, et pourtant ce passage
Ne livre jamais rien aux chances du hasard.

Toujours, Seigneur, toujours ta volonté préside
Aux transformations que l'on voit s'accomplir.
L'âme en quittant le corps, sa froide chrysalide,
Qui la tenait captive et la faisait faillir,

Ira-t-elle habiter des sphères plus heureuses
Où la vertu nous offre un plus facile accès?
Où s'éteint le pouvoir de toutes nos charmeuses,
Où l'on arrive à toi par d'attrayants progrès?

Parvenir à te voir, ô! mon Dieu, toi! toi-même!!
Contempler ta splendeur et ta divinité!
C'est le ravissement, c'est le bonheur suprême!
C'est l'extase infinie!... et pour l'éternité!!!

Devant tant de grandeur et de toute-puissance,
Mon esprit éperdu s'abîme devant toi!
Que suis-je donc, hélas! par la seule souffrance
Pourrai-je avec le temps satisfaire à ta loi?

De tous mes saints désirs un noir démon se joue,
Et pour lui résister suis-je sans protecteur?
Je ne puis rien par moi, j'ai les pieds dans la boue,
Ne permets pas, mon Dieu, quelle gagne mon cœur.

Qu'êtes-vous devenue, ô ma chère innocence?
Où vous retrouverai-je? au prix de tous mes jours
Pourrai-je ressaisir la douce confiance
Qui berça mon printemps? qui rayonne toujours!

Retrouve-t-on jamais sa jeunesse chérie,
Ses beaux rêves dorés, sa naïve gaieté?
Peut-on rendre à la fleur qu'un seul jour a flétrie
Son charme printanier, sa chaste pureté?

Prosterné devant toi, Seigneur, vois ma détresse,
Prends pitié de mes maux, sauve-moi du péché;
Répands à flots sur moi ta divine tendresse,
Que de tous les plaisirs je sois bien détaché.

Que je n'aspire plus qu'à te voir, te connaître,
Te servir dignement, que mon immense amour
Épure assez mon cœur pour qu'il puisse paraître
Devant toi, saint des saints, dans ton divin séjour!

Fais-y germer, mon Dieu, ta divine semence,
Quelle étouffe l'ivraie exubérante en moi;
Ah! donne-moi la force et la persévérance,
Que j'avance toujours en m'élevant vers toi.

Transforme, anéantis notre amour du bien-être,
Du luxe et des plaisirs qui gangrène le cœur,
Éloigne du devoir, nous fait presque paraître
Étrangers à la France, oublier sa grandeur !

O ! fais-nous retrouver les vertus qui naguère
Faisaient de mon pays la grande nation
D'artistes dans la paix, de héros dans la guerre,
D'hommes d'honneur toujours par aspiration ;

Et puissions-nous bientôt rétablir l'équilibre,
Relever la justice, et de l'iniquité
Punir les attentats ; que la France soit libre,
Que sa gloire bien haut plane avec majesté !

Hip. Farcy.

Meurthe-et-Moselle.

A Mlle MARIE ***

Que faut-il chanter en ces lieux,
Est-ce votre charmant sourire,
Est-ce l'éclat de vos beaux yeux,
Plus doux que le chant de ma lyre ?

Est-ce votre lèvre ? une fleur,
Véritable rose vermeille,
J'irais m'y poser par erreur,
Madame, si j'étais abeille.

Prenez ce petit souvenir,
Quelle sera ma récompense ?
Vous le saurez à l'avenir :
Un sourire et votre silence.

Benjamin Guyott.

L'ADULTÈRE

A VICTOR HUGO

Au grand banquet humain, convive à peine assis,
J'ai regardé le monde, et je reste indécis.

J'ai vu partout le crime, étouffant l'innocence;
Partout la cruauté, dominant la clémence;
J'ai vu l'astre du jour féconder les sillons,
Mais j'ai vu l'ouragan dévastant les moissons;
J'ai vu la vaste mer abreuvant notre globe,
Mais j'ai vu le volcan, tel qu'un monstre hydrophobe
Répandre l'épouvante, et jusqu'au fond des Cieux,
Lancer de son cratère et la lave et les feux;
J'ai vu, narguant la foudre et devançant la trombe,
Le vautour effrayant, dévorer la colombe;
Le reptile rampant, je l'ai vu sous mes pas,
Au talon mordre l'homme, et causer son trépas;
Représentant Jésus, naissant dans une étable,
J'ai vu tout couvert d'or, le prêtre insatiable,
Tonnant contre l'argent, dire aux pauvres : donnez,
Donnez toujours, encore, ou vous serez damnés!
J'ai vu l'honnête homme, oui, mourir dans la misère,
Et j'ai vu le voleur, arrogant et prospère;
Insultant la fierté, bavant sur la valeur,
J'ai vu la lâcheté, se donner l'air vainqueur;
Naïve en son amour, j'ai vu la Vierge pure,
Flétrie, et par la prude!... En cachette à la cure;
Montrant ses seins vieillis; dans ce siècle taré,
J'ai vu le criminel, pourvu qu'il soit doré,
Mourir dans les honneurs; j'ai vu par la justice
Punir des malheureux, poussés à leur supplice,
Par la faim ou l'amour.... Jean Valjean le voleur
Était un honnête homme; hélas! que de candeur,
Et de chastes vertus, dans la noble Fantine,
Qui s'est prostituée.... Un désir me fascine,

Comme toi, je voudrais, ô Maître vénéré,
Par des écrits brûlants et d'un vol inspiré,
Défendre le malheur, défendre la faiblesse,
Souffleter l'impudence, et flétrir la bassesse,
Démasquer l'hypocrite, et toucher l'indigent.
Je voudrais être fort, afin d'être indulgent,
De pouvoir fièrement, à la face du monde,
Dire à l'être tombé : si ta chute est profonde
Immense est la bonté du divin Créateur;
Sois digne, fais le bien, rachète ton erreur,
Et sois confiant, viens, viens dans les bras d'un frère,
Je suis ton ami, viens, et que ton cœur espère!

Mais pour faire cela, que suis-je, ô Dieu puissant!
Je ne suis qu'un rêveur, je ne suis qu'un enfant;
Au banquet de la vie, errant parmi les groupes,
J'ai goûté quelques fruits, j'ai vidé quelques coupes,
Je n'ai jamais chanté, j'ai quelquefois souri,
Mais pleuré bien souvent; je ne suis point flétri,
Puisque je sais aimer, puisqu'avec la souffrance,
Je sais verser des pleurs, et parler d'espérance....

Toi qui chantes encore, ô Maître, à ton couchant,
Tu dois trop bien le voir, moi, c'est mon premier chant;
Si j'ose te l'offrir, et me fais ton pupille,
C'est qu'aux hommes géants, l'indulgence est facile.

Se drapant fièrement, dans la pourpre du soir,
Tel qu'un roi dédaigneux qui descend du pouvoir,
Depuis longtemps déjà, le géant des lumières,
A quitté notre zone, embrasant d'autres sphères...

Pâle, triste et rêveuse, errante dans la nuit,
Comme une amante, hélas! que son jeune amant fuit,

La lune maintenant, dans la voûte profonde,
Promène lentement sa belle tête blonde ;
Sur le globe endormi, son éclat argenté,
Jette aux pieds des palais inondés de clarté,
L'ombre, dessein touchant de leur masse importante ;
La nature qui veille, active et vigilante,
Sourit joyeusement à son divin flambeau,
Comme à sa tendre sœur, veillant sur son berceau ;
Le souffle parfumé du printemps plein d'ivresse,
Dans les arbres du parc, d'une longue caresse,
Effleure mollement les bourgeons fleurissants,
Et porte aux belles fleurs les baisers innocents.
De sa pudique haleine.... Un rossignol prélude....
Sa voix monte, s'étend, meurt dans la solitude,
Puis éclatant soudain, reprend tout son essor,
Charme, touche, attendrit, et charme et touche encor.

Au fond de la charmille... à l'endroit solitaire...
Tremblante, tout émue, une femme adultère,
S'attache avec amour à son amant rêveur,
Comme à sa tige, hélas! fait une pauvre fleur,
Que l'orage a brisée.... Elle est jeune, elle est blonde.
Ses longs cheveux, flottant sur son épaule ronde,
Caressent follement ses beaux seins demi-nus,
Tout palpitants encor de ses transports vaincus ;
Et dans ses grands yeux bleus, d'une flamme enivrante,
Nage avec son amour une larme brûlante....

Oh! que je souffre ami, que l'avenir est noir!
Que sombre est l'horizon!... Je n'ai qu'un seul espoir!
Cet espoir, c'est ma honte! et ma honte, ô torture!
C'est mon amour!... C'est toi, l'amant de la parjure,
Toi, ma seule pensée, objet cher à mes pleurs,
Oui, toi par qui je vis, oui, toi par qui je meurs ;
Toi, mon idole, toi qu'à deux genoux j'adore,
Toi, toi, qui m'immolant, je bénirais encore ;

Tout me fuit, m'abandonne, ô Dieu! qu'ai-je donc fait?
Si tu créas l'amour, réponds! est-ce un forfait,
Dis, est-ce un crime affreux, que de donner son âme,
Quand au fond de nos cœurs, tu peins en traits de flamme,
Un nom qui nous enivre!... A qui le désaveu?...
Est-ce à l'époux du prêtre?... Est-ce à l'amant de Dieu?
Quand au pied de l'autel, je fis mon alliance,
De ce que je faisais, avais-je conscience?...
O ma Berthe! tais-toi, pourquoi tant t'alarmer?
Berthe! ne pleure pas! tes yeux sont pour charmer,
Pour sourire et rêver, les larmes sont perfides,
Si belles qu'elles soient, elles creusent des rides,
Chère Berthe, un baiser. — Non, ne m'interromps pas,
Un noir pressentiment me poursuit pas à pas,
Écoute, écoute encore, à Dieu je me confesse,
Qu'il me pardonne, hélas! et que ma douleur cesse!...
Je n'étais qu'une enfant, sur mes meubles encor,
Mes jouets me riaient sous leur pompeux décor;
Un jour ma pauvre mère, émue et radieuse,
M'appela, puis me dit : Belle capricieuse,
Je vais te marier, et j'ai promis ta main;
Ton amoureux est riche, et c'est un châtelain;
On aura des valets, des chevaux, des voitures,
Des bijoux chatoyants dans ses riches parures,
Tu donneras des bals, habiteras Paris.

Le reste m'importait bien peu, moi, je souris.

Au prêtre j'ai dit : oui!... J'étais toute joyeuse,
Le soir, j'ouvris le bal, gaie, aimable et rieuse....
Tu vins.... Je vis ton front pâle et fier, sans rival,
Ton regard tout rêveur.... Je te vis grand, loyal....
On nous présente.... Hélas!... je rougis... je me trouble...
Ai-je peur?... Je ne sais.... Ton approche redouble
Ma vive émotion.... Je suis triste.... Pourquoi?...
Si je te suis des yeux... Si je ne vois que toi,

Quelle force me pousse, et me tient suspendue
A ton regard?... Bonheur!... Nous valsons.... Éperdue,
Palpitante en tes bras, si mon sein virginal,
A senti les frissons d'un bonheur idéal,
S'il a bondi, brûlant d'une ardeur délirante,
S'il s'est ouvert, enfin, à la vie enivrante,
Si quand on s'arrêta, languissante d'amour,
J'ai murmuré!... déjà... je le dis sans détour,
Oh! c'était invincible, et je suis innocente!...
Quand le soleil brûlant, sur la tige naissante,
Jette un rayon de feu, s'il la flétrit, répond!...
Foule, je te fais juge, à qui lancer l'affront?...
A la tige?... Au soleil....

     Voici l'heure si belle,
Où l'épousée enfin, s'abandonne et chancelle
Dans des bras bien-aimés!... Quelle est sombre pour moi....
C'est la mort qu'elle sonne.... O grand Dieu! quel effroi!...
Quelle angoisse mortelle en mon âme ingénue
Révolte ma pudeur!... Quelle chaîne inconnue,
Me rive à ton beau front!... Ah! de quel long regard
Je te fis mon adieu.... Mais il n'est pas si tard,
Restons.... Rien, on m'entraîne!

       Il m'embrasse.... O délire
De la douleur!... J'étouffe!... Et mon cœur se déchire!...
Quelle honte! Non!... non!... Par pitié!... pas ce soir!...
O non!... non!... Rien, je fus flétrie!... O désespoir!

Il était à mes pieds, ouvrant sa large gueule,
L'abîme où je voudrais n'avoir tombé que seule;
Toujours il m'attirait, me fascinait!... Eh bien!
J'ai lutté, combattu, mais j'étais sans soutien,
Ou plutôt, je n'osais à personne en ce monde,
Avouer ma douleur, ma blessure profonde;
A qui donc confier de semblables combats?...
Chaque élan vers le Ciel, me fit tomber plus bas!

Je priais, je pleurais, cherchant la solitude,
Mais avec moi, toujours, marchait l'inquiétude.
Des grands monts aux cités, je voulus me traîner,
Je n'étais pas partie, il fallait retourner.
Une force invincible et mille voix fatales,
Vers toi, toujours, hélas! me poussaient par rafales.

Je n'étais pas la seule à lutter, à souffrir;
Déchaîné contre toi, l'enfer à te meurtrir
Usait tous ses tourments.... Tel que le flot qui monte
Grandit, vous enveloppe, et bientôt vous surmonte,
L'amour, dans ton beau cœur, avait jeté l'effroi,
Tu m'aimais!... Quel combat!... Cet amour pour ta foi,
N'était qu'un sacrilége!... Apporter la souillure
Au nom de mon ami! quoi! d'une main parjure
Lui ravir son honneur! Jamais! Soyons loyal!...
Adieu, mère chérie! adieu rêve idéal!
Adieu sites joyeux où riait mon enfance,
Où rêva du bonheur, ma douce adolescence;
Je vous quitte à jamais, mon âme est sans espoir....
Mais avant ton départ, il fallut, par devoir,
Visiter tes voisins.... Fatalité terrible!...
J'étais seule!... et tu vins.
      Ce fut irrésistible....

Tu parlas d'un voyage en d'autres régions....
Mais, craintif, agité de mille émotions,
Ton œil était humide, et ton visage pâle....
Tu voulus me quitter.... Ta voix devint un râle!...
Alors, je compris tout... ton amour... ta grandeur!...
Je voulus te parler, et retenir mon cœur....
Je ne pus que pleurer!... Mes larmes, mon martyre,
Tout! mon silence même, accusait ton empire,
Et te disait : Je t'aime!... A genoux, tout tremblant,
Alors, tu pris ma main.... J'y sens encor brûlant,
Ton doux premier baiser.... Enfin sur ton épaule,
Ma tête se pencha, telle qu'un jeune saule

Perdu sur les rochers, rêvant au frais ruisseau,
Alors, qu'il se sent là, courbé sur son tombeau.

Jouant la comédie à ce moment suprême,
La femme sans amour se défend, pleure même ;
Moi, je me suis donnée, ouvrant tout grands mes bras,
J'aurais voulu lutter, je ne le pouvais pas !...
Oui ! l'amour vient de Dieu, ce ne peut être un crime,
L'union sans amour, seule ! est illégitime....
Allez, mères, courez les riches prétendants !
Pour un peu d'or, vendez vos filles, vos enfants !
Et quand vous me verrez, insultez l'adultère !
A tout instant, sur moi, bavez votre colère !...
Je vous dirai : ma mère, alors, fit comme vous,
Elle surprit mon cœur, me donna mon époux....
L'amour vint... m'embrasa de sa flamme divine !
Voilà ma faute, hélas !
    En voilà l'origine....

Allez, mères, vendez le fruit de vos amours !
Dans un marché honteux, après mille détours,
Où le cœur doit régner, prônez l'agiotage !
Sans rougir, appelez tout cela mariage !...
O prostitution ! peut-on d'un nom si beau,
Couvrir ton infamie, et sous un tel drapeau,
Légitimer enfin, le viol et son crime !...
Mais, c'est bien convenu, je ne suis point victime,
Je suis un être vil ! je suis l'être maudit,
Qu'un époux peut tuer, sans commettre un délit !
D'ailleurs, pourquoi ne pas l'aimer et le lui dire ;
Pourquoi ses bras ouverts, dans leur brûlant délire,
Ne sont-ils à mon corps, qu'un triste et froid cercueil ?
A son rival, pourquoi mon doux et tendre accueil ?
Cela n'est pas permis, car je suis son épouse,
Sa chose ! J'ai bravé sa colère jalouse,
Qu'il me tue !!! — O ma Berthe ! éloigne tes remords,
Si belle que tu sois dans tes nobles transports,

Je souffre en te voyant si douce et si touchante,
Coupable par le fait, et pourtant innocente....
Pourquoi parler de mort, c'est un blasphème affreux,
Par cette belle nuit, allons, soyons heureux !
Tout invite à l'amour, oui, tout dans la nature,
Se réveille au printemps, tout enfin nous murmure :
J'aime !... La fleur, la feuille, et l'insecte et l'oiseau,
Tout chante, et tout soupire : aimons, jusqu'au tombeau !
Oh ! viens ! viens dans mes bras, ma Berthe bien-aimée !
Là, plus près, sur mon cœur.... Ton âme est animée,
Vois, vois comme ton sein se soulève et bondit,
A l'appel enivrant de l'amour qui sourit !...
Ah ! quelle volupté délirante et fiévreuse !
Berthe !... un baiser !... je brûle !... O ma belle amoureuse !

Effrayant et sinistre, un homme s'est montré !...
Un bruyant coup de feu, dans le parc a vibré...
Puis... rien... que deux baisers... deux morts... et le silence.

Et maintenant, justice, allons, la récompense !
C'est trop peu du pardon ! il en a tué deux !
Deux, dont une femme. Ah ! quel homme courageux !
Aux victimes, allons, lance ton anathème !...
Bravo pour l'assassin !

     Horreur !... mais je blasphème !
Car il l'aimait peut-être !... Ah ! c'est plus que mourir !
Il était son époux !... Oh ! qu'il a dû souffrir !!!

Onésime Hérault.

Vienne.

CE QUE J'AIME

J'aime la riante nature,
 Le Ciel bleu, les prés embaumés,
Le ruisseau qui là-bas murmure,
 Errant dans les bois parfumés.

J'aime la fleur, don de l'aurore,
Jetant d'un sourire rêveur,
De sa corolle vierge encore,
Mille parfums, douce senteur.

J'aime, à la nuit silencieuse,
Le chant plaintif du jeune oiseau,
L'étoile qui file, rêveuse,
Et la lune au pâle flambeau.

Quand mon cœur gémit de tristesse,
Seul, la nuit, errant dans les bois,
J'aime la foudre vengeresse,
Roulant sa formidable voix.

J'aime l'éclair, du haut des nues,
Fendant comme un vautour de feu,
Et foudroyant les tours fendues,
D'un vieux château maudit de Dieu.

J'aime, dans la noble carrière,
Un étalon fier et brillant,
Les yeux en feu, la tête altière,
Secouant sa crinière au vent.

J'aime excitant son prompt courage
Impatient, mordant son frein,
Le sentir bondir avec rage,
Franchissant un sombre ravin.

Mais, j'aime encore mieux ma brune,
Et ses longs cils, son grand œil noir,
Ses beaux cheveux, qu'au clair de lune,
Ensemble, nous bouclons le soir.

J'adore sa bouche friponne,
Dans mes baisers buvant l'amour,
Son menton, sa gorge mignonne,
Et son col blanc d'un fin contour.

J'aime, dans sa couche brûlante,
Penché tremblant sur ses seins nus,
A sentir la vague montante,
De nos délires confondus.

J'aime, dans son ardent désordre,
Voir son œil vague et demi-clos,
La sentir, béante se tordre,
Murmurant tout bas des sanglots.

J'adore sa hanche saillante,
Sa cuisse, bûcher amoureux,
Où j'immole ma fièvre ardente,
Et puis encore, oh! que d'aveux.

J'aime... quoi, tu rougis lectrice?
Ce n'est pas bien, pareil soupçon,
Je voulais dire, sans malice :
J'aime... son pied rose et mignon.

ONÉSIME HÉRAULT.

Vienne.

IL L'IGNORE
ROMANCE

Pourquoi donc lui cacher si longtemps que je l'aime,
Que pour lui chaque jour mes yeux versent des pleurs?
S'il savait que mon cœur appartient à lui-même,
Il calmerait soudain mes cruelles douleurs....
Puis-je lui déclarer ce que souffre mon âme,
Sans que quelque rival en cet aveu si doux
Ne vienne, en le sachant, flétrir mon nom de femme,
Qui, pourtant, ne voudrait point faire de jaloux?

Il n'a jamais compris combien mon cœur l'adore,
Comment auprès de lui s'écouleraient mes jours ;
Et même encor, je crains, que son cœur ne l'ignore
Pour trop longtemps, hélas ! et peut-être toujours....
Bien des fois j'ai voulu lui dire : je vous aime ;
Mais ce mot en mon âme est resté constamment,
Et ne fait qu'augmenter mon impatience extrême
De tout lui dévoiler, ma joie et mon tourment....

Ah ! lorsque je le vois passer sous ma fenêtre,
Devant lui je voudrais soudain me présenter ;
Mais je sens, oh ! mon Dieu, sur mon front apparaître
Une vive rougeur et mon trouble augmenter.
Si je lui dévoilais mon amour si sincère,
N'abuserait-il pas de cet aveu du cœur ?
Qu'alors donc il ignore ici sur cette terre
L'objet de mon amour, l'objet de ma douleur !

Liautard Marcel.

Var.

UNE EXCURSION BOTANIQUE

A JULES FOYATIER

I

Je chante les exploits de cinquante héros,
Qui cherchant des dangers, dédaignant le repos,
Amis des fleurs, des bois et de la solitude,
Fatigués des leçons, des maîtres, de l'étude,
Sortirent de Paris, allant herboriser,
Pour rechercher des fleurs et les analyser.

O muse, inspire-moi, fais raisonner ma lyre,
Et dans de grands transports, dans un joyeux délire,
Au commun des mortels, fais-moi bien raconter
Ce que cinquante enfants peuvent exécuter.

Et toi, vierge du Pinde, accours, muse riante,
Prête-moi ta gaîté, ta verve étincelante,
Mêle à ces quelques vers, que je vais soupirer,
Ces charmantes beautés qui te font adorer.

Les rives de l'Yvette, et les bois de Chevreuse
Étaient les lieux choisis par la troupe rieuse
Pour se livrer sans crainte à de joyeux ébats,
Et simuler la guerre et le bruit des combats;
Car de chercher des fleurs, l'on n'était point avide,
Et l'on détestait Flore au moins autant qu'Ovide.
Pour nos impatients bien longue fut la nuit;
Chose inaccoutumée : aucun ne surdormit !
On attendit longtemps l'aurore aux doigts de roses,
Qui du matin fameux tenait les portes closes,
Et retardait beaucoup, de nos jeunes amis,
Les jeux et les plaisirs que tous s'étaient promis.
Ils sont ivres de joie, et dans leur allégresse,
Du bel astre du jour, regrettant la paresse,
Plus d'un, bien volontiers eut gourmandé Phébus,
Et crié « fainéant » au sonneur d'angélus.

Mais enfin, voici l'heure, et la locomotive
Fume, siffle et s'échauffe, et s'arrête captive;
Elle projette en vain sa fumée et ses feux;
Le mécanicien la retient en ces lieux.
Les héros sont conduits par un Mentor plus sage
Que celui qui mena Télémaque au rivage.
Tous ils sont en wagon... le silence se fait,
Et l'air est déchiré par un coup de sifflet.
Le convoi s'ébranlant avec une secousse,
Cède comme à regret à l'ardeur qui le pousse....
Il marche lentement, rempli de majesté,
Et prend avec le temps plus de rapidité;
Puis bientôt s'animant, étincelle et s'enflamme;
Rien ne peut contenir sa curieuse flamme :

Il part, il vole, il court, passe comme un éclair,
Disparaît comme un songe, et fait frissonner l'air.
De joie un cri sortit de toutes les poitrines :
Paris est remplacé par des bois, des collines.
L'air impur, vicieux de ce vaste Paris
Qui recèle la mort, la honte, le mépris,
Est bientôt remplacé par l'air de la campagne,
Cet air frais et léger qu'aucun fiel n'accompagne,
Cet air délicieux qui porte en même temps
Les baisers de la brise et les parfums des champs.

Après un long parcours, non sans quelque bagarre,
Après s'être battu pour sortir de la gare,
Tout frais et tout dispos, enfin l'on arriva
Dans un petit hameau qu'assez beau l'on trouva.
Cet amas de maisons, ce tout petit village
Avait nom Saint-Remy; l'on n'y fit qu'un passage,
Parce que nos amis détestaient les maisons,
Qu'en voyant ils croyaient tout autant de prisons.

C'était la liberté, les bois et la verdure,
Le Ciel bleu, les ruisseaux avec leur doux murmure,
Le papillon léger qui court de fleur en fleur,
Le pinson gazouillant de doux chants de bonheur,
Le triste rossignol, l'allouette légère,
Un troupeau de brebis et leur fraîche bergère ;
Au milieu de cela : deux bœufs, un laboureur.
C'était de la nature un spectacle enchanteur,
Que tous venaient chercher loin de la vieille école,
Bien loin des professeurs, et loin de leur parole.

. . . .

Enfin voici les champs, la prairie et les bois !
Tous les enfants joyeux éclatent à la fois,
Courent de tous côtés. — Comme des sauterelles,
S'abattant sur les fleurs, ils cueillent les plus belles;

Puis libres, enchantés au bout d'un seul moment,
Au sage et bon Mentor viennent rapidement
Apporter une fleur dicolylédonée ;
Celui-ci la leur rend toute déterminée,
Leur dit son nom latin, précise son emploi,
Sa famille, son sexe, et son ordre et sa loi.
    Mais quelques mutins, amoureux de Flore,
    Courent dans les blés, cherchant des bleuets,
    Et dans les épis, ils courent encore,
    Lorsqu'un campagnard voit tous nos muguets....
    Contre ces gredins, furieux il tonne,
    Il court, les poursuit, à plusieurs il donne,
    Très bien appliqués, des coups de bâton.
    Les héros voyant qu'il prend sur ce ton,
    S'en vont en courant, sans demander grâce,
    Et tournant le dos, dévorent l'espace.
Mentor se mit en frais pour tous les rassembler,
Les mettre dans leurs rangs, et les bien accoupler ;

Lorsqu'enfin tout fut prêt, la troupe valeureuse,
Le pied gauche en avant, partit pour voir Chevreuse.

II

Après le déjeuner, tout plein d'hilarité,
Mentor aux écoliers donna la liberté.
Les plus grands, les plus fiers, fumant leur cigarette,
Loin des parents grondeurs, dans la salle discrète,
Comme des bons vieillards, en buvant leur café,
Jouèrent au piquet ou bien à l'écarté ;
Et là, d'un air malin, prenant de l'importance,
Ces messieurs, sans respect pour toute convenance,
Un monocle dans l'œil, en parfaits connaisseurs,
Lorgnèrent la servante et tous les serviteurs.

Une troupe plus gaie, aussi moins sérieuse
S'en alla vers la tour qui domine Chevreuse.

C'est un vieux château fort que le temps a vieilli,
Qui par des ennemis, fut sans doute assailli;
Il eut probablement, ses sombres oubliettes;
L'on a bien fait sur lui de noires historiettes,
Un prince, un comte, un duc, peut-être en hérita,
Une noble famille en tout temps l'habita.
Maintenant il est seul, désert, à l'air antique;
A la veillée on compte une histoire emphatique,
Où des fantômes blancs le parcourent la nuit,
Et glissent sur le sol sans causer aucun bruit.
C'était en gravissant tout joyeux la montée,
Que les enfants formaient au fond de leur pensée
Cent suppositions sur le fameux château.
A force de monter, ils furent au plateau.
Devant eux se dressait, haute et majestueuse,
La tour du vieux château des Seigneurs de Chevreuse.
Le lierre avait poussé sur le mur décrépit,
Et de ses liens légers embrassait le granit,
Se roulait mille fois sur la terre enchaînée,
Et de ses verts rameaux, il l'avait festonnée.

. . . .

Mais un coup de sifflet, signe de ralliment,
Aux oreilles des preux, parvint lugubrement;
Il fallait obéir, descendre la colline,
Retourner à Paris, et cela les chagrine.
Lentement, tristement, se rendant à l'appel,
Les larmes dans les yeux, quittèrent le castel....
Tout en cueillant des fleurs, tout le long de la route,
On arriva bientôt, et bien trop tôt sans doute
A ce chemin de fer aux wagons étouffants,
Qui rendit à Paris la troupe des enfants.

. . . .

Ce jour était un songe, et c'était à l'école;
Avec les professeurs, que l'on se réveilla;
Et l'on ne pensait plus à la course frivole;
Il fallut travailler... enfin l'on travailla!...

Eugène Brieux.

DEVANT LE CHRIST EN CROIX
SALON DE 1874

A M. LÉON BONNAT

Ils n'ont pu t'arracher à ton arbre sanglant,
Pauvre Galiléen que partout je retrouve.
Toujours sur le bois dur nous te verrons râlant.
Se croyant plus sensé, l'homme en vain te réprouve ;
Toujours tu saigneras par tes pieds et tes mains.
Solides sont les clous dont les Juifs inhumains
T'ont transpercé sans honte au sommet du Calvaire.
On te bafoue encor.... Pourtant on te révère :
On te vient contempler, on jure par ton nom ;
L'artiste qui te peint acquiert vite un renom.
O Christ de Bethléem, ta mort est éloquente ;
Expirant calme et doux, tu nous a su toucher....
Me diras-tu pourquoi ce tableau m'épouvante ?
Sage, me diras-tu ce que je viens chercher
Devant ce corps meurtri, devant cette souffrance ?
Ton destin est-il fait pour donner l'espérance ?
Nous gémissons encor après ton sang versé ;
L'homme a beau s'étourdir, il sent qu'il est blessé,
Il sent au fond du cœur une plaie éternelle :
Tu ne l'as point guéri... c'est en vain qu'il t'appelle.

. . . .

Ton souvenir pourtant ne s'effacera pas.
L'univers te connaît. Tu vis. Tu resteras.
Tous parleront de toi dans un sombre langage,
Et courberont la tête en finissant la page.

Hippolyte Buffenoir.

Seine.

L'AME HÉROIQUE

<small>A UN GRAND POÈTE</small>

I

Tu restes donc le même après trois ans d'absence,
Ton cœur toujours ouvert me laisse un libre accès ;
Tu luttes, sans faillir, fort de ton innocence,
  Espérant le succès.

Ton entreprise est belle, et j'en prévois l'issue,
Le moment solennel doit bientôt arriver ;
La victoire est pour nous, nous l'avons aperçue,
  Nous pouvons le rêver.

Nous vaincrons, ô poète ! avec l'idée intime,
Fiers, méprisons toujours la foule et son veau d'or ;
Et puisque pour le droit longtemps nous combattîmes,
  Il faut combattre encor.

Oh ! je te reconnais à ton air très timide,
C'est toi que je voyais autrefois triomphant ;
Ton amour est plus fort ; ta paupière est humide
  De tes larmes d'enfant.

II

Tous les rêves joyeux que jadis deux nous fîmes,
Tous nos rêves joyeux se sont vite envolés ;
Tu jettes seulement, sur les choses infimes,
Tes regards endormis et toujours désolés.

Les lèvres murmurant une prière ardente,
Tu marches sérieux, soulagé néanmoins
D'épancher devant Dieu ton âme débordante,
Lorsque les bois secrets te restent pour témoins.

Tu passes, en parlant de nos jours d'espérance,
Sans arrêter tes pas, sans même soupirer ;
Ton cœur est tout rempli d'amour et de souffrance,
Ta bouche n'est pas faite, ami ! pour murmurer.

Quand dans la blanche nue une étoile s'incline,
Quand a cessé le chant des merles, gais siffleurs,
Ton âme taciturne, à la tristesse encline,
Pense aux bonheurs flétris comme de pâles fleurs.

Tu te résignes donc à vivre sur la terre
Froid, morne, ensanglanté, le front demi-voilé,
Sans un consolateur dans ta douleur austère,
Sans autre abri le soir que le Ciel étoilé.

III

Ami ! te souviens-tu de cette jeune fille,
Craintive, suspendue au bras de son amant,
Ayant sous ses cils blonds une larme qui brille,
Comme une étoile d'or au bord du firmament.

Car tu connus jadis ces instants de délice,
Tu connus cet aveu candide mais trompeur,
Dans la main cette main gracieuse qui glisse,
L'ivresse de s'asseoir à ses côtés, sans peur.

Sa bouche ouverte, ainsi qu'une pêche trop mûre,
Gazouillait des baisers et de folles chansons ;
Elle parlait bien bas, sa voix comme un murmure,
N'effrayait même pas les nids dans les buissons.

Les oiseaux préféraient cette place marquée,
Allaient de branche en branche, à l'aspect de leur sœur,
Recevaient chaque jour de sa main la becquée
Et se posaient sur elle auprès de toi penseur.

Mais l'heure des adieux était la plus touchante ;
Dans les bosquets touffus, lorsqu'arrivait la nuit,
On entendait au loin le pas qui pleure et chante,
Sur le sable d'argent, avec un frêle bruit.

Ainsi tu respiras à peine à son aurore
Les enivrants parfums de ses dix-sept ans,
Les radieuses fleurs qu'un beau Ciel d'azur dore
Et qu'à jamais flétrit le souffle impur du temps.

Comme le nid de l'arbre, un jour, le bonheur tombe;
Les amis les plus chers, hélas! que tu perdis,
Sont partis pour l'exil éternel ou la tombe;
Ah! brisé de douleurs, artiste! tu grandis!

IV

Tu trouves maintenant, grand, stoïque et sincère,
Que le peuple est sans foi, qu'il se sent triste et las;
La liberté prenant son enfant dans sa serre
  L'enlève d'ici-bas.

Tu retombes pourtant, tant ton aile est brisée;
Tu sondes ce grand corps rongé de mille maux,
Le peuple, puis tu dis : « Jetons-y la pensée,
  » Comme aux feux les métaux. »

Alors du Nord au Sud des millions de bouches
Sonneront la diane immense du réveil,
Et les infortunés, se levant de leurs couches,
  Salueront le soleil!
L'amour qu'on étouffait mais qui vivait encore,
Soudain triomphera, sublime, tout puissant;
L'amour débordera, comme l'eau d'une amphore,
  Comme l'eau d'un torrent.

V

Une clarté suprême à tes regards rayonne,
D'imiter Christ-Jésus ta grande âme essaya,
Et ton œil entrevit ce que ne vit personne,
Cet idéal divin que Platon bégaya.

Je sais pourquoi ton front est si triste et si blême,
Et pourquoi s'envola ton sourire ingénu ;
C'est qu'en cherchant toujours l'insoluble problème,
L'esprit de plus en plus a soif de l'inconnu.

L'avenir, l'avenir vient te ravir le songe
De ta jeunesse en fleurs, de ton printemps passé ;
La douleur, ce renard spartiate, te ronge,
Et moi plongeant au fond, je vois ton cœur blessé.

Laisse-moi regarder ton grand œil noir qui rêve,
Ton front est lumineux, ô poète martyr !...
La soif de l'idéal te tourmente sans trêve....
Pourquoi de notre terre, ami ! veux-tu partir ?...

Laisse-moi t'admirer, ton aspect nous captive ;
Comme un soleil d'été verse l'or sur les champs,
Verse-nous des rayons de ta face plaintive ;
Ton air si doux nous fait oublier les méchants.

A tes lèvres suspend mon âme. — Je t'écoute,
J'ai besoin de l'amour calme et religieux,
J'ai besoin de ta voix pour dissiper mon doute,
J'ai besoin de ton chant doux et mystérieux.

VI

Tu nous dis : « Défenseurs de la foi dédaignée !
» O femmes souriant à tous les repentirs !
» Attendez... l'heure est proche... et, l'âme résignée,
  » Regardez les martyrs.
» Ceux qui sont morts pour nous, ceux qui dorment à l'ombre,
» Savent tous nos efforts ; si vous n'espérez plus,
» Contemplez les martyrs ; si notre cœur est sombre,
  » Pensons à ces élus ?

» Ils sont tombés ensemble unis comme des frères ;
» Commençons, criaient-ils, nos fils achèveront !
» Oui, pour nous ranimer, dans les champs funéraires,
  » Les saints se lèveront !

» Nous avons leur drapeau, nous avons leur épée,
» Le Seigneur nous soutient, serions-nous abattus?
» Ne tremblons point, amis! Ayons l'âme occupée,
   » De leurs grandes vertus. »

VII

Demeure dans nos bois, ton chant divin soupire
A travers le feuillage et parvient jusqu'à nous;
Ta voix a des accents dont ton âme est la lyre,
En t'entendant prier, nous plîrons les genoux.

Pour délivrer nos corps du joug pesant des vices,
Et pour faire adorer la sainte liberté,
O poëte serein! il fallait que tu visses
L'astre qui resplendit en haut, la vérité.

Après avoir souffert ce que nul cœur ne souffre,
Après avoir versé ton sang dans nos sillons,
Tu nous a retirés de la misère, — un gouffre,
Ta lèvre lumineuse a baisé nos haillons.

Ton œuvre restera; lorsque le misérable
Marchant dans l'ombre avec l'étoile pour flambeau,
S'assîra tout en pleurs sous le saule et l'érable
Qui voileront le seuil sacré de ton tombeau,

Il verra des lueurs sourdre à travers la pierre,
Il entendra chanter : L'amour est éternel,
Le plaisir est blasphème, et la douleur prière,
Si ton cœur est meurtri, lève les yeux au Ciel.!

FERDINAND DES GABETTES.

Bouches-du-Rhône.

UN ATELIER MODERNE

Le travail, c'est la liberté !

Les limes, les marteaux, les meules, les rouages,
S'entr'aident pour fouiller les entrailles du fer!...

Vulcain, pour façonner la foudre à Jupiter
    Au sein de ses antres sauvages,
N'ouït certes jamais de bruits plus discordants
Que ceux que font ces nains dans leurs travaux géants....

Ces nombreux travailleurs, par leurs forces unies
Secondant la science et l'art (ces deux génies
Qui puisent chaque jour au feu sacré du Ciel),
Élèvent, du progrès, le colossal autel !

Ils sont noirs, la sueur inonde leur visage,
Pourtant, dès que l'outil patient obéit,
Leur chant s'ajoute encore au merveilleux tapage
    Dont tout l'atelier retentit.
C'est que, par le travail, l'âme heureuse s'élève ;
Par lui chaque journée, en souriant, s'achève ;
Et lorsque nos instants s'écoulent bien remplis,
La gaîté joint son charme aux devoirs accomplis.

Les flancs pleins de vapeur, une machine énorme,
En ce moment encore incomplète et sans forme,
    Va sortir de leurs mains,
Et s'élancer bientôt sur d'immenses chemins....

Au fond de l'atelier, le volant gigantesque
    Tourne, silencieux,
Lançant légèrement ses bras en arabesque,
    Lourds, et cependant gracieux ;
Et l'on entend gronder la machine puissante
Qui met en mouvement ces innombrables tours,
Après lesquels on voit s'enrouler, languissante,
    Chaque courroie en mille tours....

Sous l'effort calculé de l'oblique cisaille,
Comme un mince papier, la tôle, ici, se taille ;
  Puis des machines à percer
Vont, de cent trous divers, bientôt la traverser.
Là, sous le fort crochet d'un large tour à roue,
Un long copeau de fer en spirale se noue,
  Se déroule et se joue....

Machines à limer! tarauder! fileter!
  Poinçonner! raboter!
Mille outils, enfin, à la fois, font rage,
  Secondant l'homme en son ouvrage,
Coupant, taillant, rognant, polissant bronze et fer
  Avec un bruit d'enfer!...

Mais des coups violents et sourds se font entendre...
  C'est le marteau-pilon ;
Masse énorme qu'on voit rapidement descendre
  Sur la matière en fusion,
Laquelle, projetant sa pluie éblouissante,
  S'allonge obéissante
  Sous l'œil du forgeron!...
  Autour des feux de forge,
Dans cet air enfumé qui vous prend à la gorge,
  Et malgré l'ardente chaleur,
Les frappeurs demi-nus vont et viennent à l'aise
Plongeant et retournant le fer dans la fournaise
  Qu'active le ventilateur.

O vous tous, ouvriers, champions de l'industrie,
  Hommes de travail et de paix....
O vous tous qui plongez le soc dans la prairie,
  Et qui, rendant nos blés épais,
  Fertilisez le sol de la patrie,

Salut!... Frères des champs et des cités, salut!
Dans la pauvre mansarde ou dans l'humble chaumière,
Travail, instruction, disent : paix et lumière;
Ensemble poursuivez toujours leur noble but!

Paul Chocque.

LA TOMBE

Naguère la belle Elina
Vierge pure à la tête blonde,
Souriait au monde, et déjà
Chacun se disait : elle va
L'an prochain, briller dans le monde.
Elle était l'amour et l'espoir
D'un père et d'une tendre mère;
Chaque matin et chaque soir
Ensemble, on les voyait s'asseoir
Après la commune prière.
L'avenir en son doux berceau,
Leur montrait la route fleurie
Où tout est ravissant et beau.
Mais souvent le destin varie,
Et c'est aux portes de la vie
Qu'il nous fait trouver un tombeau.
Ainsi périt l'enfant timide;
Car l'an d'après, au mois des fleurs,
Les parents, sur un tertre humide,
Arrosaient sa tombe de pleurs!

J.-Guillaume Delarge.

LE DEVOIR

> Chaque homme, sur la terre, a sa tâche à remplir.
> Devant lui, comme un sphinx, se dresse l'avenir.
>
> ÉVARISTE CARRANCE.

I

Le devoir!... ce grand mot fait tressaillir nos cœurs,
Il enseigne le bien, répétons-le sans cesse.
Sur le chemin suivi par tous les travailleurs
Le devoir est l'ami qui veille avec tendresse.
Tel un flot caressant chantant l'hymne du soir
Il endort nos douleurs. Il fait comme une mère
Qui console son fils par des mots pleins d'espoir.
    C'est un sûr gardien, mais austère.

Nous avons une tâche à remplir ici-bas,
C'est la suprême loi qui dirige le monde.
Quand le devoir sans cesse accompagne nos pas,
Dans nos plus durs labeurs Dieu même nous seconde.
C'est comme un frais bouquet parfumant tous nos jours.
Comme une étoile d'or qui pour nous seul scintille.
Comme une gerbe en fleurs, comme un nid de velours.
    C'est le bonheur au loin qui brille.

A son image, Dieu créa l'homme et lui dit :
« Tu seras mon chef-d'œuvre et le roi de la terre.
» A ma voix tout se meut, la nature obéit.
» Fais comme elle, ou sur toi s'abattra ma colère. »
Et, depuis ce temps-là les éléments, les Cieux,
Les flots bleus de la mer, les brillantes étoiles,
L'aurore qui prépare un soleil radieux,
    Les nuits qui nous jettent leurs voiles,
Tout accomplit sa tâche ; à nos regards ravis,
La nature est pour nous le plus parfait modèle.
L'homme pour qui sont faits tant de trésors exquis,
Sur terre, à ses devoirs sera-t-il infidèle ?...

Ah! qu'il jette les yeux sur les prés, les moissons
Répandant tour à tour leurs richesses splendides
Sur l'arbre des forêts, sur les fleurs des buissons,
 Sur les robes des chrysalides.

Tout change, tout travaille — ô magique tableau! –
L'homme veut donc se joindre à ce riant poème.
Et ceux dont la tendresse ont veillé son berceau,
Ceux qui le quitteront pour descendre au tombeau
Travaillent avec lui! c'est le bonheur suprême!
C'est celui que l'on goûte au palais, au hameau,
Indiquer son devoir à l'enfant que l'on aime!

II
IL EST SOLDAT

Regardez... qu'il est fier de servir son pays!
Il a vingt ans!... il est séparé de sa mère....
Il quitta sa famille... il trouva des amis.
 Chaque soldat devint son frère.

Jamais de lourds fardeaux n'avaient blessé ses bras,
Il ne connaissait point des camps la vie austère.
Un ange doux et tendre avait veillé ses pas,
 Sa mère un ange tutélaire!

Maintenant voyez-le comme il monte à l'assaut.
Il répond à l'appel le fusil sur l'épaule.
A la voix de ses chefs il bondit aussitôt.
Il soutiendra l'honneur de notre vieille Gaule!

Clairons retentissez, tambours battez aux champs.
Tels que font les lions cette troupe s'élance,
Ils font battre nos cœurs ces soldats de vingt ans,
 Par leur mâle et fière assurance.

Tressaille ô ma Patrie et relève ton front.
Regarde l'avenir rayonnant d'espérance.
Toujours à ton appel tes fils se lèveront,
 Tu reverras ta gloire ô France!

III

N'est-ce pas du devoir un exemple touchant
Qui nous émeut toujours... il parle de patrie !
Il fait vibrer les cœurs du vieillard, de l'enfant,
Comme fait une lyre à l'oreille attendrie.

Mais, tel est de la mer le sable doux et fin
Dont on ne peut compter les grains sur chaque rive.
Tel est le nombre aussi de ceux dont le chemin
Par le devoir, l'honneur nous plaît et nous captive.

Équitables, instruits, intègres magistrats,
Matelots dont les flots ont ridé le visage,
Commerçants ou savants, officiers, soldats,
Prêtres et citoyens de tout rang, de tout âge
Montrent que, du devoir l'homme a l'instinct en lui.
Entre mille donnons un exemple à l'appui.

IV

LE CAPITAINE DE VAISSEAU

Minuit sonne... un éclair a sillonné la nue.
Le tonnerre a grondé de sa puissante voix.
Le vent souffle et gémit, sa plainte continue
Est, comme un glas funèbre et terrible à la fois.
C'est le prélude affreux d'une horrible tempête.
Comme un manteau de plomb le Ciel d'un crêpe noir
S'est revêtu soudain, le navire s'arrête...
Poussé sur un rocher il ne peut se mouvoir.
Tout-à-coup, l'ouragan se déchaîne avec rage,
La vague est en fureur, elle brise les mâts ;
Dans ce terrible instant, sublime est l'équipage,
Il veut livrer aux flots de courageux combats.
Mousses et matelots rivalisent de zèle,
Aux cordages brisés ils travaillent encor....
La pluie en flots pressés les frappe, les flagelle....
D'effroi l'oiseau des mers s'éveille et prend l'essor,

De son aile rapide il a franchi l'espace.
Hélas! sur le vaisseau combien de malheureux
Envient alors son sort et son vol plein d'audace.
Ici-bas l'homme est roi, mais l'oiseau plane aux Cieux!

. . . .

Un désespoir affreux se lit sur les visages
Quand parfois, un éclair montre les flots tordus.
Les uns dans leur frayeur s'accrochent aux cordages...
On court... on prie... on pleure... on s'agite éperdus!...
On se cherche... on s'étreint... le navire chancelle!...
Alors le capitaine est sublime à son bord.
Le devoir parle en lui! calme, froid, il appelle
Les femmes, les enfants, à babord, à tribord.
A ses ordres pressants les passagers s'agitent,
« Les canots à la mer, » dit-il, et ces esquifs
Détachés du vaisseau quand tous les cœurs palpitent
Sont l'ancre de salut des pauvres fugitifs!...
Les canots sont remplis, il ne reste qu'un homme
Qui ne peut trouver place... ou, les faire échouer!...
La mer veut sa victime!... Ah! faut-il qu'on la nomme?
C'est le chef courageux qui va se dévouer!...

. . . .

Naufragés hâtez-vous! hélas! le capitaine
Peut-être voit les siens pour la dernière fois!...
N'importe! son devoir à son vaisseau l'enchaîne!
Il calme leurs sanglots du geste et de la voix!...
Oh! qui peut raconter de son heure dernière
L'affreux déchirement, la torture, l'effroi....
Il quitte épouse... enfants... il brise sa carrière...
Mais d'un devoir sacré cet homme suit la loi.
  Il partira simple, sublime
   Pour l'éternité... dans les flots!
  Des siens la douleur légitime
   S'ajoute hélas! à nos sanglots.

La mort a sur son front posé son diadème!...
Héroïque il choisit le devoir au bonheur.
Dieu lui garde là-haut un asile suprême,
La France inscrit son nom sur ses tables d'honneur!

V

Cet acte d'héroïsme est un fait véritable.
Ce récit bien souvent a fait couler nos pleurs!...
D'un grand et saint devoir c'est l'image admirable,
D'un devoir accompli malgré mille douleurs!

VI

Nous cherchons le bonheur... il se trouve sur terre,
Non pas dans les honneurs, non pas dans les plaisirs,
Non pas dans la fortune, elle est une chimère
Qui s'enfuit au moment de combler nos désirs.
Cherchons-le donc toujours dans notre tâche aride
Qu'ici nous avons tous, c'est en notre pouvoir.
Et, nous serons heureux sous cette sainte égide,
Car Dieu bénit sur terre et là-haut le Devoir!

PAULINE HENRY, née LEMAITRE.

Pas-de-Calais.

UN COUP DE VENT

Un dandy richement vêtu
Se promenait un jour de fête.
Crânement posé sur sa tête
Trônait un beau chapeau pointu.

L'homme était fier, et son sourire
Semblait dédaigner les passants.
Sa voix avait de durs accents.
Son air ne pouvait se décrire.

Mais, voilà qu'un grand coup de vent
Jette son chapeau dans la rue.
Pour lui quelle déconvenue !
— Que n'avait-il un paravent ! —

Comme un écolier en goguette
Son chapeau parcourt du chemin ;
Poussé par le vent au lointain,
Il mène l'homme hors de la fête.

Ainsi sont les ambitieux,
Gonflés d'orgueil, souvent superbes.
Et, leurs paroles sont acerbes
S'ils rencontrent des malheureux.

Mais, un coup de dame fortune
Souffle sur eux comme le vent,
Et les décoiffe bien souvent,
En se jouant de leur rancune.

MORALITÉ

Ne tirez jamais vanité
De vos succès, de vos richesses ;
Car la fortune et ses largesses
Sont les sœurs de l'adversité.

Pauline Henry, née Lemaitre.

Pas-de-Calais.

LE DEVOIR

SUITE DES CENT SONNETS DE RENÉ AGNÈS

Si les hommes savaient pratiquer le devoir
L'âge d'or tant chanté reviendrait sur la terre,
Car de nos passions c'est le frein salutaire,
Il résiste à la force, à l'abus du pouvoir.

Nul ne peut l'ignorer, chacun le doit savoir,
Que le riche ou le pauvre en est le tributaire ;
La conscience le dit, et son miroir austère
Le jour comme la nuit à nos yeux le fait voir.

A l'observer enfin appliquons notre vie,
Foulons aux pieds l'orgueil, n'écoutons plus l'envie ;
Que le bien du prochain par nous soit respecté.

Du droit et du devoir cimentons l'alliance,
C'est là le vrai secret et toute la science
Du bonheur en ce monde et dans l'éternité !

R. Agnès.

SONNET A 1874

D'un sonnet saluons cette nouvelle année,
Ce genre est préféré pour sa concision ;
Surtout lorsque la rime à propos ramenée,
En vient fixer le sens avec précision.

Pour que Dieu nous la donne heureuse et fortunée,
Suivons de sa bonté la douce impulsion ;
Que la discorde soit à l'exil condamnée
Et tous nos cœurs fermés à la division.

A ce prix nous verrons tous nos maux disparaître
Avec la paix, les arts, et le travail renaître ;
Rien ne troublera plus notre sécurité.

D'obtenir ces bienfaits exprimons l'espérance,
En demandant au Ciel de voir un jour la France
Reconquérir sa gloire et son intégrité.

R. Agnès.

SONNET A LA LUNE ROUSSE

Lorsque tu nous reviens, que ton croissant reluit,
Sur ton compte aussitôt on jase, on récrimine ;
Les vignerons surtout te font mauvaise mine
En t'accusant du mal qui sous toi se produit.

Dans tes phases, leur œil anxieux t'examine,
Cherchant à deviner tes effets sur la nuit,
Si tu dois en un jour amener leur ruine
Ou bien de leurs travaux leur conserver le fruit.

Loin de briller trop fort, au Ciel reste voilée,
Si de tes froids rayons doit venir la gelée
Qui répandrait partout la désolation !

Que ton règne d'un mois soit clément, débonnaire,
Qu'il féconde en son cours tous les biens de la terre,
Fais tomber à ce prix notre prévention !...

R. Agnès.

SONNET A JEANNE D'ARC

Vierge de Domremi, jeune et simple bergère,
En gardant tes moutons loin de courir les fleurs,
De jouer, ou danser sur la verte fougère,
Tu rêves de la France et tu plains ses malheurs.

Ton âme adresse à Dieu tous les jours sa prière,
A genoux tu gémis et tu verses des pleurs ;
Mais ton cœur n'y tient plus, tu quittes ta chaumière,
De par le Ciel tu vas t'armer à Vaucouleurs.

La bergère se change en vaillante héroïne ;
Déjà pour accomplir ta mission divine

Tu cours sus aux Anglais, les chasse, les poursuit.

Ton étendard paraît, la victoire le suit.
Noble Jeanne, Orléans te doit sa délivrance !
Et le roi Charles sept la couronne de France !

R. AGNÈS,
Membre honoraire des Concours Poétiques de Bordeaux.

OUBLI

Verse de ce vieux vin, jeune Hébé, verse encore,
    Jusqu'à la fin du jour,
Ce nectar est plus pur qu'une nouvelle aurore,
    Et plus doux que l'amour.

J'avais livré mon cœur, j'avais donné mon âme,
    J'aurais trahi mon Dieu !
Verse-moi de ce vin plus ardent que la flamme
    De son regard de feu !

Une chanson d'amour faisait vibrer ma lyre,
    Je croyais au bonheur !
Verse-moi de ce vin meilleur que son sourire
    Angélique et trompeur.

O verse-moi l'oubli dans ces flots de topaze ;
    Je bois avec transport ;
Et mon esprit ressent comme une douce extase,
    Et ma douleur s'endort !

Verse de ce vieux vin, jeune Hébé, verse encore
    Jusqu'à la fin du jour,
Ce nectar est plus pur qu'une nouvelle aurore,
    Et plus doux que l'amour !

ÉVARISTE CARRANCE.

AVANT, PENDANT, APRÈS

AVANT

C'est demain ! Je le sens aux battements du cœur.
J'avais quinze ans, je crois, quand naquit cette ardeur,
Dans un bal où ma mère, un soir, m'avait menée.
Trop jeune, paraît-il, j'étais abandonnée,
Et seule dans un coin d'où je suivais des yeux
Les couples des valseurs brillants, souples, heureux
Qui font sur le plancher tournoyer les danseuses ;
Pendant qu'à chaque pas, de leurs bouches fiévreuses
Tombent des mots d'amour dont on rêve la nuit,
Pendant que les accords de l'orchestre et le bruit
Des mantes de velours et des robes de soie,
Sèment partout l'ivresse et l'extase et la joie.
Je contemplais cela, muette, ayant au front
Le pli large que creuse un ridicule affront.
J'avais la rage au cœur, mais l'âme était ravie.
Fleur que l'ombre tuait et qui s'ouvre à la vie,
Être longtemps froissé par la chaîne de fer,
Esprit qui, las du Ciel, aspire après l'enfer,
Et réclame sa part des plaisirs de ce monde,
Des caprices d'un jour, de tout ce qui l'inonde,
Ne fût-ce qu'un instant de folle volupté ;
J'avais soif, à mon tour, de rayons, de clarté,
De prestige, de culte et de fades louanges ;
On se fait diable, alors qu'il fatigue d'être ange.
C'est demain, que pouvant contenter mes désirs,
J'épuise d'un seul trait la coupe des plaisirs.
Le bal ! le bal ! le bal ! quel mot puissant, magique,
Composé de langueur, de grâce, de musique,
De morbidesse tendre aux effluves de feu ;
Quand du danseur choisi le joli regard bleu,
Comme un poignard d'acier, pénètre au fond de l'âme,
A cette heure, on se sent heureuse d'être femme,

Le front touche le Ciel et nage en plein azur.
Tout est beau, tout est calme, et partant tout est pur :
Rayonnement céleste où l'être entier se plonge,
Illusion d'un jour qui s'enfuit comme un songe,
Mais dont on garde encor le charmant souvenir,
Lorsque le mal a fait nos bonheurs se ternir
Et qu'il ne reste plus, sur nos faces rougies,
Que le stigmate hideux de nos tristes orgies.

La voilà cette robe, et là ces diamants
Que l'on jette en pâture aux regards des amants.
Voici cette couronne aux feuilles éplorées,
Voici ces lourds bouquets aux teintes si dorées,
Et les nœuds de velours et les agrafes d'or,
Les perles, les rubis qui valent un trésor.
C'est ce manteau d'hermine aux lignes retenues
Que je mettrai demain sur mes épaules nues.
J'ai déjà la senteur si vive des parfums
Qui doivent inonder mes flots de cheveux bruns,
Et dans les yeux, l'éclat du lustre qui ruisselle
Sur les vastes lambris tendus de brocatelle.
Je vois, sur mon passage, inclinés, recueillis,
Ces jeunes amoureux et ces amants vieillis
Qui vivent d'un regard et rêvent d'un sourire,
Hommes qui font pitié, quand ils ne font pas rire,
Et qui s'en vont contents, enivrés de leur nom,
Si la femme en leurs bras se transforme en guenon.
Je sais que j'en mourrai… tout me le dit… qu'importe !
Je suis le lis fané, je suis la feuille morte,
Je suis le cœur brûlant que transporte un désir.
Il me faut, à tout prix, mon heure de plaisir,
Ma goutte de bonheur et mon instant de joie.
Après, si le remords aux dents d'acier me broie,
J'irai dans le néant chercher l'oubli des maux.
Dans le champ solitaire où dorment les ormeaux,
C'est là qu'on jettera ma dépouille mortelle ;
Puisse-t-on dire encore après : « Elle fut belle

» Et bonne, elle eut son jour de prestige et d'éclat ;
» Il lui fallait l'amour pour qu'elle révélât
» Sa beauté, son esprit, son mérite, sa grâce,
» Les charmes de son cœur…. En ce monde, tout passe,
» Et nos plaisirs pervers ne durent pas longtemps.
» Elle eut, comme la rose, un soleil de printemps,
» Et, comme elle, un rayon de fragile durée ;
» Astre qui s'est éteint sous la voûte azurée !…
» Un soir, l'amour la fit dormir le grand sommeil
» Et la mort a flétri ce visage vermeil… »

Mourir !… Oh ! non, jamais, mon étoile se lève,
Je veux vivre. J'ai vu, cette nuit, dans un rêve,
L'amant que je cherchais, pour lui donner mes jours.
Je le verrai demain, je l'aimerai toujours.
Je mettrai sous ses pieds : mon cœur, toute ma vie.
Je veux que devant moi, l'ange brûle d'envie,
Et que le Ciel pâlisse auprès de mon Ciel bleu.
Soucis, peines, chagrins, larmes, douleurs, adieu !
Ce jour tant convoité que mon esprit colore,
Le voici sur le char hésitant de l'aurore.

PENDANT

Le signal est donné : la lyre
A jeté ses premiers accents,
Déjà commence le délire
De mon esprit et de mes sens.

L'incarnat empourpre ma joue,
L'étincelle darde en mes yeux.
Échevelé, l'orchestre joue
La valse aux sons harmonieux.

Sur le parquet, la robe à traîne
Fait un bruit charmant de velours.
Les couples que l'archet entraîne,
En tourbillons tournent toujours.

La lumière met dans la glace
Un monde fuyant de clartés ;
La danseuse, quand elle passe,
Y mire sa svelte beauté.

Et le rouge corset de soie
Craque sous l'effort de la main ;
Le valseur frissonne de joie,
Quand on lui murmure : à demain.

Plus d'un pâle regard s'enflamme
Au doux frôlement des cheveux ;
Plus d'un blondin dit : « J'ai ton âme ;
» Voici la mienne, si tu veux.... »

Plus d'un baiser furtif se pose
Sur le satin si velouté.
Plus d'une lèvre fine et rose
Mord ardemment la nudité.

Et quand s'arrête la musique,
Quand se tarit le flot d'accords,
Le valseur tout mélancolique
Comme un coursier ronge son mors.

L'amateur de folle équipée
Joue le rôle de Don Juan ;
Puis, un solide coup d'épée
Sert d'épilogue à ce roman.

Soucieux, l'homme politique
Se gratte le front dans un coin,
Et rit du spectacle comique
Dont il est devenu témoin.

Les valets en tunique verte,
L'esprit méchant et l'œil moqueur,
Regardent par la porte ouverte
Le monde insolent et menteur.

Au pas réservé du quadrille
Succède la folle polka,
Le pied bondit et l'œil scintille
Pour la valse et la mazurka.

Le moët fait les faces rougies
Et les hommes un peu bavards,
De grandes tâches de bougie
Étoilent leurs dos de vieillards.

Sous les bosquets noyés par l'ombre,
Roméo chante son amour
A des Juliette sans nombre
Qui vont l'écouter jusqu'au jour.

Pendant que le Ciel plein d'étoiles
Fait un dôme de diamants,
Les belles qui n'ont plus de voiles
Boivent les baisers des amants.

Entre deux coupes de champagne,
Plus d'un doux serment est reçu ;
L'époux tremble pour sa compagne,
Et l'autre craint d'être aperçu.

La lune pâle les regarde
Avec son grand œil assoupi,
Et jette une clarté blafarde
Sur les amoureux décrépis.

Minuit! et l'attente me tue,
Pendant que l'huisier fat et sot,
Reste droit comme une statue,
Sans plus proférer un seul mot.

Il ne viendra pas... tous les charmes
Se sont évanouis. L'amour
Hélas! s'est envolé.... Mes larmes
Expient mon bonheur d'un jour.

A moi les fureurs de la danse,
A moi les baisers, les accents ;
Lorsque mon pied frappe en cadence,
A moi l'enivrement des sens.

A moi la volupté qui grise,
A moi l'ivresse, à moi le bruit,
A moi l'homme que l'on méprise,
A moi la honte qui le suit.

J'en mourrai peut-être !... qu'importe !
Le fruit est mûr pour le sillon,
La tombe est prête pour la morte
Qui ne vivait que d'un rayon.

APRÈS

Il est midi. Le jour est entré dans la chambre
    Où dort la femme en un lit moëlleux.
C'est un jour indécis et pâle de décembre
    Ne produisant que des rayons douteux.
Sur les tapis épars, dans un désordre étrange,
    Sont étendus les vêtements froissés :
La robe de satin, le manteau dont les franges
    Parlent encor de ses plaisirs passés.
Elle dort, sa poitrine à chaque instant se lève,
    Dans un soupir de désespoir rempli,
Son front est traversé par les ailes d'un rêve
    Qui sur la peau livide laisse un pli.
Sous la paupière, on sent passer un tas de choses :
    Doux souvenirs ou regrets superflus.
La main retient encor la couronne de roses
    Qui ne seront, comme elle, bientôt plus.
La levrette à ses pieds, de son regard humide,
    Craintive attend le réveil souhaité ;
Sous l'édredon de poulpe un griffon moins timide
    Gratte et se roule avec ténacité.

Le bras s'étend et cherche à saisir dans l'espace,
　　Je ne sais quoi dont l'ombre la poursuit;
Puis, il retombe inerte et froid, le frisson passe
　　Sur tout le corps, une larme reluit
Et glisse lentement tout le long de la joue;
　　La lèvre ébauche un sourire moqueur;
Sur ce front une main invisible secoue
　　Le froid rigide et lent de la torpeur.
La mort est là frappant cette âme empoisonnée.
　　Il ne vient pas celui qu'elle attendait,
Il ne vient pas sauver la pauvre abandonnée,
　　Le lendemain du bal qui la perdait.
Aussi dans ce cerveau tout un monde s'écroule :
　　Plaisirs, bonheurs, rêves, illusions,
Charmes inattendus qui lui venaient en foule;
　　Amour mettant en elle des rayons,
Bal dont elle espérait la volupté, l'extase;
　　Tout fuyait avec le dernier accord.
Et sa main défaillante avait saisi le vase
　　Pour y verser la liqueur de la mort.
Sur sa face bleuie, un suprême sourire
　　Illuminait tristement cet adieu
De la femme du monde et de l'ange en délire
　　Qui fuit la terre et s'en retourne à Dieu.

Gustave Hariet.

LE DEVOIR

DÉDIÉ A MON AMI LÉON MILLE

> L'homme de bien fait son devoir sans regarder autour de lui : Dieu et son âme sont les témoins dont il va mériter l'aveu.
> Marmontel.

I

Le Devoir! mot sacré, mot divin et sublime,
Qui toujours dans le cœur laisse un rayon de miel,
Qui seul, peut grandir l'homme, et lui fermant l'abîme,
Abaisse sous ses pieds les collines du Ciel.

Devoir! mot consolant, soleil qui de sa vie
Illumine toujours le bien sombre chemin;
Alimente la soif de son âme ravie,
Et puis, la mène à Dieu, d'ici-bas par la main.

Devoir! souffle puissant qui lui donne des ailes,
Et ravive toujours son généreux essor;
Ouvre devant ses pas des oasis nouvelles,
Pour qu'il puisse amasser de belles moissons d'or.

Mot saint, que le Sauveur au sommet du Calvaire,
Bénit, lorsqu'il mourût pour notre humanité;
Qu'il laissa dans les plis du glorieux suaire
Qui, sur sa tête, ouvrait son immortalité.

II

Qui dit : Je suis l'ami qui vient sécher les larmes,
De ce monde calmer les poignantes douleurs;
M'immoler chaque jour, et fiancer mes charmes,
Aux bienfaits, que toujours, je laisse au fond des cœurs.

Pour la terre, je suis la radieuse aurore,
Qui chasse au loin la nuit, donne le plus beau jour;
Je suis un doux soleil : je fais germer encore,
Dans les sillons des cœurs les fleurs du saint amour.

Je suis un chant divin qui ranime et console;
Un doux rayon d'espoir pour tous les malheureux;
Comme l'ange, mon front porte son auréole,
Et comme lui, je suis le messager des Cieux.

Dans les cœurs, ici-bas, je place la prière,
Pour la faire monter vers le trône de Dieu;
A l'univers entier je porte la lumière,
L'ardente charité, sur mes ailes de feu.

III

Je sais dire à celui que Dieu sacra poète :
Mon frère, prends ta lyre et fais-toi l'interprète
      De mes sublimes lois ;
Jette tes champs bénis aux échos de ce monde,
Dis à l'homme, que seul, de bonheur je l'inonde
      S'il écoute ma voix.

C'est moi seul, qui conduis vers la froide mansarde,
Près de ce moribond, ici-bas, resté seul,
La sœur de charité qui prie et puis le garde,
Qui demain le mettra dans son triste linceul.

Qui seule, partageant ses heures de souffrances,
Lui parle de pardon et puis de repentir ;
Dore sa dernière heure et verse l'espérance,
Dans le cœur de celui qu'elle aide à bien mourir.

Je conduis par la main le saint missionnaire,
Vers les glaces du Nord, à la terre de Feu !
Aux sauvages je peins le drame du Calvaire,
Et je gagne leurs cœurs à la cause de Dieu.

Dans celui du soldat au jour de nos batailles,
Quand le canon grondant sonne les funérailles,
De ses frères tombés sur le flanc du coteau,
Je place le doux nom, saint nom de la Patrie !...
Se levant aussitôt !! Vengeons-les !... il s'écrie !
Et tombe en embrassant son glorieux drapeau.

IV

A la femme, je dis : Sois l'ange tutélaire,
Sois l'étoile au front d'or pour ton charmant réduit.
— Femme ! par ton amour, comme un doux phare éclaire
Les pas du mâle époux que ta vertu conduit.

Je fais veiller la mère auprès de cette couche,
Ce berceau gracieux où dort son nouveau-né.
— Et la mère, plus tard, placera sur sa bouche
Le nom béni de Dieu, car Dieu seul l'a donné.

Je dis à l'ouvrier, à tous ceux en ce monde
Que je vois chaque jour rivés aux durs labeurs :
— Du bonheur, le travail est la mine féconde,
Et Dieu, sachez-le bien, bénira vos sueurs.

Au jeune adolescent : respecte ton vieux père,
Écoute les conseils que son cœur donnera.
— Jeune homme ! place-toi sous l'aile de ta mère
   Et Dieu te bénira !

Vers ce pauvre mendiant, moderne Bélisaire,
Brisé par la fatigue au bord du grand chemin,
J'accours, et soulageant à l'instant sa misère,
Pose, en le consolant, l'aumône dans sa main.

Puis, à tous les enfants de la famille humaine,
A tous ceux qu'ici-bas peut diviser la haine,
Je viens parler d'amour, de fraternel pardon !
— De la terre toujours l'hymne de l'harmonie
Remonte vers mon Dieu, la sagesse infinie,
   Qui m'en légua le don.

DENIS GINOUX.

Bouches-du-Rhône.

LE DEVOIR

O vous dont la fortune a dirigé les pas
Vers le pays des lacs et des monts helvétiques,
Entre tant de tableaux sublimes ou rustiques,
Des rives du Léman ne vous souvient-il pas ?

Ne vous souvient-il pas des chemins pleins d'ombrage
Qui par de longs détours que l'on suit sans effort,
Montent jusqu'à Lausanne en s'éloignant du bord?
Sur ce coteau charmant, regardant le rivage,
N'avez-vous pas compté les nombreuses villas?
Il semble, à leur aspect, que l'on est aux Antilles
Et que tous nos châteaux sont de sombres bastilles,
Des séjours sans soleil dont l'homme est bientôt las.
De beaucoup d'étrangers ce sont là les demeures;
C'est là que loin du bruit des révolutions,
On peut livrer son âme aux contemplations,
Et devant la nature oublier quelques heures :
Pouvoir faire deux parts du nombre de ses ans,
Donner l'une au travail, puis après la jeunesse
Venir en pareil lieu jouir de sa richesse,
C'est comprendre la vie et prouver du bon sens.

L'une de ces villas de superbe apparence
Est le séjour connu d'un Français exilé
Qui fut assez heureux pour être consolé
Par toutes les faveurs d'une belle alliance.
Il aimait sa patrie et pouvait y rentrer;
Mais il eut affligé sa nouvelle famille,
Surtout ses deux enfants : un garçon, une fille,
Qui nés aux bords du lac voulaient y demeurer.
Tout change avec le temps : les effets et les causes;
Paul (c'est le nom du fils et de notre héros)
Avait parmi les siens pris des goûts libéraux,
Et d'un pays esclave eut haï toutes choses :
C'était avec raison qu'il bénissait le Ciel
De l'avoir protégé du jour qui le vit naître,
D'ignorer le besoin trop souvent notre maître,
De n'avoir de sa lèvre approché que du miel.
Pourquoi tout ce bonheur, comme une pâle étoile,
Sans motif apparent sembla-t-il s'éclipser?
Pourquoi vit-on les fleurs de son teint s'effacer?
C'est là tout le secret qu'il faut que je dévoile.

Vous êtes, me dit-il, vers l'automne dernier,
Parmi tous les amis que nous avons en France,
Celui qui recevra le mieux ma confidence,
En ne me traitant point comme un fol écolier ;
Veuillez donc m'écouter, car je veux tout vous dire :
Le mal qui me rongeait dont je me sens guéri,
La santé qui revient dans mon être amaigri,
Et comment j'ai sur moi repris tout mon empire.
Puissiez-vous m'assurer qu'un pareil changement
N'exige pas de l'homme une raison meilleure ;
Qu'un projet plus mûri bien souvent n'est qu'un leurre,
Et que moins nous égare un noble sentiment.

Agité par la fièvre une des nuits dernières,
Je fis, dans mon sommeil, un rêve singulier,
Capable de troubler l'esprit d'un bachelier
Échappé de la veille au joug des étrivières ;
Un rêve qui hantant le cerveau d'un ancien,
Nous eût été conté comme un fait historique
Ayant servi jadis l'habile rhétorique
D'un orateur fameux auprès du plébéien.
A ce songe bizarre aujourd'hui je rends grâce :
Avant de l'avoir fait je souffrais en enfant ;
Depuis lors je suis homme et je vois triomphant
A mes pieds déliés se dérouler l'espace.
Non, je ne me sens point l'orgueil d'un esprit fort,
Et la voix que j'écoute en prouvant le contraire
Me laisse convaincu que je ne puis mieux faire :
Vous allez être juge et dire si j'ai tort.

Je crus en premier lieu voir une jeune fille
Se détacher de l'ombre et venir jusqu'à moi,
Comme une amante en peine, agissant malgré soi,
Trompant l'œil vigilant de toute sa famille.
Je reconnus d'abord la douceur de ses traits :
Elle avait à la fois la grâce et la faiblesse ;
Je la voyais sourire et plongé dans l'ivresse,
Je laissais mes regards détailler ses attraits.

La main sur mon épaule et sur mon front, penchée :
« Pourquoi, dit-elle, ami, veux-tu donc nous quitter ? »
Surpris, je fis un geste afin de protester,
Mais je m'arrêtai court croyant l'avoir fâchée.

« Dis-moi ce qu'il te manque ici pour être heureux ?
» N'as-tu pas, me dit-elle, avec sa voix si douce,
» Vu tes jours s'écouler sans la moindre secousse,
» Aux bords du plus beau lac, sous un Ciel généreux ?
» En vain tu chercheras pour contenter ta vue
» Dans un autre pays d'aussi limpides eaux,
» Ni bornant l'horizon ces splendides tableaux
» Terminés par des pics se perdant dans la nue.
» Tu vis tranquille, heureux : pourquoi chercher le bruit ?
» Ton esprit n'a-t-il pas tout ici pour se plaire ?
» Ton cœur, ton cœur lui-même, ah ! tu ne peux le taire,
» D'un nouveau sentiment auprès d'Emma s'instruit.
» Emma ! songes-y bien, prend plaisir à t'entendre ;
» Tu peux t'en montrer fier : jamais on n'a compté
» Plus d'aimables talents unis à la beauté,
» Et seul à cet amour, seul tu pourrais prétendre.
» Eh bien ! tu veux quitter ces gages de bonheur,
» Et pourquoi ?... Pauvre fou, tu crois à ta Patrie !
» A celle de ton père !... étrange théorie
» Qui t'arrache au pays, qui vit ton premier pleur.
» Que t'importe la France et cette loi stupide
» Prenant à ses vingt ans pour en faire un soldat,
» L'homme à peine assez fort pour vivre d'un état !
» Sois, pour ta liberté, non moins qu'un Suisse, avide. »

J'éprouvais les ardeurs d'un premier rendez-vous,
Et comme la sirène au milieu d'un sourire
S'éloignait en disant : « Adieu, je me retire, »
Je la pris dans mes bras en tombant à genoux.
Hélas ! tout ce beau corps que je voulais étreindre
Et qui semblait heureux de mon subit amour,
D'une ombre vaine avait l'impalpable contour :
Je le vis, tout-à-coup, s'affaisser et s'éteindre.

J'étais au désespoir et la main sur mes yeux,
Comme un homme qui veut bannir toute autre image,
Je demandais encore à revoir le visage
De cet être venu de l'enfer ou des Cieux.
Elle était là !... mais non : c'était une autre femme
Qui devant moi posée attendait gravement,
Que je fusse remis de mon égarement :
Jamais je n'avais vu pareille grande dame.
Elle avait tout l'éclat d'une rare beauté
Et me représentait la France allégorique ;
Je ne m'y trompais point, car son front héroïque
Laissait voir sa douleur sans perdre sa fierté.
— « Oh ! non, vous n'êtes pas la jeune enchanteresse
» Dont mes vœux évoquaient encore ici l'aspect ;
» Je sens, au lieu d'amour, la crainte et le respect,
» Et votre froid regard dissipe mon ivresse. »
Ainsi je lui parlai.

      — « Va, tu n'es qu'un ingrat,
» Me dit-elle aussitôt. Celle que tu regrettes
» Caressait de ton cœur les faiblesses secrètes
» Et dans ton égoïsme avait un avocat.
» Quel extrême plaisir tu prenais à l'entendre !
» Ma voix pour te parler de l'austère devoir,
» De l'honneur compromis ou perdu sans espoir,
» Ne sent pas le besoin de paraître aussi tendre.

» Ton premier jour a fui depuis vingt et un ans,
» Ton père était Français : connais ton origine ;
» Que tu sois né sur mer, au Nord, au Sud, en Chine,
» Ta Patrie est la sienne et tu lui dois un temps.
» Oui, tu peux conserver cette douce existence
» Qu'une langue perfide à l'instant rappelait,
» Tu peux dresser ta tente en tous lieux, s'il te plaît,
» Excepté sur un point : sur la terre de France.

» La France! objet d'envie, appât des nations,
» Ne doit plus succomber sous la force brutale ;
» Elle a pesé les mots d'une guerre fatale,
» Et ne veut pas périr faute de légions;
» Tu peux lui refuser ton bras qu'elle demande,
» Renoncer pour toujours à vivre sous ses lois ;
» Tu peux dire aux échos que tu restes Vaudois,
» Et n'être qu'à tes yeux Suisse de contrebande.
» Ta conscience est là t'apprêtant le mépris;
» Le remords, comme un ver, rongera ta pensée,
» Tu rougiras bientôt devant ta fiancée :
» Les lâches, tu le sais, sont à jamais flétris.
» Tu seras un heureux, peut-être, pour le monde :
» C'est ainsi que l'on juge un homme à son état;
» Mais étranger partout et Français renégat,
» Tu seras sans Patrie!... »
      Une terreur profonde
A ce mot me réveille et j'en rends grâce à Dieu;
J'entends le chant du coq : c'est la suite du rêve :
« Renégat! » dis-je encore... et vite je me lève
Avec l'intention de sortir de ce lieu.
C'était au point du jour. La brise matinale
Vint rafraîchir mon front embrasé par la nuit;
Je comprenais enfin — chaque jour nous instruit —
La valeur de ces mots : « Fibre nationale. »
Et comment méconnaître un avertissement
Que m'avait bien des fois donné ma conscience?
Qui peut mieux me guider? quelle vaine science
Oserait la combattre et prouver qu'elle ment!

. . . .

Cet hiver, par le froid, lorsque tombait la neige,
Près d'un fort du Jura, le voyageur passant,
Pouvait apercevoir sur le rocher glissant,
La sentinelle au guet, sans rien qui la protége;

Qu'il pense, en me lisant, que sa compassion
A, par mon jeune ami, peut-être été causée;
Mais cette servitude, à d'autres plus aisée,
N'a jamais rencontré plus de soumission.
Paul se sent soutenu par sa mâle énergie;
N'ayant aucun regret, croyant à l'avenir,
Autant qu'on le demande il est prêt à servir.
De son simple uniforme il subit la magie :
Qu'importe la souffrance! et peut-on s'émouvoir
Par le froid, la fatigue et tous les maux physiques,
Lorsque les sentiments les plus patriotiques,
Vous disent : « S'il le faut, meurs, mais fais ton devoir. »

Gein.

Mars 1874.

JEANNE D'ARC

In hoc signo vinces!

Le trône chancelait malgré l'effort suprême
Des preux, derniers fleurons du sombre diadème
Qui dérisoirement ornait le front royal.
La fleur de lis perdait sa blancheur éclatante
Sous le souffle glacé du baiser déloyal
    Des Judas, tige renaissante!...

Nul n'osait s'opposer au léopard sans frein;
Le sceptre s'échappait des mains du souverain,
La France allait périr, quand Jeanne, humble bergère,
Confiante en la voix de Dieu qui l'envoyait
Parut, se révélant au roi comme un mystère :
    — C'était un siècle où l'on croyait! —

Elle couvre son sein d'une armure légère
Et range sous les plis de sa blanche bannière

Princes et chevaliers. Sublime en son ardeur
Elle livre aux Anglais des combats pleins de gloire
Et trace avec son glaive, en ce jour de terreur,
    Une page sur notre histoire.

Le camp change d'aspect; les cœurs sont plus ardents,
Les fronts plus radieux, les Anglais... moins vaillants.
Orléans raffermit le trône qui chancelle
Et Jargeau, Beaugency le sceptre disputé;
Patay tombe au pouvoir de Jeanne-la-Pucelle,
    Reims confirme la royauté.

Sa mission finie, elle songe à son père,
Aux champs de Vaucouleurs. La gloire de la terre
Pour ce cœur chaste et pur n'a pas le moindre attrait.
Mais Charles, pour chasser Bedfort du territoire,
Implore son appui. Son étendard paraît....
    Il ombrage encor la victoire.

Le revers trop sanglant hélas! la suit soudain!
L'héroïne est blessée!... elle tombe!... et la main
D'un chevalier félon, honteusement la livre
Pour un vil monceau d'or aux Anglais éperdus....
Scène pleine d'horreur, scène qui fait revivre
    Celle où Judas vendit Jésus!

Elle n'est plus pour eux la sublime inspirée,
C'est la magicienne impudique, abhorrée,
— Qui succombe est toujours un objet de mépris! —
Par d'indignes Français l'affreux bûcher se dresse;
La flamme tourbillonne!... elle suspend les cris
    Du peuple inhumain qui se presse!

Le peuple aime toujours les spectacles navrants!
Il sert de cadre noir aux tableaux émouvants!
Il accourt, applaudit alors qu'il doit défendre
Et proteste, défend quand il doit acclamer!...
Le bûcher va bientôt n'être qu'un peu de cendre,
    La vierge va se consumer!

Elle pleure! elle prie.... Un nom dans sa prière,
Celui qu'on vit briller sur sa blanche bannière
Expire sur sa bouche avec son dernier cri,
Et ce nom qui jaillit d'un tourbillon de flammes
Éclairant l'horizon un instant assombri,
    Plane et monte au séjour des âmes.

— O Jeanne! douce enfant si terrible aux combats,
Toi qui rendis au roi sa couronne ici-bas,
Aux cris retentissants : « Montjoie et Notre-Dame, »
Il fallut à ta mort ce blasphème de feu,
Car les martyrs ravis recevant ta belle âme
    La transmirent plus pure à Dieu!

Et si du Ciel, alors que le Teuton farouche
Foulait, ensanglantait, le sarcasme à la bouche
Le sol où s'imprima jadis ton pied vainqueur,
Ta main eût déployé le Lubarum antique,
La France avec la foi retrouvant sa valeur
    Eût repris son nom historique!

ÉMILE AUZOLLE DE PORTEL.

RONDEAU

Sur mes pipeaux, Lisbeth, dans la verte prairie
Je chante mon amour et tes yeux bleus si beaux.
L'écho redit mon chant aux forêts, aux coteaux;
Au bocage le soir, la fauvette attendrie
Le gazouille tout bas parmi les verts rameaux;
Le ruisseau le murmure à la rive fleurie,
Et la brise le pleure à travers les roseaux.
Toi seule es sans pitié lorsque je te supplie
    Sur mes pipeaux.

Mais rien ne peut troubler ta sombre rêverie!
A qui donc penses-tu la nuit sous tes rideaux?
Est-ce à ce Fritz, mon rival? — Il promet des joyaux
Prends-garde! « sous la fleur le serpent se replie... »
Moi je t'offre mon cœur, des airs toujours nouveaux
        Sur mes pipeaux.

ÉMILE AUZOLLE DE PORTEL.

MARIE
ROMANCE
A MADEMOISELLE AUGUSTINE B***

Ainsi qu'on voit une fleur fraîche éclose,
S'épanouir au souffle du matin,
Sans nuls atours, plus belle que la rose,
Je vis Marie au front pur et serein :
Sa douce voix, son gracieux sourire,
A leur insu, semblaient faits pour charmer ;
Et sous leurs cils, ses yeux bleus semblaient dire
Qu'elle ignorait ce qu'on appelle aimer.

Hélas! je vis, d'une vaine parure,
Marie, un jour, emprunter l'ornement;
En beaux habits, changer son humble bure
Pour captiver un infidèle amant ;
Et je trouvais moins touchant son sourire,
Son front, moins pur, paraissait s'alarmer;
Et sous leurs cils, ses yeux bleus semblaient dire
Qu'elle savait ce qu'on appelle aimer!...

Puis, comme on voit une rose fanée
Courber sa tête au souffle froid du soir,
Je la revis, mais triste, désolée!...
Le cœur tout plein d'un affreux désespoir....

Cherchant en vain son gracieux sourire,
Sa douce voix, si bien faits pour charmer....
Sous leurs longs cils, ses yeux bleus semblaient dire :
« Je veux mourir... je ne puis plus aimer.... »

Petrus Barraud.

Isère.

L'ASCIATE OGNI SPERANZA

> ...Oh! bienheureux celui qu'on scie entre deux planches et qu'on écartelle à quatre chevaux! Sais-tu ce que c'est que ce supplice que vous font subir pendant les longues nuits, vos artères qui bouillonnent, votre cœur qui crève, votre tête qui rompt, vos dents qui mordent vos mains : tourmenteurs acharnés qui vous retournent sans relâche, comme sur un gril ardent, sur une pensée d'amour, de jalousie et de désespoir!...
> V. Hugo. (Notre-Dame de Paris.)

Charmants petits oiseaux qui sautez sur la branche,
Oh! vous êtes heureux! La tige qui se penche
Sous vos mignons efforts voit vos becs se chercher,
Vos ailes remuer et vos yeux se sourire :
Tout vous est joie, ivresse, et l'indiscret Zéphire
Connaît le joli coin où vous allez nicher.

Fleurs qui vous balancez sur vos tiges coquettes
Dans le jardin, au bois, vous êtes satisfaites,
Vous aussi vous aimez... et la brise qui bruit
Harmonieuse autour de vous, ses préférées,
A vu combien de fois vos lèvres parfumées
S'entr'ouvrir et s'unir dans une seule nuit.

Papillons qui volez dans les vastes prairies,
Sur les noirs peupliers et les herbes fleuries,

Dans les champs et le long des ruisseaux azurés,
Oh! vous êtes heureux! Vous allez dans l'espace
Libres et deux à deux : l'hirondelle qui passe
Voit vos ébats joyeux et vos amours dorés.

Beaux couples qui fuyez vers des plages lointaines,
Oh! vous êtes heureux! Vos âmes toutes pleines
S'épancheront bien mieux sous un plus joli Ciel.
Devant la mer immense, en haut de la falaise
Ou sur la grève unie, on se sent plus à l'aise,
On te trouve meilleur, amour, ô divin miel.

Aimez-vous, tout est fait dans la belle nature
Pour aimer, être aimé : le ruisseau qui susurre
Aime le blanc caillou qui tapisse son lit ;
Les insectes, les fleurs et les arbustes même,
Tout soupire, tout cherche à se donner, tout aime ;
L'amour, ce don du Ciel, purifie, ennoblit....

. . . .

Moi j'aime comme vous, j'ai comme vous une âme
Qu'assiégent des pensers, des soupirs, qu'une flamme
Et des désirs ardents consument tout le jour ;
Comme vous j'ai le cœur du soir jusqu'à l'aurore
Plus brûlant qu'un brasier... mais moins heureux j'adore
Un ange qui ne peut me rendre mon amour....

. . . .

Comprenez-vous, aimer sans degrés, sans mesure,
Aimer jusqu'au délire, avoir une blessure
Toujours saignante en soi, sentir son pauvre cœur
Battre jusqu'à tout rompre et voir dans ses artères
Son sang courir bouillant, comme aux flancs des cratères
La lave bleue, objet de crainte et de douleur?

Comprenez-vous, souffrir sans repos et sans trêve,
Ne voir qu'elle partout, le jour, la nuit en rêve,

Toujours elle, jolie à damner même un saint,
Elle sans cesse avec sa tête belle et fière,
Sa taille de déesse et sa douce paupière,
Avec son pied mignon et sa lascive main?

Comprenez-vous crier, se tordre sur sa couche,
A force de souffrir, en songeant à sa bouche,
Dont un baiser ferait cesser tant de sanglots,
A sa gorge de neige, à son sein que caresse
Sa chemise aux plis doux, quand un soupir l'oppresse,
A ses cheveux soyeux qui s'épandent à flots?

Songer qu'on donnerait pour baiser ce pied rose,
Ce qu'on a de plus cher, sa vie à peine éclose,
Ses aspirations, son riant avenir ;
Que pour voir un instant, une seconde à peine,
Ce sein nu, pour sentir cette suave haleine,
On n'hésiterait pas à se faire martyr?...

. . . .
Et songer que ce corps tout entier, que ces charmes
Dont l'image seule est une source de larmes,
Sont à quelqu'un pourtant, à quelqu'un comme nous,
Que ce n'est pas un Dieu qui possède cet être,
Que l'ange dont cet homme est le souverain maître
Est peut-être pour lui fade... comprenez-vous?...

A. D.

PENSÉES

La mort est l'apothéose de notre mémoire.
Toujours du bonheur n'est pas du bonheur.
Qui ne sait souffrir est ennemi de soi-même.
Être franc c'est être libre.

Le courtisan est le plus ambitieux des mendiants.

L'esprit est au cœur ce que la raison est à la matière.

Un mot d'indulgence pour autrui devient un éloquent plaidoyer pour nous.

L'homme n'est grand que par la pensée, il n'est rien s'il ne pense.

Une idée est un météore dans l'univers.

Le plagiaire publie son insuffisance.

L'égoïste est sa famille et son peuple.

Vouloir faire de l'esprit c'est montrer qu'on est sot.

La sottise d'un homme est en raison directe de son outrecuidance.

L'or ne saurait combler le vide de notre esprit.

F. BRUNET.

ÉBLOUISSEMENT

DÉDIÉ A ALPHONSE DE LAMARTINE

> Que sont la pourpre et l'or à qui descend à peine
> Des palais rayonnants des Cieux.
> LAMARTINE.

Viens près de moi, bel ange à l'aile diaphane,
Chef-d'œuvre éblouissant de la création,
Que l'on craint de souiller d'un regard trop profane
Et répands dans mon cœur ton inspiration.

Tu me diras des chants dignes de ton génie,
Tu viendras m'enivrer de célestes accords ;
Et, rempli de ta sainte et divine harmonie,
Je me croirai déjà ravi sur d'autres bords.

Qu'ils sont doux tes accents ! Dans mon âme éplorée
Ils font naître l'espoir. Quand je te sens venir
Je tressaille, et mon cœur par delà l'empyrée
Voit dans un rêve pur se dorer l'avenir.

Le Ciel ouvre pour moi ses portes de porphyre
Et je plonge un regard dans le séjour des dieux ;
Sur un trône d'azur tu fais vibrer ta lyre
Dont l'ivresse s'exhale en sons mélodieux.

Soudain tu prends ton vol et planant dans l'espace,
Tu diriges ta course au-delà du soleil ;
Mon œil suit en tremblant ta lumineuse trace
Et craint de voir finir ce rêve si vermeil.

Lorsque je vois flotter au souffle du zéphire
Ta robe aux plis soyeux, ta chevelure d'or,
Que j'aime sur ta lèvre à surprendre un sourire,
Ou bien un mot d'amour plus précieux encor.

Tu descends jusqu'à moi. Ton haleine embaumée
M'enivre de parfums d'ambroisie et de miel ;
A ton souffle divin, mon âme ranimée
Se détachant du monde, aspire vers le Ciel.

Tu m'attires vers toi dans la céleste sphère,
Je m'élance et je suis ton vol audacieux ;
Mais ton bras punissant mon ardeur téméraire
Entr'ouvre sous mes pas des gouffres ténébreux.

Je descends de la nue et roule dans l'abîme
Pendant que tu gravis les sublimes sommets,
Et que ton vol constant vers l'éternelle cime
Me font désespérer de t'atteindre jamais.

Car je descends toujours !... mais mon âme ravie
Peut te suivre de loin dans ton vol triomphal,
Et savourer encor les parfums d'ambroisie
Qui s'échappent à flots de ton sein virginal.

Bientôt je n'entends plus que le bruit de ton aile
Et les échos lointains de célestes concerts ;
Mon cœur est replongé dans la nuit éternelle ;
Seul un pâle rayon illumine les airs.

Le monde est sous mes pieds, enveloppé d'un voile,
Pourtant le roi du jour épanche sa clarté ;
Mais ses feux brillent moins que la plus humble étoile
Des ombres de la nuit perçant l'obscurité.

Mon regard ébloui par l'ange de lumière
N'aperçoit plus l'éclat de l'astre radieux....
Soudain tout disparaît... je m'éveille... et la terre
Vient remplacer pour moi le doux rêve des Cieux.

ENVOI

Cet ange, Lamartine, est ton divin génie,
Plus brillant que l'éclair, plus doux que l'hydromel,
Et dont les chants ne sont que sublime harmonie
Qu'ils célèbrent l'amour, la nature ou le Ciel.

GUSTAVE POLLET.

Belgique.

A MA MÈRE

A VICTOR HUGO

Je suis jeune, j'arrive.
ALFRED DE MUSSET.

Quand autour de ton deuil tes fils pleurent, ô France !
Et cherchent à calmer ton amère souffrance,
Il s'en trouve parmi, de privilégiés,
Qui, l'auréole au front, se sont réfugiés
Dans le sein d'une femme aux larmes d'ambroisie,
Sœur de la Liberté : l'ardente poésie !
Tous ajoutant alors une corde d'airain
Au luth qu'ils font vibrer dans un chant souverain,
Ils maudissent les rois dont le pied t'a meurtrie
O mère bien-aimée, ô ma noble Patrie !
Ils poussent devant eux le vaisseau du progrès,
Dont l'ignorance en vain veut briser les agrès,

Et chassant dans la nuit des ténèbres trop lourdes,
Ils vont à la lumière... et d'autres vont à Lourdes!...

Pour ta douleur sanglante ils ont le mot d'espoir :
« L'aurore doit venir après le sombre soir,
» Et, comme le soleil brillant après l'orage,
» Une lueur de paix doit suivre le carnage.
» Le doux printemps renaît quand l'hiver est passé
» Et la rose fleurit où dort un trépassé.
» Le cyprès meurt un jour, disparaît et s'efface,
» Tandis que reverdit le fier laurier d'en face,
» Dont l'emblème sacré victorieux décor,
» Est plus cher aux guerriers que des couronnes d'or! »

En te parlant ainsi, France, tes fiers poètes
Se font rénovateurs, et modernes prophètes.
Sur tes fautes pleurant et sur tes châtiments,
Ils ont pour l'avenir de purs rayonnements.
Ils font pâlir les rois, ces colosses d'argile,
Qui devant le danger filent d'un pied agile,
Non sans avoir pourtant pillé le coffre-fort
Et longtemps prétendu que la loi du plus fort
Est toujours la meilleure exerçant cette thèse
Dans le sang de leur peuple et voulant qu'il se taise;
Mais le poète, lui, dans ses strophes d'airain,
Ne reconnaît qu'un roi le peuple souverain,
Et par l'effet puissant de ses fougueuses rimes
Brise des chaînes comme au frottement des limes.
Pour le riche et le pauvre il veut la liberté,
Ne parle à chacun d'eux que de fraternité,
Et bénissant déjà le progrès qui va naître,
Que tout homme de cœur ne saurait méconnaître
Sans couvrir sa vertu d'un ignoble éteignoir.
Il trace en mots de feu le sublime Devoir!...
Des rayons de sa lyre il éclaire le monde,
Il fait loucher la nuit, et l'ignorance immonde;

Il ne veut point d'un cierge, il lui faut un flambeau,
Le premier sent par trop le suif et le bedeau;
Sa tremblante fierté du fait peu coutumière
Serait l'ombre voulant éclairer la lumière!...

O mère bien-aimée, ô France mes amours!
Aux flancs ensanglantés par d'ignobles vautours;
Avec toi j'ai pleuré sur tes malheurs sans nombre,
En voyant ta fierté sombrer dans la pénombre
Et dans des flots de sang disparaître l'espoir,
Comme l'orbe au front d'or sous la brume du soir!
Quand je vis de tes fils la géante hécatombe,
Tes siècles de grandeurs comme un astre qui tombe
S'évanouir devant les Teutons inhumains,
Menaçant ta poitrine et te liant les mains,
Te volant ton argent, t'arrachant la Lorraine,
Germanisant l'Alsace avec toute sa haine,
Pour ces soldats vainqueurs par les bombardements,
Les lâches trahisons et les égorgements!...

Je crus, ô mon pays, qu'après ce long carnage,
Ce noir effondrement, ce monstrueux naufrage,
Cesseraient tes malheurs et le lugubre affront,
Qui devant le Germain te fit baisser le front.
Mais non, après l'horreur, l'on vit la chose vile....
Paris se tord sanglant sous la guerre civile,
Et frère contre frère on fabrique des morts!
O ma mère, tes fils s'égorgent sans remords!
En brisant la colonne on renverse nos gloires;
Qu'importe l'empereur! mais ce sont nos victoires
Que vous effacez là, que vous foulez aux piés,
En voulant contenter vos cerveaux estropiés!
Vous incendiez le Louvre et la bibliothèque?
Mais, hélas! la folie a sur vous hypothèque!
Vous êtes donc hideux pour dégrader le beau?
Insensés! qui brûlez le livre, pur flambeau,
Vous êtes donc la nuit pour chasser la lumière!...

Et ces mots s'ajoutant à ma douleur première :
Quand je vis les Germains, ces sinistres corbeaux,
Contempler tes enfants, devenir tes bourreaux
O France, et t'abreuver de haines dissidentes,
Je levai vers le Ciel mes prunelles ardentes,
Et croyant qu'à ta gloire il fallait dire adieu
Et pleurer sur ta mort, je dis : où donc est Dieu?

. . . .

O France, me veux-tu pour un de tes poètes,
Ces défenseurs du droit, pacifiques athlètes,
Préparant l'avenir, éclairant le chemin
Un nimbe ardent au front, une lyre à la main ;
Relevant de l'égout la stupide ignorance,
Et n'ayant tous qu'un but : régénérer la France?...
Mais quoi, quel est mon titre à ce noble destin?
Ai-je pour m'éclairer l'étoile du matin?
Pourrai-je dire à tous l'invincible pensée
Comme un pur diamant dans mon âme enchâssée?
Et l'inspiration illuminant mon front
Et réchauffant mon cœur de son souffle profond,
Dans la nuit noire et froide, en la longue insomnie,
Sur moi posera-t-elle un rayon de génie?
Ma voix causera-t-elle un indicible émoi,
Ou bien se détournant se rira-t-on de moi?

Gaston d'Orival.

HYMNE MAÇONNIQUE
POUR L'INAUGURATION D'UN TEMPLE

Amour, justice, liberté,
Qu'en son cœur le sage contemple,
Vivifiez l'humanité
Et resplendissez dans ce temple.

Que vos rayons éblouissants,
Ainsi que de célestes flammes,
Par le cœur épurant les sens,
Portent la vertu dans nos âmes !

Foyer de la fraternité,
Que ta lumière nous révèle,
Dans toute sa limpidité,
Dieu, qui créa l'âme immortelle !...

Travail, de l'homme rédempteur,
Toi que féconde la science,
Que ton génie inspirateur
Éclaire notre conscience !...

Mère des plus nobles vertus,
Fortifiante tempérance,
Relève nos cœurs abattus,
Nos cœurs relèveront la France !

Patriotisme au bras vengeur,
Tu vois notre mère meurtrie :
Allume, allume en notre cœur
L'amour sacré de la Patrie !!!

J. MERCADIER.

Pyrénées-Orientales.

L'ANNIVERSAIRE

Un an !... Quand le regard attendri de ton père
Pour la première fois, enfant, te contempla,
Quand le premier baiser des lèvres d'une mère
    Sur ton front d'ange s'imprima,

C'était le quinze mai! Cette date bénie
Est écrite en mon cœur comme en mon souvenir;
N'étais-tu pas pour moi, fils de ma douce amie,
    Un être de plus à chérir?

Aussi, bien loin de toi, sans que tu me connaisses,
Souvent, pour ton bonheur, cher enfant, j'ai prié.
Si je ne puis avoir ma part de tes caresses,
    Je ne t'ai jamais oublié.

Sur tes précieux jours la tendresse qui veille
De la vie aplanit sur tes pas le chemin.
Tout sourit à tes yeux, et tu trouves la veille
    Douce comme le lendemain.

Que les ans qui suivront cette première année
Ne t'apportent jamais ni souci ni douleur;
Que Dieu te donne heureuse et pure destinée :
    Enfant, c'est le vœu de mon cœur!

MARIE MASSE.

A M. VICTOR HUGO

SUR LA MORT DE SON FILS FRANÇOIS, DÉCÉDÉ EN DÉCEMBRE 1873

Père aussi malheureux que sublime poète,
La foudre toujours gronde au-dessus de ta tête;
La tempête mugit et le vent furieux,
Sur ce qui te fut cher souffle du haut des Cieux.
Ah! plus fort est le coup, plus l'épreuve est terrible,
Plus ta grande âme aussi doit rester invincible.
Certes, je ne veux point, ô poète divin,
De tes longues douleurs parcourir le chemin;
Mais permets néanmoins qu'à la douleur d'un père,
Je joigne les accents d'une sainte prière :

C'était Charles hier, aujourd'hui c'est François,
Qui de l'humanité subit les dures lois.
Et deux ans ont suffi pour ravir à la terre,
Deux trésors précieux, deux rayons de lumière.
La coupe de tes jours, poète élu du Ciel,
Contient trop, je le sais, et d'absinthe et de fiel.
Mais je sais bien encor que l'homme de génie,
Ne compte ses instants que par son agonie.
Ici-bas, nous marchons courbés sous la douleur,
Et tes enfants là-haut goûtent le vrai bonheur.
Ils sont dès maintenant à l'abri de l'orage,
Du céleste Océan ils ont touché la plage.
Et lorsque nous voguons, ignorant notre sort,
Ils savourent déjà les délices du port.

Louis Mouriès,
Membre d'honneur des Concours poétiques, Membre
des Concours littéraires de Bordeaux.

A Mme LUCQUET

Ne pleures pas, ma tourterelle,
Je braverai l'adversité ;
Et reviendrai ramier fidèle,
Au colombier frapper de l'aile,
    Un jour d'été.

Je pars, je suis ma destinée,
Je reviendrai, j'en ai l'espoir,
Comme à sa fleur est ramenée,
L'abeille, qu'avait entraînée
    Le vent du soir.

Vois, l'hirondelle ingénieuse,
S'enfuit quand l'air se refroidit.
Après l'hiver, la voyageuse
Retourne, d'une aile joyeuse,
    Trouver son nid.

Ah! puisque je m'en vais comme elle,
Comme elle aussi, je reviendrai.
Ne pleures pas, ma toute belle,
Je te fus fidèle... Fidèle
   Je resterai.

HIPPOLYTE LUCQUET.

Algérie.

DAVID, ASAPH, HEMAN
ÉGLOGUE SACRÉE

Si canimus sylvas sylvæ sint Numine dignæ.

Vous dont le temple entend la voix, vous dont les chants (ô souvenir agréable à mon âme!) réjouissaient les habitants des Cieux, quand l'arche triomphante s'avançait sur vos pas, Asaph, Heman approchez, et dans ce jour d'allégresse universelle, charmez-nous dans mon palais. A vos nobles accents j'unirai les accords de ma lyre; dites les siècles miraculeux de nos pères; dites la puissance et la gloire de Dieu !

Ainsi parlait David; vainqueur du roi de Syrie dont il avait humilié l'orgueil, il célébrait sa victoire par un banquet splendide. Les princes les plus illustres de l'Orient, tous les grands d'Israël se trouvaient rassemblés à sa cour.

Les femmes et les filles les plus distinguées de Jérusalem rehaussaient de leur brillante parure l'éclat pompeux de cette fête. Tous les cœurs enivrés des plus douces émotions savouraient déjà les concerts les plus ravissants.

Asaph et Heman, d'un air respectueux, s'inclinent devant le roi; ils préludent à leurs chants, ils commencent....

L'Éternel a parlé; le néant fuit, l'univers paraît. Des sphères innombrables, éruptions lumineuses des vêtements de Jéhovah, se suspendent dans l'espace, l'inondent de leurs feux. Pleines des transports d'une joie unanime, elles crient à l'Éternel : « *Nous voici! Nous mar-* » *chons dans notre force et dans notre harmonie!* »

Les ondes s'amoncellent sous les voûtes enflammées du Ciel, elles s'étendent sur les rivages de la terre, elles s'élèvent en montagnes écumantes.

Éden, aimable et doux séjour, leur imagination t'embellit des couleurs les plus vives. On entendait le murmure de tes fontaines. On voyait tes flots argentés rouler sur un sable d'or, dans un lit d'émeraudes ; tes arbres couronnés de fleurs, pliant du poids de leurs fruits, dessinaient sous leurs ponts de verdure le contour de tes rives. A l'ombre d'un feuillage odorant, une poussière rougeâtre, pénétrée du souffle de la Divinité, saisit au même instant l'âme, l'esprit, la vie, élève son front vers le Ciel et règne sur la nature. Éden a fui ; le père des humains, lancé dans un jeune univers, vierge de crimes, y retrouve un nouveau soleil, de nouvelles délices ; là, Dieu s'abaissait jusqu'à lui ; là, les anges associaient leurs divines harpes aux entretiens des mortels. L'audacieux Jubal surprit, étudia leurs célestes accords, et le premier il évoqua des sons de la fibre muette.

Moins sublimes, mais plus touchants, ils déplorèrent le funeste trépas d'Abel : « Abel, n'emmène point tes trou- » peaux dans la prairie ; demeure auprès de nous. La na- » ture entière a pressenti, annoncé ta ruine, ah ! demeure. » Abel ! tu seras le premier le tribut de la mort. Ton frère, » ton barbare frère... il est ton assassin. De cet épais buis- » son il t'épie.... Abel, Abel, demeure. » Mais, déjà, mêlé aux parfums des plantes qu'il a rougies, son sang monte et crie vers l'Éternel. La terre, les Cieux gémissent ; l'Éternel, rompant sa mystérieuse obscurité, interroge Caïn : Caïn, qu'est devenu ton frère ? Perfide, tes mains l'ont égorgé ! Ah ! pourquoi créer l'homme ? Il dit : et le désespoir emporte le meurtrier. Séraphins, esprits célestes, vous pleurâtes longtemps le trépas d'Abel. Abel était le bien-aimé d'Adam, l'élu de Dieu, et la noire envie épuisait pour cela ses traits sur lui. — Ils dirent ensuite la tempérance des patriarches ; heureux vieillards, les années s'accumulaient sur leurs têtes ; ils buvaient dans l'onde la sève de la vie ; vivant dans le présent pour un long avenir, ils se nourrissaient d'herbes, de racines grossières, et ils héritaient d'un travail mesuré une vigueur inépuisable.

La pureté de ces mœurs simples s'altère insensiblement. La corruption pénètre dans les siècles, elle marche et grandit avec eux ; les fleuves de l'éternité tombent sur la terre coupable, étouffent sous leurs ondes les iniquités de l'univers. Débris innocents d'une famille innombrable, huit justes voguent seuls sur les flots régénérateurs. Noé offre à Dieu ses hécatombes ; Dieu lui promet solennellement de ne plus détruire le genre humain : et l'arc pacifique, signe des miséricordes éternelles, courbe dans les Cieux ses brillantes couleurs.

Que de merveilles célébrèrent encore Asaph et Heman ! Mais quel génie redirait comme eux le phare de Babel, ce monument ambitieux qui, aspirant à monter jusqu'aux nues, croule tout à coup par la confusion des langues ; l'apparition des anges à Abraham, vers le milieu du jour ; le champêtre repas qu'ils partagent avec lui, à l'ombre d'un vieux chêne dans la vallée de Mambré ; la prédiction d'un fils à Sara, son sourire, son incrédulité, les reproches des anges ; l'histoire d'Isaac ; l'amour de Jacob et de Rachel ; la tendre amitié de Joseph et de Benjamin.

Puissamment émus de ces antiques souvenirs, Asaph et Heman, dont les accents retentissaient comme un temple, entonnèrent ensuite l'hymne des grandeurs de Dieu.

ASAPH

O mes chants, ô ma harpe, exaltez l'Éternel ! Quelle voix suffirait à redire ses miséricordes et l'étendue de ses bontés ? Nations palpitez d'allégresse, proclamez ses bienfaits !

HEMAN

Exaltez et louez le Seigneur dans vos chants et sur vos

harpes! Quelle voix suffirait à redire ses prodiges? Que la nature entière élève ses accords et loue l'Éternel!

ASAPH

Mondes brûlants,
Mers, vastes champs,
Célestes cimes,
De cris joyeux
Frappez les Cieux.
Grondez, abîmes,
De l'Éternel
Dieu d'Israël,
De sa puissance,
De sa grandeur,
Votre inconstance,
Votre fureur,
Sont le présage,
L'hymne et l'hommage.

La douce tour
De la Patrie,
L'âme et la vie
Sur son contour
Mal asservie,
Tremblait; dans l'air,
Heurtant l'éclair,
Rompant la foudre,
Son noble front
Rapide et prompt,
Réduit en poudre,
Devait, hélas!
Près du naufrage,
De ses éclats
Lançant l'orage,
Semer les champs,
A ses enfants.

            Tristes et sombres,
            Mille terreurs
            Jusqu'en leurs cœurs
            Soufflaient leurs ombres;
            Mais du cercueil
            Trompant l'attente,
            Belle d'orgueil,
            Sion riante,
            Prend son essor,
            Et rayonnante
            Domine encor.
     Dieu de bonté, Dieu de justice,
      Dieu toujours à nos vœux propice,
Tu n'as point de Jacob, abjuré les enfants,
Ni voué la colombe, aux vautours dévorants.

HEMAN

Moria, Liban, montagnes sacrées, proclamez la puissance du Seigneur; il veut, tout obéit. Il a dit à l'éclair, à l'orage, à la foudre : volez, tonnez, frappez... et l'impie est détruit.

ASAPH

La gaîté rit, éclate sur nos traits; la gloire anime notre voix. Qu'ils sont grands, ô Seigneur, les prodiges enfantés pour Jacob; tes bienfaits ont fatigué sa reconnaissance; nous tressaillons, nos cris d'allégresse fendent les Cieux, car l'Éternel habite parmi nous. Notre mur, c'est le Dieu dont le monde est l'ouvrage; il fortifie nos pas tremblants, et sur les bords du précipice il nous crie : n'avancez pas. Oui, le Dieu qui veille sur nos ans, veille toujours infatigable.

HEMAN

Seigneur, sans toi, sans ton appui, quand des rois insolents ont menacé nos jours, tristes jouets de leurs fureurs, nous succomberions, et frappés dans notre existence, le gouffre de la nuit s'abîmerait sur nous. Mais tel, déchirant les lacs de l'oiseleur avide, l'oiseau fuit, tel, rompant les piéges d'un barbare, Jacob a ressaisi sa douce liberté. Gloire, hommage au Très Haut.

ASAPH

Il ceint les Cieux de nues bienfaisantes, il fertilise la terre, il féconde les monts. Tels que les cèdres du Liban ou les colonnes de nos palais, nos enfants s'élèvent. L'abondance inonde nos greniers, et, dans nos cités opulentes, jamais la voix de la misère n'importune nos oreilles. O bonheur connu d'Israël seul ! Heureux le peuple que Dieu bénit ainsi.

HEMAN

Annoncez la magnificence de l'Éternel parmi les idolâtres, publiez ses merveilles au milieu des nations ! Dieux étrangers, dieux imposteurs, ouvrages fantastiques de l'industrie des mortels, vous n'êtes que poudre et que corruption. Vos oreilles, vos yeux, votre bouche, ne savent ni entendre, ni voir, ni parler ; de quel secours seriez-vous aux humains ? Tel fut notre Dieu dans sa haute éternité ; tel il paraît dans le temps, tel il restera dans son éternelle éternité. Ah ! rappelons-nous les prodiges opérés pour Israël : « Je te donnerai, lui dit-il, la terre de Cha-
» naan. » Il tint sa promesse, et Israël vécut heureux. « Gardez-vous de profaner d'une main téméraire les élus
» que l'onction sainte m'a consacrés ; je les ai choisis, ils
» m'appartiennent. » Il dit : enfants d'Israël, exaltez le Seigneur.

ASAPH

Du roi des dieux proclamez la grandeur et la miséricorde. Son bras suspendit dans les Cieux la sphère du jour, le globe de la nuit. Il frappa les premiers nés des Égyptiens ; il affranchit Israël de la servitude ; il tarit la mer rouge ; son peuple triomphe en fuyant, et Pharaon, ses chars, ses soldats foudroyés sur les flots descendent dans l'abîme tels qu'une masse de plomb.

Il extermina de puissants rois, Sehon, roi des Amorréhens; le gigantesque Og, Og roi de Basan, et il livra leurs héritages à Israël, son serviteur. Éternel dans ses miséricordes, il émousse les traits de nos ennemis, c'est par lui que notre roi règne, c'est par lui qu'il triomphe aujourd'hui; grâces, hommages à l'Éternel.

HEMAN

Mers, montagnes, abîmes, exaltez le Seigneur! Sphères étincelantes, astres des nuits, intelligences divines, exaltez le Seigneur!

ASAPH

Justes d'Israël, confiez-vous en Dieu, espérez tout de lui! Quand même une langueur dévorante consumerait votre vie et brûlerait vos os, implorez l'appui du Seigneur; abandonnez-vous à sa providence, espérez tout de lui.

HEMAN

Peuples, nations, exaltez les œuvres et la puissance du Seigneur! Que les chants de la nature entière montent vers l'Éternel.

H^{te} TOPIN.

LA FRANCE EN DEUIL

France! reine des temps passés,
Ton manteau recouvrait la terre....
Hélas! sur les morts entassés,
Maintenant tu pleures, ma mère!

Le Ciel d'une longue clameur
Retentit comme d'un blasphème!
Ce sont les peuples en fureur
Foulant aux pieds ton diadème!

« Oui, qu'elle soit dans son cercueil
» Pour les siècles ensevelie !
» Qu'elle tombe dans son orgueil
» Comme au chemin l'herbe flétrie ! »

Ainsi rugissaient nos vainqueurs
Et tu les écoutais, pensive,
Du Ciel se dire les vengeurs,
Comme montait l'hymne plaintive.

Dans la plaine l'hymne des morts,
L'hymne du sang, de la vengeance,
Le chant des guerriers et des forts,
Le joyeux cri de l'espérance !

O France ! quand paraît le soir
Je laisse ma triste pensée
Refléter, fidèle miroir,
Ta gloire, ta splendeur passée.

Et mon cœur malheureux et seul
Dans les ténèbres, le silence,
Sent, comme les plis d'un linceul,
Retomber sur lui l'ombre immense.

Rien ne paraît dans cette nuit,
Rien ! seule tu passes dans l'ombre,
Pareille au fantôme qui fuit
Avec sa face pâle et sombre.

Après tes revers, tes malheurs,
O mon pays, ô chère France !
Je ne connaîtrai plus les fleurs,
Ni le plaisir, ni l'espérance !

Ah ! si déjà près du cercueil
Il faut te contempler mourante,
Et jeter des voiles de deuil
Sur ta grande face expirante,

Je me suspends à ce tombeau,
Comme le gui s'attache au chêne,
Et comme la mousse au rameau,
Pour ne jamais rompre ma chaîne.

Que les siècles passent sur nous !
Qu'une même cendre nous couvre,
Et que les peuples à genoux
Disent : ici l'abîme s'ouvre !

Quand la liberté sainte dort,
Pauvres enfants ! oui, c'est l'abîme,
Et l'empire passe à la mort
Où la vertu fait place au crime.

MARIE DU TAUZIN.

Gironde.

L'UNE OU LES AUTRES
HISTORIETTE

Certain jeune homme de province
Désirait beaucoup s'établir,
Son pécule était assez mince,
Il souhaitait fort l'arrondir.
Il se disait : je n'ai point de fortune,
  Mais mon physique est séducteur ;
Quand le diable y serait j'en trouverai quelqu'une
  A qui je percerai le cœur.
De tous ses picaillons gonflant alors sa bourse,
  Pour paraître plus reluisant,
  Le voilà qui se met en course,
  Tel qu'un astre resplendissant
  Il avise une maison riche
  Où l'on comptait jusqu'à quatre tendrons.
Était-ce en Angleterre, en Espagne, en Autriche ?
Peut-être était-ce en France et dans nos environs.

La première, Aglaé, parfaitement nommée,
    Comptait déjà vingt-deux printemps;
  Pour sa laideur elle était renommée,
Mais grâce à sa dot avait des prétendants.
Cinquante mille écus, l'annonce en était faite,
Le jour du mariage étaient prêts à livrer;
On peut avec cela ne pas être parfaite,
    Et ne jamais désespérer.
La seconde, Clara, de deux ans plus jeunette,
    Était plus jolie et mieux faite;
    Pour parler plus exactement,
Nous dirons qu'elle était moins mal sensiblement.
La troisième, Betsi, dont les jeunes années
Pouvaient par deux fois neuf être déterminées,
Était ce qu'on appelle une personne bien;
    Il ne lui manquait presque rien :
    Fraîche, dodue et gracieuse,
    C'était de plus une rieuse,
Trouvant de plaisanter toujours quelque moyen.
La dernière, Marie, était tout adorable;
C'était une beauté comme l'on en voit peu;
    Seize ans était son âge aimable,
Mais qui déjà suffit pour mettre un homme en feu.

    Notre amateur à la vue assez bonne;
    Donc il se dit, voyant le quatuor :
    Je veux avoir cette belle personne;
    Demandons-la, quoique bien jeune encor.
Il met son habit noir, et d'un air de conquête,
    A ce père il va présenter sa requête.
— Comment, c'est mon Culot que vous me demandez?
    Cela semble extraordinaire.
— Je cherche mon bonheur, et vous pouvez le faire :
Je serai trop heureux si vous me l'accordez.
    — Mon cher, elle est trop jeune encore,
    Nous ne devons pas y penser.

— Ah! Monsieur, c'est que je l'adore!
— D'elle il faut pourtant vous passer.
Il ne serait pas convenable
De commencer par elle un établissement,
Et notre arrêt irrévocable
Est de pourvoir ses sœurs antérieurement.
Notre pauvre amoureux soupire
D'un air tout décontenancé,
Puis discrétement se retire
Pour reparaître avant le mois passé.
La fraîcheur de Betsi, sa gaîté, son teint rose
L'avaient de nouveau mis en train;
Et de rechef il prépare sa prose,
Pour aller demander sa main.
— Monsieur, dit le papa sans hésitation,
Je suis fort honoré de votre persistance,
Ma Betsi déjà sent une inclination
Pour un de ses cousins, haut en position;
Et quoique jeune, elle a de la constance,
Veuillez donc vous pourvoir ailleurs,
Vous trouverez toujours quelques partis meilleurs.
Notre aspirant triste et morose
D'un sombre désespoir cherche à prendre la pose,
Puis il s'éloigne en soupirant
Comme le cœur le plus souffrant.

Il réfléchit pendant une semaine,
Puis il se dit : puisque je suis ici,
Je ne veux pas qu'au moins ma présence y soit vaine.
Puisqu'on m'a refusé Marie avec Betsi,
J'aurai Clara, la chose est bien certaine,
Et même on me dira merci.
Pour la troisième fois, il s'habille et présente
Au père sa requête avec son compliment.
Celui-ci le reçoit d'une mine avenante,
Et dit : vous vous montrez bien tenace, vraiment,

C'est un honneur pour vous, je vous le réitère;
    Mais un grand obstacle à vos vœux,
C'est que Clara renonce aux bonheurs de la terre,
Et veut aller au cloître aspirer vers les Cieux;
L'en détourner, nous ne le pouvons guère;
Elle refuserait de former d'autres nœuds.
    Notre amoureux se dépite, trépigne,
    Et le papa lui fait poliment signe
    Pour qu'il ait à vider les lieux.

Deux jours après, il se dit : saperlotte !
Je n'en veux pas avoir le démenti ;
Quoique peu belle et d'un teint de carotte,
Aglaé cependant, me semble un bon parti.
Pour l'aller demander le voilà reparti.
— Ah ça, dit le papa, c'est donc votre marotte,
    Et vous tenez absolument à nous?
    Mon Aglaé, se pique qui s'y frotte,
    Son caractère n'est pas doux.
D'ailleurs, je vous le dis sans redouter vos larmes,
Le rebut de ses sœurs est pour elle sans charmes.
Notre aspirant s'esquive en lâchant un juron.
    Le soir Betsi, ce jovial tendron,
Disait à ses parents : A ce monsieur pour plaire,
Sans les filles, les dots feraient bien son affaire.
                       D. SIMON.

LE DEVOIR

SONNET

Le devoir quel est-il! Songez, nous dit la France,
Que mon sol fut broyé sous le pied du Germain,
Dont j'ai subi l'outrage et l'insultant dédain ;
Et qu'en vous j'ai placé ma suprême espérance.

Voyez à l'Orient, brisés par la souffrance,
Et courbés sous un joug odieux, inhumain,
Mes fils sacrifiés, Alsaciens, Lorrains,
Attendre, frémissants, le jour de la vengeance.

Haine donc au Teuton! de vos braves aïeux
Rappelez-vous, Français, le passé glorieux,
Leur amour du pays et du devoir austère.

Par de mâles vertus fortifiez vos cœurs,
Et, quand viendra le jour de venger votre mère,
Vous vous relèverez, grands, libres et vainqueurs.

L. M<small>ASUREL</small>.

A UN PAPILLON

Pauvre imprudent qu'enivre un rayon de soleil,
Pourquoi t'aventurer aussitôt dans la plaine?
Nous n'avons pas d'avril vu l'horizon vermeil,
Ni senti du zéphyr la vivifiante haleine;

Le rossignol n'a pas du bocage enchanteur
Ranimé les échos par sa voix solennelle;
Tu n'as pas vu courir l'abeille après la fleur,
Tu n'as pas sur nos toits rencontré l'hirondelle.

Les tiens dorment toujours. Tu ne pourras poser
Sur aucun sommet vert tes ailes frissonnantes;
Regarde autour de toi, tout paraît reposer,
Les jardins et les bois, les arbres et les plantes.

C'est le réveil sans doute, et bientôt le printemps,
Chassant du sombre hiver les frimas et la glace,
Va rajeunir la terre et parer tous nos champs
De ces trésors que Dieu nous donne dans sa grâce.

Ce tableau séducteur de nos premiers beaux jours
T'a fait sortir trop tôt de ton humble retraite,
Et, déjà revêtu de tes charmants atours,
Tu t'élances paré comme pour une fête.

Mais il fait froid, mignon, la brume du matin
Qu'à grand'peine disperse un soleil encor pâle,
Se transforme le soir en brouillard argentin
Qu'embellit le couchant de ses reflets d'opale.

Déjà le jour faiblit et voici la fraîcheur,
Dans une heure d'ici va venir la nuit noire ;
Te voilà tout tremblant, orgueilleux promeneur ;
Je te fais prisonnier, toi qui rêvais la gloire.

Quand Phébus s'élevant au vaste champ des airs
Aura de plus de feux réchauffé notre globe,
En vain, te poursuivant au bord des chemins verts,
Je voudrai contempler le velours de ta robe ;

Tu fuiras triomphant, dérobant à mes yeux
Ces charmes contenus dans ma main qui t'abrite,
Et puis tu t'en iras, folâtre, en d'autres lieux
Prodiguer tes baisers à ta fleur favorite.

Ainsi, mon bel insecte, agissent les humains ;
Ils veulent comme toi jouir tôt de la vie ;
Ils sont légers, ingrats, orgueilleux ; ils sont vains :
Ton sort plus que le leur aussi me fait envie.

Louis Michaud.

Charente.

A ROUGET DE L'ISLE

Ah ! la Patrie est en danger !

Ces mots comme un coup de tonnerre,
Partout firent trembler la terre ;
En les portant à l'étranger,

Sur les monts les échos frémirent,
Et du sol des soldats surgirent.
Tremblez despotes orgueilleux!
Pâlissez! La levée en masse
S'en va vous jeter à la face
Ce chant sublime et radieux;
Cette hymne pleine de puissance,
Dont le pouvoir dès sa naissance
Enfanta de nobles héros.
Marseillaise sainte et sacrée,
De toute la France adorée!
Tes strophes, d'échos en échos
Par mille voix répercutées,
Iront, patriotique encens,
Semblable au choc des éléments,
De ces cohortes ameutées
Disperser les fiers bataillons,
Comme ces légers tourbillons
Soulevés par un vent d'orage.
D'un cœur grand, noble et généreux,
Ce chant fier d'amour belliqueux
S'élança mâle de courage,
Et ranima de nos enfants
L'espoir et l'ardeur juvénile.
Ah! gloire à toi, Rouget de l'Isle!
Ton nom sur les ailes du temps
Se transmettra d'âge en âge
Béni par la postérité;
Rayon pur de la liberté
France! il te reste en héritage.

H. Curie.

IDYLLE

Le doux soleil d'avril venait de faire éclore,
Dans les sentiers fleuris qu'un gai rayon colore,

Les amours des oiseaux et les fleurs des buissons.
Prêtant l'oreille aux chants cadencés des pinsons,
Je cheminais ravi, laissant s'emplir mon âme
De douce poésie; ardente et pure flamme
Que verse la nature en ce mois parfumé
Où de nobles senteurs l'air est tout embaumé.

Mes pas m'avaient conduit assez loin de la ville
Vers un bosquet touffu, silencieux, tranquille,
Où j'aimais à rêver, quand soudain mon regard
Découvrit dans un coin, jetés par le hasard,
Deux brillants amoureux, ombragés par un hêtre
Pleins de laisser-aller et de grâce champêtre.
Parmi l'herbe fleurie et les frais boutons d'or,
Mollement étendu comme un pacha qui dort
Sur des coussins soyeux, bercé par la musique
De ses esclaves noirs enlevés à l'Afrique,
Un vieux sabot ventru, ayant encor bel air,
Plein de contentement levait le nez en l'air;
Tandis qu'à ses côtés, paraissant un peu lasse,
Sur lui nonchalamment s'appuyait avec grâce,
Une pantoufle bleue aux ornements fanés,
Conservant sous ses trous des reflets satinés.

Une branche de fleurs lui servait de ceinture.
Cadeau frais, odorant, offert par la nature
Que la haie d'aubépine avait voulu donner
Pour parer sa beauté, l'embellir et l'orner.

J'écartais d'une main doucement le feuillage
Essayant de saisir quelques mots au passage
De leur doux entretien; et, soit illusion,
J'entendis (pardonnez mon indiscrétion)
Une petite voix qui murmurait : « Je t'aime
» Mon gros sabot joufflu, y réponds-tu de même?

» — Oui dà ! » disait le rustre. Et dans les bois touffus
Je ne surpris après que des soupirs confus,
Doux frémissement d'aile, amoureuses tendresses
Des joyeux passereaux prodiguant leurs caresses.

Dès que le gai printemps réveille la nature,
D'un souffle caressant, de longs mois de sommeil
Objets inanimés et chaque créature
Dans un embrassement fêtent son beau réveil.

A. DARDE.

A Mlle HONORINE X...
ÉLÈVE DU CONSERVATOIRE

D'où vient-il, belle enfant, ô fée enchanteresse,
D'où vient-il, dis-le moi, ce chant délicieux
Qui s'échappe en accents pleins de feu, pleins d'ivresse,
De tes lèvres de rose ? Est-ce un souffle amoureux,

Ou d'un céleste esprit l'invisible caresse ?
L'harmonie et l'amour ont sans doute, tous deux,
Créé ta belle voix, fait tes mains de duchesse,
Fait si joli ton front et si purs tes beaux yeux.

Qu'ils soient donc à jamais, ô charmante Honorine,
Tes compagnons divins, tes guides ici-bas !
Qu'ils veillent sur ton cœur ! que leur harpe divine

Soutienne ta voix d'or lorsque tu chanteras ;
Qu'ils parfument pour toi le sentier de la vie,
Où comme un lis brillant tu t'es épanouie.

J.-B. PÈNE.

A M{ile} M...
LE JOUR DE SA FÊTE

Je veux aimable enfant vous souhaiter la fête,
Et je ne sais pourquoi de vous parler j'ai peur ;
J'ai des mots plein la lèvre et ma voix est muette,
Car mille émotions sont au fond de mon cœur.

Je prends donc un instant la lyre du poète ;
Écoutez ses accords : « N'es-tu pas une fleur,
» N'es-tu pas le gai chant de la douce fauvette,
» N'es-tu pas un parfum d'où nous vient le bonheur ?

» Que t'importe ma voix, que te fait donc encore
» Et mon chant ou la fleur que te donne ma main ?...
» Va ! ris à tes seize ans ! acclame ton aurore,

» Aujourd'hui c'est la joie, et l'amour c'est demain !
» Roule-toi dans les flots de tes rêves de rose
» Où tu vois ton amant quand ta paupière est close.

J.-B. PÈNE.

A Mme Ve F...
SUR SON ENFANT MALADE

Penché sous ces rideaux que fait ton pâle front ?
Sous ces voiles de lin, que ta main blanche touche,
Que cherches-tu, dis-moi ? quelle est la vision
Qui frappe ton regard et fait frémir ta bouche ?

Ce qui gonfle ton sein et trouble ta raison
C'est, dis-tu, ton enfant, endormi sur sa couche,
Qui parfois pleure et rit en appelant ton nom ;
Qu'un esprit dans son rêve épouvante, effarouche.

Si l'œil de ton petit jette un plus vif éclat,
Si sa lèvre est plus vive et si sa main frissonne
Oh! ne t'inquiète pas, mère trop tendre et bonne!

Dans les enfants la vie ainsi souvent combat,
Et puis ne sais-tu pas que l'ange qui les veille
Revêt parfois leur front d'une couleur vermeille.

J.-B. PÈNE.

IMPROVISATION

« Tremblement d'étoile
» Et divin rayon ;
» Lueur sous son voile
» Beauté sur son front! »

Voilà bien, ô Lise!
Ce qu'on dit tout bas,
Lorsque dans l'église
Ton cœur sous tes bras
Bondit et s'agite
Sous la main de Dieu,
Qui te prend, petite,
Ton baiser de feu.

Mais ton cœur t'égare, ô ma brunette,
Car il est un autre clavier
Où la note, aujourd'hui muette,
Doit plus tard bondir, éclater.

A ta lèvre rose,
A ton œil d'azur,
Il faut autre chose
Que l'idéal pur.

J.-B. PÈNE.

Loire-Inférieure.

LA VIE

HYMNE DÉDIÉE A M. ÉVARISTE CARRANCE, PRÉSIDENT DU COMITÉ DES CONCOURS POÉTIQUES DE BORDEAUX

Jeune homme! le destin nous presse,
Et bientôt l'heure va sonner
Où les mornes soucis et la pâle tristesse
Viendront dans leur fureur nous faire abandonner
Les folâtres plaisirs et l'ardente jeunesse,
Et les jeux et les ris, et les pas bondissants
Des cercles enjoués qui caressent nos sens.

Une larme, un soupir pour ce temps qui s'écoule
    Sur l'aile des chagrins amers,
    Pareil à la vague qui roule
    Au sein tumultueux des mers.

    Le flambeau de la jeune vie
S'éclipse tous les jours, pour ne se rallumer
Qu'aux cuisantes douleurs dont sa flamme est suivie,
Quand le fleuve des ans trop prompt à se former
    Engloutit cet âge qu'envie
Le mortel que la joie a cessé d'animer.

Une larme, un soupir, etc.

    En sortant du sein de sa mère,
    A cette existence éphémère
    Soumis irrévocablement,
    L'homme disparaît et s'efface
    Comme le nuage qui passe
    A travers le bleu firmament.

Fatal héritier de l'impuissance,
Il roule sa poussière à la face des Cieux,
    Balayé depuis sa naissance
Par les vents ennemis d'un sort capricieux.

Du chagrin tous les jours il éprouve la serre,
Et tandis que la veille il rêve au lendemain,
La mort, la triste mort qui préside à la terre
    Étend sur lui sa froide main.

Une larme, un soupir, etc.

    Heureux celui dont les blondes années
    Ne furent pas trop tôt fanées
    Par le doigt brûlant du malheur !
Heureux qui vit couler ses riantes journées
    Sans immoler à la douleur !...

    Mais à travers cette mer orageuse,
Quel mortel animé des plaisirs du printemps,
Pût défendre toujours sa barque voyageuse
    Du courroux des flots inconstants.

    Sur notre terre de mensonge
L'âge tendre et vermeil où la vie est en fleurs,
    N'est lui-même qu'un triste songe,
Et l'enfant au berceau répand aussi des pleurs....

Une larme, un soupir, etc.

    Il est une humble créature
Au sceau de la raison soumettant ses désirs,
Et n'accordant toujours aux aveugles plaisirs
    Que ce qu'il faut à l'humaine nature.

    En face de l'humanité,
    Devant ce fleuve orageux et rapide,
    Le sage toujours intrépide,
Des folles passions affronte la fierté !
Il se tient sur la rive, et nourri de constance,
    Presse quelquefois en ses mains
    La pâle et faible jouissance
    Qu'on trouve au séjour des humains.

Sans désirs indiscrets, sans remords, sans envie,
    Il boit le bonheur et la paix
    Au triste banquet de la vie.

Une larme, un soupir pour ce temps qui s'écoule
    Sur l'aile des chagrins amers,
    Pareil à la vague qui roule
    Au sein tumultueux des mers.

HORACE-VICTOR TRAMONI.

Corse.

FAIS TON DEVOIR
SONNET

Femme, toi qui de l'homme est la plus douce amie,
Que Dieu, dans son amour, a mis sur mon chemin,
Dans le rude travail que doit fournir la vie,
J'aime à te voir sourire en me tendant la main,

Pour me fortifier, car tout à toi me lie !
Le bonheur, ici-bas, sans toi, n'est qu'un mot vain ;
Si la souffrance arrive, oh ! comme je l'oublie !
En voyant, à mes pleurs se soulever ton sein,

Je me sens plus heureux, et ma vive allégresse
Éveillant, dans mon cœur, la touchante tendresse
Par ta bouche me fait croire encore à l'espoir ;

Ah ! c'est qu'alors, tu fais suivre avec ton sourire
Un tendre mot d'amour auquel j'aime à souscrire !
J'aime quand tu me dis : ami, fais ton devoir.

ESPRIT ROSIER,
Membre d'honneur des Concours Poétiques.

GAULE OU FRANCE
LE DEVOIR

> Sia lontano ogni cimento;
> L'onda sia tranquilla e pura;
> Buon guerrier non s'assicura,
> Non si fida il buon nocchier.
> Anche in pace, in calma ançora,
> L'armi adatta, i remi appresta,
> Di battaglia o di tampestà
> Qualche assalto a sostener.
>
> METASTASIO.

I

O France! que ta haine égale leur injure,
    Qu'elle aille grandissant!
Trempe ton fer vengeur au sang de ta blessure,
    Car ce sang veut du sang!

Assez longtemps tes pleurs ont humecté la pierre
    Qui couvre tes héros;
Aiguise maintenant ton épée, ô guerrière,
    Au marbre des tombeaux!

Aiguise ton épée, et sois, quand viendra l'heure,
    Prête pour les combats,
Car la fraternité n'est qu'un vain mot, un leurre
    Dont rient les potentats.

Hâte-toi! car là-bas déjà la terre tremble
    Sous les pas des guerriers,
Et le tournoi s'apprête où vont joûter ensemble
    Des peuples tout entiers;

Forge fusils, canons, puisqu'au temps où nous sommes
    Le droit est au plus fort;
Forge d'affreux engins pour massacrer les hommes :
    Les vaincus seuls ont tort!

Invente, si tu peux, les plus horribles armes,
  Quelque monstre d'enfer,
Car il sera versé bien du sang et des larmes
  Dans ce siècle de fer.

Puisque la guerre encor, comme un vautour immonde,
  Plane sur les sillons,
Il faut qu'au lieu d'épis de ta terre féconde
  Naissent des bataillons ;

Il faut être la force au lieu de la lumière
  Et n'avoir pour flambeaux
Que l'éclair des canons, la bombe incendiaire,
  Soleils des temps nouveaux !

II

Hâte-toi ! car là-bas déjà l'orage gronde,
  Là-bas grossit à l'horizon
Le torrent destructeur qui roule avec son onde
  Un noir et fétide limon !

Car ces temps ne sont plus où, comme un fleuve immense
  Roulant aussi ton flot profond,
Toi-même à l'univers tu portais la semence
  D'un avenir en bien fécond.

Tu passais, nouveau Nil, fertilisant les terres
  Qu'un instant tes eaux inondaient,
Et dans les champs baignés de ces eaux salutaires
  Bientôt les moissons abondaient !

Brisant trônes et fers, de honteuses entraves
  Tu délivrais le genre humain,
Et l'on te connaissait aux sublimes épaves
  Que tu jetais sur ton chemin.

Debout sur les débris de l'antique servage
    Apparaissait la liberté,
Et le vieil univers vers un nouveau rivage
    Voguait, par tes flots emporté.

Oui ! ce fut là ton œuvre !... eh bien ! ton œuvre est vaine,
    Et le torrent venu du Nord
Se déchaîne à son tour sur le monde et l'entraîne
    Quand peut-être il touchait au port.

Plus d'une épave aussi surgit de son flot sombre,
    Plus d'un corps de peuple expirant,
Car c'est l'humanité qui fait naufrage et sombre
    Dans les eaux de l'impur torrent !

III

O France ! tes bienfaits expiaient tes conquêtes,
    Et quand ton glaive redouté
Brillait, comme la foudre au milieu des tempêtes
    Il dissipait l'obscurité !

Des peuples à la fois le vainqueur et l'apôtre,
    A ceux qui subissaient ta loi,
Ton glaive d'une main et ton drapeau de l'autre,
    Tu portais la nouvelle foi.

Lorsque tout chancelait, comme si quelque abîme
    S'entr'ouvrait pour tout engloutir,
Si tu renversas tout, démolisseur sublime,
    C'est qu'il fallait tout rebâtir.

Le vieux monde croula ! mais un autre édifice
    Surgit soudain de ses débris,
Et, par ta main tracés, au nouveau frontispice
    Les droits de l'homme étaient inscrits !

Un instant, aux rayons que répandait ce phare,
    Que l'avenir apparut beau !
C'était le genre humain, sortant comme Lazare
    De l'affreuse nuit du tombeau !

C'était enfin l'aurore après les longs jours sombres
    Que n'éclairait aucun soleil ;
La lueur de ton glaive avait chassé les ombres ;
    Des peuples c'était le réveil.

Et tu crus, — proclamant la fraternité sainte,
    Venant à tous les bras ouverts, —
Sur ton sein généreux dans une immense étreinte
    Pouvoir embrasser l'univers ;

Tu crus à l'avenir !... France, tu t'es trompée !
    L'aurore ne fut qu'un éclair,
Et le passé retient la terre enveloppée
    Dans la nuit des âges de fer !

IV

Eh bien, soit !... que du Nord les Huns et les Tartares
    Se déchaînent comme autrefois !
Tu sauras opposer barbares à barbares,
    A ces Vandales tes Gaulois !

Debout, soldat d'Hésus ! prends ton arme et l'aiguise
    Au granit sacré des menhirs ;
Évoque le passé qu'ils recouvrent, et puise
    Des leçons — dans ces souvenirs !

Va-t-en près des dolmens respirer, ô guerrière,
    L'odeur âcre du sang,
Et réveiller les preux qui dorment sous la pierre,
    Tes Brenns au bras puissant !

Qu'ils se lèvent armés de ce terrible glaive
    Si fatal aux vaincus ;
De leurs sanglants exploits, qui nous semblaient un rêve,
    Les temps sont revenus.

Et ces rudes faiseurs d'humaines hécatombes,
    Surgissant du passé,
Retrouveront le monde, au sortir de leurs tombes,
    Tel qu'ils l'avaient laissé !

Marche ! voilà tes chefs ! vers de nouvelles Romes,
    Fer au poing, casque au front,
Gaule, comme autrefois roule ton torrent d'hommes ;
    Les Brenns te conduiront.

Oui ! redeviens la Gaule indomptée et barbare ;
    Frappe, n'épargne rien !
Frappe, et du sang d'autrui ne sois pas plus avare
    Qu'on ne le fut du tien.

V

Voilà donc l'avenir !… sinistre est son aurore
De funèbres lueurs éclairant des tombeaux,
Où plus d'une victime ira rouler encore
    Sous le fer des bourreaux.

Ainsi, de siècle en siècle, au tranchant de l'épée
Les peuples sont voués, comme à la faux le grain,
Et la terre toujours est à qui l'a trempée
    Le plus de sang humain !

Ou victime ou bourreau ! voilà ce qu'il faut être.
Entre ces deux destins, France, as-tu fait ton choix,
Et dans les champs de mort verra-t-on reparaître
    La Gaule d'autrefois ?

Des siècles écoulés soulevant la poussière
Pour y mieux découvrir la trace de tes pas,
Vas-tu redevenir l'implacable guerrière
  Qui semait le trépas?...

Ou bien — sûre de toi — veux-tu rester la France?...
Sur ce sombre avenir que tu rêvas si beau
Peut-il tomber encore un rayon d'espérance
  De ton divin flambeau?

Veux-tu, continuant ta mission féconde,
Rester l'appui du faible et l'apôtre du droit,
Et n'as-tu point encor désespéré du monde,
  Quelque égaré qu'il soit?...

O France, le torrent qu'arrête en sa carrière
Un obstacle soudain, remonte-t-il son cours?
Comme lui tu ne peux retourner en arrière;
  Marche, marche toujours!

La marche est en avant, non vers le passé sombre;
S'il couvre l'avenir d'un voile menaçant,
C'est à toi de jeter la clarté sur cette ombre
  Qui va s'épaississant;

A toi de proclamer le droit et la justice,
Quand l'univers gémit, par la force opprimé;
Pour les défendre encor que ta voix retentisse,
  Que ton bras soit armé!

C'est à toi de veiller! — Quand l'orage s'apprête,
Le pilote, qui voit s'assombrir l'horizon,
Saisit le gouvernail : il attend la tempête,
  La main sur le timon.

Veille ainsi!... car bientôt de sinistres fanfares
Donneront le signal des ouragans humains,
Bientôt les fils des Huns de leurs hordes barbares
  Noirciront les chemins.

Veille, soldat du droit ! et dans ces temps d'alarmes
S'il doit paraître encor quelque Attila nouveau,
Qu'il te trouve debout, et la main sur tes armes,
L'épée hors du fourreau !

Gabriel Leprévost.

MON JARDINET

Il est petit ; vingt pas le mesurent sans peine ;
Mais, tout petit qu'il est,
Je ne changerais pas pour un royal domaine
Mon humble jardinet.

Il est petit ; pourtant il me paraît un monde,
Un univers complet,
Et me cause souvent une extase profonde,
Mon humble jardinet.

C'est qu'on y voit fleurir les œillets et les roses,
Et d'avril en juillet
Il offre à mes regards bien des charmantes choses,
Mon humble jardinet.

Sans doute il n'y croît pas de ces géants superbes,
Gloire de la forêt ;
Il abrite pourtant un monde sous ses herbes,
Mon humble jardinet.

Un sable jaune et fin recouvre son allée ;
Dès que l'aube paraît
Il a sa ganse d'or au soleil étalée,
Mon humble jardinet.

On n'y voit ni bassins, ni grands vases de marbre,
Pas le moindre bosquet ;
Pour qu'un oiseau s'y pose il n'a pas même un arbre,
Mon humble jardinet.

Mais j'y vois accourir l'industrieuse abeille,
Le papillon coquet;
A ces hôtes charmants il offre sa corbeille,
Mon humble jardinet.

J'y vois briller l'insecte aux couleurs merveilleuses,
Au luisant corselet;
Il a ses diamants, ses pierres précieuses,
Mon humble jardinet.

Que l'insecte y bourdonne ou la brise y murmure,
Il n'est jamais muet,
Et fait entendre aussi son hymne à la nature,
Mon humble jardinet.

Voilà pourquoi souvent, rêveur, je m'y promène,
Et, tout petit qu'il est,
Je ne changerais pas pour un royal domaine
Mon humble jardinet !

G. LEPRÉVOST.

CONSEILS DONNÉS PAR UN PÈRE A SON FILS

SUR L'ACCOMPLISSEMENT DE SON DEVOIR

Te voilà, mon fils, sur les bancs du collége pour t'instruire; mets à profit les leçons de tes professeurs, car une fois dans le monde tu seras bien aise d'avoir appris ce qu'il est indispensable de connaître pour se guider dans la vie.

L'étude du grec et du latin est indispensable pour ceux qui veulent compléter leur instruction ou veulent être magistrats, avocats, médecins, ou entrer dans le sacerdoce; mais l'étude des sciences, des langues vivantes, de l'histoire et de la géographie a plus d'utilité pour celui qui veut s'occuper du commerce, de l'industrie ou de l'agriculture.

On avait négligé, jusqu'à nos jours, les études propres à ces dernières carrières qui prennent un grand développement; et pour parer à cette lacune on a scindé les études, selon la vocation et l'aptitude de chaque élève.

En te laissant libre d'adopter le genre d'études qui peut mieux te convenir, je te recommande la plus grande application et une bonne conduite, parce qu'il faut apprendre de bonne heure l'obéissance et l'amour du travail.

Au foyer de la famille tu dois être soumis à ton père et à ta mère; au collége tu dois écouter respectueusement tes maîtres; n'oublie pas que les uns et les autres prennent de la peine pour t'instruire, et que loin de te plaindre, lorsqu'ils te corrigent, tu dois leur témoigner une profonde reconnaissance.

Tes études classiques terminées, tu suivras une carrière en harmonie avec tes goûts et la position de ta famille; mais quelle que soit la position que tu embrasseras, sois persuadé que pour réussir il faut travailler avec persévérance. Ne te laisse pas abattre par les revers, on ne réussit pas toujours, il faut s'attendre à des mécomptes; loin de se décourager, il faut redoubler d'efforts, et songer au précepte latin :

Labor improbus vincit omnia.

A 20 ans, tu devras payer la dette à ton pays; en devenant homme, le premier devoir est de servir la Patrie; notre belle France a besoin, pour reprendre le rang qui lui appartient parmi les nations, du bras de tous ses enfants; il en coûtera beaucoup à ton père de se séparer de son unique soutien; mais il fera, sans se plaindre, ce suprême sacrifice.

Il ne suffit pas au soldat d'avoir de la bravoure, le défaut d'une autre qualité a été peut-être la cause de nos derniers désastres; je veux parler de la discipline; si le soldat n'obéit pas à son chef, il n'existe plus, dans les mouvements stratégiques, l'ensemble et la précision, qui sont indispensables pour arriver au succès. Le militaire doit être sobre, habitué à la fatigue et à toutes les privations physiques; il faut de bonne heure préparer le corps aux divers exercices qui lui donneront la force et la souplesse; tels que le gymnase, l'escrime, l'équitation et la natation.

Il ne faut pas désirer la guerre, qui est le plus terrible des fléaux; il faut être prêt à tout événement.

Si vis pacem para bellum.

Il sera facile de te plier à la discipline militaire, si tu as contracté l'habitude d'obéir à tes parents et à tes professeurs.

Ne fréquente pas les maisons de jeu, ni les cafés, on y perd son temps, son argent, et le corps s'use dans une déplorable oisiveté : Il est plus convenable de rester au milieu de sa famille; là, en suivant les bons exemples, tu conserveras les principes religieux qui te feront éviter les écueils placés sous tes pas. L'homme qui ne suit pas les préceptes de la divine morale, est comme un navire sans gouvernail, il vogue sur une mer orageuse, à la merci de ses passions, il finit par sombrer.

La religion nous apprend à supporter avec résignation les plus dures épreuves; si Dieu nous envoie la richesse, c'est pour tendre une main dévouée à notre frère qui est dans le besoin; si nous avons la santé, nous devons visiter celui qui souffre.

N'oublie jamais que le pauvre a droit à la plus généreuse obole! Le malheur peut frapper demain à ta porte, et si tu n'as pas été compatissant pour les autres, tu seras abandonné à ton tour; nous devons nous aimer et nous secourir mutuellement. La fortune doit être considérée comme un dépôt confié par la Providence, pour en faire la distribution aux pauvres.

A la mort de ton père, je n'ai pas besoin de te recommander d'entourer ta mère de tout le respect auquel elle a droit; depuis le jour de ta naissance, elle n'a cessé de te prodiguer ses plus tendres soins ; à la plus légère indisposition, au chevet de ton lit, elle épiait le moindre signe pour calmer ta souffrance. Je n'ai pas besoin d'insister à cet égard ; tu aimes trop ta mère, pour que cette tendresse naturelle se transforme en ingratitude. Au lieu de diminuer, cet attachement pour tes parents ne fera qu'augmenter à mesure que tu pourras mieux apprécier la grandeur de leur dévouement pour toi.

Après Dieu et ta famille, tu dois aimer ta Patrie ; c'est notre mère commune, nous devons la servir et la respecter.

Le tort que l'on a généralement en France, c'est de discréditer le gouvernement au lieu de le soutenir ; né du suffrage universel, le pouvoir doit être accepté par tous. Il n'en est pas malheureusement ainsi ; de nombreux partis se forment, cherchant à saper le pouvoir établi, et une fois qu'il est renversé, c'est à qui le remplacera ; d'où il résulte des luttes fratricides et tous les malheurs qui en sont la triste conséquence.

Par notre union et notre patriotisme, concourons à la prospérité de la France ; nous avons besoin d'un gouvernement fort qui assure à l'intérieur l'ordre et le travail, et qui soit respecté au dehors.

Mais je m'aperçois que je m'éloigne de mon sujet. Je désire, mon fils, que la génération à laquelle tu appartiens soit moins disposée aux bouleversements, qu'elle jouisse longtemps des bienfaits de la paix, et que, sous cette heureuse influence, notre Patrie puisse reconquérir le rang qu'elle a occupé à la tête de la civilisation.

Voici mon dernier conseil : Apprends de bonne heure à faire un utile emploi de ton argent ; n'oublie pas que tes parents se sont imposés de nombreuses privations pour t'assurer un certain bien-être ; tu serais bien coupable, si par ton inconduite ou ta négligence, tu dilapidais une fortune honorablement acquise.

SIZAIRE,
Aude. chevalier de l'Ordre de Charles III.

LIS ET JEUNE FILLE

Le lis superbe en sa blancheur
Est ton image, ô jeune fille !
Ainsi qu'en cette chaste fleur,
Sur ton front la pureté brille.

Mais qu'un souffle jette en passant
Sur la corolle parfumée,
Le moindre insecte malfaisant,
Et la fleur perd sa renommée !

ÉVARISTE CARRANCE.

POUR LES FIANÇAILLES DE M. ERNEST X...

AGÉ DE SIX ANS, ET DE Mlle EUGÉNIE Z..., AGÉE DE QUATRE ANS

En attendant le jour du mariage,
Riez, trinquez, lutins malicieux !
Ne craignez pas votre grave entourage,
Enfants si gais, si frais, si gracieux !...
Sautez, dansez, petits anges des Cieux !

Trop tôt peut-être éclatera l'orage
Et votre front deviendra soucieux :
Trinquez, riez, bébés si radieux
    En attendant !

Un jour, Ernest, vous serez, je le gage,
Grand citoyen, soldat audacieux ;
Elle saura chanter votre courage,
Non sans plaisir, en vers harmonieux :
Il faut jouer, couple délicieux,
    En attendant.

A. DUJONCQUOY-FÉAU.

OPINION DES MÉDECINS DE VICHY

Au docteur Grégoire malade
Les médecins diront toujours :
« Abandonnez, gai camarade,
» Les libations, vos amours;

» Aux douches, à la promenade,
» Aux bains il faut avoir recours;
» Mieux que le vin notre onde fade
» Du mal arrêtera le cours.

» Vous!... guérir avec du champagne!!...
» C'est vouloir bâtir en Espagne
» Le plus magnifique château.

» De la grande grille la source
» Est bien votre seule ressource,
» Croyez-nous... et buvez de l'eau! »

A. Dujoncquoy-Féau.

LE TRAVAIL

Oh! que je plains celui qui passe de longs jours
Sans que par le travail il en charme le cours!
C'est la loi rigoureuse à laquelle nous sommes
Soumis par le destin et soumis par les hommes.
Nul ne doit ici-bas vouloir s'y dérober,
C'est un juste devoir pour nous de travailler.
Personne impunément n'a droit de s'y soustraire;
Chacun selon sa force a quelque chose à faire.
Sans lui que de chagrins, que de déceptions,
Que de crimes, d'ennuis et de corruptions!
Le travail incessant qu'opère la nature
Qui donne le frimas et produit la verdure,

N'est-il pas un exemple à suivre, incontesté ?
Nous le devons à nous, à la société.
Ne pouvant nous pourvoir, nous devons à nos frères
De les aider aussi de toutes nos lumières.
Le travail manuel et le travail d'esprit
Se complètent tous deux : Tout s'enchaîne et s'unit,
Poètes, ouvriers, chacun est nécessaire :
L'homme des champs produit et l'écrivain éclaire.
Il faut la tête au corps pour penser, pour agir ;
Mais utile est aussi le bras pour obéir.
Malheureux est l'oisif que le travail effraie,
Car il ignore alors ce qui vraiment égaie !
Le travail calme l'âme et défend de l'ennui ;
Nos jours les plus heureux viennent souvent de lui.
Grâce à lui bien souvent une lueur joyeuse,
Vient de la pauvreté fermer la plaie hideuse ;
Et par lui l'ouvrier qui n'a qu'un peu de pain
Peut aujourd'hui de pauvre être riche demain !
Il peut par lui prétendre avec l'indépendance
Apporter au logis la gaîté, puis l'aisance.
Par nos labeurs aussi la terre s'embellit,
Par le travail encor notre cœur s'ennoblit ;
Et l'homme vicieux par lui se régénère.
C'est le souffle divin purifiant la terre,
Remède souverain, il calme les douleurs,
Réconforte l'esprit et soulage les cœurs.

Béni soit le travail, car il sèche nos larmes,
Puis à nos tristes jours apporte quelques charmes ;
C'est une loi pour nous, une nécessité,
Encor plus un bienfait du Dieu de Charité.
Oui, sans travail la vie est bien insupportable,
Bien rare est la vertu, le plaisir peu durable.
De ce divin remède on ne peut se passer ;
Pour être heureux, il faut : Aimer et travailler.

Sophie Comte.

Ardèche.

RÊVE D'AMOUR

A MA FIANCÉE

Dans un rêve d'amour j'ai vu ma bien-aimée,
Belle comme le sont les vierges dans le Ciel ;
Elle avait sur son front une fleur embaumée,
Elle avait en ses mains un doux rayon de miel.

Son sourire divin alluma dans mon âme
Un flambeau vénéré, le flambeau de l'amour ;
Ce fut le trait perçant de cette noble flamme,
Qui m'atteignit le cœur et l'ouvrit au grand jour.

Cet ange m'apportait la fleur de l'hyménée,
La douceur de son miel me parlait de bonheur....
O délire divin, extase fortunée,
C'est par toi que j'ai pu lui présenter mon cœur.

Je lui vouais ma vie et ma foi toute entière ;
L'ange me contemplait avec des yeux si doux,
Sa beauté répandait une telle lumière,
Que devant tant d'éclat je tombais à genoux.

Alors elle me dit d'une voix bienfaisante :
Ami, relevez-vous, votre cœur est à moi ;
Écoutez les accords de ma lyre vibrante,
Ils vous transmettront mieux mon amour et ma foi.

A ces mots s'emparant de sa lyre amoureuse,
Elle fit résonner les échos d'alentour ;
La lyre accompagnait sa chanson langoureuse
Et je voyais la fin de mon rêve d'amour.

Un rêve... non, c'était l'annonce d'une fête,
C'était l'avant-coureur de l'hymen entre nous,
Car vous n'en doutez plus, c'était moi le poète,
Et la muse, Clara, la muse c'était vous.

L. MAZIÈRE.

Bouches-du-Rhône.

LE DEVOIR

A MON CHER PÈRE ET A MA TENDRE MÈRE

Voulons-nous être heureux!... Écoutons le devoir.
Il dit : « Je suis la plante au parfum salutaire;
» Je souris le matin et je souris le soir;
» Ma racine est la foi, ma tige est la lumière....

» Je suis la douce paix, le travail et l'espoir;
» Je suis le chant d'amour, l'encens et la prière;
» Je suis le temple saint où chacun peut s'asseoir;
» Je suis la voix du Ciel et j'appelle la terre....

» Sur le mont Sinaï le père des mortels
» Grava de ma beauté les signes éternels;
» Je suis le code où peut s'instruire tout le monde....

» Je suis le souffle ami qui doit tout apaiser,
» La grâce, le pardon, la charité féconde....
» O peuples, dans mon sein venez vous reposer. »

Philibert Mazaudois.

A L'HONNEUR

Honneur, qui n'admire tes charmes?...
Tu domptes tout par tes attraits;
Tes ennemis t'offrent des armes
Dont tu disposes, à souhaits
Pour les punir par des bienfaits.

A LA CHARITÉ

O charité, vertu féconde,
Du faible l'espoir, le soutien,
Sans te montrer tu fais le bien,
Tu tends la main à tout le monde,
Et tu voudrais qu'on n'en sût rien!...

A LA PIÉTÉ

Fille du Ciel, trésor de l'âme,
O piété, tu soutiens la foi.
Le bonheur souvent te réclame,
Le malheur sourit à ta flamme,
Et le salut réside en toi.

A LA JUSTICE

Justice, éclatante lumière,
Baume sacré du cœur humain,
Tu donnes la paix salutaire,
Et l'homme qui souffre sur terre
Trouve le repos dans ton sein.

A LA BONTÉ

Bonté, fleur timide, charmante
Qui reflète un rayon du Ciel,
Tu m'apparais toujours riante,
Et pour l'abeille suppliante
Ta corolle cache le miel.

A L'HUMILITÉ

Humilité, vertu si chère,
Je te bénis, dans ta grandeur;
Si le Ciel t'attache à la terre,
N'est-ce pas pour qu'on sache faire
Ce que sut faire le Seigneur?

A LA MODESTIE

Modestie, humble violette,
Ton parfum est celui des Cieux;
Tu seras la fleur de ma fête,
Car moi qui suis un grand poète
Je sens, en te payant ma dette,
Que je deviens plus orgueilleux.

PHILIBERT MAZAUDOIS,
Membre d'honneur des Concours poétiques

UN DEVOIR

Quand le Ciel est noir,
Que tout s'inquiète,
Pour toi, vieux poète,
Il est un devoir.
Debout sur la plage,
Chante de l'orage
La sublime horreur ;
Peins au laboureur
L'affreuse tempête ;
Dis-lui quels fléaux
Planent sur sa tête,
Et combien de maux
Peut lancer la foudre.
Suis le droit chemin ;
Dis-lui que demain,
Sa demeure en poudre,
Ses jardins fanés,
Ses champs ravinés,
Peuvent dans l'espace
Ne laisser de place
Qu'au vain désespoir.
Chante ! qu'il apprenne,
Et quoiqu'il advienne,
Au moins à prévoir.

Souvent rien n'arrête
Des noirs tourbillons
La folle conquête,
Et leurs bataillons
Que l'enfer promène,
Dans la triste plaine
Hachent sans pitié !
Vérité sans doute ;
Mais si sur sa route
Il va délié

De toute créance
Sœur de l'ignorance
Ou fruit de l'erreur,
Pour le laboureur
Il ne sera guères
De fatalités,
Que peu de misères,
Point d'extrémités.
La plus lourde épreuve
Me trouvera fort
Si contre le sort
J'ai su mettre en œuvre
Ce qu'il est en moi.
De là, vieux poète,
Va, dis et répète
Qu'il est une loi
Dont l'essence même
Est d'assujétir
L'extrême à l'extrême,
Et fais consentir
Que l'intelligence,
Par la prévoyance
Et la volonté,
Au jour de l'orage,
Est le meilleur gage
De sécurité.
La haute montagne
Énerve les vents,
Et les continents
La mer en campagne ;
Au fond d'un palais
Prospère l'abeille
Quand, et pour jamais,
Le frelon sommeille !
En tout l'on peut voir
La forte nature

Donner la mesure
D'un sage vouloir.
Que l'homme l'imite ;
Que de ses leçons
Souvent il profite,
Et pour les moissons,
S'il redoute encore
Quelque météore
Dans l'air égaré,
Bientôt le dommage,
S'il fond sur la plage,
Sera réparé.

Que l'enfance apprenne
Et que l'âge mûr
Observe et retienne ;
Le moyen est sûr
De rendre profonde,
Fraîche et plus féconde,
La terre d'abord ;
Bientôt sans effort
La bonne semence
Se multipliera,
Et de sa puissance
Anéantira
La plante stérile.
Possédant l'utile
Et tenant en main
La rêne solide
D'un bon lendemain,
Alors moins timide,
L'homme des sillons
Plongera la vue
Au sein de la nue
Et des tourbillons.

Devenu plus sage,
Il verra l'orage
Comme on doit le voir,
Car en son pouvoir
Sera la puissance
Qu'on nomme science
Et qui peut sauver.

La voie ainsi faite,
Pour la conserver,
Tu devras, poète,
Chasser bien des maux;
Vaincre la fatigue;
Opposer la digue
Aux fureurs des flots;
Obtenir encore
De l'homme des champs,
Surtout qu'il explore
Et qu'il sème à temps;
Mais tout est possible
A l'âme sensible
Par la charité,
La ferme croyance,
La persévérance
Et la volonté.

Isidore.

SUR LA TOMBE DE MA MÈRE
STANCES

Mère! du haut des Cieux où Dieu vous a placée,
Priez pour votre fils accablé de douleurs;
Et ranimez soudain le feu de sa pensée
Si le temps oublieux voulait sécher ses pleurs.

Je dois prier pour vous ô digne et tendre mère !...
Je ne faillirai point à ce devoir sacré ;
Et par les souvenirs que couvre cette pierre
Chaque instant de mes jours vous sera consacré.

Que votre ombre partout m'accompagne sans cesse ;
Veillez sur moi, ma mère ! au-delà du trépas,
Comme par tant d'amour, de soins et de tendresse,
Lorsque j'étais petit, vous souteniez mes pas !

Si j'oublie un instant le devoir que m'impose
Ce sentiment profond qui remplit tout mon cœur,
Du sépulcre, ô ma mère ! où votre âme repose,
Rappelez-moi soudain !... ravivez ma douleur !

Mais non... je n'oublîrai votre amitié si tendre,
Votre sollicitude, et vos soins maternels ;
Et de votre tombeau, si vous pouvez m'entendre,
Recueillez chaque jour mes regrets éternels ! ! !

Il n'est point de plaisirs ni de bonheur au monde
Qui sauraient remplacer votre douce amitié ;
Et mon cœur assombri par la douleur profonde
Ne sera plus, hélas ! qu'une triste pitié !

Le reste de ma vie, ô noble et sainte femme !
Dès votre dernier jour ne sera plus qu'un deuil ;
Plus qu'un désir constant de rejoindre votre âme
Et toujours prêt, mon Dieu, j'attendrai mon cercueil ! ! !

Si la main de la mort, dans son œuvre suprême,
Vint en tranchant vos jours me ravir tous vos traits,
J'en ai gardé, du moins, par ce plâtre que j'aime,
Le touchant souvenir, le plus vrai des portraits.

Oh ! oui ! par votre buste, au chevet de ma couche,
Je vous vois chaque jour ; je vous parle le soir,
Je vous rêve la nuit, et le matin ma bouche
Prononce votre nom... c'est mon plus saint devoir !

Oui! oui! j'aurai toujours présent à ma pensée
Tout ce que j'ai reçu de votre tendre amour,
Et je prîrai souvent, en mon âme blessée,
Dieu de vous accorder le céleste séjour!!

A. BELLIAT.

Saône-et-Loire.

LE FOYER

A MA BIEN-AIMÉE FILLE MARIE-BLANCHE-MARGUERITE

> Doux nom de mon bonheur! si je pouvais inscrire
> Un chiffre ineffaçable au socle de ma lyre,
> C'est le tien que mon cœur choisirait avant moi.
> LAMARTINE.

Le Ciel, pour s'éclairer, a des mondes d'étoiles,
Pour se parer, la terre a d'odorantes fleurs,
La mer, la fraîche brise et mille blanches voiles,
Les bois ont les concerts des beaux oiseaux chanteurs.

L'homme — l'unique but de toutes les merveilles,
Que Dieu, d'un simple mot, fit sortir du néant, —
A, pour dorer ses jours et parfumer ses veilles,
Son foyer — oasis de son désert brûlant.

Doux nid où le berça de soins et de tendresses
Sa mère — ange gardien qui nous aime toujours, —
Sa sœur, qui partagea ses jeux et ses caresses,
L'épouse, — doux lien tout de grâce et d'amour.

Puis les enfants — beaux fruits d'union pure —
Savoureux, veloutés, doux comme le devoir,
Une fille surtout, — la plus riche parure
De cet écrin qui fait notre orgueil, notre espoir.

Ange du sanctuaire où tout se sanctifie,
Que sa vertu parfume et sa grâce embellit,
Que son charmant esprit anime et vivifie
Comme un rayon d'avril embrasant ton zénith;

Colombe d'arche sainte où l'on brave l'orage,
Porte du tabernacle où s'immole le cœur
Pour y puiser la foi, la force, le courage,
Les vertus qui font grand, généreux et meilleur ;

Lampe de pureté dont la lueur sereine
Brille comme une étoile au fond du firmament,
Comme un riche bandeau sur un beau front de reine,
Comme un phare la nuit sur le roc écumant ;

Muse au péplum d'azur, aux longues blanches ailes,
Chantant des vers aimés sur une lyre d'or,
Semant autour de nous des fleurs toujours nouvelles
Et mille attentions plus précieuses encor.

Ah ! le Ciel a parfois des éclairs et des tâches,
La terre les frimas, la mer les ouragans,
L'homme, lui, quel que soit son rang et ses attaches,
Le travail, les chagrins amers et dévorants.

Car la vie est la lutte implacable, incessante,
Contre les passions et les mauvais destins ;
Les méchants, les jaloux, les sots — race impuissante,
Tous les déshérités de généreux instincts.

Humanité, grand nom tout d'essence divine,
Universelle ruche aux fraternels rayons,
Dont chaque essaim pour tous avec ardeur butine,
A côté de ton miel, que d'avides frelons !

. . . .

Dans la nature où tout est mystère, harmonie,
Pour rendre aux flots le calme, aux fleurs leur ton vermeil,
Aux ruisseaux leur murmure, aux bois leur symphonie,
Il suffit d'un riant rayon de grand soleil.

Comme dans le Léthé les ombres émigrantes
Buvaient l'oubli des maux qu'elles avaient soufferts,
Dans son nid tout tressé de liaisons charmantes,
Où les bras et les cœurs sont toujours grands ouverts,

Oui, l'homme oublie, oh! tout, fatigue, meurtrissure,
Chaque fois qu'en venant s'asseoir à son foyer,
Soit palais somptueux, riche villa, masure,
Sur le front de sa fille il dépose un baiser.

P.-C. Dupuy.

RÊVE BRISÉ

A MON CHER AMI LÉOPOLD BOUVAT

Elle mourut quand tomba la feuillée.
L. Bouvat (Rêveries poétiques.)

Veux-tu, Léopold, que je chante
Un air plaintif, un air d'amour,
Et que ma lyre murmurante
Te fasse sentir tour à tour
La douleur ainsi que la joie,
Où mon âme souvent se noie
Dans des rêves trop tôt voilés?
Écoute-moi bien, je te prie,
Je vais te parler de Marie
Et de mes beaux jours envolés!...

C'était un soir de mai. La brise
Frémissait dans les blancs lilas;
Et mon âme encore indécise
Ignorait les maux d'ici-bas.
Je rencontrai sous le feuillage
Une femme au divin visage

Belle comme le plus beau jour.
Vive et noire était sa prunelle :
Son regard fut une étincelle
M'embrasant d'un immense amour....

Songe adoré !... Craintif, timide,
J'eus peur de le voir s'envoler....
Je sentis ma paupière humide
Et mon cœur, mon cœur s'affoler....
Tout rêveur, je m'approchai d'elle...
Mon Dieu ! mon Dieu ! qu'elle était belle !
Je pris ses doigts si blancs, si frais,
Dans mes mains, profane caresse !
Dans mes yeux rayonnants d'ivresse
Elle vit combien je l'aimais !...

Nous étions seuls, bien seuls, dans l'ombre....
Nous fîmes cent rêves bien doux.
Nos baisers (j'ignore leur nombre !)
L'écho les redisait, jaloux.
Nous nous comprenions sans rien dire...
C'était l'extase, le délire !...
Et toi, mystérieuse nuit,
Trop courte, hélas ! fut ta durée !
Ma pauvre âme, encore enivrée
De souvenir, pleure aujourd'hui....

Le temps, ce vieillard implacable
A tout détruit, joie et bonheur ;
Maudite, sa faux redoutable
Trancha le lien de notre cœur.
Bois sombre, et toi, froid cimetière,
Vous renfermez ma vie entière,
Ma vie et tous ses rêves d'or....
C'est là que je connus Marie,
Ici que l'amante chérie,
En m'attendant repose et dort....

EUGÈNE FEROTIN.

LA POÉSIE

RÊVERIE ET SOUVENIR

C'est la brillante étoile argentant le feuillage ;
Le bel épi doré, trésor de la moisson ;
La voix du rossignol à l'ombre du bocage,
Dont la nuit le zéphyr nous apporte le son.

Le svelte peuplier montant sous ma fenêtre
Dont le front incliné s'agite en frémissant ;
C'est un oiseau qui chante au sommet d'un vieux hêtre
Le nid de ses amours que balance le vent.

C'est le timbre qui pleure au loin sur la colline ;
Le ruisseau qui gazouille aux bords couverts de fleurs ;
C'est un lis, une rose, une pâle églantine
Que l'aurore aux yeux bleus arrose de ses pleurs.

C'est la brune hirondelle à la plume luisante
Qui plane vers l'azur, rapide en son essor ;
C'est au sein des combats une arme étincelante
Sur qui l'astre du jour projette un rayon d'or.

C'est la vibrante voix d'un instrument sonore,
Cette beauté sans nom que donne le printemps ;
C'est, au pied de l'autel du Dieu que l'on adore,
Ce vase parfumé d'où s'élève l'encens.

C'est un sombre rocher ; c'est un site sauvage ;
Le souffle de la brise au bruit mélodieux ;
C'est, quand le Ciel est pur, contempler du rivage
Une mer écumante aux flots harmonieux !

E. Narcisse Monnaux.

Meuse.

LA ROSE ET LES FLEURS

Le devoir de chacun est de songer à tous ;
Pour l'avoir méconnu, c'est pitié que de nous!

Au centre d'un jardin tracé sur un îlot
Qu'un méandre assez lent caressait flot à flot,
La rose, un beau matin, se trouve épanouie :
Ravissante de grâce et pleine de beauté,
Elle exhale, en naissant, son parfum si vanté.
L'aurore, succédant à l'ombre évanouie,
L'aperçoit, la contemple et s'avoue, à regret,
Qu'une fleur a trouvé le magique secret
D'exposer, en petit, la pompe triomphale
Qu'elle, aurore, étalait, en grand et sans rivale.
D'or, de pourpre et d'azur, elle revêt les lieux,
Met en feu l'Orient, puis se dérobe aux yeux.
Lorsque le dieu du jour resplendit radieux,
La rose, en rougissant, reçoit le tendre hommage
Qu'il rend à sa corolle ainsi qu'à son feuillage :
« C'était bien, disait-il, un arbuste brillant
» Orné par la nature et peint comme en riant. »
C'est ainsi que modeste et simple dans sa gloire,
Notre belle parut pour la première fois.
Les fleurs, à son aspect, d'une commune voix,
L'acclament, la font reine et chantent sa victoire :
 « Régnez sur nous, régnez, ô vous dont la beauté
» N'a point d'égale ici ni sur toute la terre;
» Vous qui brillez sans faste, à force de bonté;
» Qui, de suave odeur, embaumez ce parterre.
» Dans un élan d'amour et d'admiration
» Pour des charmes placés au-dessus de l'envie.
» Ô reine, sous vos lois, nouvelle nation,
» Nous venons nous ranger et couler notre vie. »
« Hélas! reprit la rose, étouffant un soupir,
» À ces vœux si flatteurs, que je voudrais me rendre !
» Mais ces dons que hâtait l'haleine du zéphyr,
» Dons qui faisaient peut-être ombrage à maint saphir,

» Déjà le vent jaloux commence à me les prendre,
» Et demain, pauvre reine, au retour du soleil,
» Je serai le débris de ce riche appareil
» Qui s'en va feuille à feuille et jette à la poussière,
» Du soir au lendemain, ma tunique princière,
» Et jusqu'à mes boutons qu'attend un sort pareil.
» Goûtez, j'y prends plaisir, l'éclat qui m'environne ;
» Mais, à sœur moins fragile, offrez donc la couronne. »

    Pour exercer le pouvoir souverain,
    Comme on le voit par cette fable,
    Il ne suffit pas d'être affable,
    Il faut encor avoir la force en main.

Dr GEFFROY.

Finistère.

L'AVARE ET LA PEINE DE MORT

Voyez-vous ce vieillard couvert de haillons, à la démarche chancelante, à l'œil voilé, au teint blafard. Vous le prenez sans doute pour un mendiant et naturellement vous éprouvez pour lui les plus vives sympathies.... Loin de l'entourer de votre tendre sollicitude, qu'il soit plutôt pour vous un objet de dégoût, car le sceau de la réprobation est empreint sur son front en caractères de feu ! Il pouvait vivre dans les lambris dorés, être heureux sur cette terre, et l'insensé végète dans une misère affreuse, au milieu de monceaux d'or illicitement acquis et dont il fait son Dieu !

Qu'on déroule devant ses yeux le tableau des splendeurs humaines ; qu'on évoque du sein du néant toutes les constellations d'astres éteints, et les cercueils disparus des générations effacées, et toutes les turpitudes de l'ombre, et il reste froid, insensible ! Pas un muscle de son visage ne tressaille. C'est le calme de la philosophie, l'insensibilité de l'indifférence, ou plutôt c'est la brute inconsciente que dirige l'instinct, la matière animée par un souffle de mort! Ce n'est plus l'homme, c'est un cadavre ambulant qu'une pensée unique absorbe, thésauriser!

La percussion de l'or! voilà le rhythme magique qui galvanise sa torpeur; elle fait courir dans ses veines un frisson ineffable, et l'instantanéité même de sa durée semble marquer pour le misérable la mesure d'un siècle de félicité suprême!...

Hélas! l'heure fuit, en emportant avec elle l'illusion et le mirage, et elle le laisse seul, dans l'ombre, avec le démon de l'inquiétude. Déjà l'aiguillon de la peur le tourmente; ses nuits se passent dans l'agitation, elles sont pleines d'insomnies; le plus léger bruit l'effraie, sa voix même le fait tressaillir. Il se croit environné de spectres; il croit même distinguer leurs souffles semblables à des frémissements d'intelligences, et son cerveau est près d'éclater sous cette pression de l'inconnu, inexprimable.... Figurez-vous un berceau avec ses langes immaculés, sa gaze glacée de rose par un reflet d'aurore : nid soyeux dérobant aux regards du profane ce que l'œil seul d'une mère peut contempler.... Heureuse, troublée, elle se penche... retenant son souffle.... Cœur de mère, abîme insondable, l'immensité sans bornes est un linéament obscur dans ta profondeur infinie!... Malédiction!... oh! non! c'est une hallucination étrange, un rêve, une folie, une absurdité! Un cœur dont les battements ont cessé, quoi de plus absurde?... « Mon enfant, tu » vis, n'est-ce pas, tu sommeilles, mon Jules... réveilles-toi! » je suis ta mère.... » La plume est impuissante à peindre la douleur de cette femme courbée sur le cadavre de son fils mort. Ce ne sont que hurlements, vociférations, imprécations, rugissements, blasphèmes! Ce n'est plus la femme, c'est la bête féroce irritée, c'est une mère... une mère à genoux, invoquant Dieu et lui montrant du regard, dans l'ombre, — impassible, la mort — squelette vivant au bras de fer!...

Ses artères sifflent; ses yeux sont injectés de sang. Échevelée, le front meurtri; haletante, prosternée! Spectacle terrible, tel que l'offre l'avare, plus déchirant peut-être encore, car la mère a le cadavre, elle peut dans son délire impie l'abreuver de ses larmes, le meurtrir de ses baisers, et l'avare, lui, n'a rien! ses doigts crochus croyant palper l'or, n'ont saisi que le vide, le vide immense!...

Destinée implacable, tu le laisses seul dans son ombre, seul et comme perdu dans l'immensité de sa douleur. Pas un ami. La joie qui éclate de toutes parts l'exaspère. Il se rit de la justice des hommes; fulmine contre le genre humain tout entier; nie le progrès, la gravitation, le vertige, Dieu — affirme le mal; — a foi dans l'avenir! et s'il retrouve cet or, cet or, sa seule jouissance, cet or, le sujet éternel de ses tourments? quel saisissement de joie! quels transports! quelle exaltation! Ce proxénète éhonté qui recèle dans le cœur le levain de tous les crimes, qui voit d'un œil indifférent le misérable agoniser dans l'ombre, devient tout-à-coup, par une transformation étrange, le sanctuaire de l'amour infini! Une muse l'inspire. Ce ne sont pas de vaines amplifications de rhétorique, mais l'éloquence portée à sa plus haute période. Tenez, il réhabilite dans leurs splendeurs premières les vertus, qui pour lui, il n'y a qu'une heure, n'étaient qu'un vain mot... Lorsque sa dernière heure aura sonné, si un prêtre lui parle de Dieu, de l'éternité, le sceptique répondra avec un sourire satanique, le Pactole est mon Dieu, l'or mon éternité!!...

Membres du jury, lorsque vous serez appelés à vous prononcer sur le châtiment que vous aurez à infliger à un avare coupable d'homicide, et s'il y a lieu de devoir lui appliquer des circonstances atténuantes, n'en admettez point, prononcez hardiment et sans réflexion la peine capitale!

Cette justice te révolte, poète, elle te fait frémir, et tu t'écries dans l'enthousiasme de l'amour : Non! l'homme n'a pas le droit de tuer l'homme, de briser une existence, d'anéantir l'œuvre de Dieu !

Écoute, donne au misérable que la loi vient de flétrir, ton âme, ton cerveau, toute ton individualité. Christ, immole-toi, et à ta dernière heure, tu te verras trahi pour un peu d'or ; on te livrera par un baiser. Meurs, et tu sentiras au fond de ton cercueil, où tu dors du sommeil d'Épiménide, comme l'attouchement d'un hideux reptile, et tu te réveilleras profané !

Prométhée moderne, tu veux animer la boue, donner l'âme, le feu divin à la matière ; repétrir l'ébauche du fini et la passer au moule de l'infini ; effacer la tâche au firmament bleu de l'imperfectible.

Prendre l'homme dans son étroitesse, dans son égoïsme, dans son terre-à-terre, dans sa cupidité, et le soulever jusqu'au plus haut sommet de l'amour fraternel ? c'est vouloir ressusciter un cadavre ! Il y a des bornes au devoir, et tout excès d'héroïsme est une faiblesse.

Lucien Requier.

Loire-Inférieure.

LE DEVOIR

Devoir et bonheur ne font qu'un.
Jules Rambaud.

C'est une loi commune, ici-bas toute chose,
Sous un doigt souverain et qui fait tout mouvoir ;
Par un instinct sacré, d'elle-même s'impose
    Ce mot, grand et simple : Devoir.

A ce maître, à ce Dieu, tout obéit ; la gloire
Se trouve à ses côtés, mais la honte poursuit ;
Celui qui, se riant des récits de l'histoire,
    Méconnaît sa voix et le fuit.

C'est le puissant moteur de la nature entière.
Tout, dans les champs, les Cieux, la mer, l'immensité
Se soumet au devoir, depuis l'aigle en son aire,
    Au grillon dans l'herbe abrité.

C'est, quand le laboureur vers le sillon chemine,
C'est, de deux cœurs brûlants le serment précieux;
C'est la lune, le soir, argentant la colline,
    Le soleil empourprant les Cieux.

C'est, dans le champ des morts la pauvre jeune fille,
Priant sur un tombeau, qu'elle arrose de pleurs;
C'est l'épouse au front pur où la vertu scintille,
    L'abeille ôtant le miel des fleurs.

C'est l'ardent bûcheron à la face hâlée,
C'est le gai rossignol dans le buisson fleuri
Emplissant de concerts la tranquille vallée,
    Avant que l'aurore ait souri.

C'est le hardi pilote au cœur plein de courage,
Pour éviter l'écueil au navire éperdu
Bravant des sombres mers l'inexorable rage,
    Et que mort le flot a rendu.

C'est le vaillant soldat à son drapeau fidèle,
Qui meurt pour son pays, dont il était l'espoir;
C'est l'ouvrier robuste, et dont le front ruisselle,
    Au travail du matin au soir!

P.-P. PALUT.

Dordogne.

A MES AMIS

IMITATION DE CATULLE

O mes chers compagnons, que votre ami Catulle
Franchisse l'Hellespont, les Colonnes d'Hercule;

Que de l'Inde il parcoure et fouille les confins ;
Que sur l'onde écumante où grondent les orages
Il brave, en s'élançant vers de lointains rivages,
    Les foudres vengeurs des destins ;

Qu'il soumette à ses lois ou le Scythe ou le Parthe ;
Que la molle Arabie et la sévère Sparte
L'arrachent tour à tour à ses lares en pleurs ;
Qu'il contemple à Memphis, de cercueils entourée,
Le Nil bourbeux couvant sous son onde sacrée
    La richesse au sein du malheur ;

Qu'il atteigne soudain les cimes orgueilleuses
Des Alpes au front noir, tombes silencieuses
D'un peuple de Brennus glorieux de sa fin ;
Qu'emporté sur les flots, la vague furibonde
Le roule, haletant, des limites du monde
    Aux bords sablonneux de l'Euxin.

Je le sais, mes amis, en quelques lieux que j'erre,
Sur la mer, sous les Cieux, sur les monts, sur la terre,
Partout où du destin le vœu conduit mes pas,
Debouts, vous êtes prêts à suivre ma carrière !
Mais mon attachement, sourd à votre prière,
    De vos soins ne l'exige pas.

Ce que de vous, hélas ! mon amitié réclame,
C'est de dire à Lesbie, à ma maîtresse infâme,
Ces tristes mots sortis d'un cœur découragé :
« Que de ses jours heureux elle vide la coupe
» Au sein de ces amants qu'autour d'elle elle groupe
    » Devant son amant outragé ;

» Que son front, jadis pur, pour moi n'a plus de charmes ;
» Qu'elle oublie un amour épuisé par mes larmes,

» Brisé par l'inconstance et blessé sans pudeur
» Comme la fleur des champs que la faux meurtrière
» Abat brutalement et livre à la poussière
   » Sans nul souci de sa douleur. »

OURDAN.

Var.

PRÉLUDE DE LA VERCINGÉTORIDE
POÈME INÉDIT

Ainsi que l'étranger, qui loin de sa Patrie,
Sous des Cieux inconnus va terminer sa vie,
Pour distraire son cœur, rêve à ses premiers jours,
Ainsi, j'aime du temps à remonter le cours.
J'aime à me recueillir sur un vieux champ de gloire,
Au milieu des héros de notre antique histoire.
Près de ces fiers humains, sans détour et sans peur,
Simples, mais dont le monde admirait la valeur,
Des hontes du présent le passé me console.
Alors, du moins, ce peuple, aujourd'hui si frivole,
Ne jurait que par toi, radieuse clarté,
Que l'univers épris, nomma la liberté !
O trois fois insensé, liberté qui t'oublie !
Mais sur l'aile du temps où la mélancolie,
Inspirant mon regard, l'a-t-elle transporté ?
Là-bas, vers l'Occident, quel rivage enchanté
Sort du fond des déserts, et me paraît une île
Qu'un beau fleuve a vu croître en sa course tranquille.
Cette île, c'est Lutèce, et de ces humbles fleurs
Doit naître un jour Paris, la ville des splendeurs.
Es-tu, dis-je à l'écho, qui gémit solitaire,
Es-tu la grande voix qui doit remplir la terre ?
Tendres fleurs êtes-vous l'image des beautés
Qui peupleront un jour la reine des cités ?

Charmant rayon d'azur, qui glisse en traits de flamme
A travers la forêt, es-tu l'œil de leur âme?

Ah! de tous nos plaisirs, à jamais le plus doux,
Tendres sœurs, chers parents, est de penser à vous!
Heureux qui près de vous, et loin de l'imposture,
Peut trouver un asile au sein de la nature,
Où pour la vérité l'on vive au moins un jour!
Pour moi, Paris naissant est ce divin séjour.
Libre, sur ce radeau, comme au milieu des âges,
J'y puis être moi-même, et, du sein des orages,
Demander au passé si le temps qui n'est plus
A le secret des jours qui ne sont pas venus;
Ou si le jour nouveau, qui s'empresse d'éclore,
Peut de notre pays nous retracer l'aurore?
Et soudain sous mes yeux passent tous ses enfants,
Promenant, tour à tour, vaincus ou triomphants,
Mais toujours généreux, de l'un à l'autre pôle,
Comme un brillant fanal, le drapeau de la Gaule.
Quel mont inaccessible, ou quel champ glorieux,
Ne porte encore empreints leurs pas audacieux?

Mais déjà de Fingal la harpe qui murmure
M'ordonne de venger une trop longue injure;
Sous ses doigts frémissants un signal a vibré
Qui soudain a rempli du délire sacré
Les bardes réveillés de Lutèce et d'Athènes.
A leurs mâles accords les filles de Messènes,
Les vierges d'Albion, joignant leurs douces voix,
Signalent à mon luth ce valeureux Gaulois
Qui disputa le monde à l'astuce romaine
Alors si redoutable à la famille humaine,
Quand pour nous, plus cruel que le cruel hasard,
Sur nos aïeux trahis vint s'abattre César.

Je vais donc te chanter, comme le vrai modèle
Des héros oubliés par l'histoire infidèle,

O toi qui méritas, par l'âme et par le cœur,
Grand Vercingétorix, de vaincre ton vainqueur.
Et puissent les soupirs donnés à ta mémoire
Être un nouveau sujet d'espérance et de gloire
Pour le noble pays où tu reçus le jour,
Et qui veut te garder un éternel amour !

A.-J. LAFOSSE.

Seine.

L'ENFANT ET LA FLEUR

SONNET

Mai répandait dans l'air ses senteurs de jasmin ;
Partout on entendait gazouiller l'hirondelle.
Une humble marguerite était là, fraîche et belle ;
Un enfant qui passait en approcha la main.

« A quoi bon de ces lieux m'arracher, lui dit-elle.
» Pour aller me jeter sur les bords du chemin ?
» Laissez-moi dans mon pré vivre calme et fidèle,
» Moi qu'il vit naître hier et qui mourrai demain ! »

— « Je voulais, dit l'enfant, te porter à ma mère,
» Qui depuis trois grands mois repose au cimetière...
» Le bon Dieu nous l'a prise, et lui seul sait pourquoi.

» Elle aimait tant les fleurs, quand le mois de Marie
» Revenait tout joyeux en couvrir la prairie !... »
La marguerite alors répondit : « Cueillez-moi. »

ALPHONSE HANON.

FIÈVRE BRULANTE

Un feu terrible me dévore !
Et lorsque mes membres lassés
Disent : c'est assez, c'est assez,
Mon âme dit : non ! — marche encore.

C'est en vain que, durant le jour,
M'invite en souriant la muse ;
Jamais poète ne s'amuse
Qu'à chanter son premier amour.

C'est en vain, en vain, qu'à la chasse,
Errant par les monts et les vaux,
Se fatiguent hommes et chevaux
Pour suivre un chevreuil à la trace.

C'est en vain que la nuit, au bal,
Je vois de blondes jeunes filles
Danser d'harmonieux quadrilles,
Pendant le bruyant carnaval.

Toujours l'inconnu me dévore !
Et lorsque mes membres lassés
Disent : c'est assez, c'est assez,
Mon âme dit : oh ! cherche encore.

Et c'est en vain que vers le soir,
Rêveur, je pâlis sur un livre
Quand le vent, la grêle et le givre
S'abattent sur mon vieux manoir.

Et c'est en vain que je voyage,
Quand l'été dore les moissons ;
Partout j'entends les mêmes sons,
Partout je vois la même plage.

En vain passent devant mes yeux
Les bois, les prés et les campagnes,
Et les ravins, et les montagnes
Qui vont se perdre dans les Cieux.

Jamais le feu qui me dévore
N'épargne mes membres lassés ;
Mon âme dit : Va ! — cherche encore
Sans jamais dire : c'est assez....

Cte DE CHOISEUL DAILLECOURT.

PAUVRE CANICHE

Le chien, indépendamment de la beauté de sa forme et de sa vivacité, a par excellence toutes les qualités intérieures qui peuvent lui attirer les sympathies de l'homme. Sans avoir comme celui-ci la lumière de la pensée, il a toute la chaleur du sentiment ; il a de plus que lui, nous osons l'avouer, la fidélité et la constance dans ses affections.

Le chien est tout zèle, tout ardeur, tout obéissance pour son maître. Plus sensible au souvenir des bienfaits qu'à celui des injures, il oublie celles-ci pour s'attacher davantage à celui qui le maltraite ; il caresse, il lèche cette main brutale qui l'a frappé, et finit enfin par désarmer la colère de son bourreau.

Le chien fidèle à l'homme, conservera toujours une portion de l'empire, un degré de supériorité sur les autres animaux : il règne lui-même à la tête d'un troupeau, c'est le général en chef, le cicerone des touristes égarés, et lorsqu'il fait entendre de sourds grognements, ce n'est que pour maintenir la paix dans le camp indiscipliné.

« Avoir gagné une espèce courageuse et docile comme

» celle du chien, a dit Buffon, c'est avoir acquis de nou-
» veaux sens et les facultés qui nous manquent. »

L'on peut dire que le chien est le seul animal dont la fidélité soit à l'épreuve, le seul qui sache distinguer la voix de son maître de celle d'un ennemi, le seul enfin, dont les talents naturels soient évidents et l'éducation facile et heureuse.

Maints exemples ont immortalisé l'espèce canine, et chaque jour, de nouveaux traits d'héroïsme, de sauvetage ou de dévouement accomplis par ces animaux, rappellent à nos souvenirs l'attachement réciproque que nous devons avoir pour eux.

Écoutez plutôt le récit exact et fidèle que nous allons vous faire de la touchante odyssée d'un chien caniche, quadrupède de cœur, qui, à défaut d'une place dans la morale en action, à côté du chien de Montargis, en mérite une dans ce livre à côté d'une élégie d'un poète aspirant à une des primes offertes par la Société des Concours Poétiques.

Ce caniche appartenait à un saltimbanque dont il partageait les rudes labeurs et la vie nomade. Semblables à deux amis, à deux frères, ils se communiquaient en quelque sorte leurs joies comme leurs peines, leurs espérances comme leurs déceptions. Lorsque son maître avait terminé ses exercices fatigants, le fidèle caniche, coiffé d'un vieux bonnet de police, fixait sur les curieux de la galerie sa prunelle ronde et vive qui brillait comme un bouton de jais à travers ses mèches tombantes; alors, il remuait les entrailles les plus inaccessibles, les plus blindées, et les gros sous — rarement les pièces blanches — pleuvaient dans la sébile qu'il présentait au public compatissant.

L'immuable loi par laquelle tout finit avait sonné l'heure de la séparation; ces deux êtres différents seulement l'un de l'autre par l'intelligence et par l'idée allaient être désunis.

Jour fatal, jour d'angoisses que celui où le pauvre saltimbanque se cassa la jambe. Transporté dans un hospice, l'infortuné se vit amputer la partie malade ; il subit cette opération avec courage et résignation, et il ne se désespéra que lorsqu'il vit la gangrène se mettre dans la plaie ; hélas ! tout était bien fini ; quelques jours après il succombait à une cachexie purulente.

Que faisait le caniche pendant la maladie de son maître ? Il hurlait à fendre l'âme sous le porche de l'hôpital, et s'obstinait à y demeurer malgré les menaces et les coups qui lui étaient adressés par les voisins, que ses plaintes et ses cris de détresse agaçaient.

Pendant près d'un mois le pauvre animal fit retentir les échos du quartier de ses lamentations pénibles. Voyant qu'il n'obtenait aucun résultat, il crut son maître parti vers une contrée lointaine, et le voilà de se mettre à sa recherche.

Le chien fouille tous les carrefours, tous les coins, depuis les promenades des préfectures de première classe jusqu'au champ de foire de l'obscur village. Dans maints endroits il est reconnu, car où il avait passé, sa moustache, digne émule de celle du maréchal Lebœuf, et le pompon de sa queue, semblable à un plumet de hussard, avaient fait impression. Enfin, au bout d'un an, lassé de tant de pérégrinations infructueuses, il s'en revient l'oreille basse, la langue pendante, vers le garni qu'habitait autrefois son maître.

Quelques jours après, un autre saltimbanque rencontre la malheureuse bête errant au hasard et la reconnaît pour avoir appartenu à un de ses confrères et amis ; ému de pitié, il la recueille et veut l'amener dans sa baraque. Mais, passant près d'un cimetière, l'animal s'enlève tout-à-coup au-dessus du mur et court, haletant et épuisé auprès d'une fosse recouverte seulement d'un peu de terre et surmontée d'une croix de bois blanc, dernier souvenir d'un ami. Dépeindre les cris, les hurlements, les plaintes que poussa le pauvre chien, c'est pour nous chose impossible; il se roulait sur la tombe de son maître; et, de ses griffes aiguë, il grattait la terre comme pour pénétrer plus intimement auprès de son ami, de son bienfaiteur.

Cinq jours après, un fossoyeur trouva le cadavre du chien à moitié enfoui dans la terre, les lèvres encore écumeuses. La douleur et la faim avaient occasionné la mort de ce fidèle compagnon.

Vous qui me lisez, ne considérez-vous pas ce saltimbanque comme notre mère-patrie, et ce chien caniche ne vous représente-t-il pas tous les cœurs dévoués à notre chère France? Sont-ils nombreux ces cœurs patriotes? Hélas! il y en a peut-être moins que de chiens fidèles.

Frères et amis, réchauffons notre zèle, montrons que nous aussi nous préférons mourir avec la France notre mère que de lui survivre; mais, que dis-je, un jour viendra où elle renaîtra plus fière, plus riche, plus puissante que jamais.

Français, allégeons-nous du fardeau qui pèse sur nos épaules, et vengeons notre honneur outragé, c'est notre devoir avant tout.

Auguste Lardeux.

CALME ET TEMPÊTE

A LA MER, EN VUE DES CÔTES DE FRANCE, A BORD DU YACHT FRANÇAIS
WASHINGTON

21 Mai 1874.

Des vents pas une haleine! et cependant la lame
A travers les rochers s'avance en écumant,
Et s'élance par jets, ainsi que fait la flamme
    D'un foyer s'allumant.

La voile, sans essor, d'un bord à l'autre roule :
Voile, mât, tout fatigue au roulis continu.
Le rameur épuisé gémit; la sueur coule
    Sur son corps demi-nu.

Chérubins, d'un coup d'aile appelez cette brise,
Dans le calme et l'orage espoir des matelots ;
Refuge de la nef que la tempête brise,
Vierge sainte, écoutez la voix qui vient des flots.

Le couchant est ce soir plein de magnificence,
Un vaste temple d'or et du plus beau lapis :
Sur sa rive la mer en bondissant l'encense,
    Sa plaine est un tapis.
Du bout de l'horizon de rapides nuages,
Légers, jouant entre eux comme de vrais lutins,
Vont porter au zénith la couleur des orages
    Dont leurs contours sont teints.

De pesantes vapeurs arrivent en phalanges,
Plus noires que la nuit. Un géant monstrueux
S'y dessine, le front ceint de lueurs étranges,
    Le corps long, tortueux.
Est-ce Satan qui passe aux confins de la terre ?
Est-ce sa légion ! c'est Typhon l'Infernal.
Sur son large bandeau serpente le tonnerre :
    C'est lui, c'est son signal !

Déjà la mer blanchit, écume, se soulève :
Le Ciel semble y plonger de sombres pavillons.
Un affreux râlement se traîne sur la grève;
    L'air n'est que tourbillons.
Certain calme subit se mêle à la tempête :
Le tigre rit ainsi sur un corps déchiré.
La falaise en tremblant, de sa base à son faîte,
    Chante un *Dies iræ*.

La vague en sa furie a pour jouet des hommes.
Et dire qu'un esquif là se débat, tout près !
Voyez, sans le Seigneur, voyez ce que nous sommes
    Sous nos frêles agrès !
Ah! demain que de pleurs, que de deuil, si l'aurore
Pour tant de morts venait demander des cercueils !
Vierge sainte, écoutez la voix qui vous implore
    Du milieu des écueils.

Cap^{ne} L.-J. Duval.

LE PRÉNOM DU CŒUR

A UNE MÈRE CHÉRIE

Je suis l'humble lecteur qui feuillette, cherchant
Sur la page oubliée un trait simple et touchant.
Le soupir du regret, le mot de l'espérance,
Tout ce qui vient de là, de ce qui fut la France,
Laisse dans mon esprit un sceau toujours vivant
Et je redis, heureux, ce qu'on savait avant.

Aux jours de cette sombre et douloureuse histoire
Où la France passait par son grand purgatoire,
Quand le drapeau-linceul du moderne Attila
Disait que le barbare et le maître étaient là,
La femme d'un vaincu mit au monde une fille
Ah! c'eût été, naguère, au sein de la famille,
Quelque chose de doux, la fête du berceau.
Mais alors chaque cœur saignait, et le bourreau
D'un vautour affamé faisait briller la serre !
L'obus avait jonché de cadavres la terre,
Les femmes sanglotaient à leurs foyers en deuil,
Et si de leurs maisons ils franchissaient le seuil,
Les hommes pouvaient voir, l'âme d'horreur navrée,
Le gros rire brutal du sbire à la curée !

Et le père gardait un noir pressentiment.
Il éprouvait alors le double sentiment
De la haine profonde et de la sainte joie.
« La consolation que le Seigneur m'envoie,
» Disait-il, cet enfant le plus cher de mes vœux,
» De ne l'avoir pas vu nous serions plus heureux
» Peut-être! L'innocent devait-il naître esclave!
» Ange quel nom te sied? » — Mais la mère, une brave :
« Ami, bénissons Dieu que son front soit si beau,
» Sous l'immonde crachat et dans son vil tombeau,
» Le doux crucifié garda son espérance.
» (Saintes du Ciel, pardon', nous l'appellerons France !
» Pour nous, martyrs aussi, c'est le prénom du cœur.
» Il prouve notre amour, qu'il lui porte bonheur. »

Et ce fut une fête encore, ce baptême.

Toi qui nous pris vendus, qui donc veux-tu qui t'aime,
Bismark! Tu trembleras toujours devant ce nom.
Une femme écrasa la tête du démon,
D'autres, sublimes sœurs, montrent, malgré ta **rage**,
L'amour de la Patrie, et l'acte du courage.
Les mères t'ont maudit! veille, veille, Bismark,
Car l'héroïsme aussi s'appelle Jeanne d'Arc.

Après nos châtiments, le tien. C'est la justice.

Maintenant, chaque fois qu'aux bras de sa nourrice
Un beau chaperon vert sur son corsage noir,
Sur l'image du deuil, symbole de l'espoir,
Sort la petite fille adorée et mignonne,
Avec des mots d'amour la foule l'environne,
La mange de baisers, bien sincères, ceux-là,
Se dispute son front et redit : La voilà!
« O notre pauvre France, ô notre chère France!
» Nous t'aimons, nous t'aimons, fermes dans la souffrance,

» Avec fidélité, courage et passion.
» Ton sourire est pour nous la consolation. »

Cela fait, chaque jour, une charmante émeute.
Pourtant les noirs soldats rôdent comme une meute.

Un jour, prenant soudain son rôle de geôlier,
Un de ces arrogants, hélas, un officier,
Veut disperser le groupe ému des tendres femmes.
Sa menace est hautaine et son œil plein de flammes.
« En voilà bien, dit-il, un scandale indécent !
» Et la plaisanterie est bête, allez-vous-en ! »
A la moindre révolte aurait-il pris l'épée ?
« Officier, dit alors, par l'épreuve trempée,
Calme et digne, une femme, une mère, « pardon,
» Nous avons un grand droit de lui donner ce nom
» Inscrit à la mairie au jour de sa naissance ;
» Vous pouvez, s'il vous plaît, en prendre connaissance.
» Et nous l'avons aussi gravé dans notre cœur,
» Il vit dans notre amour et dans notre douleur ;
» Il est pour nous l'étoile immortelle qui brille.
» France est le nom béni de la petite fille,
» Et comme nous l'aimons, nous voulons l'embrasser ! »
Sur son front, de plus belle, on vit recommencer
Caresses et baisers de l'ardeur la plus tendre.
Maugréant et piteux, l'officier dut se rendre,
Et le père, au retour, parut tout triomphant
Que ce nom eût donné victoire à son enfant.

J'ai voulu recueillir cette histoire authentique,
Avec respect, comme on ramasse une relique,
Pour rappeler avec quelle indignation
Le vaincu doit subir l'humiliation.
J'y vois la profondeur de la haine secrète
Et je ne juge point ni scandaleux ni bête

De prouver à la France un immuable amour,
Quand on n'a qu'un désir : la retrouver un jour !
Et je ne trouve pas une plaisanterie
De baiser, dans l'exil, le nom de la Patrie,
De l'aimer sans faiblesse et de garder l'espoir
De la Rédemption, d'abord par le devoir !

NARCISSE LABORDE.

Basses-Pyrénées.

PLUS DE MÈRE

SONNET

> Souvent l'auteur altier de quelque chansonnette,
> Au même instant prend droit de se croire poète.
> Il ne dormira pas qu'il n'ait fait un sonnet.
> BOILEAU.

L'ouragan fait trembler les croix du cimetière !
Vois-tu, mère, il fait nuit... l'éclair lance ses feux ;
Le vieil hibou gémit ; on entend le tonnerre !
Ne reste plus ici, quitte ces tristes lieux !...

Depuis que tu dors là sous ton froid lit de pierre,
Jamais plus un ami ne se mêle à mes jeux ;
Je suis seul le matin à faire ma prière,
Et seul encor le soir, j'adresse au Ciel mes vœux.

Mon père, en s'éloignant, répond à ma tendresse,
Et je lis sur son front une sombre tristesse.
— Autrefois, vous étiez toujours gais près de moi....

On me dit, bien souvent, que je n'ai plus de mère.
Mais, j'ai vu l'homme noir te coucher sous la terre.
Le sol tremble, j'ai peur ! maman éveille-toi !

AURÉLIE DIÉNART.

AMOUR

A Mlle FANNY K.

L'amour, c'est l'astre qui scintille
Dans l'horizon du cœur humain;
D'un éclat ineffable il brille,
Et nous fait croire au lendemain !

L'amour est au cœur de la femme
Ce qu'est le parfum à la fleur,
Ce que la prière est à l'âme
Et l'espérance à la douleur.

L'amour, c'est le divin mystère
Que je ne sais pas plus que toi :
Tout subit sa loi sur la terre,
Je t'aime... et ne sais pas pourquoi !

Si de l'oiseau la voix est douce,
C'est qu'il nous dit d'aimer toujours;
Et si la fleur est sous la mousse,
C'est qu'elle y cache ses amours !

Tout subit de la providence
La douce loi d'aimer un jour;
Le fleuve, dans son lit immense,
Cache aussi son étrange amour !

Et lorsque tout, dans la nature,
Par l'amour se laisse charmer,
L'oiseau, la fleur, et l'onde pure...
Pourquoi ne veux-tu pas aimer ?...

L. REBON.

Seine.

EHEN FUGACES... LAMBUNTUR ANNI

> Notre vie est semblable au fleuve de cristal.
> LAMARTINE.

Le ruisseau chante et murmure
Sur son lit de sable d'or;
Son onde limpide et pure
Fuit à travers la verdure,
Puis s'arrête, et fuit encor.

En voyant courir sans cesse
Ses flots par les prés fleuris,
Je songe aux jours de jeunesse
Où, comme lui, sans tristesse,
J'étais libre et sans soucis.

Sans souci du jour morose
Qu'on nomme le lendemain,
Il fallait bien peu de chose
Alors — papillon ou rose —
Pour m'arrêter en chemin.

La vie à présent m'entraîne....
— En m'éveillant, le matin,
Je suis ma tâche, ma peine,
Chaque jour, chaque semaine,
Et toujours ainsi... sans fin.

Plus d'école buissonnière,
Plus de plaisirs imprévus;
Il faut suivre ma carrière
Sans regarder en arrière
Aux beaux jours qui ne sont plus.

Ainsi, quand l'eau murmurante
Du ruisseau, dans quelques pas,
Se jettera — frissonnante —
Dans l'onde toujours courante
Du fleuve affairé — là-bas,

Tout en poursuivant sa route,
Comme moi, le ruisselet
Devra regretter sans doute
Sa source pure, et la voûte
De saules qui l'ombrageait.

Ainsi vaguent mes pensées,
Ainsi chante dans mon cœur
Le souvenir des années
Hélas! trop vite passées!...
Le souvenir du bonheur!

F. Desplantes.

LA GIRAFE

FABLE

On était en octobre et dans les derniers jours,
La girafe souffrait. Le gardien vient, s'arrête,
La flatte de la main et dit, hochant la tête :
« Pourquoi vers le midi, regardes-tu toujours ?
» — Je cherche mon soleil. — Ton soleil ! mais le nôtre
» Est le tien ; tu le vois. — Oh non ! j'en cherche un autre.
» Celui-ci va pâlir et les brumes du Nord,
» En éteignant ses feux, me donneront la mort.
» Le mien a des torrents de chaleur et de vie ;
» Pour ranimer nos corps, pour guérir nos douleurs,
» Il fait croître en un jour l'herbe de la prairie
» Et répand sous nos pas les parfums et les fleurs.
» Toujours jeune, il sourit toujours à la nature,
» Et l'hiver n'a jamais pu lui faire une injure.
» — Oh ! ne crains pas l'hiver, je connais tes besoins :
» A défaut de soleil, j'ai le feu qui pétille,
» Une loge bien close et mille autres bons soins.
» — Vous ne me rendrez pas l'amour de ma famille....

» Lorsque vous m'avez prise, elle veillait sur moi,
   » Pendant que je tétais ma mère.
» On entendait au loin les cris d'une panthère,
» Le monstre rugissait... mais j'étais sans effroi,
» Car mes parents savaient protéger ma faiblesse.
» Pourquoi m'avez-vous fait échanger leur tendresse,
» Ma plaine parfumée et mon beau soleil d'or
» Pour ce climat affreux où je meurs asservie ?
» Oh ! puisque vous voulez me faire vivre encor,
» Rendez-moi mon soleil, il me rendra la vie ! »

Hélas ! que d'exilés, condamnés à mourir
Sous un Ciel inclément, seuls, avec leur souffrance !
    Ne pourront-ils jamais venir
Revoir le beau soleil qui chauffa leur enfance ?

E. J.

RENOUVEAU

C'est le temps où la pastourelle
Avec la douce tourterelle
Égrène son cœur aux échos ;
L'azur des bleuets étincelle,
Et la plus belle pourpre est celle
Qui jaillit des coquelicots.

La gracieuse épine blanche
Sous le poids des abeilles penche,
La caille *glousse* dans le pré :
Tout exprime une gaîté franche,
Jusqu'à la modeste pervenche
Qui fait voir son front azuré !

L'aube, au matin, luit plus touchante
Sur la roche aiguë et penchante.

La clématite grimpe au mur ;
Le vent bruit, le merle chante ;
La sorgue que l'azur enchante
Serpente dans le val obscur.

Tout s'agite et tout se révèle,
Tout bénit la saison nouvelle,
Tout aime en ce plaisant séjour :
Amour ! dit le ramier fidèle !
Amour ! répète l'hirondelle !
Et tout s'écrie : amour ! amour !

Et le jasmin parle à la rose
Où la chrysomèle repose ;
Le bouton d'or au lis d'argent ;
Et le chèvrefeuille au thym rose,
Et l'herbe au ruisseau qui l'arrose,
Et l'onde au zéphyr voltigeant.

Au renouveau, tout se marie !
Dans le bois ou dans la prairie
Il faut que tout parle à son tour ;
Il faut qu'éperdue, attendrie,
La pastourelle enfin sourie
Aux caresses de son pastour !

Siffrein Seyssaud.

LE PRINTEMPS

Au printemps tout sourit, tout s'éveille et tout chante,
Le bouton qui verdit, le ruisseau qui serpente,
La fleurette entr'ouvrant son calice au cœur d'or,
Et l'oiseau, sur son nid, couvrant son cher trésor.

Au printemps, le zéphyr répand sa douce haleine
Dans les prés, dans les bois et par la vaste plaine,
Invitant la nature à produire, à germer,
Et les êtres vivants à s'unir, à s'aimer.

Au printemps, du soleil, le rayon pâle encore
N'effleure qu'en tremblant le beau sein de l'aurore,
Mais sur son front si doux par l'hiver attristé,
Parvient à ramener le sourire enchanté.

Au printemps, qu'il est doux d'aller sous la ramée
Cœur à cœur aspirer la nature embaumée !
Se dire mille choses, ou ne se point parler ;
Se comprendre de reste, et longtemps admirer.

Au printemps, le pauvret qui n'a ni feu ni mère,
Vient au soleil aussi, sécher sa larme amère ;
Chauffer ses pauvres doigts que l'hiver a raidis,
Et détendre en pleurant ses membres engourdis.

Le printemps, c'est le chant de la nature entière ;
C'est l'hymne universel, c'est la grande prière,
Adressée au Dieu saint qui créa l'univers,
Pour acclamer en chœur ses miracles divers.

E. Dupont-Desaulty.

LE DEVOIR

C'est l'aspiration de l'homme vers sa tâche ;
L'hymen de la pensée et du bras travailleur.
C'est vouloir être libre et tendre, sans relâche,
A sa perfection, sa gloire et sa grandeur.

C'est mélanger son âme à la nature immense :
La contemplation de ce sphinx éternel
Qui, la nuit et le jour, s'épuise et recommence
  Est un pieux hommage au Ciel.

C'est la goutte de lait, avec amour, versée
Aux lèvres de l'enfant qui pleure ou qui sourit ;
Ce sont ses premiers pas que la mère, lassée,
Dirige en occupant toujours son doux esprit ;

C'est le baiser qui clôt ses pleurs, la mélodie
Qu'elle fredonne aussi parfois, en le berçant,
Lorsque l'ange des nuits, guidant sa rêverie,
  Protége son front innocent.

C'est l'éducation, semence précieuse,
Que, dès l'aube, dans sa jeune âme, il faut jeter :
Ainsi le laboureur, dans le sillon qu'il creuse,
Répand, à pleines mains, le grain qui va germer.

L'intelligence, alors, librement étincelle,
Ce diamant si pur répand partout ses feux ;
L'enfant grandit devant l'énigme universelle,
  Le bandeau tombe de ses yeux.

Le devoir, c'est le saint amour de la Patrie,
C'est vivre ou bien mourir pour elle, s'il le faut,
Dans l'abnégation des choses de la vie....
C'est écouter toujours la grande voix d'en haut !

C'est le soulagement de la pâle misère,
C'est la protection aux petits orphelins,
La charité voilée, ouvrant, dans le mystère,
  Près du grabat, ses blanches mains.

C'est le recueillement, à genoux, sur la tombe,
Où tout ce qui fut grand, sublime et généreux,
Après de vains efforts, hélas ! quelque jour tombe....
C'est l'élévation de la prière aux Cieux.

      Victor Lemarchand.

LE DÉSESPOIR

Le malheur ennemi m'a touché de son aile,
  A détruit mon bonheur;
Dans son affreux courroux, la fortune cruelle
  A torturé mon cœur!...

J'ai vingt ans!... Et déjà de mon âme blasée
  S'est enfui tout espoir....
Je ressens, dans mon cœur, une crainte isolée,
  Un sombre désespoir!...

Rien, pour me consoler!... Je suis seul sur la terre
  Sans amis, sans parents.
Sans qu'une bouche amie ait dit : Mortel, espère!...
  Souffre encor quelque temps!...

Sans qu'un ange du Ciel, sans qu'une femme aimée
  Partage mes douleurs;
Ne vienne consoler ma vie infortunée
  En tarissant mes pleurs!...

Le malheur ennemi m'a touché de son aile,
  A détruit mon bonheur;
Dans son affreux courroux, la fortune cruelle
  A torturé mon cœur!!!

      AMÉDÉE DE PICHON FILS.

L'auteur n'avait que 14 ans lorsqu'il composa cette pièce. — (ARMAND DE PICHON FILS.)

LE LIVRE

I

La France sur l'abîme
T'appelle à son secours,
Livre, artisan sublime,
Refais-lui d'heureux jours.

De la chère blessée
Réchauffe la pensée
Par ton rayonnement.
Son âme est le domaine
Où germera sans peine
Le céleste froment.

II

Sois la vérité pure
Qui guérira nos maux,
Sois journal et brochure
Au fond de nos hameaux ;
Flamme en tous lieux portée,
Fille de Prométhée
Au pouvoir bienfaisant,
Parle dans la chaumière,
D'espoir et de lumière
Au peuple gémissant !...

III

Par la philosophie
Fais la guerre aux abus,
Mais surtout glorifie
Le travail, les vertus.
Du droit, pour tous, de vivre,
Cherche à résoudre, ô livre,
Le problème effrayant !
Si tu veux qu'on te lise,
Console et moralise
Dans un style attrayant.

IV

Voici l'heure ; commence
Ta belle œuvre de paix ;
Que par toi, la science
Nous comble de bienfaits :

N'es-tu pas son Messie?
Puisse un jour, la Patrie,
Par ton verbe puissant,
Être régénérée,
Instruite et délivrée
Sans répandre de sang !

AUGUSTE ROUSSEAU.

Maine-et-Loire.

DANS LA FORÊT DE NEUFCHATEL [1]

A M. JOSEPH JOFFROY, DIRECTEUR DE LA REVUE DES POÈTES

I

Neufchâtel dort; la lune veille.
La forêt — veuve de la voix
Du bûcheron au chant grivois,
Tandis que tout en paix sommeille
Contemple, au sein du firmament,
L'astre qui préside, en bon frère,
Au calme repos de la terre
La couvrant de son œil d'argent.

Sous un chêne, un homme aussi veille.
Avant l'aube, le voyant là,
Passant, tu te fus dit : « Voilà
» Un pauvre cerveau qui conseille
» La folie ou l'amour! »
                        Pardon !
Il n'est point fou : son œil le prouve.
« Alors l'amour sous son front couve? »
Non, il n'est point amoureux ; non.
J'ai trop dit, et je me rétracte;

(1) Neufchâtel — bourg de la Sarthe.

Si, ce jeune homme est amoureux ;
Il parle, écoutons :
           « Bois ombreux !
» O vous ! qui jouez le doux acte,
» Sur cette terre de douleur,
» D'offrir asile et solitude
» A l'homme qui, de lassitude,
» Tombe sous le poids du malheur !

» O toi, chêne à la mine austère ;
» Toi, tremble aux longs bras chatoyants ;
» Toi, saule aux cheveux ondoyants !
» O vous tous ! qui couvrez la terre
» D'ombrage, qui logez l'oiseau,
» Qui voyez gambader la biche,
» Je vous aime… et je serais riche
» De vivre en votre exil si beau !

» Non, je ne mords point à ce leurre :
» L'habit chamarré du laquais.
» Je suis insoumis au harnais ;
» Je suis né fier… et j'y demeure.
» J'aime, j'aime la liberté !
» Le grand air, pour moi, c'est la vie.
» Être garde est ma seule envie
» O forêt, séjour enchanté ! »

II

La lune a fui. L'aube se lève ;
Avril rayonne ; la forêt
S'emplit de bruit, tout y renaît :
Le moineau qu'égaye un doux rêve
Jette aux échos un air luron ;
L'insecte court sous la fougère ;
La chevrette bondit légère ;
Au loin, chante le bûcheron.

III

Le jeune homme a fermé les lèvres;
Il est debout. Dans ses grands yeux,
L'enthousiasme peint ses feux;
Sur ses beaux traits, toutes les fièvres
Du désir tracent leurs éclairs.
Muet il écoute, il regarde.
Soudain, il répète : « Être garde!...
» Et je me ris de l'univers! »

Au cri du jeune enthousiaste,
Du chaste amant de la forêt,
Succède un sanglot sourd, discret,
Mais un sanglot. — Le deuil, du faste
Est, hélas! le plus près voisin :
Derrière le bruit — le silence;
Derrière le vœu — l'impuissance;
Derrière l'homme — le destin.
La tête dans ses mains brûlantes,
Le fier enfant de Neufchâtel,
Saisi d'un désespoir mortel,
S'affaisse... et, les lèvres tremblantes,
Il murmure tout suffocant :
« Garde!... illusion — rêve — songe!
» Sort! tu me contais un mensonge!
» Pas un des postes n'est vacant!... »

IV

Une femme — au front juvénile,
Au teint de la blancheur du lis,
Et si belle que Briséis
Aurait vu son amant Achille
Presser sa marche pour la voir —
Auprès du jeune homme en silence,
Est assise. Au vent, se balance
Sa chevelure; l'œil est noir.

Son pied nu, que l'herbe câline,
Causerait, tant il est petit,
A plus d'une belle, dépit.
Jupe montrant la jambe fine,
Corset laissant bondir le sein :
Voilà notre fraîche ingénue.
Devait Flore, en cette tenue,
Descendre, à ses fleurs, le matin.

— L'œil plein d'une douce malice,
— Dans sa main, du pauvre garçon
Pressant la main : « Quelle raison, »
Lui dit-elle, « à l'amer calice
» Te force à boire tant de fiel?
» Pas une place de vacante !
» Crois-tu ; puis, la voix frémissante,
» Tu murmures contre le Ciel.

» Tu ne rêves que d'être garde ;
» Eh ! qui donc répond : non ! — toi seul ;
» Toi seul te couvres du linceul !
» Ne me connais-tu point? regarde. »
L'infortuné lève les yeux :
« Elle ! » exhale-t-il tremblant, « elle !
» De qui mon cœur dit : elle est belle !...
» Et nous sommes jeunes tous deux ! »

« Mon père, » reprend l'humble fille,
Dont l'œil d'un doux éclair a lui,
« Mon père est garde ; va, dis-lui
» Que c'est d'amour que ton œil brille ;
» Que le choix de ton cœur, c'est moi ;
» Il te répondra : sois mon gendre !
» Mon père est vieux... veux-tu comprendre :
» Le garde, eh bien ! ce sera toi. »

« Un ange est venu de mes larmes
» Tarir le cours; merci mon Dieu! »
S'écrie et répète avec feu
Le futur garde. Puis — des charmes
De la jeune fille, ébloui —
Sous un long baiser, de l'amante
Il brûle la lèvre charmante,
Et murmure : « Oui, je t'aime, oh! oui. »

v

Des jeunes gens, sous le feuillage
Un vieillard a tout entendu.
L'amant se lève confondu.
Le vieillard, sourire au visage,
S'approche... unit leurs mains... et dit :
« Soyez heureux! »
                   Prompte et légère,
L'amante embrassa son vieux père.
L'amant pria. Dieu les bénit.

Homme, qui que tu sois, le regard d'une femme
    Te laisse-t-il d'un froid mortel?
      Dans la forêt de Neufchâtel
Va... le nid gazouillant réchauffera ton âme.

Homme, qui que tu sois, le regard d'une femme
    Te brûle-t-il d'un feu mortel?
      Dans la forêt de Neufchâtel
Va... l'arbre dépouillé refroidira ton âme.

RAOUL BONNERY.

Sarthe.

LE ROSSIGNOL

Bien souvent, solitaire, on peut voir un rimeur,
Sur le déclin du jour, s'en aller tout rêveur;

Quitter pavés, trottoirs, pour chercher la verdure ;
Et, savourant le soir, respirer la nature.
Tel le barde des nuits, de son nid s'échappant,
Va dans les arbres verts pour inspirer son chant ;
Et, dominant un parc ou les bords d'une route,
Des bosquets de villas, où tout chacun le goûte,
Il fait tout résonner de ses puissants échos.
A sa voix le sommeil repousse ses pavots.
Agilité, fraîcheur, élégance sonore :
Il attache, il séduit, et sait charmer encore.
Il chante sa couvée et les doux vermisseaux ;
La brise, ses parfums et la fraîcheur des eaux ;
Il chante le Ciel bleu, les étoiles qu'il aime ;
Bois et jardins fleuris, tout est dans son poème.
Par cent coups de gosiers et par cent tours de voix,
Il est le coryphée et l'orgueil de nos bois :
Il siffle des appels, divise ses tirades ;
Il roule et flûte et trompe, éclate en des cascades ;
Il étale, il nuance, et la gamme des sons,
Et de tous ressorts les intonations.
Si, jamais épuisé, quelquefois il s'arrête :
C'est un thème nouveau qu'avec art il apprête.
Doux soupirs de tendresse, élans vifs et joyeux :
Magnifique d'éclat, il est majestueux.
C'est le poète ailé saluant la nature,
En sa grandeur native, en sa belle culture.
Et la splendeur des nuits, la richesse des jours,
Reflètent dans son ode, ainsi que ses amours.
Aussi les alentours l'écoutent en silence ;
Sa voix seule, sa voix remplit le vide immense.
Et plusieurs fois déjà le coq, par ses longs cris,
A su rendre à l'éveil plus d'un hôte au logis ;
Fauvettes et pinsons, à leurs branches fidèles,
Viendront bientôt s'unir aux chœurs des hirondelles ;
Que les échos encore épandent les accents
Du chantre infatigable, aux couplets renaissants.

Et l'aube annoncera la plus splendide aurore,
Qu'on entendra la voix de Philomèle encore.

Comme une lampe sainte, illuminant l'autel,
La nuit comme le jour, s'élevant vers le Ciel ;
Perpétuel hommage à la grandeur divine,
Mystérieux cantique où notre âme s'incline ;
Sous le dôme des nuits, un solennel accent
Fait entendre la voix de l'Être au Tout-Puissant.
Un bienfaisant repos régnant sur toutes choses,
Ce chant s'éteint dans ceux qui voient s'ouvrir les roses.

Léon Baux.

Seine-et-Marne.

A LA JEUNESSE
ODE

> La voix de la vérité n'est réellement faite que pour la jeunesse.
> Gatien-Arnoult.

> *Juvenes magna spectare et ad ea rectis studiis debent contendere.*
> Cicéron.

Jeunesse, à l'âme bouillonnante,
Au cœur brûlant et généreux,
Toi, dont la main trop confiante
Écarte ce qui fait l'heureux ;
Toi, sur qui compte la vieillesse
— Que guide la seule sagesse —
Dans ton succès mettant sa foi ;
Toi, qui prends ton vol vers la gloire,
Croyant remporter la victoire...
Souvent trompeuse... écoute-moi :

Veux-tu que les lèvres te nomment ?
— Laisse ces plaisirs enivrés
Qui perdent l'âme et l'empoisonnent,
Plaisirs, d'un noir fiel abreuvés,

Pétris d'un limon homicide,
Semblables au cancer putride,
Rongeant le cœur par eux gâté!...
Oui! l'absinthe a moins d'amertume.
— Que dis-je? le feu qui consume...
N'a pas plus d'ardente âpreté.

Laisse encor ce plaisir profane
Où ton cœur brûle sur l'autel,
Qui voit trôner la courtisane
L'amour, ce soleil immortel.
Il est un autel plus sublime
Qui réclame cette victime
Devant laquelle tout n'est rien :
Autel, qui jamais ne se brise
Et qui porte, comme devise,
Ces mots : le beau, le vrai, le bien.

Le beau... c'est le cœur qui, sans honte,
Parle au malheureux qui gémit;
C'est l'esprit qui vers Dieu remonte;
L'ordre qui partout resplendit;
L'intelligence qui dévoile;
C'est l'existence dont la voile
Court vers les rives de l'honneur;
C'est la liberté courageuse
Bravant la lutte périlleuse
Que la vie offre avec ardeur.

Le vrai... c'est ce qui nous engage,
Lorsque nous observons un fait,
A dissiper l'épais nuage
Qui cache la cause et l'effet.
Les merveilles que la nature
A nos yeux tous les jours procure,

Quelquefois manquent de clarté.
L'homme veut y voir quelque chose,
Pour quelle fin? pour quelle cause?...
Il aspire à la vérité.

Le bien... c'est le cœur noble et sage
Qui respecte l'honneur d'autrui,
A la loyauté rend hommage
Et prête aux faibles son appui;
Ennemi de toute injustice,
Il flagelle, flétrit le vice
Et les séducteurs mensongers.
C'est aussi l'homme dont la vie
Pour les siens et pour la Patrie
Sait affronter tous les dangers....

Que ma lyre excite la flamme
De celle qui vit par l'espoir!
Qu'elle réchauffe aussi son âme
Et toujours la rive au devoir!
Que le vent de l'indifférence
Ne vienne dans sa violence
Répandre son souffle de mort!
— Ah! puisse enfin, dans sa faiblesse,
Ma voix t'avoir dit, ô jeunesse,
Quel est pour toi le meilleur sort!

★★★

LA BUCHE

BRULANT AU FOYER

Sorti d'un gland, le tronc noueux qui m'a porté,
  Pendant un siècle a résisté
Aux vents, aux froids hivers, aux fureurs des orages,
Dont semblaient se jouer ses robustes branchages.

Sa tête s'élevait par dessus les cyprès,
Par dessus les bouleaux, les charmes et le hêtre ;
    Il régnait en seigneur et maître,
    Et semblait le roi des forêts.

L'été, le soir, au frais, il était du village
Le salon libre et pur, où, filles et garçons,
Venaient, joyeux, danser sous son épais ombrage,
Qui frémissait dans l'air, au bruit de leurs chansons.

Il étalait, le jour, son verdoyant feuillage,
En vaste parasol, au-dessus des gazons ;
A l'heure du repos, son bienfaisant ombrage,
Abritait du soleil le front des bûcherons.

Il donnait aux oiseaux dans son vaste feuillage,
Un sûr et doux refuge où, dès le point du jour,
Ils chantaient à l'envi dans un joyeux ramage,
Le retour du printemps et celui des amours.

De ses flancs au sommet, pendant les saisons vertes,
Ses feuilles dérobaient dans leurs plis et replis,
Aux regards pénétrants des yeux les plus alertes,
Les oiseaux occupés à construire leurs nids.

De mille êtres des airs, protecteur émérite,
Il porta dans ses bras les nids par eux bâtis :
Ainsi, toujours le riche aurait un haut mérite,
En donnant largement un refuge aux petits.

L'hiver il secouait ses branches desséchées,
Dont les herbes sous lui, parfois étaient jonchées ;
Et le pauvre au foyer les faisant crépiter,
Du froid pouvait par lui quelquefois s'abriter.

Toujours enveloppé dans son habit d'écorce,
Il semblait, sur ses pieds, par sa taille et sa force,
Braver sans crainte aucune et l'atteinte des ans,
Et les revers sans nombre apportés par les temps.

Mais, hélas! un matin, de sa verte feuillée,
Par l'automne passé, la tête dépouillée,
Tout raidi par le froid, blanchi par les frimas,
Il sentit de son tronc arracher les éclats.

Un bûcheron suivi de toute sa lignée,
Frappait, frappait encor, toujours à tour de bras,
Le chêne sur sa base, à grands coups de cognée.
Et bientôt on le vit tomber avec fracas !

Tronçonné, façonné, billonné, dépecé.
Il n'en reste plus rien ! rien !... pas la moindre tige !...
Et moi, bûche au foyer, hélas ! peut-être suis-je
L'un des derniers débris de son corps dispersé !!...

O vous ! qui vous chauffez à ce feu qui me ronge,
Cette histoire est la vôtre ; et tous, pensez-y bien !
Car tout dans l'univers doit passer comme un songe :
De vous, hélas ! un jour il ne restera rien !

A. BERTRAND.

Nièvre.

ROSSEL MOURANT

J'ai vu de près l'émeute et la sombre terreur
Ramener sur Paris les crimes d'un autre âge.
J'ai vu des assassins écumants de fureur
Se livrer sans relâche au plus sanglant carnage !

Le feu des passions a calciné mon cœur,
Le simon des combats a brûlé mon visage.
Le râle des mourants, la guerre en son horreur
Jamais n'ont ébranlé mon âme et mon courage.

La mort?... depuis longtemps je suis son compagnon ;
Je l'ai vu accourir à la voix du canon,
Au plus fort du combat volant sur la mitraille !

La mort depuis longtemps marchait à mon côté,
Fidèle au rendez-vous, au sein de la bataille!...
Et maintenant où vais-je? à l'immortalité!

PAUL VIBERT.

LE HUHLAN

Quel est donc ce soldat à la mine farouche,
Une lance à la main? Son coursier écumant
Dévore le pavé, et le mors sur sa bouche
Apparaît à nos yeux comme un sillon sanglant.

Ce qu'il me faut à moi des femmes c'est les larmes,
Les plaintes des vieillards, le râle d'un mourant,
L'incendie et la mort, le cliquetis des armes
Sur un crâne entr'ouvert!... en avant! en avant!

En avant! en avant! courons donc au pillage ;
La victoire est à nous; oh! des pleurs, du carnage,
Quelques brocs à vider, quelque fille!... en avant!

Soldat au cœur de fer, il bondit dans l'espace.
— Mes enfants, garde à vous, c'est un huhlan qui passe.
Et le trot s'éteignit, emporté par le vent!

PAUL VIBERT.

AUX DÉNICHEURS

Quand de son gracieux bocage,
Enfants, votre main le bannit,
Si belle que soit votre cage,
L'oiseau regrette le feuillage,
Les bois, ses frères et son nid.

Près de ce doux berceau de plume
La pauvre mère vient gémir !
Comme aux plus tristes jours de brume,
Dans le chagrin qui la consume,
Son chant n'est plus qu'un long soupir.

N'enlevez pas à cette mère
Les tendres fruits de ses amours ;
Laissez-les de leur voix légère
Charmer la saison printanière
Qui nous donne quelques beaux jours.

De l'harmonieuse famille
Ne venez pas troubler l'accord ;
L'oiseau qui derrière une grille
Joyeux semble entonner son trille,
N'entonne, hélas ! qu'un chant de mort !

Assez tôt viendra la tristesse,
L'hiver sans parfums et sans voix !
Laissez-le chanter sa tendresse,
Et de sa bruyante allégresse
Égayer l'ombre de nos bois.

Qu'elle eût été désespérée
Celle qui vous donna le jour,
Si, pour une fête parée,
Elle eût trouvé, pauvre éplorée,
Le berceau vide à son retour !

Enfants, pensez à cette mère
Qui veilla sur votre berceau.
Qu'il soit pour vous une prière
Ce faible cri qui désespère
La mère du petit oiseau !

Elle voltige à votre suite ;
Entendez ses cris de douleur !
Oh ! réunissez-les bien vite !
Rendez à la pauvre petite
Son oisillon et son bonheur.

C'est si triste pour une mère
De se voir ravir son enfant !
Mais après sa douleur amère,
Quelle chanson tendre et légère,
Quel hymne vif et triomphant !

N'est-ce pas une récompense
Que de l'entendre dans les airs
Célébrer cette délivrance
Par sa plus aimable cadence
Et le plus joyeux des concerts ?

Souvent, souvent sur votre route
Faites des heureux, c'est si beau !
Vous n'êtes pas méchants sans doute ;
Pensez que Dieu lui-même écoute
La plainte du petit oiseau !

J. D'ENGREVAL.

Gironde.

REVIENS GAI PRINTEMPS

Nous devons tous aimer les humbles fleurs des champs,
Et puis leur consacrer une part de nos chants.

Bientôt le gai printemps verdira mon bocage
Que l'hiver a jauni depuis plus de trois mois ;
Les oiseaux reviendront égayer le feuillage,
La plaine, le vallon... par leurs joyeuses voix.

Je quitterai la ville et j'irai sous l'ombrage
Cueillir le blanc muguet, ornement de nos bois.
Je gravirai les monts dominant mon village,
Et là j'écouterai le chant des villageois.

A la chute du jour la voix douce et sublime
Du joyeux rossignol, allant de cime en cime,
Réveillera l'écho de la sombre forêt.

Et moi je serai seul écoutant le murmure
De l'onde du ruisseau coulant sous la ramure,
Et la brise du soir caressant le genêt.

CLAUDE GIRAREL.

Côte-d'Or.

RÉFUTATION

Eh quoi! la charité serait à l'agonie!
Est-il vrai qu'à cette heure elle n'est qu'un vain mot?
Aurions-nous donc, hélas! renié le beau lot
Que confia le Ciel à notre sympathie!

La charité! ce fut le plus pur diamant
Que Dieu mit en nos cœurs, quand Dieu créa le monde!
Il défendit toujours qu'une fêlure immonde
Ternît de sa belle eau l'éclat éblouissant.

La charité! Si Dieu l'inocula lui-même
Dans la chair et le sang de son troupeau vaillant,
C'est que, sculpteur divin au ciseau bienveillant,
Il veut qu'on la salue à sa marque suprême.

Comme un fleuve, en roulant ses fécondantes eaux,
Entretient sur ses bords la richesse et la vie,
Ainsi la charité saine, accorte et ravie,
S'épanche, jaillissante, en ses mille canaux.

Nos mères, en naissant, l'ont eue en apanage
De leurs tendres aïeux, et dans leur cœur aimant
Nos femmes et nos sœurs, comme un bijou charmant,
Enchâssent avec soin ce brillant héritage.

Et toutes, prodiguant leur secourable main,
Consolent l'affligé, soulagent la détresse ;
Et par elles les ris, le bonheur, l'allégresse,
Envolés aujourd'hui rayonneront demain.

Par elles, l'âtre éteint se colore et flamboie,
Le grabat se transforme en un lit plus mollet ;
L'enfant blême et chétif se fait enfant follet
Qui joue avec le sein, lui sourit et l'emploie.

Merveilleux antidote à toutes les douleurs,
Comme des légions prêtes à la bataille,
Elles vont où les maux vomissent leur mitraille,
Répandant le bien-être où coulaient tant de pleurs.

Pourtant le doute inique en tes vers se prélasse,
O poète insensible ! et tu n'ignores pas
Qu'au nom de charité, combattant pas à pas
Les dangers les plus grands, elles meurent en face.

Ah ! repoussons ce doute étroit, vilain, cruel !
Lavons-nous promptement d'une injuste ironie !
Ces deux mots n'en font qu'un : Charité — sympathie ;
De la femme ils sont l'âme et le titre éternel.

De la bonté la femme est la dépositaire ;
En cela Dieu la touche ineffaçablement.
Nous, qui sommes la force, aidons-lui noblement ;
Sans la troubler jamais, frère, laissons-la faire !

G. BUFFETEAU.

LA POULE ET LE PUTOIS
APOLOGUE

Un putois, grand ami de la folle bombance,
Et parfait amateur des mets au fumet fin,
   Aiguillonné par un peu d'abstinence,
     Se sent, un jour, mourir de faim.
   Pour échapper à ce destin funeste,
   Comme un joueur qui va jouer son reste,
     Notre putois quitte son trou,
Et vers un poulailler s'avance à pas de loup.
     Le rusé par une fissure,
Prudemment et sans bruit allongeant la figure,
Aperçoit une poule endormie au perchoir.
      Aussitôt il l'attaque.
     Mais la poule en sa baraque
     Se démène, et fait pleuvoir
    Tant de cris et tant de colère,
    Qu'à tous les voisins le mystère
    En un instant se découvrit.
     L'un d'eux saute au fusil,
     Mire la bête à tête aigüe
       Et la tue.
   Ainsi finit ce putois querelleur,
Victime de la faim, victime de l'ardeur
Qu'à tort il déploya, dans cette tragédie :
   Ventre affamé n'a pas d'ouïe.

G. BUFFETEAU.

Loire-Inférieure.

A MA SŒUR X...

Des anges ici-bas je niais l'existence;
Mais un seul mauvais jour dissipa mon erreur :
J'ai vu l'ordre sacré dont chaque membre est sœur
De tout infortuné brisé par la souffrance.
Elle est tout à la fois femme et divinité;
Son nom est simplement : la sœur de charité.

Quoique au milieu de nous elle a quitté le monde;
Son âme a méprisé nos plaisirs, nos amours.
Elle cache à nos yeux, dédaignant les atours,
Sous un large bandeau sa tête brune ou blonde.
Une coiffe discrète encadre la beauté
Dont le Seigneur dota la sœur de charité.

Modeste et vertueux, son divin caractère
Se révèle toujours par des soins délicats.
Et grâce à ses bontés, au milieu des soldats,
Souvent les vils jurons font place à la prière.
Aussi, pour sa douceur et son humanité
Bénit-on, dans les camps, la sœur de charité.

Qui mieux qu'elle pourrait revendiquer la gloire
Que l'on acquiert au feu des canons ennemis,
Quand vainqueurs et vaincus, par la douleur unis,
Dans ses bras généreux perdent toute mémoire,
Et la sueur au front quand un pauvre alité
Appelle, qui répond? La sœur de charité.

Son cœur est un ruisseau qu'une source puissante
Alimente sans cesse, et le fond est si pur
Qu'on y voit comme au Ciel on voit le clair azur
Quand le soleil répand sa lumière éclatante.
Sur ses traits il reflète un air d'austérité
Qui fait aimer encor la sœur de charité.

Adieu, soyez bénie, ange plutôt que femme,
Pour les dons généreux qui tombent de vos mains.
Vous êtes sainte aux yeux des malheureux humains
A qui vous conservez le corps ainsi que l'âme.
Un jour vous sortirez de votre obscurité ;
Dieu récompense, au Ciel, la sœur de charité.

Chateau.

DEVOIR

Le Devoir c'est le mot. Vivre bien c'est la chose.
La justice est le guide et nous montre le but,
Mais son règne qui n'est encor qu'à son début
Nous excite au combat que sa loi nous impose.

Poètes, défendons une si sainte cause,
C'est l'honneur de ce monde et c'est là le salut,
Aux accords de nos cœurs accordons notre luth,
Que l'éloquence dicte un arrêt qui s'impose.

Justice, vérité, vierges saintes, vertus
Qui redonnez la force à ceux qui ne l'ont plus,
Qui trouvez des martyrs, qui créez des apôtres,

Soleils ! embrasez-nous de votre feu divin ;
Et pour que vos soldats ne luttent pas en vain,
Dites-leur qu'il leur faut s'aimer les uns les autres.

Désiré Bonneville.

***

Avant que Jésus-Christ eut formulé sa loi
Dans ces trois mots : L'amour, l'espérance, la foi ;
Avant que le vieux monde eut appris des apôtres
Que le mal pour les uns l'est aussi pour les autres ;

Avant que le martyr, fanatique, mais grand,
Dorât le dogme neuf en souffrant et mourant,
Il était une secte où l'on rendait un culte
Au devoir, où le mot faible était une insulte....

« Avéxou. — Mépriser l'adversité, ne voir
» Qu'un mal, c'était le vice, et qu'un bien le devoir....
» Avéxou. — Rester grand au milieu des bassesses,
» Rester honnête et pauvre au milieu des richesses.... »

Telle était leur maxime à ces hommes de fer ;
Et dans les temps d'opprobre après avoir souffert,
Ils en étaient plus purs et plus fiers, ces stoïques....
Le devoir s'incarnait dans leurs cœurs héroïques.

C'est Brutus, immortel, vengeant la liberté
Et puis mourant, vaincu, mais non pas acheté ;
C'est Caton, défiant la destinée ingrate,
Et qui pour bien mourir s'inspire de Socrate.

Marc-Aurèle empereur, l'austère stoïcien.
Épictète, l'esclave envié du chrétien,
Perse ayant Juvénal, philosophe-poète,
Seul, élevant la voix quand Rome était muette.

Tacite... enfin tous ceux dont on sait moins le nom,
Mais qui reconnaissaient pour leur maître Zénon,
Et dont la vie obscure était pourtant sublime....
— Oh ! toi qui comprenais leur superbe maxime,

Les excès auraient-ils rendu ton lait malsain.
Mère forte autrefois, ô France dont le sein
Nourrit jadis au lieu d'un peuple rachitique
Des hommes grands et forts comme ceux du Portique !

Gustave Bridier.

Indre.

LE SINGE, L'ANE ET LE BŒUF
FABLE

Commensal d'un château, turbulent, insoumis,
Un singe se plaisait à faire la grimace,
    À gambader sur la terrasse
Qui dominait au loin le marché du pays
    Où, non moins qu'une fourmilière,
Affluaient, s'agitaient, se croisaient en tous sens
Nombre de maquignons, d'acheteurs, de marchands.
Un certain jour de foire il vit une fermière
Tout près de la terrasse arrêter son baudet
Qui portait sur son dos beurre, œufs, fromage et lait
Et dessus tout cela des paniers de volailles.
Mon singe avisant l'âne, en ces mots lui parla :
— « Pour oser te charger, ainsi que te voilà,
» Il faut que tes patrons soient d'affreuses canailles,
    » Et toi, mon cher, pour le souffrir,
    » Il faut que tu sois bien gaudiche
» Ou qu'il t'importe peu que de toi l'on se fiche.
» Si j'étais à ta place, et, comme toi, martyr,
» Ah ! certes on me verrait tout autrement agir.
» Me roulant sur le sol, je ferais des ruades,
    » Puis, tant de sauts, tant de gambades
» Que je serais bientôt libre, débarrassé
» De tout ce qu'on m'aurait sur le dos entassé.
» Que ne fais-tu de même ? » À l'époque où nous sommes,
Il est certains baudets, — et même certains hommes, —
Qui suivent les conseils des singes malfaisants,
    De ces orateurs en pleins vents.
Mon âne était du nombre : il se met donc à braire
    En signe d'approbation,
Et déjà s'apprêtait à se coucher par terre,
Lorsqu'un bœuf, qui venait d'entendre l'histrion,
Lui dit : « — Ami, veux-tu continuer de vivre
» Heureux chez ton patron ? Garde-toi bien de suivre

» Le conseil de ce polisson.
» Souviens-toi qu'ici-bas chacun doit être utile,
» Concourir au bonheur de la société ;
» A faire son devoir toujours être docile,
» Et qu'un guide doit être écouté, respecté ;
» Que, nous bœufs, nous devons tous labourer la terre
» Pour vivre de ses bons produits,
» Que, vous ânes devez, conduits par la fermière,
» Transporter au marché légumes, œufs et fruits,
» Afin d'être en échange et logés et nourris. »

Voyant l'âne rester en place,
Pas plus qu'un terme ne bougeant,
Le singe furieux leur fit, en s'éloignant,
La nique en même temps qu'une horrible grimace.

Pierre Chevallier.

Yonne.

UN PHILOSOPHE

Air : *Le curé de Pomponne a dit.*

Chaque matin, l'air radieux,
En chantant, je me lève,
Tandis que m'applaudit des yeux.
Lison, ma douce élève.
Aux cancans, à cela, ceci,
Jamais je ne me livre.
J'espère que voici,
Dieu merci,
Bien penser et bien vivre.

Du présent qui, doucement fuit,
Je jouis sans bassesses ;
L'avenir, que mon œil poursuit,
Paraît beau de promesses ;

Le passé, que je lorgne aussi,
  Me semble être un bon livre.
J'espère que voici,
    Dieu merci,
Bien penser et bien vivre,

Fidèle à la voix des désirs,
  En gai célibataire,
Je donne mes jours aux plaisirs,
  Mes nuits au doux mystère ;
Je vois mon coffre assez farci,
  Fondre comme du givre.
J'espère que voici,
    Dieu merci,
Bien penser et bien vivre.

Maint ami, souvent prétendu,
  M'emprunte, à bourse ouverte,
Sans intérêts, bien entendu ;
  Qu'importe cette perte !
Souvent, en obligeant ainsi,
  L'or, pour moi, devient cuivre.
J'espère que voici,
    Dieu merci,
Bien penser et bien vivre.

Quand une *charmeuse,* de l'œil,
  A la suivre m'invite,
Plus vif, plus bouillant qu'un chevreuil,
  J'obéis au plus vite ;
Mais bientôt je la fuis, transi
  Par ce qui peut s'en suivre.
J'espère que voici,
    Dieu merci,
Bien penser et bien vivre.

Chaque jour, sans forcer le pas,
  J'atteins maints gais compères,
Et, sans efforts, à mes repas,
  J'en emmène deux paires ;
Là, bientôt, l'abdomen durci,
  Chacun de nous tombe ivre.
    J'espère que voici,
      Dieu merci,
  Bien penser et bien vivre.

Je fais volontiers, dès le soir,
  Ma petite partie
Quand la table où je vais m'asseoir
  De Laïs est nantie ;
Là, mon cœur part, mon or aussi,
  Tant je bois et me livre.
    J'espère que voici,
      Dieu merci,
  Bien penser et bien vivre.

Je préfère, aux plus beaux sermons,
  La chanson folichonne
Mais quoi qu'en pensent les démons,
  J'aime à faire l'aumône ;
Et, grâce à ma peur du roussi
  Maint bon curé s'enivre.
    J'espère que voici,
      Dieu merci,
  Bien penser et bien vivre.

J'aime de cœur la France, mais,
  Je haïs la politique.
Que m'importe qui, désormais,
  Mènera la boutique....

Si de ceux-là, de celui-ci,
  Son glaive nous délivre.
J'espère que voici,
    Dieu merci,
Bien penser et bien vivre.

Partout retentit maint juron
  Sur telle ou telle Parque.
Soit! moi j'en ris et de Caron
  J'aime à prôner la barque,
En songeant que de tout souci
  Leur métier nous délivre.
J'espère que voici,
    Dieu merci,
Bien penser et bien vivre.

Capitaine Issaurat.

LA GUERRE

A M. V. D.

La guerre est un fléau pour tout le genre humain ;
C'est la loi du plus fort, c'est l'œuvre de Caïn.
Tant qu'il existera des luttes homicides,
Tant que le Panthéon, l'hôtel des Invalides,
Resteront consacrés aux victimes de Mars,
Tout le sang répandu, les ossements épars,
De l'ère des tyrans garderont la mémoire.
Les Attilas seront les héros de l'histoire,
Et le peuple ignorant, vain, superstitieux,
Se laissera mener par les audacieux.

Ad. Grizery.

A LORD LYTTON-BULWER

QUI VENAIT DE PERDRE SON FILS

Nous sommes ici-bas pour aimer et souffrir :
Quand ce dernier lot seul devient notre partage,
Il faut, dès-lors, avoir un bien plus grand courage
Pour ne pas succomber que même pour mourir.

Ad. Grizery.

LA VÉRITÉ

(EXTRAIT DES FABLES EN ACTION)

A M. M. CH.

Faut-il ouvrir le puits où l'austère déesse
Loin de tous les regards, se cache par pudeur ?
Les mortels, peu souvent, prodiguent leur tendresse
A celui qui n'est pas un vil adulateur.

Le poète Boileau, ce maître fort habile,
A beaucoup critiqué les travers d'ici-bas ;
Mais le seul de ses vers qui ne périra pas :
« La vertu sans argent est un meuble inutile. »
Pourrait tout aussi bien, sinon mieux, s'appliquer
Au mérite, au talent, dont les grands font litière,
Ou qu'ils prennent à cœur de ne point remarquer
Sauf quand leur vanité trouve à s'y satisfaire.

Peu de gens sont doués d'un jugement bien droit ;
Trop souvent l'intérêt guide la préférence :
On s'efforce de mettre une égale inconstance
A souffler sans raison soit le chaud, soit le froid.
L'homme n'apprend-il donc, en allant à l'école,
Qu'à puiser son savoir dans les outres d'Eole ?

Ad. Grizery.

L'AMI JEAN-JEAN

CHANSON

A MA TANTE BERTHE

I

Depuis longtemps courbé sous l'esclavage,
Ton cœur s'enflamme au cri de liberté ;
Quand du labeur ta main se décourage,
Tu viens parler de la fraternité.
Mais ces grands mots te donnent le vertige,
Parles plus bas ou tu seras battu ;
Quoi, tu voudrais que le grand se corrige,
Pauvre Jean-Jean que me demandes-tu. *(bis.)*

II

Rappelles-toi les brillantes promesses,
Des grands parleurs qu'attiraient le pouvoir,
Ils sont repus d'honneur et de richesses,
A toi Jean-Jean de montrer le devoir.
Mais qu'est-ce encor, tu parles de justice,
Quand c'est l'argent qui tient lieu de vertu ;
Tu veux qu'alors ta misère finisse,
Pauvre Jean-Jean que me demandes-tu. *(bis.)*

III

Quel est ce bruit qui fait trembler la terre,
Et dans nos cœurs vient nous glacer d'effroi ;
Quoi c'est toujours la lutte meurtrière,
Allons Jean-Jean, il faut sauver ton roi ;
Tu parleras de honte et de défaite,
Quand bravement nous avons combattu ;
Tu ne veux plus que la gloire s'achète,
Pauvre Jean-Jean que me demandes-tu. *(bis.)*

IV

Cent fois trompés par cent nouveaux régimes,
Quand donc hélas! ouvriras-tu les yeux;
Cesserons-nous d'être enfin les victimes,
Des intrigants et des ambitieux.

Réveilles-toi, que le juste l'emporte,
En travaillant nous aurons le dessus;
Si le démon refrappe à notre porte,
Jean-Jean dira, je ne vous connais plus. *(bis.)*

Tony Marius.

Seine.

LA GRISÉTTA DÉ MOUMPÉYÈ
(LA GRISETTE DE MONTPELLIER) (¹)

BLEUÉTTA PATOUÉSA

HOMMAGE A M. ÉVARISTE CARRANCE

Premier Couplet

Grisétta, qué d'amour,
Embrasés moun âma,
Ah! d'euna douça flamma,
L'aleumés tchaqua tchour.
Oh! qu'aymé ta tourneuda
Et toun poulit régar,
Ta figueda tant peuda, *(bis)*
Toutchour frésqua sans far.

Deuxième Couplet

Tchaqua tchour, aòu dîna,
Té séguissé eun paouquet;
Seu bèlla qu'eun bouquet
Laïssa-mé t'admida.

---

(1) Va paraître prochainement à Montpellier, chez Lapeyrie, éditeur, paroles et musique de M. Denis Robert.

Oh! qu'aymé ta bouquétta,
Ta graça et toun bèou fronn,
Ta gaouta roundèlétta *(bis)*
Et toun courssatché lonn.

Troisième Couplet

Grisétta d'aoù clapas,
Diou! qué siès poulidétta!
Sièguès toutchour sachétta,
Et té madidadas.
Anés pa trop dansa,
Rèsta din toun oustaou,
Ebitta dé parla, *(bis)*
Tén troubadas pa maou.

DENIS ROBERT.

Hérault.

LA NUIT DE FÉVRIER

A M. LADISLAS DE MARKOVSKI

LE POÈTE

O bise de l'hiver! lugubre et triste voix,
Que dis-tu dans la nuit? — M'apportes-tu la plainte
De ceux qui ne sont plus?... des amis d'autrefois?
Parles-tu du passé, cette étincelle éteinte?...
J'éprouve en ce moment et je ne sais pourquoi
A t'entendre gémir un indicible charme;
Tout un monde inconnu crie et s'éveille en moi,
Et je sens sur ma joue une furtive larme....

LA MISÈRE

Écoute dans la nuit, cet écho passager.
    Écoute-le bruire.
Il vibre dans les airs, il devient plus léger,
    Au lointain il expire.

Cet écho, c'est la voix, c'est le chant du plaisir,
L'air frémit tout joyeux quand la brise l'emporte ;
Cette voix exprimait l'amour et le désir :
Écoute ! — elle s'éteint... — le vent pleure... elle est morte !

LE POÈTE

Silence ! voix sinistre. Oh ! laisse encor vibrer
Cet écho de la vie. — Il n'est point passager.
L'oreille qui l'entend le transmet à notre âme ;
Cette étincelle peut devenir une flamme.

LA MISÈRE

Flamme ? ô dérision ! flamme, cette lueur,
Qui brille un seul instant et dans l'espace meurt ?
O poète, crois-moi, d'une cendre attiédie
C'est en vain qu'on provoque un nouvel incendie.
Le souffle en l'effleurant découvre un brasier
Qui ne dévore plus. — Il est rassasié !...
Laisse passer la joie. A quoi bon la poursuivre ?
— Elle dure si peu ! — Laisse ceux qu'elle enivre
S'abuser un instant, croire à ce vain bonheur.
Toi, tu n'as plus le droit de nourrir cette erreur.
Regarde autour de toi, ta chambre est solitaire,
Ton foyer s'est éteint et ta lampe n'éclaire
Que ces murs délabrés où sur son crucifix
Le Christ étend vers toi ses grands bras amaigris.
Au dehors tout se tait, le vent par intervalles
Apporte jusqu'ici ses plaintives raffales.
Sache donc qu'ici-bas, tout chant a ses sanglots ;
Le silence a les siens : la mort, c'est le repos !...

LE POÈTE

J'ai froid. — J'ai cru sentir une haleine glacée
Pénétrer tout mon corps et saisir ma pensée.
O nuit ! ô nuit d'hiver, quelle tristesse en toi !
Tu remplis tout mon être et d'angoisse et d'effroi.

Oh ! tu dois recéler dans tes voiles si sombres
Des esprits malfaisants et de funèbres ombres ;
Car sans savoir pourquoi je détourne les yeux,
Je n'ose interroger ces murs silencieux,
Et si je cherche encore à m'abuser moi-même,
Un spectre devant moi, se dresse morne et blême.
O misère ! pourquoi ? pourquoi suis-tu mes pas ?
Pourquoi m'enlaces-tu de tes livides bras ?
Pourquoi, quand un rayon me sourit et m'éclaire,
Quand ma main va cueillir une fleur éphémère,
Pourquoi viens-tu surgir tout-à-coup devant moi
Et fanes-tu mes fleurs en les touchant du doigt ?

. . . .

Au printemps de la vie, alors que l'existence
Ouvre à nos yeux ravis un horizon sans fin,
Mon cœur déjà brisé n'avait plus d'espérance ;
Je te vis près de moi ; tu me tendais la main ;
Ton front était couvert d'une douce tristesse.
Je lus tant de pitié dans ton regard éteint
Que semblable à l'enfant qui cherche une caresse,
Je tombai dans tes bras, je pleurai sur ton sein.
— Viens ! me dis-tu, fuyons cette foule égoïste,
Ce monde mercenaire à genoux devant l'or ;
De ces êtres déchus la folie est bien triste,
Car ils boivent la vie aux sources de la mort.
Viens, je serai ton guide à travers ces abîmes,
Où l'esclave gémit et pleure sur ses fers.
Je conduirai tes pas vers les plus hautes cimes,
Et là tu seras libre au sein de l'univers.
Hélas ! je t'ai suivie. Ah ! qu'elle fut pénible
La route où je marchai.... Que de pleurs répandus,
Que d'impuissants efforts ! que de rêves déçus !
Sans avoir pu jamais toucher un port paisible
Où j'eusse enfin goûté les douceurs du repos
Et trouvé pour toujours l'oubli de tous mes maux.

. . . .

Hier, ah! souviens-t'en, plus sombre et plus farouche,
Tu contemplais ton œuvre, et dans ton grand œil noir
Une larme brillait. — Étendu sur ma couche
Je voyais approcher dans les brumes du soir
   L'ange aux ailes funèbres.
Je lui tendais les bras; mon âme en cet instant
   Appelait les ténèbres :
Et jusqu'alors captif, ce souffle si puissant,
Entrevoyant déjà de la vie éternelle
   La sublime clarté,
Se sentait à l'étroit dans sa prison charnelle
   Et criait : « Liberté!!! »
Et déjà se fermait ma paupière alourdie
Quand jusqu'à moi monta de la terre endormie
   Le murmure lointain.
Oh! chante, m'écriai-je, oh! chante voix bénie
Avant de rendre à Dieu le souffle de ma vie,
   Ah! puisse encor mon sein
Donner un battement en cette heure suprême
   Et dire c'en est fait!
Je meurs... mais en quittant cette terre que j'aime
   J'emporte un doux regret.
Mais la voix s'éteignit, la nuit était venue,
   Le sommeil de la mort,
De ses ailes de plomb vint assombrir ma vue :
   Mon âme prit l'essor.

Ah! qu'il me sembla doux de fermer ma paupière!
Combien je bénissais cet imposant repos.
Il me parut qu'un poids, une pesante pierre
Roulait de ma poitrine et soulageait mes os.
Seul ou guidé par toi dans la foule du monde
J'avais dû tant pleurer, j'avais dû tant souffrir
Que je n'aspirais plus qu'à cette paix profonde :
« Aux êtres malheureux, il est doux de mourir. »

LA MISÈRE

O pauvre infortuné! quand nous nous rencontrâmes
    Tu maudissais le jour.
La débauche vers toi tendait ses bras infâmes,
    Je te donnai l'amour;
Et de ta main tremblante, à l'heure du délire
    Arrachant le poison,
Je plaçai sous tes doigts les cordes d'une lyre,
    Je sauvai ta raison.
Dieu, par moi, t'a donné bien des dons qu'il refuse
    Aux heureux d'ici-bas.
J'inspirai tous tes chants! ingrat je fus ta muse.
    Oh! ne me maudis pas!...

JULES MIEN.

LA DERNIÈRE CARTOUCHE (¹)
DÉFENSE DE BAZEILLES
1ᵉʳ *Septembre 1870*

A M. VICTOR HUGO

Pro aris et focis...

Tel qu'Attila, l'infâme et sombre envahisseur,
Qui, dans tout l'univers, répandait la terreur,
Dont l'histoire flétrit et le nom et le rôle,
Et qui pillant, brûlant, se vautrait sur la Gaule;
L'orgueilleux Allemand, comptant sur le succès,
Ravageant nos cités, se livrant aux excès,
Imitant de ce roi, les sinistres merveilles,
Venait, comme un torrent, se jeter sur Bazeilles!...
Soudain deux corps entiers, de soldats Bavarois, (²)
Sur le vaillant Lambert, tombent tous à la fois. (³)

---

(1) Épisode de la défense de Bazeilles, de la plus scrupuleuse exactitude.

(2) Premier et deuxième corps.

(3) Le commandant Lambert, alors chef de bataillon d'infanterie de marine, sous-chef d'état-major du général de Vassoigne, qui lui confia le commande-

Peuple retiens le nom de ce chef, de ce brave !...
Avec mille troupiers, au cœur ferme, au teint hâve, (¹)
Il montre à l'ennemi, de dix fois plus nombreux, (²)
Combien l'on est chez nous, du trépas dédaigneux.
C'était donc le premier septembre de l'année, (³)
Un jeudi, jour maudit, pendant la matinée,
Les Teutons délogés la veille honteusement, (⁴)
Revenaient à la charge audacieusement.
Trois régiments entiers, et leur artillerie, (⁵)
Attaquaient de Lambert, la brave infanterie,
Oubliant, qu'aisément, l'on ne vient pas à bout,
Du Français valeureux, jouant tout pour le tout.
Quelques soldats perdus, que le devoir domine,
Joignent résolûment, nos troupes de marine,
Noirs de poudre, harassés, blessés, sans hésiter,
Ils vont, pour le pays, jusqu'à la fin lutter.

ment d'un bataillon, avait été fait chevalier de la légion d'honneur, étant lieutenant, le 20 décembre 1860, et nommé chef de bataillon, le 20 mars 1869, emploi qu'il occupe actuellement au 46ᵐᵉ régiment de ligne (mai 1874), par suite de permutation. En récompense de sa belle conduite, lors de la prise de Paris sur la commune, il fut promu officier de la légion d'honneur.

(1) Au commencement de l'engagement, le commandant Lambert n'avait que cinq ou six cents hommes d'infanterie de marine, six compagnies de divers bataillons ; ce n'est que vers les dix heures du matin, le 1ᵉʳ septembre, qu'il reçut un renfort de trois à quatre cents hommes, trois compagnies d'infanterie de marine également, formant, avec les quelques soldats perdus, qui vinrent se mettre à sa disposition, un effectif de neuf cents à mille hommes environ.

(2) Un contre dix au moins.

(3) Le même jour qu'on se battait à Sedan.

(4) Notre infanterie de marine, qui s'était battue le 30 août à Mouzon, pour protéger la retraite du corps du général de Failly, contribua, le lendemain 31, de dix heures du matin à six ou sept heures du soir, à chasser les Bavarois de Bazeilles, et le surlendemain, 1ᵉʳ septembre, à défendre le village ; elle se trouvait, le 31 août, sous les ordres du général Martin des Pallières, qui se conduisit vaillamment et eut la cuisse traversée par une balle.

(5) Trois régiments d'infanterie.

Après un long combat, convoitant le pillage, (¹)
L'ennemi, vers midi, nous reprend le village ; (²)
Faisant flotter au vent, ses insolents guidons,
Il traîne, avec orgueil, ses superbes canons.
Lambert prêt à donner son sang pour la Patrie,
Va, soudain, occuper la maison Bourgerie, (³)
Fidèlement suivi de ses quelques soldats, (⁴)
Miraculeusement échappés aux combats....
De ses hommes, comptant sur la valeur immense,
Il tente une héroïque et sublime défense ;
Couvertures, tapis, traversins, matelas,
Tout ce qu'on trouve encore est bientôt mis en tas,

(1) De quatre heures à midi environ.

(2) C'est à ce moment, 1er septembre, que le commandant Lambert est blessé d'un coup de feu au pied.

Notre artillerie située sur les hauteurs de Givonne, foudroie l'ennemi, auquel elle cause beaucoup de mal, de quatre heures à dix heures du matin, heure à laquelle le général Ducrot ordonne la retraite.

Le commandant Lambert, le capitaine Bourchet, actuellement chef de bataillon d'infanterie de marine, à la Nouvelle-Calédonie (mai 1874), quelques officiers et une poignée d'hommes, occupant une dizaine de maisons, sont cernés et se trouvent aux prises avec toute l'armée Bavaroise, premier et deuxième corps Bavarois et la 8me division prussienne, cinquante mille hommes environ.

Le capitaine Bourchet, qui commandait une compagnie de cent cinquante hommes, et qui se conduisit comme un héros, se réfugia dans une maison, près de la mairie, et continua à combattre, malgré le feu qui dévorait trois côtés de la maison.

Dix-huit hommes sur dix-neuf, le dix-neuvième s'étant échappé, parmi lesquels le lieutenant Watrin et le sous-lieutenant Chevalier, furent fusillés par l'ennemi, sous prétexte qu'ils avaient tiré sur ses ambulances, tandis que c'était lui, au contraire, qui avait tiré sur les nôtres.

Sauf le château où est né Turenne, et qui porte son nom (servant alors d'ambulance), le château de Monvilliers, appartenant au comte de Fiennes, une riche propriété appartenant à M. Beurman et la maison Bourgerie, toutes les maisons de Bazeilles, environ cinq cents feux, furent entièrement brûlées.

(3) Le combat s'est passé au premier étage de la maison, qui porte le nom de son propriétaire, M. Bourgerie, et qui se trouve située, la première à gauche, en entrant au point culminant du village, sur la route de Balan à Bazeilles.

(4) Soixante-dix à quatre-vingt hommes, y compris le commandant Lambert, les capitaines Aubert, Picard, Bourgey et D..., ce dernier blessé légèrement par des éclats de bois, et les sous-lieutenants Escoubé et de Saint-Félix.

Afin de protéger lucarnes et fenêtres,
De cet intérieur aux environs champêtres.
De la cave, l'on bouche aussi les soupiraux ;
Nos habiles tireurs, postés tous aux créneaux,
Déciment le Germain, qui, sur la maison, lance
Le treizième au complet, dont le nombre balance, (¹)
Les efforts déjà faits, pour chasser l'ennemi.
Nos troupiers sont cernés ; le Tudesque à l'abri,
Des cadavres sanglants, et des murs de clôture,
Dirige un feu d'enfer, sur la pauvre masure ;
Les balles labourant et planchers et plafonds,
Ricochent tout à coup, frappant les moribonds.
Parmi nos défenseurs, ripostant sans relâche,
Combien d'eux, remplissant cette sanglante tâche,
Vers le soir, dormiront dans la nuit des tombeaux.
Les matelas criblés sont réduits en lambeaux,
Et les éclats de bois, achèvent les victimes,
Qui tombent en râlant, au fond des noirs abîmes !...

Tel que le preux Lelièvre, au fort de Mazagran,
Le commandant Lambert, fier comme un vétéran,
Animant ses soldats, qu'il entraîne et fascine,
Sent son cœur généreux, bondir dans la poitrine.
Un obus défonçant le toit de la maison,
Lui renverse, d'un coup, quinze hommes environ ; (²)
Les survivants ont tous, leurs habits en guenilles,
Un fleuve de sang noir, leur baigne les chevilles ;
Qu'importe à ces héros, ils ne sauraient faiblir :
Ils ont fait le serment de vaincre ou de mourir !...
C'est la Prusse, voulant anéantir la France ;
C'est la haine, donnant la main à la vengeance ;

---

(1) Ce régiment d'infanterie fut entièrement détruit, ainsi qu'un régiment de chasseurs Bavarois.

(2) Quatre hommes tués sur le coup, trois grièvement blessés et sept ou huit plus ou moins sérieusement atteints par les éclats.

C'est Caïn, le maudit, tuant son frère Abel;
Du fort contre le faible, enfin, c'est le duel!...
Nos fusiliers marins, qu'alors rien n'effarouche,
Ajustent longuement, sans perdre une cartouche;
Sur vingt mille ennemis, que l'enfer vient vomir,
Quatre mille cinq cents, sont morts ou vont mourir. (1)
Enhardis par leur nombre, ils avancent sans cesse,
Et de nos révolvers, éprouvent la justesse;
Le plomb siffle, abattant les Teutons étonnés,
Qui tombent l'un sur l'autre, aussitôt foudroyés.
Ainsi les blonds épis, au moment de l'orage,
Sont couchés par les vents, qui soufflent de la plage.
Des champs environnants, les nombreux bataillons,
De cadavres Germains, engraissent les sillons.
C'est un combat sans nom, c'est un carnage immense,
Où l'Allemand, dont Dieu punit l'outrecuidance,
Dans l'horrible agonie, et se roule et se tord,
Et va de l'Achéron, passer le sombre bord!...
C'est un rempart sanglant, véritable redoute
De chair humaine, alors s'élevant sur la route.
Ce ne sont que mourants et morts déjà glacés,
Râles, convulsions et plaintes des blessés;
Français et Bavarois, sont tous fauchés sans trêve,
Et le cri commencé, dans le trépas s'achève!...
Au bruit de la mitraille et des commandements,
Le blasphème se mêle aux hideux grincements,
L'œil s'injecte, lançant une flamme homicide,
Bientôt la main se crispe, et la face est livide,
L'intelligence enfin, n'étant plus en éveil,
Ils sont plongés, sanglants, dans l'Éternel sommeil!...

(1) Quelques mois après ce combat, l'infection répandue par les cadavres mal enterrés, était si forte, qu'il fallut faire venir les ouvriers d'une compagnie anglaise, pour brûler les morts. Sur le seul territoire de Bazeilles, on déterra plus de quatre mille cadavres Bavarois.

Le maire de Bazeilles, corroborant le dire du capitaine Lissignolo, au commandant Lambert, lui dit plus tard : Que le soir de la bataille, un officier supérieur Bavarois, lui avait dit avec colère, en lui montrant les rues du village pleines de morts : « Montés trois régiments, pas redescendus cinq cents ! »

Le feu se ralentit, devient plus en plus rare,
Plus de munitions pour charger le barbare!...
La giberne se vide, on est bientôt à bout,
On fouille les blessés, les morts couchés partout,
Et l'on découvre, enfin, un paquet de cartouches,
Pour tenir en respect, les ennemis farouches,
Dont les lourds bataillons, cherchent la gloire en vain.
Depuis que nos soldats disputent le terrain,
Du cadran communal, déjà la grande aiguille,
A fait dix fois le tour; un nouvel éclair brille, (¹)
Un des officiers, vient d'armer un chassepot, (²)
Un dernier Bavarois, tombe et meurt aussitôt :
Puis rien : on a brûlé *la dernière cartouche!...* (³)

Lambert, que le salut de ses fantassins touche,
Après avoir tout fait, pour l'honneur du drapeau,
Blessé, couvert de sang, les conduit au caveau.
Le Germain, rassuré par le profond silence,
S'approche pas à pas, respirant la vengeance,
Au travers des carreaux, décharge ses fusils,
Sans que nos fusiliers, en froncent les sourcils.
On entend un grand bruit, c'est une batterie,
Qui voudrait, d'un seul coup, clore la boucherie,
En venant renverser sur nos fiers défenseurs,
Du malheureux logis, les murs extérieurs.
Ne pouvant plus lutter, ni se défendre en somme,
Notre commandant, noble ainsi qu'un gentilhomme,
Veut sauver ses soldats, et les encourager;
Toujours bien décidé, méprisant tout danger,

(1) Nos soldats ont combattu, le 1ᵉʳ septembre, de quatre heures vingt minutes à midi dans Bazeilles, et de midi à deux heures et demie environ, dans la maison Bourgerie.

(2) C'est le capitaine Aubert, un excellent tireur, qui se trouve actuellement aux colonies (mai 1874), qui, après avoir concouru largement à la défense de la maison Bourgerie, tira les dernières cartouches.

(3) Nos hommes, quoique sans munitions, tinrent encore une heure environ avant de se rendre.

Calme et inébranlable, il s'adresse à ses braves,
Et leur dit : « Il faut rompre à tout prix vos entraves !...
» Pour vous sauver, je vais essayer de sortir,
» Et si bientôt, vers vous, je n'ai pu revenir,
» Partez, vous avez tous acquitté votre dette,
» A l'ennemi, courez sus à la baïonnette,
» Et de Sedan, tâchez de prendre le chemin !... »
Il dit : et surmontant son immense chagrin,
De la maison, il ouvre à deux battants la porte,
Et tout à coup, se montre aux Germains, sans escorte
Et sans armes, l'air fier, tel qu'un héros Gaulois.
Furieux et hagards, les cruels Bavarois,
Enivrés par le sang, la poudre et le carnage,
Se jettent tous sur lui, poussant des cris de rage ;
Lambert était perdu, sans le prompt dévoûment,
D'un de leurs officiers, qui généreusement,
S'élance au-devant d'eux, le défendant en frère,
L'entoure de ses bras, et calme leur colère ;
Lissignolo, tel est de ce brave, le nom !... (1)
Honneur à ce soldat, à ce digne Teuton,
Dont nos vaillants troupiers, pleins de reconnaissance,
Conserveront durable et bonne souvenance.
C'était un capitaine, un bon logicien,
Qui ne pouvait aimer l'odieux Prussien ;

---

(1) C'est à ce chef, d'origine italienne, aujourd'hui major dans l'armée Bavaroise, grade équivalent à celui de chef de bataillon chez nous, que le commandant, ses officiers et ses hommes, doivent incontestablement la vie ; il s'est conduit à leur égard, de la façon la plus noble et la plus généreuse, et sans lui, ils eussent été tous impitoyablement massacrés par les soldats Bavarois, furieux d'avoir perdu autant de monde.

Le sous-lieutenant Escoubé, un tout jeune homme, sortant nouvellement de Saint-Cyr, qui s'était vaillamment battu, ne put s'empêcher, au moment de se rendre, de baisser la tête et de laisser couler ses larmes ; le capitaine Lissignolo s'approchant de lui, lui frappa sur l'épaule et lui dit : « Levez la tête, » Monsieur, quand on s'est conduit aussi bravement, on a le droit de tenir la » tête haute, consolez-vous donc ; du reste, c'est le sort de la guerre, aujour- » d'hui vous, demain moi, peut-être. » Il ne croyait pas prophétiser si bien, car quelque temps après, il fut blessé et fait prisonnier par nous.

Étant avec l'Autriche, à Sadowa naguère,
Il fut battu, blessé, fait prisonnier de guerre ;
Suivant de son pays, l'inexorable loi,
Il marchait contre nous, pour obéir au roi.
Ce loyal Bavarois, ému d'un tel courage,
A notre commandant rend un public hommage ;
Faisant de sa conduite, admirer la grandeur,
Et agissant en noble et généreux vainqueur,
Il honore les preux d'une telle épopée,
En invitant leur chef à garder son épée !... (¹)

L'ennemi, qui comptait foudroyer la maison,
Voulant, de nos troupiers, avoir alors raison,
Avait déjà placé, tout près, en batterie,
Quatre canons rayés, pour cette tuerie.
Nos valeureux soldats, du caveau vont sortir ; (²)
Ils se serrent la main... ils avaient cru mourir !...
Obligés de se rendre aux troupes de Bavière, (³)
L'œil humide, et passant le seuil de la chaumière,
Ils rêvent au village, aux parents, aux amis,
Au foyer paternel, aux charmes du logis ;
Ils pensent au vieux prêtre, à Dieu, puis à leur père,
Aux caresses, aux soins, à l'amour de leur mère ;
Le désespoir dans l'âme, ils songent aux tourments
De toute la famille, aux larmes, aux serments,
Et aux chastes baisers de leur tendre compagne,
Et s'éveillent, soudain, captifs de l'Allemagne !...

De ces braves, jadis, on eut gravé le nom,
Sur le marbre et l'airain ; un artiste en renom,

---

(1) Les six officiers mentionnés plus haut, gardèrent également leur sabre ; quant aux hommes, ils avaient brisé leurs fusils.

(2) On voyait encore, il y a quelques mois (mai 1874), des empreintes de mains sanglantes sur les murs de l'escalier de la cave.

(3) Des mille hommes environ, existant au début du combat, et des soixante-dix ou quatre-vingt, réfugiés dans la maison Bourgerie, il n'en restait plus, à ce moment, que quarante-deux, y compris le commandant Lambert et ses six officiers, mentionnés plus haut.

De Neuville, un grand cœur, leur rendant tous hommage,
Voulut, de ce haut fait, léguer un témoignage
Historique et durable, à la postérité,
En peignant avec art, avec fidélité,
De nos fameux soldats, la défense héroïque ;
Honneur à cet artiste au talent sympathique !
Honneur aux fils des preux, d'Iéna, Fleurus, Valmy !
Honneur aux descendants d'Arcole, Eylau, Lodi !
Honneur aux officiers ! Salut à la vaillance !
Salut à ces héros, la gloire de la France !

Léopold Nivoley.

Seine.

LE DEVOIR

Que l'amour du devoir, ô Français, vous enflamme ;
Vous qui de la Patrie avez vu les revers,
A l'œuvre ! il faut vos bras... à l'œuvre ! il faut vos âmes
Pour la régénérer aux yeux de l'univers.

Vous, mères ! façonnez vos jeunes fils pour elle,
Et jetez dans leurs cœurs la semence du bien ;
Qu'ils forment les fleurons de sa gloire nouvelle
Et soient à l'avenir sa force et son soutien.

Vierges ! de vos amants exigez la vaillance,
Par des propos virils excitez leur valeur.
Amants ! ayez d'abord pour maîtresse la France,
Faites, en la nommant, le serment de l'honneur.

Parlez-nous, ô vieillards ! des courages antiques ;
De vos nobles aïeux vantez-nous les exploits ;
Ressuscitez l'éclat de leurs vertus civiques
En prêchant la justice et le respect aux lois.

Que l'amour du devoir, ô Français, vous enflamme ;
Vous qui de la Patrie avez vu les revers,
A l'œuvre ! il faut vos bras... à l'œuvre ! il faut vos âmes
Pour la régénérer aux yeux de l'univers.

Sois fidèle au devoir, jeunesse studieuse !
Prépare à la Patrie et ton cœur et ton sang ;
Qu'elle puisse par toi, forte, victorieuse,
Parmi les nations briller au premier rang.

Poètes ! dissipez les ombres vers la route
Où chancelle souvent la pauvre humanité.
Enseignez-nous la foi, guérissez-nous du doute
Et faites-nous du Ciel entrevoir la clarté.

Vous, prêtres ! répandez la divine semence
Dont le germe fécond fait la force du cœur.
Montrez-vous pour le pauvre une autre providence
Et du Maître divin rappelez la douceur.

Que l'amour du devoir, ô Français, vous enflamme ;
Vous qui de la Patrie avez vu les revers,
A l'œuvre ! il faut vos bras... à l'œuvre ! il faut vos âmes
Pour la régénérer aux yeux de l'univers.

B. TRAMBOUZE.

MA MÈRE

I

Comment ne pas aimer notre mère chérie,
Et ne pas déposer un filial baiser
Sur le front maternel et la tête bénie
De celle qui, toujours, cherche à nous protéger ?...

Car, l'amour maternel, c'est le divin sourire
Qui vient illuminer notre Ciel tout obscur....
Cet amour est si doux! et son chaste délire
Nous offre constamment un charme toujours pur!

C'est la fraîcheur céleste après un noir orage;
C'est un port assuré, c'est la grâce du Ciel;
C'est la perle qui brille en la fleur du bocage,
C'est du trône de Dieu le rayon éternel!...

Une mère, jamais, oh! jamais n'abandonne
L'enfant qu'elle a nourri de son lait bienfaisant!...
Son fils, c'est son bonheur, sa plus belle couronne,
Ses joyaux les plus fins, son riche diamant....

O ma mère, je t'aime! et ta sainte présence
Vient embaumer mes jours, et réjouir mon cœur.
Tu me fais désirer et chérir l'existence,
Car, mon âme s'abreuve à ta voix, de bonheur!...

Ma mère, je voudrais te caresser sans cesse;
Mettre toutes mes fleurs sous tes pieds précieux;
Imprimer sur ton front dans ma pure allégresse
Tous mes plus doux baisers chastes, respectueux!...

Je voudrais éloigner loin de toi, toute épine;
Je voudrais te voir gaie et contente toujours...
Je veux qu'un heureux sort, à tes côtés chemine,
Et verser le bonheur sur chacun de tes jours!...

Oh! je ne voudrais pas que la sombre tristesse
Prit place sur ton front que j'aime à contempler!...
Regarde-moi, ma mère, et parle-moi sans cesse;
Car, j'adore ta voix; me plais à l'écouter!...

Ah! que ta main si douce imprime sur ma tête
La bénédiction au nom de l'Éternel!...
Une mère est de Dieu le puissant interprète :
Et ce divin Sauveur aime la sienne au Ciel!...

O ma mère, prions ensemble le bon Père
Qui créa ces soleils dans son pouvoir heureux ;
Ces soleils si jolis illuminant la terre,
L'immensité profonde et la voûte des Cieux ! ! !

II

Le voyageur perdu dans un vaste désert
Se trouve seul, hélas ! au pied d'un palmier vert....
Une source limpide à ses côtés murmure :
Voilà les seuls objets pour lui, dans la nature !...
Il cherche son chemin... il ne le trouve pas !...
Il marche, et marche encor... rien ne guide ses pas !...
Il va mourir enfin bien loin de sa Patrie....
Il adresse son cri vers la voûte bénie....
Puis, alors, résigné, s'endort dans le Seigneur
En prononçant ces mots s'échappant de son cœur :
« Mon Dieu, mon Dieu, je meurs sur la lointaine terre !...
» Pardonnez-moi, Jésus !... Adieu, ma tendre mère !... »
Le moribond lui-même à ses derniers instants
Invoque le saint nom d'une mère chérie....
Et sa mère apparaît à sa sombre agonie !...
Il croit voir un archange aux suaves accents :
« Quitte, quitte, mon fils, cette terre profane
» Où tout n'est que péchés, où la candeur se fane !...
» Va revoir ton Sauveur, ton Maître, notre Dieu !...
» Va rayonner d'amour, mon enfant, au saint lieu !... »
Le moribond alors va quitter notre terre
En prononçant encor ce nom si beau : « Ma mère !... »
Et, se joignant au chœur des anges glorieux
Il va chanter de Dieu les cantiques pieux
En mêlant le doux nom d'une mère chérie
Aux accords éternels d'une sainte harmonie....
Du haut de l'Empyrée il priera pour toujours
En faveur d'une mère, objet de ses amours !...

Le sombre prisonnier, dans sa douleur sauvage,
Prononce ce nom cher, fort contre tout orage.
Voilà que sa prison d'un clair rayon a lui !...
L'espérance renaît : sa mère est devant lui !...
Le pécheur repentant l'appelle en sa pensée ;
Désire la revoir ; et la mère adorée
Se présente à sa voix ; vient lui tendre les bras ;
Le console, l'inspire, et ne le quitte pas !...
Son dictame a versé dans son cœur l'espérance..
Cet homme reconnaît son infime indigence....
Et voulant racheter par un saint repentir
Ses terrestres erreurs, il croit en l'avenir !...
Et voilà que ce fils, jadis, insigne infâme,
Occupe un autre rang dans le monde qui blâme !...
Cette mère au cœur pur, au cœur si généreux,
N'est-ce point, dites-moi, comme un ange des Cieux !...

III

. . . .
L'Emmanuel de Dieu, victime sainte et pure
Dont le pouvoir puissant s'étend sur la nature ;
Dont la bouche, jamais ne sût que nous bénir,
Sur une infâme croix, bientôt, il va mourir !...
Les apôtres ont fui ! ! la croix est solitaire ! ! !...
Je me trompe... à ses pieds, se rencontre une mère ! !...
Une mère adorable à l'angélique cœur ;
Une Vierge céleste, et mère d'un Sauveur !...
L'époux divin la voit : sa mourante parole
Lui dit ce mot profond qui ravit et console :
« Femme, voilà ton fils !... » A son apôtre aimé :
« *Ecce, mater tua!*... » Dès ce jour fortuné
Le disciple soumis l'accueillit comme mère ;
Jusqu'à ses derniers jours l'accompagna sur terre ;
Et la Vierge devint la mère des humains,
La reine des martyrs, la gloire des chrétiens !...

Et la croix désormais, symbole de clémence,
Acquit en l'univers une sainte influence ;
Devint l'arbre sacré revêtu de pouvoir ;
Et dans le pain des Cieux, notre plus ferme espoir !!...

IV

Nom auguste et charmant d'une mère chérie,
Ah ! tu domineras sur l'âge de la vie !...
Tu resteras inscrit au fond de notre cœur !...
Et l'amour maternel, c'est l'amour du Seigneur !...

V

Créateur trois fois saint, Dieu clément que j'adore,
Daigne me conserver ma mère, que j'honore !!!

Guillaume de Pichon.

Caracas, 9 octobre 1873.

LA MORT D'UNE MÈRE

Un seul être me manque et tout est dépeuplé.
Lamartine (Méditations).

Elle est là, les yeux clos, hâve, décolorée,
Et ses traits ont déjà la couleur du linceul.
Son fils, le cœur ému, l'âme désespérée,
    Est au pied du lit morne et seul.

La syncope, bientôt, d'une crise est suivie....
Les regards du bon fils semblent crier : « Prends, prends !
» Veux-tu mon sang ? veux-tu ma vie ? Ah ! cette vie
    » Elle est à toi, je te la rends ! »

Et malgré la douleur affreuse qui l'accable,
Qui la déchire, griffe atroce de vautour,
La mourante lui jette un regard ineffable,
    Un regard de sublime amour.

Noble femme, elle va subir sa destinée ;
Les remèdes, hélas! seraient bien superflus ;
Du médecin lui-même elle est abandonnée ;
    Près d'elle il ne reviendra plus.

« Ma mère, dit l'enfant d'une voix attendrie,
» Tu ne peux plus parler ; mais je lis en tes yeux.
» Oui, regarde ton fils : il t'aime, il pleure, il prie
    » Pour l'ange qui retourne aux Cieux. »

» O mon ange, dis-moi, sur cette pauvre terre
» Ne reviendras-tu pas me visiter parfois?
» Dans ce désert peuplé l'orphelin solitaire
    » N'entendra-t-il donc plus ta voix? »

Pour répondre à son fils, interrompant son râle,
La mourante paraît commander à la mort.
    Elle fait un immense effort
Et balbutie enfin d'une voix sépulcrale :

« Oui, mon fils bien-aimé, si Dieu me le permet,
» Je reviendrai te voir, ta mère le promet! »
    C'est à genoux qu'il boit cette parole
    Qui rafraîchit, fortifie et console....

A genoux, à genoux, de douleur étouffant
    A celle qui meurt et qui l'aime,
    Il demande, le pauvre enfant,
Sa bénédiction, doux trésor, don suprême.

    La mère ne peut plus parler ;
    Cependant, pour le consoler,
Elle laisse tomber, toute humide et glacée
    Sa main sur le front de son fils,
Et sur ce front brûlant une image est tracée :
    C'est l'image du crucifix.

>   Cette main qu'appelle la tombe,
>   Cette main sur le lit retombe....
> Dans cet effort dernier, dans ce dernier adieu
> L'âme a quitté le corps pour remonter vers Dieu !

. . . .

Que murmurait celui dont le luth nous enchante?
Oui, que disait jadis une strophe touchante?
« Un seul être me manque et tout est dépeuplé ! »
De ces regrets ardents l'objet était Elvire.
Seule, seule une mère a droit que l'on soupire
    Et qu'on demeure inconsolé !

Avec elle à jamais s'envole la caresse
Qui nous revivifie, et la sublime ivresse
Qui dans nos seins émus décuple notre cœur,
Cet intérêt sans borne et que rien ne rebute,
Cette main qui, si bien, relève d'une chute,
    Et de vaincu nous fait vainqueur !

Lorsque nous subissons tes coups, dur égoïsme,
Et que, sans le trouver, nous cherchons l'héroïsme,
Notre regard descend sur un humble chevet,
Chevet vide et glacé dans la chambre sans flamme....
Ah ! nous crions alors avec le cœur et l'âme :
    Si ma tendre mère vivait ! !

. . . .

Mais elle avait promis sa visite ; ah ! sans doute
Le fils n'en fut pas digne !... Il dut sur chaque route,
    Il dut sur les sentiers humains
Aux ronces, aux cailloux blesser ses pieds, ses mains,
    Privé de cette voix qui guide,
    Voix tendre, sincère, intrépide,
De la paix, de la joie enseignant les chemins.

Sa mère n'apparut qu'en rêve....
En rêve il la revit des centaines de fois!
Sur des coteaux fleuris, sur quelque blanche grève,
Il marchait auprès d'elle... il écoutait sa voix.

C'était elle... aussi tendre, et plus noble, plus belle,
Sereine, et d'un regard chassant tous les ennuis;
A la fois mère, amie et sœur... oui, c'était elle
    Qui souvent visita ses nuits.

Mais quels tristes réveils! Ah! brusquement ravie,
La morte qu'il pleura semblait mourir encor!
Qu'il désira souvent, trop las de cette vie,
    Vers le Ciel prendre son essor!

Ce soir j'ai rencontré l'orphelin; il est père
D'une enfant aux doux yeux, au front pur, au cœur d'or,
Comptant treize printemps, et je lui dis : « Espère,
» Il te reste un bon ange, il te reste un trésor!

» Au fond de ces beaux yeux vois l'âme de ta mère
» Qui brille, qui palpite et t'aime et te bénit.
» Ce que je te dis là n'est pas une chimère.
» Dans cette certitude, ah! que ta peine amère
    » S'endorme comme en un doux nid!
» Ami, console-toi! que ton chagrin s'efface!
» Que l'espoir, doux soleil, brille à ton horizon!
» Vois comme de ta mère elle suit bien la trace;
» Vois cette blonde enfant, si jeune par sa grâce
    » Et si mûre par la raison! »

A ces mots j'aperçus le fils, — étrange chose, —
Sourire... et cependant une larme courir
Sur sa joue... ô bonheur, oui j'ai gagné ma cause.
Son regard était sombre... il n'est plus que morose.

Cette âme au désespoir peut encor s'attendrir.
  Le fils se souvient qu'il est père ;
  Il se recueille, prie, espère...
    Il ne veut plus mourir !

Gaston de Chaumont.

Haute-Savoie.

LES ORAGES
SOUVENIR DE 1873

Le soleil de juillet embrasait l'atmosphère,
Ses rayons verticaux partout brûlaient la terre ;
Le sol était fendu, le gazon dévoré ;
Et des rousses vapeurs qui chargeaient l'air doré
Ne descendait hélas ! que fatigue, paresse,
Et rien pour rafraîchir l'aride sécheresse.
L'onde ne chantait plus dans les ruisseaux taris ;
Les étangs se séchaient dans les jardins flétris.
Le feuillage brûlé, les fleurs, l'herbe embrasée
Appelaient tour à tour la goutte de rosée ;
Mais il n'en était plus pour ranimer les fleurs,
L'aurore dans les Cieux ne versait plus de pleurs.
Un vague triste et lourd oppressait la nature,
Elle se débattait sous l'ardente torture.

Elle aurait pu reprendre un éclat tout nouveau,
Mais elle se mourait, oui, faute d'un peu d'eau !

. . . .

...Et son esprit absent, malgré ses yeux ouverts,
Semblait suivre du cœur des songes dans les airs.

...Tout son cœur se noyait dans de douces paroles ;
Sa tendresse enfantine avait des larmes folles.
A. de Lamartine.

La jeune fille aussi, pensive à sa fenêtre,
Avait senti l'ardeur en sa jeune âme naître.

Elle avait dix-sept ans : l'âge d'azur et d'or,
Où l'on n'est plus enfant et non pas femme encor.
Elle ne courait plus dans les vertes campagnes ;
Souvent elle fuyait ses rieuses compagnes
Pour pouvoir toute seule errer au fond des bois,
Y rêver, y gémir et y pleurer parfois.
Elle avait dix-sept ans ; son cœur aimant et tendre
A son insu cherchait un cœur qui pût comprendre.
Elle avait cette soif, ce doux besoin d'aimer,
Que dans tout cœur humain Dieu s'est plu à former ;
De mille élans nouveaux l'ardeur persévérante
Dans son âme jetait la langueur dévorante.
Elle sentait partout ce vague accablement,
Des premières amours divin pressentiment.
Elle entendait gémir, en son âme ingénue,
De l'amoureux instinct la voix tout inconnue ;
Et son cœur virginal, ses pensers innocents,
S'étonnaient de ne pas comprendre ces accents.
En pleurs, en longs soupirs s'exhalaient ses tendresses ;
Elle aurait tout voulu couvrir de ses caresses.
Elle se demandait vainement chaque jour :
Que me manque-t-il donc ?
      Enfant, un peu d'amour.

. . . .

Cependant ces chaleurs âpres et accablantes
Soulevaient de la mer mille vapeurs brûlantes
Qui, montant à la fois vers le Ciel enflammé,
Y formèrent bientôt comme un flot embrumé.
De ces grises vapeurs des ténèbres surgirent....
Tous les vents déchaînés s'entrechoquant mugirent.
Le Ciel se déchira ; de la nue, ô terreur !
Un triangle de feu sortit avec fureur ;
Rapide il s'élança, parcourut l'étendue,
Rougissant l'atmosphère et sifflant dans la nue.
Le tonnerre éclatant roulait dans le lointain,
Pareil à ces sons durs, lugubres de l'airain.

Et les vents en courroux, se mêlant au tonnerre,
Par d'horribles fracas faisaient trembler la terre.
Une pluie écumante emplissant les vallons,
Laissait partout sa trace en d'immenses sillons.
Et les éclairs ardents continuaient rapides
Leur voyage à travers les nuages humides.
La nature était morne et pleine de terreur ;
On lisait sur son front une sinistre horreur ;
Et elle se courbait confuse et gémissante
Sous ces noirs éléments à la voix mugissante ;
Elle était comme morte, hélas !...
       Pour ton réveil
Que fallait-il, nature ? Un rayon de soleil.

. . . .

> ...Oui, c'est toi que j'aimais !
> Oui, c'est toi, qu'avant d'avoir vu ton visage,
> Dans mes rêves d'enfant j'embrassais en image !...
>   A. DE LAMARTINE.

> ...Ah ! le courage est difficile
> Quand on attend d'un mot ou la vie ou la mort.
>   Mme DESBORDES VALMORE.

La jeune fille aussi, dans sa chambrette assise,
Sentait gronder l'orage en son âme indécise.
Son front était rêveur ; des pleurs audacieux,
Comme des diamants, roulaient dans ses beaux yeux.
Tour à tour rougissante et puis décolorée,
De secrètes douleurs elle était dévorée.
Tantôt la pauvre enfant fixait un œil hagard
Sur le Ciel assombri, mettant dans ce regard
De son jeune chagrin la naïve éloquence ;
Tantôt elle restait dans un morne silence,
Tressaillant de frayeur comme un enfant qui dort,
Songeant à l'avenir, à l'amour, à la mort....
D'amers et lourds sanglots oppressaient sa poitrine ;
Des frissons agitaient sa lèvre purpurine ;
Et des larmes, coulant sur sa mignonne main,
De sa joue altérée effaçaient le carmin.

Elle aimait.... Un regard, brûlant comme une flamme,
Avait percé son cœur et fait parler son âme.
Elle aimait ; mais hélas ! le doute triomphant
Déchirait sans pitié ce faible cœur d'enfant.
Et elle se mourait... l'incertitude affreuse
Changeait en longs tourments sa pensée amoureuse.

À peine à son matin venait déjà le soir !...
Pour vivre il ne fallait qu'un doux rayon d'espoir.

. . . .

Cependant peu à peu s'apaisa la tempête ;
Le vent ne sifflait plus ; tout relevait la tête.
Les nuages épais au loin furent jetés ;
Le calme se refit dans les airs agités.
La pluie avait partout tué la sécheresse ;
Nature retrouvait sa première jeunesse.
Elle se ranimait aux feux d'un gai soleil,
Oubliant tous ses maux : son effroi, son sommeil.
Elle reprit bientôt sa fraîcheur douce et pure,
Son aspect tendre et gai, sa riante verdure.
L'aquilon lourd et froid, bien loin s'était enfui ;
Dans le Ciel apaisé l'arc joyeux avait lui.
Tout respirait enfin ; tout reprenait courage,
Et de longs jours d'azur vinrent après l'orage.

Après l'averse vient le soleil, le beau temps,
De même au triste hiver succède le printemps.

. . . .

> ...Ce qu'ils dirent
> Les calices des fleurs, les mousses l'entendirent.
> A. DE LAMARTINE.

La jeune fille aussi reprenait à la vie ;
L'espoir était entré dans son âme ravie.
(Est-il rien de trop dur lorsqu'on peut espérer,
Les pleurs sont-ils amers quand l'amour fait pleurer?)

Son œil était rempli d'une pure allégresse,
Il ne pouvait cacher sa naïve tendresse ;
La douce paix régnait dans son cœur réjoui,
Comme un blanc nénuphar sur l'onde épanoui.
Elle avait oublié ses craintes, sa souffrance ;
(Sait-on qu'on a pleuré lorsque vient l'espérance ?
Se souvient-on encor des orages passés,
Lorsque des jours sereins bien loin les ont chassés ?)
Que de doux sentiments en son âme charmée !...
Plus de doute ; elle aimait et elle était aimée !...
Elle ne songeait plus à ses jours de malheur,
Car elle allait enfin goûter le vrai bonheur....

Emma Coeckelbergh.

Belgique.

MAXIMES

Fais ta glane d'épis glanés en honnête homme,
Et non d'épis tirés à la gerbe de Come.

Pour l'égaler n'abaisse pas autrui ;
Élève-toi, si tu peux, jusqu'à lui :
Si tu ne le peux pas,
Admire-le d'en bas.

Neuve-Église.

LES DEUX RENARDS

Deux renards dans un bois, dont l'ombre et l'épaisseur
Eussent fait rebrousser plus d'un hardi chasseur,
Avaient chacun leur résidence souterraine.
L'un, jeune, alerte, était l'effroi de la garenne ;

Et tous les habitants des fermes du canton,
    Métayers, valets et volaille,
Auraient bien voulu voir de ce hardi larron
    Le corps étendu sur la paille ;
    Il ne se passait pas de jour
    Qu'il ne leur jouât quelque tour
Et que ce carnassier, plein de ruse et d'audace,
Ne leur chipât, malgré chiens de garde et de chasse,
Quelque pièce de choix, qu'il étranglait sur place.
Tandis que celui-ci, grâce à son pied léger,
    Avait toujours dans son garde-manger
    De quoi se mettre dans la panse,
    Voire de quoi faire bombance.
Devenu vieux ou lent, l'autre, pauvre renard !
De crainte d'éprouver quelque mésaventure
    En allant quérir sa pâture,
    N'osait plus chasser à l'écart
    Ni s'éloigner de son rempart.
    Or, de ce fait dans son ménage
Tout manger délicat cessa d'être en usage.
    Il n'apportait plus au logis,
Pour se nourrir, pour nourrir sa famille,
    Qu'un tas d'immondes ramassis
    Et du gibier de pacotille.
    Un jour, ô funeste destin !
    Du malheureux dont l'existence
    Déjà des ans subissait l'influence
La femme avec l'enfant tomba malade, enfin,
    Le voilà garde et médecin ;
Partant ne pouvant plus aller à la pitance.
    Il alla trouver son voisin
Afin de le prier de lui venir en aide.
C'est ainsi qu'en maints lieux, dans tel cas on procède.
Pardon, commença-t-il, si j'ose en ce moment
    Vous causer du dérangement,
C'est que dans ma maison le pis au mal succède :
On vieillit tous les jours ; et c'est bien malheureux

De n'avoir rien à mettre en des estomacs creux ;
    Sans compter mon fils et sa mère,
    Qui sont dans un état piteux.
  Oh ! que la vie à d'aucuns est amère.
    De grâce ! aidez-nous, aidez ceux
Dont la mort sous trois jours serait inévitable
Si vous ne leur tendiez une main secourable :
Mais le sire n'était rien moins que charitable.
Aux supplications de cet infortuné
    Il répondit d'un air importuné :
    Comment ! vous n'avez pas vergogne
De quémander au lieu d'aller à la besogne ?
— Hélas ! mon frère ! — Moi, votre frère, un instant,
    Ne soyez pas impertinent :
Nous n'avons rien, je crois, de commun en Bourgogne
— Hélas ! messire. — Assez d'hélas et d'oraison !
Je ne sais de quel droit ni par quelle raison
On vient importuner les gens en leur maison.
    Allez ! je ne puis vous rien faire,
Je ne puis vous aider en aucune manière.
Et le pauvre renard reprit de son terrier
    Le sentier.
Le lendemain trois corps, gisant sans sépulture,
D'immondes animaux devenaient la pâture.

Humains, je vous le dis et sans glose et sans fard,
Ce qu'à son frère fit cet indigne renard
De faits qu'on voit chez nous est un peu la peinture.

                       NEUVE-ÉGLISE.

A ELLE

Bien longtemps j'ai rêvé d'une femme chérie,
Fraîche comme une fleur qui parfume les champs,
Douce comme un rayon de soleil au printemps,
Pure comme un reflet du Ciel bleu d'Italie !

Ce rêve de bonheur seul remplissait ma vie ;
Ma pensée y puisait des charmes enivrants,
Et jusques dans mes nuits des songes caressants
Venaient parler d'amour à mon âme ravie !

Tel qu'au sein du désert parfois le voyageur,
Fasciné par l'éclat d'un mirage enchanteur,
S'arrête, haletant d'espérance et de doute !

Tel à mon idéal je n'osais croire encor,
Quand ton sourire aimant, illuminant ma route,
A mon bonheur donna son rayonnant essor !

VIALLET J.-E.

A LA MÊME

Aimons-nous, m'as-tu dit, quand la subtile flamme
Qui rayonne d'espoir, d'amour et de bonheur,
Sur ton front répandant l'attrait de la pudeur,
A ton cœur révéla l'aurore de la femme !

Sous le reflet divin des prémices de l'âme,
Tu souriais, rêveuse et belle de candeur,
Comme aux jours de printemps s'épanouit la fleur
Qui murmure au zéphyr son tendre épithalame.

Un brillant horizon dorait notre avenir....
Mais, silence ! ici-bas tout n'est que souvenir :
Aux charmes du présent la tombe t'a ravie.

Blasphème ! rien ne meurt. — L'air, l'espace et l'azur,
Où plonge une pensée, où j'aspire la vie,
N'est-ce pas ton esprit m'offrant ton amour pur ?...

VIALLET J.-E.

Haute-Savoie.

POUR LE PREMIER DE L'AN

A M. C. M.

Oh! laissez-les s'enfuir ces rapides années!...
Elles n'eurent pour vous, ni d'heureuses journées,
    Ni de rayons bien doux :
Que le temps à son livre ajoute un an encore,
Que le Ciel resplendisse aux feux d'une autre aurore
    Que vous importe à vous?

Que vous fait le présent qui cherche un nouveau monde?
Que vous fait le passé qui porte sur son onde
    Les heures et les jours?...
Si dans tout ce qui vient et tout ce qui s'envole
Il n'est pas même hélas! un mot qui vous console;
    Si vous pleurez toujours!

Si la tristesse seule en votre âme est placée,
Si devant vous la joie apparaît insensée,
    Si vous ne voyez pas
Sur votre noir chemin quelque céleste empreinte,
Ni sur votre horizon quelque lumière sainte
    Qui dirige vos pas.

Toutes les peines vont à Dieu dans ce qui passe.
Ceux qui souffrent en bas, en haut ont une place,
    Leur rêve est immortel;
Que le destin, pour eux, n'ait pas de doux sourire.
L'espoir en s'en allant de leur cœur qui soupire
    Montera droit au Ciel.

Ainsi vivez! vivez sans accuser la vie.
Étreignez vos douleurs, comme l'heure ravie
    Étreint un pur rayon.
Aimez encor, tandis que la nuit est charmante :
Ils ne vieillissent pas ceux dont l'âme est aimante,
    Et dont le cœur est bon.

ANTONY COLLOMB.

Rhône.

FRÉNÉSIE
SONNET

Hélas! où me cacher? où porter la tristesse
Qui pèse sur mon cœur comme un fardeau de plomb?
Je demande partout l'amour et la tendresse
Et rien ne me sourit, et rien ne me répond!

O femmes! que souvent ma jeune âme caresse!
Votre pensée est-elle un abîme profond?
Pour être aimé faut-il n'avoir plus de jeunesse,
Faut-il un regard sombre et des rides au front;

Faut-il avoir perdu cette sainte espérance,
Qui, comme une auréole, embellit l'existence;
Faut-il changer sa joie en un dédain amer?

Soit; mais si je vieillis, si mes jeunes années
Passent, comme un essaim de fleurs abandonnées,
J'écrirai votre nom aux portes de l'enfer!

Antony Collomb.

Rhône.

LE LOUP OMBRAGEUX

Un chien avec un loup, ainsi que deux compères.
Cheminaient. — Ne sais trop comment la chose eut lieu,
Car entre eux jusque là c'était l'onde et le feu.
Ils allaient devisant de diverses affaires.
Or, le chien observait que sur son compagnon
    Le moindre bruit faisait impression :
Un oiseau qui passait en palpitant des ailes,
    Le susurrement d'un ruisseau,
    La brise agitant un rameau,
Le jetait aussitôt en des transes mortelles.
— Pourquoi donc, lui dit-il, ce trouble en ton cerveau?

— Certes j'ai bien sujet d'une alarme profonde,
  Répond le farouche animal.
  J'ai pour ennemi tout le monde.
— Je comprends, dit le chien, tu ne fais que le mal.

Narzale Jobert.

LE PORTIER ET LE VOLEUR

— Quand un larron entra chez moi la nuit dernière,
Bridoux, que faisais-tu que tu ne criais pas,
  Toi dont l'unique ministère
Est de veiller sur la porte d'en bas?...
— Maître, si vous saviez comme il avait l'air sombre
  Cet audacieux malfaiteur;
  J'ai bien failli devant son ombre
  M'évanouir, tant j'avais peur !
Ne bougeant pas j'évitais sa colère,
  Et me garais d'un coup brutal....

  Le méchant accomplit le mal,
  L'homme faible le laisse faire.

Narzale Jobert.

HAMLET

C'était l'heure où les morts vêtus de leurs suaires,
S'échappent lentement des vastes cimetières;
Où le hibou perché sur l'angle du vieux mur,
S'apprête à rechercher quelque cadavre impur;
L'heure où les criminels aperçoivent dans l'ombre
L'œil ardent du bourreau trouant l'avenir sombre :
C'était minuit, enfin, l'heure aux folles terreurs!

Je m'étais attardé sur des livres vainqueurs,
Et j'avais parcouru l'Hamlet du grand poète,
Lorsque je vis s'ouvrir une porte muette,
Et, sur le seuil, paraître... un spectre à l'œil de feu.
« — Qui donc es-tu? Réponds, fantôme, au nom de Dieu!
» Si mon cœur est tremblant, mon esprit se rassure.
» Qui donc es-tu?
      — Je suis Hamlet, je te le jure!
» — Quoi! ce prince danois si grand, si malheureux?
» Cet époux outragé sous le regard des Cieux?
» Ce souverain puissant dont la sinistre histoire
» A trouvé son poète et grandi sa mémoire?
» Ce prince assassiné lâchement?
       — Oui, c'est moi!
» — Vous? Je rêve sans doute, et lecteur plein d'effroi
» Le livre du poète a troublé ma cervelle!
» — Non, répondit le spectre à la voix solennelle,
» Et j'échappe au tombeau pour crier aux humains
» D'arrêter les exploits des criminelles mains.
» Ah! ce n'est plus ma mort qui doit crier vengeance;
» C'est la voix de l'honneur, c'est le sang de la France,
» C'est le droit qu'on étrangle, et qui paraît mourant
» Sous le poids éhonté du vice au pied gluant;
» C'est l'austère raison et l'austère sagesse
» Qu'un siècle corrompu dérobe à son ivresse;
» C'est la loi du travail que l'on ne connaît plus,
» Et tous les parias contre tous les repus.

» Les faibles, les proscrits, veulent place au jour blême,
» Et le bonheur des uns leur semble un anathème!
» Ah! qu'est un simple roi qui meurt assassiné
» Auprès de ces malheurs d'un peuple infortuné?
» Écoute-moi : La mort est le creuset sincère
» Où l'esprit se refait dans l'oubli salutaire.
» Écoute : il faut sauver ce peuple agonisant;
» Il ne faut plus le voir se vautrer dans le sang,

» Et marcher sur l'honneur dans de sombres batailles!
» Il faut toucher son cœur et toucher ses entrailles;
» Il faut faire jaillir de ce peuple incertain
» L'étincelant flambeau de tout le genre humain.
» Je fus roi... tu le sais... mais la royauté passe :
» Un roi n'est plus qu'un mot qu'un petit souffle efface.
» Le vrai roi, c'est le peuple auguste et radieux.
» Tous vos rois d'aujourd'hui sont des fous monstrueux,
» Et leurs trônes vieillis roulent au précipice,
» Poussés par ces rayons : Le progrès, la justice!

» Pour relever l'éclat de ce vaste pays,
» Dressez-vous furibonds contre ses ennemis.
» La plume a remplacé le fusil et l'épée;
» Le canon désormais doit être une épopée.
» Sur les remparts du vice apportez vos flambeaux,
» L'honneur et la raison sont d'immenses drapeaux!
» Placez dans les replis de ces splendeurs viriles
» La liberté, qui marche en éclairant les villes;
» Et, parmi les vivants, les morts ne viendront plus
» Apporter des conseils désormais superflus. »

Hamlet avait parlé. Sa voix, fière et sonore,
Vibrait dans le logis à la naissante aurore;
Et, perdant lentement sa forme et sa grandeur,
Le spectre disparut comme un songe trompeur.

ÉVARISTE CARRANCE.

5 mars 1873.

SI J'ÉTAIS ROI

Si j'étais roi, le peuple en mon royaume
Serait soumis à la plus douce loi.
Mon trône assis sous un palais de chaume,
De mes sujets ne serait point l'effroi.

L'égalité serait tout mon système ;
La liberté coulerait à plein bord !
Et l'on verrait, sous l'humble diadème,
Un peuple entier tressaillir de transport !...

   Mais je ne suis point roi,
   Et je n'ai point d'empire,
   Je ne suis sur ma foi
   Qu'un poète en délire...
   Qui dans sa pauvreté,
   Plaint les grands de la terre,
   Dont la témérité
   Offense la misère.

Point d'écuyer pour me faire cortége,
Ni garde noble émargeant au budget,
Ni courtisan, ni croix, ni privilége ;
Point de donjon, ni lettres de cachet :
S'il le fallait, à la mort à la vie !
Sous mon drapeau tous iraient au combat ;
Puis l'ennemi chassé de la Patrie,
Plus de fusil, de canon, ni soldat.

   Mais je ne suis point roi, etc.

De mes États bannissant l'ignorance,
Ma cour serait la ruche des savants
Qui chez le peuple avide de science
Iraient combattre en apôtres fervents.
Avec amour chacun traitant son frère,
Des citoyens chez moi vivraient en paix ;
Et l'on verrait le paradis sur terre,
Où l'âge d'or régnerait pour jamais !
   Mais je ne suis point roi, etc.

JULES BLANCARD.

Drôme.

LA FEMME ADULTÈRE
PAUL A HIPPOLYTE

Ami, te souvient-il de nos jeunes années,
De ces jours fortunés où, sur les mêmes bancs,
Bravant du professeur les plaintes obstinées,
Nous nous glissions des fleurs, des billets, des rubans?

Je te communiquais mes lettres à Louise,
Ses réponses d'un mot et ses cadeaux d'enfant;
Tu me parlais d'Anna, de ta jeune promise,
Si belle, si candide et que nous aimions tant!...

Anna n'est plus hélas! le Ciel l'a rappelée!
Sa place était marquée au séjour des élus.
A peine épanouie, elle s'est envolée,
Et la cour du Très Haut compte un ange de plus.

Paix à son âme; paix à ton cœur déchiré :
Même par le malheur, la volonté divine
Doit être respectée. Oh! c'est assez pleuré,
Inclinons-nous, ami, devant qui tout s'incline.

Et, pour donner le change au cruel souvenir,
Laisse-moi te parler de celle qui nous reste,
De son cœur virginal, de sa beauté céleste,
Laisse-moi te parler d'amour et d'avenir.

Tu sais combien j'aimais, autrefois, le dimanche,
Quand nous courions tous deux à travers les sillons,
A cueillir le bluet, à cueillir la pervenche,
A faire, dans les prés, la guerre aux papillons.

Et, lorsque le soleil franchissait l'horizon
Pour ne pas offusquer les étoiles pudiques,
Et que, pour clore enfin nos ébats despotiques,
Nos mères, à pas lents, regagnaient la maison,

Tu sais combien j'aimais te parler de Louise :
Pour elle était la fleur que j'avais prise aux blés ;
Pour elle était, encor, la pervenche conquise,
Et pour elle, toujours, mes prisonniers ailés.

L'une devait orner sa belle chevelure,
Les autres, décorer les murs de son boudoir.
Pour lui plaire, j'aurais dépouillé la nature
Et dérobé, je crois, les étoiles au soir.

Je l'aimais d'un amour pur, indéfinissable.
Ce n'était pas l'amour qui me brûle aujourd'hui ;
Ce sentiment viril, enivrant, indomptable
Dans mon cœur de douze ans n'avait pas encor lui.

Ce n'était pas l'amour qu'une sœur nous inspire,
C'était un sentiment plus vif, moins naturel ;
Il tenait le milieu, si je puis ainsi dire,
Entre ce que j'éprouve et l'amour fraternel.

De son côté, Louise était, pour moi, charmante,
Elle me faisait part de ses moindres projets.
Parfois, elle accourait joyeuse, rayonnante,
Me montrer ses bijoux, ses cadeaux, ses hochets.

Parfois, elle roulait ou tressait mes cheveux,
Et quand je refusais elle faisait la moue ;
Puis, si pour l'égayer, je lui disais : « Je veux, »
Elle se prodiguait en baisers sur ma joue.

J'étais son protecteur envers et contre tous :
Si quelqu'un se montrait, à ses désirs, contraire,
Elle le menaçait de mon juste courroux ;
J'étais son protecteur, même contre sa mère....

Ainsi nous grandissions ensemble, et nos deux cœurs
Battaient à l'unisson. Telles deux libellules,
Par un beau jour d'été, l'une de l'autre émules,
Sur les bords d'un ruisseau volent aux mêmes fleurs.

Nos mères entouraient cette affection sainte
D'une joie inconnue au reste des mortels.
Combien de fois, grand Dieu! les baisers maternels
Nous ont-ils confondus dans une même étreinte!

C'est que Louise était au berceau que sa mère
Et la mienne, déjà rapprochant l'avenir,
Demandaient chaque soir, à Dieu, dans leur prière,
La faveur de pouvoir, un beau jour, nous unir.

Après quinze ans d'attente, enfin ce jour arrive.
Ami, je n'ose pas croire à tant de bonheur.
Cette seule pensée agite plus mon cœur
Que les flots en fureur, une barque chétive!

Jeune, riche, adoré, pour compagne Louise,
Lire dans ses beaux yeux à chaque instant du jour,
Respirer le même air, vivre de son amour,
Si ce n'est pas le Ciel, c'est la terre promise!

Oh! tu viendras, ami, pour combler mon ivresse.
Ton absence serait en ce jour solennel,
Dans un banquet où tout respire l'allégresse,
Un convive ennuyeux, un nuage à mon Ciel.

Tu viendras, n'est-ce pas, afin que dans l'église,
Jurant d'être fidèle au plus doux des liens,
En présence du Christ, mon cœur ait pour parrains
L'amitié d'Hippolyte et l'amour de Louise.

HIPPOLYTE A PAUL

Ta joie a pénétré mon cœur,
Écho des accents de ton âme;
Je suis embrasé de ta flamme,
Je suis heureux de ton bonheur.

Sur les ailes de l'espérance
Vers toi l'amitié prend son vol ;
J'irai te voir, ami d'enfance,
J'irai t'embrasser, mon cher Paul.

Le mariage eut lieu deux mois après. La fête
Fut splendide : On eut dit que le Ciel, invité,
Prodiguant à l'envi ses parures d'été,
Avait pris ce jour-là sa plus riche toilette.

Ce qu'il fut répandu de luxe, de gaîté,
D'esprit, de courtoisie, on ne saurait le dire ;
Les salons étaient ceux d'un palais enchanté,
Et le repas du soir, un vaste éclat de rire.

Au premier rang brillaient les époux, gracieux
Comme deux papillons sur un bouquet de roses.
Lorsque le souvenir me retrace ces choses,
Je sens mon cœur s'étreindre et s'humecter mes yeux.

. . . .

Pendant trois ans, j'ai vu le bonheur, vieil avare,
Combler de ses faveurs leur foyer conjugal.
Je vivais auprès d'eux, lorsqu'un bruit de fanfare
D'une guerre terrible annonça le signal.

Déjà les ennemis outrageaient la frontière,
Sous le feu des canons, Wissembourg s'écroulait,
Le sang de nos héros rougissait la poussière,
Strasbourg était bloquée, et la France appelait

Au secours. Je partis. O muse, je t'en prie,
Passons rapidement sur ces jours de malheur
De peur de réveiller l'âme de la Patrie.
Qu'elle repose encore au fond de notre cœur,

L'immortelle blessée! Au jour de délivrance
Chacun de ses enfants mourra pour le devoir
Ou vaincra! Jusqu'alors, mon cœur offre à la France
Pour couche la douleur, pour oreiller, l'espoir....

. . . .

Quand après douze mois d'exil et de combats,
Je revins au pays, brisé par la souffrance,
Paul, mon meilleur ami, mon compagnon d'enfance,
Celui qui m'aimait tant, ne me reconnut pas.

Il ne répondit point à mes chaudes étreintes,
Il ne put même pas articuler un son ;
Ses cheveux étaient gris, ses prunelles éteintes,
Horreur! le malheureux n'avait plus la raison!

Et Louise, autrefois si folâtre, si belle,
Cette enfant de vingt ans, au rire si bruyant,
Ce modèle de grâce, ô vision cruelle!
Louise n'était plus qu'un cadavre vivant!

. . . .

Dieu! quel revirement s'était-il donc produit?
Quel était le fléau qui sur ces existences
Était venu s'abattre et répandre la nuit?
Quel esprit infernal attisait leurs souffrances?

Hélas! on me l'a dit depuis : Durant la guerre
Paul prit un officier mourant sur un brancard,
Louise le sauva par ses soins et... plus tard,
La sœur de charité devint mère adultère!!!

HIPPOLYTE PAMPHILE.

SOUS LES ARBRES

C'était dans le printemps, à l'heure où le soleil
Jette ses derniers feux à l'Occident vermeil.
Déjà la tiède nuit a déployé ses voiles,
Et les faibles lueurs des premières étoiles
Se voient à l'Orient, dans le Ciel sombre et bleu.
L'angélus tinte au loin. La brise souffle peu,
Et sous ses longs soupirs, toutes les fleurs des plaines,
Prennent pour converser mille poses mondaines,
Et pour débuter dans leur conversation,
Chacune fait d'abord sa déclaration.

Par ce splendide soir, deux enfants de la ville,
Deux jeunes fiancés, — jeune homme et jeune fille, —
Sous des arbres touffus, seuls, erraient à pas lents,
Se faisant à mi-voix de mutuels serments.
Ils s'enfonçaient joyeux sous ce Ciel de verdure,
Et dans leur douce extase, admiraient la nature,
Humaient à pleins poumons l'air pur et embaumé,
Qu'exhale chaque nuit le printemps parfumé.
Ils s'asseyent soudain sur un vieux banc de pierre....
Lui s'approche près d'elle... et semblables au lierre
Qui dans ses bras étreint l'arbre son cher amant;
Tels ils étaient tous deux enlacés follement.
Ils s'adoraient à l'aise et dans leur joie extrême,
Elle enivrée d'amour, disait : « Comme je t'aime ! »
Puis pleuvaient les baisers qui formaient des concerts
Que l'écho répétait au lointain dans les airs.
O qu'ils étaient heureux dans cette allée profonde,
Et comme en leur ivresse, ils oubliaient le monde.

Édouard Bizet.

LA MISSION DE LA PRESSE

Tressons pour Guttemberg une belle couronne,
Son génie enfanta un art bien précieux ;
Grâce à lui, le progrès partout nous environne,
Et la typographie a des fruits merveilleux.

Par sa voix, la science a fait le tour du monde
Et produit des bienfaits rapides, souverains ;
Les lettres, les beaux-arts et la pensée féconde
Brillent en des récits illustrés de dessins.

La presse chaque jour fait jaillir la lumière,
En dépit de ces fous voulant l'obscurité ;
Elle marche toujours levant sa tête altière,
Forte de son pouvoir, aimant la vérité.

D'elle nous recevons ce qui rend l'homme aimable ;
Elle ouvre le chemin aux inovations ;
C'est elle qui fera l'homme plus raisonnable,
Unissant pour leur bien toutes les nations.

C'est la presse qui doit briser, jeter par terre
Antiques préjugés et monstrueux abus ;
Sa voix s'entend plus loin que celle du tonnerre
Et parvient à la fois dans toutes les tribus.

Et ce n'est pas en vain qu'en la presse j'espère ;
Si de ses mille voix quelqu'une veut mentir,
Les autres démasquant la fourbe en son repaire,
De sa mauvaise foi la feront repentir.

Presse, attendant de toi progrès et paix du monde,
Mon espoir est fondé sur un moteur puissant ;
Car vouloir enrayer notre planète ronde,
N'est pas plus fou, je crois, qu'arrêter ton élan.

Sans esprit de parti, enseigne la sagesse ;
Fais voir que la morale est dans la charité ;
Par elle, avec bonheur, le riche fait largesse ;
Sentiment paternel guide l'autorité.

Remplis ta mission : elle est grande, elle est sainte ;
Tu dois prêcher toujours concorde et puis devoir ;
Des reptiles hideux en méprisant l'atteinte,
Lutte sans défaillir et donne le savoir.

J.-B. DE FERRER.

SOUVENIR

Souvenir! mot si doux,
Que déjà nous aimons le dire dès l'enfance,
    Alors que l'espérance
    Se lève devant nous.

Plaisirs de la jeunesse,
Que tous nous avons vus si promptement finir :
    Seul, votre souvenir
    Réjouit la vieillesse.

Souvenir, souvenir!
N'es-tu pas un écho de ma plus jeune muse,
    A chanter qui s'amuse,
    Oubliant l'avenir?

Que serait donc la vie
Sans vous, ô souvenirs! souvenirs, pauvres fleurs
    Écloses sous nos pleurs,
    Et que chacun envie?

La vie à parcourir
Sans toi, cher souvenir, serait route épineuse ;
    Toute âme malheureuse
    Sans toi voudrait mourir.

Mais, grâce à toi, la vie
Offre encor de beaux jours et reprend des couleurs;
Tu donnes aux douleurs
Rêve et mélancolie.

Cte DE CHOISEUL DAILLECOURT.

IL FAUT PARTIR

Sur le soleil j'aperçois un nuage,
Le vent gémit dans les bois,
Le cerf aux abois
Fuit et traverse à la nage
Le torrent débordé jusqu'à l'autre rivage.

Tristes s'effeuillent les fleurs,
Le couchant est d'heure en heure plus sombre;
Sur mon front pâle a passé comme une ombre,
Dans mes yeux montent des pleurs.

Entendez-vous au loin une mer écumante
Se briser sur les noirs rochers,
Et les cris des pauvres nochers
Combattant sans espoir cette horrible tourmente?

Mon cœur, mon pauvre cœur, qu'as-tu tant à souffrir?
D'où te vient aujourd'hui cette affreuse tristesse?
Est-ce de voir le Ciel et la mer en détresse?...
Ou, sans lui dire adieu, te faudrait-il partir?

Cte DE CHOISEUL DAILLECOURT.

A UN POÈTE

Quis desiderio sit pudor aut modus tam cari capitis?
HORACE. Odes L. I, 24.

Pleure ta tendre épouse à ton amour ravie,
Pleure, et ne rougis point de tes justes regrets.
Hélas! l'affreuse mort n'est jamais assouvie
    Et reste sourde à nos souhaits.

Hélas! le lourd sommeil a fermé sa paupière;
C'en est fait, elle est morte et morte sans retour;
Son âme vertueuse a quitté cette terre
    Pour fuir au céleste séjour.

Vertus, douceur, talents et toi, fraîche jeunesse,
Ne pouvez-vous donc rien contre les coups du sort?
Ne pouvez-vous donc rien : amour, beauté, tendresse,
    Contre les arrêts de la mort?

Hélas, non! car sa faux abat dans la carrière
Le vieillard et l'enfant, enchaînés à ses lois!
Hélas, non! car sa main heurte à l'humble chaumière
    Comme aux demeures de nos rois!

Oui, même si tes chants, beaux comme ceux d'Orphée,
Entraînaient sur tes pas les rochers, les forêts,
Tu ne saurais fléchir la dure destinée;
    C'est en vain que tu prierais!

Pourtant console-toi, frère, sèche tes larmes :
D'autres maux plus affreux réclament ta pitié!
Quand sur nous le destin fait peser les alarmes,
    Le poète en sort fortifié!

HENRI LA FONTAINE.

SONNET

Jours de joie et d'honneur, jours à jamais heureux,
Vous avez fui pour moi dans la nuit éternelle,
Où l'oubli, de sa main insensible et cruelle,
Efface, indifférent, le nom de l'envieux.

Et l'orbite éclatant de l'astre radieux !
Insensé ! j'avais cru que la pure étincelle,
Qui, sublime génie, au monde te révèle,
Inspirerait un jour mon cœur ambitieux.

Hélas ! oui, j'ai brillé, sur la route éthérée,
Comme parfois scintille une étoile effarée,
Un débris détaché du dôme de la nuit !

Comme lui, j'ai passé, fugitif et rapide,
Astre que le hasard a perdu dans le vide,
Qu'un éphémère éclat consume, anéantit !

Henri La Fontaine.

Belgique.

L'ORACLE MENTEUR

Amante des gazons, gentille marguerite,
Laisse-moi consulter tes pétales d'argent.
— M'aime-t-il !... un peu... beaucoup... oh ! vite
Pâquerette, dis-moi qu'il m'aime tendrement.
— Pas du tout !... pas du tout ! fi ! la laide menteuse,
Ha ! tu voudrais peut-être un peu rire de moi....
De ce que tu m'as dit je suis peu soucieuse
Et je n'en croirai rien, car je sais mieux que toi.

Emma Coeckelberg.

L'AUTOMNE

PREMIÈRES VENDANGES

Quelques astres brillent aux Cieux ;
Les villageois sont dans la plaine
Les yeux ouverts, le cœur joyeux,
Tous défiant de loin la peine.

Le maître est là, fier, souriant,
(Car c'est une cérémonie),
Tantôt muet, tantôt criant,
Selon son antique manie.

Cependant les ceps dépouillés
Témoignent d'un affreux carnage ;
Les malheureux sont tout mouillés,
Tant à l'œuvre ils mettent de rage.

Lors, un passant s'écrie : Eh quoi !
Pour un étranger tant de zèle ?
« Les vieilles vignes sont au roi,
» A vous la piquette nouvelle. »

Et qu'importe, morbleu ! voyez
Le soleil qui tous nous inonde,
Verse-t-il son feu sur tels pieds ?
A-t-il des élus en ce monde ?

Or ça, le jour est clos, amis,
Arrêtons-nous sous la charmille.
Nous ne sommes las ni blémis,
Un coup de vin et un quadrille.

Un coup de vin jeune et vermeil,
Qui nous réchauffe les entrailles,
Est-il vraiment rien de pareil ?
Est-il un trésor que tu vailles ? (1)

E. DUPONT-DESAULTY.

(1) Tournure qui est dans Horace.

L'ÉTÉ

POÉSIE

A MES CONFRÈRES DU TOURNOI

Pauvre printemps! tu meurs! que veux-tu? c'est la loi,
Tu nous a réchauffés, nous et la pâle plante,
Par le froid engourdis, sois donc béni par moi,
Ange au souffle si doux, à la flamme enivrante.

Ton règne est bien fini. Là-bas, à l'horizon
Déjà paraît le monstre et son globe rougeâtre;
C'est le premier matin d'été; vois ta maison
Qui flambe de ses feux du sommet jusqu'à l'âtre.

Ami, c'est bien la tienne; à toi ce grand honneur
D'avoir pour premier hôte et sous ton toit de paille
Le soleil tout puissant, ce joyeux voyageur;
Allons homme des champs tu vas faire ripaille!

Cependant tout est calme et rien ne fait frémir,
Hors le bourdonnement, effrayante harmonie
Qui court dans tout notre être et le fait tressaillir
Par son immensité, par la monotonie....

Quand un premier rayon soudain traverse l'air.
Fait frissonner un nid, jaillir une alouette.
Secouée, étourdie, un cri s'élève, clair,
Et puis l'on voit sortir une tête fluette....

Le silence est rompu; l'oiseau vole en chantant
Vers le Ciel qui s'éveille, et le jour est fêté....
Le laboureur se lève, averti par le chant,
Bénit Dieu du regard et se dit : C'est l'été.

E. Dupont-Desaulty.

L'HIVER

Souffle aquilon ! déchaîne-toi
En de rugissantes rafales,
Et, dans tes courses triomphales,
Jette au cœur du passant l'effroi..

Règne sur les mers, dans les plaines,
Prends tes hécatombes humaines,
Ici tu ne mêles ta voix
Qu'aux doux accords, aux doux émois.

Le bal, amoureuse folie,
Qu'on aime ton enchantement
A vingt ans !... jeunesse finie,
Le cœur lui donne un battement.

Dans quel délicieux lien
L'hiver coquet nous embarrasse.
Un concert, exquis entretien
Où Mozart en nos âmes passe.

De Phœbée aux pâles rayons,
Là-bas, dessous un Ciel de glace,
S'ébattent, joyeux compagnons
Les patineurs, dedans l'espace.

Assez, ma muse à tes accents
Un soupir s'est mêlé timide.
De mes souvenirs renaissants,
J'ai ressenti l'haleine humide.

Larme amère et douce à mon cœur,
Je te bénis, perle divine ;
Toi dont la rosée, au malheur,
Des âmes aux yeux chemine,

Sous les haillons, montre aux heureux
Le sang qui coule de la plaie,
L'angoisse du pauvre honteux,
Que la crainte rive à la claie.

E. Dupont-Desaulty.

L'ENFANT
ACROSTICHE

Approchons doucement... sa jeune âme sommeille...
. . . .
Mon bel ange, à ta mère heureuse qui te veille,
Apporte en grandissant la gloire et le bonheur....
Un pleur à ta paupière, un soupir de ton cœur
Rends ton père inquiet... lui qui t'aime en poète,
Il accorde son luth, te console et te fête ;
Cet hymne paternel vibrant sur ton berceau
Est envié du nid où chante aussi l'oiseau.

Repose en paix, la muse à tes moindres alarmes,
Ouvrant son aile blanche accourt sécher tes larmes ;
Bien doux à qui sanglote est son sein généreux !!
En la crèche, Jésus naissant et malheureux
Reçut l'or et l'encens des mages de l'Asie,
Toi, l'on verse à tes pieds la coupe d'ambroisie.

Enfant à qui l'on offre et des fleurs et des vers,
Vis heureux ! assez tôt tu sauras nos revers....
Alors contre l'erreur, le vice et l'imposture,
Raison, vertu, savoir te serviront d'armure.
Il te faudra lutter pour le droit plébéien ;
Soutenir le beau nom de soldat-citoyen ;
Tu devras en tous lieux combattre l'ignorance,
Et dans les cœurs brisés répandre l'espérance !...

C'est l'avenir en germe, un esprit au berceau.
Aujourd'hui que l'enfance est un monde nouveau,
Rien ne nous est plus cher que sa noble culture :
Réparer nos malheurs est sa tâche future....
Apôtres enseignez l'amour, la vérité,
Nos fils accompliront l'œuvre de liberté ;
Concorde unit leurs cœurs par une amitié franche,
Espoir de la Patrie, ils seront la revanche !

Auguste Rousseau,

Maine-et-Loire. Sabotier.

PETITE SŒUR DORMAIT

souvenir de 1870

Un soir... tout sommeillait....
Dans le Ciel mille étoiles
Erraient gaîment sans voiles....
L'ange gardien veillait ;
Petite sœur dormait.

Et mon œil se fermait....
Dans la voûte éthérée,
Dans le Ciel empyrée
Mon âme voltigeait ;
Petite sœur dormait.

A l'ange Dieu disait :
« Prends l'enfant sous ton aile,
» Ici viens avec elle, »
Et l'ange se taisait ;
Petite sœur dormait.

Tout bas l'ange songeait :
« Près de moi je la garde,
» De l'avoir qu'il me tarde ! »
Et l'ange souriait ;
Petite sœur dormait.

Et l'ange s'emparait
De l'enfant tendre et frêle,
S'envolait avec elle....
Et mon âme pleurait;
Petite sœur dormait.

EMMA COECKELBERGH.

Belgique.

A LA FRANCE DE 1870-71

<small>A M. LE COLONEL DENFERT-ROCHEREAU, PRÉSIDENT D'HONNEUR DES CONCOURS POÉTIQUES DE BORDEAUX</small>

Reine de l'univers, toi dont le front rayonne
D'un éclat ravissant aux splendides couleurs,
Prépare en ce beau jour la plus belle couronne
Pour le plus grand de tous tes nobles défenseurs!

A l'aspect de ton char ici-bas tout frissonne;
Quand tu parais soudain nous sentons en nos cœurs
Une flamme superbe et qui, toujours, nous donne
Et ton élan sublime et tes saintes ardeurs!

O nous te bénissons! toi qui, comme Bellonne,
Sais préparer le fer contre tes oppresseurs
Qui te veulent détruire en ce jour de douleurs!...

Sois forte! c'est ton droit! et si le canon tonne,
Va contre ces tyrans! il n'est plus de Gorgone
Pour te pétrifier! tu nous rendras vainqueurs!

LOUIS-C.-F. MAS DE CASTRES.

LA LORINE

PETITE SCIE A DÉCOUPER LE BOIS
INVENTÉE PAR M. LORIN DE BRIOUDE

Que j'aime à contempler, assise à sa *Lorine*,
Une jeune beauté dont la tête s'incline ;
Qui, la lèvre entr'ouverte et le sein palpitant,
S'affectionne à son œuvre et ne voit ni n'entend.
La scie obéissant à sa main qui la guide,
Attaque le dessin, pièce à pièce l'évide ;
Et de ces jours savants l'ensemble harmonieux
Sur le bois reproduit un sujet gracieux :
Un arbuste, une rose, un nid dans la fougère,
Un chasseur et sa meute, un pâtre, une bergère ;
Et telle qu'une fée au magique pouvoir,
Pour orner un palais elle n'a qu'à vouloir.
Chaque instant voit éclore entre ses doigts agiles
De nouveaux objets d'art délicats et fragiles :
Un lustre, des écrans, ornements de salon,
Une sainte chapelle, un chalet du vallon ;
Une corbeille à fleurs, une crèche gothique,
Des cadres, des coffrets, un casier de musique ;
Tout ce qui peut enfin, dans cet art merveilleux,
Exciter la surprise et fasciner les yeux.

O vous qui gaspillez vos heures de loisir,
Goûtez, heureux mortels, cet attrayant plaisir,
Passe-temps précieux ; vous, aimable lectrice,
Croyez-moi, livrez-vous à ce doux exercice ;
Fuyez surtout, fuyez la molle oisiveté
Qui fatigue l'esprit et détruit la santé.

Et vous, dont le génie a créé cette scie,
C'est de tout cœur, monsieur, que je vous remercie ;
Trop heureux si j'ai su retracer dans ces vers
De votre invention les agréments divers !

BROSSETTE.

HYMNE A LA DOULEUR

Pitié! Pitié!

O douleur! depuis que le monde
Est sorti du sein du néant;
Depuis que de la nuit profonde
Il guida son pas chancelant,
A tes pieds, assez de victimes
N'as-tu pas frappé de tes coups
Pour les plonger dans tes abîmes?
Quand donc cessera ton courroux?

Quels rêves t'agitent sans cesse?
Ah! dis-moi, quel but poursuis-tu?
Rien, oui, rien que ta main n'oppresse....
Jusqu'à torturer la vertu!
Quel désir t'anime et t'excite?
Ton trône aurait-il un égal?
Quelle soif à sévir t'invite?
Ton sceptre aurait-il un rival?

Cruelle, toujours redoutable,
Au chevet de l'abandonné
Tu t'assieds, alors implacable
Tu railles cet infortuné;
Tu te réjouis de sa souffrance,
Tu nargues bien haut son malheur,
Et l'heure de sa délivrance
Voit même augmenter ta fureur.

Mais quand c'est une jeune fille
Semblable à la fleur que le vent
Fait incliner dans la charmille,
Pourquoi t'envenimer autant?
Que te fit-elle donc? timide,
Sous ton regard elle a pâli.
Lâche, ton bras est homicide!
Pourquoi la tourmenter ainsi?

Pourquoi l'abreuver de ta rage?
Quoi! rien ne peut donc t'assouvir?...
Pitié! pitié! que ton ouvrage
S'efface de son souvenir!
La coupe est déjà bien amère!
Laisse-là ton inimitié!
Ne repousse pas ma prière :
Entends tout te crier : « Pitié! »

✯✯✯

A LOUIS NAPOLÉON

Est-il vrai que dans ton délire
Tu crois pouvoir nous asservir?
Et que du manteau de l'empire
Tu penses à te revêtir?

Proscrit par des Bourbons imposés à la France,
A qui dois-tu le rang où l'on te voit monté?
Est-ce au droit de conquête? à celui de naissance?
Ingrat!... tu ne le dois qu'à notre Liberté....

L'ambition qui te dévore
Voudrait déjà nous l'arracher!
Et tu crois pouvoir faire encore
Comme Napoléon premier!

Mais il avait pour lui l'auréole de gloire
Qui sur le front des dieux autrefois rayonnait!
Et l'on voyait briller le nom d'une victoire
Sur chaque anneau des fers dont il nous enchaînait.

Toi, qu'as-tu fait pour la Patrie?
Quoique portant le même nom,
Te crois-tu doué du génie
De ton oncle Napoléon?

Sous lui la liberté ne tomba point honteuse;
Car si d'un bras parjure un jour il l'abattit,
Pour essuyer nos pleurs sa main victorieuse
Vite nous apporta les drapeaux d'Austerlitz.

  Dis, de sa formidable épée
  Peux-tu donc soutenir le poids?
  Du fourreau tu ne l'as tirée
  Que pour être vaincu deux fois....

Mais pour ton bras Louis, elle devient légère
S'il s'agit d'enchaîner le citoyen romain;
Tu voudrais la plonger dans le sein de ta mère
De cette liberté qui te tendit la main!...

  Pour aider à briser un trône,
  Tu ne peux plus la soulever,
  Mais pour avoir une couronne
  Tu dis aux rois de l'acheter....

Bonaparte, consul, en fit un autre usage;
Il s'en servit d'abord contre nos ennemis,
Puis de la liberté s'il nous prit l'héritage
Il sut mettre à nos pieds ce qu'il avait conquis....

  Tremble!... si le peuple se lasse,
  Et qu'il s'arme de ses pavés,
  Prends garde qu'il ne te terrasse
  Sous ses pieds nus ensanglantés.

. . . .

Quand l'Empereur mourut, on dit que la victoire
En sanglots éclata... qu'un prêtre le bénit....
Mais toi!... peut-être un jour on lira dans l'histoire
Que tu mourus sans gloire... et que tu fus maudit!...

      François-Xavier-Amédée de Pichon.

LA FRANCIA CON I BONAPARTE
THIERS, E MAC-MAHON

Gallia ben si nomò la gran Nazione
   Col Codice che diè *Napoleone*.
Essa mutò la faccia della Terra
   Ai cenni di quel Fulmine di guerra,
Che mantenne al fuo piede incatenati
   Per pochi lustri i Re da Lui shalzati.
S'affidò poscia al terzo *Bonaparte*
   Che la soresse con mirabil axte,
Godendo della Pace le dolcezze,
   Colma di stima, e fra le sue ricchezze.
Ambì di torre alla *Germania* il *Reno*,
   E perdette a *Sedàn* il suo terreno.
Shorsò i miliardi col suo *Thiers,* ed ora
   Di sua grandezza i dè che fur deplora.
Con febril ansia alla riscossa è accinta
   Pei *Ruggiadosi* che le dan la spinta.
Ma finchè il *Duca di Magenta* siede
   Chi ardir potrà di porle i lacci al piede?
La Patria Egli ama, e non farà giammai
   Governarla a volere di *Mastai*.

Luigi Ciccaglione

L'ARBITRATO INTERNAZIONALE POLITICO

Dio vuol che sosse l'Universo in pace
   Coi Popoli concordi e non in guerra.
   Loro non dà l'ambizion la pace,
   E vinti e vincitor son sempre in guerra.
Sorridono le scienze e l'arti in pace,
   Invilite, reiette e spente in guerra.
   Flagello è questa, un halsamo la pace,
   E pur si para tutta Europa a guerra :

Ma le Nazioni bramano la pace.
   L'*Arbitrato* potrà handir la guerra,
   Ei beni allor quelle godrànno in pace.
Ceda la Forza al Dritto, e non più guerra
   Fra i Popoli si avrà, perché la pace
   Ricchezze adduce, e povertà la guerra.

Luigi Ciccaglione.

Italia.

PRIÈRE

Ne permets pas, mon Dieu, que je meure en hiver !
Il doit faire si froid au fond de cette tombe,
Lorsque souffle le vent et que la neige tombe,
Lorsque l'herbe jaunit et que plus rien n'est vert.

S'il est triste, mon Dieu, de mourir en automne,
Quand la feuille s'envole et que le fruit mûrit ;
Qu'un rayon de soleil tristement nous sourit
A travers le brouillard qui rend tout monotone ;

Et s'il est triste encor de mourir au printemps,
Lorsque la brise est douce et qu'elle nous enchante,
Que s'entr'ouvre la fleur, que le rossignol chante,
Mieux vaut mourir alors, qu'aux jours des noirs autans.

Lorsque mugit le vent et que la neige tombe,
Que le cri des corbeaux nous annonce l'hiver,
Lorsque l'herbe jaunit et que plus rien n'est vert,
Il doit faire si froid au fond de cette tombe !

Cte de Choiseul Daillecourt.

ELLE ME DIT UN SOIR

Ne m'aime pas pour ma beauté,
Bien que de ma grâce on s'étonne ;
Le soleil est plus beau lorsqu'il brille en été,
Le couchant est plus beau par un doux soir d'automne.

Ne m'aime pas pour ma fraîcheur,
Aime le lis, aime la rose ;
Aime encor le printemps qui fait naître la fleur,
Aime l'étoile d'or durant la nuit éclose.

Ne m'aime pas pour mes grands yeux,
Ni pour ma blonde chevelure ;
Bien plus bleu que mon Ciel est l'azur vif des Cieux,
Plus blonds sont les épis quand la moisson est mûre.

Mais aime-moi pour mon amour !
Et je ne crains alors ni les lis, ni les roses
Aux brises du matin écloses,
Ni l'astre radieux qui nous donne le jour.

QUATRAIN

Le cygne blanc, avant qu'il meure,
Fait entendre, dit-on, des sons mélodieux ;
Le poète mourant, quand vient sa dernière heure,
Trouve des chants dignes des dieux.

Cte DE CHOISEUL DAILLECOURT.

A ÉVARISTE MOUTON

RÉDACTEUR DU *Diable Rose*

Voici venir le mois des fleurs,
Le mois qu'adorent les poètes,
Et les papillons séducteurs
Qui rêvent de belles conquêtes !

Le mois où les gais amoureux
Le cœur empli de douces choses,
S'en vont par les sentiers ombreux
Cueillant le bonheur et les roses.

Et c'est ce mois où votre esprit
— Saluant l'aube printanière —
S'élance joyeux et sourit,
Comme on sourit à la lumière !

Vous allez mêler votre voix
Aux chants des aimables fauvettes ;
Aux chastes murmures des bois,
Aux hymnes de vos fleurs coquettes.

Tout ce qui vit sous ce Ciel pur
Se doit à l'œuvre universelle :
Le célèbre comme l'obscur,
La flamme comme l'étincelle !

Dans votre cœur ayez l'amour,
Car l'amour est le phare auguste
Qui change la nuit en beau jour
Et le pervers en homme juste !

Ayez surtout la liberté,
Cette déesse méconnue
Qui s'habille de vérité
Et que la faiblesse croit nue !

Mais je m'arrête.... Il est bien temps
De signer ce feuillet morose !
Que le Ciel verse ses printemps
Sur votre petit « *Diable rose.* »

ÉVARISTE CARRANCE.

Avril 1874.

DEUX AMIS

I

Près d'un de ces coteaux riants, de la contrée
Où croît le fruit charmant, à la mine rosée,
Un jeune homme est assis, regardant le soleil
Se levant à petit, resplendissant, vermeil.
Puis, après un instant, il le voit qui projette
Ses feux dans la vallée où sautille l'insecte,
Où chantent les oiseaux, où la rivière fuit,
Dont l'indiscret écho redit le charmant bruit.
La brume, lentement, disparaît de la rive;
Puis il voit le moulin tourner sur cette eau vive,
Dont le tic-tac joyeux prodigue la gaîté
Sur tous les alentours, souriants de clarté.
Le cheval, hennissant, fait rouler la voiture
Qui ramène le grain donné par la culture
Et qu'une bonne main prépare gentiment,
Pour le voir se changer en poudre de froment.
Puis, devant le moulin, la basse-cour picore
Les graines qu'un ami jette au loin, dès l'aurore.
La rosée disparaît, et, les fiers vignerons
S'en vont sur les coteaux, fredonnant leurs chansons.
Contemplant le tableau de ce réveil superbe,
Il restait accoudé sur une touffe d'herbe;
Ses yeux semblaient fixés sur les hauts peupliers,
Qui cachaient à demi, des buissons d'églantiers,
Dont les branches armées, allaient capricieuses
A la rive, ou montaient, se balançant joyeuses
Sous le vent du matin, comme pour admirer
Une charmante enfant qui venait de passer
Et qui fixait au loin le ruban de la route.
Fuyant dans la vallée, elle cherchait sans doute;
Et rien ne se montrait. Elle avance toujours,
Disparaît où la route a pris un beau contours,

Pour gagner d'autres Cieux !

Soudain, près du village
Où rêve le jeune homme, un vieillard d'un grand âge
S'avance. A ses côtés, un soldat à l'œil vif
Parle bas au vieillard, qui prend un air craintif,
Et lui dit : « — Sache unir courage et vigilance,
» Par là, tu serviras toujours bien notre France !
» N'oublie pas ton vieux père, écris-lui bien souvent,
» Chaque fois que ton corps pourra dire : en avant !
» — Oui père, car jamais notre Mère-Patrie
» Du talon allemand ne sera plus meurtrie !
» Oui, nous le voulons tous ! — Fils, j'aime ton espoir !
» Et mon cœur le partage ; allons, fils, au revoir !
» Voici Jeanne qui vient, front triste et l'œil humide,
» Promets-lui de l'aimer ; elle est belle et candide ;
» Dis-lui que tu seras en vendange avec nous,
» Et qu'après, par la loi, tu seras son époux.
» Elle sera bientôt consolée, puis heureuse ;
» Sa vie, en t'attendant, sera moins ennuyeuse.
» Sa mère est bonne femme ; elle viendra le soir
» Lire les mots d'écrits que je vais recevoir. »
Et, serrant de son fils la main, plein d'énergie,
Il l'embrasse et s'en va, la paupière rougie.
Son fils, avec amour, à Jeanne dit tout haut :
« Je t'aime ! point de pleurs ; le soir, prie le Très Haut
» De bénir la vendange, et des grappes fleuries
» Naîtra le saint hymen du cœur, âmes unies !
» Nous verrons de beaux jours s'écouler en ces lieux :
» Je pars, et reviendrai bientôt victorieux ! »
Un serrement de main, un baiser sur la joue,
Jeanne le voit partir et fait légère moue ;
Elle regarde et rêve au jour tant désiré ;
Par des pleurs abondants, son cœur est déchiré !
Pierre, le bien-aimé, regarde encor sa belle
Dont il voit avancer la mère qui l'appelle ;

Alors il suit la route !...
       Ému de ces adieux!
Le rêveur s'apprêtait à gagner d'autres Cieux,
Lorsque, pressant le pas, le soldat crie de loin :
« — Écoute-moi l'ami ? — Suivez-vous mon chemin ?
» Lui répond le jeune homme. — Oui, car à ton costume
» Je vois un bon conscrit qui prendra la coutume
» De veiller nuit et jour comme moi dans les camps,
» Pour l'honneur du pays contre les Allemands.
» — C'est vrai, c'est mon devoir ! — Quel est ton nom, mon frère ?
» — J'ai nom François, et vous ? — Moi l'on me nomme Pierre.
» — Alors marchons tous deux ! Mais quels lieux nous quittons !
» Reverrons-nous là-bas d'aussi charmants vallons ?
» — François, ne parle point des charmes du village,
» Des souvenirs si doux abaissent le courage ;
» Précipitons la course, et que les bords du Rhin
» Emplissent notre verre et de gloire et de vin !
» Tiens, vois-tu ce pays où la locomotive
» Siffle et semble te dire : allons, soldat, arrive. »
Et tous deux se pressant, la vapeur les porta
Où commençait le bruit que chacun écouta.

II

Entendez-vous au loin ce bruit d'armes qui passe,
Tous ces sons de tambours qui soulèvent l'Alsace ?
Ce formidable bruit de chevaux hennissants ?
Cuirassiers et dragons, casques étincelants,
Qui viennent se ranger aux ailes de l'armée,
Où le bronze mugit ? c'est la France attaquée !
Pour la troisième fois, ses enfants se font jour
Dans les rangs noirs, épais, de ce peuple vautour,
Qui semble avoir quitté sa trop sombre Patrie,
Tant le nombre s'abat sur la France chérie.
Elle en détruit par mille, elle frappe partout :
Derrière tous ces morts, des vivants sont debout,

Qui semblent vouloir vaincre un courage admirable,
Faisant trembler la terre en ce jour mémorable,
Par les coups répétés du bronze aux mille voix,
Qui frappe l'ennemi jusqu'au fond de ses bois,
Où ses noirs tirailleurs se cachent dans les haies,
Ne sachant point se battre éloignés des futaies.
Bientôt les bois sont pris, tous ces loups sont dehors ;
Nos frères vont enfin se battre corps à corps.
Contents et furieux de les voir dans la plaine,
Ils donnent tous les coups qu'inspirait trop de haine !
Et l'Allemand fuyait, laissant tous ses canons,
Entraînant en désordre un flot de bataillons,
Dont les cris s'élevaient jusqu'à la grande voûte,
Ne voyant pas le sang répandu goutte à goutte,
Du corps de ses blessés, de ses morts étendus !
« La bravoure chez lui n'est pas de ses vertus. »
Cette armée de fuyards, devant elle rencontre
Un flot humain qui marche et qui bientôt se montre.
Avançant dans la plaine, enhardis du renfort,
Les combattants vaincus semblent frapper plus fort.
De mitraille, d'obus, la plaine est sillonnée,
Car l'Allemagne est là, partout échelonnée,
Écrasant par son nombre une armée de héros,
Dont le cri retentit au loin dans les échos,
Tenant tête toujours et qui parfois s'avance.
Tenez, voyez ! voici deux enfants de la France
Qui volent au combat plus promptement que tous,
Pour saisir un drapeau qui semble près de nous.
L'un frappe un coup terrible, et répand sur la terre
Le sang de dix vaincus roulant dans la poussière ;
Puis, de sa main de fer il saisit le drapeau,
Quand, devant lui, paraît un ennemi nouveau,
Dont l'arme, droit sur lui, s'élevait dirigée.
Il bondit ; le coup part, il tombe, et le trophée
Par l'autre est recueilli.... De cette légion,
Avec d'autres vaillants il chasse un bataillon.

A cheval, sabrant tout.... L'Allemagne se sauve
De ce lieu du combat, semblable à l'oiseau fauve.
Soudain, le cavalier de son cheval descend,
Court au vainqueur et voit que sa vie se répand.
Il arrête ce sang généreux, et l'emporte,
Lorsque s'avance encore une affreuse cohorte,
Mais ne s'en aperçoit point; puis l'emportant, François
S'éloigne, mais en route il tombe par deux fois,
Et chaque fois le plomb lui fait une blessure;
Lorsqu'enfin il se trouve auprès d'une masure
Assez loin du combat. Une vieille le voit,
Et l'aide à pénétrer sous son modique toit;
Puis, les pansant tous deux, on voit la bonne vieille
Assise auprès du lit, qui toute la nuit veille....
Mais dès le lendemain, au jour, on entendit
Retentir près de là des rumeurs, un grand bruit!
Nos vaillants s'éloignaient en troupes harassées,
Se retournant pour voir les hordes enivrées.
Dans l'œil plein de courroux des nôtres on voyait
Que pour le lendemain chacun d'eux espérait.
Ils passent, vont au loin, notre ennemi s'arrête,
Et de ce jour sans gloire il semble mis en fête.
Mais, pour nos deux blessés, le danger va grandir;
La vieille le comprend, et va les avertir.
Pierre ouvre alors les yeux, se voit dans la chaumière,
Comprend qui le sauva! François l'embrasse en frère,
Et Pierre alors lui dit : « — Sommes-nous les vainqueurs?
» — Non, l'armée est vaincue et la France est en pleurs!
» — Mais nous la vengerons si Dieu nous donne vie,
» Répondit Pierre. Adieu femme, soyez bénie!... »
Les voilà s'en allant, et portent l'étendard
Chez un chef de l'armée!

. . . .

                      On quitte le rempart.
Chacun rentre chez soi, l'âme bien désolée,
Et l'on rêve toujours Patrie, tête inclinée!...

Au loin, on voit encor des soldats qui s'en vont
En lambeaux, désarmés, la douleur peinte au front,
Le corps maigre et souffrant, au lointain dans la plaine,
Où vingt fois ils ont mis l'Allemand hors d'haleine !...
Chacun rentre chez soi, le cœur gros de chagrin,
Sachant que l'ennemi, joyeux, boit notre vin !
Qu'une belle province en ses mains est tombée !...
Tombée ! frères ! non pas, elle fut arrachée !
Vos rudes bras, guerriers, ont bien fait leur devoir,
Rentrez dans le repos ; priez, ayez espoir !
Car Dieu ne laisse pas longtemps sur cette terre
Un grand crime impuni. Combattez la misère ;
Apprenez aux enfants, chaque soir, ces grands mots :
Patrie ! Honneur ! Devoir !... Travaillez sans repos,
Afin que la raison, chaque jour, s'ennoblisse,
Et que chaque vaincu par vous s'enorgueillisse !

. . . .

Sur le même chemin, où François rêva seul,
Passent nos deux amis, tristes comme un linceul ;
A peine jettent-ils un regard vers la rive,
Où chaque arbre leur dit : Vois ! le printemps arrive,
Il prépare ma robe !...
     Ils rentrent au pays.
Pierre embrasse en passant ses chers et bons amis,
Dont l'un lui dit : « Bon Pierre, il en manque au village,
» Trois sont restés là-bas, mais prenons tous courage ! »
Aussitôt Jeanne vient ; le cœur rempli d'amour,
Embrasse avec transport son ami de retour,
Qui lui rend ses baisers, et dont enfin l'œil brille ;
Il voit tout un trésor dans cette bonne fille !
Le vieillard, bien heureux, avec tendresse attend
Que vienne l'embrasser son cher et brave enfant.
Pierre et François fêtés parlent de la défense
De l'Ouest, de Paris, du Centre de la France,
Du drapeau, des combats, où luttant dix contre un,
La France n'était plus qu'un vaste Châteaudun !

Les femmes écoutaient, Jeanne regardait Pierre.
Au loin, l'Allemand fuit, regagnant la frontière.
Pierre conduit François, content, jusque chez lui,
Voit sa mère chasser pour toujours son ennui....
Se disant au revoir, s'aimant bien, l'âme émue,
Ils murmurent ces mots : La Patrie est vaincue ! ! !

Louis Michel.

LE RÊVE DE L'ENFANT

Quelles brillantes fleurs ! quelle douce atmosphère !
Que tout est embaumé, que tout est radieux !
Que tout est enchanteur ! qu'elle est belle, la terre !
    Qu'ils sont beaux, qu'ils sont beaux les Cieux !

Et partout ce ne sont que guirlandes légères,
Que rayons vifs et purs au tendre firmament,
Que bulles d'arc-en-ciel et lumineuses sphères
    Qui roulent sur des fils d'argent !

C'est toi que j'aperçois, avec ton auréole,
Vierge Marie, aux yeux toujours si bienveillants.
C'est ta voix que j'entends sous la sainte coupole :
    « Je chéris les petits enfants ! »

J'entends du bon Jésus célébrer les louanges.
Comme un gentil oiseau, dans l'air j'ai pris l'essor.
Je m'élève joyeux, car j'ai comme les anges
    Des ailes de saphir et d'or.

Mais quelqu'un me sourit, m'embrasse, me caresse.
Quelqu'un me dit : « Ma vie, enfant, c'est toi, c'est toi ! »
Quelqu'un avec amour contre son sein me presse....
    C'est maman, qui vole avec moi.

Alphonse Hanon.

A Mlle H... R...

Contre la mondaine tempête
Une arme double vous défend :
Vous avez l'âme d'un poète,
Vous avez le cœur d'un enfant.

ALPHONSE HANON.

DEVISE

Rien n'est plus beau que l'humble extase
Qu'une âme envoie à l'Éternel,
Comme le doux parfum qu'un vase
Fait dans l'ombre monter au Ciel.

Mais si jamais notre prière
Doit se montrer dans la clarté,
Qu'elle devienne une bannière
Portant écrit : *Dieu, Liberté !*

ALPHONSE HANON.

PREMIÈRE ÉPITRE A REBOUL
— 1847 —

> C'est pour la vérité que Dieu fit le génie.
> LAMARTINE.

. . . .
> Astre choisi, si je dois luire,
> Que mes rayons soient bienfaisants !
> Souviens-toi du Ciel, ô ma lyre,
> Car c'est du Ciel que tu descends.
> REBOUL.

N'estimant rien, hormis l'or et la volupté,
Paris, comme les rois chassant la liberté,

N'a guère mon amour... de beaux parleurs y règnent.
Malgré ses monuments, dont il fait vanité,
Et ses mille chefs-d'œuvre, et sa prospérité
Qu'il étale en riant quand nos blessures saignent,
Chantre chéri du Christ, magnanime Reboul,
Oui, Paris est plus vil, plus impur que Stamboul !
Car, depuis soixante ans, qui de nos droits se joue ?
Cette ville de bruit, de fumée et de boue (Delille)
Paris, aux jours de sang, et d'angoisse et d'horreur,
A la France pour reine imposa la terreur,
En despote il traita nos provinces conquises,
Et ne leur laissa rien de leurs nobles franchises :
A l'infâme égoïsme il fut toujours livré. (1)
Mais qui dira l'orgueil dont il s'est enivré !
Il croit avoir lui seul la science en partage,
Et lui seul, nous dit-il, repousse l'esclavage.
Que d'écrivains pourtant aux noms point trop obscurs,
Que de chantres divins sont nés loin de ses murs !
Combien, quand il se tait, d'âmes patriotiques
Revendiquent pour tous les libertés publiques !...
Lui, pour mieux garder l'or de la fiscalité,
Admettrait volontiers mainte capacité
Au droit électoral que tout Français réclame.
Au milieu de nos maux il s'agite, il s'enflamme :
Pourquoi ? c'est merveilleux !... pour notre plus grand bien,
Pour conserver la paix un bon roi-citoyen.
Que cette paix nous tue, hélas ! nous déshonore,
Il n'en a point souci. Du couchant à l'aurore
On maudit cette paix sourde au cri de l'honneur,
Et que n'ont pu toucher les plaintes du malheur :

---

(1) Avouons cependant, car il faut être juste, que Paris renferme un grand nombre d'hommes honorables pour leurs talents ou leurs vertus. Et puis, ne devons-nous pas garder un éternel souvenir du courage et du dévouement sublime qu'il a fait admirer, durant le siége soutenu contre une armée de brigands ?

Pour l'homme de son choix, dans sa vaste démence,
Paris à Metternich immolerait la France.

Ce Paris qu'on adore, il est tel : le voilà !...
Quel sinistre avenir, si le Ciel n'était là
Bénissant, soutenant une race d'élite
Que la France chérit, que la cour a proscrite !
Ces illustres enfants de notre beau pays,
Ni l'or, ni les honneurs ne les ont éblouis :
Qu'on nous rende nos droits, c'est leur vœu magnanime ;
Rien ne saurait lasser leur courage sublime.
Tant d'efforts généreux seraient-ils sans succès ?
Cher Reboul, à leurs cœurs, répond tout cœur français ;
Et quand leur voix s'élève, éloquente, hardie,
On croit entendre au loin la voix de la Patrie.
Le Ciel peut-il trahir un si beau dévoûment ?
Toi qui chantas le jour du dernier jugement,
Prends ta harpe divine, et dis-nous, ô prophète,
Tes craintes, ton espoir, le calme ou la tempête.
Que le crime et l'orgueil demeurent confondus !
A ton verbe inspiré nous sommes suspendus,
Qu'il tonne la menace, ou chante la victoire :
Nul ne sait mieux que toi dire : anathème et gloire !...

Vois, de la liberté craignant l'élan soudain,
Paris se hérisser de cent gueules d'airain.
Ira-t-elle chercher, fuyant notre esclavage,
Pour de meilleurs destins une nouvelle plage ?
Et, plus heureux que nous, le peuple italien
Va-t-il la contempler belle et grande en son sein ?
Qui n'aime des beaux-arts la sublime Patrie,
Son accord si touchant avec l'immortel Pie ? (¹)

---

(1) Hélas ! hélas ! comment a-t-il été traité par une foule d'ingrats, ce bon Pontife qui avait donné tant de gages et de si douces espérances à la liberté !

Les destins de l'Église et ceux de l'univers
Y poussent au combat le Ciel et les enfers....

Ami, — permets ce nom au prêtre qui t'admire,
Dont tes beaux vers, empreints d'un suave délire,
Ont de sa solitude enchanté les ennuis, —
Les terrestres honneurs ne nous ont point séduits.
Ainsi, de notre sort quoique le Ciel décide,
Marchons vers notre but d'un pas ferme, intrépide ;
Trop d'astres ont pâli qui brillaient à nos yeux :
Hélas ! reprendront-ils leur chemin glorieux ?...
Mais toi, l'on n'a point vu ta foi vive et sincère
Dans la nuit de l'erreur éclipser sa lumière.
Dévoués à la France, à sa gloire, à ses droits,
Contre ses corrupteurs faisons tonner nos voix ;
A ce peuple abusé par les chefs du mensonge,
Présentons le flambeau qui chasse plus d'un songe :
Le calme ou l'ouragan, c'est égal ici-bas.
Courage ! du Seigneur combattons les combats ;
Toujours libres malgré l'affreuse tyrannie,
Car la religion est encor la Patrie !!!

L'abbé Peyret.

A UNE PETITE FILLE

Quelle vivacité charmante !
Que de grâce ! que de candeur !
Il te faut papillon ou fleur,
Tu cours de gaîté rayonnante.
Bel âge que le tien !... hélas ! il s'enfuira :
Fais ta prière, enfant, et Dieu te bénira.

Nul n'a vu de larmes amères
Se ternir tes beaux yeux d'azur ;
Tes jours sont d'or, ton Ciel est pur,
Tu ne poursuis point de chimères....

Doux calme que le tien!... hélas! il s'enfuira :
Fais ta prière, enfant, et Dieu te bénira.

    On te chérit dans ta famille,
    On te caresse à qui mieux mieux;
    Jamais ton front n'est soucieux,
    Tout sourit à l'aimable fille.
Vrai bonheur que le tien!... hélas! il s'enfuira :
Fais ta prière, enfant, et Dieu te bénira!!!

L'ABBÉ PEYRET.

CHIMÉRIQUE ASPIRATION A L'ÉGALITE
SONNET

Je sais qu'incessamment j'irai dans l'autre monde,
Où, certes, on ne fait rêves d'égalité ;
J'ai, même sur ce point, conviction profonde,
Sans blesser du Très Haut l'auguste majesté !

Cette prétention, sur la terre et sur l'onde,
Engendre concurrence, abus d'autorité,
Négation de Dieu, sots travers que seconde
Oubli de ses devoirs et de toute équité !

Le peuple qu'on séduit, qu'une ardeur satanique
Pousse à l'égalité, ne voulant ni de roi,
Ni d'empereur, l'a-t-il avec la République?

Croirait-il l'obtenir, à la mort? Non, ma foi !
Le divin juge installe, au Paradis, Grégoire;
Dominique, aux enfers, et Jules, au purgatoire !

BARON DE KINNER.

MADAME C*** DEVENUE MADAME DE C***
SONNET

Voyez veuve, sans droits et sans cérémonie,
S'adjuger particule étrangère à son nom;
Pour hausser son défunt, voyez cette manie
D'anoblir sa roture, en posant en Ninon!

Jeune et vive déesse, esprit fort ou génie,
Sur admirable char, à l'instar de Junon,
Son jockey la dérobe à la monotonie
Et la mène au galop aux châteaux en renom!

Voyez-la visiter modeste presbytère
De l'hospitalier prêtre adoré de nous tous;
Elle en sort tête haute et pimpante et légère,

Un percepteur rural fut pourtant son époux!
Pourquoi tous ces grands airs? d'où lui vient cette aubaine
Qui lui vaut tant d'encens, qui la rend si mondaine?

Báron de Kinner.

Indre.

SOUVENIRS

I

Je naquis sous le toit d'un septuagénaire,
Mon aïeul et mon maître en mes plus jeunes ans;
Le soir, il m'apprenait à faire ma prière,
Le matin, je courais avec lui dans les champs.
Alerte, insoucieux, et riant à l'aurore,
J'allais, fier de ma blouse et de mes longs cheveux
Que je laissais flotter au gré du vent sonore,
Les pieds toujours chaussés, le nez jamais morveux!

En automne, de fruits je chargeais ma brouette,
De feuilles en hiver, pendant l'été, de fleurs ;
Je forçais mon voisin à traîner ma charrette,
Me souciant fort peu de voir ses yeux en pleurs.
J'aimais moins le travail que je n'aimais la chasse;
Et, bien que mon fusil ne fut qu'un tronc de bois,
A mes livres souvent je faisais la grimace
Pour braconner superbe à travers champs et bois.
Quand le soleil dorait les montagnes prochaines
Et le toit des hameaux de ses derniers rayons,
A pas précipités je fuyais les grands chênes,
Impatient de voir mes coqs et mes dindons.
Fifre et tambour en main voici la sérénade
Aux bipèdes craintifs qui m'avaient pour gardien ;
Mes concerts provoquaient toujours leur débandade
Et faisaient au manoir hurler notre vieux chien.
Je me souviens aussi d'une méchante chèvre
Qui me faisait piquer aux ronces des vallons,
Et dont je m'approchais, timide comme un lièvre
Ou, comme une écrevisse, allant à reculons.
Je construisais des ponts; puis, une maisonnette
Où mon chat subissait un rude traitement;
Au dedans du logis pendait une sonnette
Que le pauvre captif mettait en mouvement.
Alors, en secouant ma chevelure épaisse,
J'appelais les passants vers un petit autel :
« A genoux, à genoux, le prêtre dit la messe;
» A genoux, mes amis, il faut gagner le Ciel! »
Et puis, tout me charmait : les fleurs de la colline,
La treille du closeau, les cyprès du manoir,
Et le blé qui frémit sous le vent qui l'incline,
Et le chant du vieux pâtre au fond du bosquet noir.

II

Quand je venais des prés, des fleurs plein un grand vase
Était à mon aïeule offert sur ses genoux :

Elle me contemplait dans une douce extase
Et disait à l'aïeul : « Cet enfant est à nous! »
Puis, elle me contait des histoires de fées
Et de fantômes blancs qui, la nuit, sur les monts,
Mêlant au bruit des vents leurs plaintes étouffées,
Dansent autour d'un feu qu'attisent les démons.
Et ces récits, mon Dieu! faits pendant la veillée,
M'affectaient; et dans l'ombre, hélas! j'avais bien peur;
Le moindre frôlement à travers la feuillée
Quand je rentrais, le soir, faisait battre mon cœur!
Le jour, priant le Ciel et chantant des cantiques,
Sur toutes les hauteurs je plantais une croix
Pour disperser au loin les esprits fantastiques
Dont j'étais obsédé dans l'épaisseur des bois.
Il fallait en finir! — Mon oncle, à l'œil sévère,
Me dit un beau matin : « Ton travail est détruit;
» Va relever ta croix dans la haute clairière
» Qu'ont rougie en passant les démons de la nuit! »
Triste, je refusai; mais son regard de flamme
Était trop menaçant pour refuser encor....
Je me rendis au bois avec l'effroi dans l'âme
Disant quatre Pater et neuf Confiteor.
Et l'oncle, à mon retour, l'oncle riant aux anges,
Ajouta : « Le démon auteur de ton effroi
» C'est moi seul; ne crois plus aux visions étranges,
» Ne crains rien désormais; enfant, embrasse-moi! »
J'étais un petit prince en ma terre natale :
J'y régnais calme et fier, libre comme l'air pur!
Le toit de mon aïeul était ma capitale
Et l'on m'idolâtrait dans ce royaume obscur!

III

Aujourd'hui, j'aime encor la retraite champêtre
Où l'oncle et les aïeux m'accueillent tout joyeux;
Et dès que je la vois, tout mon riant bien-être,
Tout mon passé d'enfant se déroule à mes yeux!

Là, je cueille toujours l'émail de la prairie
Et les pavots de pourpre, ornement du blé mûr ;
J'aime à voir le cristal d'une onde qui varie
Réfléchir le nuage emporté dans l'azur.
Là, j'aime à m'égarer lorsque l'hiver de marbre
Déchaîne ses frimas sur la plaine et les bois ;
Là, je comprends l'oiseau qui chante sur un arbre,
Dans le souffle du vent je distingue une voix ;
J'aime enfin, quand la nuit se déroule glacée,
Être avec mon aïeul assis près d'un bon feu,
Alors que le vieillard élève sa pensée
Et discute sur l'âme ou sur les lois de Dieu !

Siffrein Seyssaud.

Février 1858.

L'HOMME DE MENSONGE

Avec horreur fuyez tout homme de mensonge.
Dans la nuit de l'erreur sa parole vous plonge,
Frères !... et s'il vous voit tomber et vous meurtrir,
De son art infernal on l'entend s'applaudir.
Cet homme, du voleur est le très digne frère :
Nul, plus que lui, du Ciel n'excite la colère ;
Il sème la discorde et la haine en tous lieux ;
Il ment de la parole, et du geste, et des yeux ;
Lorsque la vérité sort de sa bouche impure,
C'est pour mieux vous masquer sa profonde imposture.
Outrageant jusqu'au nom de la Divinité,
Quelquefois son langage au Ciel semble emprunté,
Et c'est alors surtout, frères, qu'il faut le craindre :
S'il pouvait vous surprendre, oh ! vous seriez à plaindre.
Comment surmonterait votre esprit égaré,
L'invincible ascendant d'un mensonge sacré ?
Attribuant à Dieu ce qui viendrait de l'homme,
L'erreur suivrait vos pas, redoutable fantôme :

Pour vous en délivrer où seraient vos efforts,
Puisque vous n'oseriez l'attaquer sans remords ?...
Ah! vous seriez perdus... sa puissance fatale
Vous tiendrait sous le joug de la force brutale.

Donc, quiconque viendra vous dire : Obéissez !
Bien que dans tous vos droits vous sentiez blessés,
Frères ! regardez-le comme un grand misérable
Qui veut plaire au pouvoir même le plus coupable.
Non, non! contre le droit, — l'imposteur le sait bien, —
Il n'est lois ni tyrans qui puissent jamais rien :
Repoussez, indignés, ce mensonge d'office
Qui des rois les plus fous consacre l'injustice.
Le Christ n'a point voulu que l'absolu pouvoir
Brisât impunément la règle et le devoir ;
Le Christ, plein de douceur, nous a nommés ses frères ;
Il a dit anathème aux tyrans sanguinaires.
Les frères peuvent donc, quand un homme, plus fort,
Comme siennes regarde et leur vie et leur mort,
Contre cet homme impie et sa noire malice
Défendre, avec leurs droits, l'immuable justice :
Ainsi se maintiendra la sainte liberté,
Qu'il faut, autant que l'ordre, à la société.

L'ABBÉ PEYRET.

Juin 1852.

RESPECT AU PAUVRE

Vous professez du Christ la glorieuse foi :
De cela seulement soyez fiers, croyez-moi ;
Et n'allez pas, des grands affectant l'arrogance,
A l'humble pauvreté préférer l'opulence ;
N'allez pas, pour montrer un visage riant
Et mille égards au riche, oublier l'indigent.

Si dans votre assemblée, en habit magnifique,
Entre un homme à son doigt ayant un anneau d'or,
D'où vient qu'à l'honorer tout le monde s'applique,
Et qu'ayant seulement sa vertu pour trésor,
N'étalant à vos yeux qu'une simple tunique,
Le pauvre, dont le Ciel vénère les haillons,
N'a jamais bon accueil, douces attentions?
Faut-il complaire à l'un pour que l'autre rougisse?
Penser, agir ainsi, souveraine injustice!...
Dieu n'a-t-il pas choisi les pauvres pour ses fils,
Pour nobles héritiers du Royaume promis?
N'ont-ils pas du Seigneur la plus vive tendresse?
Et leur foi dans le Christ n'est-ce pas leur richesse?

Frères, dites-le-moi, d'où viennent tous vos maux?
Des riches. (1) Vous sentez leur fatale puissance;
Ils vous traînent tremblants devant les tribunaux,
Et leur orgueil sur vous appelle la vengeance;
Ils blasphèment le nom que nous invoquons tous....
Et vous iriez encor les bénir à genoux!
De vos persécuteurs admirer la parole!
Nourrir en la flattant leur ambition folle!
Leur plaire, les servir aux dépens de l'honneur!
Sacrifier pour eux la vie et le bonheur!...
Non, non; n'abdiquez point votre gloire suprême,
Frères; levez vos fronts qu'attend un diadème.
D'un monde corrompu vous êtes méprisés;
Mais la grâce du Christ vous a favorisés.
D'être à lui soyez fiers!... Votre reconnaissance
Nuit et jour doit bénir sa divine clémence.

Le riche en son néant restera confondu.
Dans la tombe déjà je le vois étendu.

(1) Il y a, en assez grand nombre, des riches bienfaisants, généreux, charitables, n'ayant ni morgue ni dédain pour leurs semblables. Ceux-là, nul ne les estime plus que nous.

Oh ! comme il passe vite !... Ainsi passe flétrie,
Sous un soleil brûlant, l'herbe de la prairie :
Comme la fleur des champs a perdu sa beauté,
Le riche perd soudain son éclat emprunté.
Vivez donc saintement, marchez à la lumière
Dont le Verbe divin constamment vous éclaire ;
Par des œuvres d'amour vivifiez la foi,
Et qu'on admire en vous les frères du Christ-roi !

L'abbé Peyret.

Mai 1852.

AU CHRIST

JUIN 1870

La justice et la paix ne font plus alliance.
Hélas ! autour de nous que l'horizon est noir !
Sur ses ailes de feu si l'ouragan s'élance,
Il va tout dévaster.... D'où nous viendra l'espoir ?

Une horde aux enfers puisant son insolence
Du prince des pasteurs attaque le pouvoir,
Méprise ses décrets, le condamne au silence,
Lui jette au front l'injure, et veut le faire choir.

O Christ ! veille sur nous et défend ton Église.
Que notre âme toujours soit humblement soumise
Au docteur enseignant la morale et la foi !

Du genre humain l'Église est la libératrice.
Que toute nation l'honore, la chérisse,
Et te proclame, ô Christ, son Seigneur et son roi !!!

L'abbé Peyret.

L'ÉGLISE

Sanguine fundato est Ecclesia, sanguine capit,
Sanguine succrescit, sanguine finis erit.

L'Église par le sang naquit et commença,
Par le sang s'agrandit, par le sang finira ;
Puis au Ciel s'en ira, rayonnante de gloire,
Sur le monde et l'enfer célébrer sa victoire.

L'ABBÉ PEYRET.

ESSAIS DE POÉSIE FRANÇAISE

III

UN RÊVE

J'étais dans un salon éclatant de splendeur
Et tout, autour de moi, respirait le bonheur.
Des convives joyeux animés par la danse
Valsaient, tourbillonnaient, et de ce tourbillon
S'exhalait un parfum de douce jouissance,
Parfum de volupté, qui donne le frisson.

J'étais là délirant, me soutenant à peine,
Prêt à m'abandonner à ce songe trompeur,
Quand tout à coup un cri, cri de rage et de haine,
S'éleva près de moi et me glaça d'horreur.

Alors je voulus fuir, je n'eus point ce courage,
J'étais anéanti de douleur et d'effroi ;
Puis le cri s'éteignit dans un rire sauvage,
Je perdis mes esprits, c'en était fait de moi.

Mais soudain j'entendis une sainte harmonie
Et me vis transporté dans un temple divin ;
Debout auprès de moi se tenait un génie ;
« Lève-toi, me dit-il, et entends ton destin :

» Tu seras malheureux et proscrit sur la terre,
» Tes plus nobles efforts, oui, seront méconnus,
» Et les heureux du monde accusant ta misère
» Changeront en crimes tes plus belles vertus.

» Tu mourras délaissé sur un grabat infâme.
» Personne à ton tombeau ne t'accompagnera;
» Même dans ton cercueil, le mépris et le blâme
» Des injustes humains, encor te frappera.

» O poète ! voilà la gloire ambitionnée !
» Apôtre de la foi comme de la pensée,
» Tout pour sa liberté, tout souffrir et mourir :
» Tel sera ton destin, ô poète-martyr. »

Mais l'ouragan furieux évanouit mon rêve,
Mes vitres craquèrent sous les efforts du vent,
Et le froid aquilon ne laissa pas de trêve
A celui dont la vie était un long tourment.

R. DE GOEY.

Belgique.

CORRUPTION ÉLECTORALE
— 1847 —

La corruption tue encore plus sûrement que le glaive.
PAGNERRE.

« Quoi ! toujours il me manquera
» Quelqu'un de ce peuple imbécile ! (Lafontaine)
» Quoi ! jamais il ne comprendra
» Qu'il doit, pour son bonheur, se montrer plus docile!
» Que sont pour le dompter nos efforts furieux?
» Ah ! la corruption l'enchaînera bien mieux.
» Voulons-nous de nos droits affermir la conquête,
» Que la majorité se dise satisfaite !... »

Ainsi parle le Sanhédrin
Des juifs qui gouvernent la France,
Hommes aux entrailles d'airain,
Pour grossir leurs trésors hommes pleins de constance,

Mille agents aussitôt en tous lieux envoyés
Traînent mille électeurs qu'un vil gain a souillés;
Puis des élus du fisc à guerroyer s'apprête
Cette majorité qui se dit satisfaite.

    Gros financiers, rusés marchands,
    Soldats échappés à la balle,
    De la Chambre assiégent les bancs;
Leurs essaims belliqueux remplissent la grand'salle.
Aux chefs de la doctrine à la France odieux
Ils vont prêter l'appui d'un vote officieux.
De l'opposition tonne en vain la tempête,
Cette majorité dit : « Je suis satisfaite! »

    Mais l'Anglais se montre insolent!
    Mais, pour prix du sang de nos braves,
    Pritchard a reçu notre argent!
Mais la Presse gémit sous d'indignes entraves!
Mais Cracovie, hélas! réclame un mot vengeur!
Mais le Liban en deuil implore notre honneur!
Mais sur mille forfaits on demande une enquête!
Paix! la majorité dit : « Je suis satisfaite! »

    Mais l'Espagne et le Portugal
    De nos lâchetés sont victimes,
    On les livre à l'esprit du mal,
On les laisse à grands pas courir vers les abîmes!
Mais l'Italie aussi sortant de son tombeau,
De ses vieux souvenirs rallumant le flambeau,
Veut de nouveaux lauriers se couronner la tête!
Non!... la majorité dit : « Je suis satisfaite. »

    De ceci pourquoi s'étonner?
    Que l'orage monte sans cesse,
    L'avenir peut-il consterner
Ces élus du pouvoir s'égayant dans l'ivresse?

Cramponnés aux gros sacs, aux places, aux honneurs,
Que leur font du pays la honte ou les douleurs?
Pas un jour qui pour eux ne soit un jour de fête.
Et leur majorité dit : « Je suis satisfaite!... »

L'abbé Peyret.

ODE TIRÉE DU PSAUME 148

Louez tous Jéhovah dans les splendeurs des Cieux,
Séraphins, Chérubins, trônes, vertus sublimes;
    Célébrez son nom glorieux,
Faites-le retentir sur les plus hautes cimes!...

Soleil, Reine des nuits, et vous, astres si beaux,
Et vous du firmament innumérables eaux,
Louez-le; toi, rayonne à sa gloire, ô lumière !
Louez-le, Cieux des Cieux ! A vos roulants flambeaux
Il donna leur éclat, il traça leur carrière.

Des œuvres du Très Haut les yeux sont éblouis.
A sa voix tout naquit, tout fut réglé par elle ;
A d'immuables lois tout être étant soumis,
Dieu créa, pour durer les siècles infinis,
    Une harmonie universelle.

Vous, prompts exécuteurs des ordres souverains,
Vous tous que sur la terre il plaça de ses mains,
Louez-le!... Vous dragons, mers aux profonds bassins;
Feu, qui donnes la vie à toute la nature ;
Neige, qui remplis l'air de tes blancs tourbillons ;
Grêle aux traits meurtriers, glace à l'âpre morsure;
Souffle des ouragans, rapides aquilons !

    Monts altiers, riantes collines ;
  Arbres chargés de fruits délicieux ;
Plongeant jusqu'aux enfers par vos fortes racines,
Beaux cèdres, qui portez vos cimes dans les Cieux ;

Animaux, dans les bois cherchant un sûr asile,
    Fuyant les regards des humains;
Vous, qui pour nous servir courbez un front docile;
Serpents aux longs anneaux, à la crête mobile;
Vous qui des champs de l'air connaissez les chemins,
Oiseaux, dont le plumage a des charmes divins!

Que les peuples, les rois, les juges de la terre,
    Que les vieillards et les enfants,
Que les jeunes guerriers, les vierges qu'on vénère,
Exaltent le Seigneur, seul digne de leurs chants.

Et la terre et les Cieux proclament ses louanges.
Contre des ennemis insolents et nombreux,
Affermissant son peuple et guidant ses phalanges,
    Il le rendit victorieux.

Que de brillants accords, des hymnes magnifiques
    En son honneur éclatent dans les airs;
Que son peuple et ses saints, par de pieux cantiques,
Célèbrent le Seigneur et ses bienfaits divers!!!

L'Abbé Peyret.

L'HIVER

L'hiver, sombre vieillard, escorté des frimas,
Sous notre Ciel riant ose porter ses pas;
De son urne d'airain s'échappe la gelée,
Il presse sous ses pieds la neige amoncelée
Qui de nos champs flétris a couvert les sillons,
Et blanchi de nos prés les verdoyants gazons.
Son sein haletant pousse un sourd et long murmure;
Il respire... son souffle attriste la nature;
De son front ténébreux s'engendrent les brouillards,
Et les champs sont glacés par ses affreux regards.

L'Abbé Peyret.

MÉDITATION

O nuit! soulève un peu le voile qui recouvre
En plis mystérieux l'éternelle beauté;
Soulève! que mon cœur pour un instant se trouve
    Inondé de clarté.

Fais monter vers mon Dieu, fais monter, ô ma lyre,
Les élans de ce cœur qu'il a formé pour lui;
Chante, implore, gémis! oui, respire aujourd'hui
    L'encens de mon délire!

O mondes qui roulez suspendus dans la nuit,
Chars brillants, portez-vous aussi des créatures?
Ah! vous cachez peut-être au regard qui vous suit
    De célestes natures....

Formez-vous les degrés du marchepied divin?
Votre sommet est-il ce tout que je désire
Où se reposera, se connaissant enfin,
    Mon âme qui soupire?

Seigneur, enlève-moi de la terre d'alarmes!
Mon cœur brisé d'ennui n'a connu que des larmes;
Je ne veux plus que toi, je t'appelle toujours,
    O maître de mes jours!

Est-ce toi qui souris dans l'astre qui m'éclaire?
Ainsi lui donnes-tu sa beauté, son mystère?
Couvres-tu ton regard de l'azur étoilé,
    Soleil toujours voilé?

Ton souffle tout d'amour est-il celui que laisse
En passant sur les fleurs le zéphyr printanier :
Il ondule les eaux et doucement caresse
    Le char du nautonnier.

Ton cœur est-il ouvert aux soupirs de mon cœur
Comme le sont mes sens aux parfums de la rose
Qui mollement se berce à mes pieds, fraîche éclose
      Et belle de pudeur?

Où donc habites-tu, Père du genre humain?
L'univers te révèle en sa marche sublime :
Mais parais un instant, car mon regard s'abîme
      Au-delà de ta main.

Ton nom gravé partout ne peut jamais se lire;
Mon esprit inquiet bien souvent a douté
De ce nom et de toi, lumière et vérité!
      Quel funeste délire!

Oui, souvent, tu le sais, ma pauvre âme agitée
Cherchant à découvrir le mystère éternel
Et lasse de rêver, s'écriait attristée :
      « Tout est vain et mortel.... »

Ne parle plus ainsi, mon âme : espère et pense
En la grandeur d'un Être au sein tout paternel,
Car l'esprit est rayon de sa divine essence
      En qui rien n'est mortel.

Quoi! tu t'épuiserais en une seule vie!
N'es-tu pas forte assez pour aimer à toujours?
Oh! non, tu ne saurais mourir en quelques jours :
      Je te sens infinie!

Tiens, regarde, ô mon cœur, vois l'aurore vermeille
Dissiper en riant le voile brodé d'or
De cette nuit si pure, en charmes sans pareille....
      Mais tu rêves encor!

Et pourquoi rêves-tu? Veux-tu douter toujours?
Non, car l'astre qui vient recommencer son cours
Est l'envoyé d'un Dieu par qui toute tristesse
      Se change en allégresse.

Sans Dieu tout n'est qu'ennuis : il n'est plus de devoir ;
La joie est sans parfum, la douleur sans espoir ;
Le cœur flétri n'est plus qu'un vain jouet des rêves,
    Un Océan sans grèves...

Veux-tu, mon cœur, savoir ton destin d'ici-bas ?
Aimer et consoler quand toi-même tu pleures !
L'amour c'est l'avant-port des célestes demeures,
    Le réveil du trépas....

O père, je comprends ton nom plein de douceur :
C'est l'éternel amour !... et l'homme te profane
Lorsque dans sa misère il t'appelle vengeur,
    Paix dont toute autre émane !

Ah ! oui, je veux t'aimer tous les jours de ma vie
Toi qui remplis mon être, Être par qui je suis !
Je m'abandonne à toi, c'est toi qui me conduis,
    Que ta main soit bénie !

Je veux souvent lever mes yeux vers le Ciel bleu !
Oui, je veux, triomphant des humaines tristesses
M'abreuver à longs traits aux sublimes ivresses
    De la coupe d'un Dieu !

Et toi, dernière étoile, oh ! rayonne longtemps !
J'aime à voir ta pâleur dans l'éclat de l'aurore.
Tu parles d'espérance : étoile parle encore
    A mon front de vingt ans.

                    Mlle HÉLÈNE F***.

LES DEUX AMES

MÉLODIE A DEUX VOIX

ENSEMBLE

La nuit est belle, et les étoiles
Scintillent dans le vaste azur,
La brise adonne, enfle les voiles,
L'amour veille, le Ciel est pur.

PREMIÈRE VOIX

Reposons-nous sur ces plages aimées
Où le bonheur nous offrit, une fois,
Divins plaisirs, caresses embaumées,
Quand l'Océan grondait ses mille voix !
Nous ne faisions qu'une seule, et même âme,
Et cependant, ami, nous étions deux !
Mais, nous brûlions d'une commune flamme !..
S'aimer ainsi, n'est-ce pas être heureux ?

DEUXIÈME VOIX

S'aimer ainsi ? mais c'est le bien suprême !
Quand, dans un doux et saint embrassement,
Pour ne penser qu'à celle que l'on aime,
L'on ne veut point d'étranger sentiment.
Ma bien-aimée, à toi, je m'abandonne,
Ame à ton âme, à jamais et toujours !!!
De l'Océan la majesté rayonne
Sur la nature et nos saintes amours !...

O sœur aimée, amante, épouse, ô femme,
Que le destin a liée à mon sort ;
Cœur de mon cœur, belle âme de mon âme,
De mon amour partage le transport !

PREMIÈRE VOIX

Mon bien-aimé, soyons heureux ensemble
Et passons-nous la coupe des plaisirs
De main en main !... Quand l'amour nous rassemble
De notre cœur bannissons tous désirs.

ENSEMBLE

Des Cieux, sur nous, la splendeur infinie
   Brille ce soir !
Et nos regards, dans sa noble harmonie,
   Lisent : — Espoir ! —
Espoir ! c'est l'ange au gracieux sourire
   Qui sait charmer,
Qui donne joie à tout ce qui respire
   Et sait aimer !

Esprit Rosier.

Gard.

SUR LE NOM D'AMÉLIE

  Amélie,
 Ton nom, fille jolie,
 Me plaît par sa douceur ;
 De même que la rose,
 Au frais matin éclose,
 Il embaume mon cœur.

J'aime à le voir dans l'auréole
Qui te ceint au front, ma beauté,
Comme un doux lis dont la corolle
Me reflète la pureté.

J'aime à le chanter sur ma lyre
Comme on chante un soir d'un beau jour ;
Riche d'espoir, j'aime à le lire
Dans tes yeux me parlant d'amour !

Ton nom si doux me peint ton âme
A l'ineffable sentiment,
Ce noble attribut que la femme
Grandit jusqu'au dévouement.

Le nom d'une femme qu'on aime
Est doux comme un rayon de miel,
On dirait qu'il emprunte même
Son éclat à l'azur du Ciel.

Que de grandes et belles choses
Me dit ton nom ! fidélité,
Douceur, amour, parfum de roses,
Devoir, respect et liberté.

Devoir ! c'est là le mot suprême
Que me dit ton nom ; je saurai
L'accomplir, ô fille que j'aime,
De grand cœur tant que je vivrai.

Esprit Rosier.

LE TEMPLE CATHOLIQUE

Suscepimus, Deus, misericordiam tuam in medio templi tui. Ps. 47.

I

En contemplant des Cieux, l'admirable structure,
On adore le Dieu de la vaste nature,
Et l'on reste accablé du poids de sa grandeur.
Mais entrez dans ce temple où le très doux Sauveur
Aime à voir assemblés ceux dont il fit ses frères,
Où lui-même il réside, où les sacrés mystères,
Accomplis avec pompe, éblouissant les yeux,
Vont exciter dans l'âme un mouvement pieux,

Quand tout genou fléchit et quand tout front s'incline,
Quand le Christ sur l'autel vient combler tous nos vœux,
Nous offrant son saint corps et son sang précieux,
Ne sentez-vous point là quelque vertu divine
Qui touche, qui ravit, qui fait penser aux Cieux,
Et votre cœur ému battre dans la poitrine?...
Oh! qu'il serait à plaindre en ce sublime instant,
Celui qui resterait insensible, incroyant!
Ce malheureux, hélas! ne saurait donc comprendre
Jusqu'où l'amour d'un Dieu peut le faire descendre!...
Cet amour immortel le fixe auprès de nous,
Cet amour infini veut nous embrasser tous.
Dans nos temples Jésus dispose mieux notre âme,
Et par la voix du prêtre il l'instruit et l'enflamme.
Dans l'Église un chrétien voit la maison de Dieu;
Si devant elle il passe, il dit : c'est le saint lieu!...

II

Là, l'enfant nouveau-né, dans l'onde baptismale,
De la faute d'Adam, du crime originel
Vient effacer la tâche aux humains si fatale,
Et sa douce innocence alors ravit le Ciel :
Là, l'humble repentir aime à verser des larmes
Que le pardon bénit en chassant les alarmes;
Là, l'Esprit-Saint, l'esprit d'amour, de vérité,
Descend... il communique une force nouvelle
Aux chrétiens, qu'il remplit de courage, de zèle,
Pour triompher du siècle et de l'impiété;
Là s'affermit l'espoir et la foi du fidèle.
Tout rayonnants de joie, où vont-il ces époux?
Au temple du Seigneur, le serment le plus doux
Doit unir à jamais leurs cœurs, leurs destinées....
Que leur bonheur résiste au torrent des années!
Du Ciel prêt à frapper apaisant le courroux,
Là, le ministre saint puise un divin courage

Pour combattre le grand et périlleux combat;
Là, le héros chrétien, l'humble et simple soldat,
S'excitent à braver la mitraille et sa rage,
Et la mère éplorée, invoquant le Seigneur,
Sent de la mort d'un fils se calmer sa douleur.
Là, sublime poète à l'âme aimante et forte,
Tu vois fuir de tes maux la lugubre cohorte,
Et bientôt les beaux vers, selon tes nobles vœux,
Vont couler de ta lyre en sons mélodieux,
Et ton triomphe est sûr et ta joie est extrême!...
Toi qui sens pour le Christ l'amour le plus ardent,
Qui sais qu'on trouve en lui le beau, le bien suprême,
Viens! il se donne à l'âme en céleste aliment,
Pour faire de nous tous comme d'autres lui-même,
Avant d'orner nos fronts d'un brillant diadème.
Ceux qui de la vertu suivirent le chemin,
Ceux dont le Ciel a vu le repentir chrétien
Quand pour eux a sonné l'heure, l'heure dernière,
Trouvent au temple saint l'homme de la prière
Qui bénit leur cercueil, et présente au Seigneur
La pieuse oraison qui va toucher son cœur,
Désarme sa justice ou la rend moins sévère.
Purifiée enfin, brillante de lumière,
L'âme monte au séjour de la beauté première,
Voit fuir les noirs chagrins, expirer tous les maux,
Et goûte, dans la gloire, un éternel repos!!!

L'ABBÉ PEYRET.

LE FILS DE B...

— 1856 —

Christ! on célébrait la mémoire
De ce jour, le plus grand des jours,
Où la mort pleura ta victoire,
T'ayant cru captif pour toujours....

Des flatteurs la haute éloquence
Chantait un fils impérial.
Un plébéien, aimant la France,
Répondit au chant triomphal :

— Pleure, pleure, fils du parjure !
Le crime entoure ton berceau ;
Quand le Ciel s'indigne et murmure,
Naître prince n'est rien de beau.
Si tu ne quittes cette terre,
Pauvre enfant du riche empereur,
Si tu grandis près d'un tel père,
Oh ! qui ne plaindra ton malheur !

Il t'enseignera l'infamie :
Maître dans l'art des trahisons,
Comme il va sur la tyrannie
Te donner de belles leçons !
Puis, montrant la France avilie,
Sans parole et sans volonté,
Il te dira qu'à son génie
Elle doit sa prospérité.

Avec l'impudeur qu'on admire,
Il saura nommer l'attentat
Qui fonda son maudit empire,
Un magnifique coup d'État.
A ses yeux un vil esclavage
Est plus beau que la liberté,
Le privilége a l'avantage
Sur la sainte fraternité.

Si ton cœur aime la justice,
S'il s'enflamme pour la vertu,
Oh ! qu'il sera grand, ton supplice !
Hélas ! hélas, que verras-tu ?

Un parjure souillant le trône,
Entouré de lâches flatteurs,
Et le peuple, qu'on abandonne
Aux rires de ses contempteurs !...

Né sur le sol de cette France
Que ton père condamne aux pleurs,
Mourir avec ton innocence
Vaudrait mieux que voir nos malheurs.
Les rois, dans le siècle où nous sommes,
Pour les peuples n'ont point d'amour....
Quand il fuit le séjour des hommes,
L'enfant règne au divin séjour.

F. P. P.

LAISSEZ LES OISEAUX A LEURS NIDS

Air : Enfants, n'y touchez pas !

O mes charmants oiseaux.
A. DE LAMARTINE.

Humains, de l'esclavage
Vous êtes garantis ;
Écoutez-moi : Laissez, dans les champs, au bocage,
Les oiseaux à leurs nids ! *(bis.)*

I

L'Être suprême ayant fondé l'espace,
Créa le végétal et le rendit vivace ;
L'Être suprême ayant fondé l'espace,
Le lendemain il forma les oiseaux.

II

Jeunes enfants, errant dans la campagne,
De détruire les nids la malice vous gagne ;
Jeunes enfants errant dans la campagne,
Ne touchez pas à ces frêles roseaux !

III

Gais ouvriers de notre agriculture,
Laissez les oisillons glaner leur nourriture ;
Gais ouvriers de notre agriculture,
Ne tendez point de piége cruel !

IV

Hardis chasseurs, qui vous armez sans cesse
Contre tous les oiseaux, pour montrer de l'adresse ;
Hardis chasseurs, qui vous armez sans cesse,
Abandonnez ce dessein criminel !

Humains, de l'esclavage
Vous êtes garantis ;
Écoutez-moi : Laissez, dans les champs, au bocage,
Les oiseaux à leurs nids !

Léon M***.

Charente-Inférieure.

L'AMOUR

QUATRAIN

L'amour, hélas ! n'est qu'une flamme
Où se consume notre cœur,
Et c'est dans l'amour que notre âme
Puise sa première douleur.

Hippolyte Lucquet.

JUNO A DIO

A MIA SORELLA MARGHERITA, PICCIOLO ATTESTATO DI LUNGHISSIMO AFFETTO

Divo, increato, eteveo
Spirto, Signor dell'universo e mio,

Deh! scendi a me dai nugoli,
E in cor mi versa di eloguenra un rio;
Poi che nell'alma in domita
Desiò mi venne di sacrarti un canto,
Ed al Fattor degli angeli
Parlar, siccome d'un amico accanto!

Vieni, Signor. Di un atomo
Di polve ascolta il fervido pensiero,
Perch'io cantar fra gli nomini
Possa Tue glorie, onnipossente vero;
Perchè, sprezzando i triboli
Di che ingombro è il sentier per cui cammino,
Chiegga a Te solo il balsamo
Per le ferite che mi fè il destino!

Deh! Ti rivela all'avida
Mente che Ti sospira e non Ti frova,
Nè pur nelle pici nobili
Opre di Raffaello e del Canova;
Chè dell'arte i miracoli
Mostrar non ponno Tua beltade intera,
Che si vede in delirio
E giammai non conosce alba, nè sera.

Ben io nel mar degli esseri
Veggo gli effetti de la Tua possanza:
Nei fior che i prati adornano,
Ne le stelle, nel mar, nell'esultanza
Di natura oguor giovine
Come avesse da ieri il nascimento;
Ma senza velo scorgerti
Mai non mi è dato... Eppure in me Ti sento!

Nulla, o gran Dio, nell'ansie
Di gaesto core consolar mi puote;

Nè d'affetti ricambio,
Nè sperata mercè d'inclite note;
Chè mesta e solitaria
Ormai pici non desio che un ben verace,
Mentre l'uman consorzio
Nei dì pici belli mi rapia la pace!

E questo bene incognito,
Questo desio dell'anima che geme,
Ove trovarlo? È misera
Troppola terra, ove si piange insieme....
Se all'avvenir rivotgere
Oso lo sguardo, nulla alfine io miro
Ch'abbia poter d'illudevaci:
E al pensier de la tomba ohimè sospiro!

Fia vero, o Dio, che annullasi,
A un soffio sol dell'Ira Tua Solenne,
E l'uomo e la sua gloria,
E l'alma ancora, che immortal si tenne?
Fia vero, o Dio, che inutile
Sarà la speme di chi visse afflitto,
E che vana dei Martiri
Eva la Fede, nel mortal conflitto?

No! Che mi ascolti attonita
L'invida turba, che mi accusa ognora
Perchè non nacqui ipocrita....
Quaggici il mio spirto, è vero, or s'addolora;
Ala vervà dì che libero,
Sotto un Cielo di luce e d'armonia,
Le pici ridenti immagini
Rivedoà, che ha dipinte in fantasia.

E voi tremate, o stolidi
Persecutori d'ogni eccelso ingegno,

Alfine dovrà giungere,
Ben augurato, di virtude il veguo.
E allor che fia dei perfidi
Alorsi de la calunnia e del livore?
Che fia di abbietti rettili
Che sfidâr la Giustiria del Signore?

Vanne, canzone, ai fulgidi
Astri e dì lor che andarne a dio tu puoi
Benchè vegletta e povera,
Perchè ancor povertade ha i pregi suoi.
Di lor, che mai durevole
Modular non potrò carme sovrano,
Se non si degua infrangere
I miei ceppi quel dio, ch'io chiamo invano.

LAURA BATTISTA.

Italie, 3 maggio 1874.

LÈVE-TOI FRANCE

France! ne vois-tu pas l'ombre de ces bandits
Obscurcir les rayons du soleil d'Austerlitz?
France! n'entends-tu pas cette race Germaine,
Ce peuple de pillards qui vient souffler la haine?
France! réveille-toi pour venger ton honneur;
Souviens-toi de Bayard, sans reproche et sans peur;
Souviens-toi des héros dont l'éclatante gloire
Fait parfois rayonner les pages de l'histoire.
Réveille-toi, pays où naquit Mirabeau;
Laisse flotter dans l'air ton magique drapeau.
C'est avec ce drapeau, peuple, qu'il t'en souvienne,
Que tes aïeux ont pris Berlin, Madrid et Vienne,
Et qu'au nom du courage et de la liberté,
Sur l'univers surpris ses couleurs ont flotté!

Réveille-toi, pays qui vis naître Voltaire :
Qu'à ce nom, l'avenir s'élargisse et s'éclaire,
Et que le philosophe, au travail surhumain,
Guide vers le combat le Peuple Souverain !

ÉVARISTE CARRANCE.

Octobre 1870.

LE DEVOIR ENVIABLE
SONNET

Homme favorisé nageant dans l'opulence,
Qui paveriez Paris de vos pièces d'argent,
Vous avez été fait, de par la Providence,
Ministre pourvoyeur de l'honnête indigent.

D'un malheureux prenant quelquefois l'apparence,
Cherchez à découvrir, bienfaiteur diligent,
Le pauvre honteux caché et souffrant en silence,
Et montrez-vous, pour lui, sauveur intelligent.

Quand vous verrez le soin et le noble mystère
Que l'on peut employer pour farder sa misère,
Donnez discrètement et ce sera parfait.

Riche, pardonnez-moi si je vous porte envie,
Je n'ai pas, comme vous, pour embellir ma vie,
Le suprême bonheur : ce pouvoir du bienfait.

J.-B. DE FERRER.

L'ÉTALAGE DU MARCHAND
FABLE

Un marchand, dans son étalage,
Avait des draps de cent couleurs.
Il lui vint beaucoup d'acheteurs.
Mais presque tous, suivant l'usage,
Éblouis par le jaune ou le rouge éclatant,
Laissaient la qualité pour prendre le clinquant.
Quand il entra dans la boutique,
Un vieillard qui leur dit : « Messieurs, sachez-le bien,
» Dans les draps, comme en politique,
» Le trop coloré ne vaut rien. »

E. J.

LA FORCE PRIME LE DROIT

AUX ALLEMANDS

Nefas!

La barbarie est toute en ce mot d'un Germain !
Et mon siècle s'indigne à cette loi brutale,
Et je proteste ici contre ce cri Vandale
Au nom du droit sacré que Dieu fit souverain.

Il succombe parfois en une heure fatale,
On l'opprime un instant, aujourd'hui... mais demain
Vainqueur il dressera sa tête triomphale,
Car la force est d'argile et le droit est d'airain.

J'en atteste ton règne, ô justice immuable,
L'homme qui prononça cette phrase coupable,
Maudit du genre humain, à la terre odieux,

Ce barbare, ce Goth, ce monstre d'un autre âge,
Nourri par quelque louve au fond d'un bois sauvage,
A menti par la gorge en outrageant les Cieux.

LOUIS SATRE.

LE DOCTEUR ANDREVETAN

FONDATEUR DU CONCOURS POÉTIQUE D'ANNECY

Incline-toi, jeune poète,
Devant cet homme : il a chanté
Les Alpes pleines de tempête,
De soleil et de liberté.
Il te promet une couronne,
Chante à ton tour, chante avec foi;
C'est au plus vaillant qu'il la donne,
Jeune lutteur, apprête-toi.
Sa lyre a des notes de flamme;
Des cris d'amour sont dans son cœur;
Il est poète; mais par l'âme
Le Ciel en fit un bienfaiteur.

Constant Berlioz.

INCERTITUDE

Que plus rapidement le temps se précipite,
Pour que les jours divins nous arrivent plus vite.
Reboul, aux poètes chrétiens.

Que de grands écrivains, de sublimes poètes,
De penseurs sans génie, et d'ignobles rimeurs !
Que de brillants progrès, que de tristes défaites,
Dans les arts, dans la gloire, ainsi que dans les mœurs !
Quel lâche abattement ! quel espoir magnanime !
Quelle fureur du mal ! quelle vertu sublime !
Que de nobles guerriers, d'histrions odieux,
Dans ce pays tantôt inspiré par les Cieux,
   Tantôt confident de l'abîme !...
   Frères, je sens battre mon cœur :
   Est-ce de joie, ou de douleur ?

Pour penser et marcher l'univers nous contemple.
Qu'il imite nos lois ou suive nos travers,
Toujours il trouve en nous le modèle et l'exemple :
Les Français sont l'effroi, l'amour de l'univers,
Braves, fiers, généreux, insouciants peut-être,
Prônant la liberté, laissant tout faire au Maître :
Les plus doux dons du Ciel profanés ou perdus,
Au despotisme, hélas! nous serions-nous vendus?...
  Ah! qui pourrait nous reconnaître?
  Frères, je sens battre mon cœur :
  Est-ce de joie, ou de douleur?

Dieu! que va-t-il surgir du chaos où nous sommes?
Pour réveiller la gloire et ramener le jour,
Dans cette nuit, sans doute, il est quelques grands hommes
Que la Patrie en deuil salue avec amour;
Mais combien, dont l'orgueil trône sur des ruines,
Nous menacent déjà de leurs lois assassines!
Et le crime se lit au fond de leurs regards....
Ah! ne feront-ils pas, du haut de nos remparts,
  Gronder un jour leurs coulevrines?
  Frères, je sens battre mon cœur :
  Est-ce de joie, ou de douleur?

Sur quel mode arranger les cordes de ma lyre?
En échappera-t-il des sons harmonieux?
Le peuple, dans sa paix comme dans son délire,
Est un vaste océan, profond, mystérieux.
Son destin, qui s'avance, est voilé de nuages,
Des signes précurseurs brillent aux yeux des sages,
De rapides éclairs entr'ouvrent l'horizon,
Et chacun y croit voir, au jour de sa raison,
  De noirs écueils, de beaux rivages!!!
  Frères, je sens battre mon cœur :
  Est-ce de joie, ou de douleur?

L'ABBÉ PEYRET.

LA JEUNE ORPHELINE

J'avais cinq ans... mon père, hélas! cessa de vivre,
Sans moi, ma mère au Ciel aurait voulu le suivre;
    Elle envoyait là ses soupirs.
A ses yeux attristés, à son cœur plein d'alarmes,
Du monde s'éclipsaient la splendeur et les charmes,
    Le deuil remplaçait les plaisirs.

Que de fois je la vis, rêveuse, solitaire,
Aimant à se plonger dans sa douleur amère,
    Gémir et répandre des pleurs!
Puis, en me regardant je l'entendais me dire :
« Au livre du destin, oh! si je pouvais lire,
    » S'il te gardait des jours meilleurs,

» Je me consolerais, moi que rien ne console!...
» Mais ton père n'est plus, tout espoir est frivole;
    » Il était notre seul soutien.
» Fille! comment te faire une belle existence?
» Et quel bonheur promettre à ta douce innocence?
    » Il ne nous reste presque rien!... »

Elle parlait ainsi, de sanglots oppressée,
Me tenait dans ses bras tendrement caressée,
    Et me pressait contre son cœur.
Nous mêlions nos soupirs, nos pleurs, notre tristesse,
Et puis, sa douce voix m'enseignait la sagesse,
    La crainte et l'amour du Seigneur.

Cette mère chérie, hélas! je l'ai perdue.
De regrets consumée, au tombeau descendue,
    Elle a pris le chemin du Ciel....
Quand irai-je, ô mon Dieu! — jeune et pauvre orpheline
Qu'abat l'isolement et que la douleur mine —
    La voir, au royaume éternel?...

Là je retrouverai toute chose ravie;
Là, puisant le bonheur aux sources de la vie,
    Je vivrai de joie et d'amour.
Ah! dans ce triste exil tout est songe et fumée :
Mon âme y languira, languissante, affamée,
    En attendant mon dernier jour!!!

A ces accents plaintifs de la jeune orpheline,
Une vierge, témoin de sa vive douleur,
Accourt, lui prend la main, et d'une voix divine :
« Cesse donc de gémir!... viens, tu seras ma sœur.
» De biens assez nombreux mon père est possesseur;
» Sa bonté m'en permet un noble et saint usage :
» Viens!... tu pourras encor connaître le bonheur. »

L'orpheline, attendrie à ce touchant langage,
D'espérance à ses yeux voit luire un doux rayon,
Et suit sa bienfaitrice en un tendre abandon.

L'ABBÉ PEYRET.

A MARIE

De Satan contre nous la haine est furibonde....
Fille aimable du Père, épouse de l'Esprit,
De Jésus mère auguste, espérance du monde,
Viens encore une fois écraser le Maudit!

Nous sommes tes enfants; vois, le mal nous inonde!...
En miracles divins, dont l'abîme rugit,
Aujourd'hui comme hier ta puissance est féconde :
Des modernes erreurs viens dissiper la nuit!

Du soleil des esprits ô toi qui fus l'aurore,
Puisse par ton secours la France, qui t'implore,

Du règne de ton fils admirer les splendeurs !

Que le Pontife aimé, que partout on renomme,
Fasse au loin respecter les lois du Dieu fait homme :
Il te glorifia; gagne-lui tous les cœurs ! ! !

L'ABBÉ PEYRET.

A MM. DU COMITÉ DES CONCOURS LITTÉRAIRES
QUI M'ONT DÉCERNÉ UNE MÉDAILLE DE BRONZE

Cette belle effigie, (1) artistement gravée,
Au regard doux et fier, au front noble et serein,
Semble dire à la France : — Oh ! tu seras sauvée !
Si parmi tes enfants l'union règne enfin !
Sans elle, la science et le plus grand courage
Ne te préserveraient du suprême naufrage.

L'ABBÉ PEYRET.

(1) De la République Française.

A MA MÈRE

Rêve de mon berceau, trésor béni du Ciel,
Oh ! touchant souvenir dont le penser m'inspire,
Saint amour, pur rayon de mon premier sourire
Ah ! reste dans mon cœur, plein d'un charme éternel;
Le passé disparaît, je revois ton image
Inondant de clarté les jours de mon jeune âge
Et posant sur mon front ton baiser maternel.

HIPPOLYTE LUCQUET.

Algérie.

LES DEUX PRINTEMPS

Voyez ce nid charmant,
Ce petit nid de mousse,
Fait de plume si douce
Et bercé par le vent.

Voyez naître la rose
Et sourire l'enfant,
Et le chêne inclinant
Sa tête grandiose.

Ah! j'ai comme l'oiseau
Un petit nid de mousse,
Où je dors sans secousse
Comme dans un berceau.

Et comme lui je chante
A l'ombre d'un rameau,
Et cours près du ruisseau,
Jeune fille charmante!

Je suis de ce printemps
Une rose nouvelle,
La blanche tourterelle,
Un beau lis de seize ans!

Je vis de ce murmure,
Du parfum de ces fleurs,
Des suaves odeurs
Montant de la nature.

« La beauté n'a qu'un jour,
» Dit une voix sévère;
» Va! follement espère,
» Elle fuit sans retour! »

Et la jeune colombe
A-t-elle plus d'un jour
Pour chanter son amour,
Et passer à la tombe?

Et pour s'épanouir
La rose plus d'une heure?
Un souffle vient, l'effleure,
Suffit à la ternir.

Je crois à ce mensonge,
Oui, je laisse mon cœur
Se livrer au bonheur,
S'enivrer de ce songe.

MARIE DU TAUZIN.

L'ORAGE

Déjà la tempête s'avance :
Debout, intrépide, j'attends!...
En vain ma barque se balance!
En vain mugissent tous les vents.

J'aime cette mer en furie,
J'aime ce roulement lointain
Comme la lumière bénie,
Les molles clartés du matin.

Et ces voix montant de l'abîme,
Avec de sourds mugissements;
Dans les pins en tordant la cime,
Le vent avec ses sifflements.

Ah! passez sans voir ma misère,
Mortels, votre obole en la main!
Pour celui qui croit, souffre, espère,
Vous n'avez que votre dédain !

Mon âme cherche, dès l'aurore,
Celui qui s'incline au matin
Vers le malheureux qui l'adore,
Tremblant, sur le bord du chemin.

Dieu, qui de sa divine empreinte,
Marque au front les forts, les vaillants,
Leur donnant l'auréole sainte
Avec les fardeaux écrasants,

Et cette flamme dévorante
Qui s'attache comme un tourment,
Double aiguillon de l'âme ardente,
De la tempête éclair violent.

Voyez, leur empreinte est sanglante,
Sous leurs pas renaît le malheur,
Et sur leur âme gémissante,
Le Ciel épuise sa rigueur.

Mais l'azur vient après l'orage,
L'aube paraît dans le Ciel noir;
La mer peut jeter au rivage :
L'hymne, le chant, le cri d'espoir !

Marie du Tauzin.

Gironde.

LA REVANCHE

Le tonnerre gronde, partons.
Martyrs, tressaillez dans vos tombes!
Donnez le jour à des lions,
Blanches et timides colombes!

LE DEVOIR

Partez enfants
Pleins d'espérance,
Partez vaillants
L'heure s'avance!

Notre lait se changeait en sang
Dans le sein flétri de nos mères;
Prusse, nous te mordrons au flanc
Comme de féroces panthères.

Oui, lève-toi
Grande Lorraine!
Oui, sur la foi
De notre haine.

O jeunes femmes! tous vos pleurs
Ne sauraient attendrir notre âme,
Ne pourraient amollir nos cœurs;
Il nous faut le fer et la flamme.

Et du canon
La voix tonnante,
Dans le sillon
La bombe ardente!

Comme les feuilles dans les bois,
Il nous faut, couchés dans la plaine,
Par milliers des hommes sans voix,
Partout, partout la fosse pleine.

Airs embrasés,
Villes croulantes,
Murs écrasés,
Femmes mourantes,
Dans le Ciel noir
Grands chocs de lance
C'est notre espoir,
C'est la vengeance!

Nous passons comme l'ouragan
Balayant tout sur notre route,
Entraînant jusqu'à l'Océan
Tous vos bataillons en déroute.

   Chantez enfants
   Pleins d'espérance,
   Criez vaillants :
   Vive la France !

Peuple vaincu, relève-toi !
Dieu dit : tous les hommes sont frères ;
Nous ne t'imposons pas de loi,
Liberté ! s'écriaient nos pères.

   A tes malheurs
   Cèdent nos armes,
   Sur tes douleurs
   Coulent nos larmes.

Pour prix de ta férocité
Nous venons briser tes entraves,
T'apporter la fraternité
Quand tu voulais nous faire esclaves !

   Tends-nous la main !
   Non, plus de guerres,
   Peuple Germain,
   Nous sommes frères !

Là-haut, du Ciel, tombe une voix,
Que les grands penseurs en extase
Nous disent venir de la croix
Pour tous les peuples qu'elle embrase.

   Voix sur les eaux,
   Voix sur les tombes,
   Soupirs d'oiseaux,
   Chants de colombes.

Mères! vous cesserez vos pleurs,
Et Dieu, penché dans les espaces,
Fera rayonner des lueurs
Sur le chemin des grandes masses.

Cris de bonheur,
Cris d'allégresse,
Plus de douleur,
La douce ivresse!...

MARIE DU TAUZIN.

Gironde.

LE DEVOIR
QUATRAIN

A MON AMI ALPHONSE HIBERNAC

La vie est un devoir, l'homme doit s'y soumettre,
Et le Ciel a marqué notre tâche ici-bas.
Il nous faut la remplir et marcher pas à pas
Vers le noble chemin qu'a désigné le Maître.

ALEXIS CHRISTINI.

Bouches-du-Rhône.

DOUMET

Désirer pour autrui tout ce qu'on se souhaite,
Offrir à son semblable une amitié parfaite,
Utiliser sa vie à rendre grâce au Ciel
Monsieur, c'est là, je pense, une loi naturelle,
Et je forme pour vous dès l'aurore nouvelle
Tous les vœux de bonheur enviés d'un mortel.

HIPPOLYTE LUCQUET.

Algérie.

ÉPITRE

Madame, je ne suis ni savant ni poète ;
Privé d'instruction, sans livres pour m'aider,
Je transcris simplement les pensers de ma tête,
Ci-joint l'œuvre d'un jour, qui pourrait le cuider ?
En vous le dédiant, je ne pense, Madame,
Ni vous importuner, ni m'attirer un blâme.
Qu'il vous fasse plaisir, tel est l'humble souhait,
De votre serviteur Hippolyte Lucquet.

 Algérie.

FRAGMENT DES FOLIES HUMAINES
COMÉDIE-BOUFFE INÉDITE, EN 1 ACTE ET 2 TABLEAUX
Avec trucs, chants et danses

CACHALOT (domestique).

Ce chapeau vous rendra le phénix de la fête,
C'est qu'il vous va très bien, vous semblez un amour,
Un galant chevalier en costume de cour...
Une adoration.... Votre mine est charmante :
Votre beauté surprend, ravit, enlève, enchante ;
Il semble que l'amour, dans ce jour si charmant,
Ait pris soin par mes mains de votre ajustement.
O que vous êtes beau ! Mirez-vous... dans la glace....
Je donnerais deux sous pour être à votre place....
Je suis sûr que le prince Eustache Touche-à-Tout
De Mirafloranda, vous fera pour le coup
Premier valet de pied....

    COMTE

      Allons, tais-toi, maroufle,
Fixe ma jarretière et boucle ma pantoufle....
Dispose maintenant... va te mettre à ton tour
En habits de gala, car je veux que la cour

De notre illustre prince, emporte d'ici même
De touchants souvenirs....

CACHALOT

De nos choux à la crème
Comme de vos sujets.... Monseigneur! Monseigneur!...

COMTE

Parle, qu'avons-nous fait? qu'as-tu?

CACHALOT

De par ma sœur
Vous avez oublié de changer de chemise....

COMTE

Tant pis pour cette fois, elle en sera plus grise.

CACHALOT

J'y songe encor, vos bas... sont déjà de huit jours,
Les bottes d'un gendarme....

COMTE

Assez de sots discours.
Au siècle où nous vivons, les vices et les crimes
Se couvrent d'oripeaux pour tromper leurs victimes....
Sous de beaux vêtements, la misère aujourd'hui
Se dérobe à nos yeux et de jour et de nuit.
La femme sans appas s'affuble d'un corset,
Se bourre de coton, se fait un faux mollet,
Et par un polisson se donne une tournure....
Ajoutez le mastic plaqué sur sa figure....
La vieille n'est plus vieille.... On ne voit plus d'enfants.
Le dessus cache tout, autres mœurs, autre temps....
La mode toujours jeune, envieuse et coquette,
Est la reine du siècle et le monde la fête.

. . . .

TROISQUART, cuisinier chef (sans voir le Comte).

Non, non, je n'en veux plus;
J'aimerais mieux chercher mon pain de porte en porte
Que servir plus longtemps un maître de la sorte.

Au diable le métier ; depuis cinq ans bientôt
Que je suis cordon bleu, chef d'hôtel au château,
Je n'avais jamais eu pour mon art culinaire
Les revers d'aujourd'hui.... Le destin m'est contraire,
Mes crèmes, mes gâteaux... tout... comme un fait exprès
Ou tourne, ou devient aigre.... Au diable tous les mets.
Comment puis-je expliquer la chose à la Comtesse
Qui sur moi se repose.... O malheur ! ô détresse !
Et Monsieur l'économe entendra-t-il raison ?
Non, non, je suis perdu, je quitte la maison.
Au diable le dîner, qu'on me fasse mon compte,
Voilà mon dernier mot.... Au diable soit le Comte,
Au diable....

COMTE (se montrant).

Qu'avez-vous ?

TROISQUART (à genoux).

Maître, pardonnez-moi,
Je n'ai pu maîtriser ma colère.

COMTE

Et pourquoi ?

TROISQUART

De grâce, Monseigneur....

COMTE

Narrez, je vous écoute,
Et si la méritez, vous donnerai l'absoute.

TROISQUART

Voici ce qu'il en est : Je faisais une sauce,
C'était de l'Ayoli.... Soudain mon gâte sauce
Passe.... Il sentait des pieds.... Le nectar Provençal
Frémit, tourne à sa vue... ô souvenir fatal.
Je fais un volte-face et d'une poigne sûre
Saisissant mon gredin, qui me fait la figure,

Je le plonge en tenue, avec ses gros sabots,
Dans la grande tinette où nous jetons les eaux.
Il attrape en passant la bouteille au pétrole,
La casse avec deux plats... ici... sur mon épaule.
Redoutant un danger, je le lâche aussitôt,
Le scélérat se sauve et quitte le château
Sans me remercier.... Pour venger cette injure
Que faire maintenant? Monseigneur, je vous jure
Que ce n'est point ma faute.

COMTE

Assez, pas de détail,
Retournez sur le champ finir votre travail.

TROISQUART

Mais.

COMTE

Silence.

TROISQUART

Pourtant.

COMTE

Taisez-vous, vilain drôle;
Je ne suis pas de ceux qu'une phrase cajole.

TROISQUART

Mon bœuf est faisandé... j'ai manqué mon potage.

COMTE

Vatel pour son poisson ne fit pas ce tapage.

TROISQUART

Vatel était Vatel, et moi je suis Troisquart,
Vatel pour son poisson n'avait que du retard,
Et moi, tout au contraire, hélas! j'ai trop d'avance;
Mes fricots sont brûlés, mon beurre sent le rance,
Ma morue est en poudre et mes pruneaux trop faits;
Mes gâteaux trop levés.... Oh! non, jamais, jamais

Je n'eus un tel guignon... je me tuerai de rage,
Aller jusqu'à manquer une soupe au fromage,
Une soupe à l'oignon... je suis déshonoré...
Avec quels soins pourtant j'avais tout préparé....
Non, non, c'en est fini, fini monsieur le Comte;
Agréez au désir que j'ai d'avoir mon compte,
Sinon je me transperce avec mon tranche lard,
Et deviens le Vatel du château Sans-Canard.

COMTE

Trève à ces arguments, j'ai résolu l'affaire,
Faites-nous seulement bonne mine et grand'chère.
Retournez à vos plats, nous souperons plus tard,
Et sauverons l'honneur du manoir sans canard.
Allez nous préparer des œufs, une panade,
Des conserves Liebig avec une salade.
M'entendez-vous?

TROISQUART

   C'est bien; tout à vos volontés,
Mais je fais malgré moi ce que vous souhaitez.

COMTE

Du festin sur vos soins mon esprit se repose.

TROISQUART

On y va donner ordre.

COMTE

   Au moins, sur toute chose,
N'allez pas répéter vos diables de tantôt.
Vous serez libre après.

TROISQUART

   On fera ce qu'il faut.

HIPPOLYTE LUCQUET.

(A suivre.)

LE DEVOIR

Pour avoir transgressé les éternelles lois,
Israël fut traîné, conduit en esclavage ;
Son temple fut détruit, et ce peuple aux abois
Est errant, méprisé, n'importe en quel rivage.

Ainsi, comme l'on sait, l'empire d'Orient,
Par ses mauvaises mœurs, son extrême licence,
Et par les vains discours surnommés de Bysance,
Fut bien vite écrasé par les fils du Koran.

Si de Cincinnatus Rome eut suivi l'exemple,
Si dans son cœur trop dur la justice eut un temple,
Si l'or des rois vaincus n'eut pas gâté son cœur,
Rome aurait conservé son antique splendeur.

Le char de la Patrie a roulé dans l'abîme,
Pour avoir méconnu, Français, notre devoir.
On dit même qu'il est englouti sans espoir.
Non, on peut l'en tirer, par un effort sublime.
Poètes, que vos chants, sortis du fond du cœur,
Soient empreints de vertu, de liberté, d'honneur.
Et vous tous en avant, soldats de la pensée ;
Dans le champ du devoir sentinelle avancée,
Rappelez aux Français d'être moins confiants,
De ne pas se fier à tous ces intrigants
Qui le veulent sauver d'un danger chimérique,
Pour se servir contre eux de la chose publique,
Gouverner à leur gré le vaisseau de l'État,
Qu'ils feront échouer à Charybde ou Scylla.
Rappelez-vous encor que le peuple d'élite
Est souvent opprimé parce qu'il le mérite ;
Que pour avoir baisé ses fers pendant vingt ans
La France est malheureuse et l'impôt écrasant ;

Qu'on l'a vu s'enivrer de l'encens délétère
Qui dégrade le peuple et le rend mercenaire ;
Que la France a perdu ses enfants et son or,
L'Alsace et la Lorraine et son plus beau trésor,
Le devoir. Le devoir est pour nous l'arche sainte,
De ne pas le remplir, n'ayons que cette crainte ;
L'ennemi nous épie, et voudrait cette fois
Nos plus riches cantons pour nous mettre aux abois.
Notre or vient d'allécher la horde sanguinaire,
De l'or, toujours de l'or à la gent mercenaire,
Des trésors aux Prussiens pour apaiser leur faim.
De leurs discours pervers en verrons-nous la fin ?
Oui, si quittant le luxe et la vaine mollesse,
Nous suivons le devoir, dicté par la sagesse.
Fuyons la volupté, digne des Assyriens,
Et tous les faux plaisirs de nos Babyloniens.
La Patrie avant tout : comme Léonidas,
Bons pères, bons époux ; comme Bayard, soldats.
Élevons nos enfants comme à Lacédémone,
Donnons-leur les vertus qu'on professait à Rome.
Unissons nos efforts pour sauver le pays :
Le salut des Français, Bardes, est à ce prix.
Alors, lorsqu'ils verront régénérer la France
Et qu'on n'entendra plus ces discours de Bysance,
Les descendants des Huns adouciront leur voix,
Et nous pourrons un jour leur imposer des lois.

C. LONG.

Var.

LE POÈTE ET SON AMANTE

« Aime et tu renaîtras, fais-toi fleur pour éclore... »
ALFRED DE MUSSET.

» Voyez cette montagne et ce bois de sapins,
» Ces ronces, ces genêts que les enfants mutins

» Visitent bien souvent à la saison nouvelle;
» Cette croix qui verdit, œuvre d'un saint fidèle
» Depuis longtemps couché dans la paix du tombeau;
» Ces sentiers qu'ont tracés les pâtres du hameau;
» Ces églantiers fleuris, ces plans de giroflée;
» Ces œillets sans parfum... là-bas cette vallée....
» Embrassez d'un coup d'œil tout ce vaste horizon;
» Interrogez la brise effleurant ce gazon,
» Demandez à l'écho s'il n'a pas souvenance
» De la voix d'un enfant qui troublait son silence....
» O Lucia chérie! assis sur ce sommet,
» Quand le soleil couchant dorait de son reflet
» Ces coteaux renommés et ces forêts lointaines,
» Que de fois le tableau des misères humaines
» M'a fait verser des pleurs et m'a désespéré!
» Homme, toi dont le front porte un signe sacré,
» Toi qui devrais toujours célébrer sur la lyre
» La grandeur infinie et l'amour en délire,
» Qui donc t'a condamné, pauvre roseau pensant,
» A secouer la terre, à rester languissant
» Courbé sur le sillon, quand tout voudrait renaître,
» Quand tout voudrait t'entendre et te voir apparaître
» Comme un rayon d'en Haut qui traverse les airs,
» Comme un roi qui s'avance au milieu de ses pairs?
» N'est-il pas temps enfin de briser tes entraves,
» De jeter ces haillons que portent les esclaves,
» De relever la tête, et d'admirer les Cieux?...
» Il est temps, oui, mon Dieu, qu'un chant mélodieux
» S'élève et retentisse aux quatre coins du monde;
» Il est temps de sortir de la forêt profonde
» Qui dérobe à nos yeux les rayons du soleil!
» Notre nuit doit finir, et l'horizon vermeil
» Doit annoncer déjà le lever de l'aurore.
» Les oiseaux vont chanter, la brume s'évapore!...
» Les vents sont embaumés des senteurs du matin,
» Sur le vieil univers plane un nouveau destin!

» Je sens bondir en moi l'amour et l'espérance ;
» O vous tous qui pleurez, voici la délivrance !

. . . .

Sur un rocher désert, ainsi parlait un soir
Sténio le poète à sa belle maîtresse.
Près de lui sur la pierre il l'avait fait asseoir,
Et semblable à la fleur que la brise caresse,
Dans le cœur de l'amante il exhalait son cœur.
Il croyait que la terre était régénérée,
Que l'ange aux ailes d'or était sorti vainqueur
De la lutte fameuse autrefois déclarée
Par la mort à la vie.... Il croyait, ce rêveur
Caressé par l'amour, que la souffrance humaine
Ne ferait plus sur lui peser sa lourde chaîne.

L'enfant le regardait, muette de bonheur :
Elle avait vingt-un ans ; elle était de Venise ;
Pour suivre le poète, elle avait tout quitté,
Son beau palais de marbre et sa fière devise,
Ses amis, sa gondole et son Ciel enchanté.

Sténio pour tout bien n'avait que son génie,
Les accents de sa lyre et son suprême amour ;
Il connaissait aussi la douleur infinie,
Celle qui ronge l'âme ainsi qu'un noir vautour.

Le poète reprit après un long silence :
« Vois-tu ma Lucia, ces arbres que balance
» Le vent du soir là-bas... vois-tu cette maison
» Que recouvre le chaume et d'où sort la fumée ?
» Près de la porte assis, sur un banc de gazon,
» Un vieillard est pensif, et, vers nous, bien-aimée
» On dirait qu'il regarde et qu'il nous reconnaît....
» Sur ce rocher peut-être autrefois il venait

» Comme nous.... — Je le vois, dit l'amante fidèle ;
» Sous ses cheveux blanchis qu'il paraît radieux !
» Il doit penser sans doute à la vie éternelle,
» Car il lève les bras et contemple les Cieux !...

» — Eh bien, dit Sténio, ce vieillard est mon père,
» Je suis né sous ce toit, et c'est là ma chaumière ;
» J'ai joué tout petit sous ces peupliers blancs,
» Et plus tard ils m'ont vu promener à pas lents
» Les beaux rêves dorés de mon adolescence
» Que fécondaient l'amour et la sainte espérance ! »

Couvrant de ses baisers son poète chéri,
L'enfant, versant des pleurs, fit entendre ce cri :
« Je mourrai dans tes bras... oh ! je t'aime, je t'aime !
» Je suis fille des rois... à toi mon diadème ! »

. brise passant emporta ce soupir,
ひ bientôt se leva l'étoile du plaisir.

Hippolyte Buffenoir.

Seine.

LE DEVOIR DANS LA CHARITÉ

I

LA DIVINE CHARITÉ

O source des vertus ! ô charité chrétienne !
    Sais-tu quelle gloire est la tienne ?
Vierge et mère à la fois, sais-tu fille de Dieu,
    Que, sur ton passage en tout lieu
Tu laisses un sillon qui console et parfume
    Comme un encens béni qui fume

Et que s'inclinent tous les bons et les méchants,
 Comme s'inclinent, dans les champs,
Les épis, quand, du soir, la fraîche et douce haleine
 Court par la montagne et la plaine
 Avec des soupirs et des chants!

Oui, tout cœur ici-bas te salue et t'adore
 Comme un soleil levant qui dore
Moissons, arbres en fleurs, cabanes de roseaux,
 Ruches d'abeilles, nids d'oiseaux.
Une foule te suit comme on suit une reine,
 Pour baiser sa robe qui traîne,
Mais toi, la main tendue et le regard baissé,
 Tu vas, tu vas d'un pas pressé,
Tu voles, l'âme émue, où t'appelle à toute heure
 Voix qui se lamente et qui pleure,
 Et voix d'orphelin délaissé.

Tu viens, sans t'annoncer, dans la pauvre chaumière,
 Comme un doux rayon de lumière,
Disant : Vous qui souffrez et pleurez, me voici!
 Et, sans attendre aucun merci,
Tu pars, laissant du bois au foyer qui pétille,
 A l'enfant qui joue et sautille
Un baiser sur le front, du pain et quelque fruit,
 Et puis tu vas, sans plus de bruit,
Soutenir du vieillard la marche chancelante,
 Et, sur son épaule tremblante,
 Jeter un manteau pour la nuit.

Tu cours à l'humble Vierge hésitante, éperdue,
 Entre sa couronne vendue
Et le froid et la faim, tous deux lâches voleurs
 D'âmes, de colombes, de fleurs;
Tu l'embrasses, lui dis : « Ma sœur, la rose blanche
 » A plus d'une épine à sa branche;

» Oh! courage, l'épine aime les fronts élus;
» Souviens-toi du front de Jésus
» Et de Marie, un jour, mendiante exilée. »
Et, la douce enfant consolée,
Le Ciel compte un ange de plus!

Pour l'enfant resté seul, seul, ô douleur amère!
Vierge, encor tu te fais mère.
Tu restes là, berçant doucement l'orphelin;
Et, filant ses langes de lin,
Ta voix, pour l'endormir, lentement prie et chante;
Et puis, ô tendresse touchante!
Tu t'en vas, le voyant sourire en son berceau,
Le dire à sa mère au tombeau.
Tu te penches encore à tout lit d'insomnie,
Et ta main, de toute agonie,
Allume et soutient le flambeau.

De l'immonde lépreux tu retournes la couche,
Et puis, le baisant sur la bouche,
Tu vas à l'ouvrier et, lui montrant la croix,
Tu lui dis : « Mon frère, aime et crois ;
» Aime, c'est Jésus pauvre et, comme toi sur terre,
» Jadis ouvrier, ô mystère!
» Oh! ne blasphème plus le nom du Dieu béni ;
» Espère, et, sur ton front bruni,
» Luiront de meilleurs jours!... Et secouant ton aile
» Tu remontes, Vierge immortelle,
» Te mêler à l'hymne infini! »

II

NOUS SOMMES TOUS FRÈRES

Homme, pontife et roi, divine créature,
Au grand livre de la nature,

Brise, étoiles, parfums, harmonie et splendeur,
    N'as-tu jamais lu ta grandeur?
Suis le poète, il va t'enseigner à la lire,
    Viens, l'univers est une lyre
Qui chante et ne se tait jamais ni nuit ni jour ;
    Écoute, partout à l'entour :
Voix de la fleur qui s'ouvre et de l'épi qui penche,
    Du ruisseau qui court et s'épanche,
    Tout est voix pour chanter l'amour.

Viens et vois si la rose et dédaigne et repousse
    De son corset le brin de mousse,
    Si la biche des bois méprise en ses élans
    L'humble agneau qui marche à pas lents,
Si l'aigle altier des monts rit dans son vol superbe
    De l'insecte rampant sous l'herbe.
Frère, quoiqu'inégal, chaque être, dans son temps,
    Reçoit tout d'un même printemps :
L'arbre, feuilles et fruits; la fleur, encens, rosée,
    Le papillon, aile irisée,
    L'oiseau, nid d'amour et doux chants.

Place au même soleil, hommes nés d'un même homme!
    Tous, grands ou petits, tous, en somme,
Mendiants, empereurs, frères, pas de milieu,
    Vous êtes le souffle de Dieu.
Respect, pourpre, à la bure et toi, palais, au chaume!
    Rois élus d'un même royaume,
Sous différents habits, vous marchez tous au but :
    Le méchant seul est de rebut.
Regardez, à vos pieds, chaque être, sur la terre,
    Ne doit que ramper et se taire
    Et vous payer un saint tribut.

Place au même banquet! la nature féconde,
    En un festin où tout abonde,

A tous, sans excepter, prodigue de trésor,
    Offre son lait, miel et fruits d'or.
Oh! que jamais, surtout, personne ne t'évite,
    Pauvre, que Jésus même invite
A sa table d'un ton miséricordieux !
    Que crains-tu ? le front radieux,
Viens, car sous tes haillons, frère, la foi devine
    Le sang d'un Dieu, pourpre divine.
    Venez tous, vous êtes des Dieux !...

Peuple de toute langue et de toute contrée,
    Ne vois-tu pas à ton entrée,
S'ouvrir un temple auguste entre tous sous les Cieux,
    Temple sublime et spacieux,
Où la foi dans l'amour seule unit, égalise ?
    C'est l'antique et divine Église.
Sur le cœur de Jésus, votre main dans sa main,
    Embrassez-vous là, peuple humain
Plus de sang, plus de pleurs ; plus d'exil, plus de haine,
    Embrassez-vous, que toute chaîne
    A vos pieds se brise demain !

De tous les vents des Cieux races universelles,
    Accourez aux noces nouvelles
Que Dieu règne et commande ; amis, plus de drapeau,
    Plus qu'un pasteur et qu'un troupeau,
Plus d'Océan, de flots, plus d'étroites frontières,
    Plus enfin de cimes altières.
Oui, sur terre ici-bas, comme en l'éternité
    Pratiquons la fraternité.
Jésus, l'immense amour, Jésus nous y convie.
    Plus qu'un cœur, une âme, une vie,
    La grande et sainte humanité !

III

PRIÈRE DU PAUVRE

Providence, mère attentive,
Dont le cœur toujours est penché
Sur toute âme qui va plaintive,
Et sur tout être humble et caché !

Toi, qui dédaignes le superbe,
Mais qui relèves de ta main
L'oiseau, du nid, tombé dans l'herbe,
Et la fleur foulée au chemin.

Toi, qui sais combien à toute heure,
Versent dans l'ombre, sous leur toit,
De larmes le pauvre qui pleure,
D'aumônes le riche qui croit.

Toi, qui, pour nous, à toute branche,
Suspends un fruit mûr tous les ans,
Et fais fleurir l'épine blanche
Sur nos fronts aux jours de printemps.

Toi, qui, sous ton voile de laine,
Nous prends, les froids hivers venus,
Et, sous ta virginale haleine,
Réchauffes nos pauvres pieds nus.

Toi, qui tiens le livre de vie,
Qui vois et lis dans le secret,
Dis-moi, de ma faim assouvie,
Le nom du bienfaiteur discret.

Mais non, l'aumône est un mystère
Pour son auteur, qui, le grand jour,
Dira : Seigneur, comment sur terre
T'ai-je prodigué tant d'amour ?

Charge-toi donc, ô Providence!
De lui dire un merci pour moi;
O mère! ouvre avec abondance
Tes deux mains sur ce cœur de foi.

Donne à ses fils avec largesse
Mâles vertus, force et bonté;
Donne à ses filles la sagesse,
Mets sur leur front grâce et beauté!

Écarte la ronce sauvage
De leur doux seuil hospitalier,
La nue au flanc noir qui ravage
De leur gerbe prête à lier.

Donne-leur à pleine corbeille
Les plus beaux fruits de ton jardin,
Et des fleurs autant qu'une abeille
En butine chaque matin.

Fais, que dans toute leur nuit passe
Tout un essaim de rêves d'or,
Que jamais leur main ne se lasse
Et ne s'épuise leur trésor!

Providence, mère attentive,
Dont le cœur toujours est penché
Sur toute âme qui va, plaintive,
Et sur tout être humble et caché!

ANONYME.

LE DEVOIR VOUS APPELLE

« Le devoir est le doux repos des âmes... Faire
son devoir, c'est obéir aux lois éternelles. » —
(Programme du 12me Concours poétique.)

L'humain à peine au jour sent éclore en son cœur
Et grandir par les ans, ce besoin de bonheur

Qui consume toute sa vie ;
Il poursuit les trésors, le renom, les éclats,
Mais l'or et les honneurs ne lui procurent pas
　　Le cher objet de son envie.

O bonheur ! en quel lieu sont le vallon, le bois
Où ta source murmure ? Oiseaux, de votre voix,
　　Vous en vantez, bénissez l'onde.
Oh ! comme vous, je veux m'abreuver, le matin,
Aux flots délicieux de ce nectar divin,
　　Si doux, mais si rare en ce monde.

Hé ! mortels de tous rangs, âges et nations,
Sachez que les bienfaits, les nobles actions
　　Du bonheur sont la pure source.
Volons-y !... Quel chemin nous y fait parvenir ?...
— La vertu, le devoir, souvent le repentir,
　　Font ce bon chemin.... — Bien !... En course !

Enfant sous l'horizon du regard paternel,
Qui vis dans le doux air de l'amour maternel,
　　Des parents suis les lois aimables.
Les imprudents ébats, les vains amusements
Qu'interdisent les soins de tes sages parents
　　Donnent des plaisirs regrettables.

Robuste adolescent, le temps ne revient plus.
Il entraîne en son cours tous les moments perdus.
　　Songez à sa marche rapide.
L'étude, les travaux vous font un avenir ;
Avec des gens instruits cherchez à discourir,
　　Et d'écouter soyez avide.

Heureuse jeune fille, objet de tant d'amours,
La nature sur vous répandit ses atours,

Ses grâces, même ses merveilles.
O dédaignez l'éclat d'ornements spécieux !
La douceur, la vertu, ces bijoux précieux
   Parent mieux vos couleurs vermeilles.

Époux, songez au jour où vos transports et vœux
Ont dit : « Soyons un seul ! Oui, cessons d'être deux ! »
   Toujours, tenez cette promesse.
Quand d'heureux enfants folâtrent près de vous,
Ou que vous les posez sur vos tendres genoux,
   Du « bon Dieu » vantez la sagesse.

Humain, berger ou roi, vois-tu les noirs regrets
Envahir tout logis, et chaumière et palais,
   Dès qu'on en bannit la justice ?
Pauvre, lorsque le sort à tes souhaits ardents
Ses dons ne veut céder, n'en veuille point aux gens
   Pour qui s'ouvre sa main propice.

Riche, quand à ta porte, un orphelin en pleurs
Soupire et dit : « Ouvrez ! » ô calme ses malheurs
   Par quelque baume charitable !
Quand la veuve, à l'église, épanche un cœur trop plein,
Pour elle prie aussi ; par les mots, par la main
   Console ce cœur lamentable.

Citoyens, grands, petits, soldats et laboureurs,
Modestes artisans, augustes gouverneurs,
   Tous aimez la chère Patrie.
Du pays des aïeux, ô respectez les lois !
Tous les jours, à toute heure, ô dites mille fois :
   O Patrie ! ô terre chérie !

Vous, peuples éclairés, je vante vos hauts faits ;
Vous montez par degrés le chemin du progrès,
   Vous embellissez la nature.
Vous avez su dompter les plus fiers animaux ;
Guider, aux prés, aux champs, cent humides ruisseaux ;
   Augmenter les fleurs, la verdure.

Vos chars vont jusqu'aux bouts des vastes continents;
Vos vaisseaux, aux confins des lointains océans.
    Flamme et vapeur vous obéissent.
Le tonnerre vous dit la cause de sa voix;
L'astre vous expliqua les nœuds des sages lois
    Qui dans l'univers le régissent.

Mais avancez encor! Laissez l'hostilité;
Que vos combats proscrits par la fraternité
    Soient suivis d'une paix entière.
A la science, aux arts, ô portez vos élans!
Ils produisent du bien. L'ardeur des conquérants
    Ne produit que de la poussière.

Physiciens, savants, animez les progrès;
Terre, océans et Cieux dévoilent leurs secrets
    A vos pénétrantes études.
Artistes, répandez le saint amour du beau;
Philanthropes, ouvrez l'heureux siècle nouveau
    Où s'aimeront les multitudes.

Le Christ a proclamé cette divine loi :
« Fais toujours au prochain ce qui plaisant à toi
    » Tu veux qu'on te fasse à toi-même. »
O donc! riche, docteur, pauvre, infirme, ignorant,
Jeune enfant, blanc vieillard, chaque jour, chaque instant,
    Donnant ou recevant, dis : « Je t'aime! »

Si malgré ta douceur, ton amabilité,
Il reste un ennemi, double ta charité :
    Enfin elle assoupit sa rage.
Peut-être viendra-t-il s'élancer en tes bras,
S'écrier en pleurant : « Oh! jusqu'à mon trépas,
    Je serai bon, aimable et sage. »

Frères, venez! suivez! allons sur le chemin
Qui nous conduit aux flots de ce nectar divin,

Le bonheur, qui fait notre envie.
Oh! dans ce bon chemin, le chemin du devoir,
Le pèlerin, charmé, du matin jusqu'au soir,
Chante la plus douce harmonie!

F. Riess.

LE RESPECT HUMAIN

« Aujourd'hui, plus de respect humain; on est ce qu'on est; on lève sa bannière, on la montre avec fierté et tout est dit!... »

Mgr de la Bouillerie.

Malgré les pans de mur croulant sous la mitraille,
Malgré les cris d'effroi, les tourbillons sanglants
Et les horribles chocs du nombre qui l'assaille,
A la voix de l'honneur le fier soldat tressaille,
Et pour vaincre ou mourir il vole aux premiers rangs.

Mais s'il meurt, oh! du moins il lui reste la gloire
D'avoir dans le combat défendu son drapeau,
Et d'avoir dévié le char de la victoire
Alors qu'il décrivait comme une ligne noire
Le sombre emplacement d'un immense tombeau.

Non, la fureur ne peut résister au courage!
L'insolent ennemi fuit lorsqu'il est bravé
Ainsi qu'est dispersé, par un fort vent d'orage,
Le nuage léger errant de plage en plage,
Ou comme dans les airs le sable est soulevé.

Pour nous soldats du Christ! ce n'est pas la mêlée
Où poitrine à poitrine on s'arrache le cœur,
Où se heurtent fusil, casque, lance brisée,
Chevaux, canons noircis de poudre et de fumée,
Où parfois le vaincu n'est pas le moins vainqueur.

Non, c'est un ennemi moins sanglant, moins terrible
Qu'il faut vaincre malgré ses transports furieux !
Ennemi qui de traits obstinément nous crible,
Et qui par nos sentiers montrant sa face horrible
Cherche à paralyser nos élans vertueux.

Dans les divers combats il choisit sa victime,
Broie, en sa main de fer son front qu'il a blémi,
La pousse sans pitié sur le bord de l'abîme
Qu'il creuse sous ses pas, et, perpétrant son crime
Il l'entraîne et l'écrase en cruel ennemi.

Dévoré de remords, le pervers sur sa couche
Veut implorer son Dieu qu'il a trop méconnu,
Mais il craint : la prière expire sur sa bouche,
Car dans l'ombre il croit voir son ennemi farouche,
Et lâchement il meurt ainsi qu'il a vécu.

Nous, comme ce héros qui tombe sous les balles,
Au soleil de la foi réchauffant notre ardeur,
Malgré les rangs épais des bandes infernales,
A travers leurs élans, à travers leurs scandales
Pour rompre leur carré courons prière au cœur !

Courage, il est là-bas, Chrétiens ! tiare en tête,
Aussi doux que l'agneau, plus ferme qu'un granit,
Un vieillard que ne peut abattre la tempête,
Égide qui nous cache à l'œil de qui nous guette,
Sentinelle de Dieu qui veille et nous bénit.

On est ce que l'on est; affirmons qui nous sommes;
Déployons à tous vents le fanion divin,
Et que dans les palais ou sous les humbles chaumes
Pour Jésus et Marie on trouve encor des hommes
Écrasant sous leurs pieds le faux respect humain !

C'est là cet ennemi moins sanglant, moins terrible,
Qui nous mord au talon — sa morsure flétrit. —
Mais si cruel qu'il soit il n'est pas invincible !
Qu'à ses traits acérés chacun soit insensible,
Qu'il brave ses fureurs ! et certes tout est dit !

ÉMILE AUZOLLE DE PORTEL.

A MADELAINE
RONDEAU

Depuis un an, ma souveraine,
Est une blonde châtelaine,
Au front rêveur et langoureux ;
Vous en seriez tous amoureux,
Si vous connaissiez Madelaine.
Mais vous perdriez soins et peine,
Car pour tous elle est inhumaine,
Hormis pour moi qui suis heureux,
    Depuis un an.

En baisant sa lèvre hautaine,
Je bois à longs traits son haleine,
Ou je déroule ses cheveux,
Pendant qu'elle comble mes vœux.
Ah ! combien je bénis ma chaîne
    Depuis un an.

HIPPOLYTE LUCQUET.

Algérie.

HISTOIRE DE LA COURTIS-ANERIE OFFICIELLE
DE CÉSARET

Le peuple le plus gai dont la terre s'honore,
Aussi vif que malin, quand on lui ment au nez
Peut-il s'accommoder d'un loup qui le dévore,
Et sans grincer des dents, prier au ratelier ?

Ceux qu'on entend crier qu'ils sont les seuls honnêtes,
Qu'eux seuls ont le travail et la science du bien,
Ils ont beau s'éblouir dans de brillantes fêtes,
En serrant les deux poings, le peuple n'en croit rien.
Aux tanières du fer quiconque sait y lire,
N'ose s'en approcher sans redouter la glu.
Il faut être coquin, plein d'esprit et sourire,
Toujours dissimuler, sans quoi l'on est vaincu.
Intriguer constamment, supplanter ses amis,
S'aplatir humblement, à genoux se coucher,
Jamais déplaire au bouc, surtout aux favoris,
Voilà le mouvement toujours prêt à marcher.
Passer son temps à rien, applaudir des sottises,
Suivre toujours le vent, devenir débauché,
Ne reculer à rien, enchaîner ses amis,
Éloigner les jaloux, éclipser les grands rôles,
Le monarque à ceux-là, les farcit de Louis,
En fait souvent des rois, tels que le roi des drôles!
Des braves de la France, il fit ses journalistes,
Ces écumes d'un peuple avide de marcher.
D'un poison imposteur pestifèrent leurs pistes,
Cherchant tous les moyens pour le décapiter.
Tu marcheras toujours, drapeau des libertés,
De ta lance entravée, il ne sort que des flammes.
Quiconque t'a sapé, s'est vu les doigts brûlés,
Et du saut périlleux, couronnait-il ses trames.

Maurice Bourdère.

LE RELÈVEMENT DE LA FRANCE

Organisme malade ou pauvre corps infirme,
La France n'est pas bien, tout le monde l'affirme;
Est-ce une diathèse ou l'effet d'un poison,
De cet état morbide où donc est la raison?

Est-ce une maladie ou physique ou mentale?
Recourons à la méthode expérimentale,
Et tâchons de poser scientifiquement
Notre diagnostic et notre traitement.

Ce mal en question n'est de rumeur vulgaire
Que depuis nos échecs de la dernière guerre,
Et si des Allemands nous avions triomphé,
Les bourgeois solennels, les chauvins de café
Vanteraient aujourd'hui la santé de la France.

Or, il aurait suffi de pantalons garance
Massés sur la frontière et non pas dispersés,
Et de vrais chefs au lieu de ces paniers percés
Qui les guidaient, pour battre encore le Borusse;
On annexait Landau quand Strasbourg est en Prusse;
Des soldats plus nombreux et de bons généraux!
Et nous passions pour être un peuple de héros,
Pour la première nation, pas la seconde!

L'épaisseur d'une armée est-elle aussi féconde
En effets? Suffit-il du destin des combats
Pour élever un peuple ou pour le mettre à bas?
Et du sort hasardeux des batailles livrées
Et de brigades plus ou moins bien manœuvrées,
Peut-on faire à bon droit dépendre en ce moment,
Ou la grandeur d'un peuple ou son abaissement!

Certes, si ces deux mots : Grandeur et décadence
Veulent dire qu'on flanque une éternelle danse
Aux peuples étrangers, ou bien qu'on la reçoit
Au lieu d'être tranquille et de rester chez soi,
Les Prussiens sont bien grands et nous sommes bien minces,
Car ils nous ont battus, enlevé deux provinces,
Cinq milliards, beaucoup de pendules de prix.

Mais si les cœurs d'élite et les nobles esprits
Dans la grandeur d'un peuple entrent pour quelque chose,
Si la science compte et si l'art est en cause,
Nous pouvons bien sans doute être dégénérés
Sans cesser de valoir les Allemands carrés.
Relisez le discours qu'a fait de Quatrefages
Au congrès de Lyon, chez ces anthropophages
De Groléens voulant manger du calottin;
Et si le vieux soleil d'Austerlitz est éteint,
Les vainqueurs d'Iéna, comme la chance alterne!
Sont-ils près des Prussiens, un peuple subalterne?
Car Liebig et Tirchow n'ont jamais abattu
Chevreul du Muséum, Robin de l'Institut;
Notre Claude Bernard en physiologie,
Broca, l'autorité de l'anthropologie,
Littré, Marey, Cahours, Berthelot et Pasteur
Des savants d'outre-Rhin dépassent la hauteur;
Victor Hugo, Flaubert et Leconte de Lisle,
Et Demolombe à Caen et Girardin à Lille,
De Compiègne au Gabon, de Lesseps à Suez
Valent bien les pédants qui nous ont volé Metz.
Cette France si pauvre est encore plus riche
Dans les arts et métiers; regardez en Autriche
Les succès remportés par notre nation
Dans les genres divers de l'exposition.
La Prusse n'a sur nous qu'un avantage unique :
Son armée; il faut donc fourrer dans la tunique
Du fantassin, dans la veste du cavalier,
Tout Français, ne sachant pas lire ou bachelier.

. . . .

ED. ISAMBARD.

ENCORE QUELQUES JOURS

Dieu protége la France.

J'ai foi dans leur serment, j'ai foi dans leur vaillance,
Et surtout dans le Dieu qui protége la France....
Encore quelques jours... et des cris confondus
Rediront en tous lieux : « Sébastopol n'est plus !!! »

Des bords du Pont-Euxin, du fond de la Crimée
Partout a retenti le nom de notre armée !
Là, nos braves soldats ont juré de mourir
Devant Sébastopol ou de le conquérir.

Dans deux brillants combats, un baptême de gloire
Les fit dès leur début, enfants de la victoire !
Et grandissant depuis au milieu des dangers,
Ils se sont abrités sous de nouveaux lauriers !

L'ennemi, protégé par ses murs formidables,
Croyait que de l'hiver les rigueurs redoutables
De leurs premiers succès arrêteraient le cours;
Il mettait son espoir dans ce puissant secours.

« On les verra périr sous des neiges mouvantes...
» Les armes dans leurs mains deviendront impuissantes....
» D'un douloureux passé le triste souvenir
» Fera plus que le fer pour les anéantir.... »

Mais redoublant d'ardeur et de persévérance,
Nos soldats opposaient la même résistance,
Et loin de reculer, plus près de ses remparts,
L'ennemi les voyait planter leurs étendards....

A l'assaut, maintenant! Dieu quel affreux carnage!
Quels flots de sang je vois inonder le rivage !...
Voyez-vous sous leurs pas s'entr'ouvrir des volcans?...
On dirait qu'il se livre un combat de géants....

. . . .

La renommée attend pour déployer ses ailes,
Et faire retentir les voûtes éternelles
Du bruit de ses cent voix, que dans Sébastopol
Nos soldats soient vainqueurs ou couchés sur le sol.

. . . .

J'ai foi dans leur serment, j'ai foi dans leur vaillance,
Et surtout dans le Dieu qui protége la France;
Encore quelques jours... et des cris confondus
Rediront en tous lieux : « Sébastopol n'est plus!... »

Henri de Pichon.

Mexico.

AUX DESPOTES

Frémis, frémis mon luth sous mes doigts enivrés !
Il me faut pour frapper les tyrans et leurs vices,
Les plus fougueux accords de mes chants inspirés.
Dieu! soutiens mes transports, frappe leurs injustices.

Despotes souverains! de grands cœurs ulcérés,
Si jamais vous touchiez les nobles cicatrices,
Vous frémiriez d'horreur sur les maux engendrés
Par votre ambition, vos orgueilleux caprices.

De l'aigle au vol puissant, qui jette la terreur
Dans les airs qu'il parcourt en maître destructeur,
Vous imitez sans frein les sauvages instincts.

Craignez! craignez qu'enfin par un juste retour,
Libres! les nations deviennent le vautour
Qui vous détruira tous, infâmes assassins!

H. Curie.

ELLE N'EST PLUS
ÉLÉGIE

I

Vous me l'avez ravie
Mon épouse, Seigneur,
Elle qui dans sa vie
Était tout mon bonheur !
Je ne l'ai plus cet ange
Qui me parlait d'amour,
De bonheur sans mélange
A chaque instant du jour !

II

Mais mon cœur ose croire
Qu'elle doit être au Ciel,
Rayonnante de gloire
Auprès de l'Éternel !
Cette douce pensée
Vient calmer ma douleur,
Et mon âme brisée
Pense à des jours meilleurs !

III

Au printemps de ta vie,
O toi que j'aimais tant,
Je te perdis, Marie,
Dans un bien court instant !
Ainsi sur cette terre
Tout est fragilité,
Oui, tout est éphémère
Et sans stabilité !

IV

Je vécus avec elle
Quelques mois seulement !
Existence cruelle,
Je suis seul maintenant....

Tu n'es plus tendre amie,
Assise auprès de moi!
Pourrais-je aussi, Marie,
Vivre encore sans toi?

V

Dans la sainte Patrie
Où palpite ton cœur,
Oh! je voudrais, Marie,
Partager ton bonheur!
Mes pleurs sur cette terre
Vont finir de verser;
Si bientôt, ma prière,
Dieu daigne l'exaucer!

VI

Mes moments d'allégresse
Comme un rêve ont passé,
Me laissant la tristesse
Et mon cœur oppressé....
En moi plus de sourire,
Plus de soirs enchanteurs;
Mon âme se déchire
Sous le poids des douleurs!

LIAUTARD MARCEL.

Var.

FOLIE

MONOLOGUE

J'étais heureux, aimé, chéri de tous. J'aimais
Élise; elle m'aimait.... Oh! oui, je me rappelle
Ces nuits de volupté, de joie et d'amour... Mais...
Qu'ai-je fait?... Elle est morte?... Oh! sa tombe m'appelle!...

Un épais manteau blanc couvrait la terre ; et moi
Dans l'ombre de la nuit, j'avais quitté ma chambre
Armé jusques aux dents.... Je tremblais ; et pourquoi ?...
Était-ce donc de peur ou le froid de décembre
Qui me saisissait ? Non !... c'est que j'allais la voir...
La voir et l'embrasser.... Oh ! bonheur ineffable !
Toi, qui n'as pas aimé, tu ne peux concevoir
Ce que l'on goûte alors !... Quand une femme aimable
Vous attend ! qu'on le sait !... Oh ! oui, oui, cela seul
Est le bonheur !... Minuit ! voilà l'heure qui sonne.
Mon cœur bat ; il bondit ; je l'entends qui résonne....
Minuit !... oh ! c'est l'amour.... La terre en son linceul
Semblait triste, et moi, moi, regardant sa fenêtre,
Je riais... J'attendais pour la voir apparaître.
Oh ! j'attendis longtemps... Mais, elle ne vint pas....
Était-elle empêchée ? Était-elle malade ?...
Mais, du bruit ?... Une voix ?... — Est-ce toi, camarade ?
Dit-on. Je me retourne, et de mon coutelas
Armé, je pousse un cri, je bondis, je m'élance....
J'étais fou.... Fou ?... Non ! non !... Je me mis à chanter....
Je riais... je pleurais.... Vengeance ! Oh ! oui, vengeance !...
Je marche furieux... mais il faut m'arrêter :
Je grelottais ; pourtant, j'avais chaud... Et, je tombe....
J'étais un assassin !... — Est-ce toi, mon chéri ?...
Je me relève alors. Puis, ainsi qu'une trombe
Criant, et tempêtant, le corps blessé, meurtri,
La haine dans le cœur... — Meurs ! criai-je, avec rage !...
Un cri me répond.... Oh !... je suis fou... fou d'amour....
J'ai vingt ans.... Je l'aimais.... Il faut que je voyage....
Oui, je veux aller loin.... Plus de nuit, plus de jour...
Plus rien, car elle est morte ! Elle est morte, et par moi !
Je la vois... oui, c'est elle !... Oh ! je ne veux plus vivre !
Adieu, ma mère, adieu !... Minuit sonne au beffroi....
C'était hier !... Fou ! fou !... J'ai vingt ans... Je suis ivre....
Pardonne-moi, ma mère... elle m'attend ; j'y cours....
Adieu, parents, amis... je suis fou... fou... toujours....

GABRIEL HERMON.

LE DEVOIR

Le front pâle et penché sur des travaux ardus,
Je me sentais brisé de jours trop assidus;
Englouti dans le Chaix, ses chiffres et séries,
Quêtant pour mon réseau quelques économies,
J'oubliais que je suis de ce bel univers,
Où l'homme seul s'efforce à marcher de travers;
Quand, ainsi qu'une mine aimable, inattendue,
Un riant prospectus vint s'offrir à ma vue.
Je l'ouvre, et lis bientôt, brillant dans leur trait noir,
Ces mots : « Debout, debout! la tâche est *le Devoir*.
» Tout sombre devant toi : libertés et justice;
» Les droits sont méconnus et livrés au caprice;
» La passion domine, et son aveuglement
» Marche contre nos vœux et le vrai dévouement.
» Et l'intrigue égoïste et la perfide envie
» Osent, malgré ses maux, déchirer la Patrie.
» L'orgueil avec l'erreur planent sur l'horizon,
» En alarmant la foi, tourmentent la raison. »
A ces mots, tressaillant, — car ce n'est point un rêve! —
Avec d'amers soupirs, indigné, je me lève;
Et, comptant tous les jours à ma muse ravis,
Je retrouve ses pas vers de brillants parvis.
Le devoir! mais qui donc peut avoir la bassesse
De ne pas, sans rougir, s'y dévouer sans cesse?
Des grands et des petits, qui donc veut le trahir?
A son auguste voix, qui peut désobéir?
Vous qui pour conjurer un des plus grands naufrages,
Pour nous ouvrir un port reçûtes des suffrages;
Tarderez-vous encor à remplir notre espoir?
Hésitez-vous devant un si noble devoir?
C'est pour tous — sachez-le — qu'il vous dit de bien faire :
C'est le plus droit chemin, c'est le moins téméraire.
Faites donc éclater encore des vertus;
N'apportez pas le vice à l'endroit des abus.

Réprimez, respectant toujours l'indépendance ;
Et rendez l'union et la force à la France.
Vous sentez ses besoins, vous entendez ses vœux ;
Le siècle vous convie à vous porter pour eux.
Marchez, pressez le pas, d'un élan magnanime ;
Changez notre infortune en un retour sublime ;
Et le peuple éprouvé, vous suivant au devoir,
Rendra grands vos bienfaits et doux votre pouvoir.

Si rigoureux qu'il soit le devoir rémunère ;
Il ne paraît ingrat qu'au cœur qui dégénère.
Mais l'homme vraiment fort le suit avec amour,
Avec sa propre estime et sa joie en retour.
Oui, c'est la seule loi de l'âme grande et fière,
Qui hait tout autre joug. Ce noble caractère
Agit par dévouement et par amour du bien,
Regardant près de Dieu l'œil du monde pour rien.
Quand parfois du renom le vif éclat l'anime,
S'il nous semble plus fort, il perd de son sublime.
Car c'est l'étroit sentier du véritable honneur ;
Comme c'est le chemin qui conduit au bonheur.
C'est le pouvoir qui seul peut gouverner le monde,
Avec force, grandeur, dans une paix féconde ;
Qui ne gêne jamais l'ami de l'équité,
Et ne peut entraver la sage liberté.
Il élève nos cœurs que l'effort sanctifie ;
D'appas et de parfums il remplit notre vie.

Le noble devoir fit les Desaix, les Fabert ;
Les cœurs grands, généreux, les volontés de fer.
A Magenta, volant, il ravit la victoire ;
Rétif, dans Metz il perd place, drapeaux et gloire.
L'apôtre de son sang scelle la loi du Christ ;
Le penseur, s'émouvant, fait écrit sur écrit ;
L'artiste se dévoue au beau pour le répandre ;
La mère a tous les soins de l'enfant le plus tendre ;

L'un soutient l'orphelin, et secourt l'indigent ;
L'autre fait pour salaire un travail exigeant,
Qui nourrit sa famille et donne aide à sa mère :
Tous sont fils du devoir, chacun à sa manière.
Et l'homme qui devient las d'inutilité,
Se fait, cherche un devoir dans la société.
Tant il est inhérent à la nature humaine,
Qui ne court, hors de lui, qu'à sa perte certaine.
Et, sachant inspirer le mépris du trépas,
Toujours il fait fleurir des vertus sous nos pas.

Léon Baux.

Seine-et-Marne.

LES CUIRASSIERS DE REISCHOFFEN

> « Faire connaître, ou louer de tout cœur une
> bonne action, c'est en quelque sorte y participer. »
> La Rochefoucauld.

Reischoffen ! Reischoffen ! ta sanglante mémoire
Désormais brillera dans l'équitable histoire,
A l'éternel honneur de notre nation !

C'étaient de vrais *lions* conduits par un *lion*,
Ces courageux Français qui foulaient ton arène ;
Tu l'as si bien prouvé : La France est toujours *reine*
Par l'excès de vaillance entre toutes ses sœurs,
Et malgré les *excès* de ses cruels *malheurs*,
Sur cet astre, un instant, *ils* ont passé leur ombre ;
Il percera bientôt ce voile par trop sombre ;
Reischoffen en a vu de sublimes *rayons*,
Mais de nos ennemis les puissants bataillons,
Dont le grand nombre amène à de tels parallèles,
Les ont interceptés comme les sauterelles
De l'Égypte parfois cachent l'ardent soleil.
Le fameux *Mac-Mahon,* le brave sans pareil,

A *Reischoffen* trouvant de nouveaux *Thermopyles*,
Il fut *Léonidas* (n'en déplaise aux Zoïles!)
A ce sort glorieux, il pleura d'échapper.

Par le nombre écrasant voyant envelopper
Son essaim de héros, il enflamme leur zèle;
Tous en *Léonidas*, cet antique modèle,
Pour *sauver notre France* ont juré de mourir,
Et pour ce digne but, la mort leur est plaisir.

Bayard! dans ces Français tu reconnus ta race,
Ton sang dans leur grand cœur sous l'épaisse cuirasse
Coulait en ce beau jour; l'héritier de ton nom,
L'homme chevaleresque en face du canon,
Celui dont le courage en plus d'une bataille
Affronta le boulet, la bombe et la mitraille,
Avait dit : *En avant!!!* Ses hardis cuirassiers,
A sa voix devenus modernes chevaliers,
Partent comme l'éclair! Le sol bruit et tremble
Sous les pieds des chevaux! Quel admirable ensemble!
Des masses d'ennemis ils arrêtent l'effort,
Mais ils sont écrasés!
                    Presque tous par la mort
Ont payé leur ardeur noblement téméraire;
L'holocauste héroïque était bien volontaire,
Car tous du sacrifice avaient suivi la loi;
Ils volaient au trépas, mais ils savaient pourquoi;
Ils estimaient son prix pour leur chère Patrie,
Pour empêcher sa mort, ils lui donnaient leur vie;
De *sauver son armée*, ils eurent donc l'honneur!

Dieu leur doit une place au séjour du bonheur;
Comme ils l'ont méritée, ces cuirassiers sublimes!
Qu'il accueille en son sein l'âme de ces victimes,
De leur devoir sacré de Français, de soldats!

Les auteurs de leur mort n'en seront-ils donc pas,

De leur ambition esclaves trop coupables,
Devant son tribunal justement responsables?

L'un des deux en exil, dans Albion mourut;
Devant le Tout-Puissant, le grand Juge, il parut;
Quel fut son jugement?...
                    Mais le Seigneur accorde
Au repentir là-haut tant de miséricorde!
N'est-il pas ici-bas miséricordieux?
Pour les plus incroyants la preuve en luit aux yeux;
On la sent à toute heure, aux palais, sous le chaume,
Il laisse vivre encore le vampire *Guillaume*,
Son terrible instrument et sa verge de fer,
Ainsi que son *Bismark*, ce suppôt de l'enfer;
Il leur laisse goûter, savourer cette joie
Du tigre bondissant de bonheur sur sa proie;
Il permet un instant, aux voraces pillards,
De se vautrer dans l'or de ces cinq milliards,
Que leur griffe arracha à notre chère France!

Mais la famine suit quelquefois l'abondance,
La fortune bientôt peut renverser leur char;
Mané, Thécel, Pharès, aux nouveaux Balthazar
Peut-être luira-t-il dans la prochaine orgie?
Avec nos vins pillés, cet affreux couple oublie,
(De leur force et d'orgueil doublement enivré),
L'horreur des noirs forfaits auxquels il s'est livré,
Et ne craint nullement la divine vengeance.
Force prime le droit! base de sa puissance,
Maxime pratiquée en tout temps, en tout lieu,
Par l'Attila second doit trop déplaire à Dieu;
Sur ce terrain mouvant, ô puissance fragile!
On peut bien la nommer colosse aux pieds d'argile;
Quand le bras du Seigneur sur lui va s'abaisser,
On verra le colosse à l'instant s'affaisser;

Comme un faible jouet au contact de la foudre
Cette puissance alors sera réduite en poudre.

Mais pour la relever ses efforts seront vains,
Il verra s'écrouler l'empire des Germains ;
Le Ciel ouvrant sur lui les trésors de sa haine,
Ne devra pas punir *l'Alsace et la Lorraine,*
Car leurs enfants seront redevenus Français ;
Fut-ce dans cinquante ans, dans un siècle, jamais
L'Alsacien-Lorrain ni sa digne compagne,
Jamais n'auraient donné leur cœur à l'Allemagne ;
Par la force brutale, à sa loi, le vainqueur
Les rivant, aurait-il jamais *rivé* leur cœur
Si grandement français à cette chaîne infâme ?
Il aurait eu leur corps, sans posséder leur âme.

En attendant, faisons aux héros malheureux,
Martyrs de Reischoffen, nos suprêmes adieux !
Qu'on recueille au plus tôt leurs cendres glorieuses !
Que pour vous honorer, reliques précieuses !
On élève pour vous, par le cœur et l'argent,
Sur le champ de bataille un pieux monument ;
Sur ses tables d'airain, *à l'abri de l'injure*
Du temps si destructeur, tant que le monde dure,
Que l'œil émerveillé de tous nos descendants
Lise de ces guerriers les noms resplendissants.

Tous d'un si saint devoir surent mourir *esclaves,*
Pour rendre *libre* enfin la retraite des braves
Que l'ennemi puissant pouvait exterminer ;
Sans ce beau dévoûment leur heure allait sonner ;
Si ces frères n'ont pu sauver, hélas ! la France,
Le bras des survivants est prêt pour sa vengeance.

Votre sang, ô martyrs ! enfantant des héros,
Cuirassiers ! jouissez de l'éternel repos !

F. GALLOO GUILBERT.

A JOSÉPHINE

De Josèphe en ce jour nous célébrons la fête,
Les fleurs de l'amitié composent mon bouquet.
Amie, acceptez-le? J'ai paré ma conquête
De ses plus doux trésors, pour qu'il soit bien coquet.

Le calme a succédé pour nous à la tempête,
Mais notre arbre a grandi, ce n'est point un secret;
Les rameaux vigoureux qui couronnent son faîte,
Des beaux jours à venir sont l'espoir et l'attrait.

Une fleur, fleur absente, hélas! manque à l'ivresse
Qui réunit nos cœurs en ce jour d'allégresse;
Son nom nous est bien cher, nous y pensons toujours.

Pourrions-nous oublier une part de notre âme?
Et nos deux cœurs fondus par cette pure flamme,
Notre sainte auréole au printemps des amours?

H. CURIE.

VOIX DE L'AME

A M. D. E.

E charitate gaudium.

Joyeux de son bienfait, ému de leur misère,
Il s'assit sur la borne au détour du chemin,
Et sa pensée allait aux enfants, à la mère,
Qu'il vient de secourir et qui manquaient de pain.

L'ombre du soir tombait, la brise était légère,
Les pieux angelus passaient dans le lointain,
Et sur son front penché, que le bonheur éclaire,
Jouaient les derniers feux du jour à son déclin.

Autour de lui le calme, et dans lui l'allégresse;
En son âme une voix, chantant avec tendresse,
Lui disait le secret de sa félicité.

Il écoutait rêveur... et méprise ineffable,
Sa main, qui promenait un bâton sur le sable,
Voulant écrire : joie, y traçait : charité.

LOUIS SATRE.

CE QUE J'AIME

J'aime à voir l'arc-en-ciel briller après l'orage.
J'admire du matin le splendide réveil.
J'aime au-dessus des blés voir passer le nuage
Qui s'empourpre et se dore aux rayons du soleil.

J'aime l'eau qui serpente et doucement murmure
Des oiseaux la gaîté, le chant harmonieux;
Le printemps et les fleurs, la riante nature,
Élevant jusqu'à Dieu notre cœur soucieux.

J'aime aussi dans la nuit contempler attentive
L'immensité sans fin, un beau Ciel étoilé,
Qui charme mes regards, mais qui me rend pensive
En me montrant combien notre esprit est voilé!!!

J'aime dans la famille à voir régner l'aisance,
Une tendre union, de pures, simples mœurs.
J'aime à voir les vieillards souriant à l'enfance,
Et l'amour du travail au fond de tous les cœurs.

J'aime de l'Océan la beauté grave et sombre,
Son horizon d'azur, ses flots majestueux.
J'aime un parfum de fleur, les violettes à l'ombre,
Et croire que le bien peut seul nous rendre heureux.

J'aime peu les châteaux couronnant les collines
Et rappelant au peuple abus, servilité;
Je ne regrette point ce passé ni ces ruines;
J'espère en l'avenir, en la fraternité!

Je voudrais ne trouver dans les cœurs que tendresses,
Que sentiments d'amour, de tendre humanité;
Qu'ils ignorent la haine, excusent les faiblesses;
Qu'ils comprennent enfin ce qu'est la charité!

J'aime un cœur droit et pur, une âme généreuse;
J'admire le talent si justement vanté;
A tous la vérité se montrant radieuse;
Mais ce que j'aime, amis, c'est surtout la bonté!

Sophie Comte.

Ardèche.

LA FÊTE DE L'ABSENTE

I

Fanny! n'étiez-vous pas mon ange, et mon étoile,
Alors qu'un heureux vent enflait ma blanche voile?
    Bonheur envolé dans un jour!...
O suaves accents d'une indicible ivresse,
Soupirs harmonieux, accents pleins de tendresse,
    D'où veniez-vous, rêves d'amour?...

II

Rêves d'amour! pourquoi descendre dans mon âme,
Comme un écho divin, comme un rayon de flamme,
    Et soudain remonter aux Cieux?...
Pourquoi m'avoir montré ce ravissant visage,
Enivré mes regards d'une céleste image,
    D'un sourire mystérieux?...

III

Comme un roseau, mon cœur tremblait d'une caresse,
Jamais tant de beauté, de grâce et de jeunesse
    N'avaient paré de front si pur!...
Jamais femme ici-bas n'apparut aussi belle,
Au fond de ses yeux bleus, de son âme immortelle
    Se reflétait un Ciel d'azur!...

IV

Pourquoi mêler, mon Dieu, dans la coupe de vie,
Le sourire et l'adieu, le fiel et l'ambroisie,
    Mêler l'ivresse à tant de pleurs?...
Pourquoi remplir le cœur d'amour et de génie,
Des accords inconnus d'éternelle harmonie,
    Et nous cacher tant de douleurs?...

V

Quand le jour du départ, le dernier, un dimanche,
De ma tremblante main je pressai sa main blanche,
    Je ne croyais pas tant souffrir!...
« Au revoir! » et ce fut la suprême prière!...
Mais quand je vis des pleurs glisser de sa paupière,
    Ce jour-là, je pensai mourir!...

VI

Nous sommes exilés, Fanny, mais votre fête
A soudain réveillé, dans mon âme inquiète,
    Les beaux rêves de ce passé!...
Comme la brise au soir qui dans les fleurs soupire,
Mes doigts ont tressailli quand j'ai touché ma lyre,
    Mon cœur se sentait oppressé!...

VII

Dieu d'amour, entends-moi! qu'un ange de lumière
Dans son calice d'or emporte ma prière,

Mes pleurs, à ton trône divin !...
Bénis nos cœurs, bénis nos touchantes pensées :
D'un invisible anneau nos âmes enlacées
　　Attendront un meilleur destin !...

Alfred Vellot.

IL NEIGE

Aux blancs rideaux de ta fenêtre,
Une ombre vient de se montrer ;
Vois, c'est celle d'un petit être
Qui jusqu'à toi veut pénétrer.
Il est là, fatiguant son aile
Au vitrage où pend le glaçon ;
Son vol s'arrête et sa voix frêle
Te dit sa dernière chanson...
A l'oiseau que rien ne protége,
Contre les rigueurs des frimas,
Ouvre vite, ne vois-tu pas ?
　　Il neige !...

Le givre aux branches se balance,
Pourtant tu vas, sous le Ciel gris...
Quand, sur tes pas, soudain s'élance
Un enfant, les pieds nus, meurtris.
Il erre, loin de sa demeure,
S'arrêtant à chaque détour ;
Son regard prie, et sa voix pleure...
Oh ! pour qu'il vive encore un jour,
A l'enfant que rien ne protége,
Contre la faim et les frimas,
Donne vite, ne vois-tu pas ?
　　Il neige !...

La nuit s'avance ; par rafales
Le Nord mugit et fond sur nous,
Et toi, les pieds dans tes sandales,
Tu nargues les vents en courroux.
Mais, de moi tu t'es détournée,
En rentrant, rouge de bonheur ;
Dis, n'as-tu pas, dans la journée,
Avec ton or donné ton cœur ?
A l'amant que rien ne protége,
Sur ton seuil, contre les frimas,
Réponds vite, ne vois-tu pas ?
　　Il neige !...

CHATEAU.

SPES

L'Éternel en créant, dans un but salutaire,
Une âme dans le corps, les moissons dans la terre,
Voulut faire comprendre, et c'est sa volonté,
Que l'homme ne pouvait, à moins de lâcheté,
Pas plus se refuser à toute nourriture
Qu'à renier sa foi pour suivre l'imposture,
Accusant par ce fait — en voici la raison —
Que ce meurtre de soi, fruit d'une trahison,
Ne pourrait provenir, l'exemple le proclame,
Que d'un manque d'espoir, cet ulcère de l'âme.

Espérons ! car qui n'ose — au milieu des combats
Que nombre d'ennemis vous livrent ici-bas —
Espérer recevoir, au terme de l'arène,
Le prix de sa victoire, incomparable étrenne,
Accordée au moment où, de son dernier jour
En échangeant la fin contre un autre séjour
Il va, noble vainqueur, après autant d'années
D'un assaut continu, de luttes acharnées,

Confiant dans sa foi, dans son amour divin,
Voir que, s'il espérait, ce n'était pas en vain?

Espérons! le bonheur — ce prince des fantômes
Pour la prise duquel on a fait tant de tomes
Sans jamais sur la terre avoir pu l'arrêter, —
Espérons à la fin, sans nous inquiéter,
Que ce bonheur si rare, enfant dont la caresse
Me charme et me sourit, implore ma tendresse,
Voudra bien quelque jour, prodige d'amitié,
Se donnant sans regret et non pas à moitié,
S'abandonner à nous mieux qu'il ne se dispense,
Pour donner à nos vœux leur digne récompense.

Alors, comme aujourd'hui, plus sûrement encor,
Reprenant vers l'espoir un plus rapide essor,
Espérons dans l'amour, et croyons aux richesses...
Hommes, rêvons-nous ducs! femmes, grandes-duchesses!
Pourquoi, par tour de rôle aspirant aux honneurs,
Ne pas en ses châteaux se dire des seigneurs?
N'avoir pas des habits couverts de pierreries?
Des laquais, des chevaux ornant nos écuries?
Mais, non! A ces hochets pourrait-on parvenir?
Sachons penser plutôt à cet autre avenir!

Oui, Seigneur, si l'espoir, suivant toute apparence,
Est un bienfait du Ciel, pour l'homme une espérance,
Jetant au fond de l'âme, où parfois il fait noir,
La clarté, comme au jour s'éclaire le manoir,
Je croirai, je veux croire, y mettre en abondance
Tout ce qu'en fait d'ardeur j'ai de la Providence;
Puis, soldat sur la brèche annonçant le vainqueur,
— Comme la sève au tronc l'espoir est dans le cœur, —
Je ne veux désormais nourrir dans ma pensée
Que l'attente où je suis d'une heureuse odyssée!

Et quand, alors venu ce grand jour solennel,
Qu'il me sera donné d'approcher l'Éternel,
Je pourrai, moi l'objet de sa rare clémence,
Le contempler là-haut dans sa splendeur immense.
Alors, devant son trône, à ses pieds prosterné,
Resplendissant des feux dont il est couronné,
Savourant du bonheur cette extase parfaite,
Je pourrai, de concert avec le saint prophète,
M'écrier d'une voix qu'on ne peut trop savoir :
Mon Dieu, qu'il est donc beau de suivre son devoir !

AIMÉ BERTIN.

Loire-Inférieure.

A UNE ÉCUYÈRE
SONNET

Quand tu rentres, enfant, émue et frémissante
Dans ta loge, au doux bruit des applaudissements,
Heureux qui pourrait, dans une étreinte puissante,
Te surprendre une part de tes ravissements !

Heureux qui sentirait ta poitrine haletante
Bondir contre son cœur ses pressés battements,
Heureux qui recevrait de ta lèvre brûlante
Le baiser passionné qu'on réserve aux amants !

Pour un pareil bonheur je donnerais ma vie ;
Car tous les jours je sens dans mon âme ravie
Un désir insensé de tes divins appas.

Je suis là, perdu dans la foule qui t'admire,
Comme un indifférent j'ai part à ton sourire ;
Mais tes beaux yeux d'azur ne me connaissent pas !

G. MAZINGHIEN.

POURQUOI. — PARCE QUE

SONNET

Pourquoi faut-il, mon Dieu, que l'amour soit un songe,
Qu'il vous dure huit jours, vous étreigne le cœur,
Puis, qu'il s'enfuie ainsi qu'un décevant mensonge
Et laisse un vide affreux où trônait le bonheur ?

Pourquoi, dans ces ardeurs où l'amour seul vous plonge,
Éprouve-t-on toujours la secrète terreur
De voir se déclarer cet ulcère qui ronge
Et ne pardonne pas, et qu'on nomme malheur ?

Pourquoi faut-il toujours qu'un sursaut vous réveille,
Qu'on doute au lendemain des baisers de la veille,
Qu'on se quitte et qu'on pleure en se disant : Adieu ?

Pourquoi ? Je cherche en vain. Mais vous, vous qu'on adore,
Répondez, vous qu'enfin mon ignorance implore !
« C'est que tu n'es qu'un homme et que je suis ton Dieu ! »

G. Mazinghien.

LA MONTRE

Tic tac, tic tac, tic tac... entends-tu la « *bebête ?* »
Et l'enfant attentif de sa petite tête
Approchait des deux mains la belle montre en or ;
Il écoutait, ravi, cette étrange musique ;
Sitôt qu'elle cessait, sa mine était comique
Et sa voix qui priait disait : « *entor, entor !* »
Que de fois quand tes dents germaient et que la fièvre
Te rougissait la joue, et que tambour et lièvre

Et cheval et pantins te laissaient soucieux,
Rien qu'en mettant ma montre à ta petite oreille,
J'ai rendu le sourire à ta lèvre vermeille,
O mon ange, et séché les larmes dans tes yeux!

Et quand tu fus si mal qu'en voyant ton délire
Le médecin hochait la tête sans rien dire,
Et que ta mère et moi nous pleurions près de toi,
Lorsque tu fus sauvé tu compris notre peine,
Et pour nous rassurer, souriant à grand'peine,
Tu murmuras : « *Bebête!* » en te tournant vers moi!

Cette montre a sonné l'heure de ta naissance;
Ce fut un bien beau jour, et ma reconnaissance
En cantiques joyeux monte encore vers Dieu;
Puissent, ô mon enfant, ses aiguilles coureuses
Ne te marquer jamais que des heures heureuses
Quand en te bénissant nous t'aurons dit adieu!...

G. Mazinghien.

LE SOIR

Lorsque le laboureur regagne sa chaumière,
Quand l'ombre de la nuit descend sur les moissons,
A l'heure où les grillons sortant de dessous terre
Viennent redire en chœur leurs plaintives chansons,
Quel bonheur d'errer seul dans la campagne immense,
De voir à l'horizon grandir l'astre des nuits,
De respirer l'air pur, d'écouter le silence,
De rêver, de chanter, de frissonner et puis
D'aimer!... Le rêve est bon, quand seul, dans la vallée,
On promène ses pas chancelants, incertains
Dans les blés verts, bien loin de la route foulée,
Qu'on cherche les fourés et qu'on fuit les chemins!
Des grands arbres au loin on voit l'ombre amaigrie,
Une blanche vapeur monte de la prairie,

Le Ciel blanchit, noircit, resplendit tour à tour ;
Le cœur tout palpitant songe à la bien-aimée,
La main comme avec crainte effeuille la ramée
Pour savoir si l'on doit croire encore à l'amour !

Une brise odorante échappée à la haie
Balance mollement et berce la futaie,
Et ranime les cerfs tout le jour aux abois ;
Les oiseaux fatigués s'endorment côte à côte,
Le rossignol taquin réveille d'une note
Les indolents échos assoupis dans les bois.

Telle que dans un bal, une reine admirée
Ivre de sa beauté, dans la foule serrée
Parcourt languissamment des rangs d'admirateurs,
Et laissant s'écarter de son épaule nue
Le manteau qui cachait sa poitrine ingénue,
Expose à tous les yeux des attraits enchanteurs,

Telle en son char d'opale et dans sa cour d'étoiles,
La lune, belle vierge échappée à ses voiles,
Traverse fièrement des flots de courtisans,
Et laisse avec bonté ses divines prunelles
Lancer aveuglément des milliers d'étincelles
Sur la terre endormie attendant ses présents.

Heureux qui sait au sein de ces nuits parfumées
Votre sens véritable, énigmes animées,
Épis, fleurs, doux rayons, célestes visions,
Brise bavarde, Ciel profond, sombres ramures ;
Heureux l'initié de tous vos saints murmures,
Heureux le confident de vos émotions !

G. Mazinghien.

LA RÉPUBLIQUE FRANÇAISE
(4 SEPTEMBRE 1870)

Non ! nous ne sommes pas de ces peuples esclaves
Qui s'inclinent tremblants devant les oppresseurs,
De ces peuples bâtards, dont les parfums suaves
    Ont amolli les faibles cœurs !

Non, nous ne sommes pas de ces peuples qui meurent :
Des Grecs dégénérés ou des Romains vaincus,
De ces peuples d'enfants qui s'agitent et pleurent
    En comptant leurs derniers écus !

Nous avons pour aïeux les Gaulois légendaires,
Ces martyrs du devoir et de l'humanité !
Nous avons pour aïeux tous les grands volontaires
    Du culte de la liberté !

O sainte liberté, fidèle à notre histoire,
Nous avons proclamé le peuple souverain,
Et nous saurons mourir pour conserver la gloire
    De l'étendard du genre humain !

ÉVARISTE CARRANCE.

Septembre 1870.

CE QUE J'AIME
SONNET

J'aime à voir s'égarer dans la vaste prairie
Les vaches aux dos roux qui marchent en beuglant ;
J'aime à les voir paissant parmi l'herbe fleurie,
J'aime à suivre leur pas massif et nonchalant.

J'aime à faire jaser, naïve causerie,
L'enfant déguenillé qui les garde en rêvant ;
J'aime en tournant vers Dieu sa douce rêverie
A faire étinceler son œil intelligent.

Près de lui je m'oublie, et planant sur le monde
Heureux, je vois celui qui crée et qui féconde
Au milieu de tous ses chefs-d'œuvre triomphant.

Je sens me caresser l'astre qui nous éclaire,
Je vois verdir les bois, je vois germer la terre,
J'entends chanter l'oiseau, j'entends parler l'enfant.

G. Mazinghien.

LES PORTRAITS DE FAMILLE

O vous, qui saviez si bien dire
Les hommes et les passions,
Et n'aviez gardé qu'un sourire
De vos longues émotions,

Rudes athlètes de la vie
Dont nous avons fermé les yeux,
Êtres sans fiel et sans envie,
Oh! regardez du haut des Cieux,

Devant vos portraits, la famille
Attirer les petits enfants
Dont la douce voix éparpille
Votre mémoire en mots charmants.

Just. Hermant.

L'AUTOMNE

Comme un reflet mélancolique
De la tristesse de mon cœur,
Comme une image symbolique
De la perte de mon bonheur,

Je vois venir le triste automne,
Après nos pas lents, amoureux,
Après les bluets en couronne,
Après nos regards tout heureux

De se boire, de se sourire,
Après tant et de si beaux jours,
Après n'avoir cessé de dire
Que nous nous aimerions toujours,

Me voici seul et face à face
Avec les rameaux éplorés,
Et ma passion plus vivace
Qu'aux jours chaudement éclairés.

Just. Hermant.

L'ÉTERNITÉ

A M. LÉOPOLD BOUVAT

Latent in majestate mundi.
Pline.

Oh! pourquoi ces désirs, dont ton âme soupire,
Poète aux doux accents, font-ils vibrer ta lyre?
Lorsque ton cœur aspire à la félicité,
L'erreur voile à tes yeux la vraie éternité;
L'éternité de Dieu! Les mondes qu'il dirige
De sa puissante main, ne sont que le prodige
Soumis à nos regards, pour terminer un jour.
Sceaux divins de grandeur, de puissance et d'amour,
Que la foi reconnaît, et que les lois divines
Sanctionnent aussi, par de saintes doctrines.

O néant! ô chaos! peut-on vous définir?
Sources de l'univers êtes-vous l'avenir?
Dieu voulut-il en nous faire germer la vie
Comme un bien passager, à notre âme ravie?

Où ses lois au malheur vouant l'humanité
Ont-elles dû, pour nous, rayer l'éternité ?

Les mondes gravitant dans la gloire infinie,
Dont la main du Très Haut sait régler l'harmonie ;
Ces globes merveilleux, dans les airs suspendus,
Vers la voûte azurée en foule répandus,
Sont-ils, chacun, pour l'âme un séjour de passage,
Un port, dans le parcours d'un éternel voyage,
Où l'âme radieuse abordant tour à tour
Oublierait le passé, de son dernier séjour?

N'est-ce point là, poète, un habile artifice?
Un blasphème outrageant la divine justice?
Un préjugé mondain niant l'éternité,
La puissance de Dieu, sa grandeur, sa bonté?

Le sophisme a son rôle et parcours tous les âges !
Philon d'Alexandrie errant dans ses nuages,
Cherchant le vraisemblable et fuyant la raison,
Déjà voulait unir Pythagore et Platon ;
L'écriture sacrée au néoplatonisme,
Et Logos fut le dieu de ce pur athéïsme !
De la foi de Proclus Sénèque avec ardeur,
Aux Descarte futurs, vint signaler l'erreur
Et la méthode, alors, éclaircissant les ombres,
La vérité surgit au travers des pénombres.

Oh ! contemple avec moi le spectacle des nuits,
Dont l'image enivrante exalte nos esprits...
Vois-tu !... des feux du jour l'éclatante lumière
Pâlir... et par degrès s'enfuir avec mystère ?...
Le crépuscule encor s'arrête avec amour,
Dispersant au lointain tous ses débris du jour.
Sous l'azur assombri l'immensité se voile !
Comme un regard des Cieux l'étincelante étoile

Apparaît dans l'éther, et la divinité
Donne aux astres du soir leur céleste clarté.
Bientôt l'œil ébloui sur d'autres points se pose ;
Et partout éclatante une flamme est éclose.
Chaque instant double encor ces innombrables feux,
Qui jetés dans l'espace illuminent les Cieux.
L'heure silencieuse à leur clarté s'écoule ;
Chaque point du présent comme un fil se déroule.
Un bruit vague et léger murmure dans les airs :
C'est la harpe divine exhalant ses concerts.

Soudain plus éclatante et s'échappant des nues,
Des régions de l'air à nos pas inconnues,
Une flamme égarée illumine les Cieux...
Ses rayons jusqu'à nous glissent mystérieux.
Telle une âme échappée aux gloires immortelles
Qui descend, et remonte aux voûtes éternelles.

Mais quel éclat nouveau, sur la cime des monts,
Vient éclairer la nuit de ses pâles rayons ?
Devant cette clarté l'ombre fuit et s'efface !
La lune resplendit, sereine dans l'espace...
Le monde à son éclat semble sourire aux Cieux !

L'humanité repose. Un vent capricieux,
Doux zéphyr sur la terre, aux ailes embaumées,
Effleure doucement les plaines parfumées.
C'est l'heure sainte où Dieu, de son vaste regard,
Des mystères humains perce l'épais brouillard.
Au sein même des nuits, éclate sa puissance,
Il remplit l'univers de sa magnificence.
C'est alors que, sorti de la frivolité,
L'esprit de l'homme rêve à l'immortalité.

Ces prodiges sacrés, que la raison proclame,
Sont un langage saint qui s'adresse à notre âme.

C'est la divinité laissant tomber des Cieux
Un reflet éclatant, pur et mystérieux.

Le mortel ébloui, devant cette puissance,
Repousse un doute affreux! Une douce espérance,
De notre humanité caressant le désir,
Porte notre âme au sein d'un céleste avenir,
Révélant à nos cœurs l'existence éternelle
Du bonheur réservé pour notre âme immortelle.
Elle aspire à la vie, à la félicité,
A la gloire des Cieux, pendant l'éternité.

Pourquoi chercher ailleurs le bonheur de notre âme?
N'est-elle pas en nous une céleste flamme!
Qui s'éteint pour renaître avec le souvenir?
Car l'oubli c'est la mort, sans un autre avenir....
Oh! dans cet infini, vers ces gloires suprêmes,
Cher ami nous serons, nous resterons nous-mêmes.

L'oubli! c'est le chaos ou le néant des morts,
Tu le sais, ô poète, et chez toi le remords
Frappe de ton esprit la raison consternée,
Et découvre l'erreur à ton âme étonnée.
A genoux donc! devant l'œuvre du Créateur,
Et glorifions Dieu, notre sublime auteur.

GUSTAVE BERMOND.

Drôme.

LE DEVOIR

Si vis omnia tibi subjicere, te subjice rationi.
SÉNÈQUE.

Où donc est le devoir en ce siècle affairé,
Où chacun pense à l'or et rêve le Pactole?
De ce culte nouveau, il faut briser l'idole,
    On a déjà trop adoré!

Allons, nobles héros, fiers et preux chevaliers,
Noble est le but, marchons, c'est une guerre sainte ;
Que chacun se ranime et bannissant la crainte
    Vienne et se couvre de lauriers !

Marchons, il vient un temps où s'attiédit l'orgueil,
Où l'horizon se voile, où la force décline,
Où l'aigle au vol altier sur les coteaux s'incline.
    Sachons éviter cet écueil.

Marchons, c'est le devoir, il nous faut, plein d'ardeur,
Soutenir l'opprimé, relever son courage,
A ses yeux affaiblis, montrer l'autre rivage,
    Séjour de paix et de bonheur !

Marchons ! la tâche est belle et le but est plus beau ;
Marchons, car il est doux lorsque chacun s'affaisse
De se sentir partout l'appui de la faiblesse,
    De créer un monde nouveau !

J. MARCHAND.

Charente-Inférieure.

MÊME VALLON, AUTRE RÊVERIE

Avec tes bois, tes fleurs, ton ruisseau, ta verdure,
Je te revois encor, tel que tu fus toujours ;
Oh ! paisible vallon, pour ta belle parure
Le temps qui flétrit tout, semble arrêter son cours.

Mais que sont devenus ces rêves pleins de charmes,
Que ta seule présence appelait en mon cœur ?
Maintenant ton aspect remplit mes yeux de larmes,
Ta voix ne redit plus qu'une hymne de douleur.

De la brise du soir, l'haleine caressante
Hélas! n'a plus pour moi qu'une plaintive voix;
La fleur est sans beauté, la source murmurante
Trouble d'un long soupir le silence des bois.

Ce chant pieux et doux, qui du clocher gothique
Semble venir du Ciel pour y guider nos pas;
Cette voix que j'aimais, cette cloche rustique
Ne sonne plus pour moi que le funèbre glas.

C'est que sous les beautés d'une riche nature,
Sous les brillantes fleurs qui nous ravissent l'œil,
Sous les ombrages frais, les tapis de verdure,
Mes yeux remplis de pleurs découvrent un cercueil.

Oh! pourtant ce n'est pas que ma foi chancelante
Ne sache plus rêver le céleste bonheur.
Mais sur le sol d'exil, notre âme languissante
Des vides de la mort, ressent toute l'horreur.

A***.

1869.

PAUVRE ORPHELIN

Détaché du tuteur, un lis léger et frêle
Se courbe, et puis se brise au souffle de l'été :
C'est l'enfant qui n'a plus le bon ange, dont l'aile
Le couvre et le défend de toute impureté.
Seul pour toujours, il trouve en son berceau cachée
La chaîne du malheur à sa vie attachée.
    L'infortuné, que chacun plaint,
Perdu sur l'océan de nos maux, qui ballotte
Au milieu des écueils sa barque sans pilote :
    C'est le pauvre orphelin!

Cet enfant assoupi par la cloche sévère
Qui mêle au bruit des vents son lugubre fracas,
Sonnant le triste adieu des humains à sa mère,
Nul ne se jettera dans ses deux petits bras.
Le monde désormais pour lui n'a plus de charme :
Sa vie est un soupir éclos dans une larme !
    Et le vieillard à son déclin
Se dit avec douleur, voyant la lèvre rose
De baisers toute vide, où la peine se pose :
    C'est le pauvre orphelin !

Il faut prendre ta part au combat de la vie,
Malheureux, qui n'as plus ce précieux bouclier,
Ce baume généreux que l'infortune envie,
La source de bonheur qui nous fait oublier,
Cet amour maternel auquel rien ne résiste.
Tu porteras partout un œil jaloux et triste,
    Disant, de regrets toujours plein :
Celui qu'un sort cruel torture et empoisonne,
Que nul ne doit pleurer, qui n'est cher à personne,
    C'est le pauvre orphelin !

Gaston Van Drumen.

BARCAROLLE

A Mlle A. C.

Le devoir, c'est aimer...
(Appel aux poètes du 12me Concours de Bordeaux.)

    L'astre du jour se lève
    Au-dessus des flots bleus,
    L'alouette à la grève
    Jette son cri joyeux,
    Et la vague, au rivage
    Donne un premier baiser,
    Comme aux jours du jeune âge
Notre mère, au matin, venait nous embrasser !

Nacelle, élance-toi vers la plaine azurée,
    Brise le flot audacieux,
Laisse arrondir ta voile à la brise éthérée,
    Voguons sous le regard des Cieux !
        Ma nacelle légère,
        Au gré des doux zéphyrs,
        Glisse sur l'onde amère
        Berçant mes souvenirs,
        Et l'aube matinale,
        Au rivage enchanté,
        Lance ses feux d'opale,
Ses lumineux rayons, sa divine beauté !

        Oh ! la mer ! qu'elle est belle
        Aux premiers feux du jour,
        Quand la vague étincelle
        Et qu'on rêve d'amour !
        Quand la brise embaumée
        Caresse les cheveux,
        Et qu'une image aimée,
Comme un rayon d'en Haut, vient éblouir les yeux !

        Quand le zéphyr murmure
        Un nom doux entre tous,
        Quand une flamme pure
        S'est répandue en vous,
        Quand on a dit : Je l'aime !
        En soupirant son nom,
        Qu'on rêve un diadème
Assez riche, assez beau pour en ceindre son front.

        Va, glisse ma gondole
        Jusqu'auprès du castel,
        Va, porte à mon idole
        Un serment éternel ;

Avecque la colombe
Gémissant sur le soir,
Dis-lui, quand la nuit tombe,
Que, sur les flots, ma voix invoque un doux espoir!...

Mai 1874.
HENRI DE PERCEVAULT.

LE DEVOIR

Le devoir, le devoir! définir le devoir!...
Quel labeur! je le sens, la tâche est bien ardue....
D'en venir à mes fins, puis-je en avoir l'espoir?
Non, non, à moi tout seul, la partie est perdue.

Va tout doucettement, mon pauvre *Marsyas,*
Mais, que rien ne t'arrête et que rien ne te lasse;
Au pied de l'Hélicon il faut aller hélas!
Invoquer tour à tour les hôtes du Parnasse.

« O divin Appollon! venez à mon secours!
» Et vous les immortels!... les Dante! les Virgile!
» Rois de la poésie! en vous tous j'ai recours,
» Mon Pégase est rétif, rendez-le-moi docile. »

Ainsi je suppliais, quand du Ciel une voix...
Oui du Ciel à coup sûr, car la douce harmonie
De ce timbre argentin que j'ai connu parfois,
Me dit au fond du cœur : « *Je suis la poésie!* »

Vint ranimer soudain tous mes sens abattus;
Jeune poètereau, « que veux-tu? » me dit-elle,
Je viens de part les dieux! j'ai le don des vertus!
Dis-le-moi sans détour, quelle est cette querelle?

Sublime voix du Ciel! j'en suis après mon luth!...
Du *fa*-dièse, en vain, je tends et tends la corde...
Je n'en tire qu'*un* son : Le guttural de l'*ut*
Ou le *si* nasillard criant : *miséricorde!!!*

J'en perdrai la raison, car d'échec en échec,
Je vous le dis sans crainte à vous que rien n'étonne,
De tous nos jeux floraux, je suis le vrai *fruit-sec*...
L'*Oreille de Midas!* seule orne ma couronne...
Et si vous ne venez me tirer d'embarras,
Je serais à nouveau pour sûr doublé de même...
A l'œuvre donc ma muse! allons pressons le pas!
Vous le voyez ici, ma tourmente est extrême.

— Mon fils, de t'inspirer j'en ai la mission ;
Si ton luth est mutin, ta sagesse est touchante.
Le Parnasse est ému de ta soumission,
Je suis son envoyée, allons plus d'épouvante !

— Céleste ambassadrice! à vous trois fois merci...
De venir à mon aide en ma verve inféconde ;
Grand est mon embarras, en deux mots le voici :
« Certaine académie, illustre dans le monde!
» Invite tout poète à faire un madrigal
» Sur un mot — un seul mot — un mot vraiment biblique ;
» J'ai beau me torturer, fouiller mon arsenal,
» Le sens obtus chez moi règne plus despotique. »

— Quel est donc ce *grand* mot, si dur à concevoir?
— Muse! il est à mes yeux le plus grand de la terre!
L'inconnu c'est son nom : il s'écrit *le Devoir!*...
— Le devoir, le devoir... ce n'est pas un mystère,
Ce mot n'implique pas le dernier diapason
D'une science abstraite et sans trop de génie,
On peut fort aisément en avoir la raison,
En cherchant dans le *beau!* son étymologie.

— S'il en est bien ainsi, certains mots ici-bas,
— De les énumérer que le Ciel m'en dispense —
Serviraient à deux fins — ce que je ne ne crois pas, —
A commettre un méfait et sauver l'apparence,
Car, abattre un Prussien... on dit c'est un *Devoir*...
Dame, alors il est mieux de doubler la victime ;
Mais, cette théorie est tout mon désespoir...
Si plus on est cruel et plus on est sublime....

Jadis — un deux décembre — on vit certain pouvoir
— Ayant pour chef-de-file un pauvre et triste *sire* —
Dire à chaque soldat... Allons ! *fais ton devoir*...
De ce peuple insoumis vise le cœur... et... tire...

Plus tard d'autres héros, — des héros de boudoir —
En bataillons rangés sous les murs de Versailles,
Se prennent tout à coup de faire... *leur devoir !*
En *rayant* de Paris les... *cent mille canailles ! ! !*

Ces gentils hobereaux... modernes Pharisiens !...
Acquirent en un jour maints titres à la gloire
« *Protégés de l'empire !* » et rois des parisiens !
Chevaliers du bon ton et de... la *tache noire*...
C'est à n'en plus douter, oui, pour sûr tôt ou tard
Qu'un Bismark insolent provoque *à la revanche ;*
Nous verrons sur le Rhin flotter leur étendard,
Et Français et Prussiens, être encor manche à manche.

Crénom ! les anciens preux ! reconnaîtront leurs fils...
L'ère de l'âge d'or reviendra sur la terre...
En attendant morbleu ! depuis soixante-dix
Nous avons pour certain l'*âge de la misère*....

Hâtez-vous mes seigneurs, nobles fils des Croisés !...
Les Gaulois sous le joug ont un pied dans la tombe...
A l'instar des... *Ducrot*... tous les *Fleurdelisés*...
Sauront vaincre ou... *courir*... quand la France succombe.

Dans les champs de Bellone un tout dernier *devoir*...
Vous appelle à la ruine... à la mort... au carnage...
O mission sacrée! il n'y faut point surseoir,
Que vainqueurs et vaincus tous expirent de rage.
Oui, terre et Ciel en feu! que partout le néant...
Se fasse autour de vous... en bonne politique,
Mettre à mort le petit... mettre à mort le géant!...
O devoir trois fois saint!!! voilà comme on t'explique...
De tous temps, les sabreurs ont joué sur les mots...
Le devoir en ce sens, n'est qu'un pauvre comparse;
A l'aide d'un faux nez... il amuse les sots,
Qui seront dès demain, les dindons de la farce...
Car, après mille exploits! — mille exploits d'abattoir!
L'insuccès vient un jour... alors pauvres bêlitres...
Le sabre d'un Germain... trace *votre devoir*...
« *Payez les pots cassés... ou je casse les vitres...* »

Si le *grand* mot devoir! est ainsi défini,
Le devoir, le devoir!... quelle affreuse grimace!
De ce pas entre nous, muse, tout est fini....
Cachez-moi pour jamais! cette vilaine face.

Mon petit troubadour, le mot ainsi compris
Serait bien à coup sûr le plus affreux dilemme....
Mais, son vrai *sens moral*... de ma main je l'écris!
« *Aimeras ton prochain, et Dieu comme toi-même!!!* »

JULES BLANCARD.

Drôme.

A MA FILLE ABSENTE

I

Lili, ton doux sourire,
Me manque et je soupire,

Lorsque je pense à toi.
Elle est, hélas! partie,
Mon agneau, ma Lucie,
Elle a fui loin de moi.

II

Devant ton berceau vide,
Je sens mon œil humide,
Mon chagrin est si grand!
Dans ma triste demeure,
Je te cherche à toute heure;
Rendez-moi mon enfant!

III

Mais ma recherche est vaine,
Et comme une âme en peine,
J'erre dans mon logis;
Je crois toujours entendre,
Ta faible voix si tendre,
Pousser de joyeux cris.

IV

Tu ne sais pas, mignonne,
Comme ta voix résonne
Avec de doux accents,
Dans le cœur de ton père,
Qui ne vit sur la terre,
Plus que pour ses enfants.

V

Je souffre de l'absence,
Et constamment je pense,
A toi, mon cher amour;
Et pour toi, ma chérie,
A deux genoux je prie,
Mon bon Dieu tout le jour.

VI

C'est lui qui t'a fait naître,
C'est lui, le puissant Maître,
Qui veille incessamment.
Du Ciel il te regarde,
Il te tient sous sa garde,
Du mal il te défend.

VII

Quand pour toi, ma prière,
A lui, monte légère,
Mon cœur se sent calmé;
J'espère et je demande,
A ce Dieu qu'il me rende
Mon enfant bien-aimé.

VIII

Je sais sans aucun doute,
Que toujours il m'écoute,
Il ne nous trompe pas;
Je vis dans l'espérance,
Que malgré la distance,
Bientôt tu reviendras.

ALPHONSE DUMAS.

Mars 1874.

JE M'EN ALLAIS

Je m'en allais un soir d'automne,
Cheminant au bord du ruisseau;
J'écoutais le bruit monotone
Et continu de la belle eau.

Mon esprit bientôt s'égara
Dans le souvenir du passé;
Au présent, elle compara,
Ce qui jadis m'avait bercé!

Je revis le temps très heureux,
Où l'amour chantait dans mon cœur!
Le temps, qui coulait si joyeux
Entre ma mère et ma sœur.

Puis vint la noire trahison!
Et la sombre infidélité!
Le temps du cruel abandon!
Dans toute sa sévérité.

Si le sentiment du devoir
N'était venu rendre à mon cœur
La force, que le désespoir
M'avait pris, avec le bonheur,

Je ne puis dire, en quels abîmes
On aurait pu me voir rouler;
Lorsque ce sentiment sublime
Vint m'aider à me relever.

LÉOPOLD HARIOL.

FLEURS DE MAI

Un beau matin, les roses de l'aurore,
A l'Orient, donnaient les feux du jour;
Tout s'épanchait dans les jardins de Flore,
Et Philomèle au loin, disait encore
Son chant d'espoir, de bonheur et d'amour.

Le mois de mai, saluait la nature;
L'oiseau chantait dans les lilas fleuris;
Et le printemps, de sa tendre verdure,
Donnait au sol la riante parure,
Que donne au Ciel la ceinture d'Iris.

Le papillon, sur la fleur émaillée,
Se délectait en aspirant le miel.
Tout s'agitait sous la verte feuillée ;
Et la cascade au fond de la vallée
Me redisait son murmure éternel.

La pâquerette, enfant de la prairie,
Sous le Ciel bleu venait s'épanouir ;
Dans nos bosquets, l'aubépine fleurie,
Portait au loin son parfum d'ambroisie,
Et souriait aux baisers du zéphyr.

Dans nos vergers, chaque plante humectée
Des pleurs sacrés, répandus par la nuit,
Se balançait sur sa tige agitée,
Au souffle pur d'une brise embaumée ;
Et les rameaux tressaillaient à ce bruit.

Près du buisson, la modeste violette,
Sous l'herbe fraîche embaumait le gazon.
Dans nos prés verts, se montrait la clochette,
Et dans les airs la timide alouette,
Portait vers Dieu, l'éclat de sa chanson.

L'accacia, de ses guirlandes blanches,
Donnait aux bois, son manteau virginal ;
Les frais bouquets de ses riantes branches
Se dessinaient comme des avalanches
A l'horizon du rayon matinal.

Le doux parfum de l'haleine des roses,
Se mariait à toutes les senteurs ;
Et l'églantier bordant les routes écloses,
Montrait au jour ses fleurs à peine écloses,
Sur un feuillage aux plus tendres couleurs.

Le lis ouvrait sa corolle odorante,
Dans nos vallons frais et délicieux;
Et la pervenche azurée et constante,
Au pied du chêne à la tête géante,
Voilait sa fleur aux regards curieux.

Le nénuphar, à la face de l'onde,
Se dessinait comme un brillant trésor.
Le disque uni de sa corolle ronde
Semblait puiser dans la source profonde
Le pur éclat de son pétale d'or.

Seul et rêveur, j'admirais l'harmonie
Des grandes lois qui régissent les Cieux.
A mes regards, la nature embellie
Était l'écho de la sainte Patrie
Rendu sensible et cher à tous les yeux,

Et bénissant aux accords de ma lyre,
L'auteur sacré de toutes ces splendeurs;
Je vis un ange — était-ce un saint délire? —
Porter ces vers, avec un doux sourire,
Aux pieds du Dieu qui nous donna les fleurs.

JEAN-GUILLAUME DELARGE.

Belgique.

A LA PAIX

SOUVENIRS

I

Je rêvais. Tout à coup un bruit étrange et sombre,
Vint troubler mes pensers. Et j'aperçus dans l'ombre,
Un cortége hideux, de fantômes sanglants.
Tristes débris, hélas! de femmes et d'enfants,

D'hommes, jeunes ou vieux, hier, encore en vie,
Aujourd'hui décharnés, défigurés, meurtris....
Ils chantaient. Mais quels chants! Oui, la mort nous convie
A son triste festin; entrons dans le parvis.

Je cessai d'écouter; j'avais peur. Et mon âme,
A ce triste spectacle, à ces tristes clameurs,
Ne voulut plus rien voir.... Quand une voix infâme
Sortit de dessous terre et vint me crier : meurs!
Puis entraîné, saisi par mille mains osseuses,
Je me trouvai parmi ces âmes malheureuses....

II

Triste réalité, pourquoi donc quelquefois,
    Faire entendre ta voix
Au poète rêveur, qui pense à son amie,
    Ou chante sa Patrie?

Pourquoi le troubles-tu dans ses rêves d'amour,
    Qui, la nuit et le jour,
Viennent le délasser de cette vie affreuse,
    Où l'âme est malheureuse?

O réalité sombre, assailles les méchants;
Torture-les, tue-les... mais laisse le poète
Faire vibrer sa lyre et chanter sa Lisette,
Laisse-lui ses amours, laisse-lui ses doux chants!

III

    O tyrans exécrables,
Contemplez votre ouvrage et voyez devant vous,
    Spectres épouvantables,
Des femmes, des soldats, contre vous en courroux!...

    Le cortége s'avance,
      En silence :
      Des soldats
        Sans bras;

Des femmes violées,
Mutilées ;
Des fiancées pleurant
Leur amant ;
Des frères, leur frère,
Des enfants, leur mère ;
Passent sinistres et glacés,
Devant mes yeux épouvantés....

Et soudain retentit,
Dans la nuit,
Une triste fanfare,
Horrible, bizarre,
Mêlée de cris, de sanglots,
Et de craquements d'os...

C'était l'horrible guerre
Qui passait,
En désolant la terre,
Qui gémissait.

Puis, tout a fait silence ;
Plus de bruit,
Plus de nuit :
Et dans tous les cœurs renaît l'espérance,
Car le jour est venu.
Mais dans la nature,
Sans parure,
Maintenant, tout est nu.
On voit bien que le crime
A passé là,
Que le peuple est victime
D'un nouvel Attila.

Tyrans, c'est votre ouvrage
Que vous venez de voir... Laissez le peuple en paix.
Un roi le décourage,
Un roi le met colère. Il lui dit : Je te hais !

IV

Les rois se sont enfuis, la paix est accourue ;
    La paix, avec la Liberté.
Et partout le bonheur : dans les champs, dans la rue,
    La joie, l'amour, la charité.

O paix, bonheur du peuple, apporte l'espérance
    A la France !
Fais l'homme heureux ; rends-lui, rends-loi dans un seul jour
    Ton amour !

V

. . . .

Et Lisette chantait, et moi je l'écoutais :
    Je t'aime, disait-elle.
Puis elle souriait, et moi je l'embrassais....
    Oh ! oui, qu'elle était belle !

Comme on était heureux !... Mais, l'heure du départ,
    Hélas ! était venue ;
Puis un dernier baiser, puis un dernier regard
    Là-bas, dans l'avenue !

Gabriel Hermon.

Calvados.

OARYSTIS

Ils vont sur les fleurs et la mousse,
Ils vont le long des ruisseaux clairs.
Le jour tombe, la brise est douce ;
Ils vont au fond des grands bois verts.

Comme leur cœur, leur flamme est pure.
Soyez bénis, soyez heureux,
Enfants ! Bonne mère, ô nature,
Souris au beau couple amoureux.

Au fond des bois verts l'ombre est grise....
O nids, dormez sous vos rameaux ;
Retiens ton souffle, folle brise ;
Ruisseau chanteur, calme tes eaux.

Et vous, amantes des vesprées,
Embaumez les champs et les monts,
O fleurs ! — Leurs lèvres enivrées
Ne murmurent qu'un mot : Aimons !

Adrien Roux.

UNE DÉCOUVERTE

Ne pourrais-je, ô sort imprévu !
Rencontrer un ami, sans m'avoir jamais vu,
  — Par le seul fait de sa constance
  A vouloir donner assistance —
Qui, de grand cœur, viendrait me présenter sa main
  Pour me conduire en bon chemin ?

  O mes beaux jours, pleins d'espérance,
Loin de m'indemniser de ces temps de souffrance
  Où je traçais un long sillon
  Aiguillonné par l'aquilon,
Pourquoi — si ne pouvant vous donner la poursuite —
  Vous mettriez-vous donc en fuite ?

  Pourquoi, trop crédule vieillard,
Me suis-je imaginé qu'on pouvait du gaillard
  Comme l'on fait pour sa nacelle,
  Sur Pégase sauter en selle ;
Vit-on sans osciller, si doux que fût le train,
  Chevaucher jamais un marin ?

La chose au Ciel étant écrite,
N'aurais-je pas gagné que ce que je mérite,
Si donc, étranger à ce lieu,
Je glissais du bord au milieu
Trouvant dans ce bassin, que l'on nomme hippocrène,
La mort en place de carène?

Ne pourrais-je, ô sort imprévu!
Rencontrer un ami, sans m'avoir jamais vu,
— Par le seul fait de sa constance
A vouloir donner assistance —
Qui, de grand cœur, viendrait me présenter sa main
Pour me conduire en bon chemin?

Hélas! je ne connais personne.
Chaque fois qu'il arrive à ma porte qu'on sonne,
J'écoute ému, l'oreille au vent,
Si le faible bruit m'arrivant,
Et de mon domicile ayant suivi la voie,
N'est point celui que Dieu m'envoie.

Quand dans la nuit, le cœur serré,
Je m'endors en pensant à l'objet désiré,
Il me semble, au milieu d'un rêve,
Le voir débarquer sur la grève.
Ce fantôme importun jette en mes sens l'éveil,
Je tends les bras, rien... au réveil.

Oh! les songes, mon Dieu, les songes!
Que ne pourraient-ils donc — cessant d'être mensonges
Pour se faire réalité —
Dire toute la vérité,
Alors que, pleins d'amour, alors qu'en traits de flamme,
S'exhalent les soupirs de l'âme!

De même, en cette occasion,
Était-ce de l'esprit, comme une illusion,

Le Sage oserait le prétendre ;
Toutefois, je crus bien entendre
S'échapper une voix des régions de l'air,
Me disant d'un ton grave et clair :

« Témoin de la plainte discrète
» Épanchant d'un grand cœur l'affliction secrète
   » En désespoir de vains efforts
   » Aboutissant à ces accords
» Dont la sonorité, veuve de mélodie,
   » Mérite peu d'être applaudie ;

   » Je viens — à l'appel de ce cri
» Gémissant et plaintif par l'insuccès aigri —
   » Pour celui que ta voix évoque,
   » Répondre au souhait qu'il provoque,
» Trop heureux, de mon toit écoutant sur le seuil,
   » D'entendre, et d'écarter le deuil.

   » Je viens, exemple assez bizarre,
» — Comme Jésus disait autrefois à Lazare —
   » Te demander : as-tu la foi ?
   » Comme lui, frère, lève-toi !
» Et, comme l'on croyait en voyant ce miracle,
   » Dis, en croyant à cet oracle :

   » Je vais donc, ô sort imprévu !
» Avoir un guide sûr, sans m'avoir jamais vu,
   » — Par le seul fait de sa constance
   » A vouloir donner assistance —
» Qui de grand cœur, viendra me présenter sa main
   » Pour me conduire en bon chemin !

   » Où vers midi le soleil passe,
» **Règne** — poursuit la voix, montrant du doigt l'espace —

» Un soutien de la liberté,
» L'apôtre de la vérité :
» Attend, ce protecteur du petit qu'on délaisse,
» Il le sera de ta faiblesse.

» Moins qu'une bronchite, dis-tu,
» Le poids si lourd des ans ne t'aurait combattu
» Sur le déclin de ta carrière,
» Plutôt sans doute à la prière
» D'une épouse éplorée au désir si pressant,
» Qu'à la douleur qu'on en ressent?

» Fier nocher, aux mille aventures,
» Dont le loch à lui seul formerait vingt ceintures
» — Par le nombre de nœuds filés —
» A ce globe, aux contours réglés,
» Qui du vaisseau se trouve ouvert par le sillage
» Comme un champ par le labourage.

» Ayant beaucoup vu d'horizons,
» Formé dans ton parcours bien des combinaisons;
» Coudoyé la scélératesse,
» Senti la joie et la tristesse
» Emplissant la nature et la société,
» Tu dois être expérimenté.

» Vieux loup de mer, grand capitaine,
» Qui neuf lustres durant d'une course lointaine,
» Passant du chaud au tempéré,
» Se trouvant partout entouré
» De brumes et d'écueils, et de fréquents orages,
» La cause de quatre naufrages;

» Fait aux fortes commotions,
» Ces bruits de la nature avec ses passions;

» Planant au-dessus de la terre
» Tu peux, dans ton penser austère,
Insoucieux du monde et de ses errements,
» Te rire des événements.

» Méditation, rêverie,
» Gerbe de la pensée et de l'âme attendrie,
» Doux rejetons du même feu,
» Lien de la terre au Ciel bleu,
» Pour toi, qui vis ces bords à l'haleine embaumée,
» La poésie est une almée.

» Donc, poète sois-tu, l'ami !
» Mais dans le cercle humain ne sois pas endormi
» Comme en celui de la nature !
» Puis, fier de cette investiture,
» Et des nobles accents dont tu dois t'enivrer,
» Fendant l'azur, va t'inspirer.

» De tout engagement toi libre,
» Du lourd et du léger maintiens-tu l'équilibre ?
» Loin de toute obligation
» Et maître de ton action,
» — Allégé du boulet que le condamné traîne —
» Toute pensée est souveraine.

» Seul, arbitre du genre humain,
» Tu n'as vers le proscrit qu'à diriger ta main,
» Du faible à défendre la cause,
» Dire de son nom chaque chose ;
» Ton signe et ta parole auront tous deux raison,
» Connaissant de ta voix le son.

» Celui qui donne récompense,
» Qui soulage ou console, ou qui prie, ou qui pense,

» L'élu du Ciel dans son bonheur,
» Le lâche dans son déshonneur
» Comme celui qui monte, ou qui tombe en l'ornière,
» Traite chacun à ta manière...

» Inflige avec ménagement
» A l'action honteuse un juste châtiment ;
» Et, la voilant dans ta sagesse,
» Fais resplendir avec largesse,
» Aux magiques rayons de ton divin flambeau,
» Ce que du Grand on voit de beau.

» Fais, au bénéfice de l'âme,
» Que du souffle d'en Haut se ravive la flamme ;
» Que se couvre du genre humain
» Plein de dignité son chemin ;
» Et qu'une ombre divine, une étoile sacrée
» Sur la vertu soit concentrée.

» Enfin, discret et retenu,
» Marche... mais ne vas pas, comme il est convenu,
» — Chantre de l'auguste harmonie —
» Te renfermer en ton génie :
» De l'esprit de ce temps dont il est animé,
» Tu dois faire le résumé. »

Ainsi descendait de la nue
Cette grande leçon d'une bouche inconnue,
Comme un grain, que le sol a pris,
Prenant racine en mes esprits :
Frémissant de bonheur, sentant dans tout mon être,
S'accroître un insigne bien-être.

Et, n'osant lever par respect
Ma tête doucement baissée à son aspect,
Tout va rentrer dans le silence,
Quand, les bras tendus, je m'élance...

A ce mot bienveillant, le signal du combat :
    Du courage, vaillant soldat !

        O vision, sainte et fidèle,
Aurais-tu par hasard pris mon vœu pour modèle
        En m'annonçant la vérité ?
        Ce guide, dans sa charité,
Ainsi qu'avec la foi, moi, j'avais l'espérance,
        Aurait-il la persévérance ?

        Mais, ô bonheur ! qui le croirait,
        Cette apparition, d'un géant le portrait,
        Avait toute la ressemblance
        De celui dont l'intelligence
Aussi vaste, et bien plus encor que l'univers,
        Met de niveau tout dans ses vers ;

        Dont la grande voix transcendante
En juge souverain de sa poitrine ardente
        Tire-t-elle un seul grondement,
        En faveur de quelque argument,
Qu'aussitôt devant lui s'incline la science
        Applaudissant à sa croyance ;

        De celui dont la main de fer
Croche, et balaie au loin — comme le vent de mer
        Chasse et dissipe les ondées —
        Ces pages d'erreurs inondées,
Et condamne à l'index ces livres captieux
        D'un sophisme pernicieux.

        Hé ! qui déjà ne le devine
Ce noble descendant d'une race divine,
        Prophète élu de l'Éternel,
        Au cœur vaillant et fraternel,
Venu pour éclairer le Louvre et la chaumière
        Comme d'une vive lumière ?

De son grand nom s'emplit l'écho
Redisant à jamais : Victor! Victor Hugo!
  Victor, cette voix opportune
  Pleurant du pays l'infortune;
Victor Hugo, ce cri d'une mâle fierté,
  Chantant la sainte liberté!

  Hé! maintenant, qu'aurais-je à craindre?
A marcher désormais nul ne peut me contraindre
  Sans avoir un bras pour me guider,
  Une voix pour me seconder,
Quand se trouve ici-près, sous le même hémisphère,
  L'ami qui doit me satisfaire.

  A peine l'apparition
Avait-elle éveillé de mon attention
  L'activité la plus fidèle,
  Que mon esprit à tire-d'aile
S'élançant vers le Sud impétueusement,
  S'arrête au seuil d'un logement.

  Là, point de lynx qui vous regarde.
Quatre-vingt-douze, un chiffre! et c'est toute la garde
  Il frappe... une muse ouvre au coup :
  — Que te faut-il? — Je veux beaucoup,
Et peu de chose aussi peut-être en apparence....
  — Son nom? — La rime dit....

  Comme le : Sésame, ouvre-toi!
A ce seul nom magique et vénéré pour moi
  Qui préside au genre lyrique,
  Je t'ouvre le sacré portique;
Or, pour parler au Maître ici qui va venir,
  Attend, je cours le prévenir.

  « Il est donc sur le point de naître
» Ce moment qui me donne, avant de le connaître,

» L'ami dont je désespérais,
   » Quand il était de moi si près ?
» Je vous retrouve donc, pour finir ma souffrance,
   » O mes beaux jours pleins d'espérance ! »

Aimé Bertin.

FANTAISIE

Aimez, rien n'est plus grand ; aimez, rien n'est plus doux.
Gustave Vinot.

Je sais bien que ta voix est plus harmonieuse
Que celle qu'au réveil, parmi les rameaux verts,
J'écoute, quand le jour sur mes rideaux ouverts
Se mire, ainsi qu'au bain ferait une baigneuse.

Je sais bien que ton cœur a des ailes de feu
Qui n'attendent pour battre au gré de leur caprice
Qu'un cœur comme le tien, pur, inclément au vice,
Humant la volupté sous les regards de Dieu.

Je sais combien de fois, le soir, sur ta fenêtre
Accoudée en rêvant, tu jetais à la nuit
Tes plaintes, tes regrets, vain et stérile bruit
Qui mourut sans écho, qu'un jet d'amour fit naître.

Je sais bien que tes yeux, tes beaux yeux de velours,
Où brillent l'espérance et la fraîcheur de l'aube,
Sont des rayons divins dont le Ciel se dérobe
Pour de ton âme en fleur entr'ouvrir les amours.

Je sais bien que le monde en sa mordante envie
Éprouvera ton âme à l'âpreté de l'or,
Et raillera ton sein pudique et vierge encor.
— A défier l'injure on honore sa vie.

Souris comme la fleur, par ce beau jour d'été,
Relève ton front, viens où la brise embaumée,
Frôlant tes blonds cheveux d'une caresse aimée,
Enivre ce qui vit de fête et de gaîté.

Viens, la nuit se retire, emportant sous ses voiles,
Les mystères de l'ombre et son silence pur,
Et ce brillant semis de fleurs d'or dans l'azur;
Ta place est au soleil et non sous les étoiles.

N'entends-tu pas l'appel des oiseaux dans le bois?
Viens, parmi leurs chansons il est de douces choses
Que nos âmes sauront, quand sur tes lèvres roses
Je poserai ma lèvre, ivre, et mêlant nos voix.

Un vent plus doux nous verse une plus fraîche haleine...
Le bonheur s'ouvre à nous... Du sol au Firmament
Il s'épand de partout un sourd frémissement....
Oh! que nos bras se nouent comme l'écorce au chêne.

ALPHONSE HENNECHART.

Aisne.

LE MOINEAU

FABLE

DÉDIÉE AUX JEUNES ÉLÈVES

Cautâ scrutari mente futura.
HORACE.

Des grands mots, mes enfants, j'ai peut-être abusé;
D'un généreux pardon laissez-moi l'espérance;
Sur ce point, s'il vous faut toute ma confidence,
    Être simple n'est pas aisé.
Essayons. — Un moineau coquet, plein d'élégance,
De grâces, de défauts vivait dans l'indolence.

Le printemps lui donnait, pour ses jeux, le gazon,
    Des primeurs pour sa nourriture,
    Pour ses nuits un toit de verdure,
    Pour son aile un vaste horizon.
Puis arriva l'été, saison de l'abondance,
Des trésors achetés par de rudes labeurs.
Aux gerbes le pierrot suivait les maraudeurs ;
    Mais toujours même insouciance.
Sa mère lui disait : « Mon fils, il en est temps ;
» A ton âge il convient de songer à soi-même ;
» Tu n'auras pas toujours une mère qui t'aime ;
    » Tu n'as déjà plus ton printemps.
» L'été fuit... et puis sur les branches
» Lorsque tombent les mouches blanches,
    » Adieu fruits, ombrage et plaisir.
    » C'est l'hiver et sa froide haleine,
» L'hiver !... songe à l'hiver... vois ces flocons de laine ;
    » Pour ta couche il faut les saisir. »
L'étourdi répondait par maintes gentillesses ;
S'admirait, se posait en brillant colibri,
Agaçait la voisine, irritait le mari ;
En roi de la fortune attendait les largesses.
Sort, fortune, hasard... vains mots !... Le jeune fou,
Lui que tant de flatteurs applaudissaient naguère,
    Sans duvet, sans rien dans son trou,
    Expira songeant à sa mère.

    Un poète, mes chers petits,
Écrirait ma morale en dix vers bien sentis.
Moi... je n'en ai qu'un seul. Dieu veuille qu'il vous touche !
    Comme on fait son lit, on se couche.

                        L'Esprit Frappeur.

A PHŒBÉ

Radiis fulget argentea puris.
OVIDE.

Quand le lis ouvre son calice
Aux tièdes vapeurs de la nuit;
Quand sous la pelouse se glisse,
Radieux, l'insecte qui luit;
Quand les bouleaux de la vallée
Laissent tomber en murmurant
La silhouette dentelée
De leurs bras noirs sur le torrent;

Alors qu'une douce lumière
Envahit la cime des bois;
Que l'oiseau fermant la paupière
Dans son nid étouffe sa voix;
Ou que sur la lointaine rive
Vient, sous l'écume qui la suit,
Expirer la vague plaintive
Comme un beau rêve qui s'enfuit;

O Phœbé! ma muse éperdue
Aime dans son sublime essor
Embrasser l'immense étendue
Où resplendit ton globe d'or!
Et sous la voûte lumineuse
Elle contemple avec espoir
Ta face immobile et rêveuse
Pâle sur un nuage noir!

Sous ton œil clair, flambeau du monde,
Le nautonnier brave l'écueil;
L'âme que la tristesse inonde
Confiante épanche son deuil;

La vierge timide et craintive
Ose écouter de doux accents ;
Et la tourterelle plaintive
S'exhale en soupirs languissants.

Tu sais calmer bien des alarmes
Et réveiller bien des douleurs ;
Tu sais tarir d'amères larmes
Et semer de sombres terreurs.
Tu protéges bien des mystères
Avant la naissance du jour ;
Et tes doux rayons tutélaires
Dorent le berceau de l'amour.

A cette heure mélancolique
Où la nuée, à l'horizon,
Promène une ombre fantastique
Sur les touffes du frais gazon,
Tu verses tes flots de lumière
Au fidèle amant affligé
Et consoles dans sa chaumière
Le malheureux découragé.

Car c'est l'heure où l'âme en délire
A soif du céleste séjour ;
C'est l'heure où tout ce qui respire
Se tait dans un sommeil d'amour ;
C'est l'heure sainte où la prière,
Comme l'encens pur de l'autel,
Humble et suave, de la terre
S'élève aux pieds de l'Éternel !

Splendeur des nuits, reine immortelle
Que seul l'Astre-Roi fait pâlir,
Ta lueur, vivante étincelle
Sillonnant un lac de saphir,

Ton blanc manteau sur la colline,
Ton front d'argent sur les flots bleus
Reflètent cette main divine
Qui mit ton trône dans les Cieux.

Et tandis que silencieuse
En son empire illuminé
Ton image mystérieuse
Va consoler l'infortuné,
Je pleure, et mon âme enivrée
Éprise d'un secret effroi
Vers les hauteurs de l'empyrée
S'enfuit sur l'aile de la foi.

OURDAN.

Var.

LE PARAPLUIE

A CELLE DONT LE NOM M'EST DOUX

Le nuage creva. Tu t'en souviens sans doute.
Déjà dès le matin nous l'avions vu venir,
Ce monstre aux flancs épais; nous nous mettions en route,
Nous avions dit : Qu'importe ! allons, il faut partir.
— Mais où donc allions-nous ? Nous ne le savions guère.
Toutefois je crois bien que c'était à Créteil,
Si ce n'était ailleurs. Le plus sûr de l'affaire
Est le nuage. L'eau noyait le bon soleil.
Que nous étions heureux sous notre parapluie !
A vrai dire, il était bien petit cependant,
Et même par ses trous filtrait l'onde impolie.
Nous n'y prenions point garde et marchions souriant.
Pressés l'un contre l'autre, ô pauvres têtes folles !
Nous cherchions pour nos pieds les pavés moins boueux,
En répétant tout bas quelques douces paroles
Dont les vents emportaient des lambeaux avec eux.

Gais enfants, nous disions : Ces trous sont des étoiles,
Et notre parapluie est au Ciel bleu pareil.
Ces débris de papier, du ruisseau sont les voiles.
Ah! dieux! le beau chemin que celui de Créteil!
— Et sous le Ciel d'étoffe on riait de l'orage ;
Et moi qui le portais je le baissais toujours,
Pour nous cacher tous deux et rire davantage,
Joyeux couple mouillé promenant les amours.
Ce dais frêle à lui seul arrêtait la tempête.
En entendant la foudre et les échos gronder,
Nous sentions que notre âme avait comme une fête,
Et quand tout s'ébranlait, nous ne savions qu'aimer.
Parmi ce grand tumulte, ainsi nous restions calmes.
Non, non, n'approchez pas, ô rêves d'ambition !
Ma main ne veut cueillir ni fortune ni palmes.
Un souvenir heureux pour l'âme est un rayon ;
Que ce rayon longtemps éclaire ma nuit sombre,
Qu'à jamais je conserve et l'amour et la foi!
Et de mes tristes jours si long que soit le nombre,
Que le dernier lui-même, ô femme, soit à toi !
Voilà qu'en rappelant une histoire amusante
Mon esprit dans l'espace a soudain pris son vol.
De la voûte aux clous d'or descendons, ma charmante,
Et de nos pieds meurtris touchons encor le sol.
Puisqu'il le faut, suivons le sentier de la vie,
Et, loin des carrefours par la foule hantés,
Renouvelons parfois la course au parapluie :
On retrouve en s'aimant Créteil de tous côtés.

Constant Berlioz.

LUI

O ! disait-il ! folie humaine !
L'aimer... impitoyable amour ;
La voir, lui parler chaque jour,
Parfois de semaine en semaine.

Poser sur sa lèvre un baiser,
Pleurer de plaisir devant elle;
Chiffonner sa blanche dentelle,
Et puis tout à coup s'apaiser.

C'est bien une horrible agonie,
De vivre de cette façon;
Comme dans la douce harmonie :
Sourire et avoir le frisson.

Après — caractère morose,
A la fin du commencement;
Il ne reste donc à l'amant
Que les épines de la rose.

JOSEPH BRIOL.

L'AOUBO

A MOUSSU ÉVARISTO CARRANÇO

> Aube fraîche et claire,
> Sourire éphémère
> De l'astre éternel!
> V. HUGO.

Lou matin, la naturo oh! qués fresco et poulido;
Quand es p'ancaro jou et qués déjà plus nuech.
La campagno, doou lun, si réviho embellido,
Et subran, vias lou Ciel pareïssé tout en fuech....

Alors, su lou gazoun, la flour tout estounado
Si dreïsso espandissèn sa courooulo baïgnado;
Li vias, mémé dessu seïs fueillo de diaman
Qué, li fillo, en pagu jusqu'aro su seïs man.
Puï, rampèn coumo poou une besti doourado
Gravissé douçamen, souletto la countrado;
La vias marchar, toumbar, mouardèn din sa furour
Leïs peïro l'empachan d'anar trouva la flour.

Un poou pu lun, mouestran sa figuro noircido;
Un grillet rigolot canto din la bastido.
La fournigo a cousta, souartèn ooussi d'un traou;
Carégeo mé pégin un calaman mortaou.
Leïs parpaïlloun vouèyageount. — Su d'un varaï quillado
Entendès, din lou bouès, la joueïno coouquillado.
Lou moineau insoulèn, qué, si creï, deï pu gran; (¹)
Piquo à gros coou dé bé, un abrico mouran.
La caillo, l'habétado — oou jou qué vèn dé neïssé;
Va toumbar dins leïs pas doou peïsan qué pareïssé.
Et lou pu fin, (²) sabès — aqueou qu'émé sa voix,
Fach tremblar lou tympan doou grougnaïré bourgeois;
Aqui dessu la pouarto ou bèn su d'une taoulo,
Appello sa famillo. — Et la lou gat qué miaoulo....

Un pichoun vèntoulé, bouffo à travers leïs pins;
Countrofasen la mar, rafresco leïs rasins...
Eïci, din sa chambretto alluman la bougio;
En chemiso, vésès, la poulidetto fio,
Sercar dins un cantoun, vo bèn souto soun lié
Et tout en gazoueïllan, seïs ravissèn soulié.
Puï, eïla, ooussissès, lou bru deïs pas d'un homé;
(Es lou peïsan qué va, courbar coumo un fautomé;
Travaïllar din lou champ, accoumpagna per fès
D'un chin doguo qué japo en respiran lou frès).

. . . .
Lou souleou s'avançan din la vouto célesto
Dé sa raoubo d'opalo embellissé la festo;
Leïs nuagi, jaloux dé sa grando clarta,
Fugissoun davan deou, poussan l'obscurita.
Tantôt semblo un géant, vesti d'uno cuirasso,
Qué si batt én courèn. — Vou un canoun qué passo.
Enfin, d'uno bataïllo un tableou esfrayant....
Puï, oou bout d'un moumèn, mé soun sabré brillant;

(1) Des plus forts.
(2) Le coq.

Uno man invisiblo acquiert touto la gloiro,
Doou coumbattant terribl'arrestan la furour...
Tandis qu'aqui la clocho oounouro sa mémoiro;
L'enfant faï sa prièro et l'animaou l'amour!

Joseph Briol,
Membre d'honneur des Concours Poétiques
de Bordeaux.

LE CHASSEUR MAL AVISÉ
HISTORIETTE

Monsieur Pastouf était un brave campagnard,
    Mais qui n'avait pas inventé la poudre.
Il se levait matin, ne se couchait pas tard,
Et se faisait de tout, par sa bêtise, absoudre.
    Voulant un jour imiter ses voisins
    Qui du gibier s'affichaient assassins,
Il achète un fusil, plus une carnassière,
    Avec un joli chien d'arrêt.
    Puis prenant une pose fière
Il s'écrie : En avant, Carabo, je suis prêt.
    Il bat les monts, les bois, les champs, la plaine;
    Avec son chien il passe en chaque endroit,
    Mais c'est en vain qu'ils prennent cette peine;
    Le chasseur est trop maladroit.
    Le chien, en agitant sa queue,
    Pense : à quoi sert de tant chercher?
Qu'il tire d'un seul pas, qu'il tire d'une lieue,
    Mon maître est sûr de ne jamais toucher.
Toujours chassant, de peur que son arme ne rouille,
    Notre chasseur, avec ténacité,
    Chaque jour revenait bredouille,
    Ce dont il était attristé.

Même il était, pour supplément d'ennui,
Gouaillé par les gens qui chassaient avec lui.
Ces moqueurs, réunis un jour en compagnie,
    Formèrent le projet malin
    De lui jouer une avanie
En attirant Pastouf avec eux un matin.
    On ferait paraître à sa vue
Un lièvre habilement par leurs mains empaillé
Qui, par une ficelle en main sûre tenue,
    Serait avancé, reculé.
    Dans sa simplicité connue,
Notre homme tirerait, ne se doutant de rien,
    Et puis, ma foi, l'on verrait bien.

    Mais un camarade, un bon diable,
    Devant lequel on s'était concerté,
A l'endroit de Pastouf eut le cœur pitoyable
    Et l'avertit par charité.
    — On veut vous faire une farce mauvaise ;
En bon voisin, je veux vous prévenir.
— Ah ! répondit Pastouf, de l'avis je suis aise ;
    C'est moi qui vais me divertir.
    Les coquins ! ils auront beau faire,
De leur lièvre empaillé je me fiche pas mal ;
J'enverrai Carabo lui faire son affaire,
Le pauvre chien ! pour lui c'est un triste régal.

    Au jour fixé, l'on est en chasse,
    Et Pastouf avance en chantant.
Tout doucement on le mène à la place
    Où le lièvre empaillé l'attend.
    Mais en marchant un lièvre véritable
Se lève sous les pieds du chasseur soupçonneux,
Ce qui produit un bruit épouvantable
    Parmi ses compagnons nombreux.

Tirez donc, dirent-ils à Pastouf, tous ensemble,
    Tirez et sans perdre un moment.
— Je dois tirer ? c'est là ce qui vous semble ?
Je ne suis pas de votre sentiment. —
Le lièvre file et file avec vitesse ;
Le danger presque en fait un lièvre ailé.
Pastouf le voit, et d'un air de finesse
S'écrie : Il court fort bien pour un lièvre empaillé !
    Je ne suis pas un imbécile ;
Si vous avez voulu vous divertir sur moi,
    Sachez que je suis trop habile
Pour ne pas dépister votre piége, ma foi !
Quelles que soient ici vos ruses, votre force,
Je ne brûlerai pas, sur la paille, une amorce.

    Le lièvre à peine disparu,
On rit encor plus fort que l'on ne l'avait cru.

D. Simon.

LE DEVOIR

I

Hommes, à la raison dès que notre esprit s'ouvre,
Le devoir devant nous aussitôt se découvre.
Son devoir ! Bien heureux qui sait bien l'accomplir ;
Oui, chacun en ce monde a sa tâche à remplir.
Celui du jeune enfant est dans l'obéissance,
C'est l'amour filial, c'est la reconnaissance ;
C'est par la prévenance et la soumission
Qu'il prouve à ses parents le plus d'affection.
Envers l'instituteur il doit être docile ;
Étudier beaucoup n'est pas très difficile ;
Pour comprendre surtout il doit bien méditer
Les conseils qu'on lui donne et qu'il doit respecter.

Fuyez surtout l'attrait du plaisir; sa finesse
Entraîne trop souvent la crédule jeunesse
Vers des sentiers brillants — mirages enchanteurs, —
Qui de ses premiers maux sont les premiers auteurs.
Jeunes gens, vous croissez et vos devoirs grandissent;
Si vous les oubliez, les flatteurs applaudissent.
Vous êtes le roseau très facile à ployer,
Par le bien ou le mal on peut vous égayer.
Votre frêle nacelle! heureux qui la dirige!
S'il évite l'écueil, s'il lutte, s'il corrige
Tous les faux mouvements qui la font se cabrer,
S'écarter de la ligne et finir par sombrer.

Vous vous croyez bien forts et voulez vous conduire
Vous-même, dans l'erreur vous pouvez vous induire;
Par les hommes prudents laissez-vous conseiller,
Ils ont l'expérience et savent travailler.

II

O jeunesse candide, à la douce innocence
Succède; et, précédant l'ardente adolescence,
Amène la sagesse au lieu des passions
Qui déchirent le cœur par mille impressions.

Tout va changer bientôt; l'enfant devient un homme,
Il fait mille projets. Il veut qu'on le renomme.
De se rendre célèbre il cherche le moyen :
Qu'il fasse son devoir d'homme et de citoyen.
Qu'il apprenne surtout à respecter la femme,
La fille et la famille entière. Que sa flamme
Soit honnête, sincère et pleine d'amitié.
Qu'il montre peu de haine et beaucoup de pitié.

A cet âge, où chacun commence sa carrière,
De sa vocation va s'ouvrir la barrière;
Il doit fixer un but, prendre un engagement,
Et vers le but fixé marcher résolûment.

III

L'homme dans le ménage a son devoir à faire ;
L'honnêteté surtout est beaucoup son affaire.
Si la femme est soumise il doit la prévenir ;
C'est d'elle que dépend souvent son avenir.
La femme est notre égale et non pas notre esclave,
Si nous l'humilions, bientôt elle nous brave.
La femme qui nous craint n'est à nous qu'à moitié.
Préférons à la crainte une douce amitié ;
L'épanchement du cœur au milieu des alarmes
Est un bonheur extrême ; il adoucit les larmes.
Les femmes, en tout temps, peuvent nous conseiller.
Qui sait à son devoir mieux qu'elles surveiller ?

Auprès de son enfant voyez la pauvre mère.
S'il souffre, elle en ressent une douleur amère ;
Elle offre tous ses soins à cet être chéri.
Sa tâche est supérieure à celle du mari.
Qui ne pourrait jamais supporter sa fatigue,
Et ne saurait prévoir les soins qu'elle prodigue....
Leur tâche étant la même auprès de leurs enfants,
Ils doivent dans le bien guider leurs pas tremblants....
C'est avec la douceur, la bonté, les caresses,
Qu'on obtient des enfants les plus vives tendresses.

IV

Oh ! votre tâche à vous, braves instituteurs,
Est d'être des enfants les guides, les tuteurs.
Vous devez enseigner et très souvent reprendre,
Expliquer chaque phrase et la faire comprendre ;
Répandre dans leur cœur l'amour de la bonté,
L'amour de la justice et de la charité ;
Faire aimer la Patrie en la faisant connaître ;
La Liberté, par vous, dans leur esprit doit naître.
Le chemin du progrès doit fixer vos regards.
Joignez à la science, à l'industrie, aux arts

Tout ce qui paraît beau, vrai, grand, juste, utile.
Ah! le cœur des enfants est un terrain fertile!
Semez-y de bon grain, vous aurez de bon fruit.
On est plus vertueux, quand on est bien instruit.

V

Tout homme valide, est maintenant militaire;
Cette loi, je l'approuve, elle est très salutaire.
Tout français doit aimer son pays, protéger
Le faible, que le fort souvent veut outrager.

Soldats! obéissez aux chefs qui vous commandent.
Que de précautions vos services demandent!
Soyez soumis, exacts, polis et bienveillants;
Instruisez-vous beaucoup, vous deviendrez vaillants.
Ne vous emportez pas lorsque quelqu'un vous raille;
Évitez le duel, mais bravez la mitraille;
Estimez les civils. Attendrissez vos cœurs
Sur le sort des vaincus, si vous êtes vainqueurs.

Chefs, vous qui commandez, commandez-vous vous-même,
Ayez pour le soldat une justice extrême,
Cessez, surtout, cessez cette brutalité
Qui fait que le soldat est souvent maltraité.
Réfléchissez d'abord pour reprendre les autres;
En jugeant leurs défauts, examinez les vôtres;
Soyez cléments et doux. Reprenez l'oppresseur.
Que votre discipline exprime la douceur.
Soyez moins prompts, ayez beaucoup de patience,
N'écoutez pas l'orgueil, mais votre conscience.

On est plus sûr de vaincre en marchant en avant.
Si la retraite est bonne, elle nuit bien souvent;
Elle démoralise et se change en déroute.
Si vous craignez l'échec, évitez cette route.

Brûlez beaucoup de poudre, épargnez vos soldats,
Et vous pourrez sortir triomphants des combats.
Ne capitulez jamais sans bien vous rendre compte
Si vous ne mêlez pas votre nom à la honte !
Et préférez la mort à l'horreur de trahir.

Qui sait bien commander, doit savoir obéir.
Le devoir et l'honneur vous commandent. Ces maîtres
Récompensent les braves et punissent les traîtres.

VI

Représentants du Christ, imitez ses vertus ;
Que les erreurs, par vous, soient toujours combattus.
Vous avez sur la terre une mission sainte.
Faites, qu'on serve Dieu par amour, non par crainte !

Le Christ, en naissant roi, voulut l'égalité ;
Il confondit les grands par son humilité ;
Il voulut l'homme libre. Il nous proclama frères.
Prêcha-t-il, en son temps, l'utilité des guerres ?
Non, il prêcha la paix et l'amour du prochain.
Lorsqu'un disciple avait une épée à la main :
« *Dans son fourreau,* dit-il, *remettez cette épée.*
» Que jamais dans le sang elle ne soit trempée,
» Car celui qui s'en sert, par elle périra.
» — Pardonnez, nous dit-il, Dieu vous pardonnera.
» — Traitez votre prochain aussi bien que vous-même,
» Plaindre ses ennemis, c'est me prouver qu'on m'aime. »
Voilà, prêtres, voilà ce qu'il faut enseigner.
Apprenez donc à l'homme à ne pas dédaigner
Ces préceptes sacrés, ces divines maximes !
A s'incliner devant ces morales sublimes.

Ne vous laissez jamais dominer par l'orgueil ;
Fréquentez moins le riche, et faites plus d'accueil

Au malheureux qui souffre au fond d'une chaumière.
Pourquoi *sous le boisseau* mettez-vous *la lumière?*
Vous faites un trafic chaque jour au saint lieu ;
Nul ne peut, cependant, *servir l'argent et Dieu*....
Chacun a ses défauts : Il est assez visible
Que l'homme le plus grand ne peut être *infaillible!*

Envers les travailleurs soyez moins exigeants,
Le peuple vous voudrait un peu plus indulgents.
Sachez rendre justice à l'homme de mérite,
Et ne flattez pas tant le bigot, l'hypocrite.

VII

Poètes, votre plume est un brillant flambeau,
Elle éclaire le peuple en écrivant le beau.
Prêchez la liberté, l'union, la franchise,
« L'union fait la force ! » O que cette devise
Nous réunisse tous pour mener par la main
Au chemin du progrès le pauvre genre humain.

Afin que la lumière éclaire les ténèbres,
Combattons l'ignorance et les guerres funèbres ;
N'élevons pas si haut la gloire des guerriers,
Qui demandent du sang pour cueillir des lauriers ;
Mais, de l'industriel vantons plus le génie,
De la nature aimons la joyeuse harmonie ;
Flétrissons l'agresseur de nos charmants oiseaux,
Et protégeons leurs nids dans les frêles roseaux.
Prêchons l'humanité qu'il faut mettre en pratique,
Montrons à bien traiter l'animal domestique,
Réparons le passé. Employons le présent
A refondre nos lois sous un joug moins pesant.
En épurant nos mœurs, faisons aimer la vie.
Apprenons donc à l'homme à vivre exempt d'envie.
A nous de dissiper tous les brouillards épais
Qui précèdent le jour d'une sereine paix.

Tendons aux nations une main fraternelle,
Il ne faut pas avoir une haine éternelle.
Montrons-nous généreux! Que notre ambition
N'enfle plus notre orgueil; mais que l'instruction
Prépare un avenir de bonheur à la France,
Et lui fasse oublier affronts, deuils et souffrance.

O muses! agissez, vous avez le pouvoir
De rappeler chacun sous les lois du devoir.

JEAN GROLLEAU.

Maine-et-Loire.

L'AVENIR

L'avenir! quel est donc le cœur ô noble France
Qui ne batte à ce mot d'une sainte espérance!
Pourrions-nous oublier le rôle glorieux
Que toujours dans le monde ont joué nos aïeux?
Ces géants qui, volant de victoire en victoire,
Dans leur sublime orgueil intitulaient l'histoire :
« Les actes du Seigneur accomplis par les Francs, »
Et qui dans le malheur toujours nobles et grands,
Alors que le destin trahissait leur courage,
Succombaient en héros sur le champ du carnage,
Et vaincus, s'écriaient en domptant leur douleur :
« Nous avons tout perdu, tout, excepté l'honneur! »
L'honneur! quand un grand peuple a ce mot pour devise,
Il n'est pas d'insuccès, de revers qui le brise;
Il peut être surpris, avoir ses mauvais jours,
Mais un sublime élan le relève toujours!
Que fit l'Europe hier, quand sanglante et meurtrie,
Tu dis à tes enfants : « Donnez pour la Patrie;
» A la cupidité de mes cruels vainqueurs,
» Donnez votre or, ô vous qui me gardez vos cœurs.

» Donnez pour ma rançon, pour l'acquit de ma dette,
» Il me faut des trésors pour payer ma défaite! »
Que fit le monde entier? pour chasser ces pillards,
Il t'offrit en trois jours quarante-trois milliards!
Est-ce ainsi que l'on traite un peuple qui succombe?
Tant d'or était-il donc jeté sur une tombe?
Oh! non. Tous s'étaient dit : « La France peut souffrir,
» Mais nous ne croyons pas qu'elle puisse mourir!
» Synonyme d'honneur, de liberté, de vie,
» La France est immortelle autant que son génie! »
Un pareil témoignage après de tels malheurs
Ne présage-t-il pas tes futures grandeurs?

Oui, nous croyons en toi, belle et chère Patrie,
Ils ont pu te piller, ils ne t'ont pas flétrie;
Ils ont pu t'accabler, frapper, frapper encor;
Ils voulaient ton honneur, ils n'ont eu que ton or!
Hélas! et bien du sang, bien des larmes amères!
Que d'épouses, de sœurs, de malheureuses mères
Appellent un époux, un frère, un fils chéri
Qui ne répondront plus! car le fer a tari
La source de leur sang généreux et fidèle :
Il bouillait pour la France, il fut versé pour elle!

Si tes ennemis, forts de leurs gros bataillons,
Ont du sang de tes fils engraissé tes sillons;
S'ils ont amoncelé victime sur victime,
S'ils ont porté partout l'incendie et le crime,
France, ne t'émeus pas de leurs cris triomphants;
Tu sais qu'il est fécond le sang de tes enfants!
Par l'ouragan du Nord un instant éclipsée,
Ton étoile bientôt dans sa splendeur passée
Brillera sur le monde, et son éclat nouveau,
Un instant obscurci n'en sera que plus beau.

Dès à présent tu peux renaître à l'espérance ;
Fière de tes enfants mûris par la souffrance,
Tu peux, plus sûrement que l'empereur et roi,
T'écrier : « L'avenir, l'avenir est à moi ! »

J. D'ENGREVAL.

Gironde.

A DES OISEAUX, LE SOIR, DANS LA CAMPAGNE

Benedicite, omnes volucres Cœli, Domino.
DANIEL, C. 3.

Volez au-dessus de ma tête,
Oiseaux, que chérit le poète,
Déridez mon front soucieux !
Belles et douces créatures,
Vos chansons naïves et pures
Souvent nous font rêver aux Cieux.

Oh ! je ne vous tends aucun piége !
Là-bas, le chasseur.... Que ferai-je
S'il passe, s'il vient à vous voir ?...
Déjà brille l'arme cruelle...
Oiseaux, fuyez ! et que votre aile,
Rapide, trompe son espoir.

Le jour mourant va disparaître
Chantez celui qui vous fit naître.
Pour le louer et le bénir.
O troupe innocente et joyeuse,
A votre voix mélodieuse,
Mon âme exhale un doux soupir.

Chantez le nom que tout murmure !
Dans le calme de la nature,

Voyez se coucher le soleil :
Demain il reviendra vous luire,
Et vos chants, plus doux qu'une lyre,
Fêteront son brillant réveil.

L'ABBÉ PEYRET.

AMOUR DE DIEU

> O beauté toujours ancienne et toujours nouvelle, combien tard je vous ai connue, combien tard je vous ai aimée !
>
> SAINT AUGUSTIN.

O seul grand ! ô seul bon ! nous voulons vous aimer.
Languissants, votre amour viendra nous ranimer,
Et bannir loin de nous les mortelles alarmes,
Et charmer nos ennuis dans ce vallon des larmes :
Rien n'est plus enchanteur ni plus délicieux ;
O Père ! vous aimer, c'est doux comme les Cieux.

Versant ses dons sans fin, sans regret, sans mesure,
Votre bonté s'étend sur toute créature.
Quelle langue dira votre beauté, Seigneur ?
Vos amabilités rayonnent de splendeur :
Nous avons soif de vous !... dans notre âme embrasée
De votre grâce, ô Dieu, répandez la rosée.
Qui ne vous aime pas ne saurait rien aimer ;
Eh ! qui peut, mieux que vous, nous plaire et nous charmer ?
Votre beauté, soleil, sans déclin, sans aurore,
Jamais ne se flétrit ni ne se décolore ;
Devant elle la terre et le bleu firmament
Voient pâlir ce qu'ils ont d'éclat et d'ornement ;
Donnant à chaque objet sa grâce, sa parure,
Un seul de vos rayons fait briller la nature.
O Dieu ! vous êtes bon, ô Dieu ! vous êtes beau.
Vous aimer, comme ici, par delà le tombeau,

C'est l'indicible joie et le bonheur suprême,
Et ne vous aimer pas, le plus grand anathème....
Aimons, frères, aimons! Le céleste séjour
Est le prix immortel de l'immortel amour;
Aimons, frères, aimons! et notre âme ravie
Trouvera dans l'amour une source de vie,
Pour y puiser sans fin et sans fin s'enivrer,
S'y plonger, replonger, et se désaltérer.

L'amour divin enfante un courage sublime,
Soutient dans ses combats le chrétien magnanime;
Au loin chasse le vice, inspire les vertus,
Et fait monter le juste au trône des élus!!!

L'ABBÉ PEYRET.

A MA NIÈCE AUGUSTINE V...

NEUF FOIS COURONNÉE A LA DISTRIBUTION DES PRIX, EN 1857

La joie en mille éclairs rayonne dans tes yeux,
    Toi qu'on aime autant qu'on t'admire.
Que de lauriers!... Je vois ta famille sourire,
D'ardents baisers courir sur ton front radieux.

Comment regardes-tu ces belles récompenses
    Des nobles luttes de l'esprit?
Est-ce vers le bonheur, enfant, que tu t'élances,
    Ou vers la gloire, ce vain bruit?...

Le bonheur, tel qu'ici Dieu permet qu'on l'embrasse,
    Ne marche qu'avec la vertu;
Mais, trop souvent, du bien quand une âme se lasse,
Elle cherche la gloire en un sentier perdu.

Fuir cette fausse gloire et son charme funeste,
C'est bien; et s'enrichir des trésors du savoir
    En cultivant le don céleste,
C'est embellir sa vie, et remplir un devoir.

L'abbé Peyret.

A SAINT JOSEPH
— 1870 —

Qui peindra tes vertus, noble époux de Marie?
Homme de sang royal, homme de l'atelier,
Tu vécus inconnu, pauvre, dans ta Patrie....
Le Ciel, en t'admirant, paraissait t'oublier.

Toujours d'humbles pensers ton âme était nourrie;
Aux plus beaux sentiments tu sus les allier,
Fidèle protecteur de la Vierge chérie,
De l'Enfant-Dieu gardien, sublime nourricier!

Joseph! par ton secours l'Église défendue,
Va donner à ton culte une immense étendue,
Te nommer son Patron le plus saint, le plus grand.

De nos fiers ennemis qui n'entend les menaces?...
Obtiens-nous de Jésus un torrent de ses grâces,
Pour briser leurs complots et les mettre à néant!

L'abbé Peyret.

TOUT PASSE
SONNET

Hélas! c'est le destin, tout passe :
L'ombre succède à la clarté;
Et le nuage dans l'espace
En poursuit un autre emporté.

L'hiver dans son linceul de glace,
Fait suite aux ardeurs de l'été ;
Chez l'homme la douleur remplace,
L'ivresse du songe avorté.

Le ruisseau, limpide à sa source,
Se trouble et tarit dans sa course ;
La rose ne dure qu'un jour.

Soumise à cette loi suprême,
La créature qui dit : « J'aime ! »
Demain oubliera son amour.

HIPPOLYTE LUCQUET.

UNE RÉFORME DE LA FRANCE SUR LE TYPE PRUSSIEN

ou

UNE FORTE ET SAINE ÉDUCATION RATIONNELLE

La Prusse, après Iéna, s'est relevée, ô ma chère France ;
A son imitation est attachée ta renaissance.
L'AUTEUR, un *prussophobe* de 1re classe.

« Désormais c'est l'instituteur et non
» plus le canon qui sera l'arbitre des
» destinées du monde. »
Lord BROUGHAM.

Labora et noli contristari.

La France est resserrée, en Europe, par des nations belliqueuses, malgré lesquelles elle doit, à peine de déchéance, recouvrer ses frontières naturelles.

L'accomplissement de cette mission nécessite une réforme intellectuelle et morale de notre Patrie, sur le modèle de nos vainqueurs d'hier, moins le criticisme de Kant, l'idéalisme de Fichte, le naturalisme d'Hégel et l'hétérodoxie luthérano-calvinienne.

Lorsqu'après Iéna, la Prusse, brisée, semblait sans espérance, elle se ressuscita par ses mœurs et par son esprit religieux.

Sans fléchir sous le terrible coup qui la frappait, alors que tout paraissait anéanti, que le roi était en fuite et son gouvernement dispersé, le caractère national, se retrempant dans les principes, ne se laissa aller ni à la moindre défaillance ni à aucune indiscipline. Ses mœurs sérieuses et ses fermes croyances relevèrent sa fortune.

Non-seulement elle se prépara énergiquement à résister et à prendre sa revanche, mais, au milieu de l'orage qu'elle subissait, elle ne perdit pas un seul instant de vue le plan de son organisation intérieure.

Avec le calme et la fermeté d'un peuple dans la prospérité, elle parut moins préoccupée de chercher des soldats que de faire des citoyens.

L'esprit du grand Frédéric sembla revivre tout-à-coup, sous la pression des événements.

Comprenant merveilleusement que la force d'un pays réside surtout dans les mœurs, dans les croyances fermes, dans l'esprit national, dans une éducation sérieuse et virile, la Prusse choisit précisément le temps d'une effroyable guerre pour concevoir, mûrir et ordonner un plan d'enseignement national, qui étonne par la remarquable sincérité avec laquelle toutes les questions y sont abordées.

Tous les éléments de la force sociale y sont appelés, pour constituer la nation et préparer sa fortune future.

L'étude sérieuse de la religion, l'enseignement primaire, l'enseignement secondaire, l'enseignement spécial, la haute université, la politique, une gymnastique sérieuse, savante et pratique, tout a sa juste place dans le programme.

La part des exercices physiques est grande, et habilement ordonnée, mais sans compromettre le moins du monde celle de l'intelligence.

Il est vraiment curieux de voir avec quelle sollicitude

les hommes d'État, les savants, les riches et tous ceux qui pensent, se préoccupent de l'éducation nationale et avec quelle fermeté ils marquent le rôle de tous les éléments sociaux, surtout avec quelle hardiesse ils initient la jeunesse à toutes les questions de la vie, pour leur en définir tous les devoirs. Famille, mariage, constitution, industrie, commerce, discipline, liberté, théologie, tout entre dans le domaine commun. Dans le même gymnase, toutes les vocations pourront préparer leur carrière. Mais aucune n'aura ni science secrète, ni prérogative, ni d'autre prépondérance que celle que donnent le talent, le travail et les mœurs. Aucune, par exemple, n'oserait même y concevoir l'idée de séparer son intérêt de la Patrie ou du gouvernement, ni prétendre, à un titre quelconque, à une autorité rivale ou indépendante de l'État.

L'esprit y est si ferme qu'au moment même où la défaite dépèce et semble anéantir le pays, la Prusse conçoit, formule et affirme l'unité de l'Allemagne.

Voici un passage du professeur Fahn, écrit après Tilsit, qui montre à quelle vigueur le sentiment religieux et celui de la Patrie avaient déjà monté l'esprit germanique, depuis l'épreuve de la réforme : « Je n'ai jamais aperçu
» dans l'État prussien l'existence d'une science du gouver-
» nement en rapport avec l'humanité ; mais il peut s'amé-
» liorer et même approcher de la perfection. La Prusse est,
» à nos yeux, le noyau de l'Allemagne démembrée, comme
» le plus jeune rejeton croissant avec vigueur sur cette an-
» tique racine de l'empire, flétrie par le temps, auquel rien
» ne résiste. Le salut d'un peuple ne peut venir que de lui-
» même.... Je pressens que dans la Prusse et par la Prusse
» s'effectuera, conformément aux besoins du temps, le ra-
» jeunissement de l'antique empire d'Allemagne, et je
» prévois un grand peuple qui, par la grande voie de l'hu-
» manité, arrivera à l'immortalité. Si la Germanie, d'ac-
» cord avec elle-même, développe sa prodigieuse force, elle
» peut être un jour la fondatrice de l'éternelle paix en Eu-

» rope et le sauveur de l'humanité. Elle doit à sa position
» et à son peuple cet avantage qu'elle conserve toujours,
» même dans sa nouvelle situation…. Les peuples peuvent
» être anéantis en apparence ; mais leur âme n'est-elle pas
» immortelle ? Il est bon que, dans les nécessités extrêmes,
» quelqu'un se hasarde à faire entendre les sentences pro-
» phétiques de l'avenir…. J'ai habité cet État dont l'exis-
» tence a été longue. J'ai vécu sous plusieurs princes
» allemands et sous le dernier empereur. Si j'étais libre de
» choisir, je ne choisirais aucun autre pays pour Patrie !

» Mon espérance pour l'Allemagne vit ; ma confiance
» dans l'humanité ne chancelle pas ; car je vois toujours
» l'ordre éternel des choses agir d'une manière immua-
» ble ! » (Fahn. — Nationalité allemande. 1810.)

Les événements récents éclairent d'une vive lumière la prophétie de 1810, et montrent tout ce qu'un esprit pratique et profond voyait de force, de grandeur et d'initiative dans les mœurs, dans la solide discipline et le bon sens pratique de l'Allemagne.

Si jamais la puissance de l'esprit public a reçu sa double consécration de l'idée et du fait, c'est à coup sûr dans ce que nous voyons. Les peuples qui ont la rage de renverser ne comprennent ni la nationalité, ni l'humanité. Mais ceux qui, toujours animés du sentiment de la Patrie, considèrent et jugent la chose publique avec leur droit sens, se tiennent toujours en garde contre le bouleversement, et appliquent toujours leur activité à conserver et à fortifier les éléments sociaux ; parmi ceux-ci, ils placent en tête le sentiment et le respect du principe religieux, tout en le dégageant toujours des mauvais alliages que peuvent y introduire l'hypocrisie ou l'esprit de convoitise et de domination. Ils marquent leur pensée sur ce point, par le soin régulier et constant qu'ils mettent à l'étude de la religion, comme au ferme maintien de la liberté de conscience et du respect des choses saintes. Chez eux, depuis l'école primaire jusqu'à l'université, en passant par tous les degrés de l'enseignement, la religion est sérieusement étudiée. On en élève l'enseignement à mesure que l'âge et les études montent.

Les livres saints, l'évangile surtout, concourent également et toujours à la formation des esprits, en compagnie des sciences et des belles-lettres, de telle sorte que le disciple qui quitte l'université, ne rougirait pas moins d'ignorer la doctrine sacrée et sa portée sociale que d'ignorer la théorie de Newton ou l'Énéide de Virgile. Par là, les jeunes âmes équilibrées se préservent naturellement des écarts qui dégradent et des erreurs qui dissolvent.

La situation actuelle de la France ressemble fort à celle dans laquelle est dépeint Hercule adulte, dans le tableau qui le représente, *in bivia*, c'est-à-dire au point de bifurcation des voies qui mènent au vice ou à la vertu.

Oui, nous aussi, nous avons notre choix à faire.

Hé bien ! nous prendrons la voie austère suivie depuis 50 ans par la Prusse. Nous imiterons son exemple après Iéna : nous nous plongerons dans le recueillement, dans l'étude et la pratique des institutions qui pourront le mieux assurer notre complète régénération.

Sur leur frontispice, ayons soin de graver la strophe du psalmiste : « *Nisi Dominus œdificaverit domum, in vanum laboraverunt qui œdificant eam,* » et la devise allemande écrite sur le schako de ses soldats : « *Gott und vaterland,* » c'est-à-dire : « *Dieu et Patrie.* »

Tout indique qu'avec la vitalité dont nous sommes doués, vitalité qui s'est affirmée d'une manière si extraordinaire et si éclatante pendant la guerre sauvage de 1870, nous pourrons, en moins de 20 ans, réparer des malheurs bien moindres, en somme, que ne l'étaient ceux de la Prusse en 1807.

En attendant, tenons-nous sur nos gardes et conservons toujours le casque en tête et la lance à la main, comme Minerve, le dieu de la sagesse.

Je rugis de fureur au souvenir des monstrueux désastres que nous ont fait subir les maudits Germains. Ils ont prouvé, à nos dépens, que leur férocité est absolument la même aujourd'hui que celle des impériaux de Wallenstein et de Tilly qui saccageaient Magdebourg en 1631.

La magnificence et le nombre de mes lauriers, *je le dis sans orgueil*, donnent la vraie mesure de mon patriotisme. J'espère donc bien, mais cela avec toute confiance, que mon *desideratum* de réformes politiques et sociales ne me fera point taxer de *prussomanie*, et qu'on n'y verra qu'une forte volonté d'être utile à la France, que j'aime d'amour.

Tannod de Édelrag,
Membre de plusieurs sociétés savantes et gratifié d'une mention de mérite, de 3 médailles d'or, de 3 médailles de vermeil, de 3 médailles d'argent, de 2 prix d'honneur et de 8 primes d'encouragement.

LE DEVOIR

« L'homme, » a dit Lamartine, « est un roi déchu qui se souvient des Cieux. » Le Devoir commande à cet homme de connaître sa déchéance et de travailler avec ardeur à son relèvement. Livré à lui-même, il est incapable d'accomplir ces grandes œuvres. Le Ciel lui offre son secours. Il est libre de l'accepter ou de le refuser.

Trois grands devoirs résument la vie de l'homme ici-bas :

Le premier c'est qu'il se doit à Dieu.

Le second il se doit à lui-même.

Le troisième il se doit au prochain.

Loin de se nuire, ces devoirs se facilitent et se complètent les uns les autres en les accomplissant. Ils sont indissolublement liés. L'accomplissement de l'un amène naturellement l'accomplissement des deux autres.

Bien que faible, souffrant et mortel, l'homme porte en lui un germe divin qui ne peut mourir. Aussi l'idée du néant l'épouvante. Mis au rang de la brute il est offensé.

L'anéantissement volontaire le trouble et le révolte. (S'il attente à sa vie il est lâche et criminel. Il perd sa qualité d'homme.) Il a été créé à l'image de Dieu, et sa vie ne lui appartient pas en propre. Elle lui a été donnée pour glorifier son maître. Il est donc la propriété de son Créateur et il se doit à lui.

L'homme a soif de bonheur. Le monde entier ne peut point étancher sa soif. Dieu seul peut le désaltérer et répondre à ses nobles aspirations. Créé libre, il a le droit et le devoir d'employer sa liberté pour profiter de tous les dons qui lui ont été départis pour être fixé sur ses futures destinées. Son devoir et son suprême intérêt le lui commandent impérieusement, parce qu'il se doit à lui-même.

Depuis le dernier des esclaves jusqu'au premier des monarques, tous les hommes sont frères. Ils doivent s'aimer et s'entr'aider mutuellement. La bonté, la douceur et la justice doivent être l'apanage de chacun. La foi religieuse et la foi politique sont sacrées. Chacun doit respecter la liberté d'autrui, bien qu'elle diffère de la sienne. Personne n'a le droit de s'interposer entre l'homme et sa foi, entre l'homme et son Créateur.

La violence ne doit jamais être employée vis-à-vis du prochain ; une seule est cependant permise, ou plutôt nécessaire, indispensable. Cette violence doit être exercée exclusivement par soi-même et contre soi-même. Violence pour le travail matériel. Violence pour le travail intellectuel. Violence pour le travail moral. Violence enfin pour ravir le Ciel que l'homme a perdu, et dont il se souvient.

Pour l'instruire et pour le guider sur la route du devoir, Dieu a placé devant l'homme trois livres grands ouverts.

Le premier, c'est la révélation, c'est-à-dire la Bible. Elle est parfaitement suffisante pour le rendre accompli et pour le ramener vers son auteur.

Le second, c'est la nature avec ses richesses et ses magnificences.

Le troisième, c'est la science, cette science qui portait

Newton à se découvrir chaque fois qu'il entendait prononcer le grand nom de Dieu.

L'homme doit gagner son pain à la sueur de son front; plus il en possède, plus il doit en donner à ceux qui ne peuvent point en gagner. Le devoir de chacun est proportionné à son degré de force, de fortune, de lumière et d'intelligence. Chacun se doit réciproquement à son prochain. Plus l'homme sera chrétien, mieux il remplira ses devoirs.

VALLENTIN.

QUESTION ET RÉPONSE

Dis-moi, que fais-tu donc, enfant, sous cet ombrage
  Et qu'écoutes-tu tant de si mélodieux;
Ta voix divine murmure un doux langage
  Et tes beaux yeux d'azur se tournent vers les Cieux?

Lentement, de tes doigts, tombent, en s'effeuillant,
  Les blancs pétales d'une fleur;
Sur ta lèvre rose, tel qu'en ton œil brillant
  On croirait lire le bonheur?...

— Oh! oui, je suis heureux!... Pour tout l'or du monde
  Ne donnerais pas ce bonheur.
S'il devait m'échapper, j'aimerais mieux la tombe
  Et le silence de mon cœur!...

UNE JEUNE FILLE.

LE DEVOIR
<small>Devoir, Amour.</small>

Devoir! grand mot sacré qui semble bien sévère,
Que toujours on invoque et partout on révère.

Pourtant c'est un doux mot qui toujours peut charmer ;
Pour faire son devoir, il ne faut rien, qu'aimer.
Le devoir fût décrit par le Dieu des apôtres
Quand il dit : Aimez-vous et les uns et les autres.

Lorsque la raison vient, que vous êtes enfants,
Faire votre devoir c'est aimer vos parents.
Plus tard vient l'amitié qui souvent donne un frère
Trouvé dans un ami que votre cœur préfère,
Et l'amour que l'on verse au sein de l'amitié,
C'est encor le devoir par le cœur purifié.
Si la France a besoin, vous donnez votre vie,
Car alors le devoir c'est aimer la Patrie !
Quand plus tard, bien heureux, vous devenez époux,
Le devoir n'est-il pas dans l'amour le plus doux ?
Et quand, par le devoir, l'amour vous a fait père,
Aimer ce petit être arrivant sur la terre,
N'est-il pas le plus doux et le plus saint devoir ?
Guider ses premiers pas ; dans son berceau, le soir,
Protéger son sommeil, affection touchante
Que la paternité dans son devoir enfante.
Alors de l'âge mûr atteignant les degrés,
Aimant avec ardeur tout ce qui dit progrès :
Les sciences, les arts, instruction, lumière !
Dons qui servent à l'homme à sortir de l'ornière
En lui faisant chérir l'honneur, la liberté !
N'est-ce pas le devoir envers la société ?

Aimer les fleurs, les biens que la nature donne ;
Être bon pour chacun sans excepter personne ;
Pays, famille, honneur, les aimer chaque jour,
C'est là le vrai devoir. Le devoir c'est : Amour !

A. CAREL.

LA BERGÈRE LORRAINE

PETIT POÈME HISTORIQUE

La France était bien malheureuse,
La Patrie était en danger....
Une reine, une femme étrangère, odieuse
Avait osé livrer Paris à l'étranger.

Ici le deuil, là la guerre civile,
La faim, la mort... partout le désespoir!...
On entendait gronder l'émeute dans la ville
Et des princes du sang trahissaient leur devoir.
Le roi Charles pleurait au fond de la Touraine
De ses preux chevaliers les débris dispersés,
Lorsque Dieu suscita la bergère Lorraine
Qui ranima l'ardeur des soldats épuisés.

Obéissant aux voix mystérieuses,
Vers son roi Jeanne accourt soudain,
L'œil inondé de flammes radieuses....

L'épée et l'oriflamme en main
L'héroïne franchit la Loire,
Attaque et chasse l'ennemi...
Dès ce jour heureux la victoire
Suit la vierge de Domrémi..

Jeanne sauve Orléans et délivre la France;
Dans les rangs des Anglais son nom sème l'effroi,
Et sa puissante main rend le trône à son roi.
Grande par le courage et belle d'innocence
L'humble fille des champs, martyr de sa valeur,
Est un symbole saint de bravoure et d'honneur.

T. SAINT-FÉLIX.

LE DEVOIR

DÉDIÉ A M. GRIS AINÉ, DE VIENNE

> Le devoir attache, élève, purifie, grandit!
> ÉVARISTE CARRANCE.

I

Le devoir, ô mon fils, n'est pas une chimère;
Mais c'est un dieu beaucoup plus fragile que verre.
Pour être vertueux, s'il est un fort appui,
Il est pour le pervers un implacable ennui.
Le devoir, en un mot, est l'ami du vrai sage,
Et jamais le méchant ne connut son langage.

Contemple ce soldat au front cicatrisé,
Le bras gauche de moins et le genoux brisé :
Guidé par le devoir il vint à la frontière,
Laissant ses vieux parents sans pain dans la chaumière,
Sa jeune épouse en pleurs avec son jeune enfant,
Jurant de revenir, ou mort, ou triomphant.

Il arrive : chacun auprès de lui s'empresse,
Chacun verse une larme, et chacun le caresse;
Et lui, fils du devoir, effroi des bataillons,
Le front haut, l'œil ardent, présente à son épouse
L'étoile qui fera mainte et mainte jalouse.

II

Mais quittons ce héros : la sœur de charité
Que tu vois s'avancer, a pour l'humanité
Laissé parents, amis, une fortune immense
Pour voler librement, adoucir la souffrance :
Plus blanche que le lis, plus frêle que l'oiseau,
Dans cet habit grossier, souple comme un roseau.

Cet ange au pied léger méprisant la mitraille,
Se rencontre partout, et dans chaque bataille

On la voit ardemment secourir les blessés
Que la guerre a mis là pêle-mêle entassés,
Puis dans des flancs ouverts plonger ses doigts d'ivoire,
Ne songeant qu'au devoir, oubliant toute gloire.

> Sur les blessés des deux bannières
> Elle jette son œil si doux,
> Prodigue ses soins, ses prières ;
> Car les anges sont sans courroux.
> Sur chaque blessure béante,
> Elle s'incline palpitante,
> Et, soudain calme les douleurs ;
> Aux blessés rendant le courage,
> Aux mourants aidant au passage
> Que sa voix émaille de fleurs.
> La Patrie souvent oublieuse
> Peut ignorer son dévoûment ;
> Mais la créature pieuse
> S'en applaudit secrètement ;
> Car pour *elle,* ange diaphane,
> L'encens de notre main profane
> Ne peut arriver à son cœur ;
> Et les anges de l'empyrée
> D'où sa belle âme fut tirée
> Chantent ses louanges en chœur.

III

Ce passant plein d'ardeur, dont tout le corps palpite,
Est son calque frappant : c'est un jeune lévite.
Sitôt qu'il entendit les clairons éclatants
Sonner pour réunir les jeunes combattants,
Il bénit son troupeau, les yeux noyés de larmes,
Et vola traverser l'ardent fracas des armes.

Il partit plein d'amour, et, dès-lors on put voir
Ce que peut la vertu qui conduit au *devoir.*

Enlevant les blessés la manche retroussée,
Par l'affreuse cohue sa marche repoussée,
Rien ne pût l'ébranler : son front étincelant,
De l'ange des combats brava le front brûlant.

  Oh! qu'il fut beau dans la tempête
  Où l'Alsace perdit son nom!
  Que souvent il offrit sa tête
  A la mitrailleuse, au canon!
  Comme le charbon d'Isaïe,
  Le canon Krupp le purifie,
  Et le rend prophète à son tour.
  Aux blessés il montre la France,
  Aux mourants il promet d'avance
  Leur place au céleste séjour.

  Puis au retour de la frontière
  Où sombra l'orgueil national,
  Il trouva dans chaque chaumière
  De son village un hôpital :
  Hélas! hélas! mes pauvres frères,
  Dit-il, peut-être mes prières
  Auprès de Dieu n'ont pas d'odeur ;
  Ou peut-être au champ de bataille,
  Le sifflement de la mitraille
  Aura-t-il perverti mon cœur.

  Et le jeune homme séraphique
  Verse des larmes à torrents,
  Aux uns donnant le viatique,
  Baisant au front les délirants.
  Son front qu'éclaire une auréole
  Se voit partout, et sa parole
  Aux mourants donne un doux espoir.
  Aujourd'hui tu le vois encore,
  Aussi radieux que l'aurore,
  Glisser l'assistance le soir.

IV

Le devoir ô mon fils dans notre court voyage,
Se présente au pervers aussi bien qu'au plus sage ;
Celui-ci le saisit et le suit enchanté,
L'autre, le réfractaire, en est épouvanté,
Et rampe cent coudées au-dessous de la louve
Qui lèche ses petits, les allaite et les couve.

Vois plutôt celui-ci, qui, furtif, l'œil hagard
Décrit mille détours, grimpe sur ce hangar :
C'est le voleur déjà deux fois sorti du bagne....
Ce vieux chef prisonnier, errant dans la campagne,
Dont l'œil fauve interroge et la mer et ses flots :
Horreur ! voilons nos yeux ! c'est l'homme aux noirs complots !

Ce monstre qui pouvait ramener la victoire
A son noble pays, et, se couvrir de gloire ;
Méprisant le *devoir* comme le jugement
De l'univers entier, crachant sur son serment,
Affama de sang-froid, lui, venimeux reptile,
Le peuple le plus fort de la plus forte ville.

Enfant, pour aujourd'hui, je m'arrête et conclus
Qu'en dehors du devoir tous biens sont superflus ;
Qu'il doit servir de rhythme en cette poésie,
Dont l'homme est le sujet, dont le livre est la vie ;
Que cet ange éclatant doit être le bouclier
Qu'aux combats de la vie nul ne doit oublier.

THEVENON.

Isère.

CONSOLATION

A ALICE LE SAGE

Quel est ce démon, ce lutin,
Dont le rire frais, argentin,

Nous réjouit, charme et console,
Lorsque déjà l'amour s'envole ?

Ce petit roi, ce souverain,
Jeune despote, dont la main
Nous gouverne d'une caresse,
Et nous soumet, par sa faiblesse ?

C'est le cher et joli tyran
Qui nous appelle grand'maman.
Indiscret, qui peut à toute heure,
Nous surprendre lorsque l'on pleure,

Et qui nous met dans l'embarras,
En nous pressant entre ses bras.
Son petit cœur nous interroge ;
Savoir : est le droit qu'il s'arroge.

« Ton âge doit les ignorer
» Les regrets qui me font pleurer.
» Vieillir ! c'est n'être plus aimée !
» Et ma jeunesse est périmée.

» Trop tôt, tu connaîtras les pleurs.
» La vie en abreuve ses fleurs !
» — Mais, grand'mère, tu n'es pas vieille.
» Ton beau sourire m'émerveille.

» Tu m'endors à tes doux accents,
» Et j'adore tes cheveux blancs.
» Quand je les revois dans un songe
» Mon repos bien mieux se prolonge.

» Et je ne sais pas reposer
» Sans avoir reçu ton baiser.
» — Parle toujours, cher petit ange,
» Ton amour me donne le change.

» Car il me dit, ton timbre d'or,
» Que ta tendresse est un trésor
» Qui réjouit, charme et console,
» Quand pour toujours l'amour s'envole. »

Vᵉ LE SAGE.

VOIX DE LA POÉSIE

A LA SAPHO DE LUCERNE, ANAÏS F.

Où vas-tu, d'où viens-tu, voix de la poésie ?
Et ton souffle si doux, comment est-il à moi
Parvenu dans le cours orageux de la vie ?
Viens-tu de ce grand arbre au bien suave émoi ?
Du florissant Éden à la source sacrée
Sur le premier amour m'offres-tu chant aimé !
Les prophétiques sons, l'essence édulcorée ?
Tu donnes mille accords à mon être charmé.

Eh bien, oui ! parle-nous d'Élohim, roi de l'âme ;
Parle-nous des amours, ô toi fille de Dieu !
Et des hommes bénis, chant divin qui m'enflamme !
Viens nous le répéter, nous brûler de ton feu.
Oui, fais-nous résonner ta lyre harmonieuse ;
Viens enivrer mes sens si tendrement émus ;
Que ta voix sur nos monts me rende bienheureuse,
Car sans toi comment vivre en ces coteaux touffus ?

JOHANNIS MORGON.

(Imité de l'allemande Anaïs Felbert de Surrée.)

SONNACROS

IMPROMPTU

Dux chants mélodieux, que de ta belle Suisse
Nouvellement tu vins m'exhaler en beaux vers,
Admirable génie, à ton bien doux service
Ce voudrais par l'amour attirer l'univers.

serai-je interrompu dans ce charmant office
Fait pour me délivrer des plus cruels revers?
Et pour anéantir par toi tout préjudice,
Le Ciel semble inspirer la déesse des mers.

Béni soit cet écho qui provoqua ta flamme!
En tes divins aveux, je sens parler mon âme.
Reçois donc ma réponse à ton sublime cœur.

Merci! pour le retour de ta vive louange :
Je pourrais, exaltant ton illustre phalange,
Franchir d'un vol hardi l'espace avec bonheur.

JOHANNIS MORGON.

LE CHARLATAN

Tu, tu, tu, vlan, vlan, vlan, boum, boum, boum, pan, pan, pan!
Voilà, voilà, voilà, voilà le charlatan!
Oui, me voilà, messieurs! Dans l'intérêt du monde,
Je voyage toujours sur la terre et sur l'onde.
J'ai vu Moscou, Paris, et, dans un palanquin,
En triomphe je fus promené dans Pékin.
A cette occasion : l'empereur de la Chine,
Par un heureux hasard, s'était brisé l'échine;
Ses nombreux médecins, n'ayant pu le guérir,
Venaient d'être par lui condamnés à mourir.
L'arrêt s'exécutait; de l'empire céleste,
La science aux abois, décampait d'un pas leste.
L'auguste moribond, au mal ne tenant plus,
Ses gardes, ses bourreaux en étaient morfondus;
Ils appelaient en vain les enfants d'Esculape,
Le souvenir des morts faisait doubler l'étape
A ceux qui survivaient. Ce fut en cet instant
Que j'entrai dans Pékin, fier et tambour battant.
Sur la place aussitôt la foule est réunie,
Tant ma musique plaît par sa douce harmonie.

Mais ses divins accords ont fait place à ma voix.
Déjà j'énumérais mes glorieux exploits,
Lorsqu'un bras vigoureux, empêchant que j'achève,
Me saisit tout à coup et de mon char m'enlève.
On m'emporte au palais, auprès de l'empereur,
Que je trouvai gisant sur son lit de douleur.
On lui dit qui je suis : Un rayon d'espérance
A brillé sur son front et calmé sa souffrance;
Puis retrouvant la voix, tout en restant couché,
Il conclut devant moi ce périlleux marché :
« Guéris-moi dans une heure, et ta fortune est faite;
» Sinon le bras d'Inkin fera voler ta tête! »
Je ne répliquai point; dans ce lieu redouté,
Le maître parle seul, et seul est écouté.
Le bourreau seulement, au jour du crépuscule,
Me fit voir que le temps marchait à la pendule.
A ce signe expressif, sortant de ma stupeur,
Je retrouvai mes sens et dominai la peur.
De mon noble métier je reprends l'assurance;
Vers l'auguste malade aussitôt je m'avance;
Je le tourne en tous sens; malgré ses cris affreux,
J'applique mon onguent et frotte de mon mieux.
Le sujet souverain s'indigne et vocifère;
Je ne l'écoute point, et, bravant sa colère,
Je le frotte toujours de plus fort en plus fort,
Jusqu'à l'anéantir, à le laisser pour mort.
L'image du trépas de d'Inkin en colère
A fait lever sur moi le large cimeterre.
Loin de m'épouvanter à ce geste effrayant,
Je le pare d'un mot, et l'arrête en disant :
« Il n'est pas temps encor que l'arrêt s'exécute;
» Tu me dois au cadran une triple minute. »
C'était la vérité; le coup fut suspendu,
Mais le bras du bourreau restait toujours tendu.
O moment solennel! minutes précieuses!
Que je voyais couler graves, silencieuses!

Sous les yeux du bourreau, sous son regard de feu,
Je n'avais plus d'espoir qu'en ma science et Dieu.
Mais l'heure sonne enfin ! ô prodige ! ô merveille !
L'empereur, à ce bruit, doucement se réveille ;
Il nous semble sortir d'un bienfaisant repos ;
La douleur est absente et son corps est dispos.
Il se lève tout droit et librement s'incline ;
Il se relève encor ; le jeu de son échine
L'enchante, le ravit, et le rend si joyeux,
Que d'Inkin stupéfait n'ose en croire ses yeux.
L'empereur est guéri ; ma récompense est sûre.
Je me vois combler d'or vraiment outre mesure ;
Puis, sortant du palais, auprès de l'empereur,
D'un triomphe public j'obtins l'insigne honneur !
Ce mémorable exploit suffit à mon histoire,
Il a fait ma fortune, il m'a couvert de gloire.
Enfin, selon mon cœur, rempli de charité,
Je puis guérir gratis la pauvre humanité,
Car, en payant cinq sous l'onguent que je possède,
C'est obtenir pour rien mon excellent remède.
Excellent, c'est peu dire ; il n'est pas son pareil
Sur ce globe terrestre, éclairé du soleil.
Ma parole, messieurs, est sûre et véridique ;
Je n'ai jamais menti sur la place publique.
Le mensonge, à mon sens, est un crime odieux
Qu'on ne peut trop punir, flétrir à tous les yeux.
Ainsi le faisons-nous, et c'est bonne justice ;
Qui dit la vérité parle sans artifice.
Tenez, écoutez-moi : La musique en avant !...
Tu,tu,tu,vlan,vlan,vlan,boum,boum,boum,pan,pan,pan !
Cet onguent, mes amis, si simple en apparence,
Je le dis sur l'honneur, a détrôné Jouvence ;
Aussi pour découvrir ses divers éléments,
J'ai monté vingt degrés à l'échelle du temps.
De ce brillant sommet où la lumière éclate,
Se dévoile à mes yeux le secret d'Hypocrate.

Je vois, je touche enfin ces simples précieux,
Que vous foulez, hélas! d'un pied si dédaigneux;
Oui, messieurs, en marchant dans la verte prairie,
Vous écrasez souvent des principes de vie;
Mais j'ai veillé pour vous; je les ai recueillis;
Les voici! les voilà! mes chars en sont remplis.
Sans plus tarder, je crois, il est temps que j'explique
Les nombreuses vertus de ce remède unique :
Si vous êtes roué sous les coups de bâton,
Appliquez mon onguent et frottez pour de bon.
Avez-vous un duel? tuez votre adversaire,
C'est le plus sûr moyen de vous tirer d'affaire.
S'il en est autrement, si, par un coup fatal
Vous tombez raide mort, oubliez votre mal;
Appliquez aussitôt l'onguent avec mesure,
Faites-le pénétrer au fond de la blessure;
Suivez bien la formule, et vous n'entendrez pas
Déplorer votre mort et sonner votre glas.
Jadis, on redoutait, à cause de l'enflure,
De ces maudits serpents la terrible piqûre;
On n'allait qu'en tremblant dans les bocages verts,
Au printemps, des oiseaux écouter les concerts.
Oh! ne craignez plus rien, timides pastourelles;
Écoutez sans effroi le chant des tourterelles.
Si le serpent vous pique en ces moments heureux,
Rien n'en peut résulter pour vous de dangereux,
Car mon onguent est là : Sa vertu neutralise
Le venin du serpent à tête noire ou grise.
Ce n'est pas tout, messieurs : Cet onguent merveilleux
Guérit les cœurs jaloux et les plus soupçonneux;
Il ramène au devoir les époux infidèles
Et leur fait détester leurs flammes criminelles;
Mais vous dire comment (voici mon embarras)
L'onguent doit s'appliquer, je ne l'oserai pas;
Ayez pitié de moi, de ma vertu sans tache,
Ici je vous implore, adoucissez ma tâche...

Mais vous m'avez compris, je le vois dans vos yeux ;
Sous silence passons ce mot mystérieux ;
Supprimons de concert l'expression technique,
Par respect pour les mœurs, la morale publique.
La morale, ai-je dit? jamais les charlatans
N'ont osé l'outrager pour vanter leurs talents ;
Ils la respectent trop, ayez-en l'assurance,
Pour prononcer un mot dont la pudeur s'offense.
Si je n'étais pas cru, messieurs, je serais cuit,
Je n'aurais plus qu'à fuir sans trompette et sans bruit ;
Mais la conviction a passé dans votre âme ;
Je le vois, je le sens à l'ardeur qui m'enflamme ;
Aussi, loin de partir, je reste parmi vous ;
Tombez tous éclopés, je vous guérirai tous.
Oui, je voudrais vous voir frappés d'apoplexie,
Ne plus offrir aux yeux aucun signe de vie,
Pour jouir du bonheur de vous ressusciter,
En dépit de quiconque espérait hériter.
Oh! ce beau tour vraiment aurait bien son mérite ;
Est-il un amateur? qu'il se présente vite ;
Jamais vous n'aurez vu rien de plus curieux....
Mais un homme trébuche et tombe sous nos yeux !
Rangez-vous! rangez-vous! je veux de cet ivrogne
Soulager le trop-plein en lui frottant la trogne ;
Car je n'avais point dit, vraiment j'en suis confus,
Que mon remède était approuvé de Bacchus.
Sa vertu la plus rare, enfin je le confesse,
C'est de couper le mal engendré par l'ivresse,
En prolongeant, après, ces mondes vaporeux
Où l'homme ivre se croit transporté dans les Cieux
L'onguent vient d'opérer sa cure habituelle !
Notre homme est sur ses pieds, et sa démarche est telle
Qu'on ne croirait jamais, en le voyant si droit,
Qu'il vient de trébucher, tomber en cet endroit.
Je l'avais bien prédit, et sans être un oracle,
J'étais certain de voir s'accomplir le miracle....

Mais suivons le sujet, tous, avec intérêt ;
Il marche triomphant et rentre au cabaret ;
Il a repris son verre, et sa reconnaissance
Le boit à ma santé, le vide à ma science !
De son cœur généreux je ne veux rien de plus.
Esculape est toujours l'ami du dieu Bacchus.
N'en suis-je pas moi-même une preuve palpable,
En prodiguant mes soins et mon art secourable ?
Si quelqu'un en doutait, pour le confondre ici,
J'irais sans plus tarder au cabaret aussi.
Prononcez-vous, messieurs ! j'attends votre réponse.
Quoi ! vous ne dites mot ? ce mutisme m'annonce
Votre incrédulité. Descendu de mon char,
Au temple de Bacchus je vole et me rends, car
En venant me trouver à l'ombre de la treille,
Vous verrez si je suis l'ami de la bouteille.
D'ailleurs il est bien temps de prendre du repos,
De suspendre un moment mes pénibles travaux.
Mais je suis généreux ; j'invite mes pratiques
A partager gratis tous mes plaisirs bachiques,
Allons ! approchez-vous, malades, souffreteux,
Bancals, boîteux, tortus, culs-de-jatte et goutteux,
Nous allons achever ensemble la soirée ;
Je veux qu'au doux plaisir elle soit consacrée.
Si demain l'un de vous s'avisait d'en mourir,
Mon onguent et ma main iraient le secourir.
En attendant buvons, faisons joyeuse fête,
Et, pour nous mettre en train, chantons la chansonnette !

R. AGNÈS.

Loiret.

LE DEVOIR

A M. ÉVARISTE CARRANCE, PRÉSIDENT DES CONCOURS POÉTIQUES DE BORDEAUX

Pour Dieu, pour la Patrie et pour la famille.

Vous voulez relever ce drapeau que la France
A laissé profaner un jour de défaillance ;

Vous voulez réveiller, au fond de notre cœur,
Ce qui sera toujours pour les hommes d'honneur,
Le gage précieux de la joie la plus pure
Et l'immortel bonheur de la vie future?
Votre souffle puissant étendant son pouvoir
A voulu : Nous devons tous chanter le devoir.

I

Pour sauver le Pays dans les jours du danger,
Pour chasser de son sol l'odieux étranger,
Il faut à nos guerriers l'honneur et le courage :
Cela ne suffit point, il leur faut davantage;
Il faut à ces vaillants, qui font tout notre espoir,
Un égide sacré. — L'amour de leur devoir ! —
Le devoir! quel doux nom! Regardez cette mère
Veillant sur ce berceau. — Souriante, elle espère!...
Son bel enfant qui dort va se mettre au travail.
Ils ont fait tous les deux un bien sublime bail :
Des poètes anciens, l'enfant apprend les rimes.
Dans ce chemin montant, nombreux sont les abîmes;
Mais la mère a promis d'aider le cher mignon,
De surveiller son thème, et d'ouïr sa leçon.
Cela dura longtemps, et fut longue la route
Qu'ils eurent à fournir. Jamais le triste doute
Ne vint décourager ces nobles cœurs vaillants.
Aussi, quand vint la lutte, ils furent triomphants.
Le devoir, le voilà : Le soin de sa famille,
De son mari, l'honneur, et l'amour de sa fille,
Pour cette heureuse mère, sont des gages certains.
Ces biens sont précieux, ils sortent de ses mains.
Dans les sentiers fangeux d'un monde plein de larmes,
Elle ne perdit point, en de vaines alarmes,
Son travail ni ses soins. Lorsque viendra le soir,
Autour d'elle on dira qu'elle fit son devoir.

II

O devoir! d'où viens-tu? Ce n'est point un mystère.
Il descendit du Ciel pour orner notre terre.
Dans les champs de l'Éden, l'homme le rencontra;
Et nous savons, hélas! combien il y manqua.
Depuis ce jour fatal, l'humanité proscrite
Expire en ses remords une faute maudite.
Et pourtant, dans son cœur, l'homme déshérité,
A gardé le flambeau de cette vérité.
Il sait que la vertu doit être le mobile
De son âme affligée et faible et si fragile;
Mais ce phare éclatant qui brille dans les Cieux,
Lui montre, à chaque instant, le chemin des aïeux.
Il marche avec bonheur au cri de la conscience.
Il sent qu'il fait le bien, il est plein d'espérance.

III

Si mes regards curieux sondaient les temps passés!
Pour remplir son devoir, qui nous a surpassés?
Est-il dans l'univers une plus belle histoire?
De nos héros Gaulois, qui surpassa la gloire?
Est-ce César vainqueur du noble Ambiorix
Traînant après son char le Vercingétorix?
Est-ce Attila maudit de ces tribus errantes,
Qui fuyaient, en pleurant, la place de leurs tentes?

1871???

Ces monstres odieux qui sortent des tombeaux,
Ne sont point le devoir. Ils furent ses bourreaux.
Tous les droits violés. Les ruines fumantes,
Les peuples asservis, les batailles sanglantes,
Les pays consternés, tous les mondes vaincus,
Ne serviront de rien au vainqueur qui n'est plus.
Son nom sera banni du temple de mémoire.
Comme un sinistre éclair, le burin de l'histoire

Le livrera maudit au terrible avenir ;
Et le temps, ce vengeur, n'aura qu'à le ternir.
S'il n'a pas eu pour but, dans sa lutte terrible,
L'amour de la vertu, l'avenir inflexible
Répétera son nom au futur paysan.
Un nom rempli d'horreur ! « Ce n'était qu'un tyran. »
Tandis que ces héros qui moururent sans crainte
Ont laissé dans l'histoire une bien douce empreinte :
Ils sont de la vertu les grands représentants.
Pour honorer leurs noms, tous leurs faits éclatants,
Les peuples ont soumis les métaux et la pierre.
Leur image se dresse, et sur leur face altière
On lit avec bonheur, que leur but fût rempli :
L'amour de la vertu, le devoir accompli,
Le pays défendu. Cette divine flamme
Illumine leurs fronts, et l'on croit voir leur âme.

IV

O devoir ! je te vois dans l'acte de Codrus ;
Athènes fut sauvée. Dans Rome, Décius
Achève noblement la sublime légende.
Il n'est point de respects qu'un grand peuple ne rende
A ces héros tombés sur le champ de l'honneur.
Ils aimaient leur devoir, mouraient avec bonheur.
Ils vivent à jamais dans l'immortelle histoire.
Ils faisaient leur devoir, ils trouvèrent la gloire.
La Grèce se souvient du roi Léonidas ;
La France a conservé le chevalier d'Assas,
Et Desaix, et Fabert, et cette sentinelle,
Et son sublime oui, puis la chaste Pucelle.
Le devoir pour ces preux fut un noble étendard ;
C'est pour lui que tomba le chevalier Bayard ;
Lui seul donne à leur cœur cette flamme immortelle
Qui jaillit, de leurs yeux, à l'heure solennelle.
Le devoir, de tout temps, enfanta les héros ;
Ceux qui l'ont pratiqué connaîtront le repos.

A. Pelouse.

LE CRÉPUSCULE

Heure unique, le jour n'est plus.
Pour nous, la nuit n'est pas encore ;
Rayon d'espoir aux cœurs émus,
Si ton reflet se décolore,

Tout est prestige et sentiment.
Mol abandon, brise odorante,
Vague si doux, charme enivrant,
C'est le parfum de l'âme aimante.

Le pilote, au déclin du jour,
Sur sa barque silencieuse,
Du calme invoquant le retour
Rêve une mer moins orageuse.

A la faveur d'un clair obscur,
L'illusion paraît complète.
Point de ruses de l'art, Arthur,
Tu vas grandir, prends ta palette.

Au pied d'un chêne séculaire
Le poète ardent, amoureux,
A la chute crépusculaire
Adoucit sa lyre et ses feux.

L'amant froissé par les rigueurs
De celle qui fait son martyre,
Vers le soir livre ses langueurs
A l'écho des bois, et soupire.

La cloche aux sons religieux,
A l'angelus chacun appelle.
Jeunes fiancés, soyez heureux ;
Priez pour lui, priez pour elle !

La charité aux pas discrets,
Dans le silence et le mystère,
Porte ses pudiques bienfaits
Au toit où l'indigence espère.

Pauvre exilé, quand au Ciel pur
Se lève l'étoile brillante,
Verse sous l'horizon d'azur
Tes pleurs sur la Patrie absente.

O Nymphe de ces eaux sablées,
Tu fuis sous le soleil d'été :
Phébé, de tes grâces voilées,
La nuit, contemple la beauté.

Tu pars, loin de l'objet chéri ;
Que pourra me causer l'absence ?
De la froideur, non, non. L'oubli ?
Quand tout se tait, un ami pense.

Heure charmante, heure indécise,
Penser d'amour et de bonheur,
Heure toujours si bien comprise
Partout où bat un tendre cœur.

Heure de la mélancolie,
De repos et d'épanchements,
Heure de douce sympathie
Inspire mes humbles accents.

P. PONTOIS.

LA CROIX D'HONNEUR

La bise gémissait avec douleur ; dans l'âtre
S'éteignaient deux tisons à demi consumés ;
De la lune filtrait une lueur verdâtre
    Au travers des ais mal fermés.

Ce rayon qui glissait ainsi dans la nuit sombre,
Sur le front d'un vieillard, sur les traits d'un enfant,
Paraissait caresser et disputer à l'ombre
    Cheveux d'or et cheveux d'argent.

Ils étaient beaux tous deux, l'enfant et le grand-père ;
Le premier faisait croire à ces blonds séraphins
Qui, du Ciel éthéré, descendent sur la terre
    Pour être nos anges gardiens.

Par son air inspiré, sa figure inflexible,
L'autre faisait songer aux bardes d'Israël ;
On eût dit une page arrachée à la Bible,
    Le vieux Tobie et Raphaël.

« Mon père, dit l'enfant en rompant le silence
» Qui, lourd comme du plomb, sur eux semblait peser,
» Père, le feu s'éteint, voyez, la nuit s'avance,
    » Ne voulez-vous point reposer?

» — Du repos, dit l'aïeul, ah! bientôt, je l'espère,
» Je pourrai m'assoupir dans mon dernier sommeil ;
» J'irai dormir heureux près de ta pauvre mère
    » En attendant le grand réveil.

» Ce jour viendra bientôt... qui sait... demain peut-être,
» Et, près de te quitter, jusqu'au dernier moment
» Je veux encor jouir du suprême bien-être
    » De te contempler cher enfant.

» Pierre, écoute-moi bien : d'un mourant la prière
» Est un ordre sacré pour un enfant pieux ;
» Promets-moi d'accomplir ma volonté dernière,
    » Quand tu m'auras fermé les yeux.

» Sur le plus haut rayon de notre vieille armoire
» Cherche : tu trouveras mon seul trésor, ma croix.
» Témoin des anciens jours si chers à ma mémoire,
    » Salut pour la dernière fois!

» Ce fut un bien beau jour, j'avais deux fois ton âge ;
» Je venais aux Prussiens d'enlever un canon ;
» J'étais couvert de poudre, enivré de carnage,
  » Lorsque passa Napoléon.

» Un coup de mousqueton m'avait atteint l'épaule ;
» Lentement le héros près de moi s'avança,
» Et, détachant sa croix, sans dire une parole
  » Sur ma poitrine il la plaça.

» Soixante ans sont passés, depuis j'ai vu ces reîtres,
» Ces Prussiens abhorrés, terrasser nos guerriers ;
» Nous imposer leur loi, leur drapeau, puis en maîtres
  » Venir s'asseoir à nos foyers.

» Hélas ! je n'ai pas pu dans ma douleur sénile
» Reprendre le fusil devenu trop pesant ;
» Et moi l'ancien soldat, maintenant vieux, débile,
  » J'en ai pleuré comme un enfant.

» Ah ! si je ne tenais à finir ma carrière
» Entre ces murs noircis où vécurent les miens,
» J'aurais fui pour jamais cette Alsace si chère
  » Que souillent les pieds des Prussiens.

» Quand tu m'auras conduit à la froide demeure,
» Au funèbre séjour d'où l'on ne revient pas,
» Du côté de la France, avant que le jour meure,
  » Mon fils, dirige alors tes pas.

» Je ne puis te laisser pour unique héritage
» Que cette croix d'honneur ; hélas ! c'est mon seul bien.
» Garde-la bien toujours ; du devoir, du courage
  » Elle te dira le chemin.

» Pierre, tu grandiras, un jour tu seras homme ;
» Peut-être entendras-tu flétrir plus d'une fois
» Le nom de ce guerrier que jamais je ne nomme
  » Qu'avec des larmes dans la voix.

» Alors rappelle-toi ce que fut ton grand-père,
» Souviens-toi de son legs, de cette croix d'honneur ;
» Sans en jamais rougir, que ton âme soit fière
  » De rester fidèle au malheur.

» Dieu seul sait l'avenir, lui seul reprend et donne,
» Fait briller ou pâlir les sceptres, les blasons ;
» Peut-être garde-t-il encore une couronne
  » A l'enfant des Napoléons.

» Peut-être le Seigneur au bras du jeune prince,
» Réserve-t-il aussi le glorieux succès,
» D'arracher aux Teutons notre belle province
  » Et de nous rendre encor Français.

» Hélas ! lorsque luira l'heure de délivrance,
» Je ne serai plus là ; mais, au fond du cercueil,
» Mes vieux os sous les plis du drapeau de la France
  » Tressailliront avec orgueil.

» Et, comptant des soldats la troupe glorieuse,
» Si je puis dans leurs rangs t'apercevoir, mon fils,
» Du haut du Ciel mon âme émue et radieuse
  » Murmurera je te bénis. »

. . . .

Et lorsque du matin la lumière tranquille
Vint remplacer la nuit de ses rayons si doux,
Elle éclaira tout près du vieillard immobile
  Pierre qui pleurait à genoux.

Sur le soir, cheminait le long de la colline
Un enfant à l'air triste, aux vêtements de deuil,
On l'eût pu voir parfois presser sur sa poitrine
  La croix d'honneur de son aïeul.

Marguerite Gonin.

SALUTATIO ANGELICA

Ave Maria, gratia plena.

Du haut du beau séjour des clartés éternelles,
Un ange radieux aux grâces immortelles,
Obéissant, quitta pour la terre le lieu
Où réside sans fin le Seigneur notre Dieu.

Il descendit alors à la maison modeste
Qu'occupait ici-bas une vierge céleste
Destinée à donner au monde le Sauveur
Qui devait racheter par sa mort le pécheur.

Respectueux, il entre ; et sa voix pacifique
Salue en ce moment par un chant magnifique
La servante de Dieu, la Vierge de Juda,
Celle que l'univers appelle Maria !...

« O toi, Vierge, dit-il, au cœur rempli de flammes,
» Désormais, tu seras bénie entre les femmes !...
» Soumis, je te salue avec honneur, espoir,
» Et m'incline surtout devant ton saint pouvoir.

» Tu concevras alors un Sauveur adorable
» Auquel tu donneras un nom ineffaçable....
» Il sera grand, puissant ! le trône occupera
» De son père David ; à jamais règnera !... »

Mais Marie ajouta : « Comment ce grand mystère
» Pourra-t-il s'accomplir, Gabriel, sur la terre ?...
» Je ne connais point d'homme ! Et l'ange dit bientôt :
» — Ah ! sur toi, descendra la vertu du Très Haut !...

» Alors, tu donneras, enfanteras au monde
» Ton Sauveur et ton Dieu dans une paix profonde !... »
Il dit, et disparut, remonta vers les Cieux ;
Et laissa Maria bénir ce fait heureux !...

. . . .

Et les célestes chœurs, les innombrables anges,
Entonnèrent ravis au Ciel bleu, les louanges
De celle qui devait donner au monde, un jour,
La lumière et la vie, et la grâce et l'amour !...

. . . .

« Alors, mère de Dieu, s'accomplit la promesse
» Dès longtemps annoncée à tout peuple en détresse ;
» Et ton fils racheta par sa sublime mort
» Cet univers pervers, et nous bénit encor !...

» Maintenant, Vierge sainte, à toi l'honneur suprême
» D'avoir en ton sein chaste engendré Dieu que j'aime !...
» Salut, mère de Dieu ! Salut, ô *Maria !*
» Salut, reine du Ciel ! ô *rosa mystica !!!* »

Guillaume de Pichon.

Caracas.

LES DEUX CAPTIFS
FABLE

Chassée par l'ouragan, poursuivie par l'orage,
Accablée par les eaux qui tombaient à foison,
Une pauvre hirondelle au toit d'une maison
Était venue s'abattre. On l'avait mise en cage.
Mais on dit que tout mal amène un mal nouveau :
    Tel fut le sort de notre oiseau.
    La messagère abandonnée
    Pouvait sans peine apercevoir
    Son nid détruit, son seul espoir,
L'ouvrage de son cœur, le travail de l'année.
De la sombre demeure où se cache l'amour,
    Cloître rempli d'un doux mystère,
Les débris noirs et blancs, hélas ! jonchaient la terre ;
Et venu des forêts, le tiède vent du jour

Les emportait dans sa course éphémère.
Le vulgaire sait-il comprendre ces malheurs,
Le chagrin de l'oiseau qui perd son bien suprême?
Quel œil peut parcourir le fond de ces douleurs?
  On ne le peut que lorsqu'on aime.
En vain la pluie cessait, en vain le toit désert
Reflétait de Phœbus la radieuse image,
En vain le frais zéphyr, doux hôte du bocage,
Otait des perles d'or à quelque rameau vert;
Rien ne pouvait calmer cette peine obstinée,
  Ramener la franche gaieté,
  Rendre à la triste infortunée
  Son amour et sa liberté.
Les plaintes s'exhalaient de son âme oppressée,
Tandis que nul écho ne redisait sa voix :
« Lorsque la pâle automne à l'haleine glacée
  » Chassera l'ombre de nos bois,
  » Mes compagnes insoucieuses,
  » Des créneaux de la vieille tour,
  » Lasses d'aimer, encor heureuses,
  » S'envoleront toutes joyeuses
  » Aux derniers rayons d'un beau jour.
» Au rendez-vous d'adieu l'hirondelle plaintive
» Ne viendra pas. Et l'amer désespoir
» Tiendra lieu de départ à la pauvre captive
  » Qu'on trouvera morte ce soir. »

  Mais victime du ravisseur,
  Sans doute aussi du noir orage,
  Un oiseau fut mis dans la cage :
Peut-être une étrangère, ou peut-être une sœur?
C'était un jeune fils du printemps près d'éclore,
Un rossignol léger à la timide voix,
Qu'en vain pour l'imiter soupire le haut-bois,
Qui chante tout le jour et la nuit chante encore.

Les dieux firent pour nous, trop fragiles roseaux,
Nombre d'enfants moqueurs à la pesante armure
Qui blessent tendrement et rient de la blessure :
    En firent-ils pour les oiseaux ?
Quant à moi, je le crois. Les barreaux de la cage
Étaient moins lourds à ceux dont se jouait le sort :
L'un n'osait plus parler d'une trop prompte mort,
L'autre trouvait la clef de son gentil ramage.
Nul n'a su dire encor combien un noir ennui
    Est léger quand l'amour s'en mêle,
Et quand il touche un cœur par la peine endormi ;
Combien au malheureux peut quelque noble ami,
    A Progné quelque Philomèle.

JEAN-BAPTISTE FUGAIRON.

ÉPITRE SUR LA MORT

L'homme n'est que poussière et poussière il engendre !
Nous foulons chaque jour un mortel sous nos pas,
Un mortel à son tour foulera notre cendre !
En regardant des Cieux, oh ! la terre est bien bas...

Quand la mort a frappé, nul coup n'est plus terrible ;
Ce fameux conquérant des mondes et du temps,
La frayeur de mon âme et le spectre invisible
Qui flétrit sans pitié la rose du printemps.

L'homme son ennemi, l'homme est né dans ses chaînes ;
Sans repos dans son œuvre et juste dans son choix,
Oh ! la mort ! ce dompteur de nos forces humaines
Voit tomber sa victime et rit de ses exploits.

Sage qui sait l'attendre avant qu'il ne succombe,
Elle est là pour le peuple, elle est là pour le roi,
Oui, comme vous et moi nous sommes pour la tombe !...
Inévitable arrêt de l'immortelle loi !

Mais voyez aujourd'hui notre folle jeunesse
Avec son espérance, avec tous ses amours,
Comme elle s'abandonne à sa grande faiblesse,
Comme elle se flétrit au plus beau de ses jours!

Elle arpente à grands pas les sentiers de la vie,
Peu chargée de soucis, rayonnante d'espoir;
Jeunesse passionnée! cœur bien fait pour l'envie!
Tu ne négliges rien si ce n'est le devoir!

Sans songer à demain la journée malheureuse,
Tu ris de l'avenir et même de ton sort;
Mais au dernier moment, ma superbe orgueilleuse,
Dis-moi si devant Dieu tu riras de la mort?

ÉLIE CHEREAU.

PROBLÈME

Le vent, par les forêts prochaines,
    Aux chênes
Peut arracher leur rameau vert.
Où vas-tu quand le vent t'emporte,
    Feuille morte,
Où vas-tu, pendant l'hiver?

La mer, sur la plage qui pleure,
    Effleure
La petite bête au bon Dieu.
Où vas-tu, quand la mer tempête,
    Pauvre bête,
Où vas-tu, dans le flot bleu?

La perle blanche, dans la baie
    Tombée,

Roule jusqu'au fond du néant.
Où vas-tu, quand la mer déferle,
   Blanche perle,
Où vas-tu, dans l'Océan?

La mort à l'homme qui les cache
   Arrache
L'existence et la liberté.
Quand la mort le frappe et le nomme,
   Où va l'homme,
L'homme dans l'éternité?

Robert Fournier.

L'ARBRE DE LA SCIENCE DU BIEN ET DU MAL
DIALOGUE

LE MAL

C'est en vain que tu veux renverser mon pouvoir.
Tu n'y parviendras pas. J'ai su sans m'émouvoir,
Dominer jusqu'ici sur la terre et sur l'onde.
Ma doctrine est facile, elle charme le monde.
Je conduis à mon gré les stupides mortels,
En leur montrant de loin des plaisirs éternels.
Je couvre, sans rougir du doux nom de faiblesse
Le plus noir attentat, la plus vile bassesse.
L'ignorance soutient ma domination.

LE BIEN

Tu dictes ton arrêt; donc, par l'instruction,
A jamais finira ton règne d'imposture
Qui, depuis six mille ans dégrade la nature.

LE MAL

Quoi, des décrets du Ciel, ministre rigoureux,
Tu dis que ton pouvoir descend du haut des Cieux,

Eh bien ! montre-moi donc l'effet de ta puissance ?

LE BIEN

La vertu porte en soi toute sa récompense,
Elle emprunte de Dieu sa douce majesté,
Rien ne saurait ternir l'éclat de sa beauté.

LE MAL

A quoi bon la vertu dans les temps où nous sommes,
Où l'or est le seul Dieu reconnu par les hommes ;
Et puis que promet-elle ? Un espoir incertain !

LE BIEN

Cet espoir a toujours du moins un lendemain !

LE MAL

Moi, d'un bonheur présent j'accorde les largesses,
Vers les cœurs les plus vils vont souvent les richesses.
Partout sur mon autel on fait fumer l'encens ;
Je sais enivrer l'homme et captiver ses sens.

LE BIEN

Comme toi, je n'ai pas tout ce vain artifice,
Et je ne puis souffrir qu'on trompe la justice.
Je méprise surtout cet art astucieux
De colorer le vice afin qu'il plaise aux yeux.
J'engloutis sans pitié dans les mêmes abîmes,
Princes et roturiers souillés des mêmes crimes.

LE MAL

Du même tronc pourtant nous sommes nés tous deux.

LE BIEN

Ton fruit donne la mort, le mien rend l'homme heureux.
Je procure la paix et tu sèmes la guerre.
Par moi seul, l'homme peut progresser sur la terre.

LE MAL

Frère, ne compte pas sur le progrès du bien.
Le monde corrompu ne fera jamais rien.

LE BIEN

Si l'ignorance a pu te conserver l'empire,
L'homme, désabusé, commence à te maudire.
Il comprend qu'avec toi tout est misère et deuil.
Il veut t'ensevelir dans l'immense cercueil
Que pour lui tu creusais. Une douce lumière
Dessille quoique tard sa débile paupière ;
Il voit à l'horizon la science fleurir.
Le bien a triomphé ! le mal vient de mourir !

Louis Mouriès,
Membre d'honneur des Concours Poétiques,
Membre des concours littéraires.

UNE SOIRÉE

Après les beaux épis que notre main moissonne,
L'automne a partagé les fruits de sa couronne ;
Les plaines ont perdu leurs traits luxuriants ;
Les bois, même les bois ne sont plus attrayants !
Leur feuillage est tombé sous le souffle des nues,
De la terre voilant ainsi les formes nues ;
Et la pluie et les vents, et la neige et les froids
Remplissent l'horizon de tristesse et d'effrois ;
Font gémir les humains et toute la nature,
Qui pleure les soleils, les chants et la verdure.
— La saison des frimas, apportant les ennuis,
Le sombre dans les jours, trop d'heures dans les nuits,
Invite les mortels à de doux artifices,
Qui dispensent le jour, la gaîté, les délices.
Ainsi, dans des salons conforts et somptueux,
Où l'âtre et la bougie ont remplacé les feux
Du globe de lumière à la chaleur féconde,
On peut voir, certains soirs, se réunir un monde.

Et là, par la musique, accords et tendres chants,
Chacun accourcit l'heure et charme ses instants.
Violons à l'envi, haut-bois, flûtes, guitares,
Expriment des talents suaves et très rares,
Et tous les concertants, unis ou séparés,
Pour atteindre le beau, paraissent inspirés.
Tous les cœurs, suspendus à des sources si pures,
Goûtent l'attrait des chants, l'éclat des ouvertures.
Le sexe gracieux y sait briller parfois;
Mais, plus souvent, il sait exceller de la voix.
Et, tour à tour, chacun, après les sieurs les dames,
Se dévoue aux plaisirs qui versent leurs dictames.
Et le clavier sonore, et docile aux dix doigts,
Fait monter des accords se mélangeant aux voix.
La joie et les parfums, mêlés à l'harmonie,
Font battre tous les cœurs et font chérir la vie;
Et, les jeux se suivant, la danse aux pieds légers,
Déverse des attraits aux cœurs froids étrangers.

Heureux sont les mortels qui les ont en partage,
Qui d'heures de bonheur ont ainsi l'héritage.
Mais plus heureux sont-ils, s'ils n'ôtent pas leurs yeux
De leurs frères souffrants qui regardent vers eux;
Si ceux dont le besoin ne peut se satisfaire,
Qui frappent à leur porte, en criant leur misère,
Ne sont pas rejetés de leurs cœurs par ces jeux;
Car, heureux sur la terre, ils jouiront des Cieux.

Léon Baux.

Seine-et-Marne.

LES ADIEUX

Quand tu seras bien loin de moi,
Regarde le nuage sombre,
Car je serai tout près de toi :
Cette vapeur, sera mon ombre....

Le suave parfum des fleurs,
Ce sera mon souffle : respire ;
Leurs gouttes d'eau seront mes pleurs
Et, leur calice mon sourire....

Du petit oiseau, le concert
Sera ma voix qui te rappelle ;
Ses soupirs près du nid désert,
Seront des miens, l'écho fidèle....

Des vagues plaintives, le chant
Dont l'harmonie est triste et pure,
Ou, des feuilles, le bruissement,
La nuit : ce sera mon murmure....

Adieu !... si c'était le dernier ?...
Non !...

  La caresse de la brise,
Le soir : ce sera mon baiser !...
Je t'aime !...
   Adieu !...
     Mon cœur se brise !!...

E. Ducos.

A MARIA K...

J'aime d'amour une enfant blonde et pure,
Son doux regard m'enivre, me rend fou ;
Les longs replis blonds de sa chevelure
En ondulant retombent sur son cou.

Quand un sourire, écho de sa pensée,
Vient doucement sur sa bouche rosée,

Je suis heureux, je souris à mon tour
En murmurant des paroles d'amour.

Si l'indiscret sur ses attraits charmants
Ose jeter quelques regards d'envie,
Un feu nouveau vient animer mes sens,
Me torturer, c'est de la jalousie.

A chanter ses attraits, ma muse est impuissante ;
Sa beauté se résume en un mot : « Ravissante ! »
Et ses jolis yeux bleus ont un éclat si doux
Que les anges du Ciel doivent être jaloux ;
Chacun de ses appas leur doit coûter des larmes,
Aucun d'eux n'a jamais possédé tant de charmes.

On la nomme Marie,
Je le dis à regret ;
Cet amour, c'est ma vie,
Vous savez mon secret.

E. Goussé.

ACROSTICHE

J'ose, sur votre nom laissant rimer ma muse,
En téméraire essai, qui la met aux abois ;
Ta pauvre est sans esprit, sans détour et sans ruse ;
Il est certain qu'un mot l'arrête au moins dix fois.
A ses dépens, aussi, bien souvent l'on s'amuse.

Pourquoi vos jolis yeux, en suivant ses efforts,
Accusent-ils en vous intention moqueuse ?
Soyez donc indulgente, et puis, envers ses torts,
Complaisamment fermez votre bouche railleuse ;
Au moment d'arriver, ne découragez pas
L'enfant qui touche au port et qui vous tend les bras.

E. Goussé

ACROSTICHE

Il est un sentiment que le cœur ne commande,
Sentiment qui séduit, qui donne le plaisir.
A sa loi rigoureuse il faut que tout se rende ;
Bien souvent il éclot d'un regard, d'un désir.
En vous voyant, un jour, lorsque votre prunelle
Lentement s'abaissa sur mes yeux enivrés,
L'amour jaillit soudain, sa sublime étincelle
Emplit d'émotion tous mes sens égarés.

E. Goussé.

ACROSTICHE

Gracieuse beauté qui charme tous les yeux,
Et vers qui malgré lui le cœur vole, s'élance,
On guette vos regards, que vos longs cils soyeux
Rendent plus doux encor, qui le sont tant d'avance !
Georgette est votre nom : J'essaie à le chanter,
Et ma muse timide est bien embarrassée ;
Trop faible est son talent, que j'ose tourmenter ;
Tout mon amour aidant, si la pauvre est lassée,
Enfin je finirai ce que j'osai tenter.

E. Goussé.

AUTRE ACROSTICHE

A UNE FEMME DE QUARANTE ANS

Capricieux destin, que ne m'as-tu fait naître
Lorsqu'elle était encore à deux pas du berceau ;
En rapprochant ainsi nos deux âges, peut-être
Mon cœur avec le sien, dans un bien doux faisceau
Eût été réuni. L'amour que j'ai pour elle
N'eût point été reçu comme un vil compliment,
Comme on accueillerait « le je t'aime, ô ma belle, »
Échappé quelquefois d'une bouche qui ment.

E. Goussé.

LA GUERRE

EMPEREURS ET ROIS

Vous faites sillonner l'espace
De plomb, de mitraille et de feu,
Pour conquérir, prendre la place
Que ne vous a pas donnée Dieu.

Souvent ne voit-on pas éclater sur la terre
Les canons, les obus, une terrible guerre
Entre les nations, pour plaire aux potentats,
Quelquefois qu'on méprise ou qu'on ne connaît pas,
Pour obtenir pour eux des lauriers, de la gloire,
Leur nom qu'après la mort soit connu dans l'histoire?

On traite d'ennemis ceux qu'on n'a jamais vus;
Souvent des malheureux, toujours des inconnus
Arrachés comme nous du sein de la famille;
Quittant parents, amis, la chaumière ou la ville;
Le bonheur de la vie et le plaisir des champs,
Quelquefois pour toujours, tout au moins pour longtemps.

En ces jours malheureux, que de larmes versées,
De parents éperdus, de mères éplorées,
Au triste souvenir de leurs enfants chéris
Que leur flanc a portés, que leur sein a nourris!
Maintenant, ô douleur! pour vous, sensible mère,
Vous avez le chagrin, peut-être la misère....
Vos enfants sont partis! adieu plaisir du soir;
Ils ne se chauffent plus au foyer du manoir;
Ils affrontent la mort au milieu des batailles,
Où le fer meurtrier déchire les entrailles.
Vous ne les voyez plus consoler vos vieux jours;
On vous les a ravis, peut-être pour toujours!...
Empereurs, et vous rois, croyez-vous qu'on vous aime?
Non, non, on vous maudit d'une manière extrême,

Quand, voulant satisfaire un malheureux orgueil,
Vous conduisez souvent les hommes au cercueil,
Et faites mutiler beaucoup d'autres victimes ;
De vivre sous vos lois, serait-ce donc des crimes?...
Ne craignez-vous donc pas que Dieu... que l'Éternel
Ne vous punisse un jour... ne vous ferme le Ciel?...

   À l'avenir,
  Ne donnez plus pour partage
  A l'homme civilisé
  Le plus odieux esclavage :
  Ayez plus d'humanité.

Oui, laissez-lui la vie, aussi la liberté !

         DÉSIRÉ DUPUIS.

Pas-de-Calais.

CHANSON PRINTANIÈRE

A M. ADRIEN LACROIX

J'ai vu s'anéantir dans l'ombre
Le grand spectre au visage sombre,
Et perçu dans les rameaux verts
Un vague et suave murmure :
J'ai vu s'éveiller la nature
Sous le blanc linceul des hivers.

Des eaux j'ai vu fondre la glace
Et frétiller à la surface
Des myriades de poissons.
J'ai vu mourir les violettes,
Naître lilas et pâquerettes
Aux pieds des rustiques maisons.

J'ai vu tournoyer dans l'espace
L'oiseau de poétique grâce

Qui dit : printemps, gaieté, bonheur;
Le soleil aux rayons superbes
Verser ses feux en mille gerbes
Sur les sillons du laboureur.

J'ai vu l'abeille frémissante
Se poser sur la fleur naissante,
Des étoiles au Ciel le soir.
J'ai vu là où tombait le givre
L'amour enseveli revivre,
Bercé dans les bras de l'espoir.

Et ma lyre émue, ravie
A résonné, chantant la vie;
Ma coupe s'est emplie de miel,
Et j'ai senti grandir mon âme
Sous le feu sacré de la flamme
Qu'allume en nos cœurs l'Éternel.

Albert Mailhe.

IDYLLE

LA RETRAITE DU BONHEUR

At secura quies, et nescia fallere vita.
Virgile.

O vous tous, si jamais, à travers votre course,
Vous venez à trouver le bonheur à sa source,
Le bonheur doux et pur qui, de deux cœurs amis
Qu'un seul et même nœud tient pour toujours unis,
Jaillit et se répand en flots frais et limpides ;
Le bonheur où les jours passent gais et rapides;
Dont les épanchements s'écoulent langoureux
Exhalant leur parfum vers la voûte des Cieux ;
Le bonheur où l'amour murmure sans envie,
Si vous le rencontrez, ah ! je vous en supplie,

Emportez-le bien loin dans le secret des bois,
Pour que l'orgueil humain ne lui donne des lois ;
Hâtez-vous de le mettre en quelque solitude
Où la main ne viendra semer l'inquiétude :
Dans le gazon, sans bruit, laissez-le serpenter,
Sous la mousse, ignoré, se perdre et s'égarer.
Ah! surtout, n'invitez aucune âme étrangère
A venir étancher une soif adultère
Dont l'ardeur tarirait — ô moment bien fatal ! —
La source de ses eaux, semblables au cristal :
Ces eaux au doux soupir, amantes et de l'ombre
Et du mystère qui veille dans la nuit sombre.
Que le gazouillement de l'oiseau qui gémit,
Que le bleu papillon qui de l'aile frémit,
La tendre tourterelle et sa note plaintive
Attristant la nature à ses chants attentive,
Et le souffle du vent qui joue avec la fleur,
Troublent, seuls, le repos de ce séjour rêveur
Où l'âme, en même temps, rayonne et se recueille !
Que la fraîche rosée en humectant la feuille
Seule, vienne augmenter la source du bonheur
Que ne séchera pas le feu de la douleur !

Ch. Auger.

BILLET DE JUIN

L'été, quand le Ciel est de flamme,
On aime l'ombre et la fraîcheur,
La source que le pré réclame
Et que suit le martin-pêcheur ;
La nappe d'eau qui se déploie,
Les nids qui frissonnent de joie,
Toute la plaine qui verdoie,

Les chansons de l'air et du sol ;
Le grillon, aux notes chagrines,
Le parfum des brises marines,
Le violier, fleur des ruines,
Et le pin, vaste parasol ;
La gorge où le torrent murmure
Sous les frênes et les cormiers ;
Les lits de mousse et de verdure,
Le roucoulement des ramiers ;
Et les saules que le vent plie
Dont l'ombrage au gazon s'allie,
La mûre aux buissons verts cueillie,
Et la vigne et les épis d'or ;
Les monts, aux sourcilleuses crêtes,
Les vallons exempts des tempêtes,
Et les hameaux, aux douces fêtes,
Où tous les cœurs prennent l'essor !

Siffrein Seyssaud.

ANNIVERSAIRE

C'était la *Fancy-Fair* : par un peu de musique,
J'avais prouvé mon zèle aux bébés malheureux,
Et songeant à Weber, sans les oublier, eux,
De l'art je subissais le charme magnétique.

Pressentiment d'amour, que l'amour seul explique,
J'attendais le bonheur... Vous vîntes en ces lieux,
A moitié souriant, à moitié sérieux,
Me dire un madrigal d'un accent sympathique.

Depuis ce beau soir-là, j'ai pâli, j'ai pleuré ;
A de grandes douleurs mon cœur s'est déchiré,

Mais j'aime encor Weber, et j'aime encor la crèche.

J'aime toujours aussi le souvenir charmant,
D'un bonheur trop fragile, écroulé doucement,
Laissant, pour me sauver, l'amitié sur la brèche.

VALÉRIE JANSEN.

Belgique.

AU ROI GUILLAUME

Roi Guillaume, il est temps d'arrêter tes soldats.
Dieu, qui tient dans ses mains le sort des potentats,
D'un sceptre d'or peut faire un roseau bien fragile !
Roi, j'entends un grand cri qui court de ville en ville :
C'est le divin réveil de notre liberté,
C'est le cri d'un grand peuple et de l'humanité,
C'est la voix qui flétrit l'injustice et la haine
Et maudit le tyran que son orgueil entraîne.

O roi, la liberté vient du Dieu créateur ;
De son rayonnement provient toute splendeur ;
Elle fait les héros, elle fait les histoires
Où règnent à jamais les immortelles gloires.

Roi, tes soldats ont pris et brûlé nos pays,
Et nous ne verrons point en eux des ennemis
S'ils s'éloignent dès que la clameur publique
Annonce avec transport la France-République !
Roi Guillaume, il est temps d'arrêter tes soldats.
Le Dieu qu'on invoquait dans les derniers combats,
Est le dieu des tyrans, des fourbes et des lâches,
Qui doit toujours faillir à ses humaines tâches.
Nous allons évoquer, par l'esprit et le cœur,
Le Dieu de paix, puissant et régénérateur ;
Nous allons demander, à ce maître sublime
De te montrer, ô roi ! l'infranchissable bîme.

Mais, si trop aveuglés, tes yeux ne peuvent voir,
Si ta haine a trompé notre suprême espoir,
Fiers comme les enfants qui défendent leur mère,
Notre sang jaillira de nouveau sur la terre ;
Et tu verras comment un peuple, ô majesté !
Combat pour sa Patrie et pour sa liberté !

Évariste Carrance.

Septembre 1870.

DANS PARIS

CROQUIS HUMORISTIQUES

II. — LE FILS D'ALBION

Voyez ce gentleman à l'aspect drôlatique,
Au langage burlesque, au regard éraillé !
Son geste grave et lent, sa démarche mimique
Lui donnent l'air piteux d'un dindon habillé.

En extase devant l'obélisque conique
Antique monument par le temps mutilé,
Le fier : Aôh ! sorti de sa lèvre ironique
Nous montre clairement qu'il est émerveillé.

Il parle club et sport, et hante la taverne ;
Boit l'ale et le porter, dédaigne le sauterne ;
Un binocle sur l'œil admire la beauté.

A regret il quitta les bords de la Tamise,
Pour venir rétablir sa santé compromise ;
Et, pour chasser le spleen, s'abonne à la Gaîté.

Eug.-Narcisse Monnaux.

Seine.

AUX POÈTES
ÉPIGRAMME

Avec plaisir, j'ai lu, médité vos chefs-d'œuvres
Et de vos mille vers admiré les manœuvres....
La richesse sans fard de vos descriptions
M'a vivement touché, rempli d'illusions ;
Aussi, depuis ce temps, en selle sur Pégase,
Je cours d'un pôle à l'autre, et toujours sans emphase
J'imagine et compose.... Pourquoi? me direz-vous?
C'est pour vous surpasser, en vous copiant tous!...

Hippolyte Lucquet.

LA JEUNE MÈRE

Dans ton berceau d'osier sous les yeux de ta mère,
Dors en paix, mon enfant, Dieu veillera sur toi ;
Il entend chaque jour, mes vœux et ma prière,
Quand, fatigué le soir, tu fermes la paupière
    En la tournant vers moi.

Dors en paix, ton sommeil ressemble à l'innocence
Des élus du Seigneur, qui sont dans le saint lieu ;
Loin d'un monde pervers et loin de la souffrance,
Comme toi, mon enfant, ils vivent d'espérance
    En souriant à Dieu.

Et tu souris comme eux, au matin de la vie,
Et ton sourire, enfant, est encor simple et pur.
Mais, conserveras-tu pour ta mère attendrie
Ce regard de candeur et de mélancolie
    De tes beaux yeux d'azur?

Oui, dors jusqu'à demain, car, lorsque tu reposes
Sur l'oreiller de lin, éclairé chaque soir,
Je crois voir un bouquet fait de lis et de roses,
Et dans mon cœur de mère existent mille choses
    De bonheur et d'espoir.

Hélas! mon cher petit, la vie est un passage,
Que tu dois traverser sans en ternir le cours;
C'est la mer en fureur où le pilote sage
Sait parfois ralentir un fragile équipage
    Et sauve ainsi ses jours.

Le monde t'offrira ses plaisirs et ses charmes;
On y voit le sourire et la joie et les pleurs;
Mais souvent du méchant les plus funestes armes,
Celles qui, du remords, nous arrachent les larmes,
    Se trouvent sous les fleurs.

Et qui te guidera, quand sans moi sur la terre,
Seul, parmi les méchants, tu porteras tes pas?
J'entends la voix du cœur, enfant, me dire : espère.
Mais hélas! l'avenir est pour nous un mystère,
    On ne le prévoit pas!

Sache te souvenir, que les degrés de l'âge
Imposent un devoir de plus pour chaque jour;
Combats contre les vents, la tempête et l'orage,
Marche sans t'arrêter aux dangers du voyage
    Vers l'éternel séjour.

Et la mère parlait, et la nuit calme et sombre,
Suspendait dans les airs son voile aux larmes d'or;
La lampe pâlissait, et laissant tout dans l'ombre,
Descendait lentement comme un vaisseau qui sombre
    Et veut combattre encor.

Et, quand Phébus ouvrit la porte à la lumière,
La femme, les yeux clos, rêvait près du foyer;
Sa voix disait encore : Oh! oui, je te vénère;
Dors en paix, mon enfant, sous les yeux de ta mère,
    Dans ton berceau d'osier.

                    JEAN-GUILLAUME DELARGE.

TABLEAU

Au printemps, ton azur nous sourit, firmament !
Ta splendeur, en été, se marie à la grâce ;
En automne, en hiver, d'astres étincelant,
Jamais de t'admirer le regard ne se lasse.

Si ton front s'assombrit et devient menaçant,
De nuages épais un bataillon s'amasse ;
Puis, le tonnerre gronde... et — spectacle mouvant —
De sinistres éclairs illuminent ta face.

De notre vie ainsi variant le tableau,
Chaque âge vient s'offrir sous un aspect nouveau
Qui charme et fait sourire, ou provoque les larmes.

Enfance ! tu ravis par ta douce candeur ;
Jeunesse ! tu connais les orages du cœur ;
Age mûr ! la vertu ; vieillesse ! les alarmes.

L'ABBÉ PEYRET.

Hérault.

SI VOUS SAVIEZ

A M. P. G.

> Si vous saviez que je vous aime.
> SULLY — Prud'homme.

Si vous connaissiez la souffrance
De vivre sans amour au cœur,
Vous me parleriez d'espérance
    Et de bonheur.

Si vous saviez ô mon bel ange
Combien j'aime à penser à vous,
Vous me donneriez en échange
    Un mot bien doux.

Si vous saviez comme j'admire
Votre front pur et vos beaux yeux,
Vous auriez pour moi le sourire
    Le plus joyeux.

Si vous saviez comme je pleure
Quand je passe un jour sans vous voir,
Vous vous laisseriez à toute heure
    Apercevoir.

Si vous saviez comme s'épanche
Mon cœur que tout vient oppresser,
Vous m'offririez votre main blanche
    Pour la presser.

Si vous saviez ce qu'une femme
Semble m'inspirer chaque jour,
Vous rempliriez toute votre âme
    De mon amour.

Antony Collomb.

Rhône.

SOIR DE MAI

Quand le faune railleur, au sein des bois touffus,
S'émeut et rit tout haut; à l'heure où l'on n'a plus
Le doux chant des oiseaux pour charmer son oreille;
Quand la chauve-souris, magiquement s'éveille
Et s'élance à travers les plis noirs de la nuit,
Semblant nous présager quelque funeste ennui;
A cette heure indécise, incertaine, hésitante,
Où le Ciel est plus pur, où la brise est plus lente,
Où l'on entend sortir des traces du sillon
Le cri doux et tremblant du nocturne grillon.
Quand Éole a changé sa tourmente en rosée,
Que la terre et le Ciel ne sont qu'une pensée,

Que la nuit, doucement, vient remplacer le jour,
Que toute la nature entonne un chant d'amour,
Que les astres aux Cieux viennent nous apparaître,

Hélas! seul et pensif, au bord de ma fenêtre,
L'œil perdu dans l'espace et le front dans mes mains,
Je laisse s'égarer — en ces mille chemins
Où va l'illusion — ma folle rêverie,
Je vois mourir le jour et mon âme attendrie,
— Comme un parfum caché dans l'ombre d'une fleur,
Comme un soupir perdu qui cherche une douleur, —
Écoute en frémissant cette voix si suprême
Que Dieu met dans la nuit, et qui vient lui dire : aime.

Oh! oui, dans cet instant si pur, ô laisse-moi
Remplir mon cœur d'amour, vierge! et penser à toi.

Antony Collomb.

Rhône.

A LA PROCLAMATION DE LA RÉPUBLIQUE
EN ESPAGNE

O toi que le poète a si souvent chanté,
Beau pays des amours! belle Espagne dorée...
Salut!... lève ton front, et montre avec fierté
Ta grandeur reconquise et ta gloire assurée.

Pour qu'on t'admire encor dans ta noble beauté,
Pour que la gaîté vienne en ton âme éplorée :
Comme nous... n'aime plus que l'idole sacrée
Qu'on nomme République et qui dit Liberté!

A toute nation parle de ta souffrance,
A tout peuple vaincu révèle l'espérance

Et fais-leur voir du vrai progrès le vrai chemin.

Quant à toi, vieux Madrid, illumine, il est l'heure,
Puisque ton roi s'enfuit, et que ta reine pleure
Laissant la monarchie avorter en ton sein !

ANTONY COLLOMB.

Rhône.

HIER AU SOIR

A M. P. G.

A quoi songiez-vous donc hier ?... était-ce à moi
Dites, quand je vous vis, à cette heure où l'on voit
Les sylphides passer et repasser dans l'ombre.
La nuit était obscure et le Ciel était sombre,
Mais parmi toute brume, enfant, moi je vous vis ;
Je fus heureux, je fus plein d'amour, je sentis
Les rayons de vos yeux, en effluve éblouie,
S'arrêter, tout émus, sur mon âme ravie.
Vous n'aviez point encor baissé vos blancs rideaux
Et vous m'apparaissiez à travers vos vitraux
Comme un ange rempli de céleste lumière,
Venu pour adoucir les chagrins de la terre,
Et mêler son azur aux ombres d'ici-bas.
Oh ! dans ce doux moment, non, je ne savais pas
De quel rêve divin mon âme était bercée !...
Mais je sais que vers vous s'envola ma pensée.

ANTONY COLLOMB.

Rhône.

RONFLO

Ronflo, — c'est mon ami fidèle.
Brave chien, plein de sentiment,
Je vois briller en sa prunelle
Son amitié, son dévoûment.

Ne me cherchez pas de querelle :
Il me précède quand je sors,
Il veille à mes pieds si je dors,
Ronflo, — c'est mon ami fidèle.

Que le bonheur me soit rebelle,
Mon chien m'offrira son secours.
Ce qu'on ne voit pas tous les jours :
Ronflo, — c'est un ami fidèle.

Dans le monde aux dehors flatteurs
Combien j'en ai vu se produire
Des serments d'amitié trompeurs!...
Ronflo m'aime sans me le dire.

NARZALE JOBERT.

PERICULUM

Enfant, tu cours joyeux aux promesses du monde.

D'un ongle impatient j'ai cueilli, ce matin,
Le beau fruit d'or penché sur le cristal de l'onde.

Tu connaîtras, enfant, le fard dont l'homme est teint.

Un velours duveteux ceignait d'une couronne
Les bords tout chatoyants du frais présent d'automne.

Enfant, à la senteur ne juge pas toujours.

Un parfum délicat s'exhalait des contours
Du doux produit lustré par le Ciel de septembre;
Il charmait l'odorat et les yeux quand, soudain,
Mon ongle impatient l'a cueilli, ce matin :
Mû d'un espoir flatteur, j'ouvris sa pulpe d'ambre.

Tout ce qui brille, enfant, t'a pour adorateur.
Chaque arôme suave attire ta candeur;
Enfant, tu cours joyeux aux promesses du monde.

Au cœur le beau fruit d'or logeait un ver immonde!

Narzale Jobert.

LE PONT DU BOUT DU MONDE

SOUVENIR D'ALLEVARD (ISÈRE)

Dans des sentiers touffus je me suis avancée,
Gravissant lentement la montagne escarpée.
A mes pieds sourdement le torrent mugissait;
Sous un dôme ombragé l'oiseau gaîment chantait;
Des bois, puis un Ciel pur, des senteurs enivrantes;
La mousse, un vert tapis, des fleurettes charmantes,
Tout ce que la nature aime à charmer les yeux,
Se trouvait réuni pour rendre l'homme heureux.
Dans ce lieu ravissant appelé : « Bout du monde, »
Tout y parle de Dieu, de sa bonté féconde.
D'un côté la nature et toutes ses splendeurs;
De l'autre des rochers abrupts et pleins d'horreurs;
Les Alpes au lointain de neige couronnées
Se montrent au-dessus des montagnes boisées.
Le torrent le Bréda dans une folle ardeur,
Bondit de roche en roche et se brise en fureur.
Sur l'abîme pourtant des branches enlacées
Formant un faible pont par l'homme sont jetées.
J'approche, mais ce pont que je veux traverser
Est interdit à tous pour cause de danger.
Disloqué par le vent et par les avalanches,
Le bois en est pourri, disjointes sont les planches.
Oserai-je passer sur ce pont suspendu!...
Mais est-il rien de mieux que le fruit défendu?

J'hésite peu d'instants. Ma décision est prise,
Je quitte le gazon où je m'étais assise.
Je m'avance en tremblant. Les gouffres sont profonds!...
Sous mes pieds le bois craque, et de légers flocons
Du torrent furieux qui bondit avec rage,
Viennent en voltigeant me couvrir le visage.
Mon cœur se trouble et bat, mon pas est chancelant,
Mais j'avance toujours, craintive cependant ;
Puis enfin me voilà, j'arrive, je m'élance,
J'admire avec transport le torrent qui s'avance ;
Tout est majestueux, nulle trace d'humains,
Le Brédа vous entoure : il n'est plus de chemins.
Un moment je crois voir des forêts d'Amérique,
Un coin des plus charmants : c'est d'un effet magique ;
Il faut rétrograder, mais une fois encor
J'admire d'Allevard ce splendide décor.

Seule alors, au milieu de ce site sauvage,
Vers des absents chéris, vers un autre rivage,
Ma pensée et mon cœur ensemble sont allés
Leur dire que jamais ils ne sont oubliés,
Que sans eux la nature et ses plus puissants charmes,
Ne me laissent au cœur que regrets et que larmes.

Sophie Comte.

Ardèche.

A MON MARI

Faisant ensemble route égayons le chemin.
Il faut pour le charmer, écoute, mon Firmin,
Rendre heureux ceux qu'on peut, soulager les misères,
Mériter tous les deux l'estime de nos frères.
Il nous faut, appuyés l'un sur l'autre et contents,
Nous aimer et marcher ici-bas sans tourments.

Sophie Comte.

A M. LE COLONEL DENFERT-ROCHEREAU

Après avoir bravé les affronts du vulgaire,
Après avoir subi le mépris des intrus,
Après avoir rêvé la gloire militaire
Puis à Villersexel salué les obus,

Ne voulant pas rester en oisif sur la terre,
Puis-je mon colonel exprimer mes désirs?
Voudrez-vous qu'un soldat, reposé de la guerre,
Ose vous dédier le fruit de ses loisirs?

Pour rendre à son pays tant de splendeurs déchues,
Pour vaincre l'infortune attachée à son sort,
Purifier sa foi des atteintes reçues,
Avec lui l'on doit être à la vie, à la mort.

Défenseur de Belfort, héros de vingt batailles,
A nos plus grands malheurs vos mains n'ont pas prêté,
Et la postérité, après nos funérailles,
Respectera celui que j'aurai respecté.

Jamais la dureté, la malice des hommes
N'auront d'un citoyen abattu la fierté,
Lorsqu'il est du parti qui résiste aux fantômes,
Du parti de la France et de la liberté!

BARRAUD JEAN,
Ex-soldat de l'armée de l'Est.

CE QU'ON OUBLIE

Le guerrier doit aimer son pays, la science,
Le digne citoyen doit aimer la raison,
L'intègre magistrat aime la conscience,
Le devoir de chacun est dans son horizon.

Le poète au devoir n'est pas sans influence ;
On l'a vu des tyrans exalter la puissance,
On l'a vu maintes fois flétrir l'iniquité.
S'il est aussi des temps où lui sied la satire,
Aux instants solennels il doit prendre la lyre
  Et proclamer la vérité.

En ces jours de colère où tant d'apothéoses
Ont sombré dans l'abîme aux souffles grandioses
Des autans déchaînés sous notre Ciel en feu,
Il doit ressusciter les croyances solides,
Saper les fondements des croyances perfides
  A son génie, au peuple, à Dieu.

Pour suivre le devoir en ces moments suprêmes,
Quand d'un siècle vieilli les funestes emblèmes,
De quelques monuments menacent le fronton,
D'un passé plus récent il doit parler sans crainte
De ces hardis humains dont l'histoire est empreinte :
  De Mirabeau, Vergniaud, Danton.

Saura-t-il réveiller cette philosophie,
Qui, du vieux continent jusqu'à Philadelphie,
Des droits du citoyen promena le flambeau ?
Saura-t-il rappeler à la France légère
Ces grands noms dont jadis la Patrie était fière :
  Montesquieu, Voltaire et Rousseau ?

Qu'il essaie.... Et déjà sa tâche est amoindrie :
Le dix-neuvième siècle a sa part de génie,
Le savant, le penseur ont partout découvert !
Mais il faut rendre hommage à ces premiers apôtres
Dont les nobles travaux ont préparé les nôtres :
  A Diderot, à d'Alembert....

Bien qu'avant le début de ces intelligences,
Un monarque puissant eût aimé les sciences,

Le chemin du progrès sous les rois était long.
Des esprits précurseurs cependant se montrèrent,
Et contre les abus notamment s'élevèrent
    La Boétie et Fénelon.

Tant d'abus si criants devaient avoir un terme,
Tant d'oppresseurs changeants devaient tenir moins ferme ;
Idoles sans appuis quand l'orage gronda,
La Révolution leur fit perdre leurs socles,
Et sur le sol prussien, pour de faux Thémistocles,
    Bientôt l'asile se fonda.

Pour rompre sans retour les chaînes féodales,
Dont on avait rivé les pieux aux capitales,
Il fallut des Français le concours tout entier ;
La fougue populaire, à l'état de démence,
Eut ses exécuteurs en des jours de vengeance :
    Tallien, Lebon, Marat, Carrier.

Racheter en un jour des siècles de tortures,
D'un peuple courroucé réparer les injures,
Verser le sang d'un roi pour expiation,
De tout être suspect sonder le caractère
Et de tout courtisan vouloir purger la terre,
    Fut la revendication.

Gloire à tous ces héros qui, vivant de franchise,
A leur cœur généreux, n'accordant d'autre prise
Que l'honneur d'être aimé de leurs concitoyens.
A leurs mâles accents l'injustice flétrie
Laissa leurs noms sacrés réveiller la Patrie :
    Marceau, Saint-Just et Desmoulins.

La foi de ces guerriers envers la République
Jamais ne s'ébranla sous de main tyrannique ;

Ils mettaient le *devoir* au-dessus du complot.
O généraux sans cœur de notre triste époque !
Ces ombres d'autrefois... votre ombre les évoque !
  Kléber, Desaix, Hoche et Carnot !

Girondins, montagnards, contre la dictature,
Tour à tour luttèrent, et si quelque imposture
Essaya de régner, elle dura bien peu ;
Robespierre en mourant ensevelit son culte,
Des athlètes puissants vengèrent son insulte
  Et par le fer et par le feu.

  Que de grandeurs attristées
  Dans les cités, dans les palais !
  Que de campagnes dévastées
  Gémissant du poids des forfaits !
  Et cependant après l'orage,
  En voyant un plus beau rivage,
  On se sentit libre et dispos ;
  Passagers se félicitèrent,
  De leurs efforts ils se louèrent,
  Ils croyaient toucher au repos.

  Ce repos n'était qu'une trève,
  Car le Français en languissant,
  Voyait, à chaque nouveau rêve,
  Son étendard resplendissant.
  Ce cher étendard tricolore,
  Qui vit la République éclore,
  Lui fut rendu non sans regrets ;
  Et l'on vit des jaloux infâmes
  A son ombre apprêter les trames
  De quelques sinistres projets.

Il nous fallut vingt ans de guerres et de crimes,
Et pendant ces vingt ans des troupeaux de victimes

Se ruèrent au pied d'un trône ensanglanté.
Et sans pouvoir des rois apaiser les caprices,
Épuisée en tous lieux par tant de sacrifices,
    Se reposa l'humanité.

II

Après quatre-vingt ans de pénibles conquêtes,
S'il leur fallait braver de nouvelles tempêtes,
Les fils de nos héros seraient-ils épouvantés?
Pourrions-nous oublier les leçons de l'histoire,
Nous laisser éblouir par une fausse gloire
    Et dédaigner nos libertés?

Comme ces astres faux l'étoile Bonaparte,
Sortant des mêmes flots qui gémissent à Sparte,
Se leva sur le monde aux cent bruits du canon;
Elle enflamma la terre au début de sa course
Et s'éteignit soudain vers le pôle de l'Ourse
    Sous le nom de Napoléon.

Semblable à ce torrent qui mugit et déborde,
Et, sortant de son lit, fait reculer la horde
Du barbare étranger qui longe ses contours,
La France bouillonnante en ces ondes plaintives,
Aux donjons escarpés qui resserrent ses rives
    Jette l'écume et suit son cours.

Il faudra bien qu'un jour il reprenne sa pente,
Ce courant du progrès qui sillonne et serpente
Vers des champs fécondés, baignés de sang humain;
Et lorsqu'à chaque obstacle il produit un murmure,
Il ne fait qu'obéir aux lois de la nature
    Et Dieu lui marqua son chemin.

III

    Le peuple aura le sens de la justice,
    De la raison, de la saine équité;
Il faut qu'aux hommes droits l'avenir soit propice
Et montre le bon grain de l'ivraie écarté.

Quoi donc ma Patrie
Dans ta main chérie
On mettrait l'acier,
Le fer de la lance
Pour percer la panse
A tout homme altier?

On verrait encore
La sinistre aurore
De nos souverains,
Verser sur la France
Avec l'arrogance
Ses rayons malsains?

L'homme qui travaille
Brave la mitraille
Fait la nation,
Ne pourrait pas dire
Celui qu'il désire
Pour sa caution?

A l'homme robuste
Dont la raison juste
Veut tout pénétrer,
Faudrait-il d'avance
Imposer silence,
Ne rien consacrer?

Non! non! jamais les pâtres des vallées,
Les artisans, les travailleurs noircis,
N'auront vu leurs familles désolées
Sans en avoir gardé quelques soucis.

Tous comprendront qu'en ce siècle de peine,
Où chacun doit porter un lourd fardeau,
Il faut d'abord déposer notre haine
Et puis marcher par un sentier nouveau.

Et le soldat qui laisse père et mère,
Pour les revoir dans un avenir près,
Dira : partout le Français est mon frère,
Guerre aux tyrans! contre eux nous sommes prêts.

Le peuple aura le sens de la justice,
De la raison, de la saine équité;
Il faut qu'aux hommes droits l'avenir soit propice,
Et montre le bon grain de l'ivraie écarté.

Barraud Jean.

REQUÊTE
EN FAVEUR DES CLERCS D'HUISSIERS

DÉDIÉ A M E. LENESLEY, PRINCIPAL CLERC DE Mᵉ WILT, HUISSIER A PARIS

L'astre du jour par une loi superbe
Sans aucun choix dispense ses bienfaits;
De ses rayons il chauffe le brin d'herbe
Quand la forêt reçoit ses doux effets.
Sage Thémis, contemple ces largesses!
Veille sur tous avec un soin pareil.
Tes dévoués enfants que tu délaisses
Feront de toi l'égale du soleil.

Jette les yeux sur ton vaste domaine
Où quelques-uns font de riches moissons,
Et d'autres vont avec beaucoup de peine
Chercher l'épi perdu dans les sillons :
La tâche dure et le mince salaire
Sont le vil prix du pénible devoir.
Protége mieux tes derniers auxiliaires,
Sur ta justice ils fondent leur espoir.

C'est par leurs soins (n'en déplaise au légiste)
Que tes arrêts, Thémis, sont respectés.
Par leur concours, besogne souvent triste !
Tes ordres sont toujours exécutés :
Le délinquant, le débiteur rebelle
Sont amenés à céder à la loi.
Pour te servir tes agents ont des ailes.
Puissent-ils être encouragés de toi !

La raillerie et le destin barbare
Suivent toujours ces modestes parias
Qui par le fait d'un examen bizarre
Sont comparés au philosophe Bias.
Préserve donc ces candides figures
De l'ironie, compagne du malheur,
Et souviens-toi que la robe de bure
Cache souvent la noblesse du cœur.

Donne à ces maux le baume salutaire
Duquel dépend la prompte guérison.
Pour le bienfait, non, ta main tutélaire
N'a jamais eu si belle occasion.
Daigne peser dans ta juste balance
La condition de ces déshérités,
Et les combler de tes munificences,
Car ils sont bien dignes de tes bontés.

P. BERDOULET.

Seine.

LES DEUX COURONNES

A MA SŒUR MARIE

I

DÉDICACE

> Garde-toi, tant que tu vivras,
> De juger les gens sur la mine.
> LAFONTAINE, Liv. IV, Fab. V.

En détachant pour toi du livre de ma vie
    Deux sombres pages, ô ma sœur,
Oui, dans ton cœur si pur, si plein de poésie,
    Je crains de jeter la terreur !

Mais pourtant, il faut bien t'apprendre un peu ce monde
    Dont tu ne sais que le bonheur,
Et te donner la main pour voguer dans cette onde
Où les moindres écueils brisent avec fureur.

Je songerai souvent, en écrivant ces lignes,
    Ange que tu n'as que seize ans,
Et que ton chaste front ne porte pas les signes
    De souvenirs lourds et cuisants.

Bien que ma muse soit parfois un peu légère,
    Tu peux me lire sans frayeur :
    Ce qui tombe du cœur du frère
Ne doit pas alarmer la pudeur de la sœur.

Seulement, quand ce chant triste comme un cilice
    Aura tout passé sous tes yeux,
Comme moi, tu diras : Où donc est la justice?
Et ton front, chère sœur, sera plus soucieux.

II

LA COURONNE DE FLEURS

> Dieux, qui la connaissez,
> Est-ce donc sa vertu que vous récompensez ?
> RACINE, PHÈDRE, act. II, sc. IV

A la voir, on dirait, tant elle a l'air candide,
Tant son visage est loin de réfléchir son cœur,
Son cœur où tout est faux, inique, bas, perfide,
    Qu'elle est plus pure qu'une fleur.

Qu'une odorante fleur éclose d'un sourire
Que l'aurore reçut d'un rayon de soleil
En quittant son palais de pourpre et de porphire
    Dans son char d'ambre et de vermeil.

A voir comme chacun s'incline devant elle,
A la voir recherchée et fêtée en tout lieu,
On ne dirait jamais une simple mortelle
    Mais un messager du bon Dieu.

A voir sa bouche rose au sourire céleste,
A voir son front de reine éclatant de candeur,
A voir ses grands yeux bleus au regard si modeste,
    Tous ses traits empreints de douceur ;

A voir tant de beauté, de grâce, de jeunesse,
Qui donc soupçonnerait qu'avec tant d'abandon,
Et d'amour et de soins la divine sagesse
    Orna le plus abject démon ?

Oh ! non, mille fois non, jamais un cœur de femme
Ne fut l'hôte pervers de tant de fausseté,
Et d'astuce, de fiel, d'hypocrisie infâme,
    De bassesses, de volupté.

Et pourtant chaque jour autour d'elle on s'empresse,
On met sur les autels les vœux les plus flatteurs;
Sur chacun de ses pas on sème avec ivresse
    Et des louanges et des fleurs.

Ah! c'est qu'on ne sait pas les vices que recèle
Sa jeune âme où jamais une vertu n'a lui!
Mais quand on le saurait... elle est heureuse et belle;
    Pour le monde, c'est tout.... Mais Dieu, lui?...

III

LA COURONNE D'ÉPINES

> Ne jugez pas selon l'apparence, mais jugez selon la justice.
> SAINT MATHIEU, chap. VIII, v. VII.

Elle était vive et gaie, aimante, bonne, douce,
Et je la comparais à ces beaux jours d'été
Qu'on aime à voir couler, étendu sur la mousse,
    Par de grands rêves emporté.

A force d'être belle, elle en était étrange.
Son magique regard pour toujours fascinait;
D'ange et de femme, enfin, c'était un pur mélange
    Devant qui tous s'extasiaient.

Elle était libre autant que l'oiseau des montagnes;
Sans la mort de son père et de son frère aussi,
Sans rivale parmi ses charmantes compagnes,
    De rien elle n'eût eu souci.

Elle riait à tous, elle jouait sans cesse,
Et comme elle n'avait aucun mauvais penchant,
Elle ne croyait pas, ce trésor de sagesse,
    Qu'il existait un seul méchant.

Elle ne savait pas dissimuler : son âme
Où le vice jamais ne porta la terreur,
Se peignait sur son front en brillants traits de flamme,
    La pauvre, hélas! pour son malheur.

Sa mère lui disait : Enfant, enfant! prends garde!
Le monde est soupçonneux, injuste, ingrat, jaloux ;
Pour lui plaire, parfois, il est bon qu'on se farde,
    Aussi fais ton regard moins doux.

Non, ne vas plus ainsi, ma chère toute bonne,
Seule chez l'indigent que brise la douleur,
Que dévore la fièvre, et que l'on abandonne
    Parce qu'il est dans le malheur.

Oui, tu vas leur porter la paix et l'espérance,
Et bien souvent aussi la moitié de ton pain ;
Essayer d'endormir leur affreuse souffrance,
    Apaiser leur soif et leur faim.

Sous le grand œil de Dieu, sous l'aile de ta mère
Tu te crois au-dessus d'un soupçon offensant.
Eh bien, sur toi le monde épanche sa colère
    Et te flétrit, ma noble enfant,

En disant que tu feins ces dévoûments sublimes
Pour de ton voile blanc mieux ternir la splendeur,
Et qu'enfin pour de l'or — ils sont si magnanimes ! —
    On achèterait ton honneur.

. . . .

Sa mère avait raison ; aussi sa belle tête
Se courba tristement comme une frêle fleur
Que battent sans pitié la pluie et la tempête
    Dans leur plus ardente fureur.

Elle avait dix-huit ans... mais tant de calomnie
Brisa son noble cœur en flétrissant son nom,
Et lui fit une atroce et lugubre agonie
    Qui vint accroître l'abandon.

Elle qui fut toujours dévouée, indulgente,
Qui jamais ne garda rancune au lendemain,
Sur son lit de douleur, pas une âme obligeante
  Ne vint pour lui serrer la main.

Quelques heures avant de quitter ce bas monde
Dont elle avait été le plus bel ornement :
« Quand j'aurai descendu dans cette nuit profonde
  » Où l'on dort éternellement,

» Bonne mère, fit-elle avec sa voix fêlée,
» Sur l'humble croix de bois dont tu me feras don,
» Du pauvre le touchant et simple mausolée,
  » C'est *lui* qui tracera mon nom.

» Il ornera de lys ma demeure dernière,
» A moi que sans pitié tuèrent les méchants,
» Chaque fois qu'il viendra voir ma fleur printanière
  » Éclore au milieu de nos champs. »

Puis — comme au Golgotha du haut de son calvaire
Le Christ, pour ses bourreaux et ses accusateurs,
En expirant pour nous, priait son divin père, —
  Pour ses vils calomniateurs.

Elle disait, buvant les plus amers calices,
Sous d'infâmes clameurs courbant son chaste front :
« Mon Dieu, pardonnez-leur toutes ces injustices,
  » Car ils ne savent ce qu'ils font. »

. . . .

Le véritable ami qu'elle eut sur cette terre,
Seul suivit son cercueil jusqu'au champ de repos ;
Là, sur sa croix de bois, dernier don de sa mère,
  Le passant peut lire ces mots :

De toutes les vertus le plus parfait modèle
Au printemps de ses jours fut plongée en ce lieu ;
Mais là-haut, dans le sein de la Vierge éternelle,
  Son âme pure chante Dieu.
P.-C. Dupuy.

PRIÈRE

Dieu puissant qui créas le monde,
Et nous formas pour l'habiter ;
Dieu dont la parole féconde
Suffit pour tout exécuter ;
Maître absolu de la nature,
Écoute l'humble créature
Qui vient à tes pieds se jeter !

Dissipe le doute funeste ;
Accorde-nous-en le pardon ;
Qu'un peu de la flamme céleste
Éclaire enfin notre raison ;
Montre-nous, Seigneur, cette étoile
Qui doit diriger notre voile
Vers ton éternel horizon !

Qu'est-ce que le temps et la vie,
Et le bonheur que l'on poursuit ?
Ce bonheur que toute âme envie
N'est-il qu'une ombre qui nous fuit ?
Ou bien, poussés par ta puissance,
Vers une sublime espérance
Est-ce ta main qui nous conduit ?

Indique-nous ce qu'il faut croire,
Ce que l'on doit aimer ou fuir,
Ce qu'il faut faire pour ta gloire,

Comment nous devons te bénir ;
Dis-nous pourquoi sur cette terre,
Alors que le vice prospère,
Nous voyons la vertu gémir !

Seigneur, le juste qu'on opprime
Est-il donc coupable à tes yeux?
Mais alors, dis-nous de quel crime,
Est-ce mal d'être malheureux?
Serait-ce de notre souffrance
Que s'alimente la puissance
Qui créa la terre et les Cieux?

Oh! non; ce serait un blasphème
D'interpréter ainsi tes lois,
Alors que tu réponds toi-même
En montrant un infâme bois :
« Mon fils expiait-il un crime?
» N'était-il pas aussi victime
» Celui qui mourait sur la croix ? »

Seigneur, ta justice est immense,
Et tu fis l'homme si borné !
Si des coups de ta Providence
Il est quelquefois étonné,
N'en accuse que sa faiblesse,
N'écoute, ô Dieu que ta tendresse!
Il désire être pardonné!

Donne-lui la force de croire
Que rien n'arrive que par toi ;
Que s'il souffre, c'est pour la gloire
De son Créateur, de son roi ;
Et s'il succombe à la souffrance,
Alors, montre-lui l'espérance
Avec le flambeau de la foi !

De son esprit chasse ce doute
Qui l'obscurcit dans le malheur;
Dis-lui qu'ici-bas c'est la route
Qui doit le conduire au bonheur,
Et que s'il lutte avec courage,
Après avoir vaincu l'orage,
Il reposera sur ton cœur!

J. d'Engreval.

Gironde.

IMPROMPTU SUR DEUX RIMES

EN RÉPONSE A L'INVITATION EN VERS D'UN CONFRÈRE AYANT UNE ÉPIGRAPHE TIRÉE D'HORACE

Quand nous serons à vingt, nous ferons une croix.

Aimable disciple d'Horace,
Par vous je suis donc invité
A venir ce soir prendre place
Parmi les fils de la gaîté,
Au banquet dont eut mérité
Thémis l'heureuse dédicace,
Si sa figure qui grimace,
Ne vous avait pas rebuté.
Pour moi que sa sévérité
Eût sans doute trouvé de glace,
Jamais je ne fus excité
Par plus douce félicité,
Que celle qu'à mes sens retrace
L'appel de confraternité,
Fait par vous avec tant de grâce.
Et puis, pour parler vérité,
Je ne sais quel fumet m'agace;
Soit de faisan, soit de bécasse,
Qui fait qu'avec facilité

Vous m'attirez dans votre nasse.
Il faut bien que je satisfasse
Votre prévoyante bonté,
Qui veut, que restant écarté
De client, insipide race,
Par la porte étroite je passe,
Pour m'esquiver en liberté :
Quand j'aurai garni ma besace,
Il faudra bien, quoique je fasse,
Revenir par l'autre côté ;
Mais l'heure aura donné la chasse
A la sotte importunité,
Dont je braverai la menace
Avec pleine sécurité.

Que craint votre amabilité?
Que de savoir je m'embarrasse!...
Mais depuis longtemps j'ai jeté
Loin de moi mes livres de classe ;
Et je vous connais trop sagace,
Pour avoir de mon goût douté.
Serai-je si peu perspicace,
Malgré mon animosité,
Contre un pédant qui se prélasse
Avec son grimoire affecté,
Qu'à sa suite, je vous enlace
Dans ma veine loquacité !
Tous deux nous hantons le parnasse ;
De Désaugier enfant gâté,
Et fier de marcher sur sa trace ;
Quand j'aurai pleinement goûté,
Dans une douce volupté,
Le moka parfumant ma tasse ;
A votre gracieuseté,

Qui stimulera mon audace,
Pour plaire à la société,
Je déroulerai ma liasse
De chants, dont la variété
Ira du plaisant au cocasse ;
Sans que mon gosier humecté
De rhum ou de kirch et de thé,
De le faire entendre se lasse.

Et si soudain je ne trépasse,
Dans la fiévreuse ébriété
Dont s'enluminera ma face ;
Alors qu'à l'unanimité,
Vos amis rempliront l'espace
De toasts à votre santé ;
Loin qu'à son tour ma voix trop basse
Faiblisse un moment, ou s'efface
Devant leur chorus répété :
Vous saurez combien le dépasse,
De mon accent ému, vivace,
La vibrante sonorité.

Puis vous ayant ainsi fêté
De cœur, et non à la surface,
Comblant notre appétit vorace
Par la plus franche hilarité,
Vous nous verrez lever en masse,
A votre signal respecté ;
En croyant, sans témérité,
Que votre libéralité
Du superflu se débarrasse ;
Et qu'avec le trésor qu'amasse
Votre féconde habileté,
De votre œuvre qui nous surpasse,
A le dire sans vanité,
Nous n'aurons vu que la préface.

Gustave Rousset.

SONNET-ACROSTICHE

SUR CES MOTS, PROPOSÉS PAR Mlle A. B. S. : « JE VOUS AIME BIEN. »

Jeune, et riche d'appas, tout paraît vous sourire ;
En contemplant les Cieux, ne vous semble-t-il pas
Voir un fantôme d'ange en descendre, et vous dire :
O ma sœur, loin d'ici je t'emporte en mes bras !
Unie à mon destin dans le céleste empire,
Sans fin tu vas fouler les roses sous tes pas ;
Au sein de ce bonheur où ta belle âme aspire,
Inconnu des mortels qui rampent ici-bas. »
Mais à mon tour ma voix, de promesses pareilles,
Espère avec succès enchanter vos oreilles ;
Bientôt vous entendrez mes soupirs et mes vœux :
Il est trois mots charmants, dont la douceur suprême
Enivre tout notre être ; ah ! dites « je vous aime, »
Nos cœurs vont se confondre, et nous serons heureux.

GUSTAVE ROUSSET.

Drôme.

APRÈS L'ORAGE

Tu sais bien que la nuit noire
Ne peut se faire en mon cœur,
Tant que j'aurai, pour me croire,
Ton amour fier et vainqueur.

Tu sais bien que ma pensée
De la tienne vit toujours
Et que je t'aime ! insensée !
Buvons donc à nos amours ?

Buvons à l'aube vermeille,
A l'avènement des nids,
Au vert printemps qui s'éveille,
A l'hymen des cœurs unis !

Buvons ! ne sois plus tremblante ;
Aimons ! crois à mes serments :
L'onde la plus turbulente
Se change en des flots dormants !

Est-ce que la mer méchante
Poussant de vastes sanglots,
N'est point cette mer qui chante
Bonne et douce aux matelots ?

Quand mon humeur est injuste,
O Jeanne pleine d'émoi,
Songe que ton œil auguste
A de l'empire sur moi !

Quand mon front est rayé d'ombres,
Quand j'éprouve maint tourment,
Dissipe tous ses plis sombres,
Apaise-moi doucement !...

Mon Ciel, c'est ton œil suprême !
Ta voix, dès que je l'entends,
Me cause une joie extrême
Comme l'oiseau du printemps.

Ton souvenir me console
Quand, seul, je rêve parfois,
Dans les prés verts, sous le saule,
Sous l'yeuse, dans les bois !

Il me faut si peu de chose,
Comprends-tu, pour m'apaiser :
Le sourire d'une rose
Ou le parfum d'un baiser !

SIFFREIN SEYSSAUD.

CE QU'ON DIT IMPLICITEMENT

DANS LE PROGRAMME DES CONCOURS DE BORDEAUX

A notre concours de Bordeaux
Nous admettons tous les poèmes.
Envoyez donc sonnets, rondeaux
A notre concours de Bordeaux !
Composez de jolis morceaux,
Sans cesse variant vos thèmes :
A notre concours de Bordeaux
Nous admettons tous les poèmes.

Chansons, idylles, triolets
Auront droit à la récompense.
Faites-nous cantates et lais,
Chansons, idylles, triolets.
Grands artistes, ciselez-les
Ces diamants de notre France :
Chansons, idylles, triolets
Auront droit à la récompense.

Sans un seul mot licencieux
Que l'esprit, que la gaîté brillent !
Un poème est plus gracieux
Sans aucun mot licencieux.
Dans vos récits délicieux
Où les joyeusetés frétillent,
Sans un seul mot licencieux
Que l'esprit, que la gaîté brillent !

En bons termes vous parlerez
De l'amour et des jeunes filles ;
Des saules, du gazon, des prés
En bons termes vous parlerez ;

Et, quand vous nous entretiendrez
De la danse sous les charmilles,
En bons termes vous parlerez
De l'amour et des jeunes filles.

A notre concours de Bordeaux
Nous admettons tous les poèmes.
Envoyez donc sonnets, rondeaux
A notre concours de Bordeaux!
Composez de jolis morceaux,
Sans cesse variant vos thèmes :
A notre concours de Bordeaux
Nous admettons tous les poèmes.

La fable et sa moralité
Remplissent bien notre programme.
Qui n'admire, en réalité,
La fable et sa moralité!
Par le serin l'aigle irrité
Ne vous offre-t-il pas un drame?
La fable et sa moralité
Remplissent bien notre programme.

Contre mille petits travers
La satire est toujours de mise.
On peut faire de si beaux vers
Contre mille petits travers!
Point n'est besoin de mots couverts :
Avec du sel pourvu qu'on vise,
Contre mille petits travers
La satire est toujours de mise.

Vous avez la permission
De nous faire étouffer de rire.
Oui, soyez sans compassion,
Vous avez la permission.

Avec cette conviction
Que finement il faut écrire,
Vous avez la permission
De nous faire étouffer... de rire.

A notre concours de Bordeaux
Nous admettons tous les poèmes.
Envoyez donc sonnets, rondeaux
A notre concours de Bordeaux.
Composez de jolis morceaux,
Sans cesse variant vos thèmes :
A notre concours de Bordeaux
Nous admettons tous les poèmes.

A. Dujoncquoy-Féau.

LES SOURCES DE VICHY

Si vous souffrez d'une colique,
D'une gastrite et cætera
Ou d'une douleur hépatique,
C'est ici qu'on vous enverra :
Tous vos médecins, bons apôtres,
Après avoir bien réfléchi,
— Ces messieurs n'en font jamais d'autres, —
Vous feront partir pour Vichy.

Permettez-moi de vous le dire,
Le remède serait divin
Et ne pourrait que nous sourire
Si les sources donnaient du vin.

Les prescriptions générales
Se résument en un décret :
Aller aux sources minérales
Sitôt que le soleil paraît.

Nous y trouvons nos élégantes
En déshabillé du matin,
Et quelques rares intrigantes,
— Je devrais le dire en latin.

Qu'avec plaisir on les voit boire !
Que ce serait charmant, divin,
— Messieurs, vous pouvez bien me croire, —
Si les sources donnaient du vin.

On boit ; on se baigne ; on vous douche ;
On vous dit d'aller promener,
— Sans qu'on puisse en prendre la mouche —
Jusqu'à l'heure du déjeuner.

Après, nouvelle promenade,
Les jeux de carte, de bouchon,
Les champs, les prés et les cascades...
Que forment les eaux du Sichon.

A la buvette on se represse ;
Le régime serait divin
Et nous enchanterait sans cesse
Si les sources donnaient du vin.

Le soir, que de flots d'harmonie !
Partout on entend les chanteurs ;
Au cercle, en bonne compagnie,
On applaudit nos grands acteurs ;
Un peu plus loin, la parodie
Excite une grosse gaîté ;
Rien ne vous parle maladie
Et tout respire la santé.

La ville est hospitalière
Et le pays serait divin,
J'y passerai ma vie entière
Si les sources donnaient du vin.

Oui, les excellents vins d'Espagne,
Et de Bourgogne, et de Bordeaux,
Et surtout notre gai Champagne
Valent mieux que toutes les eaux ;
Mais si, d'une faiblesse extrême,
Nous ne pouvons plus digérer
Ce doux nectar que tant on aime,
Point ne devons désespérer :

Buvons de l'eau !... que l'on déroge !...
Sur nous l'effet sera divin,
Et bientôt nous ferons l'éloge
Des sources... en buvant du vin !

A. Dujoncquoy-Féau.

A VICTOR HUGO

Toi qui chantas jadis les hymnes du Seigneur,
Toi qui seul aujourd'hui, règnes sur le Parnasse,
Victor, toi dont jamais la muse ne se lasse,
    Donne-moi ta faveur.

Nul d'entre nous ne peut égaler ton génie ;
A quoi bon travailler, poètes de vingt ans,
Le vers que fait en jouant sa muse rajeunie,
    A lui seul vaut nos chants.

Muse, chante toujours, car ce géant-poète
Écoutera ta voix... comme le rossignol
Écoute, dans les bois, les cris que la fauvette
    Jette en prenant son vol.

Muse, chante toujours ; le grand'père dans l'âtre,
Courbé sous le fardeau de trop cruels destins,
Trouve un sourire encòr, sur ses lèvres d'albâtre
    Aux babils enfantins.

Benjamin Guyott.

LE DEVOIR

    Je ne t'adresse pas d'inutiles louanges,
    Et je ne songe point que tu'me répondras ;
    Pour être proposés, ces illustres échanges,
    Veulent être signés d'un nom que je n'ai pas.
    . . . .
    Poète, je t'écris pour te dire que j'aime,
    Qu'un rayon du soleil est tombé jusqu'à moi,
    Et qu'en un jour de deuil et de douleur suprême
    Les pleurs que je versais, m'ont fait penser à toi.

De Musset a Lamartine.

Le devoir autrefois, respecté chez nos pères,
Leur traçait le chemin que suivait leur honneur ;
Nul n'osait résister à ses ordres sévères,
Ni le honteux manant, ni l'orgueilleux seigneur.
    Aujourd'hui sans puissance,
    Il se cache en tous lieux ;
    Chacun fuit sa présence,
    Comme on fuit un lépreux.

Victor, ne sais-tu pas que là-haut, dans l'espace,
Il existe quelqu'un qui créa l'univers ;
Et pourquoi maintenant lui cracher à la face,
Après l'avoir chanté dans tes plus tendres vers ?
    L'enfer n'a pas de flamme,
    D'après ton propre aveu ;
    Tu ne crois plus à l'âme,
    Tu ne crois plus à Dieu.

Ah! ce Dieu tout-puissant, tu veux le méconnaître;
Qui donne l'herbe aux prés et le feuillage aux bois?
Et qui fait que d'un œuf l'aigle puissant peut naître?
Le soleil chaque jour ne suit-il pas ses lois?
  Le flot qui sur la plage,
  Vient mourir doucement,
  C'est un coursier sauvage,
  A sa voix reculant.

Où sont-ils les beaux jours, où ta lyre divine
Envoyait au Seigneur les accords les plus doux.
Ah! quel noble concert... Victor et Lamartine,
De vos chants, les élus, au Ciel étaient jaloux.

  Un accès de délire
  S'empara de tes sens,
  Et tu brisas ta lyre,
  Ta lyre aux doux accents.

De toutes les splendeurs, poète, es-tu donc ivre?
Espère-tu tromper l'infaillible trépas.
Il te faudra mourir comme il t'a fallu vivre;
Qu'arrive-t-il après?... Tu ne l'ignores pas.

  Dieu, faites-nous la grâce
  De le garder longtemps;
  Car sous son front de glace,
  Victor n'a que vingt ans.

Eh! qui donc chanterait tes gloires, ô Patrie?
N'a-t-il pas apaisé tes récentes douleurs?
Il te chanta puissante, il te chante flétrie,
Et son chant nargue encor tes insolents vainqueurs.

  Le lion succombe au nombre
  Des coups... mais il rugit;
  Et le chasseur dans l'ombre,
  En l'écoutant, frémit.

Le Tout-Puissant, là-haut, dans la voûte céleste,
A tracé de ses mains tes chants au livre d'or.
La mort veut te frapper... « Non, dit le Très Haut, reste,
» Le devoir nous l'a dit, il faut attendre encor.

» La pauvre âme égarée
» Peut revenir au bien,
» Peut-être en une année
» Victor sera chrétien. »

Ah!... la voix du devoir... c'est le cri de la France,
C'est Lamartine en pleurs t'appelant dans le Ciel,
Ce sont les chants sacrés de ta première enfance,
C'est la gloire attachée à ton nom immortel.

BENJAMIN GUYOTT.

A UN ENFANT

Voilà deux mois que Dieu t'a mis sur notre terre ;
Tout semble resplendir autour de ton berceau ;
De ton regard divin s'échappe la lumière
Qui vient se projeter hélas! sur un tombeau.

A l'heure où tu venais, l'aveugle destinée
Emportait brusquement ta mère dans le Ciel,
Et laissait dans nos bras ton âme abandonnée
    A son destin cruel !

Nous te verrons grandir! nous te verrons sourire,
Dieu veillera sur toi, frêle fils du malheur;
Il guidera ton pas, il me permet de dire :
C'est sur le droit chemin qu'on trouve le bonheur.

JULES BARAFORT.

LA LÉGENDE D'UNE CONTRE-BASSE

Je la vois tous les soirs quand je vais au théâtre,
Et j'attends chaque fois que l'on se mette à quatre
Pour faire résonner cet instrument géant
Dont le son le plus doux paraît un grognement.
Pourtant j'aime son air, sa massive structure
Rappelle à mon esprit la vieille architecture,
Que l'on voyait jadis en de grandes maisons
Où brillaient tour à tour armoiries et blasons ;
Quand j'aperçois de près l'instrument gigantesque
Levant bien haut sa tête, et semblant dire presque
A ceux qui sont autour et qui serrent ses flancs :
Bonjour mes bons amis, bonsoir mes chers enfants,
Je souris ; et soudain revient dans ma mémoire
D'un semblable instrument la mémorable histoire.
De ce fait surprenant et parfois contesté
Des témoins prouveront son authenticité.
C'était dans un concert de musique classique,
Pendant un septuor doux et mélancolique
Un violon disait un chant mélodieux,
Et l'alto répondait d'un ton très sérieux
Accompagnant le chant, et disant en mesure :
Bravo, c'est bien cela ; puis un léger murmure
Produit par l'harmonie, apporta tout à coup
Plus d'animation, plus d'intérêt surtout.
Tel le riant zéphyr souffle dans le bocage,
Puis insensiblement devient un vent d'orage.
La mélodie allait courant de ci, de là,
Et par un unisson commença le fracas ;
Ainsi qu'une tempête, un ouragan qui passe
On put entendre alors mugir la contre-basse,
Et ces sons grandissant dans un long crescendo
De la salle endormie éveillèrent l'écho ;
L'auditoire nombreux frissonnait d'épouvante
A ces notes vibrant comme une voix tonnante,

Et chacun s'effrayait à ces mâles accents
Qui troublant les esprits pétrifiaient les sens.
Tout à coup cette voix devenant plus sonore
Fit entendre une plainte, on frémit plus encore
A ces sons déchirants, horribles, incertains,
Qui semblaient arrachés au cœur de mille humains ;
Et la foule écoutait éperdue, haletante,
Cette voix qui toujours dans une ardeur croissante
Augmentait de volume. Oh ! quelle émotion
Soulevait dans les cœurs l'ardente passion
Qu'exhalait l'instrument de si haute stature.
Il s'élança bientôt rapide en son allure
Dans un final fougueux, courant avec fureur.
Ses élans dans la salle apportaient la terreur,
Quand un craquement sourd, sinistre, épouvantable
Se fit entendre alors, et, voici l'incroyable :
Le Titan mutilé gisait sur le plancher,
Et les morceaux épars paraissant attacher
Des yeux sur cette foule, avaient l'air de lui dire :
Tu vois, tout est fragile, ainsi dans ton délire
Lorsque ton cœur de joie est prêt à déborder,
Songe qu'à ce bonheur il pourrait succéder
Un jour tout de douleur, de deuil ou de misère ;
Songes-y, tu le vois, la vie est éphémère,
Elle tient à un fil ; modère tes ébats,
Car l'ivresse d'un jour peut causer le trépas.

JULES DOMERC.

PAYSAGE

SONNETS

MATIN

Par une belle matinée
Dans un délicieux vallon,
On voyait tout le vert gazon
Humide et baigné de rosée.

Le soleil faisant sa tournée
Bientôt parut à l'horizon,
Et soudain plus d'une chanson
S'échappa de sous la feuillée.

Tout auprès d'un riant coteau
Comme un ruban serpentait l'eau
Et l'on entendait sa murmure.

Les fleurs avec l'aube du jour
Exhalaient des parfums d'amour,
Tout souriait dans la nature.

SOIR

Le soir au pied de la colline
Aux rayons d'un soleil couchant,
J'aime entendre gémir le vent
Parmi les buissons d'aubépine.

Vers une cabane, voisine
D'un coteau frais et verdoyant,
Le berger tout en chantonnant
Avec son troupeau s'achemine.

Sur le soir ainsi qu'au matin
La cloche du hameau voisin

Invite l'âme à la prière ;

Mille bruits semblent s'éveiller,
Disant : voici l'heure d'aimer,
L'amour est le vrai bien sur terre.

JULES DOMERC.

LE DEVOIR
DIALOGUE

LE FILS
Quel est ce sentiment qu'à notre créature
Donne la joie au cœur et rend l'âme si pure?

LE PÈRE
Ce sentiment, mon fils, chacun devrait l'avoir :
Un seul mot nous le dit, ce mot est le devoir.

Tu me vois travailler des heures sans relâche,
N'est-ce pas, cher enfant, pour accomplir ma tâche?
Aussi lorsque le jour vient faire place au soir,
Tu vois mon front serein, car j'ai fait mon devoir !

Lorsque vers moi tu viens avec un doux sourire,
Je ne me trompe point, ton regard veut me dire :
« Cher père auprès de vous, permettez de m'asseoir.
» Je n'ai pas oublié de faire mon devoir ! »

Souvent des malheureux, hélas! dans la souffrance
Attendent vainement un rayon d'espérance ;
On les entend pousser des cris de désespoir,
Cris que le riche étouffe en faisant son devoir !

Combien n'ont point compris, ne comprennent encore
Combien ce mot devoir, nous grandit, nous honore !
Ah! si chacun de nous l'avait au fond du cœur,
La France brillerait de gloire et de bonheur !

Quoique bien jeune encor, hélas! pendant la guerre,
Je veux, me disais-tu, marcher vers la frontière;
Ainsi ton cœur battait, sans t'en apercevoir,
De ce beau sentiment qu'on appelle devoir!

Rappelle-toi toujours notre chère Patrie,
Combien elle a souffert, combien elle est meurtrie!
Si le devoir t'appelle un jour à la servir,
Sache vaincre, mon fils, et s'il le faut, mourir!

LE FILS

Oh! pourrais-je oublier vos conseils, vos prières!
Oui, toujours je suivrai le sentier de nos pères;
Et lorsque ma Patrie un jour m'appellera,
Votre fils aussitôt pour elle marchera!...

LE PÈRE

Ainsi donc, cher enfant, en aimant Dieu... la France,
Les auteurs de ses jours, le pauvre en sa souffrance,
Le vrai, le bien, le beau, c'est remplir son devoir,
C'est, en effet, toucher le céleste manoir!

LIAUTARD MARCEL.

LA MER
ODE

A M. ÉVARISTE CARRANCE

« Sous votre fier burin, l'avenir s'illumine,
» Et vers les grands devoirs le monde s'achemine! »
ÉVARISTE CARRANCE.

Dans le golfe la mer est calme,
Les passagers actifs font le tour du bateau;
A peine l'on entend le murmure de l'eau
    Qui clapote contre le spalme.
La lune faiblement éclaire l'horizon;
Un demi-cercle d'ombre étend comme une palme
    Ses longs bras sur chaque maison.

La marée arrive croissante
Et répand en avant son oscillation,
Car le bateau déjà prend son impulsion
    Dans cette grande mer béante ;
Un immense sillon en marque le chemin.
Dans le Ciel se dessine une lueur brillante,
    Et c'est l'étoile du matin.

    Bientôt disparaît le rivage ;
Du grand phare éclatant on ne voit plus les feux :
Tout indice du monde est enfui de nos yeux.
    Nous nous enfonçons davantage
Dans l'inconnu mouvant qui supporte nos corps :
Un profond gouffre en bas, au-dessus un nuage
    Sont de ce lieu les seuls décors.

    Seul sur le pont, debout, je rêve
A cette immensité du superbe Océan :
Gloire ! grandeur ! pouvoir ! et vigueur du géant !
    Quand la moindre vague s'élève,
Que votre art est petit, que votre front est bas,
Qu'imparfait est l'outil que votre adresse achève,
    Que piètres sont tous vos appas !

    Voguons sur l'Océan superbe,
Le Ciel en est le dôme, et le centre, c'est moi ;
L'hémicycle du Ciel me transporte d'émoi,
    Et d'astres, je vois une gerbe.
Quelle sensation envahit mon esprit ?
Qui vient de m'animer ? quel est ce divin verbe ?
    En ce moment-ci, qu'ai-je appris ?

    Du monde, quelle est la clôture ?
Oh ! combien vaste il est, ce splendide élément
Qui contourne la terre et insensiblement
    Semble lui servir de ceinture !

Combien elle reluit, cette antique splendeur
Qui, de tous les humains étant la sépulture,
  Répand cette mystique odeur!

  L'ombre envahit toute distance,
Et je n'aperçois plus en tous sens que la nuit;
Partout le Ciel est noir, et pas le moindre bruit
  Ne vient pour troubler ce silence.
Mon cœur muet devant ce magique tableau,
Se recueille et bientôt, vers l'infini s'élance,
  Admirant ce calme nouveau.

  Un formidable vent nous pousse
Et mugit tout-à-coup dans cette immensité;
Pour guider notre marche il n'est plus de clarté.
  Non ébranlé par la secousse
Du tonnerre qui gronde et des éclairs brillants,
Chaque passager dort sur sa litière douce
  Et n'a pas de pressentiments.

  Que leur importe la tempête?
Songent-ils seulement qu'il y a des écueils!
Savent-ils que les eaux vont être leurs cercueils,
  Que l'ouragan est sur leur tête?
Par le vent, la fumée est poussée au hasard,
Mon Dieu! quel sort pour nous en ce moment s'apprête
  Au milieu de ce grand brouillard?

  Dès-lors, la vague écume blanche
Puis étincelle aussi dans ce grave séjour,
Mais bientôt apparaît la lumière du jour.
  Dans le calme, l'orage penche.
En un instant, partout, la nature renaît,
Ah! que dans cet instant l'âme pure s'épanche....
  Le poète seul le connaît.

Sur l'eau s'envolent les mouettes,
On aperçoit la terre, encor dans le lointain.
Poètes qui sentez les splendeurs du matin,
Cessez vos extases muettes;
Quand vous aurez appris aux peuples à savoir
Ce qu'il y a de grand, de beau, de bien... poètes,
Vous aurez fait votre devoir!

Jules Raux.

SONNET
SUR LA MORT DE SON PETIT PROTÉGÉ
A MA COUSINE AUGUSTINE

Sultan, bon petit chien qui jappais à ma vue,
Et qui, la queue en l'air, sautais si follement,
Tu n'eus que quelques jours de gaîté seulement :
A peine étais-tu né que ton heure est venue.

Dis-moi, bon petit chien, dis-moi quel ligament
Attache l'animal à l'homme et quelle issue
Conduit l'homme à la bête, et quelle est l'inconnue
Qui leur fait partager le sort chaque moment?

Tu réponds : la douceur, dans tous ses moindres gestes
Laisse percer parfois quelques parfums célestes,
Et ces touchants parfums vont droit jusques aux cœurs.

Ma cousine a pleuré ton amitié ravie,
Ah! qu'aurais-je donné pour racheter ta vie,
Ah! qu'aurais-je donné pour racheter ses pleurs!

Jules Raux.

DIES IRÆ

O jour de terrible colère,
De cris de douleur et d'effroi!
L'univers s'abîme en poussière;
Ainsi l'ont annoncé naguère
Les chants de la Sibylle et du prophète-roi.

Quelle terreur sur les visages!
Le juge éternel va venir;
D'un regard il voit tous les âges;
O vous que le monde crut sages,
Frémissez aujourd'hui, tout va se découvrir!

Sur les continents et sur l'onde
Quel bruit! c'est le clairon fatal!
Ouvrez-vous sépulcres du monde,
Que chacun de vos morts réponde
A l'ordre qui l'appelle au divin tribunal!

Où sont donc tes lois, ô nature?
O mort qu'as-tu fait de tes droits?
Ce qui n'était que pourriture
Redevient une créature
Qui va de ses erreurs répondre au roi des rois!

Voici le livre redoutable
Qui s'ouvre devant l'Éternel;
Cet accusateur implacable
Montrant le juste et le coupable,
Entr'ouvre tour à tour ou l'enfer ou le Ciel.

Ce témoin de sa destinée
Ne quitte pas l'homme un moment;
Nulle vertu n'est oubliée,
Nulle faute n'est ignorée,
Qui soit digne d'excuse ou bien de châtiment.

Contre ce livre qui m'accuse
Qui donc viendra me secourir ;
Devant celui que rien n'abuse
Le saint trouve à peine une excuse,
Misérable pécheur, que vais-je devenir ?

Roi dont la majesté terrible
A son gré fait les bienheureux,
Ne demeurez pas inflexible,
A mes accents soyez sensible,
Sauvez-moi de l'enfer, ô clément roi des Cieux !

Jésus qui fûtes notre père,
Modèle du plus pur amour,
Vous qui voulûtes sur la terre
Pour nous sauver prendre une mère,
Ne me condamnez pas en ce terrible jour !

O Jésus, pour un infidèle
Seriez-vous tombé par trois fois ?
Pour racheter l'enfant rebelle,
Pour sauver son âme immortelle,
Auriez-vous vainement souffert sur une croix ?

D'après la grandeur de l'offense
Vous mesurez le châtiment ;
Seigneur, que votre providence
Me juge digne de clémence
Et m'accorde ma grâce avant le jugement !

Je pleure comme un grand coupable ;
Mon front se couvre de rougeur ;
Ne demeurez pas implacable,
O juge, soyez favorable
Aux cris de repentir d'un malheureux pécheur !

Si l'amour de la pécheresse
Lui fit trouver grâce à vos yeux,
Si du bon larron la tristesse
A pu toucher votre tendresse,
Vous me donnez aussi l'espérance des Cieux.

Je le reconnais, ma prière
N'est pas digne du roi du Ciel ;
Mais en votre bonté j'espère,
Souvenez-vous de ma misère,
Ne me condamnez pas au supplice éternel !

Séparez-moi des boucs rebelles,
Des damnés à jamais perdus.
J'aperçois les brebis fidèles,
Que ma place soit avec elles
Debout à votre droite au milieu des élus.

De l'horrible tourment des flammes
Sources d'éternelle douleur,
De l'odieux contact des âmes
Que leurs crimes rendent infâmes,
Avec les bienheureux éloignez-moi, Seigneur.

Bien humblement je vous supplie,
Mon cœur s'abîme à vos genoux ;
Quand vous me reprendrez la vie,
Que mon âme sainte et ravie
Puisse d'un seul essor s'envoler jusqu'à vous !

Que de larmes vont se répandre
En ce jour de vie et de mort
Où l'homme, secouant sa cendre,
Ressuscitera pour entendre
L'irrévocable arrêt qui fixera son sort !

Ayez pitié de sa faiblesse,
O Dieu qui disposez du Ciel !
Doux Jésus, voyez sa détresse,
N'écoutez que votre tendresse,
Accordez-lui, Seigneur, le repos éternel !

J. D'Engreval.

Gironde.

VAST ET PRESENT

After lo many lorrows past,
My love et I have met at Cast :

But not as in the days betore;
It was high summer time of yore,

And there were floods of moonlyht shining
Each dewy evening roses twinning.

Over the ancient garden wall;
Hord well my heart recordsit all!

But at this second meeting, I
Searce kneud if dunshive filled the sky,

Or heeded if the moon was bright,
As by his side I sat all night.

For deadh fever held him fast,
Idheu he came back to ue at Cast;

And there was none to bathe hishead
Or grae him druik; idhen thal they said ;

Spite of the treachery of old,
Ihough love was dead, 1 grend so bold,

Ihal quite alone I went to meet
Ihe dead love that had been lo sweet.

And so, for many a night et day,
I watched beside him as he lay.

I hepl alive his failing breatle;
Like Hercules, I fovgtht coilte death.

Bul idhen he stronger greur, et craved
Ihal I woould take the life I saved

And make it nune, tivas all too late;
Umvritten in the Bovk of Iate.

Iis for the sake of one Ikneud
Long gears ayo, a maiden true,

Who loved him iville her passionate heart
Of gonth ivilt her Ihave no part.

Iis for her sake, my hearh is filled
Idilh tender sad affection; stilled

Isthat ecstatic, torluring flame;
Ihis love must fuil another name.

So we have parted once again;
Iam victorious over pain;
O, God, I have not lived in vain!

LOUISA BIGG AUTHOR OF URBAN GRANDIOR.

LA PRIÈRE DE LA VEUVE

C'est une veuve tremblante,
Dont la fille est expirante

Dans les bras, d'un mal cruel ;
Ce bel ange qu'elle adore,
Gage d'un saint amour, dont son cœur brûle encor,
S'ébat, prend son essor, pour voler dans le Ciel.

O mon père, ô mon Dieu, maître plein de justice,
Tu n'exigeras pas de moi ce sacrifice,
Dit la mère : Mon petit champ,
Tu le sais, ô mon Dieu, tu le sais, ne me rend
Que bien peu, pour beaucoup de peine.
Sous mon chaume l'hiver exhale son haleine,
Des haillons, tu le vois, ne me couvrent qu'à peine,
Mais je ne me plains point, j'aurais tort, tu fus bon
Pour moi... je suis contente et je bénis ton nom ;
Ne me donnes-tu pas mon pain, la lumière ;
L'alouette printanière,
Ne me dit-elle pas le matin sa chanson,
Et n'ai-je pas, le jour, le dôme de mon chêne,
Le murmure de ma fontaine,
Le vert tapis de mon gazon ?
N'ai-je pas ma fille chérie,
Le charme de ma vie ?
Ah ! pour moi c'est assez, je ne demande rien,
Avec elle j'ai tout ; ma fille est mon vrai bien.
Laisse au riche son or... son bonheur... j'ai le mien ;
Mais sans la chère enfant que seraient mon beau chêne,
Et le soleil brillant et la claire fontaine,
Et l'oiseau gazouillant sa chanson du matin ?
Le chêne n'aurait plus de riante parure,
La fontaine plus de murmure,
L'oiseau des champs plus de refrain.

. . . .

Tu n'ajouteras pas, mon père, au dur veuvage,
Dont au printemps de mon âge
Je subis la cruelle loi,
Tu ne le voudras pas... non... je le sens en moi,

Car tu permis, en un instant suprême,
Touché de ma douleur extrême,
De l'époux que je pleure et que j'aime,
Que l'image et le cœur restassent près de moi.
. . . .

Hélas! le mal augmente, alors la veuve vole,
Portant sa dernière obole,
Acheter des secours que l'on dit superflus.
Elle n'a pas perdu un instant l'espérance,
Et dans sa confiance
En Dieu... elle ne pleure plus.
Elle va, elle vient et redouble de zèle,
Mais le linge manque, on l'appelle;
En arrivant,
La mère a déchiré son pauvre vêtement.

Mais ce ne sera point en vain qu'elle dépense
Tant d'amour, tout son bien avec persévérance,
Et qu'elle a confiance en Dieu.
La guérison, bien douce aurore,
Nous apparaît toute empressée d'éclore,
A l'horizon sous un Ciel bleu.
Elle le sait, en faisant sa prière,
En livrant son dernier lambeau,
Elle avait vu l'heureuse mère,
La mort refermer le tombeau.

Jacques Mireur.

Var.

LE MOIS DE MAI 1874

L'hiver est déjà loin, et ma muse plaintive
Par de nouveaux accents doit célébrer l'amour.
Car c'est l'amour qui vient éclairer ce beau jour
D'une douce clarté, d'une lueur si vive.

Qui donc ainsi te change, ô toi, jadis craintive,
Muse, triste autrefois?... C'est qu'il est de retour
Le mois délicieux, et que le troubadour
Attend, sous la fenêtre, une belle captive.

Chantez, oiseaux, chantez! Célébrez la nature
Qui, pour plaire, se vêt d'une belle parure.
Chantez, charmants oiseaux, chantez vos plus doux chants.

Mais, hélas! tout se tait! même dans la ramure
Tout est silencieux, et mai, qui se parjure,
Est maudit de l'amour, et chéri des méchants.

Gabriel Hermon.

MEMENTO
SONNET

On nous dit : « Souviens-toi que tu n'es que poussière,
» De tous côtés la mort ferme ton horizon.
» Impie est le chercheur, trompeuse la raison :
» Travaille, souffre et meurs l'œil baissé vers la terre! »

On nous dit : « Souviens-toi qu'Adam, ton premier père,
» Dans l'arbre de science a trouvé le poison ;
» Malheur à qui veut voir par delà sa prison :
» La foudre vengeresse éteindra sa paupière! »

— Eh bien! dussé-je comme Adam me voir maudit,
Je ne veux pas rester au récif du : peut-être?
Aux ténèbres je jette un éternel défi!

Et je prétends que Dieu, mon créateur, mon maître
Ne me punira pas si je cherche à connaître,
Car je sens qu'en mon cœur il a mis l'infini!

G. Mazinghien.

LES FEMMES AU SPECTACLE
BOUTADES

Sans doute, ô femmes, vous êtes
Charmantes du haut en bas,
Au théâtre où vos toilettes
Ont je ne sais quels appas.

On vous y passe, mesdames,
Ce que par vaux et par monts
Vous traînez de kilogrammes
D'étoffes et de jupons;

Et, noyant nos épigrammes
Sous le flot des cotillons,
Nous ne plaignons que les femmes
Qui portent des pantalons.

Sous vos dentelles discrètes
Si, pour l'œil des délicats,
Brille entre vos gorgerettes
Ce qu'un mari n'y voit pas,

On ne vous en veut pas certes,
Filles d'Ève et de Vénus,
Pour ces gorges entr'ouvertes
Sur des mondes entrevus.

Pommes ne semblent trop vertes
Qu'aux dents qui ne croquent plus,
Et vos chairs, trop découvertes
Qu'à nos Tartuffe perclus.

Mais où j'aime à plusieurs stalles
Vous voir loin de mon fauteuil,
C'est quand de plumes fatales
Vos chapeaux me bouchent l'œil.

Selon qu'il plaît à vos têtes,
Ces plumets bleus font des leurs,
Où s'acharnent nos lorgnettes
Sans en franchir les hauteurs.

Derrière ces flots d'aigrettes
Qui panachent vos grandeurs,
Peut-on voir comment sont faites
Les danseuses... sous les fleurs?

O matrones et vestales,
Quand ferez-vous votre deuil
De ces modes triomphales
Qu'inventa seul votre orgueil?

ARMAND MENICH.

Seine-Inférieure.

HOMMAGE AUX DAMES D'ALSACE ET LORRAINE

Air : *Fleuve du Tage.*

O ma Patrie!
Chez toi naquit un jour
Femme chérie,
La plus digne d'amour.
Elle est patriotique,
Pour l'honneur fanatique ;   } *(bis.)*
Femme de cœur,
Symbole du bonheur.

Tu fus divine
En pansant nos soldats,
Vraie héroïne
Au milieu des combats ;

On te vit en prières,
Puis embrassant tes frères } *(bis.)*
　Tu leur disais :
Mourez tous bons français.

　A coups de pierre
Tu poursuis le fuyard ;
　Sans tanière,
Il rejoint l'étendard.
Tu lui dis : honte au lâche !
Vas effacer ta tâche : } *(bis.)*
　Tue un vainqueur
Pour sauver ton honneur.

　Quand une armure,
Prix d'un Français heureux,
　Belle parure
D'un Prussien fameux,
T'est offerte pour gage
D'un acte de courage ; } *(bis.)*
　Ah ! ce cadeau
Est pour toi le plus beau.

　Dame d'Alsace,
Vieux type de l'honneur,
　Ta noble race
Régénère le cœur.
Chez toi l'honneur ordonne,
A toi le cœur se donne ; } *(bis.)*
　En toi puisons
Nos meilleures leçons.

　Garde à la France
Ta bonne affection,
　Toi l'espérance
De notre nation.

Prions, prions ensemble
Pour que Dieu nous rassemble !
   Le jour luira
Qui nous réunira. *(bis.)*

   Dames de France,
Qui dirigez les cœurs,
   Traitez l'enfance
Avec plus de rigueurs.
Imitez la Lorraine,
La brave Alsacienne,
   Robuste fleur !
A toi le prix d'honneur ! *(bis.)*

   Français, dont l'âme
Se pétrit de douleur,
   Pensant au drame
Qui t'impose un vainqueur,
Relève ton courage !
Crie : A bas l'esclavage !
   Plutôt mourir,
Que voir les siens souffrir ! *(bis.)*

VILHARDIN DE MARCELLANGE.

VŒUX DE FÊTE
ROMANCE

Je voudrais bien, la veille de ta fête,
Pouvoir t'offrir un tout charmant bouquet
Formé d'un lis et d'une violette,
D'une pensée, une rose, un œillet !...
Mais tu le sais, splendide créature !
Devant le vrai, nous devons tous fléchir.
A quoi sert-il de priver la nature
De ses trésors !... pour les faire mourir ?

Laissons les fleurs ! les fleurs mystérieuses
Embaumer l'air de parfums les plus doux !...
Prends dans tes mains ! dans tes mains précieuses,
Ce faible chant qui fera des jaloux...
Va ! quant aux vœux du poète qui t'aime,
Dieu les connaît, ils peuvent s'accomplir !
Bien que le mal porte le diadème,
Ange d'amour ! daigne les accueillir.

Les voici tels, sans fard... et sans mystère.
Joie ! et bonheur ! et sagesse ! et travail !
Le travail seul a tout créé sur terre,
Il fit ton sein d'albâtre et de corail !...
Ah ! travaillons sans cesse en cette vie,
Et transmettons à la postérité !
Le bien, le beau, le grand digne d'envie,
Un peu d'amour !... un peu de liberté !!!

J-. César Peironet.

Var.

LA MARGUERITE

A Mlle LOUISE POUPET

Astre au cœur d'or, à la blanche auréole,
Beau précurseur du retour du printemps,
Sans être ému qui pourrait, à vingt ans,
Voir effeuiller ta splendide corolle ?

I

Des amoureux, discrète pythonisse,
Tu leur apprends ce qu'ils veulent savoir :
Combien de fois autour de ton calice
Vont-ils puiser la tristesse ou l'espoir ?

II

A quoi sert-il de tenter le destin
Souvent au loin, dans une autre patrie,
Puisqu'un oracle est au bord du chemin
Dès que verdit l'herbe de la prairie?

III

Révèle donc, charmante marguerite,
Si le bonheur doit me sourire un jour,
Ou s'il vaut mieux aller me faire ermite
Que d'éprouver les flèches de l'amour.

AD. GRISERY.

ACROSTICHE

En vous voyant mon cœur s'épanouit, soupire,
Mes yeux sont par vos yeux éblouis, fascinés ;
Mon amour est à vous, je ne puis vous le dire,
A vous seule pourtant ses feux sont destinés.

E. GOUSSÉ.

Charente-Inférieure.

LE DEVOIR

Air : Des fleurs l'abeille épuise le calice, etc.

Riches, puissants, vous tous grands de la terre,
Dieu vous a dit : Donnez, donnez toujours !
Il faut aider le pauvre prolétaire,
Prodiguez-lui sans cesse vos secours.
Il vous a dit, dans sa bonté suprême :
Donner en bas, en Haut, c'est recevoir !!...
Aimez le pauvre, il vous l'a dit lui-même.
Riches, puissants, faites votre devoir.

Par vos bontés, votre munificence,
Le malheureux, toujours vous chérira,
Et l'Éternel, du haut de sa puissance,
Pour vos bienfaits, un jour vous bénira.
Songez-y donc, la vie est un passage
Au bout duquel nous devons nous revoir !...
Là, le bonheur sera pour le plus sage.
Riches, puissants, faites votre devoir.

O ! loin de vous cet orgueil téméraire ;
Ne jetez plus ce regard inhumain
Quand vous passez auprès de la misère ;
Consolez-la, tendez-lui votre main.
Un noble cœur n'est-il pas plus à l'aise,
Si de donner il a le doux pouvoir ?
Ah ! que toujours ce vrai bonheur vous plaise.
Riches, puissants, faites votre devoir.

L'agile abeille obtient de la nature,
Après l'hiver, le printemps et sa fleur.
Le travailleur demande, avec droiture,
A la fortune un noble et saint labeur !
Entendez-vous cet essaim qui bourdonne !
Réfléchissez, car il faut tout prévoir !
Écoutez-le, c'est Dieu qui vous l'ordonne.
Riches, puissants, faites votre devoir.

Enfin, nous tous enfants de la Patrie !
Riches, soldats, ouvriers, laboureurs,
Souvenons-nous qu'elle est encor meurtrie !
N'ajoutons pas de mal à ses douleurs.
Aimons-nous tous et méditons sans cesse
Sur les revers que nous venons d'avoir,
Soyons unis ! ayons de la sagesse,
En bons Français, faisons notre devoir.

EMMANUEL LALOY.

Haute-Marne.

ASSAUT DE LA MOUCHE ET DU FRELON
NAVIGUANT SUR LA SAONE, A LYON
EN SOIXANTE-NEUF

Tandis que le frelon bourdonne,
La mouche vole et fait son jeu ;
Sur l'onde pure de la Saône,
Ce pauvre frelon passe au bleu !
Son gouvernail en décadence,
Sa machine faisant défaut ;
Désormais à bas ! sa jactance,
A l'abord d'un brillant assaut !

On sait que la mouche est agile,
Dans ses plus moindres mouvements ;
Que celui qui s'en rend hostile,
Subit les plus grands châtiments !
Son aiguillon, toujours à craindre,
Cause souvent le désespoir,
Et quiconque veut la contraindre,
Bien vite passe à son comptoir !!...

EXHORTATION

Ami frelon, je te conseille
A ne plus chercher carillon ;
Mais plutôt boire une bouteille
De Beaujolais, de Roussillon !
Tu sais bien que, dans ce bas monde,
Chacun veut faire à qui mieux-mieux ;
Portons donc un *toast* à la ronde,
Aux bons enfants jeunes et vieux !!!

LALOY.

HIER, AUJOURD'HUI, DEMAIN

AUX FRANÇAIS

Mâles croyants, la terre entière
Admirait vos larges amours,
S'inclinant à votre lumière,
Marchant sous vos célestes jours.

Hélas! l'oubli de votre mère
Vous a plongés dans le malheur :
Votre voix est fausse et amère;
Votre bras n'a plus sa valeur!

Mais resterez-vous ainsi pâles?
N'aurez-vous plus d'inspirations?
Amis, Français, vous serez mâles
Si vous extirpez vos passions.

L'Ago-Rosso.

A QUELQUES-UNS

Moi, je vous appartiens! Le poète superbe
    S'inclinerait si bas!
Lui pactiser, mon Dieu! avec l'idée acerbe
    D'infimes potentats!

Ah! messeigneurs, jamais! Vous rampez trop serviles
    Devant un souverain,
Que vous trompez toujours — pour ce peuple des villes
    A la tête d'airain!

Peuple qui ne comprend que celui qui le flatte,
    Veut vivre à ses dépens;
Et que ses courtisans, d'un beau rouge écarlate,
    Le rongent de leurs dents.

Peuple qu'on initie à toute turpitude,
    A qui l'on dit après...
Salut ô peuple-roi — pouvoir sans latitude
    Raison, force, progrès !

Vous vous moquez de nous, nous le savons nos maîtres,
    Nous pécheurs endurcis,
Ne voulant pactiser avec un tas de reîtres
    Aux esprits rétrécis.

Eh bien ! faites ce peuple, et donnez-lui la forme
    Que vous rêvez pour lui.
Qu'il vous serve, valet !... à vous, être difforme,
    Dont l'esprit n'a point lui.

Et lorsque piétinant sur la tourbe insensée
    Vous serez arrivé,
Nous, les vengeurs, huant la haute destinée
    Que vous aviez rêvé !

Nous dirons à ce peuple, hélas ! si misérable :
    Renverse cet autel
Où tu ne peux prier, ce hideux habitacle,
    Qui menace le Ciel !

Et ce peuple sans foi, sans amours, plein de rages,
    Ce peuple malheureux !
Ce peuple aux songes creux, aux pensées sauvages,
    Que vous rendez hideux !

Ce peuple frappera sur d'antiques idoles,
    Aujourd'hui ses tyrans !
Et la bête hurlant de sinistres paroles,
    Vous broîra sous ses dents !

Allez, réfléchissez, et que votre cœur s'ouvre
    A la voix du devoir !
A la France blessée et dont le cœur s'entr'ouvre,
    Rendez un peu d'espoir !

Sachons donc discourir et donner nos idées
    Sans jeter du venin,
Et rejetons au loin les foudres insensées,
    Songeons au lendemain !

DUBARRY.

LA POLITIQUE

Trop sanglante mégère à l'aspect si farouche,
Toi sœur de la discorde et de l'ambition,
Tu sèmes le malheur, et ta hideuse bouche
Lance sur les mortels la malédiction !

Tu portes dans tes flancs la haine et la vengeance,
La ruse et le malheur sont tes deux courtisans.
Ton souffle empoisonné perd toute confiance,
Va, fuis loin de ce sol, nos maux sont suffisants !

Tu te glisses partout, aux palais, aux mansardes !
Tu sèmes en tout lieu, l'envie et la fureur !
Tu revêts tout habit, prends toutes les cocardes,
Tu commences raison, et tu finis terreur !

Le bon sens qui s'émeut voyant venir l'orage
Est chassé, conspué, l'on crie au cabanon !
La bête politique a repris son ouvrage
Et tout languit, se meurt, il n'est plus d'Hélicon !

Dans les regards, la haine! et partout la grimace!
Sur la langue, le fiel! au cœur, le vide affreux!
Doutes, absurdités, égoïsme rapace,
Tels sont les résultats de ton passage hideux!

Ouvrons enfin les yeux, chassons cet égoïsme,
Cet esprit de parti qui nous rend si mesquins;
Rejetons loin de nous et chimère et sophisme!
Ou nous aurons le sort des derniers Bysantins!

DUBARRY.

L'ANE SAVANT

Un certain jour,
Poussant un peu loin son amour,
Pierre embrassa son âne (âne il était lui-même);
Soit baiser, soit coup de bâton,
Martin ne comprend pas qu'on l'aime;
Il remercie de même ton,
Comme il entend de même oreille
Avec ignorance pareille.
Il est si paresseux qu'il est souvent rossé
Pour ne vouloir rien faire;
Il ne sait pas courir, mais il sait si bien braire
Que dans cet art enfin il est maître passé.
Flâner toute sa vie est le métier d'un âne
Et d'un mauvais sujet;
Pierre aime bien Martin mais ne veut pas qu'il flâne,
Déjà même il forme un projet.
Il fit tant et si bien, que Martin nous démontre
Quelle heure il est à votre montre;

De la minute aussi il nous fait le détail,
Ce qu'il vous dirait même au milieu des ténèbres.

  Dirai-je enfin que le travail
  A rendu des ânes célèbres.

ELIE CHEREAU.

LAFONTAINE ET LA FABLE

Comme de nos amis nous rougissons sans peine
  Et ne pouvons rougir de nous!
  Combien j'ai vu de jeunes fous
  Critiquer le bon Lafontaine.
Ils n'aimaient pas la fable, ils n'aimaient pas les vers,
Ne trouvaient rien de bien à ce qu'il eût pu faire
  En parlaient à tort à travers,
Ils ne savaient juger et ne pouvaient se taire.
La fable est-elle aimée et des fous et des sots?
On l'a faite pour eux, leur besoin l'a réclame,
Ne vous étonnez pas qu'ils en aient fait le blâme.
Regardez chaque page et pesez tous les mots,
  Arrêtez à chaque passage;
  Comme dans un miroir,
La bête la plus rare est sûre de s'y voir.

  Lafontaine est pour le jeune âge,
  L'esprit savant et l'esprit sage.

ELIE CHEREAU.

ÉCHO DES BOIS

Vous abritez les fleurs au temps de la froidure
Et faites de ce val un séjour enchanté;
O rochers que décore un massif de verdure,
J'admire votre grâce et votre majesté!

Dans vos creux sourds l'oiseau met son humble couvée,
L'abeille vous choisit pour lui garder son miel;
Et, sur votre sommet, l'aube, à peine levée,
Jette un rayon divin qui vous unit au Ciel.

De sa lumière d'or le couchant vous inonde;
L'alouette en chantant vous revient des blés verts;
Le vent murmure, doux comme le bruit d'une onde,
A travers les rameaux dont vous êtes couverts.

La guerre, dirait-on, vous a noircis de poudre;
Calmes, vous regardez le torrent destructeur,
Vous bravez tout : le temps, l'aquilon et la foudre...
Rien ne saurait troubler votre front protecteur!

Lorsque je me promène à l'ombre de vos chênes,
Je vois la plaine vaste, aux prés délicieux,
Et le village assis sur les roches prochaines,
Et, plus haut, dans l'azur, les monts audacieux.

Si le bonheur sourit à qui sait vous connaître,
C'est à moi qu'il devrait sourire nuit et jour!
Parmi vous, ô rochers, je sens mon cœur renaître
Plein de sérénité, d'espérance et d'amour.

Siffrein Seyssaud.

PINSON
CHARADE

Mon premier, immuable, embellit la nature.
Mon second et son cœur servent de nourriture.
  Mon tout de mon premier
  Est l'ami familier.

Hippolyte Lucquet.

ÉPITAPHE

Cit-gît mon cauchemar,
L'huissier Margue Adémar.

HIPPOLYTE LUCQUET.

Algérie.

LA DÉCLARATION DE GUERRE

A bas la guerre! Vive la paix.

I

Entre deux nations la guerre est déclarée !
Mais le *Provocateur* de ce duel-géant
Peut-il jeter le gant d'une main assurée ?
Sa plume d'un seul trait creuse un gouffre béant !
    Sa raison est-elle égarée ?

II

Sait-il bien qu'en frappant ainsi pour étancher
Sa soif d'ambition, d'un coup de sa baguette,
Moïse de malheur, il tire du rocher
Un déluge de maux, et que sa main apprête,
    Allume un immense bûcher ?

Ose-t-il de sang-froid ouvrir ce vaste abîme
Où viendront s'engloutir tant de pauvres soldats ?
S'il n'a *deux fois* raison, sait-il bien que ce crime,
En spectre de Macbeth, plus tard suivra ses pas ?
    Le remords prend sa large dîme.

Quelle terrible dîme un jour il préleva
Sur ce *Provocateur*, Prométhée à la haine
Du vautour Hudson-Love, et que vite il creusa
La fosse du géant au roc de Sainte-Hélène,
    Tombeau lointain qu'il ne rêva !

Watterloo, puis Sédan!!! double date funeste
L'une à *l'Oncle* d'abord, l'autre pour le *Neveu!*
Quand Dieu veut mettre un terme aux fléaux, à la peste,
Arrêter Attila, dans son temps, en son lieu,
  Il lui suffit d'un simple geste.

III

Anathème, anathème à ces ambitieux !
Souvent que reste-t-il de toutes leurs conquêtes ?
Pour étayer leur trône appelé glorieux
Que d'os de morts, de sang, de milliers de têtes !
  N'envions leur sort malheureux !

IV

Entre deux nations la guerre est déclarée !
Mais le *Provocateur* de ce duel-géant
Peut-il jeter le gant d'une main assurée ?
Sa plume d'un seul trait creuse un gouffre béant.

F. GALLOO-GUILBERT.

CRUELLE FLEUR

Un matin de printemps, au pied d'une colline
  Que le soleil caressait,
Sous un rayon doré, flexible, droite, fine,
  Une blanche fleur naissait.
Abandonnant son être aux soins de la nature,
  Sur sa tige elle montait
Vierge de tout contact, modeste autant que pure,
  Ignorant ce qu'elle était.
Quand vint un papillon ; son vol, à l'aventure,
  Errait loin des prés en fleurs ;
Il allait épiant un parfum, un murmure
  Qui sut parler à son cœur.

« Fleur d'un jour, lui dit-il, ouvre-toi, vois la plaine !
 » J'y règne dans les douceurs ;
» Je pourrais, d'un coup d'aile, aller puiser sans peine
 » Aux calices de tes sœurs...
» Et pourtant près de toi je m'oublie et je reste,
 » Qui donc peut me retenir ?
» Serait-ce la beauté de ton éclat modeste
 » Que rien n'est venu ternir ?
» Ou bien aurais-je, enfin, dans mes courses sans trêve,
 » Rencontré, j'en ai l'espoir,
» En toi miel et parfum, double essence, mon rêve
 » De l'aurore jusqu'au soir ? »
Je suis las... laisse-moi, sur ta blanche corolle,
 Reposer quelques instants...
Sans m'arrêter jamais de fleur en fleur je vole
 Hélas ! depuis si longtemps...
Il dit, et voltigeant sur la fleur enivrée
 Par ce langage d'amour,
Déjà, de son regard, il convoitait l'entrée
 De ce velouté séjour,
Lorsqu'elle, d'une voix douce et fière,
 Répondit : « Beau papillon,
» Comme tes ailes ta parole est légère,
 » Et trompeuse aussi, dit-on !
» Mais puisqu'il est écrit, dans notre destinée
 » A nous, pauvres fleurs des champs,
» Que chacune doit voir sa corolle fanée
 » Un jour s'en aller aux vents ;
» Je veux bien écouter l'aveu de ta tendresse,
 » Pour toi mon cœur peut s'ouvrir ;
» Si tu veux, en retour, me faire une promesse
 » Devrais-tu même en mourir !... »
Qui donc avait ainsi semé la défiance
 Au fond de ce cœur si pur,
Où le matin encor sommeillait l'innocence
 Dans un reflet de l'azur ?

C'était le frais zéphyr au langage éphémère,
    Souffle aimé, doux confident,
Qui sur chaque brin d'herbe, en effleurant la terre,
    Laisse un mot, un nom, un chant...
Prends garde, avait-il dit, ô ma jeune mignonne !
    Un jour surprise, en émoi
Tu verras, à tes pieds, s'effeuiller ta couronne,
    Tel sera ton sort, crois-moi.
Tu seras enviée et jusque dans tes songes
    Les papillons te suivront,
Exaltant ta beauté, jurant tous les mensonges
    Puis... vers d'autres s'enfuiront...
Mais comme au Dieu d'amour tu dois être soumise
    Obéis à ton instinct...
Et, s'élevant de terre, il rejoignit la brise
    Qui chantait dans le lointain.
C'est alors que devant la pauvre fleur tremblante
    Le papillon apparut.
Il l'aima, le lui dit, et sur sa belle amante
    Jura ce qu'elle voulut.
« Qu'exiges-tu de moi, lui dit-il, ô ma reine :
    » Dois-je prendre mon essor
» Te proclamant partout des fleurs la souveraine ?
    » Ou bien si tu veux encor,
» J'irai, parmi tes sœurs, chercher dans la vallée
    » Mes frères les plus brillants.
» Tu t'épanouiras à cette cour ailée ;
    » Sous ses reflets scintillants... »
Non, je ne veux de toi qu'une chose, dit-elle.
    Pour me plaire et me charmer,
Sans compter les soleils il faut m'être fidèle
    Ou renoncer à m'aimer.
Selon lui ce n'était point un grand sacrifice ;
    Avec joie il s'y soumit.
De n'effleurer de l'aile aucun autre calice
    Sans hésiter il promit.

Mais hélas! il comptait sans l'ignorance austère
    De celle qu'il adorait;
Les désirs l'entouraient et, par crainte, sévère
    Elle toujours l'éloignait...
Et dans les prés voisins des réunions nombreuses
    De papillons s'ébattaient,
Et le bruit des baisers et les voix amoureuses
    Aux échos se répétaient...
Puis, un jour, il perdit de son aile dorée
    La riche et vive couleur;
Les désirs incessants, la douleur concentrée
    Avaient consumé son cœur.
Et pendant que l'amour animait la nature,
    Elle, comme aux jours premiers,
Lui résistait toujours, demeurait toujours pure;
    L'amant mourait à ses pieds...

                              CHATEAU.

ODE FUNÈBRE

A M. CRÉTAILLE (THÉODORE), RECEVEUR DES CONTRIBUTIONS INDIRECTES A JUZENNECOURT (HAUTE-MARNE), DÉCÉDÉ LE 2 FÉVRIER 1874

Sur ta tombe pleurons! ô digne receveur!
En conjurant le Ciel, avec grande ferveur,
D'accorder à ton âme une paix éternelle,
Pour prix de tes bienfaits, une gloire nouvelle!
Pendant plus de vingt ans, de travaux assidus,
Chaque supérieur admirant tes vertus,
Tes rares qualités, notamment ta justice,
Ton zèle infatigable à faire ton service!...
Non, jamais receveur ne fut plus respecté,
Tout le monde louait ta grande loyauté!
Ne rebutant personne, indiquant la mesure
Prescrite par la loi, sans le moindre murmure!...

A chaque buraliste, tu lui rendais raison,
Lui donnant tout de suite l'explication!!...
Sur la taxe imposée aux diverses matières
Afin de s'en tirer sur les règles entières!!...
On te regrettera longtemps! oui, bien longtemps!
Surtout les malheureux, les pauvres indigents!...
Nous tous, parents, amis, honorables personnes,
Sa tombe, couvrons-la! d'immortelles couronnes!
En priant l'Éternel de l'admettre au séjour
Des mortels bienheureux, de la céleste cour!!!

LALOY.

RÉPONSE

A M. X...

Mener de pair plume et forêt;
    Dieu! quelle main subtile,
De front Bacchus et le sonnet
    Mais, c'est d'un homme habile.

Vous offrez à des prix réduits
    Les premiers crûs du monde;
Vieux nectar de *Beaune... et de Nuits!!!*
    Voir même de *Gironde*....

Par le temps qui court... *du Bordeaux!*...
    N'est-ce pas dérisoire,
Pourquoi donc le Ciel! fit les eaux?
    Si ce n'est pour les boire...

Croyez, docteur... l'eau de mon puits
    Picton peu délectable,
Depuis l'*ordre moral!...* — Depuis...
    Trône seule à ma table...

Vos vins sont pour nos... *dirigeants!*...
   Car nous, pauvres pygmées,
Qui sommes les *intransigeants!*...
   Nous avons les... corvées.

Revienne un jour... *quatre-vingt-neuf!*...
   Celle-là... c'est la bonne!...
Alors que n'étant plus un... bœuf...
   J'en commande une tonne...

Mais jusque là, gardez vos vins ;
   Merci du bon office,
Nous réservons les doux festins
   Pour un temps plus propice.

Et nous dirons — serrant les crans
   De notre ventrière :
« Consolons-nous.... Petits et grands
   » Seront un jour... poussière... »

C'est l'espoir du... déshérité....
   Infortune ou fortune
Le néant de l'éternité
   Est la *fosse commune*...

Dieu créateur ! Toi seul es bon,
   Ton code égalitaire ;
Nu : tire l'homme du limon,
   Nu : le rend à la terre.

JULES BLANCARD.

Drôme.

A MA MUSE

Toi qui me charmes et m'inspire,
Toi dont j'entrevois le sourire

Au milieu des pensers amers ;
Quel est ton nom, quelle est ta forme ?
Habites-tu sous le grand orme,
Dans les sables ou dans les mers ?

Lorsque ta voix enchanteresse
Sait poétiser ma tristesse,
Par ses accords mélodieux,
Je sens que je vis, je respire !
Et dans l'espace j'entends bruire
Comme des chants harmonieux !

Ton joug m'est un bien doux empire
Lorsque mon pauvre cœur soupire,
Tu me dis, les prés et les champs !
Par toi je sens et par toi j'aime.
Quand je revêts ton diadème
Le calme succède à mes chants !

Amour du bien noble délire,
Frappe les cordes de ma lyre
Sous l'énergique pression,
D'un idéal que rien n'arrête !
Muse gravite vers le faîte,
Chante la noble passion !

DUBARRY.

ANNIVERSAIRE DU 4 JUILLET 1776
DES ÉTATS-UNIS

Terre de liberté ! Mosaïque géante
D'États indépendants que l'union cimente !
Moins d'un siècle a suffi depuis cet heureux jour
Dont tes fils aujourd'hui célèbrent le retour,

Pour répandre sur toi des biens en abondance
Et faire retentir en tous lieux ta puissance !...
Les tyrans sont jaloux d'une prospérité
Que seule peut aimer l'auguste liberté !...
Mais le moment approche où ses palmes fécondes
Viendront se balancer sur le front des deux mondes !...

. . . .

Réveille tes échos ! Qu'ils répètent les chants
Qu'inspirent à nos voix nos cœurs reconnaissants !
Que nos temples sacrés de nos divins cantiques
Fassent tous retentir leurs voûtes, leurs portiques !
Car c'est de ce beau jour que date la grandeur
De tes enfants unis, ainsi que leur bonheur !...

. . . .

Immortel Washington ! père de la Patrie,
Ta grande âme aujourd'hui doit être réjouie !
Ah ! si du haut des Cieux, tu daignes en ce jour
Jeter un doux regard sur ton premier séjour,
Tu dois le prolonger des bords de l'Atlantique
Jusqu'aux sables dorés de la mer Pacifique ;
Car dans ces lieux aussi flotte notre étendard !
Tes enfants ont porté jusque là leur rempart !

. . . .

Que nous serions heureux, si nous pouvions entendre
Ta paternelle voix dans nos rangs se répandre ;
Et nous dire : « O mes fils ! je suis content de vous !
» Soyez toujours unis !... Dieu vous bénira tous !... »

François-Xavier-Amédée de Pichon.

LA RENOMMÉE

OU

SÉBASTOPOL N'EST PLUS

CHANT DÉDIÉ AUX FRANÇAIS, AUX ANGLAIS ET AUX SARDES

Premier Couplet.

Entendez-vous la Renommée ?
Tonnant partout de ses cent voix :
« Peuples j'accours de la Crimée
» Vous annoncer de beaux exploits !
» Du monde ils méritent l'hommage :
» Les Cieux mêmes en sont émus....
» Français, Anglais, sur ce rivage
» Criez : Sébastopol n'est plus !

Deuxième Couplet.

» Des Français j'ai vu la bannière
» Sur Malakoff flotter au vent,
» Et le léopard d'Angleterre
» S'ébattre sur le Grand Redan !
» Ah ! j'ai vu jusque sur la plage
» Les Russes fuir partout vaincus....
» Sardes, Français, sur ce rivage
» Criez : Sébastopol n'est plus !

Troisième Couplet.

» Adieu, je vais, dit l'immortelle
» Porter mon vol vers d'autres lieux ;
» Car en Crimée on me rappelle
» Pour de nouveaux faits glorieux.
» Oh ! je ferai plus d'un voyage....
» Les Russes sont encore battus !
» En m'attendant sur ce rivage
» Criez : Sébastopol n'est plus !! »

AMÉDÉE DE PICHON FILS.

LA CLEPSYDRE

Ma cuisinière, ce matin,
Mettait cuire des œufs. — Glissant son sable fin,
Une clepsydre indiquait en silence,
Sur la crédence,
Les minutes de la cuisson.
En ce moment survint la voisine Suzon.
La conversation s'engage,
Et le pétillant caquetage
Fit que mes pauvres œufs dans l'onde qui bouillait
Restèrent trois fois plus de temps qu'il ne fallait.
Alors, voici ma domestique
De reprocher avec aigreur
A l'humble chronomètre antique
D'être la cause de l'erreur.
Mais sans tarder celui-ci lui réplique :
— Daignez cesser votre clameur.
Tandis que je moulais lentement mon arène,
Si vous aviez laissé votre langue au repos,
Et tenu l'œil fixé sur moi, ma douce reine,
Les œufs seraient cuits à propos.

NARZALE JOBERT.

A MON PÈRE

De notre jardinet voici, mon bien cher père,
Notre première fleur. La pâle primevère
Comme un gage d'espoir quand tout semble mourir,
Au soleil de l'hiver vient de s'épanouir.
Affection et fleur à toi je te les donne ;
A toi, père chéri, j'offre la fleur mignonne,
La nature sans fleur ne saurait nous charmer ;
Le cœur est déjà mort lorsqu'il cesse d'aimer.

Je l'envoie à Paris ce gage d'espérance
Pour te faire oublier les longs jours de l'absence.
Avec mon souvenir, allez, petite fleur;
Donnez au père absent la joie et le bonheur.

Sophie Comte.

A UNE JEUNE MÈRE

A LA MORT DE SA FILLE UNIQUE

A Mme ÉVARISTE CARRANCE

Pourquoi cette parole amère
O femme?.... à peine suis-je mère,
Me dit-elle d'un sombre accent,
Je crains déjà pour mon enfant.
Et puis, d'une voix frémissante :
« Venez, reprit-elle tremblante,
» Venez voir sous ce blanc rideau,
» Mon enfant est dans ce berceau
» Reposant depuis plus d'une heure,
» Douce et tranquille... et moi je pleure.
» Voyez, elle dort... parlons bas :
» Vous la guérirez, n'est-ce pas? »
Et j'aperçus un doux visage
Qui des Cieux reflétait l'image;
Un petit être au front charmant,
C'était comme un ange dormant.
Cette enfant souriait encore !...
Est-ce ainsi grand Dieu qu'il t'adore
Cet ange à sa mère ravi
Avant qu'un souffle l'eût terni?...
Elle ignorait, la pauvre femme,
Que ce corps était là sans âme!..,
Mon enfant, disait-elle, dort :
Mais ce sommeil, c'était la mort,

Attendri de tant de souffrance
Et de sa sublime ignorance ;
L'illusion étant un bien,
Impuissant je ne disai rien.
« Chère petite, ajouta-t-elle,
» Hier encor souriante et belle
» Sous mes baisers, réveille-toi ;
» Ah ! c'est ta mère, enfant, c'est moi.
» C'est moi qui t'embrasse et te presse ;
» Moi qui te regarde sans cesse ;
» Enfant, ouvre-moi tes beaux yeux !
» Mais vous paraissez soucieux
» Docteur, vous gardez le silence ;
» Ne peut-elle rien ta science
» Pour une mère et son enfant ?
» Je le vois, l'homme est impuissant
» A guérir ce cher petit être !
» Mais le Seigneur est le seul maître
» De nous tous, il peut le sauver.
» La mort, grand Dieu, veut m'enlever
» Mon enfant, ma fille si chère !
» Tu vis un jour pleurer ta mère,
» Aussi, prends pitié de mes pleurs,
» Fils de la mère des douleurs.
» Il y a Seigneur assez d'anges
» Au Ciel pour chanter tes louanges ;
» Assez d'étoiles au firmament.
» Laisse-moi mon unique enfant.
» Ton petit corps reste sans vie,
» Nul souffle en ta lèvre bleuie...
» Enfant ton œil ne s'ouvre pas !
» — Il est au Ciel, dis-je tout bas. »

Dr CAMILLE PARET.

MA LIBERTÉ

Vous me disiez : Viens donc! ton modeste salaire
    Suffit à peine à tes besoins!
Et moi je vous suivis — ce n'est pas mon affaire!
    Un peu plus d'air et moins de soins!

Il me faut de l'espace, il me faut la nature!
    Il me faut ma plume et mes vers!
De nos coteaux fleuris, je veux voir la parure,
    Il me faut aussi les prés verts!

Il me faut les splendeurs d'une terre féconde,
    Il me faut le Ciel du midi!
Il me faut les grands bois, il me faudrait le monde!
    Non! je ne puis rester ici!

Il me faut ma Garonne à la course folâtre,
    Notre beau Nil aux claires eaux
Scintillant au soleil; aussi le chant du pâtre;
    Les grands peupliers, longs fuseaux!

Je ne puis donc rester, merci pour votre peine,
    Merci de vos bons sentiments!
Je vais courir encor, courir à perdre haleine,
    Et reprendre la clef des champs.

DUBARRY.

A CEUX QUI ME COMPRENDRONT

ENVOI A M. MAX. BRIVO-CONTI

...Dans la paix, soyez hommes.

  Nous étions preux... dans nos demeures;
  Nous étions forts... sur le rôti;
  Nous étions grands... aux noires heures;
  Nous étions beaux... a-t-on menti?

Est-ce le cœur que l'on sait brave?
Est-ce le bras que l'on sait droit?
Est-ce le front qui devient grave
Au sentiment du mal qui croît?
Est-ce la main entr'ouvrant l'ère
Où va le monde en ce moment?
Est-ce la voix toujours si claire
Et qui dit tout si clairement?
Est-ce l'âme de la Patrie
Qui n'a plus qu'un morne séjour?
Qui se traîne blême et flétrie
Dans un piètre et ténébreux jour?
Non!... ce sont vingt-deux ans de chaînes
Avec le tyran qui jura
De nous élever jusqu'aux chênes,
Jusques aux nues, *et cætera!*...
Devant ce souvenir terrible,
Notre devoir est d'arracher
Le jet de ce ciron horrible
Et de prestement l'embrocher.

L'Ago-Rosso.

A M. ÉVARISTE CARRANCE

TRIOLET

Dans les huit vers d'un triolet,
Évariste, on peut dire : « J'aime. »
Quand on a dit ce mot qui plaît,
Dans les huit vers d'un triolet,
On a fait un aveu complet,
Je vous en fais juge vous-même.
Dans les huit vers d'un triolet,
Évariste, on peut dire : « J'aime. »

Hippolyte Lucquet.

LA REVANCHE

AUX ALLEMANDS

Air : *Du marchand de chansons.*

Tremblez Germains, car le peuple français
Veut se venger de votre violence.
Dévastateurs, apprêtez-vous d'avance
A recevoir le prix de vos forfaits.
Vos souverains, ainsi que tous vos princes,
Auront enfin un rude châtiment.
Pour nous avoir extorqué deux provinces
Et pour avoir agi barbarement,
Vous passerez un bien cruel moment,
      Oui, car sur vous,
        Hommes jaloux,
   Nous assouvirons notre haine ;
   Et, pour avoir pris la Lorraine,
Puis notre Alsace et nos rives du Rhin,
Eh bien, eh bien nous détruirons Berlin,
Eh bien, nous détruirons Berlin.

Bandits armés, oh ! voilà bien longtemps
Que vous aviez l'abominable envie
De démembrer notre belle Patrie
Et d'asservir ses valeureux enfants ;
Enfin, pour mieux humilier la France,
Vous vouliez prendre et ruiner Paris.
Pour nous avoir maltraités à outrance
Et pour avoir pillé notre pays,
Soyez certains que vous serez punis.
      Oui, car sur vous, etc.

Après Sédan, il aurait été temps
De mettre fin à cette horrible guerre ;
Mais, animés d'un orgueil sanguinaire,
De nos malheurs vous étiez bien contents.

Vos vils amis, les traîtres de la France,
Vous ont livré notre armée et nos forts ;
Mais quand viendra le jour de la vengeance,
Malheur à vous, car, malgré vos efforts,
Beaucoup de vous seront parmi les morts.
   Oui, car sur vous, etc.

Vous avez beau fabriquer des canons,
Des obusiers, des fusils, de la poudre,
Malgré cela il faudra vous résoudre
A vous sauver devant nos bataillons ;
Et sachez bien que pour votre insolence,
Puis pour vos vols et pour tous vos excès,
Berlin, Stuttgard, Munich, Dresde et Mayence,
Qui sont si fiers de tous vos faux succès,
Seront détruits par les soldats français.

   Enfin sur vous,
   Hommes jaloux,
  Nous assouvirons notre haine,
  Ou bien rendez-nous la Lorraine,
Puis notre Alsace et nos rives du Rhin,
Afin, afin de préserver Berlin,
Afin de préserver Berlin.

Sébastien Hallet.

Seine-et-Oise.

UNO COOUCADO

A MOUGINS (ALPES-MARITIMES)

CANSOUNETTO

Lou très aoust, à la Bastido,
Sé fa béou cooucaren lou bla ;
Créis-mi, escouto, Margarido,
T'en prégui ven nous ajuda.

RÉFRIN

Rigoularen, ma fé de Diou,
Coumo aven fach l'aoutré estiou. *(bis.)*

En arribant à la Bastido,
Léis garbos déliaren,
Et si préférés Margarido,
Sacrabiou, rébarbélaren.

Rigoularen, etc.

En trabaillant à la Bastido,
L'appétit noun vendra prou ;
Tu qué siès jouvo Margarido,
Prépararas lou sooussou.

Rigoularen, etc.

Dinaren touis à la Bastido,
Souto lou gros chichourlié ;
Siégués tranquillo Margarido ;
Aven counvida lou lancié.

Rigoularen, etc.

Coucaren touis à la Bastido,
Et cadu ooura un lançoou ;
Veillaraï sur tu Margarido,
Tron de ler, vaï, naïgués pas poou.

Rigoularen, etc.

Pantaillaren à la Bastido,
Oou plési quéil oouren agu,
A téis cansouns ô Margarido,
Et oou vin quéil oouren béougu.

Rigoularen, etc.

Le bla en sac, à la Bastido,
Et la paillo din lou granié,
Ramassaras ta Margarido;
Fourco, rastéou, draï et péchié.

Rigoularen, etc.

Dilun quittaren la Bastido,
Après lou répas doou matin;
Vendras émé naoutrés Margarido,
Et cantaren jusqu'à Mouzin.

Rigoularen, etc.

Pensaren toujout à la Bastido,
Din lespouar déi si rétrouba;
N'ooubliden jamaï Margarido,
Que nous a fach tant rigoula,

Rigoularen toujours, etc.

P. RASTEL.

Côtes-du-Nord.

DOUX SOUVENIR
ROMANCE
A ELLE

Elle avait, couleur vermeille,
Étincelante beauté;
Yeux où la sérénité
D'une vierge brillait sans pareille.
Docile aux tendres discours,
Forçant le cœur à se rendre;
Oh! je l'aimerai toujours,
Quoiqu'on ose me la prendre.

Doux souvenir d'autrefois,
Accourez donc pour me plaindre,
Donc pour me plaindre;
Et les charmants bois dépeindre,
Et les charmants bois.

C'est là qu'étant amoureuse
Jadis elle me vint voir;
Tout en me faisant savoir :
Comme elle se trouvait heureuse.
Nous nous disions des mots doux,
Et nos âmes, toutes folles,
Soupiraient des rendez-vous;
Mille autres choses frivoles.

Doux souvenir d'autrefois,
Laissez-moi tout seul me plaindre;
Tout seul me plaindre;
Et les charmants bois dépeindre,
Et les charmants bois.

Lorsqu'un jour, douleur cruelle,
Je devins tout soucieux;
Un passant, riche, ambitieux,
Hélas! ravit ma pastourelle.
Depuis, pour moi, tout s'enfuit,
Je ne sens que ma misère;
Il me semble voir la nuit
Venir son ombre légère.

Doux souvenir d'autrefois
Vous ne me verrez plus plaindre,
Verrez plus plaindre;
Et les charmants bois dépeindre
Et les charmants bois.

Joseph Briol.

C'EST ELLE

J'avoue avec fierté que votre bonne grâce
Ombrage la splendeur de vos traits si bien faits ;
Surtout à l'établie, en vous étant en face,
Étoile du Ciel bleu ! j'admire vos bienfaits !...
Perle du genre humain : amour, gloire, louange,
Honneur à vos vertus !... vous êtes un archange !
Ici-bas exilée afin de me charmer :
Nymphe ! ne m'aimez pas, laissez-moi vous aimer.
Est-ce une femme ?.. ô Ciel !... Non, non... elle est trop belle !
On ne pourrait aussi longtemps rester près d'elle.
L'entretien serait doux !... sa suprême candeur !...
Il faut qu'un feu divin pétille dans son cœur.
Vouloir croire autrement, c'est briser la charmille ;
Impossible. A mes yeux, c'est un astre qui brille
Éclairant les esprits... Pour énoncer le fait :
Rubis de mes amours, il me faut ton portrait !

J.-César Peironet.

LE DEVOIR

Le devoir, ce grand mot dont la source féconde,
Est à peine connue et fait trembler le monde,
Ce mot que l'on répugne et dont l'utilité
Devient indispensable à notre société ;
Le devoir envers tous, envers Dieu, la Patrie,
Les parents, les amis et l'épouse chérie !

. . . .

Ce mot qui contient tout : amour, conduite, honneur,
Et qui de l'honnête homme est l'unique bonheur.
Le devoir, ce grand mot, ce mot par excellence
Que Dieu, quand nous mourrons, mettra dans la balance,

Afin de s'assurer, par sa divine main,
Si chacun du devoir a suivi le chemin...
. . . .
Entendez ces sanglots poussés par la souffrance,
Ce dernier râlement qui déchire la France !
Pour que notre avenir soit moins sombre et moins noir
O Français ! ô mon fils, accomplis ton devoir !...

A. Paul.

Bouches-du-Rhône.

LA POULE ET LA FOURMI

Devant mon atelier, je vis une poulette,
   Maigrelette,
  Qui picorait le grain,
   Seul butin,
De la pauvre fourmi sa petite voisine.
 Celle-ci craignant de voir la famine
  Se déchaîner pendant l'hiver,
  Car le grenier était désert,
S'en vint trouver la poule et lui tint ce langage :
« Ma voisine, écoutez ce petit babillage :
 » Chez vous, vous possédez du grain,
 » On vous nourrit tout comme une princesse,
» Dès-lors pourquoi venir dévorer notre pain,
» Quand nous sommes chez nous dans la grande détresse ?
» Mangez à votre faim, mais dans votre logis,
 » Et laissez aux pauvres fourmis
 » Leur nourriture journalière.
» — Pour moi je n'en puis mais, lors ne m'en veuillez pas,
 » Dit la poulette, mon repas
 » Atteste ma grande misère.
 » Si mon maître tout cousu d'or
» Me laisse à l'aventure errer sans subsistance
» Il faut bien que je cherche une maigre pitance.
» Où la trouver ailleurs, si j'ai faim, ai-je tort ?

» Je te vole, c'est vrai, mais il faut que je mange.
» Et que faire à cela?... Mon maître accapareur
» Laisse aux vers son beau blé. Voilà...
                              — Mais c'est étrange,
» Dit la fourmi. C'est dit, ton maître est un voleur,
» Comme tel, il faudrait qu'un jour on l'emprisonne :
» Son vol est trop coupable, il ne sert à personne.
» Et contre qui te laisse ainsi dans le malheur,
» Et qui nourrit les vers au détriment des hommes,
» Notre code est muet à l'époque où nous sommes.
  » Oh! que pénible est le destin :
  » Il faut que l'un meure de faim
» Pour que l'autre conserve une triste existence.
» Nos lois, nos mœurs sont sans balance ;
» Tout marche de travers. C'est l'égoïsme enfin !
» L'égoïsme opprimant les charmes de la vie.
» Car si notre poulette avait assez de grain
» Nous, les pauvres fourmis, ne mourrions pas de faim,
  » Et tout aurait son harmonie. »

PIERRE MATTET,

Bouches-du-Rhône.   Membre d'honneur des Concours poe-
                             tiques de Bordeaux.

UN ANGE SUR LA TERRE

(DOLORITA)

A Mme DOLORÈS R. DE B.

Une enfant blanche et pure, à la beauté divine,
Fut déposée un jour, par les anges du Ciel,
Parmi nous, sur la terre, où sa grâce enfantine
Vint ravir ses parents d'un bonheur solennel....

Son suave regard souriait à la vie,
Sur son front de satin, on lisait la candeur ;
Sa voix semblait le son d'une lyre bénie,
Et son souffle embaumait comme un parfum de fleur.

Je me disais alors : « Cette enfant belle et chère
» Pourquoi vient-elle ici, demeurer parmi nous?...
— Une voix répondit : « Je suis l'heureuse mère
» De cet ange des Cieux au regard tendre et doux!... »

Et puis je contemplais, dans un ardent délire,
Cet enfant nouveau-né!... Je vis à ses côtés
Son ange gardien au céleste sourire
Qui, se penchant vers lui, le bénit à jamais !

. . . .

    Cet enfant adorable,
    A la grâce ineffable,
    Aux placides attraits ;
    C'est celui de votre âme,
    Votre trésor, madame ;
Il sera votre orgueil, votre espoir désormais!...

. . . .

Oh! puisse-t-il grandir dans votre amour intime
Comme un arbre charmant s'élevant vers les Cieux!..
Qu'il soit votre couronne et votre astre sublime
Éclairant ici-bas, vos jours, de ses beaux feux!!!

HENRI DE PICHON.

Vénézuéla, 6 Février 1874.

SUR UNE TOMBE

A NOTRE PETIT RENÉ

Marie, sous cette froide pierre,
Là, repose notre bonheur!...
Couché dans sa petite bière,
Seul, ici, n'aura-t-il pas peur?
Je crains que le chant de l'orfraie
Ou le cri du laid chat-huant,
Dans la nuit profonde l'effraie ;
Oh!... ne laissons pas notre enfant.

Veillons sur sa petite tombe,
Comme autrefois sur son berceau ;
Il fait bien froid, et la pluie tombe ;
Oh !... couvrons-la de ce manteau.
Lui, c'était la douce espérance,
Notre rêve rose et riant ;
C'était pour nous la joie immense ;
Il n'est plus notre pauvre enfant !...

Mais déjà d'une brume grise,
La nuit couvre les blancs tombeaux,
Et l'angelus sonne à l'église...
Viens, quittons ces lieux de repos.
Et toi, dors... dors... cher petit ange,
Dors du sommeil des bienheureux.
Dors, dors... dans les bras de l'archange,
Puisque tu résides aux Cieux !...

J.-J. CAILLAULT.

LA MARGUERITE DE SAINT-RÉMY-DU-PLAIN (1)

A Mlle MARIE BEAUVAIS

I

L'angelus sonnait au village.
« Midi ! » crièrent deux enfants,
Dont l'un, dans son humeur volage,
Brisait, les yeux tout triomphants,
Un bluet. « Midi ! » répétèrent
Aux faneurs, nos gourmands bambins.
Râteaux et fourches s'arrêtèrent :
Les enfants battirent des mains.

Saint-Rémy-du-Plain, bourg de la Sarthe.

« A table, en cercle tout le monde! »
Dit le maître, homme au joyeux front.
On s'assit par terre : la blonde
A côté du brun, et le blond
Auprès de la brune. La soupe,
Au milieu prit place : on mangea.
Du babil on vida la coupe.
Puis pour dormir on s'arrangea.

II

Au bout du pré, le ruisseau coule.
Entre deux rives de gazon
Son ruban noirci se déroule ;
Et pendant la chaude saison,
L'on entend rire, sous les saules
Penchant leur feuillage éploré,
La faneuse aux rondes épaules ;
Le faneur au teint coloré.

Là, pensive, loin des dormeuses,
Dans les eaux plonge ses pieds nus
Une de mes belles faneuses.
On sent des charmes inconnus
Sous l'épaisse toile qui couvre
Cette gorge de dix-sept ans ;
On voit, qu'à l'amour, son cœur s'ouvre
Ainsi que la fleur au printemps.

Sa chevelure dénouée,
Sur son cou, flotte en gerbes d'or ;
Et Cérès se fut avouée,
La voyant, ne pouvoir encor
Vanter sa blonde chevelure.
Le ruisseau, fidèle miroir,
Lui répète que, sans parure,
Jolie elle est, blonde à l'œil noir.

III

Près de la rêveuse fillette,
Une marguerite, avec soin,
Mire aussi sa tête coquette.
Seulette dans son petit coin,
Elle dit à l'adolescente
D'un air de mystère, et bien bas :
« Je suis belle aussi; puis savante !
» Interroge-moi, tu verras? »

L'amante a compris le langage
De sa jeune sœur en beauté.
Elle hésite, sur son visage
Sont peints le doute et la fierté.
Mais, vient le désir... la faneuse
N'y peut résister... vers la fleur,
Elle avance une main fiévreuse :
Ah ! courrait-elle à la douleur?...

IV

La fillette interroge : « Il m'aime,
» Un peu, beaucoup, éperdument,
» Point du tout; » et le diadème
De la blanche fleur, lentement,
De ses purs fleurons, se dépouille.
Soudain, l'enfant d'un tremblement
Est saisie, et son œil se mouille....
La fleur répond : Éperdument.

Confuse, rouge, radieuse,
Elle va fuir; mais, un buisson
S'est ouvert : la blonde faneuse
A, devant elle, un beau garçon
A la prunelle guillerette.
. . . .
A ses lèvres, la belle enfant
Se livra, de bonheur, muette.
. . . .
Il l'embrassa tout triomphant.

Jeune fille, aimes-tu? puis, triste, t'es-tu dite :
« M'aime-t-on? » Ah! accours de Saint-Rémy-du-Plain,
Interroger la marguerite :
Tu n'auras pas fait un voyage en vain.

Sarthe.
RAOUL BONNERY.

LE DEVOIR

Le plus fier sentiment du père de famille,
Celui qui le grandit et fait que son front brille
D'un rayonnant éclat, lorsqu'il l'a bien rempli;
C'est le contentement du devoir accompli.

. . . .

Pour tout être qui meut, qui respire et qui pense
La satisfaction, l'intime récompense,
C'est le bonheur profond d'avoir commis le bien.

. . . .

Oui, le plus grand devoir à chacun sur la terre,
Est de considérer tout homme comme un frère,
Qu'il soit peau rouge ou blanc, catholique ou païen.

. . . .

A quoi sert d'être grand, et de passer pour sage,
Si drapé d'un manteau d'illustre personnage,
L'on cache sous les plis de sa vaine splendeur,
La honte et le mépris, sombres cancers du cœur.

. . . .

A quoi sert de prétendre à l'immortel génie,
Si, lui sacrifiant la grandeur infinie
Des sublimes vertus, des viriles devoirs,
L'on fait un lâche abus des suprêmes pouvoirs.

. . . .

Le devoir, c'est l'amour, le devoir, c'est l'honneur,
Pour tout cœur sans reproche et toute âme sans peur.

. . . .

Le devoir est surtout, le travail énergique,
Opiniâtre et sacré, dont le but magnifique,
Est de vaincre le doute et d'assurer la paix,
Que réclame à bon droit, le grand peuple Français.

. . . .

Que le chef de l'État, le grave en sa mémoire,
S'il tient à se créer dans l'immortelle histoire
Un nom cher à la France au loyal souvenir.

. . . .

Oui, Duc de Magenta, s'il faut que je m'explique,
Affirmez et fondez enfin la République.
Voilà ce qu'elle attend, confiante en l'avenir !

ARMAND NEPVEU.

LE DEVOIR

  Oh ! vivons, disent-ils dans leur enivrement.
  Voyez la longue table et le festin charmant
    Qui rayonne dans nos demeures !
  Nous semons tous nos biens n'importe en quels sillons ;
  Riches, nous dépensons, nous perdons, nous pillons
    Nos onces d'or ; jeunes, nos heures !

  . . . .

  Le sage cependant, qui songe à leur destin,
  Ramasse tristement les miettes du festin,
    Tandis que l'un l'autre ils s'enchantent ;
  Puis il donne ce pain aux pauvres oubliés,
  Aux mendiants rêveurs en leur disant : priez,
    Priez pour ces hommes qui chantent !

Voix intérieures. V. HUGO.

L'adolescent naïf, qu'illusion domine,
Marche sans but tracé, l'horizon le fascine.
Apercevant au loin un mirage trompeur,
Il court, rempli de foi, d'espérance et d'ardeur,
Croyant être tout près de cueillir le délice ;
Mais... tout s'évanouit... Va, rentre dans la lice
Jeune homme ! il est bien temps, viens apprendre à souffrir !
Devant toi, bien tracés, deux chemins vont s'ouvrir.

. . . .

Délaissant l'humble voie, tu n'atteindras les cimes ;
Le chemin de l'orgueil conduit droit aux abîmes.
Là ! sont les faux plaisirs, l'égoïsme trompeur,
Le mensonge, et l'envie, et la ruse, et l'horreur,
La honte et le dégoût. Vois tous ces précipices,
Cachés, là, sous les fleurs ! Va, ce lieu de délices
N'est en réalité qu'un sombre et triste enfer,
Où le rire est forcé, le sanglot bien amer !
Viens ! suis-moi ! gravissons la pente abrupte et rude ;
Dieu ! ce Dieu de bonté, plein de sollicitude,
A parsemé ces lieux d'un plaisir doux et pur,
Éclairant notre cœur sous un rayon d'azur !

Marchons ! voici l'honneur, qui partout accompagne
Les hommes du devoir, dans leur rude campagne.
Là-bas, c'est le travail, ici, c'est la vertu !
Ne lui dis pas va-t-en ! ou bien, que me veux-tu ?
Fuis ! fuis ! tu pèses trop... ta charge n'est pas faite ;
Oh ! ce sera bien pis, arrivé vers le faîte !
Écoute encor, voici le saint dévouement,
L'abnégation, la foi, ce noble sentiment,
L'amour de ton prochain, l'amour de la Patrie,
L'amour vrai, l'amitié... ce fardeau c'est ta vie !...

Oui ! tes illusions se perdront une à une !
Tu seras malheureux, plongé dans l'infortune !
Mais ces mots réunis ne pourront rien sur toi,
Ton âme est cuirassée en possédant la foi.

Loin des plaisirs honteux, loin du monde profane,
Tu regrettes parfois ce que l'esprit condamne ;
Tu souffres, je le sais, ton cœur est comprimé !
Et ton corps tout meurtri, se révolte affamé !

Mais vois, vois ces humains se vautrant dans les fanges,
Et tous souillés d'horreur ! Comme les mauvais anges,

Rebelles, orgueilleux, dans l'abîme noyés ;
Comme eux renier Dieu, mais comme eux foudroyés !

Ils sont là, se grouillant, dans d'affreuses ténèbres !
Qu'éclairent par moments quelques torches funèbres.
Jette, de tes sommets, un scintillant tison
Sur ce groupe éperdu, contemple leur prison !

Si l'un d'entr'eux, un seul, découvre ainsi sa route,
Tes souffrances s'en vont, tu n'auras plus un doute !
Et plus fort que jamais, ta noble passion
Reviendra, pour t'aider dans ton ascension !

Les hommes, irrités de tes leçons sévères,
Tourneront contre toi leur fiel et leurs colères !
Moque-toi de leurs cris, de leur méchanceté,
Et malgré tes ennuis, malgré ta pauvreté,
Dis à tous : Mais voyez, nos défauts sont les mêmes,
Et du petit au grand, et dans les deux extrêmes,
Nous avons bien besoin d'appeler le pardon !
L'homme n'a qu'un devoir, c'est celui d'être bon ;
Ce devoir bien rempli renferme tous les autres !
Et j'entends tous les jours : Maudits soient tous les vôtres !

. . . .

Sur les sommets ardus, il n'est pas de contrainte,
Rien n'arrête l'essor de l'œuvre grande et sainte,
Que dérobe aux humains l'égoïsme insensé,
Étouffant le devoir, sous un souffle glacé !...
Oh ! oui, pour arrêter les funestes ravages,
Que causent au pays vos haines et vos rages,
Parlez ! c'est votre lot, et vous ferez surgir
Du fond de l'Océan, que l'on entend mugir,
De grands cris de douleur, cris profonds et sauvages,
Sombre avertissement, précurseur des orages,
Que le fidèle écho redit en tous les lieux !
Le pilote averti, saura gouverner mieux !...

DUBARRY.

LIBERTÉ

O liberté, noble espoir de ce monde,
Que Dieu donna au premier homme un jour,
En lui donnant une terre féconde
Que le soleil réchauffe avec amour ;
Ce beau soleil qui brille vers la France,
Qui resplendit sur la verte prairie,
Et qui nous fait rêver à l'espérance.
Plus de combats, ô liberté chérie !

Je suis heureux, ô Liberté que j'aime !
Dans l'avenir j'entrevois d'heureux jours,
Car du passé, ma douleur est extrême,
Mais tous nos maux n'auront pas de retours.
Les noirs nuages ont passé l'autre rive,
Ils sont enfuis loin de notre Patrie,
Et le soldat n'est plus sur le qui-vive.
Plus de combats, ô liberté chérie !

O liberté, République immortelle,
Que ton drapeau flotte dans tous les rangs.
Plus de soldats ! dans l'hiver, quand il gèle,
Doivent marcher sur le sol plein de sang.
O France bien-aimée, ô chère liberté !
Dans ces jours de printemps nous entrons à la vie.
En attendant l'heure de la fraternité,
Plus de combats, ô liberté chérie !

Le vent du Nord aujourd'hui sans secousse
Vient rafraîchir les jours de l'été ;
Tout doucement, la feuille pousse
    A l'arbre de la liberté.
Fraternisons qui nous rendra l'ensemble ;
Unissons-nous tous par la même lie ;
Les nations suivront notre exemple.
Plus de combats, ô liberté chérie !

EUGÈNE ROUET.

Maine-et-Loire.

MES ÉCRITS D'AUTREFOIS

MA PAROLE D'HONNEUR

L'honneur est un grand mot dans la bouche des hommes,
Ce mot est mal compris dans le siècle où nous sommes;
    Je vais le démontrer!
L'honneur! mais le menteur qui vous trompe et disserte,
Le lâche, le voleur, tous en ont et sans perte
    Ils pourraient le montrer!

Voyons, et combien vaut cette étoffe soyeuse?
Oh madame, écoutez, vous êtes marchandeuse;
    Eh bien! va pour cent francs;
Elle me coûte ça, pour rien je vous la donne!
Ma parole d'honneur! Le bon Dieu me pardonne,
    C'est trop loyal, trop franc!

Je veux bien, mon ami, vous rendre ce service,
Vous prêter ces cent francs, mais le temps n'est propice!
    L'or se cache. — Vaurien!
Déduisons : intérêt, commission, escompte!
Ma parole d'honneur, je suis de trop bon compte,
    Dix en moins! c'est pour rien!

Et l'amour fraternel. — J'ai l'argent de la caisse,
Le tiers de tous les biens que mon père vous laisse;
    Ma parole d'honneur,
Cela me vexe fort; cependant mon cher frère,
Partageons le restant, s'il te survient misère,
    Ce sera grand malheur!

Et l'amour?... Dorothée est ma foi bien aimable,
Elle est pleine d'esprit, d'un visage agréable,
    Puis, elle a de l'argent.
J'aime la dot, c'est sûr; elle, bien davantage.
Ma parole d'honneur! pourtant je ne m'engage
    Qu'à beaux deniers comptant!

Ma parole d'honneur! ah! quelle faribole
L'honneur sans loyauté, c'est chose vraiment drôle;
   Oh! conscience, où donc es-tu?
L'honneur c'est dignité, c'est respect de soi-même.
L'honneur ne trompe point, et sur l'honneur on sème
   Le germe des vertus.

L'honneur! c'est l'amour vrai, c'est l'amitié sincère,
L'honneur! c'est le bons sens et la grandeur austère,
   C'est la raison du cœur!
Vous qui chassez au loin, du bien, la vraie science,
Ne dites donc jamais, trompant la conscience,
   Ma parole d'honneur!

DUBARRY.

AMOUR

Ah! laissez-moi, je veux vivre
Loin des partis et du bruit,
Seul, tout seul avec mon livre,
Et ma pensée qui reluit!

Vivre seul, non, sur la terre
Dieu nous créa deux à deux;
Et le pauvre solitaire
Passe des jours malheureux!

Il me faut de l'air, des roses,
Des bois, des prés, de l'amour!
Il me faudrait bien des choses
Que je n'ai pas en ce jour!

Il me faudrait... ô chimère!
L'ange qui dans mon sommeil
Étend sur moi, tutélaire,
Son aile au reflet vermeil!

Ombre ou femme tu m'inspires,
Lorsque, sur mon front brûlant
Se reposent tes sourires.
Qu'es-tu donc, lutin charmant?

« Dors, sois calme, me dit-elle,
» Ton martyre va finir.
» Conserve ton étincelle,
» Confiance en l'avenir !

» Il te faut des fleurs écloses
» Aux douces clartés du jour ;
» Il te faut de l'air, des roses,
» Des bois, des prés, de l'amour ! »

DUBARRY.

Aude.

RÉPONSE A LA CITOYENNE DU RHONE (¹)
AYANT HORRIBLEMENT DIFFAMÉ LES LIBRES-PENSEURS

Un versificateur d'un nom assez connu,
De probité, d'honneur, d'un faible revenu,
Passant des jours heureux dans l'éternel silence ;
Son repos fut troublé par un trait d'insolence ;
On le calomnia jusqu'au plus haut degré,
Sa verve l'obligea de répondre malgré.
C'est un compositeur solide dans son poste,
Aux discours imposteurs rend toujours sa riposte.
Nous devons composer de glorieux travaux,
Sans jamais insulter nos modestes rivaux ;
Mais lorsque l'ignorant nous envoie sa critique,
D'un air très convenant, nous devons la réplique,
Nous devons répartir jusqu'à l'équivalent,
Jamais nous abrutir par des mots insolents.

(1) Prose rimée.

Vous, qui déblatérez sur la libre-pensée,
Sur ce point je dirai : Nul vous a offensée.
Ces gens sont réunis d'un fraternel lien,
Vivant sans nul souci, ne s'occupant de rien ;
D'hommes laborieux conduits par la franchise,
Aimant à pardonner la voix qui les méprise.
A tout bon citoyen, il n'est pas trop permis
De lancer le poison envers ses ennemis.
Jamais libre-penseur voudra noircir son âme,
Et tomber dans l'erreur en publiant le blâme ;
Ce rôle n'appartient qu'à des ambitieux,
Qui se disant chrétiens adorent de faux dieux.
Nous devons espérer qu'une bonne confesse
Doit vous désabuser de votre maladresse.
Implorez le secours du Seigneur tout-puissant,
Votre prochain concours sera moins menaçant.
Vous ne parlerez plus des prisons ni du bagne,
Nul de nous n'est parti pour y faire campagne.
Nous pouvons bien laisser ce digne logement,
Nous en avons assez qui sont bien plus charmants.
Nous prierons ici, la belle Marguerite,
Vouloir bien les offrir à ceux qui le méritent.
Votre raisonnement contient un air moqueur,
Tout à fait dégradant, à déchirer le cœur.
Dans notre beau pays vous eussiez pris naissance,
Et vous auriez acquis la haute connaissance.
Nous sommes entourés par d'honnêtes garçons,
Dignes de vous donner que de bonnes leçons.
Ces enfants sont conduits par la grande lumière,
Répandant son produit dans la noble carrière.
Si vous aviez respect pour la religion,
Vous tomberiez jamais dans la contagion.
Dans le plus grand respect, prions la jésuitesse
De vouloir supprimer la parole qui blesse ;
La morale nous dit de vivre poliment,
Ne pas nous avilir par des mots diffamant.

De chaque concurrent, nous avons vu l'ouvrage,
Le vôtre, remporter le plus triste langage.
Nous sommes tous munis d'une capacité,
Pour riposter ainsi sur la brutalité ;
Dans l'art de composer, nous marchons à outrance,
Vous nous qualifiez du titre d'ignorance.
En dignes citoyens, nous répondons sans fard,
Qu'on ne pourra jamais nous laisser en retard.
Par un charme si doux, la verve nous seconde,
Nous répondons à vous, ainsi qu'à tout le monde.
Elle vient nous donner des discours abondants,
Défend de les orner par des mots imprudents.
Jamais libre-penseur n'aura rien à construire,
Ils n'ont pas la noirceur de vouloir vous détruire,
N'aimant que le repos et la tranquillité,
Et porter leurs travaux à l'immortalité.
A la postérité conduits par la prudence,
Non à côté de ceux qui ont vendu la France,
Qu'en livrant le pays au pouvoir des Prussiens,
Vous appelez ceci d'honnêtes praticiens.
Nous les appellerons paillards, antropophages,
Ou de vrais léopards dominés par la rage.
S'étant expatriés, sans gloire, sans valeur,
Nous ayant tous plongé dans le cruel malheur,
Nul acteur n'a joué scène plus déchirante :
Partout ayant semé le deuil et l'épouvante,
Ces hommes sont croupis abominablement,
Ne pouvant plus sortir de l'abrutissement.
Votre Dieu tout-puissant, que vous vantez sans cesse,
Aurait dû nous tirer de la grande détresse.
Vous les ayant conduits dans le noble sentier,
Ils n'auraient pas détruit le pays tout entier.
Revenons au sujet sur la philanthropie,
Que vous associez au règne d'utopie.
Le mot de philanthrope conduit à l'amitié,
Ces dignes patriotes, n'ont aucune pitié ;

Pourquoi sont-ils tombés dans la fatale pente ?
Pour n'avoir pas marché dans la voie triomphante ;
Le chemin de l'honneur devait tout ralier,
Le manque de valeur vous les a déviés.
Ils vous ont bafoué vos antiques croyances,
Nous supportons ainsi de tristes conséquences.
Suppliez le Seigneur miséricordieux
De pardonner l'erreur de ces audacieux ;
Votre raisonnement est assez variable ;
Ne fournit qu'un fragment de faits non véritables.
Les versificateurs, ils peuvent se tromper.
Par un discours railleur se trouvera drapé,
Comparer les zouaves à vos soldats du Pape,
C'est placer l'Évangile à côté de Priape ;
Son ode, nous instruit que sur la volupté,
Les vôtres sont conduits que par la sainteté.
Les zouaves sont morts à travers la mitraille,
Vos disciples mourront que dans une ripaille.
Son temple lui fournit plus que suffisamment,
A vivre sans souci jusqu'au dernier moment.
Votre religion conduit au fanatisme,
Et nous conserverons celle du judaïsme ;
La vôtre, je vous dis, n'inspire rien de bon.
Vous nous avez noircis pire que le charbon,
Nous n'avons nul besoin de monter au pinacle,
Ni de porter nos soins vers votre tabernacle ;
Nous vivons dignement en honnête chrétien,
Respectueusement, ne vous demandant rien.
A nos enterrements, l'on sonne pas la cloche,
Nous vivons purement, exempts d'aucun reproche.
Au sein de ma maison, je vis dans le repos,
Pour rendre la raison, je suis toujours dispos.
D'un sentiment d'amour, je finis mon ouvrage,
Dans un autre concours, j'en dirai davantage.
Le nommé Louis Grimaud, conduit par Apollon,
Demeurant dans le Var, au faubourg, à Toulon.

Louis Grimaud.

DIEU

8 MARS 1873

Parmi tant d'erreurs qui pourra te connaître, sublime vérité, principe de tout être, toi que l'on nomme Jéhova l'Éternel; entouré d'un voile, sur ton trône immortel la gloire t'appartient, elle est ton apanage, et du Verbe, l'univers est l'ouvrage.

Océan de lumière, en toi seul est la vie, du jour et de la nuit tu règles l'harmonie; ta main déroula ces mondes lumineux, fit sortir du chaos et la terre et les Cieux, des abîmes posa les fondements, revêt la nature de tous ses ornements; puis, dans l'extase d'un indicible amour, à l'ange ainsi qu'à l'homme tu donnas le jour.

Marqué du sceau de la divinité, ton chef-d'œuvre, fier de sa liberté, reflète ici-bas ta haute intelligence; son cœur nous dépeint cette sagesse immense qui prit notre cause quand tout était perdu; par elle seulement le Ciel nous est rendu, et nous pouvons espérer de nouveau, après la tempête, un avenir plus beau.

Seul, dans les profondeurs de l'éternité, tu méditais ton plan, admirable beauté; voyais par avance le bien et le mal livrer à l'homme un combat sans égal, mais à côté, l'ange de la victoire, le sceptre en main, le front brillant de gloire, défait nos ennemis, veut les exterminer, parcourt nos rangs, prêt à nous couronner. Ton œuvre s'accomplit, nos cœurs vont désormais dans un chant d'amour te bénir à jamais, faire éclater notre reconnaissance, redisant au désert ton infinie clémence.

Tout nous parle de toi, depuis le Liban jusqu'à l'esquif bercé sur l'Océan. Que l'Athée te refuse son adoration, de toutes parts je vois la Création t'offrir l'encens, publier tes louanges, rivaliser avec le chœur des anges. Si l'homme, un jour, ne te connaissait plus, il verrait encore le flux et le reflux reconnaître ton pouvoir souverain.

Le zéphyr s'élevant vers ton trône divin, tu porteras toujours les parfums du printemps; les arbres et les fleurs, jusqu'à l'herbe des champs, rendent hommage à ta toute-puissance. En vain l'impie nie ton existence; tu règnes encore sur la fureur des flots, permet et déjoue des traîtres les complots. Nécessairement tout concourt à ta gloire; devant ta face la mort, et la victoire n'attendent qu'un signal, prêts à l'exécuter; vont répandre le deuil ou faire triompher.

Présent en tout lieu par ton immensité, tu vis par toi-même dans l'éternité, dominateur des princes et des peuples; tu vois s'écouler cette chaîne des siècles sans jamais éprouver aucun changement. Tout t'appartient, ô maître tout-puissant, soumis à tes lois, où l'esprit en délire l'homme ne peut sortir de ton empire, de tout être créé le principe et la fin : Jéhova! tout tremble à ce nom divin.

Marie Pascal.

SONNET

A MON AMI ERNEST F.

A seize ans j'adorais Julie
Et je croyais à son amour;
Elle avait juré, de sa vie,
Ne pas me quitter un seul jour,

Aujourd'hui, malgré ses promesses,
Son serment... je suis oublié;
Je suis pauvre! plus de tendresse,
Sans richesse, adieu l'amitié.

Pourtant, j'aime encor l'infidèle,
Mon cœur pense toujours à celle

Qui jadis lui donnait des lois.

Malgré l'amour d'une autre femme,
Je ne puis oublier l'infâme ;
Sur terre, on n'aime qu'une fois.

E. LISABOIS.

Vienne.

RÉPONSE A MONSIEUR LE VICOMTE DE LUSSAC [1]

PAR LOUIS GRIMAUD, DE TOULON (VAR)

Comprenons dignement que la biographie,
Doit son accent divin à la philosophie.
Son amour vient guider nos mouvements divers,
Et nous fait surmonter les plus cruels revers.
Sur la calamité qu'a produit le vampire,
L'on voit de tout côté le peuple qui soupire.
Le nommé Louis Grimaud, dans le Var, à Toulon,
A l'ombre d'un ormeau, dans un riant vallon,
L'an mil huit cent sept en annonce sa présence,
Et le quatorze mars le jour de sa naissance,
Homme de probité, d'un digne sentiment,
Qu'il a toujours marché philosophiquement,
Franc, loyal citoyen, n'ayant pas de fortune,
Ne cherchant nul moyen d'en acquérir aucune,
Ouvrier tisserand, parcourant les pays,
N'ayant jamais d'argent, le cœur tout réjoui.
Le fil entrelacé conduit par la navette,
La trame finissait par une chansonnette.
Le sort vient l'appeler pour la conscription,
Partir sans retarder, servir la nation.
Tôt il est destiné le troisième de ligne,
Il finit son congé d'une manière digne.
Au même régiment, un soldat criminel,
Audacieusement tua son colonel.

(1) Prose rimée.

Ce crime fut puni par la voix juridique.
Le régiment partit pour aller en Afrique ;
Grimaud, fait sans retard, à bord du bâtiment,
La chanson du départ et du débarquement.
Les Algériens vaincus payèrent la dépense
Des lingots d'or massif, abondèrent en France.
Ce régiment, parti dans la belle saison,
Arriva dans Paris, faire la garnison.
L'ordre fut d'entourer la colonne Vendôme,
Ayant sur le sommet le vainqueur de Bellonne.
Le citoyen Grimaud, sans préméditation,
Prononça quelques mots pour l'inauguration :

  Voici ce guerrier redoutable,
  Dont les faits sont véritables,
  L'univers connaît sa valeur ;
  Sur le Rhin se couvrant de gloire,
  Le burin grava son histoire,
  Et l'orgueil causa son malheur.

La guerre d'Orient remportant la victoire,
Sur ce jour triomphant, Grimaud fait son histoire ;
Il a fait son discours à cet astre puissant
Qui donne du secours à tout être naissant ;
Il a fait son recel lors de l'épidémie.
Une fois à Bordeaux, dans son Académie,
Lorsqu'il se présentait pour la déclamation,
L'assistant s'arrêta ravi d'admiration ;
Ce vieillard est conduit par sa verve féconde,
Elle répand son fruit sur tout le point du monde.
Ce digne citoyen dont l'esprit inventif
Ne recule sur rien, il est très attentif ;
Se promenant un jour sur les bords du rivage,
Composant trois discours qu'on dit en mariage,
Apollon le conduit par son brillant flambeau,
Sa voix se reproduit sur le bord du tombeau.
Sur les enterrements qu'on approuve sans prêtre.
C'est un vrai partisan, et sa muse champêtre,

Dans ce lieu de douleur et de gémissement,
Parlant du fond du cœur, respectueusement.
Content et satisfait d'après sa destinée,
En vers va vous parler pendant toute l'année.
Votre tout dévoué, très humble serviteur,
Louis Grimaud, nommé le versificateur ;
Un versificateur conduit par la tendresse,
A l'interpellateur, lui donne son adresse ;
Pont du Las, rue Zoë, de ce vieillard Grison,
On voit numéro dix placé sur sa maison.

Louis Grimaud.

MICHELET

Croyons ! ce grand devoir que l'univers célèbre
Rend la vie plus douce et la mort moins funèbre.

Dans une île charmante, où l'hiver est banni, où le chant des oiseaux est bien plus mélodieux, où le grand-père soleil se sent tout rajeuni, il vint, à l'existence, faire ses derniers adieux....

Il souffrait : sa douleur était morne et poignante ; la France était vaincue, cette fille si fière s'était abandonnée ; sa grande âme mourante semblait anéantie sous ce coup de tonnerre....

La victoire, à regret, couronnait nos ennemis ; forcée d'obtempérer aux ordres du destin, elle s'échappait, parfois, et venait à nos fils, montrer le feu-follet d'un grand succès prochain, et nos pauvres enfants redoublaient de courage ! Paris, lui, tenait bon, c'était notre espérance ; cette tête de feu héroïque et volage, calme, attendait encore l'heure de la délivrance....

Pourtant, il vint un jour, où de ses toits percés, des plaintes s'échappèrent ; la famine implacable, accomplissant son œuvre depuis trois mois passés, promenait, dans ses murs, son spectre lamentable.

Alors seulement il nous fallut céder !... Il fallut de la honte accepter le fardeau, il fallut voir ces casques dans nos rues défiler, et contenir notre fiel !... Cet acte fut le plus beau !... car, avoir dans son cœur un tel amas de haine, exécrer ces Prussiens, ces féroces pillards ; savoir que notre France implorait leur Allemagne, et entendre leurs bottes éperonner nos boulevards !!...

Ce fut un coup, pour lui ; Michelet était toute âme, elle débordait, radieuse de ses moindres ouvrages. Il en mit une parcelle dans son livre : La femme, les oiseaux et l'insecte redoutent les orages....

Quand il vit que, vraiment, c'en était fait de nous, que tout ce sang versé n'apaisait pas les dieux ; quand il vit notre France ramper sur ses genoux, il sentit dans son cœur un déchirement affreux !

Lui qui avait chanté, monument éternel ! nos succès et nos gloires, notre génie immense ; qui avait animé de son souffle immortel les événements confus de notre adolescence !... Lui qui l'aimait encore comme ses plus beaux jours, cette France adorée, sa glorieuse maîtresse, il lui laissa sa vie avec tous ses amours ; elle eut sa mort aussi, ayant eu sa jeunesse....

Et ce fut sous un Ciel toujours bleu, toujours pur, aux horizons sans fin, qu'il tâcha d'oublier ; la mer le caressait, cet infini d'azur, de ses flots murmurants savaient le consoler ; il lui confiait sa peine, peut-être l'espérance de son aile d'archange, lui montrant le lointain, venait, parfois aussi, lui parler de la France, lui dire : Elle se relève, elle se vengera demain !...

Ces campagnes si riches, ces orangers en fleurs, ces bouquets d'arbres verts, sous un climat si doux, ces parfums pénétrants, ces cités enchanteurs, avaient une voix pour lui, qui lui parlait de nous.

Son imagination, ardente sensitive, revenait bien souvent, errer dans ce Paris, témoin de son enfance ; son âme maladive en regrettait alors les plus faibles débris

Mais il n'était pas seul... recueillant ses soupirs ; un cœur, qui l'adorait, veillait sur sa tristesse ; la feuille et le brin d'herbe, le souffle des zéphyrs, recélaient des mystères que cherchait sa tendresse.

Elle parvenait alors à distraire sa pensée, ils écrivaient ensemble, elle lui faisait sentir la création sublime, et cette âme blessée, oubliait peu à peu qu'il lui fallait mourir....

Ainsi, trois ans passèrent... et le soir d'un beau jour, où pour la dernière fois il nous avait souri, il s'en alla doucement, bercé par cet amour, et sa veuve pleura un illustre mari... Et le soleil, joyeux de recevoir son âme, la porta jusqu'au Ciel, sur l'un de ses rayons. Et sa froide dépouille, par les soins d'une femme, dormit dans la lumière, sur un lit de liserons....

Maintenant, que la France a perdu son penseur, que la mort a glacé cette plume féconde, que la terre a reçu ce pauvre front rêveur, peut-on se demander ce qu'il pensait du monde? Ce radieux philosophe qui palpait la nature, qui savait déchiffrer ses énigmes vivantes, qui dépeignait la vie dans chaque créature, qui mettait tant de cœur dans ces choses savantes, avait-il oublié de remonter plus haut, dans les explorations de son intelligence?... La foi, ce feu divin, lui a-t-elle fait défaut ; dans le cadre imparfait de sa grande existence, avait-il pu, sans elle, expliquer l'univers?...

Quand son esprit, perdu dans la contemplation des mondes mystérieux que soutiennent les airs, se sentait bien petit dans son admiration ; quand il suivait des yeux les vapeurs éphémères, qu'un baiser du matin dissipe sous sa brise ; quand l'extase du beau, sur ses ailes légères, emportait dans les Cieux son âme alors soumise, oh! oui, il devait croire, et la froide raison s'éloignait un instant, ou plutôt s'inclinait ; et, se laissant aller à son inspiration, peut-être priait-il, et Dieu le bénissait!...

Car il ne suffit pas d'étouffer dans son germe la

croyance, ce flambeau qui ne s'éteint jamais ; c'est à l'instant précis où l'on se croit plus ferme, que sa lumière immense illumine les faits ; et alors, comme Michelet dût le faire bien des fois, comme nous le faisons tous, courbés sous l'évidence, la nature se recueille, écoutant cette voix, qui endort le mourant dans un chant d'espérance.

Marie Desmazières.

LA PARMENTIÈRE
POÈME DE LA POMME DE TERRE

DÉDIÉ A M. ROMAND, DIRECTEUR DE L'INSTITUTION DES JEUNES AVEUGLES A PARIS, INSPECTEUR GÉNÉRAL DES ÉTABLISSEMENTS DE BIENFAISANCE

CHANT PREMIER.

Argument. — Tribulations de Parmentier

Naguère l'on voyait, sur les bords de la Somme,
La modeste maison d'un honnête agronome.
Tranquille il y vivait, sans autre ambition
Que de hâter du sol l'abondante moisson.
Tels on vit autrefois les laboureurs de Thèbes,
Instruits par Hésiode aux travaux de la glèbe,
Écraser avec soin les précieux débris
D'un terrain négligé tous les fragments durcis.
Tel on vit Parmentier, chérissant la culture,
Par de nobles efforts seconder la nature ;
Et pratiquant ainsi le plus beau des métiers,
Conquérir noblement le plus pur des lauriers.
Un jour en son esprit naquit l'idée heureuse
D'importer dans nos champs la plante tubéreuse.
La féconde racine eut de nombreux produits ;
Du nom de tubercule on désigna ses fruits ;
Mais l'auteur dédaignant le cachet littéraire,
Lui donna sans façon le nom : pomme de terre ;

Hélas! pourquoi faut-il qu'en ses plus beaux succès,
L'homme soit traversé jusque dans ses essais?
Bientôt on vit surgir tous ces tracas vulgaires,
Des travaux des savants, compagnons ordinaires.
Témoins le grand Colomb, Galilée et Franklin,
L'infortuné Gilbert et le sage Oberlin.
Oui, parmi les anciens comme chez les modernes,
Le destin fut propice aux talents subalternes.
Vainement Parmentier essaya de prouver
Que la pomme de terre était un potager,
Qui par droit de conquête et par droit de substance,
Sans inconvénients devait se plaire en France;
Et que par conséquent, elle avait bien le droit
D'étendre de nos mets le cercle trop étroit.
Parmi les détracteurs de l'illustre agronome,
Figuraient des savants, et même un astronome !
Qu'y a-t-il de commun, direz-vous chers lecteurs,
Entre le Firmament et des cultivateurs?
N'allez-vous pas nous dire à propos d'un légume,
Que le globe terrestre est trop près de la lune?
Qu'un mathématicien, alléguant ses calculs,
A prouvé que Saturne avait deux crépuscules?
Que la froide Uranus tournant dans son orbite
Voisine du Nadir est trop loin du Zénith?
Qu'importe à vos lecteurs tous ces mondes divers!
Leurs climats rigoureux refroidiraient vos vers!
Dites-nous seulement quand la pomme de terre
Put enfin aborder au monde culinaire;
Car votre préambule, à peine serait bon,
A vous mettre, au plus haut, portier de Charenton !
Docile à vos conseils, touchant l'astronomie,
Je ne veux plus parler que de gastronomie;
Mais si ma muse enfin consent à m'animer,
Laissez-moi jusqu'au bout tranquillement rimer.
Oui, parmi des savants, un jury littéraire
Fut choisi pour juger l'humble pomme de terre.

Déjà l'aréopage, arbitre de nos lois,
Sur ses nobles fauteuils avait siégé deux fois.
Déjà même à sa tête, un des fils d'Esculape
Avait pris sur le fait un ton de vrai satrape,
Condamnant sans appel le légume nouveau :
« Il faut le renvoyer sur les bords de l'Ohio ! »
Disait le vieux docteur à la mine barbue.
« Il est rude au toucher et flatte peu la vue !
» Et puis par l'analyse on a pu constater
» Que plusieurs corrosifs étaient à redouter.
» Si l'un n'est que aqueux, l'autre est fort narcotique ;
» Ce qui fait que son suc est trop soporifique.
» Sulfure de potasse et chlorate de chaux,
» Du légume naissant sont les moindres défauts ;
» Car son suc provenant du domaine toxique,
» Pourrait bien engendrer de l'acide prussique.
» Peu d'azote se mêle à ces corps étrangers,
» Que la nature exclut de tous les potagers.
» Ainsi, nous ne pouvons, sans manquer de conscience,
» Adopter un produit que rejette la science. »
De ce terrible arrêt blâmant l'iniquité,
La moitié du jury se montrait irrité.
« On ne doit point juger un plaideur sans l'entendre ! »
S'écrie un magistrat moins sévère et plus tendre.
« Tel est le droit sacré dans nos codes écrit,
» Que Lycurgue et Solon chez les Grecs ont prescrit,
» Qu'un mortel, quel qu'il soit, implorant la justice,
» Ne peut être privé de la loi protectrice.
» En vertu de ce droit, je prétends qu'aujourd'hui,
» Parmentier à la barre évoque son appui. »
Par son assentiment, l'honorable assemblée,
D'une commune voix accueillit cette idée.
Dès-lors on fit venir ce laboureur Picard,
Qui jamais pour le bien ne se mit en retard.
On ne dut point s'attendre à voir un personnage,
D'un costume élégant étaler l'avantage.

De la protection dédaignant la faveur,
Il ne veut pour appui que celui de l'honneur.
Modeste dans ses goûts, comme dans son allure,
Parmentier est l'enfant de l'aimable nature.
Ainsi que dans ses champs on le voit à la cour,
Toujours vers la raison cheminer sans détour.
Pratiquant la vertu au fond de sa province,
Il ne se dément point à la table d'un prince.
A cette époque, hélas! le métal corrupteur
Avait déjà creusé l'abîme destructeur ;
On devait se forger ces ressorts politiques
Qui plus tard ont détruit tant de vertus civiques.
Mais pourquoi retracer l'histoire de nos maux!
Laissons ce soin pénible à d'illustres pinceaux.
La franchise, dirai-je, est le bien le plus rare
Dont le Ciel aux humains se soit montré avare.
Revêtu de sa force et de sa dignité,
Le laboureur paraît avec tranquillité.

CHANT DEUXIÈME

Argument. — Discours de Parmentier au Jury.

« J'avais lieu d'espérer que la pomme de terre,
» Ne serait point l'objet d'un arrêt si sévère ;
» Et que sans consulter médecins, avocats,
» On ne jugeait d'un mets que par ses résultats.
» Je connais peu l'azote, encore moins le chlorate
» Carbonate, acétate, et sulfure et sulfate.
» Ces termes recherchés ne sont point faits pour moi,
» Dont la profession est du plus pur aloi.
» De vos mots raboteux l'ennuyeuse musique,
» A produit, cher docteur, un discours apathique.
» Voyez votre auditoire, il est prêt à dormir ;
» Après le dénouement vous l'avez fait languir!
» Pluton, le duc Pluton, sensible à l'acoustique,
» Eut frémi de colère au seul nom de toxique.

» Mais si par le pouvoir du docte président,
» Je suis de mes produits le premier compétent,
» De la pomme de terre embrassant la défense,
» Je prétends faire ici triompher l'évidence.
» On dit que nos aïeux pleins de sincérité,
» Aimaient les aliments dont la propriété
» Révélait au palais la vertu nutritive :
» Or, tous les potagers ont la prérogative
» De procurer au corps la force et la santé :
» Ce fait est trop patent pour être discuté.
» Si d'un suc nourricier suffisamment pourvues,
» Les plantes de l'Europe, en tous lieux sont reçues,
» Si le choux, le navet, la carotte et l'oignon
» Sont les mets favoris du sage Bocquillon,
» Le légume par moi rapporté d'Amérique,
» Lui sera, sans mentir, encor plus sympathique !
» Que diriez-vous, Messieurs, si de choux, de navets,
» Simplement cuits dans l'eau l'on parait vos banquets?
» Leur goût, assurément, serait peu confortable ;
» Toujours avec la faim vous quitteriez la table !
» Le pois, le haricot, sans assaisonnement,
» Vous fourniraient encore un bien triste aliment,
» S'ils n'étaient renforcés par des secours factices,
» Empruntés à la crème, au beurre et aux épices.
» Il est deux autres mets un peu moins plébéiens,
» Qui plaisent également à tous les citoyens ;
» Qui ne sont pas sans gloire à la table du riche,
» Et consolent le pauvre à côté de sa miche.
» Je veux dire l'asperge et le brillant chou-fleur,
» Qui semblent sur nos plats avoir quelque splendeur.
» Eh bien ! ces aliments réputés sanitaires,
» Ne sauraient se passer des apprêts culinaires ;
» Car tous deux sont privés, dans leur état normal,
» D'un suc nutritif qui soit original.
» Mais la pomme de terre aura le privilége
» De se passer souvent d'un art qui la protége.

» En effet, sous la cendre, et même cuit dans l'eau,
» Sur l'âtre du foyer, ce légume nouveau,
» Peut procurer encore au pauvre prolétaire,
» A défaut d'autres mets un repas salutaire.
» Qu'on en demande autant à ces mets somptueux
» Qui parent de nos grands les banquets fastueux !
» Non, la suave olive et la truffe odorante
» Ne sauraient égaler la plante nourrissante,
» Que vous avez proscrite avec indignité,
» Sans connaître ses droits à notre intimité.
» Eh quoi ! vous prétendez, par un arrêt inique,
» Reléguer cette plante au fond de l'Amérique.
» Mais avez-vous songé, en agissant ainsi,
» Que le pain du pauvre est par vous-mêmes banni ?
» Ah ! si de l'artisan, l'existence précaire
» Doit attirer les soins d'un jury populaire,
» Pourquoi rejetez-vous le plus simple aliment,
» Qui pourrait au besoin remplacer le froment ?
» Que dis-je, ignorez-vous que riche en controverses,
» On peut le préparer de cent façons diverses !
» Que depuis l'ouvrier, jusqu'au plus haut marquis,
» Le succès de ce mets par avance est acquis ;
» Et la pomme de terre, artistement rôtie,
» Aura par dessus tout droit à ma sympathie. »

Partie plaisante du discours de Parmentier.

S'il est vrai qu'autrefois un certain Esaü,
Pour un plat de lentilles, à son frère a vendu
Un titre puéril aimé de la noblesse,
Que la Bible nommait le divin droit d'ainesse,
Que n'aurait-il pas fait pour un mets plus exquis ?
A coup sûr, le bonhomme eut vendu son pays !
Mais pourquoi d'un discours interrompant la marche,
Raconter les méfaits d'un rusé patriarche ?
M'importe qu'Esaü ait terni son blason,
En manquant à l'honneur de sa noble maison.

Qu'importe à mon sujet, que par supercherie,
Jacob ait de son frère happé la bonhomie.
Bien des rois après lui ont été des menteurs,
En confisquant nos droits en vrais supplantateurs.
Mais convenons aussi qu'en faisant fausse route,
De même qu'Isaac le peuple ne vit goutte :
Témoin, ce certain jour que deux rois charlatans,
Ont en oubliant Dieu, immolé leurs enfants !
Gardons-nous de fouiller les archives antiques,
Pour sonder des blasons les preuves authentiques,
Car plus d'un grand seigneur, sans courir aux Hébreux,
Après un examen se sentirait galeux.
Ne traquons point Jacob en Mésopotamie ;
Laissons-le chez Rachel, Laban et compagnie,
Jouir tranquillement de son pieux larcin,
En contant à chacun qu'il est un petit saint
Que pour fuir d'Esaü la colère jalouse,
Il vient chez son nonon demander une épouse ;
Car de trois cents thalers sa tête étant le prix,
Il s'est vu obligé de quitter son pays.
Mais reprenons le cours de notre plaidoierie,
Car c'est trop se livrer à la plaisanterie.

Partie la plus sérieuse du discours

Notre pays, hélas ! vous le savez trop bien,
Des fléaux les plus durs fut longtemps le théâtre ;
Cérès, en nos climats, plus d'une fois marâtre,
Ayant semé ailleurs tout l'or sicilien,
La France fut livrée à d'affreuses misères,
Où vinrent s'ajouter d'impitoyables guerres !
Eh bien ! si dans ces temps d'opprobe et de malheurs,
Nos aïeux opprimés par de lâches vainqueurs
Eussent connu déjà la plante tubéreuse,
Leur situation eût été moins affreuse.
Comme un pain secondaire offrant son aliment,
Cette plante eut alors remplacé le froment ;

En calmant les besoins par sa riche substance,
Elle aurait adouci les douleurs de la France.
Et qui sait, si un jour le Nord déshérité,
Excité par l'orgueil et la cupidité,
Ne désertera pas ses campagnes stériles
Pour venir inonder nos campagnes et nos villes !
Ces champs, que par nos soins aujourd'hui nous voyons,
Étaler à nos yeux les épis par millions,
Seront peut-être encore outragés par la guerre !
Mais si nous cultivons la plante tubulaire,
Acceptant pour un temps le joug de l'étranger,
Le poids de nos douleurs nous sera plus léger.
Cessez donc d'alléguer un prétexte frivole
Pour bannir ce produit du domaine agricole.
Redoutez, croyez-moi, qu'un roi plein d'équité
N'inflige à votre arrêt un affront mérité ;
Et n'en déplaise enfin aux enfants d'Hippocrate,
Le mets que je propose est un mets démocrate !

F. Dauphin.

A LA LIBERTÉ

Je t'aime, ô liberté ! toi la reine féconde
Dont la puissante voix fait trembler l'oppresseur.
Ton drapeau triomphant doit flotter sur le monde,
 Comme un symbole de l'honneur !

Je t'aime, ô liberté ! chose grande et divine
Qui sais donner au cœur la justice et l'espoir ;
O liberté, rayon, dont l'éclat illumine
 La terre sombre et le Ciel noir.

Je t'aime, ô liberté ! comme les doux trouvères
Dont les chants radieux t'exaltaient autrefois ;
Je t'aime, ô liberté ! comme t'aimaient nos pères,
 Les vaillants esclaves Gaulois.

Je t'aime, ô liberté! mais je te veux sans tache;
Ton magique étendard n'a pas besoin de sang;
Oh! je ne voudrais pas la terreur qui se cache
    Sous ton grand nom loyal et franc.

Tu n'es qu'une étincelle et tu deviendras flamme;
Toi qui nous fais aimer, toi qui nous fais bénir,
Ton saint rayonnement semble promettre à l'âme
    Le seul vainqueur de l'avenir!

ÉVARISTE CARRANCE.

Avril 1870.

ERRATA DU VOLUME L'*AVENIR*

Page 392, 20me ligne, lire : *vos gros et vos petits sont,* au lieu de : vos gros et petits sont.
Page 409, 17me ligne, lire : *détourné,* au lieu de : détourner.
Même page, 23me ligne, lire : *râle,* au lieu de : rôle.
Page 410, 15me ligne, lire : *lumières,* au lieu de : lumière.
Page 450, 5me ligne, lire : *est,* au lieu de : et.
Page 450, 22me ligne, lire : *pur,* au lieu de peu.
Page 451, 4me ligne, lire : *éclatants* au lieu de : éclatant.
Page 451, 5me ligne, lire : *aux,* au lieu de au.
Page 302, 21me vers, lire : *fait des boucles d'oreille,* au lieu de : ses boucles.
Page 473, lire : l'homéride, *chant hellène,* au lieu de : helène.
Page 474, 9me ligne, lire : *qui daigne t'écouter,* au lieu de : t'écouter.
Page 165, 2me ligne, lire: *toi qui couvres,* au lieu de : toi qui couvre.
Page 166, 6me ligne, lire : *la science par toi,* au lieu de : pour toi.

TABLE DES MATIÈRES

***. — A la Jeunesse, page 327. — Hymne à la douleur, 402.

A***. — Même vallon, autre rêverie, 513.

Agnès (R.). — Le Devoir, 208. — Sonnet à 1874, 209. — Sonnet à la lune rousse, 210. — Sonnet à Jeanne d'Arc, 210. — Le Charlatan, 576.

Ago-Rosso (l'). — Hier, aujourd'hui, demain, 670. — A ceux qui me comprendront, 689.

Andrevetan (Dr). — Satire monarchique, 146.

Anonyme. — Le Devoir dans la Charité, 469.

Auger (Ch.). — Idylle, 604.

Auzolle de Portel (Émile). — Jeanne d'Arc, 227. — Rondeau, 229. — Le Respect humain, 479.

Barafort (Jules). — A un enfant, 645.

Barraud (Jean). — A M. le Colonel Denfert-Rochereau, 618. — Ce qu'on oublie, 618.

Battista (Laura). — Juno à Dio, 443.

Baux (Léon). — Le Rossignol, 325. — Le Devoir, 490. — Une soirée, 597.

Belliat (A.). — Sur la tombe de ma mère, 285.

Berdoulet (P.). — Requête, 624.

Berlioz (Constant). — La Guerre, 124. — Le Docteur Andrevetan, 449. — Le Parapluie, 542.

Bermond (Gustave). — L'Éternité, 509.

Bernard (A.). — Le Printemps, 170.

Bertin (Aimé). — Spes, 501. — Une Découverte, 529.

Bertrand (A.). — La Bûche, 329.

Bigg Author of Urban Grandior (Louisa). — Vast et Present, 657.

Bizet (Édouard). — Sous les Arbres, 389.

Blancard (Jules). — Si j'étais roi, 382. — Le Devoir, 517. — Réponse, 681.

Blanchaud (Charles). — Le Steeple-Chase de la vie, 102.

Bogros (l'Abbé M.). — Expectatio, 94.

Bonnery (Raoul). — Dans la forêt de Neufchâtel, 321. — La Marguerite de Saint-Rémi-du-Plain, 700.

Bonneville (Désiré). — Le Devoir, 339.

Bourdère (Maurice). — Histoire de la Courtis-Anerie officielle, 481.

Bouvat (Léopold). — A travers la tempête, 128.

Bridier (Gustave). — ***, 339.

Brieux (Eugène). — Une excursion botanique, 189.

Briol (Joseph). — Lui, 543. — L'Aoubo, 544. — Doux souvenir, 694.

Brossette. — La Lorine, 401.

Brunet (F.). — Pensées, 233.

Buffenoir (Hippolyte). — Devant le Christ en Croix, 194. — Le Poète et son amante, 466.

Buffeteau (G.). — Réfutation, 335. — La Poule et le Putois, 337.

Caillaut (J.-J.). — Sur une tombe, 699.

Capitaine Issaurat. — Un Philosophe, 342.

Carel (A.). — La Guerre, 166. — Fanchette, 168. — Le Devoir, 567.

Carénou (Aristide). — Les Buissons, 125.

Carrance (Évariste). — Le Devoir, 5. — A celle qui a succombé, 144. — Oubli, 211. — Lis et jeune fille, 276. — Hamlet, 380. — A Évariste Mouton, 407. — Lève-toi, France, 446. — La République Française, 507. — Au roi Guillaume, 607. — A la Liberté, 728.

Cavé (Léandre). — La Fête du Sultan Abdul-Aziz, 159. — Le Petit Prisonnier, 164.

Charpentier (E^d). — Un exemple, 136.

Chateau. — A ma sœur X..., 338. — Il neige, 500. — Cruelle fleur, 677.

Chaumont (Gaston de). — La Mort d'une mère, 366.

Chereau (Élie). — Epître sur la mort, 593. — L'Ane savant, 673. — Lafontaine et la Fable, 674.

Chevallier (Pierre). — Le Singe, l'Ane et le Bœuf, 341.

Chocque (Paul). — Un atelier moderne, 200.

Choiseul Daillecourt (Cte de). — Fièvre brûlante, 302. — Souvenir, 391. — Il faut partir, 392. — Prière, 406. — Elle me dit un soir, 407.

Christini (Alexis). — Le Devoir, 459.

Coeckelbergh (Emma). — Les Orages, 370. — L'Oracle menteur, 394. — Petite sœur dormait, 399.

Collomb (Antony). — Pour le premier de l'an, 37?. — Frénésie, 379. — Si vous saviez, 611. — Soir de mai, 612. — A la proclamation de la République, 613. — Hier au soir, 614.

Comte (Sophie). — Le Travail, 277. — Ce que j'aime, 497. — Le Pont du bout du monde, 616. — A mon mari, 617. — A mon père, 686.

Curie (H.). — A Rouget de l'Isle, 256. — Aux Despotes, 486. — A Joséphine, 496.

D. (A.). — L'Asciate ogni speranza, 231.

Darde (A.). — Idylle, 257.

Dauphin (F.). — La Parmentière, 721.

Delarge (J.-Guillaume). — La Tombe, 202. — Fleurs de mai, 523. — La jeune mère, 609.

Desmazières (Marie). — Michelet, 718.

Desplantes (F.). — Eheu Fugaces... Lambuntur anni, 313.

Desprez (P.). — La Pitié, 158.

Diénart (Aurélie). — Plus de mère, 311.

Domerc (Jules). — La Légende d'une contrebasse, 646. — Paysage, 648.

Dubarry. — A quelques-uns, 670. — La Politique, 672. — A ma muse, 682. — Ma Liberté, 689. — Le Devoir, 704. — Mes Écrits d'autrefois, 708. — Amour, 709.

Ducos (E.). — Les Adieux, 598.

Dujoncquoy-Féau (A.). — Pour les fiançailles de M. Ernest X..., 276. — Opinion des médecins de Vichy, 277. — Ce qu'on dit implicitement, 638. — Les Sources de Vichy, 640.

Dumas (Alphonse). — A ma fille absente, 520.

Dupont-Desaulty (E.). — Le Printemps, 316. — L'Automne, 395. — L'Été, 396. — L'Hiver, 397.

Dupuis (Désiré). — La Guerre, 602.

Dupuy (P.-C.). — Le Foyer, 287. — Les Deux Couronnes, 626.

Duval (L.-J.). — Calme et tempête, 306.

Duzéa (Pierre). — La France, 116.

Édelrag (Tannod de). — Une réforme de la France sur le type prussien, 560.
Engreval (J. d'). — Aux dénicheurs, 332. — L'Avenir, 554. — Prière, 631. — Dies iræ, 650.
Esprit Frappeur (l'). — Les Candidats, 94. — Le Moineau, 538.
Esprit Rosier. — Fais ton devoir, 264. — Les Deux amis. 436. — Sur le nom d'Amélie, 437.
F*** (Hélène). — Méditation, 433.
Farcy (H.). — A ma femme, 173.
Férotin (Eugène). — Rêve brisé, 289.
Ferrer (J.-B.). — La Mission de la Presse, 390. — Le Devoir enviable, 447.
Fournier (Robert). — Problème, 594.
Fugairon (Jean-Baptiste). — Les Deux Captifs, 591.
Gabettes (Ferdinand des). — L'Ame héroïque, 195.
Galloo-Guilbert (F.). — Les Cuirassiers de Reischoffen, 492. — La Déclaration de guerre, 676.
Geffroy (Dr). — La Rose et les Fleurs, 292.
Gein. — Le Devoir, 221.
Ginoux (Denis). — Le Devoir, 218.
Girard (Claude). — Reviens gai printemps, 334.
Godet (Louis). — Le Comte de Modène, 39.
Goey (R. de). — Essais de Poésie française, 428.
Gonin (Marguerite). — La Croix d'honneur, 586.
Goussé (E.). — A Maria K..., 599. — Acrostiche, 600. — Acrostiche, 601. — Autre Acrostiche, 601. — Acrostiche, 667.
Grolleau (Jean). — Le Devoir, 548.
Grimaud (Louis). — Réponse à la citoyenne, 710. — Réponse à Monsieur le vicomte de Lussac, 716.
Grisery (Ad). — La Guerre, 345. — A Lord Lytton-Bulwer, 346. — La Vérité, 346. — La Marguerite, 666.
Guyott (Benjamin). — A Mlle Marie ***, 178. — A Victor Hugo, 642. — Le Devoir, 643.
Hallet (Sébastien). — La Revanche, 691.
Hanon (Alphonse). — L'Enfant et la Fleur, 301. — Le Rêve de l'Enfant, 415. — A Mlle H... R..., 416. — Devoir, 416.
Hariet (Gustave). — Avant, pendant, après, 212.
Hariol (Léopold). — Je m'en allais, 522.
Hennechart (Alphonse). — Fantaisie, 537.
Henri (Pauline). — Le Devoir, 203. — Un coup de vent, 207.
Hérault (Onésime). — L'Adultère, 179. — Ce que j'aime, 186.
Hermant (Justin). — Les Portraits de famille, 508. — L'Automne, 508.
Hermon (Gabriel). — Folie, 488. — A la paix, 525. — Le mois de mai 1874, 640.
Isambard (Ed). — Le Relèvement de la France, 482.
Isidore. — Un devoir, 282.
J. (E). — La Girafe, 314. — L'Étalage du marchand, 448.
Jansen (Valérie). — En partant, 114. — Anniversaire, 606.
Johannis (Morgon). — Voix de la Poésie, 575. — Sonnacros, 575.
Kinner (Baron de). — Chimérique aspiration à l'égalité, 420. — Mme C*** devenue Mme de C***, 421.
Labbé (Paul). — A Victor Hugo, 111.

Laborde (Narcisse). — Le Prénom du cœur, 308.
La Fontaine (Henri). — A un poète, 393. — Sonnet, 394.
Lafosse (A.-J.). — Prélude de la Vercingétoride, 299.
Laloy (Emmanuel). — Le Devoir, 667. — Assaut de la Mouche et du Frelon, 669. — Ode funèbre, 680.
Lardeux (Auguste). — Pauvre caniche, 303.
Lemarchand (Victor.) — Le Devoir, 317.
Leprévost (Gabriel.) — Gaule ou France, 265. — Mon jardinet, 271.
Le Sage (V.). — Consolation, 573.
Le Sourd (A.). — Rome, 119.
Liautard (Marcel). — Il l'ignore, 188. — Elle n'est plus, 487. — Le Devoir, 649.
Lisabois (E.). — Sonnet, 715.
Long (C.). — Le Devoir, 465.
Lucquet (Hippolyte). — A Mme Lucquet, 242. — L'Amour, 443. — A ma mère, 453. — Doumet, 459. — Épître, 460. — Fragment des folies humaines, 460. — A Madeleine, 481. - Tout passe, 559.   Aux Poètes, 609. — Pinson, 675. — Épitaphe, 676. — A M. Évariste Carrance, 690.
Luigi Ciccaglione. — La Francia con i Bonaparte, 405. — L'Arbitrato internazionale politico, 405.
M... (Léon). — Laissez les oiseaux à leurs nids, 442.
Mailhe (Albert). — Chanson printanière, 603.
Marchand (J.). — Le Devoir, 512.
Marcellange (Vilhardin de). — Hommage aux dames d'Alsace-et-Lorraine, 663.
Mas de Castres (Louis-C.-F.). — A la France de 1870-71, 400.
Masinghien (G.). — Au bois, 90. — A une écuyère, 503. — Pourquoi ? Parce que, 504. — La Montre, 504. — Le Soir, 505. — Ce que j'aime, 507. — Memento, 601.
Masse (J.). — L'Anniversaire, 240.
Masurel (L.). — Le Devoir, 254.
Mattet (Pierre). — La Poule et la Fourmi, 697.
Mazaudois (Philibert). — Le Devoir, 280. — A l'honneur, 280.
Mazière (L.). — Rêve d'amour, 279.
Menich (Armand). — Les Femmes au spectacle, 662.
Mercadier (J.). — Hymne maçonnique, 239.
Mercier (Louis). — La Retraite de l'Armée de l'Est en 1871, 154.
Michaud (Louis). — A un Papillon, 255.
Michel (Louis.) — Deux Amis, 409.
Mien (Jules). — La Nuit de Février, 349.
Mireur (Jacques). — La Prière de la veuve, 658.
Monnaux (E.-Narcisse). — La Poésie, 291. — Dans Paris, 608.
Montlaville (B^{ne} de). — Le Devoir, 27.
Mouriès (Louis). — A M. Victor Hugo, 241. — L'Arbre de la science du bien et du mal, 595.
Narzale (Jobert). — Le Loup ombrageux, 379. — Le Portier et le Voleur, 380. Ronflo, 614. — Periculum, 615. — La Clepsydre, 686.
Nepveu (Armand). — Le Devoir, 703.
Neuve-Église. — Maximes, 374. — Les Deux Renards, 374.

Nivoley (Léopold). — La dernière cartouche, 253.
Oppepin (Louis). — L'Hospitalité Suisse, 18.
Orival (Gaston d'). — A ma mère, 236.
Orse (F.). — Les Étoiles du Monde, 9.
Ourdan. — A mes amis, 297. — A Phœbé, 540.
P. (P.-F.). — Le Fils de B..., 440.
Palut (P.-P.). — Le Devoir, 296.
Pamphile (Hippolyte). — La Femme adultère, 384.
Paret (Dr Camille). — A une jeune mère, 687.
Pascal (Marie). — Dieu, 714.
Paul (A.). — Le Devoir, 696.
Peironet (J.-César). — Vœux de fête, 665. — C'est elle, 696.
Pelouse (A.). — Le Devoir, 581.
Pène (J.-B.). — A Mlle Honorine X..., 259. — A Mlle M..., 260. — A M^{mc} V. F..., 260. — Improvisation, 261.
Percevault (Henri de). — Barcarole, 515.
Petrus (Barraud). — Marie, 230.
Peyret (l'Abbé). — Le Devoir, 132. — Beau trait en 1851, 135. — Première épître à Reboul, 416. — A une petite fille, 419. — L'Homme de mensonge, 424. — Respect au pauvre, 425. — Au Christ, 427. — L'Église, 428. — Corruption électorale, 429. — Ode tirée du Psaume 148, 431. — L'Hiver, 432.— Le Temple catholique, 438. — Incertitude, 449. — La Jeune Orpheline, 451. — A Marie, 452. — A MM. du Comité des Concours Littéraires, 453. — A des oiseaux, le soir, dans la campagne, 556. — Amour de Dieu, 557. A ma nièce Augustine V..., 558. — A Saint Joseph, 559. — Tableau, 611.
Pichon (Amédée de). -- Le Désespoir, 319. — A Louis Napoléon, 403. — Anniversaire du 4 juillet 1776, 683. — La Renommée, 685.
Pichon (Guillaume de). — Ma Mère, 362. — Salutatio angelica, 590.
Pichon (Henri de).— Encore quelques jours, 485.— Un Ange sur la terre, 698.
Plat (André). — Le Saule et le Cyprès, 142.
Pollet (Gustave). — Éblouissement, 234.
Pontois (P.). — Le Crépuscule, 585.
Préville (Louis de). — Espoir, 95.
Rastél (P.). — Uno Cooucado, 692.
Raux (Jules). — La Mer, 650. — Sonnet, 653.
Rebon (L.). — Amour, 312.
Requier (Lucien). — L'Avare et la peine de mort, 293.
Rhoden (E.). — Au lit de mort d'un père, 103.
Riess (F.). — Le Devoir vous appelle, 475.
Robert (Denis). — La Grisétta dé Moumpéyè, 348.
Rouet (Eugène). — Liberté, 707.
Rousseau (Auguste). — Le Lièvre, 319. — L'enfant, 398.
Rousset (Gustave). — Impromptu sur deux rimes, 633. — Sonnet-Acrostiche, 636.
Roux (Adrien). — A la France, 110. — Oarystis, 528.
Saint-Félix (T.). — La Bergère Lorraine, 569.
Sarlat (Ludovic). — Traduction du Psaume CXIII, 98.
Satre (Louis). — La Goutte de Rosée, 33. — La Force prime le droit, 448. — Voix de l'âme, 496.

Siffren Seyssaud. — Renouveau, 315. — Souvenirs, 421. — Billet de juin, 605.
— Après l'orage, 636. — Écho des Bois, 674.
Simon (D.). — L'une ou les autres, 251. — Le Chasseur mal avisé, 546.
Sizaire. — Conseils donnés par un père à son fils, 272.
Tauzin (Marie du). — La France en deuil, 249. — Les Deux Printemps, 454.
L'orage, 455. — La Revanche, 456.
Thévenon. — Le Devoir, 570.
Tony (Marius). — L'Ami Jean-Jean, 347.
Topin (H.). — David, Asaph, Heman, 243.
Trambouze (B.). — Le Devoir, 361.
Tramoni (Horace-Victor). — La Vie, 262.
Une Jeune Fille. — Question et réponse, 467.
Vallentin. — Le Devoir, 565.
Vallon-Colley (Dr Henri-M.). — Siméon, 139.
Van Drumen (Gaston). — Pauvre Orphelin, 514.
Vellot (Alfred). — Hoche mourant, 121. — La Fête de l'Absente, 498.
Viallet (J.-E.). — A Elle, 376. — A la même, 377.
Vibert (A.). — Rossel mourant, 331. — Le Uhlan, 332.

Nota. — *Le 13° Concours Poétique, ouvert depuis le 15 Août dernier, sera clos le 1er Décembre 1874.*

Bordeaux. — Imprimerie de A.-R. CHAYNES, rue Leberthon, 7.

LITTÉRATURE CONTEMPORAINE

F. Orse. — **A Mac-Mahon**...........................F.	» »
Jules Blancard. — **Une des merveilles du diable**...........	» »
P.-L. Goron. — **Catéchisme de morale universelle**............	» »
Fieron. — **Petites Sœurs des pauvres**.....................	» »
Dr Brossette. — **Vichy poétique**........................	» »
E. Bessire. — **Mon printemps**.........................	» »
Athanase Forest. — **Poèmes théologiques**.................	» »
Eug. Goubert. — **Le corbeau**. — **La vision céleste**.............	» »
De Roux de Ruffi et Pargazany. — **L'hirondelle** (romance)........	» »
Desjardins et E. Pottier. — **Le Barbier de Séville**............	» »
Mme Vial de Sabligny. — **Une histoire d'amour**.............	» »
Michel Masson et Raoul de Navery. — **Les fils aînés de la République**, drame en 5 actes.................	» »
Raoul de Navery. — **Zacharie le maître d'école**.............	» »
Mlle C. Arnoult. — **La régénération pratique et sociale**......	» »
Ch. Pitou. — **Les feux-follets**...........................	2 »
Horace Tramoni. — **Projets sur diverses impositions**.........	» »
Mlle E. Coeckelberg. — **Poésies**.........................	» »
Eugène Lelimouzin. — **Une haine**, un acte en vers.........	» »
Le comte de Rochetin. — **Fables et poésies polonaises**........	» »
Denis Robert. — **La grisetta bleuetta**.....................	» »
Narzale Jobert. — **La verginella**.........................	» »
Alphonse Hanon. — **Poésies**...........................	» »
V. de M. — **A l'armée de l'Ouest**........................	» »
Ch. David de Mayréna. — **Souvenirs de Cochinchine**........	» »
Léon Bigot. — **L'ange du poète**, un acte en vers...........	» »
A. Le Sourd. — **Lourdes et Rome**........................	» »
Évariste Carrance. — **Le mariage chez nos pères** (nouv. édit.).	5 »
» » **Histoire d'un mort** (nouvelle édition)......	3 50
» » **De ma fenêtre**.......................	1 »
» » **Maison à louer**, comédie................	1 »
» » **Au bruit du canon**...................	1 »
» » **Tobie**................................	1 »
Poésies Collectives. — **Voix poétiques**..................	10 »
» » **Parfums de l'âme**....................	10 »
» » **Aigles et Colombes**...................	10 »
» » **Fleurs et Fruits**.....................	10 »
» » **Ombres et Rayons**...................	10 »
» » **Rubis et Saphirs**....................	10 »
» » **La France nouvelle**..................	10 »
» » **La Patrie**............................	10 »
» » **La Justice**...........................	5 »
» » **La Revanche**........................	10 »
» » **L'Avenir**............................	10 »
» » **Le Devoir**...........................	5 »
De Lussac. — **Nos contemporains**.......................	2 »

Bordeaux. — Imprimerie de A.-R. CHAYNES, rue Leberthon, 7.

www.ingramcontent.com/pod-product-compliance
Lightning Source LLC
Chambersburg PA
CBHW071659300426
44115CB00010B/1254